Uni-Taschenbücher 528

UTB

Eine Arbeitsgemeinschaft der Verlage

Birkhäuser Verlag Basel und Stuttgart
Wilhelm Fink Verlag München
Gustav Fischer Verlag Stuttgart
Francke Verlag München
Paul Haupt Verlag Bern und Stuttgart
Dr. Alfred Hüthig Verlag Heidelberg
Leske Verlag + Budrich GmbH Opladen
J. C. B. Mohr (Paul Siebeck) Tübingen
C. F. Müller Juristischer Verlag – R. v. Decker's Verlag Heidelberg
Quelle & Meyer Heidelberg
Ernst Reinhardt Verlag München und Basel
F. K. Schattauer Verlag Stuttgart-New York
Ferdinand Schöningh Verlag Paderborn
Dr. Dietrich Steinkopff Verlag Darmstadt
Eugen Ulmer Verlag Stuttgart
Vandenhoeck & Ruprecht in Göttingen und Zürich
Verlag Dokumentation München

Wolfgang Kliemann / Norbert Müller

Logik und Mathematik für Sozialwissenschaftler 2

Bestandteile und Methoden formalisierter Modelle in den Sozialwissenschaften

Wilhelm Fink Verlag München

ISBN 3-7705-1331-2

Printed in Germany
Druck: Friedrich Pustet, Regensburg
Gebunden bei der Großbuchbinderei Sigloch, Stuttgart
Einbandgestaltung: Alfred Krugmann, Stuttgart

Inhaltsverzeichnis

(0.) Einleitung

In Logik und Mathematik für Sozialwissenschaftler (LuM) I wurden Grundlagen formalisierter Modelle in den Sozialwissenschaften aufgezeigt und erörtert. Dabei kam u.a. der Problematik des Modellbildungsprozesses ein besonderes Gewicht zu. Der instrumentelle Aspekt der Modellierung:

Darstellung und Erörterung von Hilfsmitteln zur Erstellung, Bearbeitung und Auswertung formalisierter Modelle

wurde jedoch bewußt LuM II vorbehalten.

Der Inhalt von LuM II wird demselben Leitfaden folgen wie LuM I: Zunächst werden Modelle auf dem verbal-deskriptiven Niveau aufgezeigt; hierbei wird der Einsatz graphentheoretischer Modelle dargelegt und erörtert. Diese Modelle formalisieren Beziehungen unmittelbar zwischen sozialen Einheiten. In einem nächsten Schritt werden Ansätze aufgezeigt, in denen diese Beziehungen quantifiziert werden, dies geschieht bereits am Ende der graphentheoretischen Darlegungen. Will man jedoch das ganze Spektrum der Möglichkeiten, quantifizierte Modelle zu erstellen, zu diskutieren und zu verwenden, zur Verfügung haben, so ist ein umfassenderes Instrumentarium für den Umgang mit derartigen quantifizierten Modellen erforderlich. Dies wird in den Kapiteln über Lineare Algebra und Analysis dargelegt und erörtert. Mit Hilfe dieses Instrumentariums wird es dann möglich, die dritte Stufe der Formalisierung aufzuzeigen: Formalisierung von Beziehungen zwischen quantifizierten Beziehungen. Um dabei für LuM II einen als Klammer wirkenden theoretischen Bezug zu gewinnen, wurde der letzte Teil dieses Buches vorwiegend aus der Sicht einer operationalen Systemkonzeption formuliert. Wir hoffen, mit einer derartigen Konzeption, die zugleich theoretisch und operational(dies in seiner doppelten Bedeutung: Anwendungs- und Quantifizierungsbezug)ist, einen Beitrag zur systemtheoretischen Diskussion zu liefern. Viele der in den Sozialwissenschaften verbreiteten systemtheoretischen Ansätze unterlassen ja meist eine exakte und operationale

Ausformung ihrer zentralen Konzepte(z.B. Stabilität, Komplexität, System-Umwelt-Beziehung, um nur einige zu nennen).
Die Darstellung des strategischen Aspektes der in diesem Buch aufgezeigten Systemkonzeption:

Programmiermodelle und Kontrolltheorie

kann allerdings im Rahmen einer Einführung nur in Ansätzen erfolgen.

Bielefeld,
Frühjahr 1975,
Die Autoren

(1.) Graphentheorie

Eine der Hauptaufgaben jeder Wissenschaft ist es, strukturelle Zusammenhänge zu beschreiben und zu erklären. LuM I hatte u.a. die Aufgabe, den Begriff 'Struktur' zu präzisieren und Strukturtypen zu systematisieren. LuM II versucht nun, dies zu instrumentalisieren und operabel zu machen. Hierbei bietet sich von selbst an, auf LuM I unmittelbar aufbauend, den vielleicht allgemeinsten operablen Strukturansatz, die Graphentheorie, zumindest in ihren Anfängen aufzuzeigen. Es sei jedoch darauf hingewiesen, daß sich mit den Hilfsmitteln der Graphentheorie empirisch vorgefundene Strukturen zwar beschreiben und analysieren, nicht aber erklären lassen. Allerdings gelingt es mit Hilfe des graphentheoretischen Instrumentariums häufig, auf den ersten Blick verborgene Informationen freizulegen. Damit kann u.U. bedeutende Vorarbeit auf dem Wege zu einer Erklärung geleistet werden.

Der graphentheoretische Ansatz ist deshalb so allgemein, weil die hier zu beschreibenden Objekte lediglich Elemente von Mengen und die Relationen auf diesen Mengen sind. Dabei sind die Mengen zunächst keinerlei weiteren Beschränkungen unterworfen. Später werden mit Zahlen bewertete Relationen untersucht, da diese wohl die zur Zeit größte Anwendungsbreite besitzen.

Die Graphentheorie geht auf L. Euler(1707 - 1783) zurück und wurde von so unterschiedlichen Wissenschaftlern wie Cayley(1821 - 1895)(Untersuchungen struktureller Probleme in der Chemie) und Kirchhoff(1824 - 1887) weiterentwickelt. Das erste Lehrbuch über Graphentheorie ist wohl Königs 'Theorie der endlichen und unendlichen Graphen'(1935), in dem weite Teile der heutigen Graphentheorie entwickelt wurden. Die außerordentlich vielfältigen Anwendungsbereiche der Graphentheorie(siehe nächste Seite) haben eine große Anzahl konkurrierender Bezeichnungen entstehen lassen, die es schwer macht, eine durchgängige Bezeichnungsweise zu finden, die zugleich jedoch eine gewisse Verbreitung in der Literatur gefunden hat. Die hier gewählten Begriffe schließen sich im wesentlichen sowohl König als auch Harary, Norman, Cartwright (im folgenden Harary(1965)) an; vor allem in der Spezialliteratur über besondere Anwendungsprobleme wird man aber abweichende Notationen finden.

Auf das Konzept des ungerichteten Graphen ist hier verzichtet worden, da eines umfassenden Standpunktes und einer vereinfachten Terminologie wegen dieser Graphentyp mit verallgemeinerten Konzepten der Theorie gerichteter Graphen behandelt werden kann(vgl. Harary(1965)). Daher wird im folgenden der Begriff 'Graph' für die verschiedenen Typen von Graphen verwendet.

Graphen stellen prinzipiell Objekte und die zwischen ihnen bestehenden Relationen - häufig unter dem Aspekt der Systematisierung und der Optimierung - dar. Graphentheoretische Methoden werden daher vorwiegend zur Lösung organisatorischer Probleme eingesetzt. Dabei muß allerdings die Struktur des zu beschreibenden Systems genau bekannt sein und darf sich im Zeitverlauf nicht ändern (stationäres System). Diese Bedingungen sind bei jedem Einsatz graphentheoretischer Konzepte genau zu überprüfen(auf die Darstellung graphentheoretischer Konzepte für nichtstationäre Systeme muß in einer Einführung verzichtet werden).

Anwendungsgebiete der Graphentheorie sind u.a.:

- Planung von Produktionsabläufen bei Arbeitsvorgängen, die in einer bestimmten Reihenfolge auszuführen sind,
- Lösung von Verkehrs- und Transportproblemen, bei denen Kapazitäts- und Kostenaspekte im Vordergrund stehen,
- Darstellung von Materialflüssen(im weitesten Sinne) in Kanälen, die bestimmten restriktiven Bedingungen unterworfen sind,
- Darstellung und Hilfsmittel bei der Lösung von strategischen Spielen,
- Vereinfachung bzw. Erstellung von Algorithmen.

- In soziologischen und sozialpsychologischen Bereichen findet die Graphentheorie Verwendung bei der Beschreibung von Organisations- und Gruppenstrukturen, z.B. unter dem Aspekt von Kommunikationsprozessen, der Stabilität von Gruppen, der Herausbildung von Rollendifferenzierungen, kognitiver Balance, Präferenzstrukturen etc. . Weiterhin werden graphentheoretische Instrumente zur Beschreibung diskreter, stochastischer, dynamischer Systeme verwendet.
  Schließlich sind in Bereichen wie Linguistik, Pattern Recognition, Lernmodelle graphentheoretische Methoden erfolgreich eingesetzt worden.

(1.1) Grundlegende Definitionen

<u>Def. 1</u>: Das Quadrupel $A = (K,E,f,s)$ heißt <u>Netz</u>, wenn gilt:
(1) K,E sind Mengen, $E \neq \emptyset$,
(2) $f: K \longrightarrow E$, $s: K \longrightarrow E$ sind Abbildungen.

<u>Beisp</u>. eines Netzes: Sei $K = \{k_1,k_2,\ldots,k_6\}$, $E = \{e_1,e_2,e_3,e_4\}$.
Die Abb. f und s können dann durch eine Zeichnung veranschaulicht werden:

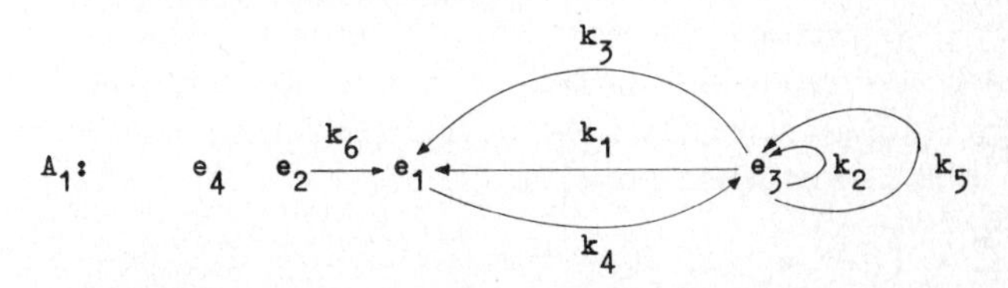

<u>Bezeichnungen</u>: K heißt Menge der (gerichteten) <u>Kanten</u>, E heißt Menge der <u>Knoten</u>(Ecken, Punkte), f heißt <u>Quellen</u>abb., s <u>Ziel</u>abb. . Für $k \in K$ heißt $f(k)$ erster (Anfangs-)Knoten, $s(k)$ zweiter (End-)Knoten von k , k ist von $f(k)$ nach $s(k)$ <u>gerichtet</u>.
Sind K und E endliche Mengen, so heißt A endliches Netz.

In unserem Beisp. deutet ein Pfeil an, wie eine Kante gerichtet ist. Dieses Netz ist endlich, enthält einen Punkt, der weder erster noch zweiter Punkt einer Kante ist (e_4), und je zwei 'parallele' Kanten(k_2 und k_5, k_1 und k_3), weiterhin zwei Kanten, deren erster Knoten gleich dem zweiten ist: k_2 und k_5; denn

$$f(k_2) = f(k_5) = s(k_2) = s(k_5) \quad .$$

Dies führt zu folgender

<u>Def. 2</u>: Sei $A = (K,E,f,s)$ ein Netz; ein Knoten $e \in E$ heißt <u>isolierter</u> Knoten, wenn gilt:

$$e \in E \setminus (f[K] \cup s[K]) \quad .$$

Zwei Kanten $k,k' \in K$ heißen <u>parallel</u>, wenn gilt:

$$f(k) = f(k') \text{ und } s(k) = s(k') \quad .$$

Eine Kante $k \in K$ heißt <u>Loop</u>, wenn gilt:

$$f(k) = s(k) \quad .$$

Aufgaben:

w(1) Geben Sie die Abb. f und s des Beisp. A_1 explizit an und zeigen Sie an Hand von Def. 2, daß e_4 ein isolierter Knoten ist !

w(2) Beschreiben Sie die Abb. f und s des folgenden Graphen A_2 explizit und in der Terminologie von Def. 2 und vergleichen Sie A_1 mit A_2 !

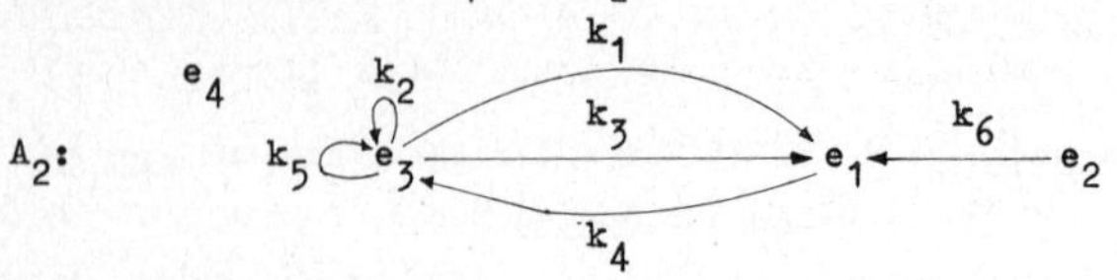

Wie die Beispiele A_1 und A_2 zeigen, gibt es Netze mit parallelen Kanten. Dieses Konzept ist für unsere Zwecke aus zwei Gründen zu allgemein:

- Wie schon die Auflistung einiger Anwendungsgebiete zeigt, ist die Mehrzahl der graphentheoretisch zu behandelnden Organisationsprobleme dergestalt, daß zwischen Objekten nur (höchstens) eine Beziehung in jeder Richtung besteht, sei diese etwa zeitlicher sequentieller Ablauf, Transportzeit, -kosten, -kapazität zwischen zwei Knoten oder Kommunikationsbeziehungen. Werden in sozialpsychologischen Beispielen Wahlhandlungen zwischen Personen soziometrisch dargestellt (um nur einen Fall herauszugreifen), so können diese in Netzen ohne parallele Kanten dargestellt werden. Für die uns vorwiegend beschäftigenden Fälle ist somit die Forderung, nur nicht parallele Kanten zuzulassen, nicht sehr einschränkend. Im übrigen lassen sich parallele Kanten durch Einfügung von Hilfsknoten beseitigen.
- Bestimmte Problemstellungen, z.B. Optimierungsprobleme, verlangen effektive Lösungsinstrumente. Diese sind jedoch bei Netzen mit parallelen Kanten oft nur schwer zu entwickeln. Da jedoch wie gezeigt die Verwendung von Netzen ausschließlich mit nicht parallelen Kanten keine große Einschränkung darstellt, sei im Folgenden von Netzen dieser Art ausgegangen. Hierfür steht die Theorie der Relationen und der daraus resultierende Begiffsapparat der Theorie der gerichteten Graphen zur Verfügung.

Def. 3: Ein Netz $A = (K,E,f,s)$ heißt gerichteter Graph (im folgenden nur noch 'Graph') oder Digraph ('directed graph'), wenn gilt:
Für je zwei Kanten $k,k' \in K$ ist $f(k) \neq f(k')$ oder $s(k) \neq s(k')$
(nicht ausschließendes oder).

Die Bezeichnungen und Definitionen für Netze werden für Graphen beibehalten, die Def. paralleler Kanten wird gegenstandslos.

Bemerkung: Manche Autoren stellen an einen Graphen die zusätzliche Forderung, daß er keine Loops enthalten darf.

Betrachtet man die Bedingung aus Def. 3 etwas genauer, so zeigt sich, daß hier jede Kante durch ihren Anfangs- und Endknoten eindeutig bestimmt ist, da es keine zwei Kanten mit gleichem Anfangs- und Endknoten gibt. Jede Kante $k \in K$ eines Graphen kann daher durch ein geordnetes Paar von Knoten $(e,e') \in E \times E$ beschrieben werden mit $f(k) = e$ und $s(k) = e'$ - umgekehrt beschreibt jede Teilmenge $R \subseteq E \times E$ einen Graphen (R,E,f,s), wobei f und s die Abb. auf die ersten bzw. zweiten Komponenten der geordneten Paare von R sind:

$$f: R \longrightarrow E$$
$$(e,e') \longmapsto e \quad ,$$

$$s: R \longrightarrow E$$
$$(e,e') \longmapsto e' \quad .$$

Diese Betrachtung erlaubt es, einen Graphen G im folgenden entweder als Quadrupel (K,E,f,s) oder als Relation auf einer Menge E , d.h. als Teilmenge R von $E \times E$ aufzufassen, also $G = (E,R)$.

Die letztere Sichtweise erlaubt es uns nun, die Eigenschaften, die in LuM I für Relationen definiert wurden, auf Graphen zu übertragen. So spricht man von

reflexiven,
symmetrischen,
antisymmetrischen,
asymmetrischen,
transitiven,
(streng) verbundenen
} Graphen .

Durch Kombination dieser Eigenschaften entstehen:

Funktionalgraphen (wenn die Relation R eine Abb. von E nach E ist),

Äquivalenzgraphen (R ist eine Äquiv.relation auf E),

Ordnungsgraphen (R ist ein Ordnungstyp auf E) .

Aufgaben:

w(3) Welche Eigenschaften haben die folgenden Graphen?

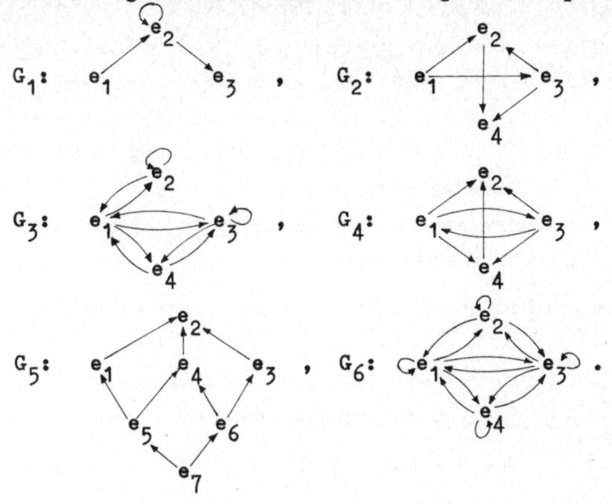

p(4) E = {Hans, Egon, Max, Helga, Anna} . Denken Sie sich irgendeine Sympathiestruktur zwischen je zwei Personen aus E aus und zeichnen Sie den Graphen. Welche Eigenschaften hat er ?

Die Vorgehensweise, Graphen als Relationen auf einer Menge E aufzufassen, hat weitere Konsequenzen, da Relationen selbst als Mengen definiert wurden: Die mengentheoretischen Operationen können auf Graphen angewandt werden, ebenso die Komposition von Relationen.

<u>Satz 1</u>: Seien $G = (E,R)$ und $G' = (E,S)$ Graphen, dann gilt:

(1) $G_1 = (E,R \cup S)$ ist ein Graph,

(2) $G_2 = (E,R \cap S)$ " " " ,

(3) $G_3 = (E,R \circ S)$ " " " ,

(4) $G_4 = (E,\bar{R})$ mit $\bar{R} = E \times E \setminus R$ ist ein Graph,

(5) $G_5 = (E,R^{-1})$ ist ein Graph.

Beweis siehe Relationentheorie aus LuM I .

<u>Bemerkung:</u> G_1 wird auch $G \cup G'$ geschrieben,

G_2 " " $G \cap G'$ " ,

G_3 " " $G \circ G'$ " ,

G_4 " " $\bar{G}$ " und heißt komplementärer Graph von G,

G_5 wird auch G^{-1} geschrieben und heißt inverser Graph von G .

Die Teilmengenbeziehung führt hier zu folgenden Unterscheidungen:

<u>Def. 4</u>: $G = (E,R)$ sei ein Graph, $G' = (F,S)$ heißt

(1) <u>partieller</u> oder <u>Teil</u>graph von G , wenn gilt:

$$E = F \quad \text{und} \quad S \subseteq R \quad ,$$

(2) <u>Unter</u>graph von G , wenn gilt:

$$F \subseteq E \quad \text{und} \quad S = (F^2) \cap R \quad ,$$

(3) <u>partieller</u> <u>Unter</u>graph von G , wenn gilt:

$$F \subseteq E \quad \text{und} \quad S \subseteq (F^2) \cap R \quad .$$

<u>Beisp</u>. zu Satz 1 :

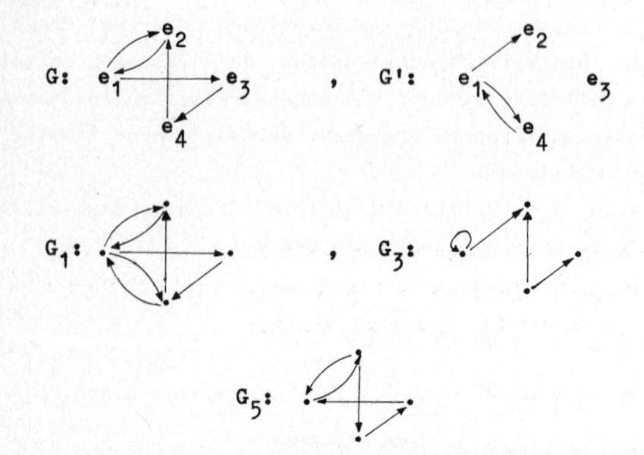

Der Loop bei G_3 kommt dadurch zustande, daß gilt:

$$\bigvee_{z}[(x,z)\in S \wedge (z,x)\in R] \quad \text{, hier nämlich}$$

$$(e_1,e_2)\in S \wedge (e_2,e_1)\in R \quad .$$

<u>Beisp</u>. zu Def. 4:

G_6:  ist Untergraph von G aus obigem Beisp. .

Aufgaben:

w(5) Bilden Sie G_2, G_4 zum obigen Beisp. und konstruieren Sie partielle Graphen, Unter- und partielle Untergraphen !

p(6) Eine Gruppe von 3 Personen A,B,C habe folgende Sympathiestruktur:

$G = (E,R)$: A, B, C

und folgende Vertrauensstruktur(z.B. empirisch ermittelt durch die Frage: 'Wenn Sie familiäre Schwierigkeiten hätten, wen würden Sie um Rat fragen?):

$G' = (E,S)$: A, B, C

Welcher der fünf Graphen aus Satz 1 hat hier die beziehungsreichste, welcher die beziehungsärmste Struktur? Interpretieren Sie die fünf Graphen !

Im Relationenkapitel aus LuM I werden Relationen auf unterschiedliche Weise dargestellt (Aufzählung der geordneten

Paare, Matrizen); bisher haben wir die 'Pfeilschreibweise' für die darzustellenden Graphen benutzt. Sofern ein endlicher Graph vorliegt, kann jedoch die Matrixschreibweise von Vorteil sein.

Def. 5: $G = (E,R)$ sei ein endlicher Graph und $E = \{e_1,\ldots,e_n\}$ (es existieren also n Knoten). Dann heißt die (n,n) - Matrix $\mathbf{A}(G)$ die assoziierte Matrix von G, wenn für die Elemente a_{ij} $(i,j = 1,2,\ldots,n)$ gilt:

$$a_{ij} = 1 \text{ , wenn } (e_i,e_j) \in R$$

und

$$a_{ij} = 0 \quad \text{sonst .}$$

Beisp.: Die zu G_4 aus w(3) assoziierte Matrix lautet:

$$\mathbf{A}(G_4) = \begin{array}{c} \\ e_1 \\ e_2 \\ e_3 \\ e_4 \end{array} \begin{array}{c} \begin{array}{cccc} e_1 & e_2 & e_3 & e_4 \end{array} \\ \begin{pmatrix} 0 & 1 & 1 & 1 \\ 0 & 0 & 0 & 0 \\ 1 & 1 & 0 & 1 \\ 0 & 1 & 0 & 0 \end{pmatrix} \end{array}$$

Aufgabe:

w(7) Bilden Sie die assoziierten Matrizen zu den Graphen aus w(3) !

Bemerkung: Die Matrixschreibweise wird bei Berechnungen eine wesentliche Hilfe darstellen, weil sie besonders übersichtlich ist. Einige Eigenschaften von Graphen (Symmetrie, Reflexivität, Verbundenheit etc.) lassen sich leicht an Hand der assoziierten Matrix überprüfen.

Zum Abschluß der grundlegenden graphentheoretischen Definitionen sei noch kurz auf das Problem der Isomorphie von Graphen eingegangen. Sei E beispielsweise eine dreielementige Menge,

$E = \{e_1, e_2, e_3\}$, so gibt es 64 nichtreflexive Graphen über E (Anzahl der Elemente der Potenzmenge ohne Diagonale, d.h. ohne Loops). Ist es nun zur Erhaltung der vollständigen Information über die nichtreflexiven Typen von Graphen mit drei Ecken notwendig, alle 64 Graphen zu untersuchen? Das Konzept der Isomorphie (vgl. auch LuM I) hilft, diese Frage zu beantworten.

Wir erinnern uns aus LuM I :

Zwei Relationen $r = (A,R)$ und $s = (B,S)$ sind isomorph, wenn gilt:

(1) Es existiert eine bijektive Abb. f von A nach B ,

(2) für alle $a,a' \in A$ mit $(a,a') \in R$ gilt:
$(f(a),f(a')) \in S$
und für alle $b,b' \in B$ mit $(b,b') \in S$ gilt:
$(f^{-1}(b),f^{-1}(b')) \in R$.

Diese Aussagen können direkt auf Graphen übertragen werden, sie bedeuten anschaulich, daß zwei Graphen $G = (E,R)$ und $G' = (F,S)$ isomorph sind, wenn

(1) E und F gleich viele Elemente haben und

(2) jeder Kante in G eine in G' entspricht und umgekehrt.

So erhält man z.B. für einen Graphen mit 3 Ecken 16 nicht - isomorphe Möglichkeiten:

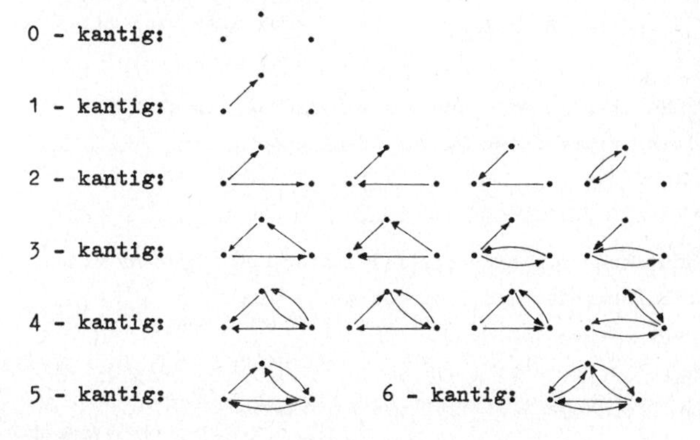

Aufgaben:

w(8) Konstruieren Sie beliebige Graphen mit drei Ecken und zeigen Sie die Isomorphie zu einem der zuvor angegebenen 16 Typen !

w(9) Zeigen Sie die Isomorphie von

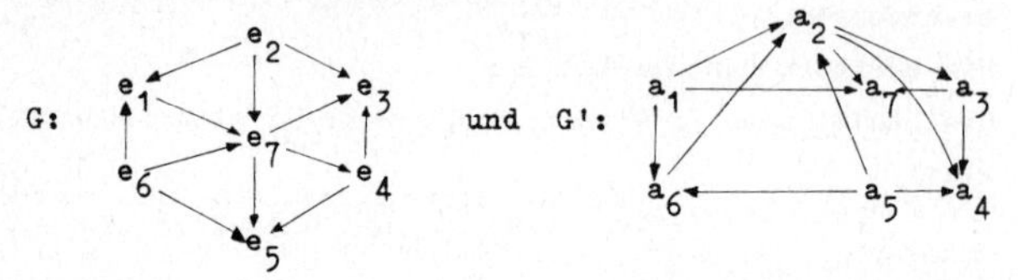

w(10) Wie erkennt man Isomorphie an den assoziierten Matrizen?

p(11) In der Soziologie findet man die Begriffe Pattern(Muster) und Struktur. Betrachtet man als Beisp. die Dominanzrelation

A dom B entspricht A ⟶ B ; 'dom' ist i.A. weder reflexiv noch transitiv, aber asymmetrisch

auf einer Menge von drei Personen A,B,C , so gibt es zwar 8 verschiedene Dominanzmuster, aber nur 2 Dominanzstrukturen (jeweils Verbundenheit der dom - Relation vorausgesetzt). Muster bezieht sich dabei neben der Struktur auch auf den Aspekt, <u>wer</u> <u>wen</u> dominiert.

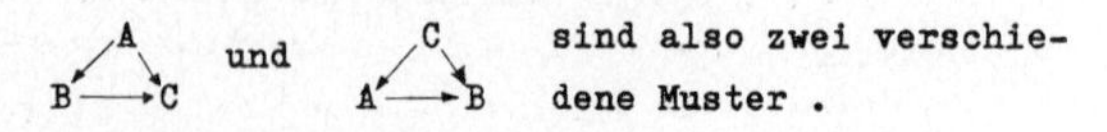

sind also zwei verschiedene Muster .

Vernachlässigt man jedoch die Personen, so sind die beiden aufgezeigten Muster identisch:

Diskutieren Sie die Begriffe Muster und Struktur unter dem Blickwinkel der Isomorphie !

<u>Bemerkung</u>: Künftig werden wir nur noch endliche Graphen betrachten, ohne dies explizit zu bemerken.

(1.2) Nachbarschaft, Erreichbarkeit, Zusammenhang, Quotienten- und reduzierte Graphen

In einem Betrieb seien drei Abteilungen A_1, A_2, A_3 auf ihre informelle Organisationsstruktur hin untersucht. Als Indikator sei die Verbreitung von Gerüchten gewählt worden.

$A_1 = \{a_1, a_2, a_3\}$ bestehe aus einem Abteilungsleiter a_1 und zwei Untergebenen a_2, a_3 ;

$A_2 = \{a_4, a_5, a_6\}$ mit a_4 als Abteilungsleiter ;

$A_3 = \{a_7, a_8, a_9\}$ bestehe aus Stabsmitgliedern ohne direkte Vorgesetzte in diesem Betrieb.

Erfährt ein a_i $(i = 1,2,\dots,9)$ ein Gerücht, so stelle der folgende Graph die Weitergabe an a_j $(i \neq j \; ; \; j = 1,2,\dots,9)$ dar:

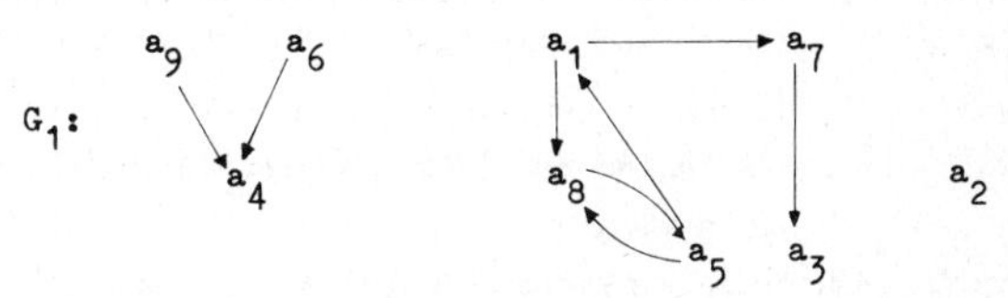

Im folgenden soll nun ein graphentheoretisches Instrumentarium entwickelt werden, mit dessen Hilfe folgende Fragen beantwortet werden können:

(1) Wie sehen die Verbreitungswege von Gerüchten aus?

(2) Von wem aus kann ein Gerücht zu a_i gelangen?

(3) Gibt es (mindestens) ein a_i, so daß jedes von a_i ausgehende Gerücht jedes a_j mit $i \neq j$ erreicht?

(4) Gibt es (mindestens) ein a_i, so daß a_i jedes von a_j mit $i \neq j$ ausgehende Gerücht hört?

(5) Was ist die minimale Anzahl von Personen, die ein Gerücht verbreiten, so daß alle es hören können?

(6) Was ist die minimale Anzahl von Personen, so daß man von ihnen alle in Umlauf gesetzten Gerüchte erfahren kann?

(7) Hört mindestens ein Abteilungsleiter oder Stabsangehöriger jedes Gerücht ?
(8) Hört mindestens einer aus jeder Abteilung jedes Gerücht ?

Wir werden versuchen, nacheinander die einzelnen Fragen zu beantworten.

(1.2.1) Der Grad eines Knoten

Zur Beantwortung der ersten Frage können wir zunächst eine einfache Feststellung treffen: Geht von einem Knoten keine Kante aus, so wird sich das Gerücht nicht weiter von hier aus verbreiten. Analog: Mündet in einen Punkt keine Kante ein, so wird diese Person kein Gerücht von anderen hören. Dies führt zu der

Def. 1: (K,E,f,s) sei ein endlicher Graph; die Abb.

$$og: E \longrightarrow \mathbb{N}$$
$$e \longmapsto |f^{-1}(e)|$$

heißt O - Gradabbildung (Ausgangsgradabb.) von G , og(e) heißt O - Grad von e .

Die Abb.

$$ig: E \longrightarrow \mathbb{N}$$
$$e \longmapsto |s^{-1}(e)|$$

heißt I - Gradabbildung (Eingangsgradabb.) von G , ig(e) heißt I - Grad von e .

Die Abb.

$$gd: E \longrightarrow \mathbb{N}$$
$$e \longmapsto |f^{-1}(e)| + |s^{-1}(e)|$$

heißt Gradabbildung von G , gd(e) heißt Grad von e .

Bemerkung: og(e) bezeichnet für jedes e die Anzahl der von e ausgehenden Kanten, ig(e) die Anzahl der in e einmündenden Kanten, gd(e) die Gesamtanzahl der ausgehenden und einmündenden Kanten eines Knoten.

Für jeden Knoten eines Graphen können ig und og leicht aus der assoziierten Matrix berechnet werden.

Satz 1: Für einen Graphen $G = (E,R)$ mit $E = \{e_1,\ldots,e_n\}$ und die assoziierte Matrix $A(G)$ gilt:

$$og(e_i) = \sum_{j=1}^{n} a_{ij}$$ (Randsumme der i - ten Zeile, $i = 1,2,\ldots,n$)

$$ig(e_j) = \sum_{i=1}^{n} a_{ij}$$ (Randsumme der j - ten Spalte , $j = 1,2,\ldots,n$)

Dies sei am Beisp. von G_1 gezeigt:

$A(G_1) =$

	a_1	a_2	a_3	a_4	a_5	a_6	a_7	a_8	a_9	$og(a_i) := i.$
a_1	0	0	0	0	0	0	1	1	0	2
a_2	0	0	0	0	0	0	0	0	0	0
a_3	0	0	0	0	0	0	0	0	0	0
a_4	0	0	0	0	0	0	0	0	0	0
a_5	1	0	0	0	0	0	0	1	0	2
a_6	0	0	0	1	0	0	0	0	0	1
a_7	0	0	1	0	0	0	0	0	0	1
a_8	0	0	0	0	1	0	0	0	0	1
a_9	0	0	0	1	0	0	0	0	0	1
$ig(a_j) := .j$	1	0	1	2	1	0	1	2	0	8

$$8 = \sum_i og(a_i) = \sum_j ig(a_j)$$

Für die Summe der Ausgangs- und Eingangsgrade der Knoten eines Graphen gilt

Satz 2: Für einen Graphen $G = (E,R)$ gilt:

$$\sum_{e \in E} og(e) = \sum_{e \in E} ig(e) = |R| .$$

Wie weit trägt nun der Begriff des Grades eines Punktes zur Beantwortung der Fragen (1) und (2) bei? Bzgl. Frage (1) gilt:

Ist für ein a_i $og(a_i) = 0$, so wird das Gerücht

nicht weiter verbreitet, ist $og(a_i) > 0$, so werden weitere Personen von dem Gerücht hören.

Bzgl. Frage (2): Ist für ein a_j $ig(a_j) = 0$, so wird a_j niemals ein Gerücht hören (es sei denn, von sich selbst, diesen Fall wollen wir hier nicht behandeln); ist aber $ig(a_j) > 0$, so wird a_j Gerüchte von anderen Personen hören.

<u>Hinweis</u>: Die Zeilensummen sind ein Maß für die Zentralität im Verbreitungsprozeß, die Spaltensummen für die Zentralität im Empfangsprozeß der Gerüchte(vgl.p(2)).

Aufgaben:

w(1) G: b a c d sei ein Graph.

Bilden Sie $A(G)$ und berechnen Sie $og(e_i)$ und $ig(e_j)$ für alle i,j !

p(2) Eine Behörde bestehe aus dem Vorgesetzten 1 und den Untergebenen 2,3,4,5 . Diese Behörde sei bzgl. des in ihr ablaufenden formellen Informationsflusses 'autoritär' strukturiert, d.h. ein Untergebener kann formell nur dann mit einem anderen Untergebenen kommunizieren, wenn er dabei den Vorgesetzten einschaltet. Also

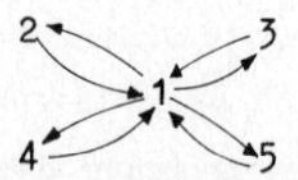

Berechnen Sie og(i) und ig(j) für alle i,j ! Wie müßte Ihrer Meinung nach eine 'demokratische' Informationsstruktur beschaffen sein?

p(3) Nehmen wir einmal an, Macht ließe sich eindimensional, z.B. durch'Einfluß', operationalisieren. Ist dann die Einflußstruktur in einer Gruppe, Organisation etc. bekannt, so findet man als Beschreibung der Einfluß-(Macht-) Struktur in Form einer Hierarchie die Ordnung in $\mathbb{N}$, die unter den $og(e_i)$ herrscht.

Beisp.:

$$\begin{array}{c|ccc|c} & A & B & C & og(e_i) \\ A & 0 & 1 & 1 & 2 \\ B & 1 & 0 & 0 & 1 \\ C & 0 & 1 & 0 & 1 \end{array}$$

Der 'Vektor' der $og(e_i)$, hier also $\begin{pmatrix}2\\1\\1\end{pmatrix}$, gibt somit zwei Hierarchiestufen an.

Auf der oberen befindet sich nur A, auf der unteren B und C. Betrachten wir nun nur solche Graphen, bei denen

$$\sum_{i=1}^{|E|} og(e_i) = \binom{|E|}{2} ,$$

da nur bei dieser Bedingung eine sinnvolle Machtrelation zustande kommt.

(a) Die stärkste Machtkonzentration liegt dann bei der sog. 'Hackordnung' vor (d.h. einer strengen Machthierarchie):

e_i dominiert alle e_j, für die nicht gilt:

e_j dom e_i .

Geben Sie eine allgemeine Formel für $\sum_{i=1}^{|E|} og(e_i)$ an!

(b) Formulieren Sie als 'Machtungleichgewicht' das Quadrat der Differenz zwischen $og(e_i)$ und der Gleichverteilung! Gehen Sie dazu von ungeradem $|E|$ aus! (Warum?)

(c) Wie groß ist die Summe aller Abweichungsquadrate nach (b) für den allgemeinen Fall aus (a)?

(d) (c) stellt das Maximum der Abweichungsquadrate dar, es sei mit M bezeichnet. Als normiertes (und damit interstrukturell vergleichbares) Maß für Machtkonzentration bietet sich nun an:

$$K := \frac{1}{M} \sum_{i=1}^{|E|} (og(e_i) - \mu)^2 ,$$

wobei $og(e_i)$ empirische Größen darstellen, und μ der Gleichverteilungswert ist.

Wie groß ist K im Fall (a), wie groß im Fall der

Gleichverteilung ?

Betrachten Sie den Dominanzgraphen

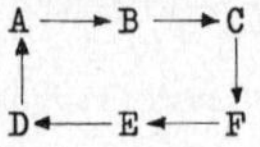

$$\begin{array}{ccccc} A & \rightarrow & B & \rightarrow & C \\ \uparrow & & & & \downarrow \\ D & \leftarrow & E & \leftarrow & F \end{array}$$

Wäre hier K als Maß sinnvoll ?

(zu p(3) und p(4) vgl. Bartos (1967))

p(4) Ein weiterer Versuch, Macht in Gruppen und Organisationen zu quantifizieren (Coleman(1964)), verwendet das Konzept der Entropie (das ja ein allgemeines Maß für Strukturiertheit darstellt). Je größer nun die Machtkonzentration, desto geringer ist die 'strukturelle Unsicherheit'. Dieses Maß ist definiert als:

$$H := \sum_{i=1}^{|E|} p_i \ln \frac{1}{p_i} \qquad / \; 0 < p_i \leqslant 1 \text{ für alle } i \, .$$

mit

$$p_i := \frac{\text{Anzahl der Personen aus } E \text{, die von } i \text{ dominiert werden}}{\text{Anzahl aller Dominanzbeziehungen}}$$

ln bezeichnet den Logarithmus zur Basis e (siehe auch Kap.(3.3)).

(a) Wie läßt sich p_i aus $A(G)$ ablesen ?

(b) Was bedeutet $p_i > 0$ graphentheoretisch ?

(c) Welches Maß kann prinzipiell mehr Fälle erfassen, H oder K ?

(1.2.2) Pfad, Weg, einfacher Weg

Eine zweite einfache Feststellung bzgl. der Frage (1) ist, daß ein von a_i ausgehendes Gerücht sicherlich diejenigen a_j erreicht, für die ein Pfeil von a_i nach a_j existiert.

Def. 2: G = (E,R) sei ein Graph, $e \in E$. Die Menge

$$I(e) := \{a / a \in E \text{ und } (e,a) \in R\}$$

heißt Menge der Inzidenzpunkte von e ;

$$CI(e) := \{a/a \in E \text{ und } (a,e) \in R\}$$

heißt Menge der <u>Coinzidenzpunkte</u> von e .

<u>Bemerkung:</u> $I(e)$ wird auch volles Bild von e , $CI(e)$ volles Urbild von e genannt.

Ein von a_i ausgehendes Gerücht erreicht somit zumindest alle Inzidenzknoten von a_i, ein a_i erreichendes Gerücht kann von allen Koinzidenzknoten ausgegangen sein.
Inzidenz- und Koinzidenzknoten können wiederum leicht aus der assoziierten Matrix abgelesen werden:

e_j ist genau dann Inzidenzpunkt von e_i , wenn

$$a_{ij} = 1 \quad ;$$

d.h. die Eintragungen in der zu e_i gehörenden Zeile geben die Inzidenzknoten an.
Das Auffinden der Koinzidenzknoten erfolgt analog über die entsprechenden Spalten.

Damit ist Frage (1) aber noch nicht vollständig beantwortet, da das von a_i ausgehende Gerücht noch über die Inzidenzpunkte hinaus weitere Personen erfassen kann; allgemein stellen wir fest, daß ein Gerücht von a_i aus a_j erreicht, wenn es eine 'Reihe von Pfeilen' zwischen a_i und a_j gibt. Folgende Definition präzisiert diesen Gedanken:

<u>Def. 3</u>: $G = (E,R)$ sei ein Graph. Für $n \in \mathbb{N}$ heißt eine Abb.

$$w: \{0,1,2,\ldots,n\} \longrightarrow E$$

ein <u>Weg</u> von $e \in E$ nach $e' \in E$ mit der <u>Länge</u> n , bezeichnet mit $l(w) = n$, wenn gilt:

(1) $w(0) = e$, $w(n) = e'$,

(2) für alle $i \in \{0,1,2,\ldots,n-1\}$ ist

$$[w(i), w(i+1)] \in R \quad .$$

Gilt für einen Weg w , daß für alle $i,j \in \{0,1,2,\ldots,n-1\}$ $w(i) \neq w(j)$ oder $w(i+1) \neq w(j+1)$ mit $i \neq j$, so heißt w ein <u>einfacher Weg</u> ; ist ein Weg w eine injektive Abb., so heißt w ein <u>Pfad</u>.

Bemerkungen:

(1) Ein Weg in einem Graphen kann durch die Folge seiner Ecken oder auch durch die seiner Kanten beschrieben werden. In unserem Beisp. G_1 S.-23-ist (a_5, a_8, a_5, a_1) ein Weg der Länge 3 .

(2) Ein einfacher Weg enthält jede Kante nur höchstens einmal; so ist etwa (a_5, a_8, a_5, a_8) ein Weg, nicht jedoch ein einfacher Weg, da die Kante (a_5, a_8) zweimal vorkommt. (a_5, a_8, a_5, a_1) ist dagegen ein einfacher Weg.

(3) Ein Pfad einthält keine Ecke zweimal, d.h. (a_5, a_8, a_5, a_1) ist kein Pfad, wohl aber

$(a_8, a_5, a_1, a_7, a_3)$.

Def. 4: $G = (E,R)$ sei ein Graph.

(1) Ein Weg in G mit $w(0) = w(n)$ heißt Zyklus.

(2) Ein einfacher Weg in G mit $w(0) = w(n)$ heißt einfacher Zyklus.

(3) Ein Zyklus, der injektiv auf $\{0,1,2,\ldots,n-1\}$ ist, heißt Schleife .

Beispiele: In G_1 ist $(a_5, a_1, a_8, a_5, a_8, a_5)$ ein Zyklus der Länge 5, (a_8, a_5, a_1, a_8) ist ein einfacher Zyklus und eine Schleife in G_1 .

Def. 5: $G = (E,R)$ sei ein Graph. Zwei Punkte e, e' aus E heißen zusammenhängend

$:\Longleftrightarrow$ es existiert ein Weg von e nach e' oder von e' nach e ,

streng zusammenhängend

$:\Longleftrightarrow$ es existiert ein Weg von e nach e' und von e' nach e .

Der Graph G heißt zusammenhängend, wenn je zwei Punkte zusammenhängend sind, er heißt streng zusammenhängend, wenn je zwei Punkte streng zusammenhängend sind.

<u>Satz 3</u>: Jeder streng zusammenhängende Graph ist zusammenhängend.

<u>Def. 6</u>: $G = (E,R)$ sei ein Graph, $e \in E$. Die Menge

$C(e) := \{a / a \in E$ und es existiert ein Weg von e nach $a\}$

heißt <u>Zusammenhangskomponente</u> von e.

Mit diesen Begriffsbildungen kann nun die Frage (1) vollständig beantwortet werden:
Ein von a_i ausgehendes Gerücht erreicht alle a_j, die in der Zusammenhangskomponente von a_i liegen. Sowohl bei a_i als isoliertem Punkt als auch für $og(a_i) = 0$ existieren von a_i ausgehend nur Wege der Länge 0, d.h. das Gerücht wird nicht weiterverbreitet.

Effektiv können wir das aufgezeigte Problem aber erst bei Existenz eines Algorithmus zur Auffindung der Zusammenhangskomponente lösen. Es erscheint zweckmäßig, gleich an dieser Stelle einen universellen Algorithmus anzugeben, mit dem nicht nur die auf S. -23f- aufgeworfenen Fragen beantwortet werden können, sondern auch später noch zu erörternde Strategieprobleme angegangen werden können.

Betrachten wir dazu folgenden Graphen:

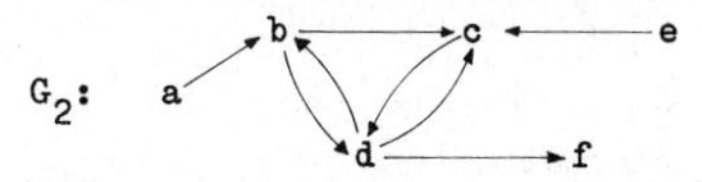

Gesucht: Die Zusammenhangskomponente von c, also $C(c)$!
Dazu numerieren wir einige der Punkte von G_2 nach folgendem Schema:

(1) c wird mit 0 numeriert,

(2) die Inzidenzpunkte von c werden mit 1 numeriert

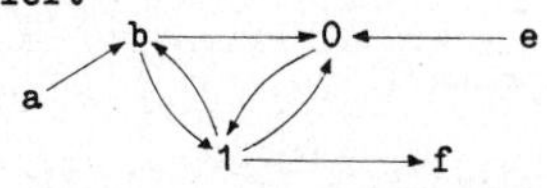

(3) Von jedem Inzidenzpunkt aus werden dessen Inzidenzpunkte mit 2 numeriert, sofern sie nicht schon eine kleinere Nummer tragen:

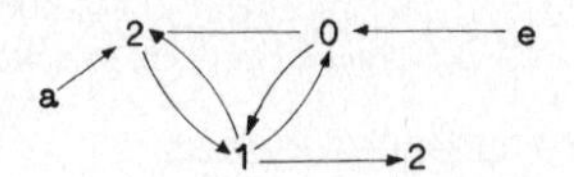

(4) Dieses Verfahren wird mit den neu numerierten Punkten fortgesetzt.

ETC.

Da G ein endlicher Graph ist, bricht das Verfahren ab, wenn Punkte erreicht sind, deren og gleich Null ist oder nur noch Punkte erreicht werden, die schon niedriger numeriert sind. In unserem Beispiel bricht das Verfahren nach dem 3. Schritt ab, da og(f) = 0, und alle Inzidenzpunkte von b schon mit Zahlen ≤ 2 numeriert sind.

Es gilt:

(1) C(c) ist die Menge der numerierten Punkte,

(2) jede zu einem Punkt x gehörende Zahl gibt die Länge des kürzesten Weges von c nach x an $(x \in E)$.

Die Beweise für beide Behauptungen folgen unmittelbar aus Def. 2 bis Def. 6 .

Aufgabe:

p(5) Zeigen Sie mit den Methoden aus LuM I , daß mit Bemerkung (3) zu Def. 3 eine injektive Abb. charakterisiert ist !

(1.2.3) Matrizen und Graphen

Dieses soeben aufgezeigte Verfahren ist für komplexere Probleme nur schwer durchführbar; wir geben daher einen weiteren, auf Matrizenoperationen (zu Matrizen in Kap.(2.) noch Genaueres) beruhenden Algorithmus an, der simultan für alle Punkte aus E die Zusammenhangskomponente angibt. Betrachten wir die zu G_2 S.-31- gehörende assoziierte Matrix:

$$A(G_2) = \begin{array}{c} \\ a \\ b \\ c \\ d \\ e \\ f \end{array} \begin{array}{c} \begin{array}{cccccc} a & b & c & d & e & f \end{array} \\ \begin{pmatrix} 0 & 1 & 0 & 0 & 0 & 0 \\ 0 & 0 & 1 & 1 & 0 & 0 \\ 0 & 0 & 0 & 1 & 0 & 0 \\ 0 & 1 & 1 & 0 & 0 & 1 \\ 0 & 0 & 1 & 0 & 0 & 0 \\ 0 & 0 & 0 & 0 & 0 & 0 \end{pmatrix} \end{array}$$

$A(G)$ gibt an, ob eine Kante von e_i nach e_j läuft oder nicht. Ein Weg der Länge 2 in einem Graphen $G = (E,R)$ von e_i nach e_j existiert nur, wenn es ein e_k gibt, über das der Weg läuft, d.h. $(e_i,e_k) \in R$ <u>und</u> $(e_k,e_j) \in R$. Alle Kanten mit e_i als Anfangsknoten stehen in der i - ten Zeile, alle Kanten mit e_j als Endknoten in der j - ten Spalte von $A(G)$.

Will man also einen Weg der Länge 2 von e_i nach e_j über e_k finden, so hat man jeweils die k - ten Eintragungen in der i - ten Zeile und der j - ten Spalte $(i,j,k = 1,2,\ldots,m; m = |E|)$ aufzusuchen, um zu erkennen, ob für das e_k sowohl $(e_i,e_k) \in R$ als auch $(e_k,e_j) \in R$ gilt. Dies ist genau dann der Fall, wenn a_{ik} und a_{kj} in $A(G)$ gleich Eins sind. Wollen wir nun eine Matrix konstruieren, um zu prüfen, ob mindestens ein Weg der Länge 2 von e_i nach e_j existiert, so brauchen wir lediglich für alle k $a_{ik} \cdot a_{kj}$ zu bilden und zu sehen, ob es für mindestens ein k einen Wert gleich Eins annimmt; denn $a_{ik}a_{kj} = 1$ gilt ja genau dann, wenn $a_{ik} = a_{kj} = 1$ ist, d.h. wenn ein Weg (e_i,e_k,e_j) existiert.

Addieren wir noch die erhaltenen Einsen für die einzelnen k , so gibt die Summe die Anzahl aller Wege der Länge 2 von e_i nach e_j an. Wir definieren daher allgemein eine Operation für Matrizen M und N :

> M sei (m,n) - Matrix , N sei (n,z) - Matrix ('(x,y) - Matrix' bedeutet: die Matrix hat x Zeilen und y Spalten); dann ist die <u>Multiplikation</u>

von $\mathcal{M}$ und $\mathcal{N}$ definiert als

$$(1.2\text{-}1)\quad \begin{cases} \mathcal{M}\cdot\mathcal{N} = \mathcal{M}\mathcal{N} =: \mathcal{C} \\ \text{mit} \\ c_{ij} := \sum_{k=1}^{n} a_{ik} b_{kj} \quad \text{mit} \begin{cases} a_{ij} \text{ aus } \mathcal{M}, \\ b_{kj} \text{ aus } \mathcal{N}; \end{cases} \\ i = 1,2,\ldots,m \\ k = 1,2,\ldots,n \\ j = 1,2,\ldots,z \end{cases}$$

$\mathcal{C}$ ist dann (m,z) - Matrix.

Ist $\mathcal{M} = \mathcal{N} = \mathcal{A}(G)$ für einen Graphen G, so gilt:

$$(1.2\text{-}2)\quad \mathcal{A}(G)\mathcal{A}(G) = [\mathcal{A}(G)]^2 ,$$

wobei $a_{ij}^{(2)}$ die Elemente aus $[\mathcal{A}(G)]^2$ bezeichnen.

$a_{ij}^{(2)}$ ist die Anzahl der Wege der Länge 2 von e_i nach e_j, wie zuvor entwickelt wurde.

Da sich Wege der Länge 3 aus solchen der Länge 2 und einer Kante (d.h. der Länge 1) zusammensetzen, läßt sich die Argumentation von oben analog übertragen:

Ein Weg der Länge 3 von e_i nach e_j existiert, wenn es in der i - ten Zeile von $[\mathcal{A}(G)]^2$ an der k - ten Stelle ebenso einen von Null verschiedenen Wert gibt wie an der k - ten Stelle in der j - ten Spalte von $\mathcal{A}(G)$. Die Anzahl der Wege der Länge 3 setzt sich dann wieder additiv aus der Anzahl der Wege an der k - ten Stelle zusammen, so daß das Element $a_{ij}^{(3)}$ von $[\mathcal{A}(G)]^2\mathcal{A}(G) = [\mathcal{A}(G)]^3$ die Anzahl der Wege der Länge 3 von e_i nach e_j angibt.

Dieses Verfahren ist dann auf Wege beliebiger Länge q fortsetzbar:

Die Elemente $a_{ij}^{(q)}$ von $[\mathcal{A}(G)]^{q-1}\mathcal{A}(G) = [\mathcal{A}(G)]^q$ geben die Anzahl der Wege der Länge q von e_i nach e_j wieder.

Berechnen wir als Beisp. $[A(G_2)]^2$:

$$[A(G_2)]^2 = \begin{array}{cc} & \begin{array}{cccccc} a & b & c & d & e & f \end{array} \\ \begin{array}{c} a \\ b \\ c \\ d \\ e \\ f \end{array} & \begin{pmatrix} 0 & 0 & 1 & 1 & 0 & 0 \\ 0 & 1 & 1 & 1 & 0 & 1 \\ 0 & 1 & 1 & 0 & 0 & 1 \\ 0 & 0 & 1 & 2 & 0 & 0 \\ 0 & 0 & 0 & 1 & 0 & 0 \\ 0 & 0 & 0 & 0 & 0 & 0 \end{pmatrix} \end{array}$$

Als Beisp. sei $a_{44}^{(2)} = a_{dd}^{(2)}$ explizit ausgerechnet:

$$a_{44}^{(2)} = \sum_j a_{4j} a_{j4} = 0 \cdot 0 + 1 \cdot 1 + 1 \cdot 1 + 0 \cdot 0 + 0 \cdot 0 + 1 \cdot 0$$

$$= 2$$

Von d nach d existieren also zwei Wege der Länge 2 , ansonsten gibt es nur höchstens einen Weg der Länge 2 zwischen den Knoten.

Die beiden nächsten Potenzen lauten:

$$[A(G_2)]^3 = \begin{array}{cc} & \begin{array}{cccccc} a & b & c & d & e & f \end{array} \\ \begin{array}{c} a \\ b \\ c \\ d \\ e \\ f \end{array} & \begin{pmatrix} 0 & 1 & 1 & 1 & 0 & 1 \\ 0 & 1 & 2 & 2 & 0 & 1 \\ 0 & 0 & 1 & 2 & 0 & 0 \\ 0 & 2 & 2 & 1 & 0 & 2 \\ 0 & 1 & 1 & 0 & 0 & 1 \\ 0 & 0 & 0 & 0 & 0 & 0 \end{pmatrix} \end{array}$$

$$[A(G_2)]^4 = \begin{array}{cc} & \begin{array}{cccccc} a & b & c & d & e & f \end{array} \\ \begin{array}{c} a \\ b \\ c \\ d \\ e \\ f \end{array} & \begin{pmatrix} 0 & 1 & 2 & 2 & 0 & 1 \\ 0 & 2 & 3 & 3 & 0 & 2 \\ 0 & 2 & 2 & 1 & 0 & 2 \\ 0 & 1 & 3 & 4 & 0 & 1 \\ 0 & 0 & 1 & 2 & 0 & 0 \\ 0 & 0 & 0 & 0 & 0 & 0 \end{pmatrix} \end{array}$$

Ist man lediglich daran interessiert, ob es (mindestens)

einen Weg der Länge q von e_i nach e_j gibt, und nicht daran, wie viele dies sind, so modifiziert man die zuvor aufgezeigte Matrizenmultiplikation leicht:

M sei (m,n) - Matrix, N sei (n,z) - Matrix, beide mit Elementen aus $\mathbb{N}$; dann ist die <u>logische Multiplikation</u> $\overset{*}{\cdot}$ von M und N definiert als:

$$(1.2\text{-}3) \qquad \mathsf{M} \overset{*}{\cdot} \mathsf{N} =: \mathcal{C}^* \quad \text{mit} \quad c^*_{ij} = \begin{cases} 0 & \text{für } c_{ij} = 0 \\ 1 & \text{für } c_{ij} > 0 \end{cases}, \quad c_{ij} \text{ aus } \mathsf{MN}.$$

$\mathsf{M} \overset{*}{\cdot} \mathsf{N}$ wird auch mit $(\mathsf{MN})^*$ bezeichnet; diese Schreibweise ist für quadratische Matrizen vorteilhafter.

Die Elemente von M^{q*} werden mit $m^{(q)*}_{ij}$ bezeichnet.

<u>Satz 4</u>: M sei eine quadratische Matrix mit Elementen aus $\mathbb{N}$. Dann gilt:

$$(1.2\text{-}4) \qquad \mathsf{M}^{q*} \overset{*}{\cdot} \mathsf{M} = \mathsf{M}^{q+1*} = (\underbrace{\mathsf{M}\,\mathsf{M}\ldots\mathsf{M}}_{q \text{ mal}}) \overset{*}{\cdot} \mathsf{M}$$

Beweis durch Nachrechnen.

Wir können nun berechnen, ob und wie viele Wege der Länge q es von einem Punkt e_i eines Graphen zu einem anderen Punkt e_j gibt. Die Zusammenhangskomponente des Punktes e_i besteht aus allen Punkten, zu denen ein Weg von e_i aus (der Länge 1,2,...) existiert. In $[A(G)]^q$ sind nun die Anzahlen der Wege von e_i nach e_j der Länge q enthalten, in $[A(G)]^{q*}$ die Information, ob es überhaupt einen Weg der Länge q gibt. Wollen wir beide Informationen über alle q verfolgen, so müssen wir die $[A(G)]^q$ bzw. die $[A(G)]^{q*}$ jeweils 'zusammenfassen'.

In diesen 'zusammenfassenden' Matrizen soll an der Stelle $r^{(q)}_{ij}$ genau die Anzahl der Wege von e_i nach e_j mit einer Länge kleiner oder gleich q stehen bzw. an der Stelle $r^{(q)*}_{ij}$ eine 1, wenn es einen Weg mit höchstens der Länge q von e_i nach e_j gibt, sonst eine 0. Wir definieren also zwei Matrizenoperationen:

$\mathcal{M}$, $\mathcal{N}$ seien (m,n) - Matrizen, die <u>Summe</u> von $\mathcal{M}$ und $\mathcal{N}$ ist definiert als

(1.2-5) $$\mathcal{M} + \mathcal{N} =: \mathcal{C} \text{ mit } c_{ij} := a_{ij} + b_{ij} \quad ,$$

wobei a_{ij} aus $\mathcal{M}$ und b_{ij} aus $\mathcal{N}$ stammen.

$\mathcal{M}$, $\mathcal{N}$ seien (m,n) - Matrizen mit Elementen aus $\mathbb{N}$; die <u>logische Summe</u> $\overset{*}{+}$ von $\mathcal{M}$ und $\mathcal{N}$ ist definiert als

(1.2-6) $$\mathcal{M} \overset{*}{+} \mathcal{N} =: \mathcal{C}^* \text{ mit } c^*_{ij} := \begin{cases} 0 & \text{für } c_{ij} = 0 \\ 1 & \text{für } c_{ij} > 0 \end{cases} ,$$

c_{ij} aus $\mathcal{M} + \mathcal{N}$.

Somit können nun die Zusammenhangskomponenten unseres Beisp. G_2 berechnet werden:

Mit $\mathcal{R}_q(G)$ wird die Matrix mit der Anzahl der Wege der Länge kleiner oder gleich q bezeichnet, $\mathcal{R}_q(G)*$ bezeichnet die entsprechende logische Matrix.

1. Schritt Wege der Länge 0

$$\mathcal{R}_0(G_2) = \mathcal{R}_0(G_2)* = \begin{array}{c|cccccc} & a & b & c & d & e & f \\ \hline a & 1 & 0 & 0 & 0 & 0 & 0 \\ b & 0 & 1 & 0 & 0 & 0 & 0 \\ c & 0 & 0 & 1 & 0 & 0 & 0 \\ d & 0 & 0 & 0 & 1 & 0 & 0 \\ e & 0 & 0 & 0 & 0 & 1 & 0 \\ f & 0 & 0 & 0 & 0 & 0 & 1 \end{array} =: \mathcal{I} \text{ ('Einheitsmatrix')}$$

2. Schritt Wege der Länge 0 oder 1

$$\mathcal{R}_1(G_2) = \mathcal{R}_1(G_2)* = \mathcal{I} + A(G_2) = \begin{array}{c|cccccc} & a & b & c & d & e & f \\ \hline a & 1 & 1 & 0 & 0 & 0 & 0 \\ b & 0 & 1 & 1 & 1 & 0 & 0 \\ c & 0 & 0 & 1 & 1 & 0 & 0 \\ d & 0 & 1 & 1 & 1 & 0 & 1 \\ e & 0 & 0 & 1 & 0 & 1 & 0 \\ f & 0 & 0 & 0 & 0 & 0 & 1 \end{array}$$

3. Schritt Wege der Länge 0,1 oder 2

$$\mathcal{R}_2(G_2) = I + A(G_2) + [A(G_2)]^2 = \begin{array}{c|cccccc} & a & b & c & d & e & f \\ \hline a & 1 & 1 & 1 & 1 & 0 & 0 \\ b & 0 & 2 & 2 & 2 & 0 & 1 \\ c & 0 & 1 & 2 & 1 & 0 & 1 \\ d & 0 & 1 & 2 & 3 & 0 & 1 \\ e & 0 & 0 & 1 & 1 & 1 & 0 \\ f & 0 & 0 & 0 & 0 & 0 & 1 \end{array}$$

Bisher stimmten beide Typen von Matrizen überein. Hier jedoch tauchen zum ersten Mal Elemente größer 1 auf. Daher:

$$\mathcal{R}_2(G_2)_* = \mathcal{R}_1(G_2)_* \overset{*}{+} [A(G_2)]^2 = \begin{array}{c|cccccc} & a & b & c & d & e & f \\ \hline a & 1 & 1 & 1 & 1 & 0 & 0 \\ b & 0 & 1 & 1 & 1 & 0 & 1 \\ c & 0 & 1 & 1 & 1 & 0 & 1 \\ d & 0 & 1 & 1 & 1 & 0 & 1 \\ e & 0 & 0 & 1 & 1 & 1 & 0 \\ f & 0 & 0 & 0 & 0 & 0 & 1 \end{array}$$

4. Schritt Wege der Länge 0,1,2 oder 3

$$\mathcal{R}_3(G_2) = \mathcal{R}_2(G_2) + [A(G_2)]^3 = \begin{array}{c|cccccc} & a & b & c & d & e & f \\ \hline a & 1 & 2 & 2 & 2 & 0 & 1 \\ b & 0 & 3 & 4 & 4 & 0 & 2 \\ c & 0 & 1 & 3 & 3 & 0 & 1 \\ d & 0 & 3 & 4 & 4 & 0 & 3 \\ e & 0 & 1 & 2 & 1 & 1 & 1 \\ f & 0 & 0 & 0 & 0 & 0 & 1 \end{array}$$

$$\mathcal{R}_3(G_2)_* = \mathcal{R}_2(G_2)_* \overset{*}{+} [A(G_2)]^3 = \begin{array}{c|cccccc} & a & b & c & d & e & f \\ \hline a & 1 & 1 & 1 & 1 & 0 & 1 \\ b & 0 & 1 & 1 & 1 & 0 & 1 \\ c & 0 & 1 & 1 & 1 & 0 & 1 \\ d & 0 & 1 & 1 & 1 & 0 & 1 \\ e & 0 & 1 & 1 & 1 & 1 & 1 \\ f & 0 & 0 & 0 & 0 & 0 & 1 \end{array}$$

ETC.

Da in den Beisp.graphen Wege jeder beliebigen Länge existieren (weil es Zyklen gibt), kann $\mathcal{R}_q(G_2)$ bis zu beliebigem $q \in \mathbb{N}$ errechnet werden. Der Leser mag sich aber davon überzeugen, daß für unser Beisp. gilt:

(1.2-7) $$\mathcal{R}_3(G_2)* = \mathcal{R}_4(G_2)* = \mathcal{R}_{3+q}(G_2)* \quad \text{für } q \in \mathbb{N} .$$

Allgemein gilt:

Satz 5: Sei $G = (E,R)$ ein Graph und $|E| = p$. Dann existiert ein $k \in \mathbb{N}$, $k \leq p - 1$ und

(1.2-8) $$\mathcal{R}_k(G)* = \mathcal{R}_{k+q}(G)*$$

für alle $q \in \mathbb{N}$.

Die Matrix $\mathcal{R}_k(G)*$ heißt Erreichbarkeitsmatrix von G und wird mit $\mathcal{R}(G)$ bezeichnet, die Elemente mit r_{ij} .

Satz 5 sagt aus, daß von einem bestimmten k an Wege der Länge $l > k$ keine neue Knoten mehr erreichen.

Satz 6: Sei $G = (E,R)$ ein Graph, $e_i \in E$. Ein Punkt e_j ist genau dann Element von $C(e_i)$, wenn gilt:

$$r_{ij} = 1 \quad \text{mit} \quad r_{ij} \text{ aus } \mathcal{R}(G) .$$

Damit können nun die Zusammenhangskomponenten von G_2 bestimmt werden:

$$C(a) = \{a,b,c,d,f\} ,$$
$$C(b) = \{b,c,d,f\} = C(c) = C(d) ,$$
$$C(e) = \{b,c,d,e,f\} ,$$
$$C(f) = \{f\} .$$

Auf dieselbe Art können die Zusammenhangskomponenten von G_1 berechnet werden:

$$C(a_1) = \{a_1,a_8,a_5,a_7,a_3\} ,$$
$$C(a_2) = \{a_2\} ,$$
$$C(a_3) = \{a_3\} ,$$
$$C(a_4) = \{a_4\} ,$$
$$C(a_5) = \{a_1,a_3,a_5,a_7,a_8\} ,$$
$$C(a_6) = \{a_6,a_4\} ,$$

$C(a_7) = \{a_3, a_7\}$,

$C(a_8) = \{a_1, a_3, a_5, a_7, a_8\}$,

$C(a_9) = \{a_4, a_9\}$.

Damit ist die eingangs gestellte Frage (1) vollständig beantwortet.

Die Antwort auf Frage (2) ist nun leicht zu geben, wenn man bedenkt: a_i hört ein Gerücht von a_j genau dann, wenn a_j ein Gerücht a_i erzählt, d.h. in Frage (2) wird der inverse Graph, also G_1^{-1}, gesucht:

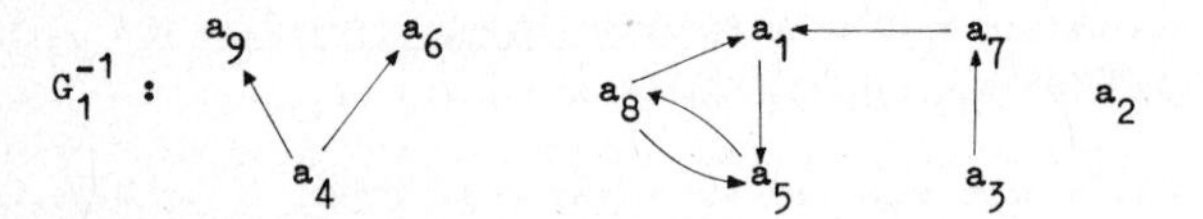

Ein Pfeil geht hier genau dann von a_i zu a_j, wenn a_i von a_j ein Gerücht hört. Frage (2) ist nun dadurch zu beantworten, daß man die Zusammenhangskomponenten von G_1^{-1} betrachtet, der Leser möge sich das veranschaulichen.
Berechnet man die Zusammenhangskomponente von G_1^{-1} für alle a_i, bezeichnet mit $C^{-1}(a_i)$ - <u>Cozusammenhangskomponente</u> - , so erhält man:

$C^{-1}(a_1) = \{a_1, a_5, a_8\}$,

$C^{-1}(a_2) = \{a_2\}$,

$C^{-1}(a_3) = \{a_1, a_3, a_5, a_7, a_8\}$,

$C^{-1}(a_4) = \{a_4, a_6, a_9\}$,

$C^{-1}(a_5) = \{a_5, a_1, a_8\}$,

$C^{-1}(a_6) = \{a_6\}$,

$C^{-1}(a_7) = \{a_1, a_5, a_7, a_8\}$,

$C^{-1}(a_8) = \{a_1, a_5, a_8\}$,

$C^{-1}(a_9) = \{a_9\}$.

Damit ist auch Frage (2) vollständig beantwortet .

Aufgaben:

w(6) $A(G) = \begin{matrix} & e_1 & e_2 & e_3 \\ e_1 \\ e_2 \\ e_3 \end{matrix} \begin{pmatrix} 1 & 0 & 1 \\ 0 & 0 & 1 \\ 0 & 1 & 0 \end{pmatrix}$ Bilden Sie $[A(G)]^3$!

w(7) Gegeben sei der Graph von Kommunikationsbeziehungen

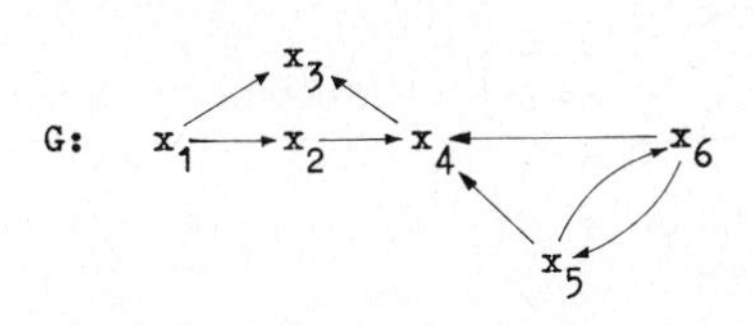

Bestimmen Sie die Zusammenhangskomponenten der x_i !

p(8) (Cliquenanalyse)

Es erscheint plausibel, unter einer Clique eine Gruppe von Personen zu verstehen, die dadurch gekennzeichnet sind, daß sie eine Teilgruppe einer größeren Gruppe bilden, wobei in dieser Teilgruppe nur wechselseitige (meist Freundschafts-) Beziehungen bestehen.

Die Cliquenanalyse richtet sich auf derartige Teilgruppen.

(a) Alle diese Teilgruppen besitzen eine spezifische graphentheoretische Eigenschaft, die sich in einer bestimmten Teilmatrix von $A(G)$ auffinden läßt. Wie ist diese Teilmatrix beschaffen?

(b) Welche Matrizenoperation an welcher Matrix ist notwendig, um herauszufinden, wieviele n - Cliquen (d.h. die Clique umfaßt n Personen) es gibt, in der sich eine bestimmte Person befindet?

(c) Welche Elemente der zu (b) gebildeten Matrix geben Auskunft über die n - Cliquen ?

p(9) In einem Betrieb gebe es 6 Abteilungen. Durch Beobachtung, geeignete Befragung etc. habe man die Freundschaftsbeziehungen(unter denen sich auch einseitige befinden) zwischen den Abteilungsleitern herausgefunden.

Die zugehörige assoziierte Matrix zu G = (E,R) mit $E = \{1,\ldots,6\}$ und $r :\Longleftrightarrow$ "x ist Freund von y" mit $x,y \in E$ und $(x,y) \in R$ möge folgende Gestalt haben:

$$\begin{array}{c} \\ 1\\2\\3\\4\\5\\6 \end{array} \begin{array}{c} \begin{array}{cccccc} 1 & 2 & 3 & 4 & 5 & 6 \end{array} \\ \begin{pmatrix} 0 & 1 & 0 & 1 & 1 & 0 \\ 1 & 0 & 1 & 1 & 1 & 0 \\ 0 & 1 & 0 & 1 & 0 & 0 \\ 0 & 1 & 1 & 0 & 0 & 0 \\ 0 & 0 & 1 & 0 & 0 & 1 \\ 0 & 0 & 0 & 0 & 1 & 0 \end{pmatrix} \end{array} = A(G)$$

Analysieren Sie G auf Cliquen hin und beantworten Sie dabei insbesondere folgende Fragen:

(a) Welche Freundschaftsbeziehungen sind einseitig?

(b) Gibt es isolierte Freundespaare, d.h. zwei Personen, die zwar miteinander befreundet sind, aber zu anderen Abt.leitern keine Freundschaftsbeziehungen unterhalten? Aus welcher Matrix ist das ablesbar?

(c) Gibt es völlig isolierte Abt.leiter(d.h. solche, die überhaupt keine wechselseitigen Freundschaftsbeziehungen mit den übrigen Abt.leitern unterhalten)?

(d) Wieviele 3 - Cliquen gibt es, und welche Personen befinden sich in ihnen? Versuchen Sie, eine Methode zu entwickeln, nach der sich feststellen läßt, welche Personen Teil einer 3 - Clique (oder allg. einer n - Clique) sind !

(e) Gibt es sich überschneidende 3 - Cliquen? Wenn ja, welche Personen befinden sich zugleich in mindestens zwei 3 - Cliquen ?

(f) Finden Sie alle Cliquen !

(Weiteres zur Cliquenanalyse in Luce,Perry(1966))

(1.2.4) Punktbasen, Quotientengraphen, reduzierte Graphen

Die Beantwortung der Frage, ob es ein a_i in G_1 gibt, so daß die von a_i ausgehenden Gerüchte jedes a_j $(j = 1,\ldots,9)$ erreichen, ist mit Hilfe der Zusammenhangskomponente leicht: Das wird genau dann der Fall sein, wenn $C(a_i) = G$ ist (genauer: $C(a_i) = E$, in der Literatur findet man aber meist G). Die Liste der $C(a_i)$ auf S.-39f- zeigt, daß in diesem Graphen kein a_i diese Bedingung erfüllt.

Betrachten wir aber folgenden Graphen:

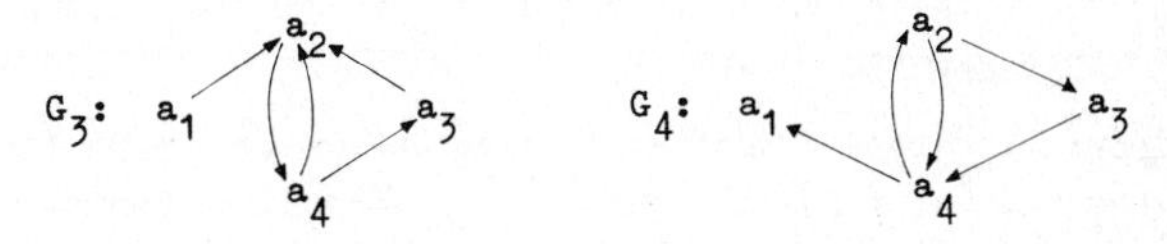

Für G_3 gilt:

$$C(a_1) = \{a_1,a_2,a_3,a_4\}, \quad C(a_2) = C(a_3) = C(a_4) = \\ = \{a_2,a_3,a_4\} \quad .$$

a_1 erfüllt hier die Bedingung $C(a_1) = G_3$.

Frage (4) ist die Frage danach, ob es ein a_i in G_1 gibt mit $C^{-1}(a_i) = G_1$. Die Liste der $C^{-1}(a_i)$ zeigt, daß in G_1 kein solches Element existiert. Betrachten wir dagegen G_4:

$$C^{-1}(a_1) = \{a_1,a_2,a_3,a_4\}, \quad C^{-1}(a_2) = C^{-1}(a_3) = C^{-1}(a_4) = \\ = \{a_2,a_3,a_4\} \quad .$$

a_1 erfüllt also die Bedingung $C^{-1}(a_1) = G_4$.

Diese Überlegungen motivieren folgende Definitionen:

<u>Def. 7</u>: $G = (E,R)$ sei ein Graph; ein Punkt $e \in E$ heißt <u>Quelle</u> von G, wenn $C(e) = G$, er heißt <u>Senke</u> von G, wenn $C^{-1}(e) = G$. Eine Menge $E' \subseteq E$ heißt <u>Erzeugendenmenge (EZM)</u> von G, wenn

$$\bigcup_{e \in E'} C(e) = G \, ,$$

sie heißt <u>Coerzeugendenmenge</u> von G, wenn

$$\bigcup_{e \in E'} C^{-1}(e) = G \quad .$$

Ist $E' \subseteq E$ eine minimale EZM von G , d.h. gilt für jede EZM E'' mit $E'' \subseteq E'$:

$$E'' = E' \quad ,$$

so heißt E' Basis von G . Ist $E' \subseteq E$ eine minimale CoEZM von G , so heißt E' Cobasis von G . Ist $E' \subseteq E$ Basis und Cobasis von G , so heißt E' Duobasis von G .

Beispiele: Der Graph G_1 hat weder eine Quelle noch eine Senke. G_3 hat eine Quelle, nämlich a_1, aber keine Senke. G_4 hat eine Senke, nämlich a_1, jedoch keine Quelle.

Damit sind gleichzeitig die Fragen (3) und (4) beantwortet, und es ist offensichtlich, daß zur Beantwortung der Fragen (5) und (6) die Begriffe Basis, Cobasis und Duobasis hilfreich sein werden, da genau nach der Existenz dieser Mengen gefragt ist.

Satz 7: Sei $G = (E,R)$ ein Graph, dann gilt: Jeder Graph besitzt(mindestens)eine EZM, eine CoEZM, eine Basis und eine Cobasis.

Als EZM bzw. CoEZM kann man stets E selbst wählen, ein Verfahren zur Bestimmung von Basen und Cobasen wird jetzt entwickelt.

Beschränken wir uns zunächst auf das Auffinden von Basen. Es ist klar: Jeder Punkt e mit $ig(e) = 0$ gehört zu jeder Basis, da er von keinem anderen Punkt aus erreichbar ist.

Def. 8: Ein Punkt e in einem Graphen $G = (E,R)$ heißt Sender, wenn gilt: $ig(e) = 0$ und $og(e) > 0$.

Satz 8: In einem Graphen $G = (E,R)$, der keine isolierten Punkte enthält und genau einen Sender besitzt, ist e Quelle.

Weiterhin gilt: Gibt es in G einen Zyklus, so genügt es, wenn ein Punkt dieses Zyklus' ein Gerücht verbreitet, so daß alle Knoten des Zyklus dieses erfahren. Das führt zur

Def. 9: Sei $G = (E,R)$ ein Graph, eine Teilmenge $E' \subseteq E$ heißt strenge Zusammenhangskomponente, wenn gilt:
Der Untergraph $G' = [E',(E' \times E') \cap R]$ ist streng zusammenhängend (man erinnere sich an Satz 3 !).

Satz 9: Sei $G = (E,R)$ ein Graph, E' ist strenge Zusammenhangskomponente von G; dann und nur dann gilt:

(1.2-9) $$E' = C(e) \cap C^{-1}(e) \quad \text{für alle } e \in E' \quad .$$

(1.2-9) liefert eine Berechnungsmethode bzgl. der strengen Zusammenhangskomponenten eines Graphen.

Bemerkung: Man hätte die strengen Zusammenhangskomponenten auch analog zu Def. 6 einführen können als strenge Zusammenhangskomponente eines Punktes. Mit dem Satz, daß zwei strenge Zusammenhangskomponenten zweier Punkte e,e' genau dann gleich sind, wenn e in der strengen Zusammenhangskomponente von e' bzw. e' in der von e liegt, hätte man dann auch wieder von den (eindeutig bestimmten) strengen Zusammenhangskomponenten eines Graphen sprechen können. Da wir aber bei Basen an identifizierbaren Teilmengen interessiert sind und weniger an der Erreichbarkeit von Knoten, ist der vorliegende Weg gewählt worden.

Beisp.: Der Graph G_1 besteht aus den strengen Zusammenhangskomponenten:

$E_1 = \{a_1,a_5,a_8\}$, $E_2 = \{a_2\}$, $E_3 = \{a_3\}$,
$E_4 = \{a_4\}$, $E_5 = E_1$, $E_6 = \{a_6\}$,
$E_7 = \{a_7\}$, $E_8 = E_1$, $E_9 = \{a_9\}$.

Für G_3 gilt:
$E_1 = \{a_1\}$, $E_2 = E_3 = E_4 = \{a_2,a_3,a_4\}$.

Zum Auffinden einer minimalen EZM genügt es nach Satz 3 (jeder Knoten gehört mindestens dem Zyklus der Länge Null an), aus jeder strengen Zusammenhangskomponente höchstens einen Punkt zu berücksichtigen. Wir werden daher aus einem Graphen G

einen neuen konstruieren, in dem jede strenge Zusammenhangskomponente einen Knoten darstellt. Hierzu der

<u>Satz 10</u>: $G = (E,R)$ sei ein Graph, dann ist die auf E definierte Relation

$$Z \subseteq E^2 \text{ mit } (e,e') \in Z :\Longleftrightarrow e \text{ und } e' \text{ liegen in derselben strengen Zusammenhangskomponente}$$

eine Äquivalenzrelation, genannt <u>strenge Zusammenhangsrelation</u> .

Beweis dem Leser als Übung !

$E/_Z =: E_Z$ ist die Menge der Äquivalenzklassen strenger Zusammenhangskomponenten von E . Durch die Definition einer Relation auf $E/_Z$ wird ein Graph definiert:

<u>Def. 10</u>: $G = (E,R)$ sei ein Graph, der Graph $G_Z = (E_Z, R_Z)$ mit $E_Z = E/_Z$ und für $A, A' \in E_Z$, $A \neq A'$,

$$(A,A') \in R_Z :\Longleftrightarrow \bigvee_{e \in A} \bigvee_{e' \in A'} (e,e') \in R$$

heißt <u>Quotientengraph</u> von G .

<u>Beispiele</u>: Der Quotientengraph von G_1 lautet:

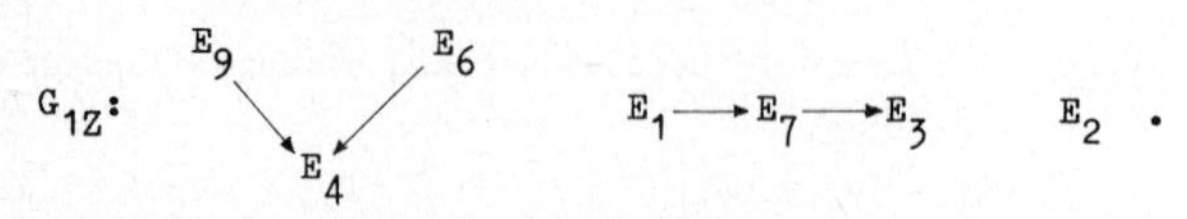

Der Quotientengraph von G_3 lautet:

G_{3Z}: $E_1 \longrightarrow E_2$

Der Quotientengraph stellt also die Verbindungen zwischen den strengen Zusammenhangskomponenten dar.

Aufgaben:

w(10) Berechnen Sie die strengen Zusammenhangskomponenten von G_4 !

w(11) Bilden Sie die Quotientengraphen von G_2 und G_4 !

<u>Satz 11</u>: Der Quotientengraph eines Graphen enthält keine Zyklen .

Entscheidend für die Konstruktion einer Basis ist nun der folgende

<u>Satz 12</u>: $G = (E,R)$ sei ein Graph. Eine Basis von G ist ein Repräsentantensystem der Sender von G_Z zusammen mit den isolierten Punkten.

Damit sind aus den $og(e_i)$ und den $ig(e_j)$ von $A(G_Z)$ sofort die Basen abzulesen. Für G_1 gilt:

G_1 besitzt die drei Basen

$$B_1 = \{a_1, a_2, a_6, a_9\} \quad ,$$

$$B_2 = \{a_2, a_5, a_6, a_9\} \quad ,$$

$$B_3 = \{a_2, a_6, a_8, a_9\} \quad .$$

Daß alle Basen eines Graphen stets dieselbe Anzahl von Elementen haben, besagt das

<u>Korollar 12.1</u>: $G = (E,R)$ sei ein Graph, B_i mit $i = 1,2,\ldots,n$ seien Basen von G ; dann gilt:

$$|B_i| = k \quad \text{für} \quad \text{ein } k \in \mathbb{N} \quad \text{und alle} \quad i \; .$$

Beweis: Folgt aus Satz 12 unmittelbar.

Aufgaben:

w(12) Bestimmen Sie die Basen der Graphen G_2, G_3, G_4 !

p(13) Welche Beziehung gibt es zwischen dem Konzept der Zusammenhangskomponente und der Cliquenanalyse ?

p(14) Welche Bedeutung haben Basen für Dominanzgraphen ?

Bzgl. Frage (6), die wiederum die'umgekehrte'(duale) Frage zu Frage (5) ist, kann nun der duale Weg wie zur Beantwortung der Frage (5) beschritten werden, d.h.:

<u>Def. 11</u>: $G = (E,R)$ sei ein Graph, ein Sender von G^{-1} heißt <u>Empfänger</u> von G.

<u>Satz 13</u>: Ein Graph $G = (E,R)$, der keine isolierten Punkte enthält und genau einen Empfänger e besitzt, hat genau eine Senke, nämlich e.

(1.2-9) zeigt dann, daß strenge Zusammenhangskomponenten in G und G^{-1} gleich sind. Der entscheidende Satz 12 ist dann dual zu

<u>Satz 14</u>: $G = (E,R)$ sei ein Graph. Eine Cobasis von G ist ein Repräsentantensystem der Empfänger von G_Z zusammen mit den isolierten Punkten.

<u>Korollar 14.1</u>: Alle Cobasen eines Graphen haben die gleiche Mächtigkeit.

<u>Beisp.</u>: Als Cobasis von G_1 erhält man

$$CB = \{a_2, a_3, a_4\}.$$

<u>Bemerkung</u>: Man beachte, daß Basen und Cobasen durchaus unterschiedliche Mächtigkeit haben können. Ebenso kann es mehrere Basen, aber nur eine Cobasis in einem Graphen geben und umgekehrt.

Aufgabe:

w(15) Bestimmen Sie alle Cobasen der Graphen G_2, G_3, G_4 !

Von besonderem Interesse wäre es nun, in einem Graphen eine Duobasis zu finden, da man bzgl. G_1 über diese Duobasis als ganze mit minimalem Aufwand jedes Gerücht in Umlauf setzen kann, so daß es jede Person erfährt. Umgekehrt bleibt der Duobasis kein irgendwo entstandenes Gerücht verborgen. Nun zeigt schon unser Beisp., daß es nicht in jedem Graphen eine Duobasis gibt. Wir werden daher ein Kriterium für die Existenz von Duobasen entwickeln.

Aus den Sätzen 12 und 14 folgt: Eine Duobasis von G, sofern sie existiert, besteht aus den isolierten Punkten und einem Repräsentantensystem derjenigen Elemente aus G_Z, bezeichnet mit A , die zugleich Sender und Empfänger sind, d.h. aber nach Def. 8 und 11, daß die Elemente aus A isolierte Punkte in G_Z sein müssen; sie repräsentieren demnach eine strenge Zusammenhangskomponente in G , aus der weder Kanten herauslaufen noch in sie hineinführen.

<u>Satz 15</u>: Sei $G = (E,R)$ ein Graph; G besitzt genau dann eine Duobasis, wenn G aus isolierten strengen Zusammenhangskomponenten besteht(isolierte Punkte sind insbesondere strenge Zusammenhangskomponenten).

<u>Korrolar 15.1</u>: Besteht G aus genau einer strengen Zusammenhangskomponente, so besitzt G mindestens einen Punkt, der zugleich Quelle und Senke von G ist.

<u>Beisp.</u>: G_5 ist ein Graph mit Duobasis, z.B.

$$DB_1 = \{x_1, x_2, x_5\} \quad .$$

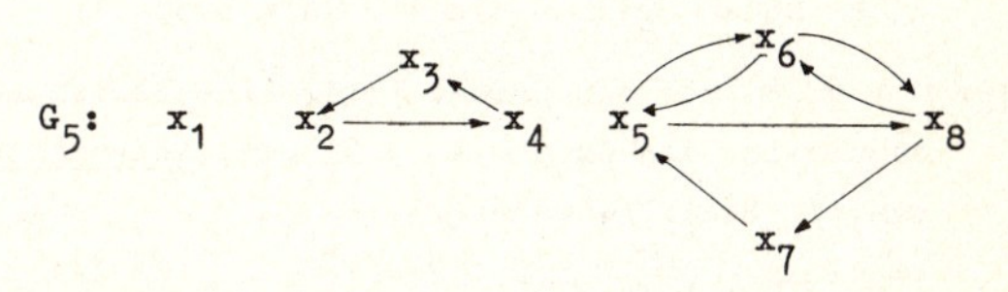

<u>Bemerkung</u>: Natürlich ist auch die Mächtigkeit der Duobasis eines Graphen eindeutig.

Aufgaben:

w(16) Untersuchen Sie folgende Graphen auf die Existenz von Duobasen hin:

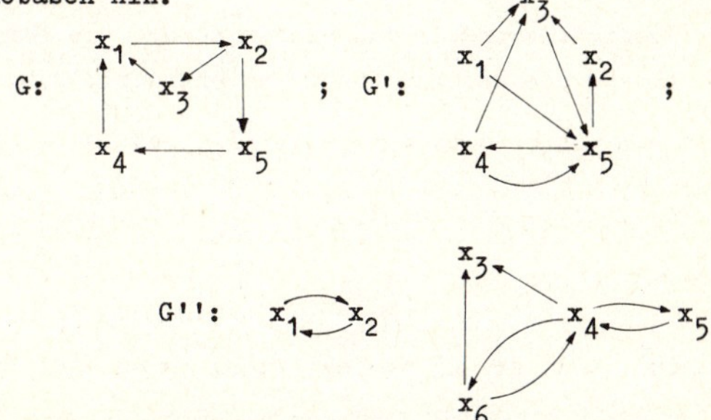

p(17) Existiert in einem Dominanzgraphen eine Duobasis, so haben die in dieser DB liegenden Knoten (Individuen etc.) i.A. eine schwierige soziale Position. Zeigen Sie diese auf und diskutieren Sie sie !

Die Fragen (7) und (8) stellen im wesentlichen auf folgendes Problem ab: Liegt mindestens ein Element einer bestimmten Teilmenge von Knoten in jeder CB ? Zur Beantwortung konstruieren wir einen neuen Graphen aus G_1 .

zu Frage (7)

$E' = \{a_1, a_4, a_7, a_8, a_9\}$ ist die Menge der Abteilungsleiter oder Stabsangehörigen. Diese Menge wird in einem neuen Graphen als ein Knoten spezifiziert.

<u>Def. 12</u>: $G = (E,R)$ sei ein Graph; $\mathfrak{z}$ sei eine Zerlegung von E, dann heißt der Graph $G_{\mathfrak{z}} = (E_{\mathfrak{z}}, R_{\mathfrak{z}})$ <u>reduzierter Graph</u> von G bzgl. $\mathfrak{z}$, wenn gilt:

(1) $E_{\mathfrak{z}} := \mathfrak{z} = \{ E_i / (E_i \subseteq E) \wedge (E_i \cap E_j = \emptyset)$ für $i \neq j$, $i,j = 1,2,\ldots,n \}$,

d.h. $\mathfrak{z}$ ist Zerlegung ;

(2) $R_{\mathfrak{z}} \subseteq \mathfrak{z} \times \mathfrak{z}$, $(E_i, E_j) \in R_{\mathfrak{z}} :\Longleftrightarrow \bigvee_{e_i \in E_i} \bigvee_{e_j \in E_j} (e_i, e_j) \in R$

<u>Satz 16</u>: Der Quotientengraph eines Graphen ist ein reduzierter Graph.

<u>Beisp.</u>: Spezifizieren wir in unserem Beisp. die Menge E' und lassen die anderen Punkte unverändert, d.h.

$\mathfrak{z} = \{ \{a_2\}, \{a_3\}, \{a_5\}, \{a_6\}, E' \}$, so hat $G_{1\mathfrak{z}}$ die Form:

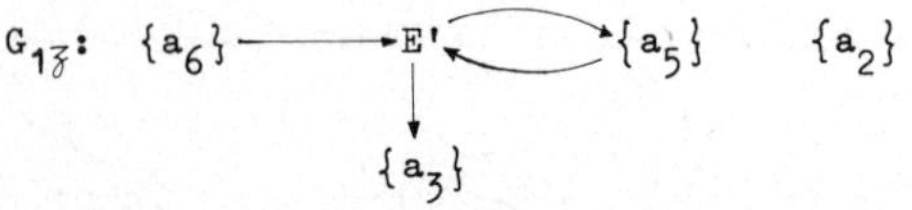

$G_{1\mathfrak{z}}$: $\{a_6\} \longrightarrow E' \rightleftarrows \{a_5\}$ $\{a_2\}$; $E' \longrightarrow \{a_3\}$

In $G_{1\mathfrak{z}}$ sind jetzt die CB zu bestimmen, in unserem Beisp.

gibt es nur eine:

$$CB(G_{\mathfrak{z}}) = \{\{a_3\},\{a_2\}\} ,$$

d.h. also,daß E' nicht Cobasis von $G_{1\mathfrak{z}}$ ist, also: E' hört nicht alle Gerüchte, hier z.B. von a_2 oder a_3 nicht.

zu Frage (8)

Hier ist eine adäquate Zerlegung $\mathfrak{z}' = \{A_1, A_2, A_3\}$, also die Menge der Abteilungen. Der reduzierte Graph hat die Form:

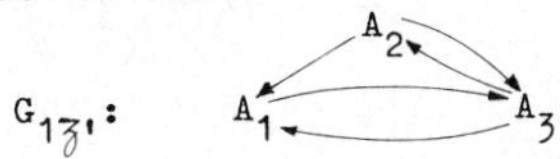

$G_{1\mathfrak{z}'}$ besteht aus einer strengen Zusammenhangskomponente, d.h. jeder einzelne Punkt von $G_{1\mathfrak{z}'}$ ist Duobasis. Somit gilt in unserem Beisp.:
Mindestens eine Person in jeder Abteilung hört alle Gerüchte, auch wenn diese Person je nach Entstehungsort des Gerüchtes variieren kann. Außerdem erreicht jedes entstandene Gerücht mindestens eine Person in jeder Abteilung.

Aufgaben:

p(18) Formulieren Sie die dualen Fragen zu (7) und (8) und beantworten Sie sie !

w(19) $B = \{a_5, a_6, a_9\}$ sei die Menge der Frauen in den Abteilungen. Stellen Sie fest:

(a) Hört mindestens ein Abteilungsleiter jedes von einer Frau ausgestreutes Gerücht,

(b) wird jedes Gerücht von mindestens einer Frau gehört ?

p(20) Diskutieren Sie die organisationsspezifische Problematik folgender Sachlage: Die formelle(z.B. offiziell festgelegte) Kommunikationsstruktur einer Organisation führt im zugehörigen graphentheoretischen Modell dazu, daß

jede Abteilung DB im auf die Abteilungen reduzierten Graphen ist.
Die informelle(z.B. durch private Beziehungen entstandene) Kommunikationsstruktur ist durch die Existenz mehrerer isolierter strenger Zusammenhangskomponenten im auf die Abteilungen reduzierten Graphen charakterisiert.

(1.3) Semi - Eigenschaften eines Graphen

Beisp.: Eine Gruppe von acht Personen will eine Hausgemeinschaft gründen. Jedem wird die Frage vorgelegt, mit wem er gern zusammenziehen würde. Das Erkenntnisinteresse sei aber darauf gerichtet, welche Kommunikationsbeziehungen später in der Hausgemeinschaft entstehen werden. Nehmen wir an, es existiere die soziologische Gesetzmäßigkeit, daß zwei Personen immer dann kommunizieren werden, wenn einer von ihnen gern mit dem anderen zusammenzieht. Hier entstehen nun folgende Fragen:

(1) Wer wird direkt mit wem kommunizieren?
(2) Wer wird über Zwischenpersonen mit wem kommunizieren?
(3) Wird die Gruppe in Untergruppen zerfallen?

Weitere derartige Beispiele sind leicht zu finden. Bei allen besteht die Möglichkeit, durch graphentheoretische Analyse bestimmte strukturelle Ergebnisse zu gewinnen. Allerdings können im Rahmen einer Einführung nicht alle hier relevanten Methoden vollständig dargestellt werden.

Daneben bietet dieses Kapitel ein Instrumentarium zur Behandlung sog. ungerichteter Graphen, d.h. Graphen, bei denen die Richtung der Beziehung zwischen den Knoten keine Rolle spielt.

Wir betrachten hier alle Graphen als gerichtet. Mit dem Konzept der Semi - Eigenschaften lassen sie sich ohne weiteres als ungerichtet betrachten. Dieser Standpunkt hat zugleich den Vorteil, eine gemeinsame Betrachtung aller Graphentypen zu ermöglichen und die Entstehung der Begriffsbildungen transparent zu machen. Damit trägt er auch zur Vereinfachung des Vokabulars bei.

Beisp.: $E = \{e_1,...,e_8\}$ sei die Menge der Personen; im folgenden Graph ist immer dann ein Pfeil von e_i nach e_j gezogen $(i,j = 1,2,...,8)$, wenn e_i gern mit e_j zusammenzieht.

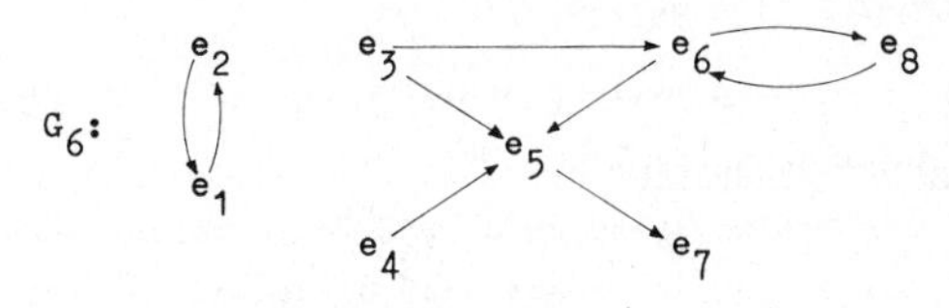

Wir werden versuchen, nun die Fragen (1),(2) und (3) zu beantworten.

(1.3.1) Semiwege, Semipfade, Semizyklen und Semizusammenhang

Nach der Diskussion des Beisp. von S.-52- ist klar: e_i kommuniziert direkt mit allen Personen, die zu $I(e_i)$ oder $CI(e_i)$ gehören.

Def. 1: $G = (E,R)$ sei ein Graph; die Menge

$$SI(e_i) := I(e_i) \cup CI(e_i)$$

heißt Menge der benachbarten Punkte von $e_i \in E$.

Zwei Personen e_i, e_j werden aber nicht nur dann über Zwischenstationen kommunizieren, wenn es einen Weg von e_i nach e_j oder von e_j nach e_i gibt, sondern auch dann, wenn es irgendeine 'Folge' von Pfeilen, ganz gleich welcher Richtung, von e_i nach e_j oder von e_j nach e_i gibt.

Def. 2: $G = (E,R)$ sei ein Graph; für $n \in \mathbb{N}$ heißt eine Abb.

$$v: \{0,1,2,...,n\} \longrightarrow E$$

ein Semiweg von e nach e', $e,e' \in E$ der Länge n, wenn gilt:

(1) $v(0) = e$, $v(n) = e'$,

(2) für die Folge $(v(0),v(1),\ldots,v(n))$ gilt:

$$(v(i),v(i+1)) \in R \text{ oder } (v(i),v(i+1)) \in R^{-1}$$

für alle $i = 0,1,\ldots,n-1$.

Ein einfacher Semiweg v ist ein Semiweg mit:

Für alle $i,j \in \{0,1,\ldots,n\}$ mit $i \neq j$ gilt $v(i) \neq v(j)$ oder $v(i+1) \neq v(j+1)$.

Ist v ein injektiver Semiweg, so heißt v Semipfad.

Bemerkungen und Beispiele:

(1) Ein Semiweg kann durch die Folge seiner Ecken oder seiner Kanten beschrieben werden. In G_6 ist z.B. v_1: (e_4,e_5,e_3,e_6) ein Semiweg der Länge 3 , v_1 ist kein Weg in G_6.

(2) Ein einfacher Semiweg enthält jede Kante höchstens einmal, so ist z.B. v_1 ein einfacher Semiweg, nicht aber v_2: $(e_5,e_6,e_3,e_5,e_6,e_8)$.

(3) Ein Semipfad enthält keinen Knoten zweimal(oder mehr), so ist z.B. v_1 ein Semipfad, nicht aber v_3: (e_6,e_3,e_5,e_6,e_8) .

Satz 1: $G = (E,R)$ sei ein Graph. Jeder Weg(einfacher Weg, Pfad) in G ist ein Semiweg(einfacher Semiweg, Semipfad)in G.

Beweis folgt sofort aus Def. 2 .

Def. 3: $G = (E,R)$ sei ein Graph.

(1) Eine Abb. $v: \{0,1,\ldots,n\} \longrightarrow E$ heißt ein Semizyklus der Länge n , wenn gilt: v ist ein Semiweg und $v(0) = v(n)$;

(2) ein Semizyklus, der ein einfacher Semiweg ist, heißt einfacher Semizyklus;

(3) ein Semizyklus, der ein Semipfad auf $\{0,1,\ldots,n-1\}$ ist, heißt Semischleife .

Bemerkung zu (1): Zur Definition von 'Bäumen' und für charakteristische Indizes von Graphen wird hier $(v(n-1),v(n))\in R$ von einigen Autoren gefordert.

Beispiele:

(1) v_4: (e_1,e_2,e_1,e_2,e_1) ist ein Semizyklus der Länge 4 ;

(2) v_5: $(e_6,e_8,e_6,e_5,e_3,e_6)$ ist ein einfacher Semizyklus mit $l(v_5) = 5$;

(3) v_6: (e_6,e_5,e_3,e_6) ist eine Semischleife mit $l(v_6) = 3$.

Satz 2: $G = (E,R)$ sei ein Graph. Jeder Semiweg (einfacher Semiweg, Semipfad) von e nach e' ist ein Semiweg (einfacher Semiweg, Semipfad) von e' nach e, $e,e'\in E$.

Beweis folgt aus Def. 2 .

Satz 2 besagt, daß es für jeden Semiweg von e nach e' auch einen von e' nach e gibt, so daß nur ein Typ von Semizusammenhang auftritt:

Def. 4: $G = (E,R)$ sei ein Graph. Zwei Punkte e,e' aus E heißen semizusammenhängend , wenn es einen Semiweg von e nach e' gibt. Der Graph G heißt semizusammenhängend, wenn je zwei Punkte semizusammenhängend sind.

Satz 3: Jeder zusammenhängende Graph ist semizusammenhängend.

Def. 5: $G = (E,R)$ sei ein Graph mit $e\in E$. Die Menge

$$SC(e):=\{a/a\in E \text{ und es existiert ein Semiweg von } e \text{ nach } a\}$$

heißt Semizusammenhangskomponente von e .

Satz 4: $G = (E,R)$ sei ein Graph mit $e,e'\in E$; dann gilt:

$SC(e) = SC(e') \Leftrightarrow$ (es existiert ein Semiweg von e nach e')

Man kann somit von den (eindeutig bestimmten) Semizusammenhangskomponenten eines Graphen G sprechen.

Def. 6: $G = (E,R)$ sei ein Graph. Die Relation $SZ \subseteq E \times E$ mit $(e,e') \in SZ :\Longleftrightarrow$ es existiert ein Semiweg von e nach e' heißt Semizusammenhangsrelation auf G, $e,e' \in E$.

Satz 5: Die Semizusammenhangsrelation auf einem Graphen G ist eine Äquivalenzrelation.

Der Beweis sei dem Leser zur Übung empfohlen.

Def. 7: $G = (E,R)$ sei ein Graph. Der Graph $G_{SZ} = (E_{SZ}, R_{SZ})$ mit $E_{SZ} := E_{/SZ} := \{A / A$ ist Äquiv.klasse bzgl. $SZ\}$ und $(A,B) \in R_{SZ} :\Longleftrightarrow \bigvee_{a \in A} \bigvee_{b \in B} (a,b) \in R$, $A \neq B$, wobei $A,B \in E_{SZ}$, heißt Quotientensemigraph von G.

Satz 6: Der Quotientensemigraph eines Graphen G enthält nur isolierte Punkte, E_{SZ} ist die Menge der Semizusammenhangskomponenten von G.

Diese Definitionen und Sätze erlauben es uns nun, die Fragen (1) bis (3) unseres Beisp. zu beantworten. Algorithmen zur Berechnung der Semizusammenhangskomponenten sind analog zum Vorgehen in Kap. (1.2) leicht zu konstruieren, jedoch gibt Satz 6 eine Möglichkeit, sie direkt zu erkennen: eine Semizusammenhangskomponente SC ist eine Teilmenge von E, so daß für alle $e' \in SC$ gilt: Es existiert ein $e \in SC$ und ein Semiweg von e nach e', aber zu allen $e'' \in E \setminus SC$ gibt es keinen Semiweg. Semizusammenhangskomponenten sind also isolierte Teilmengen von E. Will man aber die Menge der mit einem Semiweg der Länge n (n kleiner als die Länge des längsten Semipfades) von e aus erreichbaren Punkten bestimmen, so wird man einen Algorithmus benutzen müssen. Wir werden hier keinen derartigen Algorithmus aufzeigen, da analog zum Vorgehen in (1.2) leicht ein solcher zu konstruieren ist über eine etwas modifizierte assoziierte Matrix, die semiassoziierte Matrix SA(G) mit

$sa_{ij} = 1$, wenn $(e_i,e_j) \in R$ oder $(e_j,e_i) \in R$.

<u>Beispiele</u>:

(1) Direkt mit jedem e_i werden die Punkte aus $SI(e_i)$ kommunizieren, z.B. $SI(e_1) = \{e_2\}$, $SI(e_6) = \{e_3, e_5, e_8\}$;

(2) über Zwischenstationen mit e_i werden alle Punkte aus $SC(e_i)$ kommunizieren, also z.B.

$SC(e_1) = SC(e_2) = \{e_1, e_2\}$,

$SC(e_3) = \ldots = SC(e_8) = \{e_3, e_4, e_5, e_6, e_7, e_8\}$;

(3) G_{SZ} gibt an, welche Personengruppen miteinander kommunizieren werden bzw. in welche Untergruppen G_6 zerfallen wird:

G_{SZ}: $SC(e_1)$ $SC(e_3)$

Wir erhalten also zwei getrennte Untergruppen .

Aufgaben:

w(1) G':

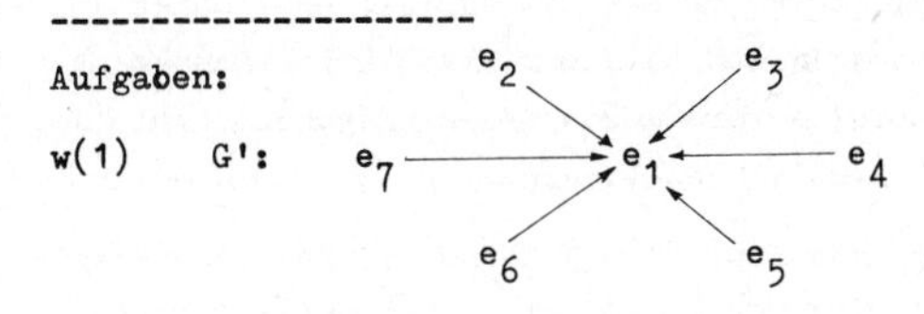

,

G'':

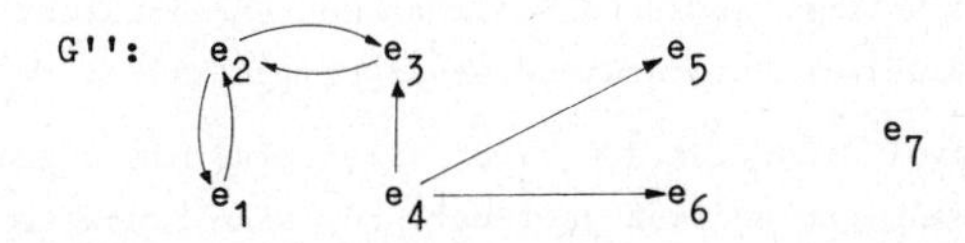

seien Graphen, die Kommunikationsstrukturen in bestimmten Gruppen darstellen.
Beantworten Sie die Fragen (1) bis (3) für diese Graphen!

w(2) In Kap. (1.2) wurde zu vielen Begriffen ein dualer Begriff definiert. Ist es sinnvoll, zu den Semieigenschaften eines Graphen die dualen zu definieren ?

w(3) Für jeden Graphen G = (E,R) gilt:

$$SA(G) = A(G) \overset{*}{+} A(G^{-1}) \quad .$$

Beweis? Entwickeln Sie aus diesem Satz einen Algorithmus zur Berechnung von Semiwegen einer vorgegebenen Länge mit Hilfe von $A(G)$ und $A(G^{-1})$! Was sollte eine Semierreichbarkeitsmatrix aussagen? Wie würden Sie eine derartige Matrix definieren und wie kann sie aus $A(G)$ und $A(G^{-1})$ oder direkt aus $R(G)$ berechnet werden ?

(1.3.2) Artikulationsmengen, i - Verbundenheit

Beisp. 1: Im Beisp. in Kap. (1.2) wurde zunächst die vorgegebene Struktur untersucht; neue Probleme ergeben sich nun aus der Frage, ob aus dem Wegfall bestimmter Kommunikationslinien bzw. dem Wegfall bestimmter Punkte auch eine veränderte Graphenstruktur bzgl. der Fragen (1) bis (8) resultiert .

Beisp. 2: Im Beisp. von Kap. (1.3) können zusätzliche Fragen auftauchen: Wie viele und welche Kommunikationsmöglichkeiten können aufgehoben werden, so daß dennoch die anfangs gegebene Semizusammenhangsstruktur der isolierten Untergraphen erhalten bleibt?

Beisp. 3: Zwei Städte werden durch einen Fluß mit mehreren Inseln und Brücken getrennt. Für eine Gruppe besteht die Aufgabe, die Landwege zwischen den Städten in der Weise zu zerstören, daß dieses Ziel durch die Zerstörung möglichst weniger Brücken erreicht wird.

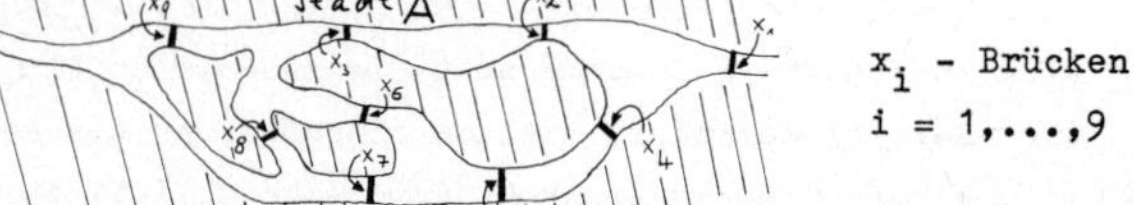

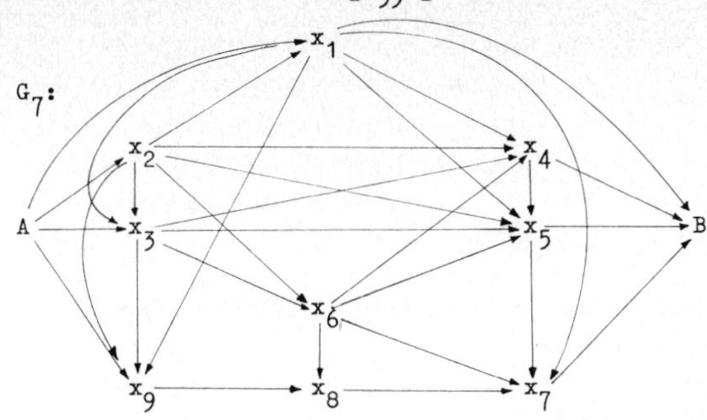

Alle hier gestellten Probleme laufen auf die Frage hinaus, welche Bedeutung bestimmte Punkte oder Kanten für die 'Stärke des Zusammenhangs' eines Graphen haben, wobei in Beisp. 1 der strenge Zusammenhang, in den Beispielen 2 und 3 der Semizusammenhang angesprochen ist. Diese Probleme können hier nicht vollständig diskutiert werden, nur wenige einleitende Bemerkungen sind möglich.

An Beisp. 1 und 2 wird deutlich, daß für den Fall der Zusammensetzung eines Graphen aus mehreren isolierten Teilmengen eine Veränderung in einem Untergraphen für einen anderen, davon isolierten, keinerlei Bedeutung hat(es sei denn, ein isolierter Untergraph fiele ganz weg, und der Restgraph wäre daraufhin streng verbunden). Somit ist motiviert, die Diskussion des Wegfalls von Kanten oder Punkten stets auf die isolierten Untergraphen zu beziehen. Für einen Graphen G bezieht sich also die Untersuchung nach Elimination von Kanten auf die entsprechenden <u>partiellen</u>, nach Elimination von Ecken auf die entsprechenden <u>Unter</u>graphen von G .

Betrachten wir zunächst den Wegfall von Kanten, d.h. partielle Graphen. Ist ein Graph (oder isolierter Untergraph) semizusammenhängend, zusammenhängend oder streng zusammenhängend, so wird durch den Wegfall einer Kante der Graph die gleiche **Zusammenhangsstärke** oder eine geringere haben.

<u>Def. 1</u>: $G = (E,R)$ sei ein Graph. G heißt:

3 - verbunden, wenn G streng zusammenhängend ist,
2 - " , wenn G zusammenhängend, aber nicht streng zusammenhängend ist,
1 - " , wenn G semizusammenhängend, aber nicht zusammenhängend ist,
0 - " sonst .

i - Verbundenheit heißt auch i - Zusammenhangsstärke $(i = 0,1,2,3)$.

Def. 2: $G = (E,R)$ sei ein Graph mit $e,e' \in E$. Die Kante $(e,e') \in R$ heißt (i,j) - Kante von G , wenn G i - verbunden und $G' = (E,(R \setminus \{(e,e')\}))$ j - verbunden ist.

Der Knoten $e \in E$ heißt (i,j) - Knoten von G , wenn G i - verbunden und $G' = (E',R')$ j - verbunden ist mit $E' = E \setminus \{e\}$ und $R' = (E' \times E') \cap R$.

Zur genaueren Untersuchung von Graphen wird man die isolierten Untergraphen und manchmal auch Untergraphen semizusammenhängender oder zusammenhängender Graphen getrennt betrachten.

Wenn wir den Wegfall von Knoten betrachten, so wird klar, daß hier der j - Wert eines Knoten größer sein kann als der i - Wert, d.h. die Zusammenhangsstärke des Graphen wird größer, während dies im Fall wegfallender Kanten nie auftritt.

Beisp.:

G_8: a_1, a_2, a_3, a_4

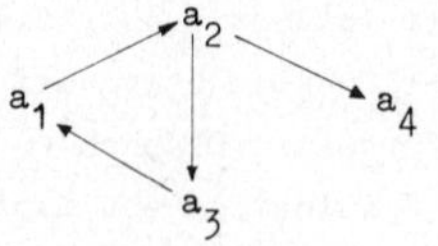

G_8 ist 2 - verbunden, der Untergraph ohne a_4 ist aber 3 - verbunden .

Beispiele: G_1 ist 0 - verbunden, der Untergraph mit $E' = \{a_4,a_6,a_9\}$ ist 1 - verbunden. Der Untergraph mit $E'' = \{a_1,a_3,a_5,a_7,a_8\}$ ist 2 - verbunden, der Untergraph mit $E''' = \{a_1,a_5,a_8\}$ ist 3 - verbunden. Im Beisp. G_3 gilt: G_3 ist 3 - verbunden .

Aufgabe:

w(4) Zum Graphen G_1 die Frage: Was sind die (i,j) - Werte von (a_5,a_8) in G_1 , im UG(Untergraphen) mit E'' und im UG mit E''' ?
Zu G_6 : Was sind die (i,j) - Werte von e_5 in G_6 , im UG mit $E'=\{e_3,e_4,e_5,e_6,e_7,e_8\}$, im UG mit $E''=\{e_3,e_5,e_7\}$?

Die in den Beispielen 1 bis 3 angegebenen Probleme sind nun im wesentlichen die Fragen nach den (i,j) - Werten von Knoten- oder Kantenmengen, wobei eine Knotenmenge E' (i,j) - Knotenmenge heißt, wenn der betrachtete Graph i - verbunden, der UG bzg. E\E' jedoch j - verbunden ist. Analog werden die (i,j) - Kantenmengen definiert. Beisp. 3 zeigt, daß unter bestimmten Gesichtspunkten minimale (bzgl. der Mengeninklusion) (i,j) - Mengen gesucht werden.

Def. 3: G = (E,R) sei ein Graph. Eine minimale Knoten(Kanten-) menge E', deren Wegfall aus dem i - verbundenen Graphen einen j - verbundenen macht, heißt (i,j) - Artikulationsknoten(kanten -)menge von G .

So ist in Beisp. 3 nach einer (i,0) - Artikulationsknotenmenge gefragt. Ein Algorithmus für die Berechnung der i - Verbundenheit von Graphen bliebe anzugeben. Das soll hier nicht im Detail geschehen; nur einige Bemerkungen: Strenge Zusammenhangskomponenten und Semizusammenhangskomponenten von G sind leicht anzugeben(siehe die letzten Kap.), die Zusammenhangskomponenten eines Punktes sind ebenfalls algorithmisch berechenbar(siehe Kap. (1.2)). Die bisherigen Darstellungen in diesem Kap. bezogen sich vornehmlich auf 'lokale' Eigenschaften von Graphen. Über den globalen Zusammenhang eines Graphen gibt der folgende Satz Auskunft:

Satz 1: G = (E,R) sei ein Graph, für G sind äquivalent:
(1) G ist zusammenhängend,
(2) in G existiert ein Weg w , der surjektiv ist,
(3) im Quotientengraph G_Z existiert ein eindeutiger surjektiver Pfad,

(4) es existiert ein $e \in E$ mit $G = C(e)$, und für alle $e', e'' \in E$ gilt:

$$e' \in C(e'') \quad \text{oder} \quad e'' \in C(e') \quad .$$

Insbesondere das Zutreffen des Kriteriums (4) ist aber mit Hilfe der Erreichbarkeitsmatrix leicht überprüfbar.
Die Kriterien in Satz 1 sind eher 'technischer' Natur, also weniger anschaulich; dies liegt in der Tatsache begründet, daß der Zusammenhang (also 2 - Verbundenheit) von Graphen relationstheoretisch nur schwer zu fassen ist.

<u>Beisp.</u>:

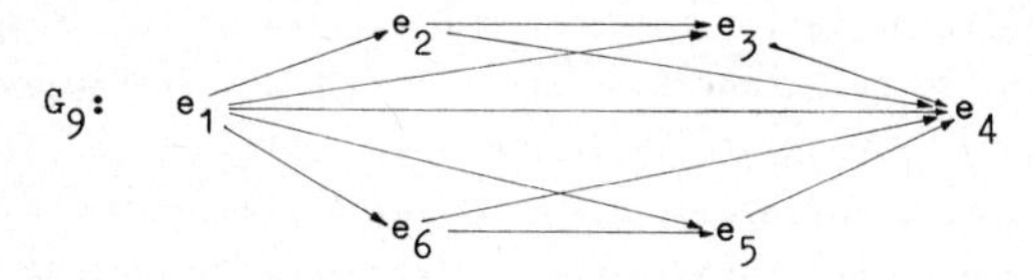

G_9 ist 1 - verbunden, jeder Untergraph bzgl. $E \setminus \{e_i\}$ ist ebenfalls 1 - verbunden. Jeder Punkt ist somit (1,1) - Punkt. Die Menge $E' = \{e_1, e_4\}$ ist (1,0) - Knotenmenge, alle anderen 2 - elementigen Teilmengen sind (1,1) - Knotenmengen, d.h. E' ist (1,0) - Artikulationsknotenmenge.

Aufgaben:

w(5) Berechnen Sie (1,0) - Artikulationskantenmengen des obigen Beisp. !

w(6) Lösen Sie das Problem von Beisp. 3 S.-58f- !

w(7) Welche (i,j) - Werte hat a_2 in Beisp. 1 welche hat (a_5, a_8) und (a_8, a_5) bzgl. des UG mit $E''' = \{a_1, a_5, a_8\}$?

w(8) Beantworten Sie die Fragen zu Beisp. 2 !

p(9) Eine Gruppe Jugendlicher, die sich auf Autodiebstahl spezialisiert hat, bestehe aus 6 Personen, wobei Person 1 in den Polizeiakten als 'Rädelsführer' bezeichnet wird. Teilnehmende Beobachtung führe zur Erstellung folgender Freundschaftsstruktur:

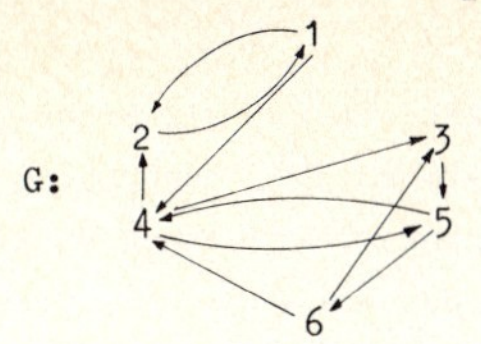

(a) Angenommen, man wolle nun nach dem Prinzip 'divide et impera' ('teile und herrsche') die Gruppen in mindestens zwei getrennte Gruppen aufspalten, ist es dann am zweckmäßigsten, dahingehende Anstrengungen auf 1 zu richten, sofern man unterstellt, daß durch die (oder nach der) Entfernung eines Knoten keine neuen Freundschaftsbeziehungen entstehen ?

(b) Welche Personen kommen überhaupt in Frage, um das Ziel in (a) zu erreichen ?

(c) Sind diese in (b) gefundenen Personen auch die zentralsten (man beachte den Hinweis S.-26-) ?

p(10) Bedeuten hohe og, ig eines Knoten große Bedeutung dieses Knoten für die (i,j) - Verbundenheit des Graphen ?

Die (i,j) - Werte von Knoten und Kanten können mit den Eigenschaften der Zusammenhangstypen leicht festgestellt werden:

(1) Ein Graph ist streng zusammenhängend, wenn $G_{/Z}$ nur einen Knoten enthält, d.h. wenn die Erreichbarkeitsmatrix überall eine 1 hat .

(2) Zusammenhängende Graphen werden von Satz 1 charakterisiert.

(3) Ein Graph ist semizusammenhängend, wenn $G_{/SZ}$ nur einen Knoten enthält, d.h. wenn die Semierreichbarkeitsmatrix nur die 1 enthält.

(4) Ein Graph ist 0 - verbunden, wenn (3) nicht zutrifft.

Ist somit zu einem Graphen G = (E,R) der (i,j) - Wert eines Knoten oder einer Kante zu bestimmen, so prüft man nach den Kriterien (1) bis (4) den Graphen G auf i - Verbundenheit, dann den Graphen G' (d.h. den Graphen ohne die entsprechende Kante (bzw. Knoten)) ebenso. Die (i,j) - Werte von Knoten-(Kanten-)mengen prüft man analog.

(1.4) Begrenzte Erreichbarkeit

Die bisher betrachteten Eigenschaften von Graphen waren global in dem Sinne, daß sie stets bzgl. des ganzen Graphen diskutiert wurden: Zusammenhang, i - Verbundenheit, Wege und Zyklen etc. bezogen sich immer auf Wege oder Semiwege in ganz G = (E,R).

In diesem Kap. werden nun Wege von bestimmter Länge betrachtet, d.h. die 'nähere' Umgebung eines Knoten. Man spricht hier von lokalen Eigenschaften eines Graphen. Dabei wird es im wesentlichen darum gehen, aus den lokalen Eigenschaften Rückschlüsse auf die globalen Eigenschaften zu ziehen.

Beisp.:

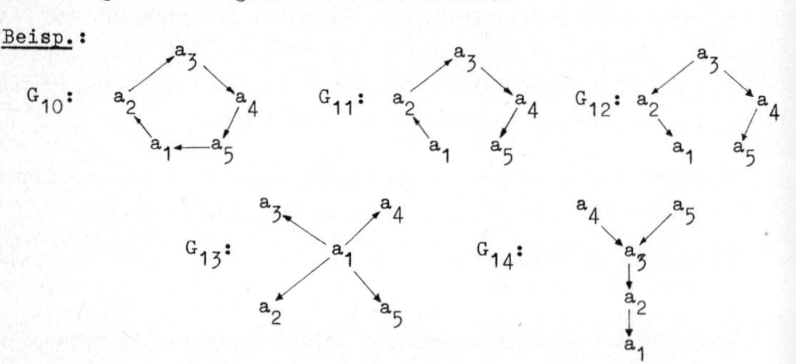

Jeder der Graphen hat 5 Punkte, 4 haben 4 Kanten, einer 5. Jeder der Graphen hat bzgl. des Kommunikationsflusses sehr unterschiedliche Eigenschaften; dennoch reichen die bisher entwickelten Methoden, z.B. der i - Verbundenheit, nicht aus, alle 5 Graphen zu klassifizieren, da sich z.B. G_{12}, G_{13}, G_{14} hinsichtlich dieser Eigenschaft nicht unterscheiden, denn sie sind alle 1 - verbunden.

Das entscheidende Klassifikationsmerkmal für die 5 Graphen ist offensichtlich die unterschiedliche Weglänge zwischen zwei Knoten. Es wird also zunächst darum gehen, die Weglängen zwischen den Knoten eines Graphen zu analysieren.

(1.4.1) Distanz und Distanzmatrix

Def. 1: $G = (E,R)$ sei ein Graph. Die Abb. $d: E \times E \longrightarrow \hat{\mathbb{N}}$ mit $\hat{\mathbb{N}} := \mathbb{N} \cup \{\infty\}$, die jedem Paar von Punkten $(e,e') \in E \times E$ die Länge des kürzesten Weges von e nach e' zuordnet, heißt Distanzabbildung.
Existiert kein Weg von e nach e', so definieren wir: $d(e,e') := \infty$.
$d(e,e')$ heißt Distanz von e nach e'.

Beisp.: In den Graphen aus Beisp. von Vorseite sind die Distanzen leicht feststellbar; z.B. bei G_{13}:
$d(a_1,a_2) = d(a_1,a_3) = d(a_1,a_4) = d(a_1,a_5) = 1$;
für alle anderen Paare (a_i,a_j) mit $i \neq j$ gilt:
$d(a_i,a_j) = \infty$.

Warnung: Dieser Distanzbegriff ist nicht symmetrisch, in G_{10} gilt: $d(a_3,a_5) = 2$, $d(a_5,a_3) = 3$, in G_{14} gilt: $d(a_3,a_2) = 1$, $d(a_2,a_3) = \infty$.

Aufgabe:

w(1) Für welche Graphen gilt, daß die Distanzabb. symmetrisch ist, also gilt:
Für alle $e,e' \in E$ gilt $d(e,e') = d(e',e)$?

Sind die zur Diskussion stehenden Graphen nicht so einfach wie die aus dem Beisp. strukturiert, so wird ein Algorithmus zur Berechnung der Distanz erforderlich. Es existiert ein universeller Algorithmus, der auf der Matrix $\mathcal{R}_q(G)*$ (siehe Kap. (1.2.3)) basiert.
Wie dort dargestellt, geben die Eintragungen in $\mathcal{R}_q(G)*$ an, ob ein Weg der Länge q zwischen zwei Elementen $e_i,e_j \in E$ existiert oder nicht. Prüft man nun der Reihe nach für diese Elemente die Eintragungen in $\mathcal{R}_0(G)*$, $\mathcal{R}_1(G)*$, $\mathcal{R}_2(G)*$ etc. in der i - ten Zeile und j - ten Spalte, so gibt es entweder Indices l, $0 \leq l \leq k$ (k ist der eindeutige Index mit $\mathcal{R}_{k+p}(G)* = \mathcal{R}(G)*$ für alle $p \in \mathbb{N}$ nach Satz 5 aus Kap.(1.2.3)),

für die in $\mathcal{R}_l(G)^*$ gilt mit $r_{ij}^{(l)*} = 1$, oder es gilt für alle l, $0 \leq l \leq k$: $r_{ij}^{(l)*} = 0$.

Tritt der erste Fall ein, so bedeutet dies, daß ein Weg von e_i nach e_j existiert; und der kleinste Index l für diesen ersten Fall gibt die Länge des kürzesten Weges von e_i nach e_j an. Im zweiten Fall gibt es keinen Weg von e_i nach e_j . Diese Überlegungen führen uns zu folgender

<u>Def. 2</u>: $G = (E,R)$ sei ein Graph, $E = \{e_1,\ldots,e_n\}$. Die (n,n) - Matrix $\mathcal{D}(G)$ mit den Elementen d_{ij} heißt <u>Distanzmatrix</u> von G , wenn gilt:

(1) Für $e_i, e_j \in E$ ist $d_{ij} = \infty$, wenn $r_{ij}^* = 0$ ist mit r_{ij}^* aus $\mathcal{R}(G)^*$;

(2) für $e_i, e_j \in E$ ist $d_{ij} = m$, wenn m der kleinste Index ist mit $r_{ij}^{(m)*} = 1$ für $r_{ij}^{(m)*}$ aus $\mathcal{R}_m(G)^*$.

<u>Beisp.</u>: Für G_{14} gilt:

$$\mathcal{D}(G_{14}) = \begin{array}{c} \\ a_1 \\ a_2 \\ a_3 \\ a_4 \\ a_5 \end{array} \begin{array}{c} \begin{array}{ccccc} a_1 & a_2 & a_3 & a_4 & a_5 \end{array} \\ \begin{pmatrix} 0 & \infty & \infty & \infty & \infty \\ 1 & 0 & \infty & \infty & \infty \\ 2 & 1 & 0 & \infty & \infty \\ 3 & 2 & 1 & 0 & \infty \\ 3 & 2 & 1 & \infty & 0 \end{pmatrix} \end{array}$$

Aufgaben:

w(2) Berechnen Sie die Distanzmatrix des folgenden Graphen:

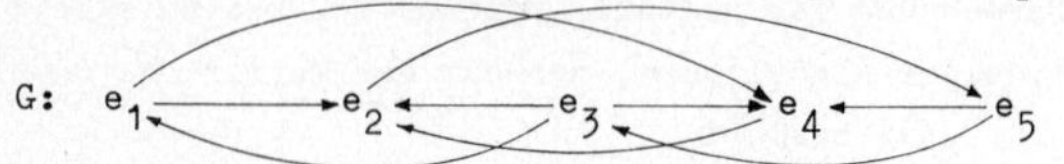

p(3) Erinnern Sie sich an p(2) aus Kap. (1.2) !

Die Graphen G_{10} bis G_{14} seien mögliche Kommunikationsstrukturen in Gruppen, die Probleme lösen sollen(z.B. Abteilungen in Betrieben). Diskutieren Sie diese Graphen unter den Aspekten:

(a) Zufriedenheit/Unzufriedenheit bzgl. der Gruppenposition einzelner Mitglieder,

(b) demokratische/autoritäre Gruppenstruktur

Näheres statt vieler siehe Bavelas (1950), Ziegler (1968) .

Def. 3: $G = (E,R)$ sei ein Graph, $e \in E$. Die Abb. $o: E \longrightarrow \hat{\mathbb{N}}$ mit

$$o(e) := \begin{cases} \infty, & \text{wenn gilt: } \bigvee_{e' \in E} d(e,e') = \infty \\ \max\limits_{e' \in E} d(e,e') & \text{sonst} \end{cases}$$

heißt o - Wertabb. von G ; $o(e)$ heißt o - Wert von $e \in E$.

Die Abb. $i: E \longrightarrow \hat{\mathbb{N}}$ mit

$$i(e) := \begin{cases} \infty, & \text{wenn gilt: } \bigvee_{e' \in E} d(e',e) = \infty \\ \max\limits_{e' \in E} d(e',e) & \text{sonst} \end{cases}$$

heißt i - Wertabb. von G ; $i(e)$ heißt i - Wert von $e \in E$. Für jedes $e \in E$ heißt $(o(e),i(e))$ das zu e assoziierte Wertepaar.

Satz 1: $G = (E,R)$ sei ein Graph, dann sind folgende Aussagen äquivalent:

(1) G ist streng zusammenhängend,

(2) für jeden Punkt $e \in E$ gilt: $o(e) \in \mathbb{N}$,

(3) " " " $e \in E$ " : $i(e) \in \mathbb{N}$,

(4) " " " $e \in E$ " : $o(e) \in \mathbb{N}$ und $i(e) \in \mathbb{N}$.

Bew. folgt sofort aus Def. 3 .

Satz 2: Für einen Graphen $G = (E,R)$ gilt für $e,e' \in E$:

(1) $o(e)$ ist die größte Eintragung in der zu e gehörenden Zeile von $\mathfrak{D}(G)$,

(2) $i(e)$ ist die größte Eintragung in der zu e gehörenden Spalte von $\mathfrak{D}(G)$.

Beisp.: Für G_{10} gilt:

$i(e) = o(e) = 4$ für alle $e \in E$, wie die Distanzmatrix zeigt:

$$\mathfrak{D}(G_{10}) = \begin{array}{c} \\ a_1 \\ a_2 \\ a_3 \\ a_4 \\ a_5 \\ i(a_j) \end{array} \begin{array}{c} a_1\ a_2\ a_3\ a_4\ a_5 \\ \begin{pmatrix} 0 & 1 & 2 & 3 & 4 \\ 4 & 0 & 1 & 2 & 3 \\ 3 & 4 & 0 & 1 & 2 \\ 2 & 3 & 4 & 0 & 1 \\ 1 & 2 & 3 & 4 & 0 \end{pmatrix} \\ 4\ \ 4\ \ 4\ \ 4\ \ 4 \end{array} \begin{array}{c} o(a_i) \\ 4 \\ 4 \\ 4 \\ 4 \\ 4 \\ \\ \end{array}$$

Aufgabe:

w(4) Berechnen Sie die assoziierten Wertepaare für alle a_i aus G_{11} !

Satz 1 behandelt streng zusammenhängende Graphen hinsichtlich der assoziierten Wertepaare; verschiedene Typen von 2 - oder 1 - verbundenen Graphen sind jedoch auf diese Weise noch nicht spezifisch zu charakterisieren. Mit Hilfe einer differenzierteren Betrachtung der unterschiedlichen Weglängen in Graphen können allerdings ausreichende Charakterisierungen (Radien, Zentralität, Peripherie in Form entsprechender Indices und relativer Indices sowie dazu analoger Semi - Begriffsbildungen) bereitgestellt werden, die das gesamte Spektrum von semizusammenhängenden Graphen klassifizieren und aus den Matrizen $A(G)$, $\mathfrak{R}_q(G)$, $\mathfrak{R}_q(G)*$, $\mathfrak{R}(G)$, $\mathfrak{R}(G)*$, $\mathfrak{D}(G)$ berechenbar sind. Im Rahmen dieser einführenden Bemerkungen soll jedoch auf diese schon sehr speziellen Erörterungen verzichtet werden(Lit.: Harary u.a.(1965), Kaufmann (1971) mit weiterer Lit.)

(1.5) Graphen und Ordnung

<u>Problem 1</u>: Ein neues Arbeitsverfahren aus einzelnen Arbeitsgängen ist einzurichten; die Prioritäten zwischen verschiedenen Arbeitsgängen sind bekannt. Diese Arbeitsgänge sind nun für das Verfahren in eine Reihenfolge

für ihren Ablauf zu bringen, so daß alle Prioritäten berücksichtigt werden.

Beisp. 1: $A := \{a_1, a_2, \dots, a_{10}\}$ sei eine Menge von Arbeitsgängen mit den Prioritäten

$a_1\bar{p}a_4$, $a_1\bar{p}a_6$, $a_2\bar{p}a_4$, $a_4\bar{p}a_3$, $a_5\bar{p}a_1$, $a_5\bar{p}a_{10}$, $a_5\bar{p}a_7$, $a_5\bar{p}a_6$,

$a_6\bar{p}a_8$, $a_7\bar{p}a_9$, $a_7\bar{p}a_2$, $a_7\bar{p}a_8$, $a_8\bar{p}a_3$ $a_9\bar{p}a_3$, $a_9\bar{p}a_4$, $a_{10}\bar{p}a_1$,

$a_{10}\bar{p}a_2$, $a_9\bar{p}a_8$.

$G_{15} = (A, \bar{P})$ sei der zugehörige Graph mit

$a_i\bar{p}a_j$: $\Longleftrightarrow$ 'a_i hat Priorität gegenüber a_j' .

Problem 2: Für ein Stadtsanierungsproblem stehen verschiedene Projektmöglichkeiten zur Verfügung. Durch einen Vergleich dieser Möglichkeiten entsteht für das Sanierungsteam eine Präferenzrelation. Welches Projekt soll schließlich gewählt werden ?

Beisp. 2: $B := \{b_1, b_2, \dots, b_{10}\}$ sei die Menge der Projektmöglichkeiten. Auf ihr sei folgende Präferenzrelation gefunden:

b_1pb_7, b_2pb_1, b_3pb_6, b_4pb_{10}, b_5pb_8, b_7pb_2, b_8pb_3,

b_8pb_4, $b_{10}pb_9$, b_2pb_6, b_3pb_7, b_4pb_3, b_9pb_1, b_5pb_9, $b_{10}pb_5$.

$G_{16} = (B, P)$ sei der zugehörige Graph mit

b_ipb_j : $\Longleftrightarrow$ 'b_i wird präferiert gegenüber b_j' .

Bemerkung: Alle in diesem Kapitel auftretenden Ordnungen sind strenge Ordnungen, d.h. basierend auf asymmetrischen und transitiven Relationen. Die Reflexivität leistet keinen Beitrag zu dem hier zu behandelnden Problem der Anordnenbarkeit von Mengen. Zudem kann das Aufführen der Hauptdiagonalen zu Unübersichtlichkeiten führen.

Aufgabe:

w(1) Wieviele Vergleiche der oben angeführten Art in Beisp. 1 und Beisp. 2 sind nach der Bemerkung prinzipiell möglich ?

Ist diese Anzahl möglicher Vergleiche der angegebenen Art gößer als die in den Beispielen vorgenommenen? Wenn ja, auf welche Eigenschaften von Ordnungen wird dann verzichtet?

(1.5.1) Azyklische Graphen

Die Probleme 1 und 2 sind prinzipiell Fragen, ob aus einer Relation auf einer Menge eine Ordnung 'konstruiert' werden kann, so daß diese Ordnung die Relation 'enthält'. Bevor wir auf diese Frage näher eingehen, einige Vorüberlegungen.

Eine Relation r auf einer Menge M ist sicher dann keine Ordnung (und es wird auch keine r umfassende (im mengentheoretischen Sinn) Relation r' geben, so daß r' eine Ordnung darstellt), wenn r Inkonsistenzen enthält, d.h. wenn es eine Menge $M' \subseteq M$ gibt mit

$$M' := \{m_1, m_2, \ldots, m_n\} \text{ und } m_i r m_{i+1} \text{ für alle}$$

$$i = 1, 2, \ldots, n-1 \quad , \text{ aber } m_n r m_1 .$$

Hier wäre die Transitivität (notwendiger Bestandteil aller Ordnungen, siehe auch die Bemerkung auf der Vorseite) verletzt !

Graphentheoretisch formuliert:

$G = (M,R)$ enthält einen Zyklus . Dies motiviert die

Def. 1: $G = (E,R)$ sei ein Graph. G heißt azyklisch, wenn G keinen Zyklus enthält.

Ein einfaches Verfahren zur Überprüfung dieser Eigenschaft liefert der

Satz 1: $G = (E,R)$ ist genau dann azyklisch, wenn für alle $k \in \{1, 2, \ldots, |E|\}$ hinsichtlich aller $a_{ii}^{(k)}$ aus $A^k(G)$ gilt: $a_{ii}^{(k)} = 0$ mit $i \in \{1, 2, \ldots, |E|\}$.

Dieser Satz ergibt sich unmittelbar aus dem in den Kap. (1.2.2) und (1.2.3) Gesagten .

Überprüft man nun mit diesem Verfahren Beisp. 2 auf Zyklen hin, so stellt man fest:

$$a_{11}^{(3)} = 1 \ , \ a_{22}^{(3)} = 1 \ , \ a_{77}^{(3)} = 1 \ , \ a_{44}^{(4)} = 1 \ ,$$

$$a_{55}^{(4)} = 1 \ , \ a_{88}^{(4)} = 1 \ , \ a_{10,10}^{(4)} = 1 \ .$$

Somit enthält G_{16} Zyklen.

Zwischen den Punkten eines Zyklus in einem Graphen wird man also keine konsistente Ordnung definieren können; um aber doch noch eine gewisse Information aus den Paarvergleichen zu erhalten, kann man versuchen, zumindest zwischen den strengen Zusammenhangskomponenten eines Graphen eine Ordnung zu finden durch Übergang zum Quotientengraphen.

Satz 2: $G = (E,R)$ sei ein Graph. Dann ist der Quotientengraph azyklisch.

Dieser Satz ist eine Umformulierung von Satz 11 aus Kap.(1.2.4). Er sichert, daß für jeden Graphen zumindest in G_Z keine Inkonsistenzen auftreten können.

(1.5.2) Transitive Hülle eines Graphen

Es ist nun zu klären, was unter der 'Konstruktion' einer Ordnung in einem azyklischen Graphen verstanden werden soll. Man wird z.B. von einer solchen Ordnung σ fordern ($\sigma \subseteq E \times E$ bei gegebener Relation R):

(1) $(e_i, e_j) \in R \Longrightarrow (e_i, e_j) \in \sigma$,

d.h. alle Beziehungen aus R sollen auch in σ gelten ;

(2) $(e_i, e_j) \in R \wedge (e_j, e_k) \in R \Longrightarrow (e_i, e_k) \in \sigma$,

d.h. zwei 'hintereinanderliegende' Paare in R sollen in σ transitiv verbunden sein;

(3) erfüllt auch $\sigma' \subseteq E \times E$ die Bedingungen (1) und (2), so sei $\sigma \subseteq \sigma'$, d.h. σ ist die kleinste Menge, die (1) und (2) erfüllt.

Die Forderungen führen zu folgender

Def. 2: $G = (E,R)$ sei ein Graph; $G^t := (E,R^t)$ heißt transitive Hülle von G, wenn gilt:

(1) $\bigwedge_{e_i,e_j \in E} (e_i,e_j) \in R \Longrightarrow (e_i,e_j) \in R^t$,

(2) G^t ist transitiv,

(3) erfüllt $G' = (E,R')$ die Bedingungen (1) und (2), so gilt:
$R^t \subseteq R'$.

Satz 3: $G = (E,R)$ sei ein Graph; dann gilt: G ist azyklisch dann und nur dann, wenn G^t eine strenge Ordnung ist.

Satz 3 besagt, daß bis auf die Transitivität ein azyklischer Graph schon eine strenge Ordnung darstellt, insbesondere ist damit jeder Quotientengraph G_Z 'fast'(bis auf Transitivität) eine strenge Ordnung.

Zwei Fragen bleiben zur Lösung der Probleme 1 und 2 noch offen:

(1) Kann man unmittelbar an $A(G)$ ablesen, ob G azyklisch ist ?

(2) Kann man den Punkten von G Zahlen so zuordnen, daß die Aufeinanderfolge von Punkten gerade durch die Ordnung dieser Zahlen wiedergegeben wird ?
Kann hierzu evtl. ein Algorithmus angegeben werden?

Eine Antwort auf die erste Frage gibt der

Satz 4: $G = (E,R)$ sei ein Graph. Dann gilt: G ist genau dann azyklisch, wenn die Elemente von E so umgestellt werden können, daß alle Einsen in $A(G)$ entweder oberhalb oder unterhalb der Hauptdiagonalen liegen.

Das Kriterium aus Satz 4 ist bei nicht zu komplexen Graphen häufig nützlich, da es die Berechnung von $A^n(G)$ erspart. Es ist aber bei großen Graphen häufig zu aufwendig, da alle möglichen Umstellungen geprüft werden müssen.

(1.5.3) Niveauabbildung eines Graphen

Zur Beantwortung der zweiten Frage ist es erforderlich, die Fragestellung nach der Zuordnung von Zahlen zu Knoten zu präzisieren; dazu die

<u>Def. 3</u>: G = (E,R) sei ein Graph. Eine Abb. $l_a: E \longrightarrow \mathbb{N}$ heißt <u>aufsteigende Niveauabb.</u> von G , wenn gilt:

$$\bigwedge_{\substack{e_i,e_j \in E \\ i \neq j}} (e_i,e_j) \in R \Longrightarrow l_a(e_i) < l_a(e_j) \; ;$$

$l_d: E \longrightarrow \mathbb{N}$ heißt <u>absteigende Niveauabb.</u>, wenn gilt:

$$\bigwedge_{\substack{e_i,e_j \in E \\ i \neq j}} (e_i,e_j) \in R \Longrightarrow l_d(e_j) < l_d(e_i) \; .$$

Im folgenden werden nur aufsteigende Niveauabb. betrachtet, ihre Bilder $l_a(e_i)$ werden <u>Niveaus</u> genannt.

Bzgl. dieser Präzisierung gilt nun der

<u>Satz 5</u>: Für einen Graphen G = (E,R) gilt: G ist genau dann azyklisch, wenn G eine (aufsteigende) Niveauabb. besitzt.

Satz 5 sichert also, daß jedem Element aus einem azyklischen Graphen ein Niveau zugeordnet werden kann. Diese Zuordnung ist jedoch nicht eindeutig, wie das Beisp. 2 zeigt:

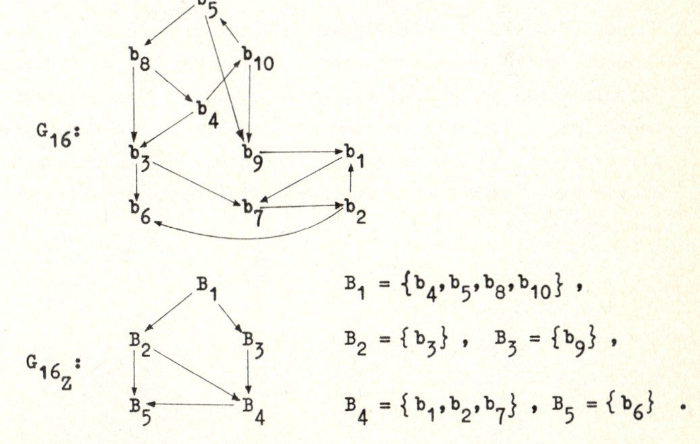

Den B_i , i = 1,2,3,4,5 können nun auf verschiedene Weise Niveaus zugeordnet werden, z.B.

$B_1 \longrightarrow 1$		$B_1 \longrightarrow 5$
$B_2 \longrightarrow 3$		$B_2 \longrightarrow 6$
$B_3 \longrightarrow 2$	O D E R	$B_3 \longrightarrow 9$
$B_4 \longrightarrow 4$		$B_4 \longrightarrow 11$
$B_5 \longrightarrow 5$		$B_5 \longrightarrow 27$

Insgesamt gilt:

Satz 6: Ist für einen Graphen $G = (E,R)$ l_a eine aufsteigende Niveauabb., so ist auch $x \circ l_a$ eine aufsteigende Niveauabb., wenn gilt:

$x\colon \mathbb{N} \longrightarrow \mathbb{N}$ ist isotone Abb..

Entsprechendes gilt für l_d und antitone Abb.:$\mathbb{N} \longrightarrow \mathbb{N}$.

Die Frage, wann für einen Graphen eine 'beste' Niveauabb. existiert (z.B. bei bestimmten Fällen die äquidistante Abb.: für alle $e_i, e_j \in E$ mit $i \neq j$ gilt: $(e_i, e_j) \in R \Longrightarrow l_a(e_j) = l_a(e_i) + 1$) sei hier nicht erörtert. Siehe dazu u.a. (Harary u.a.(1965)).

Nachdem Problem 2 hinreichend geklärt ist(man wird z.B. den Planern empfehlen müssen, über b_4, b_5, b_8 und b_{10} zusätzliche Informationen zu beschaffen, um so evtl. die Inkonsistenz zu beseitigen), soll nun an Hand von Problem 1 ein Algorithmus zur Konstruktion von Niveauabb.(und damit zur Anordnung der Knoten eines azyklischen Graphen) entwickelt werden.

Dazu Beisp. 1:

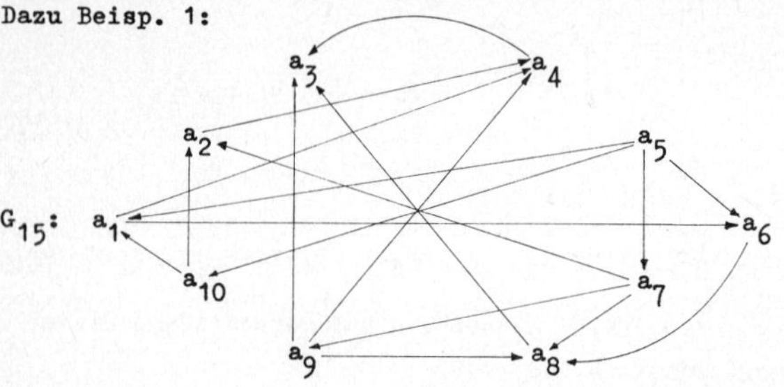

$A(G_{15}) =$

	a_1	a_2	a_3	a_4	a_5	a_6	a_7	a_8	a_9	a_{10}	$og(a_i)$
a_1	0	0	0	1	0	1	0	0	0	0	2
a_2	0	0	0	1	0	0	0	0	0	0	1
a_3	0	0	0	0	0	0	0	0	0	0	0
a_4	0	0	1	0	0	0	0	0	0	0	1
a_5	1	0	0	0	0	1	1	0	0	1	4
a_6	0	0	0	0	0	0	0	1	0	0	1
a_7	0	1	0	0	0	0	0	1	1	0	3
a_8	0	0	1	0	0	0	0	0	0	0	1
a_9	0	0	1	1	0	0	0	1	0	0	3
a_{10}	1	1	0	0	0	0	0	0	0	0	2
$ig(a_j)$	2	2	3	3	0	2	1	3	1	1	

G_{15} ist insofern ein spezieller azyklischer Graph, als er nur einen Punkt e mit $og(e) = 0$ und nur einen Punkt e' mit $ig(e') = 0$ hat. Allgemein gilt:

Satz 7: Ist $G = (E,R)$ ein azyklischer Graph, so existieren mindestens ein Punkt e mit $og(e) = 0$ und mindestens ein Punkt e' mit $ig(e') = 0$.

Der nun zu entwickelnde Algorithmus basiert auf folgendem Gedanken: Zuerst bestimme man alle Knoten e_0, die keinen Vorgänger haben, also mit $ig(e_0) = 0$. Dann bestimme man alle Knoten e_1 , die außer e_0 keinen Vorgänger haben, also mit $ig^{(1)}(e_1) = 0$, sofern man alle aus Knoten e_0 einlaufenden Pfeile in ihrer Anzahl von $ig(e_1)$ subtrahiert, analog bei e_2 etc. .

Somit:

0. Schritt

Alle Punkte e_{n_0} mit $ig(e_{n_0}) = 0$ werden bestimmt. Ihnen wird das Niveau 0 zugeordnet.

$$N_0 := \{ e_{n_0} \;/\; e_{n_0} \in E \;,\; ig(e_{n_0}) = 0 \} .$$

1. Schritt

Zu jedem $e_{n_0} \in N_0$ wird $I(e_{n_0})$ berechnet, d.h. alle Inzidenzpunkte zu den e_{n_0}.

$$I_1 := \left\{ e_1 / e_1 \in E \wedge \bigvee_{e_{n_0} \in N_0} e_1 \in I(e_{n_0}) \right\} \text{, d.h.}$$

$$I_1 = \bigcup_{e_{n_0} \in N_0} I(e_{n_0}) \ .$$

Für alle $e_1 \in I_1$ wird

$$ig^{(1)}(e_1) := ig(e_1) - x_1$$

gesetzt, wobei x_1 die Anzahl der e_{n_0} ist mit $e_1 \in I(e_{n_0})$, d.h. x_1 ist die Anzahl der Vorgänger von jedem $e_1 \in I_1$.

$N_1 := \left\{ e_{n_1} / e_{n_1} \in I_1 \text{ , } ig^{(1)}(e_{n_1}) = 0 \right\}$, d.h. N_1 ist die Menge aller Knoten, die außer Knoten aus N_0 keinen Vorgänger haben.

Den $e_{n_1} \in N_1$ wird das Niveau 1 zugeordnet.

Für $e_1' \in E \setminus I_1$ wird

$$ig^{(1)}(e_1') := ig(e_1')$$

gesetzt, d.h. für alle Knoten aus E , die nicht Inzidenzpunkt eines e_{n_0} sind, wird die Hilfsgröße $ig^{(1)}(e_1') = ig(e_1')$ gesetzt.

2. Schritt

Zu jedem $e_{n_1} \in N_1$ wird $I(e_{n_1})$ berechnet.

$$I_2 := \left\{ e_2 / e_2 \in E \quad \bigvee_{e_{n_1} \in N_1} e_2 \in I(e_{n_1}) \right\} \text{, d.h.}$$

$$I_2 = \bigcup_{e_{n_1} \in N_1} I(e_{n_1}) \ .$$

Für alle $e_2 \in I_2$ wird

$$ig^{(2)}(e_2) := ig^{(1)}(e_2) - x_2$$

gesetzt, wobei x_2 die Anzahl der e_{n_1} ist mit $e_2 \in I(e_{n_1})$, d.h. x_2 ist die Anzahl unmittelbarer Vorgänger aus N_1 von den $e_2 \in I_2$.

$$N_2 := \left\{ e_{n_2} / e_{n_2} \in I_2 \text{ , } ig^{(2)}(e_2) = 0 \right\}$$, d.h. N_2 ist die Menge aller Punkte, die außer Knoten aus N_1 und N_0 keinen Vorgänger haben.

Den $e_{n_2} \in N_2$ wird das Niveau 2 zugeordnet.

Für $e_2^! \in E \setminus I_2$ wird

$$ig^{(2)}(e_2^!) := ig^{(1)}(e_2^!)$$

gesetzt.

ETC.

Für das Beisp. G_{15} entsteht so:

	$ig(a_i)$	$ig^{(1)}(a_i)$	$ig^{(2)}(a_i)$	$ig^{(3)}(a_i)$	$ig^{(4)}(a_i)$	$ig^{(5)}(a_i)$
a_1	2	1	0	-	-	-
a_2	2	2	0	-	-	-
a_3	3	3	3	2	1	0
a_4	3	3	3	0	-	-
a_5	0	-	-	-	-	-
a_6	2	1	1	0	-	-
a_7	1	0	-	-	-	-
a_8	3	3	2	1	0	-
a_9	1	1	0	-	-	-
a_{10}	1	0	-	-	-	-

'-' ist nach obigem Verfahren nicht definiert.

Die Niveaus sind nun:

$l_a(a_1) = 2$, $l_a(a_2) = 2$, $l_a(a_3) = 5$, $l_a(a_4) = 3$, $l_a(a_5) = 0$,

$l_a(a_6) = 3$, $l_a(a_7) = 1$, $l_a(a_8) = 4$, $l_a(a_9) = 2$, $l_a(a_{10}) = 1$.

Zeichnet man den so geordneten Graphen auf, so erkennt man, daß die Richtungen der Kanten alle nur in eine Richtung weisen:

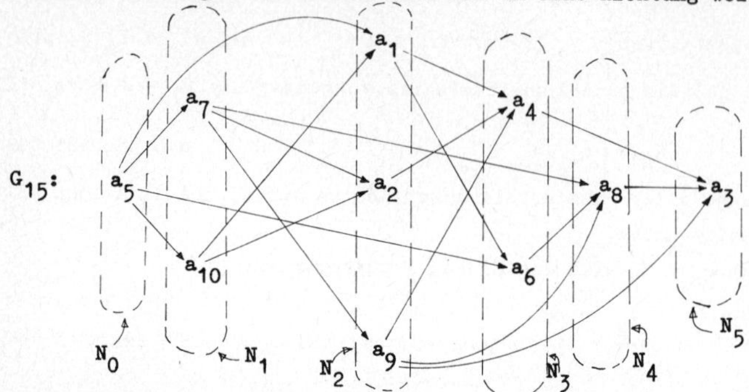

Betrachtet man in einem nicht zusammenhängenden Graphen jede Semizusammenhangskomponente isoliert, so liefert das soeben beschriebene Verfahren für jeden azyklischen Graphen eine aufsteigende Niveauabb., wobei Punkte aus verschiedenen Zusammenhangskomponenten natürlich weder einen gemeinsamen Vorgänger noch einen gemeinsamen Nachfolger haben; Niveauabb. sind also lediglich auf semizusammenhängenden Graphen aussagekräftig.

<u>Bemerkung</u>: Der oben beschriebene Algorithmus kann ebenso wie auf die ig auch auf die og der Knoten angewendet werden: man erhält dann eine absteigende Niveauabb. . Die Anzahl der Niveaus, die einem Graphen nach beiden Methoden zugeordnet werden, bleibt dieselbe. Doch es gilt nicht immer:

$$e \in N_i \Longrightarrow e \in N'_{m-i} \quad ;$$

hierin bezeichne N' die absteigenden Niveaus und m die Anzahl der Niveaus.

Z.B. für G_{15}:

$$a_4 \in N_3 \text{ , } m = 5 \text{ , aber } a_4 \in N'_1 \neq N'_{5-3} = N'_2 \quad .$$

Je nach vorliegendem Problem wird man also die eine oder die andere Niveauabb. wählen, je nachdem, ob man jeden Punkt so früh wie möglich(l_a) oder so spät wie möglich(l_d) einordnen möchte. Existieren hier mehrere

Möglichkeiten, so entsteht ein (z.B. zeitlicher) 'Spielraum' für die Operation e (falls die Knoten Aktivitäten darstellen).
Es gibt aber mindestens einen Pfad von einem $e_{n_0} \in N_0$ zu einem $e_{n_m} \in N_m$, so daß alle Punkte dieses Pfades keinen Spielraum haben. Hier z.B.:

$$(a_5, a_{10}, a_1, a_6, a_8, a_3) \quad .$$

Die hier schon anklingende Problematik wird bei einigen Netzwerktechniken (z.B. PERT) voll relevant.

Nach vollständiger Lösung der Probleme 1 und 2 seien noch einige Anwendungsbeispiele für azyklische Graphen erwähnt. Azyklische Graphen, also Graphen mit einer Niveauabb., spielen überall dort eine Rolle, wo eine Anordnung zu bestimmen ist. So werden zu Hierarchie- und Statusuntersuchungen azyklische Graphen herangezogen. Bei Kodierungsproblemen, in der Linguistik und bei Übersetzungsautomaten finden spezielle azyklische Graphen Anwendung. Diese speziellen Graphen, die Bäume, sind es auch, die eine große Bedeutung in der Spiel- und Wahrscheinlichkeitstheorie besitzen.

Def. 4: $G = (E,R)$ sei ein Graph. G heißt Baum genau dann, wenn gilt:

(1) G enthält keine einfachen Semizyklen,

(2) genau ein $e \in E$ ist Quelle von G .

Ein Kriterium für die leichte Überprüfung dieser Eigenschaften an Hand von $A(G)$ liefert

Satz 8: $G = (E,R)$ sei ein semizusammenhängender Graph;

G ist Baum $\Longleftrightarrow$ es existiert genau ein $e_0 \in E$ mit $ig(e_0) = 0$ und für alle $e \in E \setminus \{e_0\}$ gilt: $ig(e) = 1$.

Bezeichnung: $e_0 \in E$ mit $ig(e_0) = 0$ heißt Wurzel, $e \in E$ mit $og(e) = 0$ heißen Blätter des Baumes.

Da ein Baum keine Semizyklen enthält, enthält er auch keine Zyklen und besitzt daher eine Niveauabb. . Für Bäume existieren Niveauabb., die außer der Anordnung der Knoten weitere Eigenschaften besitzen.

$G = (E,R)$ sei ein Baum; dann <u>existiert</u> eine Niveauabb. l_a , so daß gilt:

(1) $\bigwedge_{e_i,e_j \in E} (e_i,e_j) \in R \Longrightarrow l_a(e_j) = l_a(e_i) + 1$,

(2) ist e_0 Wurzel von G , so gilt für $e_i \in E$:

$$l_a(e_i) = k \Longleftrightarrow d(e_0,e_i) = k \;;$$

d.h. der Wurzel wird das Niveau 0 und jedem Punkt wird als Niveau genau die Distanz zur Wurzel zugeordnet. Diese Niveauabb. ist also direkt aus der Distanzmatrix ablesbar.

<u>Bemerkung:</u> Diese Niveauabb. l_a wird für Bäume gerade durch den auf S.- 75ff- beschriebenen Algorithmus berechnet.

Aufgaben:

w(2) Stellen Sie fest, ob die folgenden Graphen azyklisch sind:

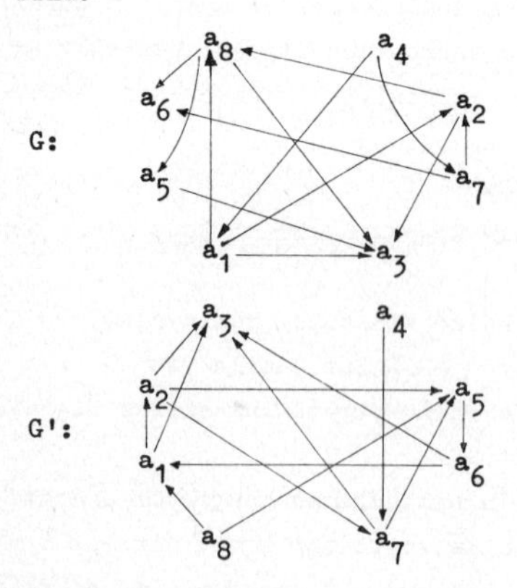

w(3) Beweisen Sie den Satz: $G = (E,R)$ ist azyklisch $\Longleftrightarrow |G| = |G_Z|$.

w(4) Finden Sie die Niveauabbildungen für G_{15_Z} und G_{16_Z} mit Hilfe des angegebenen Algorithmus ! Bestimmen Sie die N_i und N_i' und damit den Spielraum der einzelnen Punkte aus G_{15_Z} und G_{16_Z} !

w(5) Beweisen Sie Satz 6 !

w(6) (1) Beweisen Sie Satz 8 !

(2) Zeigen Sie: die Quelle e eines Baumes ist dessen Wurzel(Def. 4 und Satz 8) !

w(7) Stellen Sie fest, ob durch folgende Relationen auf E Bäume definiert sind ! Wenn ja, berechnen Sie l_a, die die Eigenschaften von S.- 80- haben !

$E := \{1,2,\ldots,10\}$;

$R_1 := \{(1,5),(1,4),(2,8),(5,3),(5,10),(6,9),(8,7),(9,1),(9,2)\}$;

$R_2 := \{(10,6),(10,7),(9,3),(6,8),(6,1),(5,2),(3,4),(2,10),(2,9),(10,3)\}$;

$R_3 := \{(10,1),(10,2),(10,3),(1,4),(1,5),(2,6),(3,8),(3,9),(6,7)\}$.

w(8) Nach welchem Schritt bricht der auf S.- 75ff- entwickelte Algorithmus ab, d.h. wie groß ist das kleinste $n \in \mathbb{N}$ mit $ig^{(k)}(e) = 0$ für alle $e \in E$ und $k \leqslant n$?

w(9) Diskutieren Sie eine Verallgemeinerung dieses Kap. auf Semieigenschaften von Graphen !

p(10) (Sequentielles Entscheidungsproblem)

Die Verwirklichung eines Projektes stellt eine Abfolge von Entscheidungen, eine 'Entscheidungssequenz', dar. $E = \{A,B,C,D,E,F,G,H,I,J,K\}$ sei eine Menge derartiger Entscheidungen. $G = (E,R)$ mit $e_i r e_j :\Longleftrightarrow$ 'e_j folgt auf e_i' habe folgende Gestalt:(vgl. Kaufmann(1971),S.37)

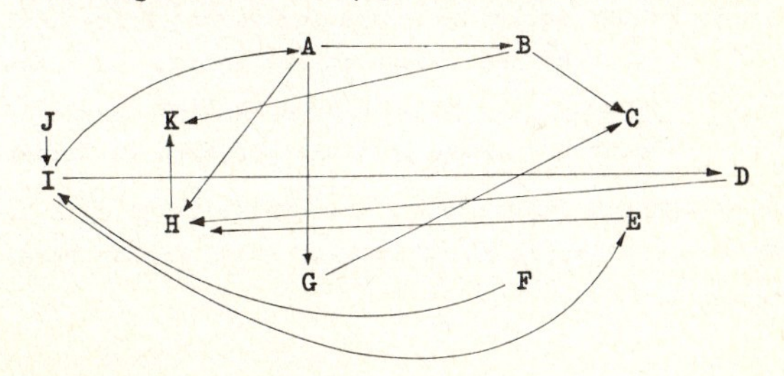

(a) Welches ist (sind) die Anfangsentscheidung(en), welches die Endentscheidung(en) ?

(b) Welche Entscheidungen können 'parallel' getroffen werden ?

(c) Welche Niveaus treten am häufigsten, welche am seltensten auf, wenn man den auf S. - 75ff- entwickelten Algorithmus zugrunde legt ?

(d) Welche Entscheidung ist besonders kritisch für das Projekt? Welche Methode kennen Sie, um derartige kritische Entscheidungen aufzufinden ?

(1.6) Bezeichnete Graphen, signierte Graphen, Netzwerke

Zur strukturellen Untersuchung von Graphen wurden in den vergangenen Kap. die erforderlichen Methoden(grundlegende Def., Sätze und Algorithmen) entwickelt. In $G = (E,R)$ konnte dabei die 'Stärke' der Relation R nur gekennzeichnet werden durch: Die Relation existiert, $(e,e') \in R$, oder es liegt keine Beziehung vor, $(e,e') \notin R$. Die Erfassung von Abstufungen ist hier jedoch nicht möglich. Dies erschwert die Anwendung der Graphentheorie, wie wir sie bisher kennengelernt haben, insbesondere in folgenden Fällen:

(1) Evtl. mehrere auf einer Menge gegebenen Relationen können nicht in einem Graphen dargestellt werden.

(2) Bzgl. der Relation 'findet sympathisch' kann $(e,e') \notin R$ bedeuten: "e findet e' nicht sympathisch" oder aber "e ist e' gegenüber gleichgültig" .

(3) Kanten sollen z.B. als Kanäle mit Zeit-,Kosten- etc.-faktoren interpretiert werden, um sodann Planungs- und Entscheidungsprobleme modellieren zu können und evtl. optimale Lösungen zu finden.

Diese Überlegungen führen dazu, die bisher dargelegte Konzeption der Graphentheorie zu erweitern, indem Kanten bezeichnet werden.

(1.6.1) Bezeichnete Graphen

Def. 1: $G = (E,R,f,Z)$ heißt bezeichneter Graph, wenn gilt:

(1) $G' = (E,R)$ ist ein Graph ,

(2) $f:R \longrightarrow \mathfrak{P}(Z)\setminus\{\emptyset\}$ ist eine Abb., Z ist eine endliche Menge mit $Z \neq \emptyset$.

Bezeichnungen: G' heißt der unterliegende Graph von G .

f heißt Bezeichnungsabb. , Z heißt Zeichenvorrat.

Bemerkung: Ist Z einelementig, so kann G als der unterliegende Graph G' interpretiert werden, und wir haben den Fall der vergangenen Kap. vor uns.

Beisp.: Einer Gruppe von Personen werden Eigenschaften von PKW vorgelegt, die in Form des Paarvergleichs in eine Präferenzordnung gebracht werden sollen.

Z.B.: $Z := \{\text{Person 1, Person 2, Person 3}\} =: \{P_1, P_2, P_3\}$.

$E := \{$ P(reis), PS(-zahl), K(omfort), W(irtschaftlichkeit), S(traßenlage), A(usstattung) $\}$.

Es mögen sich folgende Einzelgraphen ergeben(G_i bezieht sich auf P_i $(i = 1,2,3)$):

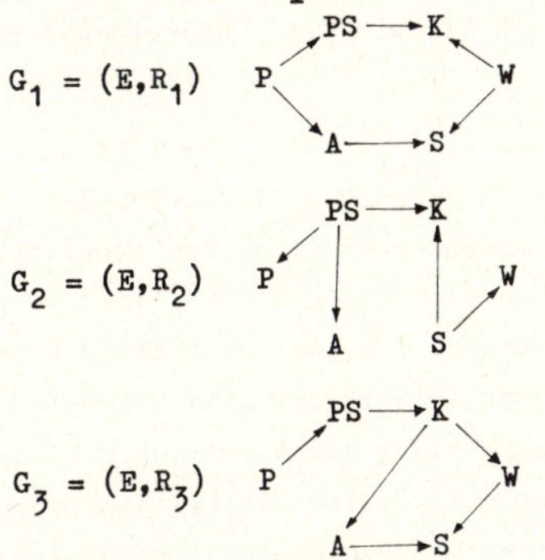

Diese drei Graphen können in einem bezeichneten Graphen zusammengefaßt werden:

$G = (E,R,f,Z)$ mit $R := \bigcup_{i=1}^{3} R_i$, $f: R \longrightarrow \mathfrak{P}(\{P_1,P_2,P_3\})$
$(e,e') \longmapsto Q$,

wobei $Q \subseteq Z$ die Menge derjenigen Personen ist, die (e,e') gewählt haben(also e gegenüber e' präferieren).

G_{17}:

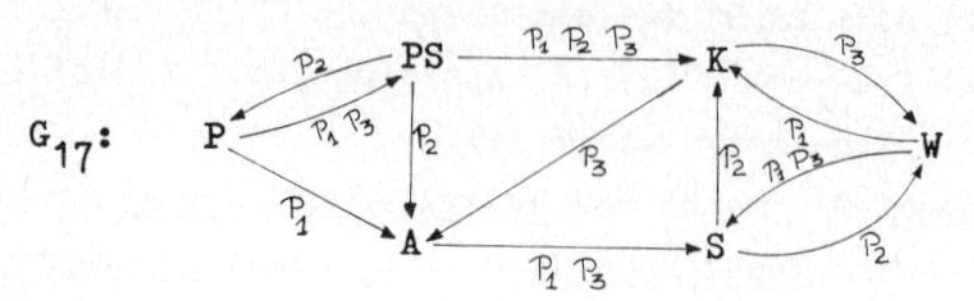

Aufgaben:

p(1) Diskutieren Sie G_{17} hinsichtlich:

(a) konsistenter Untergraphen (nennen Sie den Quotientengraphen; ist er konsistent ?) .

(b) Welche Eigenschaften (Knoten) sind kritisch für die Konsistenz; woran erkennen Sie das ?

(c) Diskutieren Sie die Ergebnisse von (a) und (b) unter dem Aspekt möglicher Interessenkonflikte !

w(2) Finden Sie eine Niveauabb. für G_1, G_2, G_3 der Vorseite (evtl. der zugehörigen Quotientengraphen) und für den unterliegenden Graph $G_{17}^!$ von G_{17} ! Diskutieren Sie das Ergebnis !

p(3) Erinnern Sie sich an p(8) S. -111- LuM I(Lösung S.-282)! Das dort exemplarisch erörterte 'Arrow-Paradox' (siehe auch Arrow(1963)) spielt auch im soeben erörterten Beisp. eine Rolle. Arrow beweist nämlich, daß (grob gesprochen) bei mehr als 2 Personen, die über mehr als 2 Objekte eine Präferenzordnung aufstellen, eine konsistente gemeinsame Präferenzordnung nicht entstehen kann, sofern bestimmte Bedingungen(einfaches Mehrheitsprinzip bzgl. der kollektiven Bewertung der Objekte, keine gruppeninterne oder -externe autoritäre Präferenzfixierung). Was bedeutet dies für die Struktur von Präferenzgraphen, wie sie in G_{17} aufgezeigt sind ?

(1.6.2) Signierte Graphen, strukturelle Balance

Heiders Theorie der kognitiven Balance (1946), in der er die Balancestrukturen einer P - O - X - Situation(P ist die betrachtete Person, O eine weitere Person, X eine Sache) untersuchte, wurde von Cartwright und Harary (1956) in der Terminologie der Graphentheorie gefaßt und auf größere Gruppen erweitert. Der zentrale Begriff ist hierbei der des signierten Graphen ('signum'(lat.) - das (Vor)zeichen) .

<u>Def. 2</u>: $G = (E,R,s)$ heißt <u>signierter Graph</u>, wenn gilt:

(1) $G' = (E,R)$ ist Graph ,

(2) $s:R \longrightarrow \{-1,+1\}$ ist Abb. .

<u>Bezeichnungen</u>: s heißt <u>Signumabb.</u>des Graphen G , -1 und +1 heißen <u>signa</u> der Kanten.

Betrachten wir exemplarisch zwei P - O - X - Situationen(hier ist stets $E = \{P,O,X\}$):

<u>Beisp. 1</u>:P findet O sympathisch, P findest X schlecht, O findet X schlecht. Der Eigenschaft 'sympathisch' entspricht dann $s(P,O) = +1$, der Eigenschaft 'schlecht' entsprechen $s(P,X) = s(O,X) = -1$. Wir erhalten einen signierten Graphen, wobei die zugehörigen Signa an den entsprechenden Kanten notiert sind.

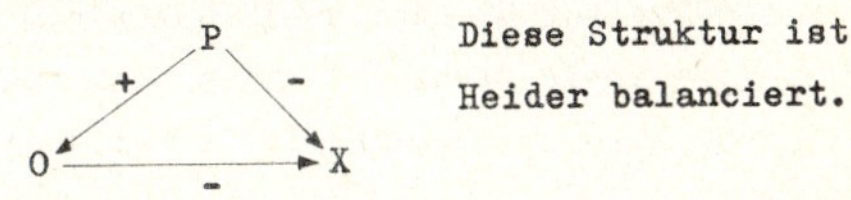

Diese Struktur ist nach Heider balanciert.

Nicht dagegegen balanciert ist die Situation in

<u>Beisp. 2</u>:P findet O sympathisch, P findet X gut, O findet X schlecht.

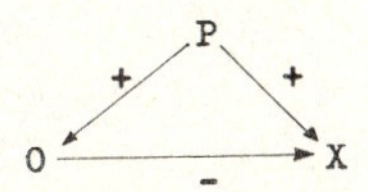

Allg. wird für einen signierten Graphen (auch für $|E| > 3$) definiert:

<u>Def. 3</u>: $G = (E,R)$ sei ein signierter Graph, unter dem <u>Signum einer Semischleife</u> Y von G versteht man das

Produkt der Signa der einzelnen Kanten von Y .
Ist das Produkt gleich +1, so heißt Y positiv, ist es -1, so heißt Y negativ.

<u>Def. 4</u>: Ein signierter Graph heißt <u>balanciert</u>, wenn gilt:
Jede Semischleife des Graphen ist positiv.

Diese Def. stimmt mit der von Heider getroffenen Begriffsbildung von Balance überein, wie man auch an Hand der Beisp. 1 und 2 erkennt. Es sei an dieser Stelle jedoch betont, daß diese graphentheoretische Fassung der Heiderschen Konzeption lediglich eine deskriptiv-strukturelle Funktion erfüllen, nicht dagegen den Anspruch einer Theorie erheben kann.

Je nach Struktur des zu untersuchenden Graphen sind andere als die in Def. 4 aufgezeigten Balancekriterien leichter verifizierbar. Es gilt:

<u>Satz 1</u>: Für einen signierten Graphen E = (E,R) sind äquivalent:
(1) G ist balanciert nach Def. 4 ,
(2) für alle $e,e' \in E$ gilt: alle Semipfade zwischen e und e' haben dasselbe Signum,
(3) es gibt eine Zerlegung von E in zwei Teilmengen (von denen hier eine gleich $\emptyset$ sein kann) E_1 und E_2, so daß gilt: Jede positive Kante verbindet zwei Punkte von E_1 oder zwei Punkte von E_2, jede negative Kante verbindet einen Punkt aus E_1 mit einem von E_2 oder umgekehrt('2 - Färbung') .

Aufgabe:

w(4) Untersuchen Sie die folgenden signierten Graphen auf Balance und verwenden Sie dabei eines der Kriterien aus Satz 1 !

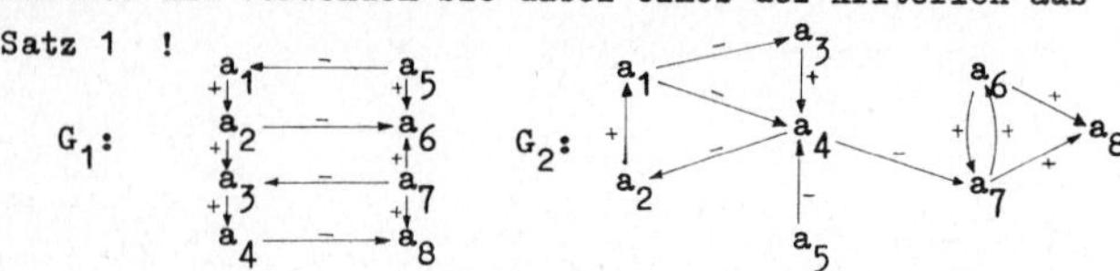

G_3 = (E,R) mit E:= $e_1,\ldots,e_5$ und

$R := \{(e_1,e_2),(e_1,e_5),(e_1,e_4),(e_2,e_3),(e_4,e_3),(e_5,e_2),(e_5,e_3)\}$;

$s: R \longrightarrow \{-1,+1\}$ mit

$s(e_1,e_2) = +1$, $s(e_1,e_5) = +1$, $s(e_1,e_4) = -1$,

$s(e_2,e_3) = +1$, $s(e_4,e_3) = -1$, $s(e_5,e_2) = -1$,

$s(e_5,e_3) = -1$.

Zwei Aspekte zur detaillierteren Betrachtung von Balance in signierten Graphen, die zu einer Erweiterung des Begriffsapparates führen, seien noch kurz erwähnt.

(a) Das bisher entwickelte Instrumentarium klassifiziert Graphen nach balanciert/nicht balanciert, d.h. verschiedene Grade von Balanciertheit können nicht erfaßt werden. Harary u.a.(1965) haben daher für signierte Graphen einen Balancegrad eingeführt:

Def. 5: $G = (E,R)$ sei ein signierter Graph, b^+ sei die Anzahl der positiven Semischleifen in G , b sei die Anzahl aller Semischleifen von G , $\beta(G) := b^+/b$ heißt Balancegrad von G . (Semischleifen mit denselben Kanten werden nur einmal gezählt.)

Gibt es keine Semischleifen im unterliegenden Graphen G', so wird $\beta(G) := 1$ gesetzt, G heißt dann trivial balanciert.

Satz 2: Für den Balancegrad eines signierten Graphen G gilt:

(1) $0 \leq \beta(G) \leq 1$,

(2) $\beta(G) = 1 \Longleftrightarrow G$ ist balanciert.

Aufgabe:

w(5) Berechnen Sie $\beta(G)$ für die signierten Graphen aus w(4) !

(b) Die gesamte Balancestruktur eines signierten Graphen G gibt nicht an, ob es nicht etwa Punkte e in G gibt, so daß alle durch e gehenden Semischleifen positiv sind, d.h. für den Punkt e ist der 'nähere' Bereich balanciert. Daher:

Def. 6: Ein signierter Graph $G = (E,R,s)$ heißt bei $e \in E$ lokal balanciert, wenn gilt: alle Semischleifen mit e als Punkt sind positiv.

Satz 3: Ist ein signierter Graph für alle Punkte lokal balanciert, dann ist er balanciert.

Für Punkte e eines Graphen kann die lokale Balance sinnvoll abgeschwächt werden, wenn man davon ausgeht, daß je länger eine Semischleife durch e ist, desto weniger Einfluß hat sie auf die lokale Balance von e.

Def. 7: Ein Graph $G = (E,R,s)$ heißt bei $e \in E$ lokal n - balanciert, wenn gilt: alle Semischleifen Y mit $l(Y) \leq n$, die durch e gehen, sind positiv. Ist jeder Punkt von G lokal n - balanciert, so heißt G n - balanciert.

Satz 4: Sei in einem signierten Graphen die Länge der längsten Semischleife gleich k; ist dann G für alle Punkte lokal n - balanciert mit $n \leq k$ für alle n, so ist G balanciert.

Nach Satz 3 und 4 können somit Rückschlüsse von der lokalen bzw. lokalen n - Balance auf die Balance des Graphen gezogen werden.

Aufgaben:

w(6) Untersuchen Sie die folgenden Graphen auf Balance, lokale Balance und n - Balance !

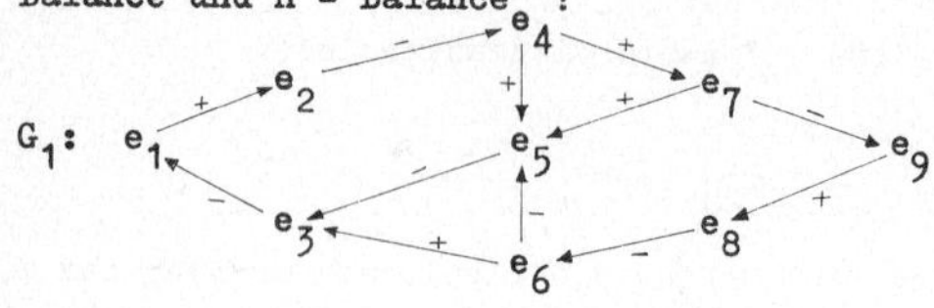

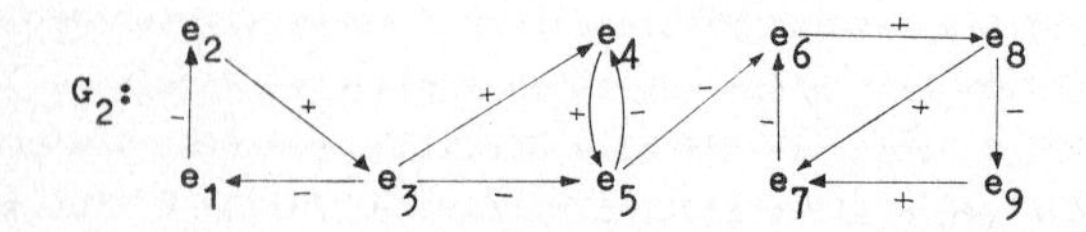

w(7) Ist einer der Graphen G_1, G_2 aus w(6) nicht balanciert? Versuchen Sie, sofern Sie die Frage bejahen, diesen zu einem balancierten zu machen, indem Sie so wenig Signa wie möglich verändern !

w(8) Konstruieren Sie einen signierten Graphen, der lokal 4 - balanciert ist, der aber nicht balanciert ist!

p(9) Ein politisches Verhaltensprinzip sei: Der Feind meines Feindes ist mein Freund, und es gibt nur Freund oder Feind. Nehmen Sie an, diesem Prinzip würde bei jeder Gruppengröße gefolgt. Legen Sie in einer Gruppe von 3 sozialen Einheiten eine Freundschafts- und eine Feindschaftsbeziehung fest und bezeichnen Sie erstere stets mit +1, letztere stets mit -1 !

(a) Ist dann die 3 - er Gruppe balanciert ?

(b) Fügen Sie sukzessive einen 4.,5.,...,n - ten Knoten hinzu und ergänzen Sie jeweils nach obigem Prinzip (zweckmäßigerweise benutzen Sie dazu Matrizen):

(b_1) Gibt es eine Gruppengröße, bei der auf diese Weise Untergruppen entstehen, die unter sich nur Freundschafts- , nach außen aber nur Feindschaftsbeziehung haben('in - group' - Verhalten)?

(b_2) Auf welches Verhältnis geht die Anzahl von Freundschafts- und Feindschaftsbeziehungen zu für $n \longrightarrow \infty$?

(1.6.3) Bewertete Graphen, Netzwerke

Die Vielfalt der Anwendungsbereiche für Netzwerke kann in einer Einführung nicht annähernd dargestellt werden, für alle Spezialfälle sei daher auf die Literatur verwiesen. Wir beschränken uns darauf, wesentliche Grundbegriffe kurz darzustellen und zu erläutern und einige Beisp. anzudeuten. Insbesondere geht es uns darum zu zeigen, wie sich graphentheoretische Konzepte in der Theorie der Netzwerke anwenden lassen.

Das soll den Leser in die Lage versetzen, neue Probleme mit dem bekannten Instrumentarium anzugehen.

Def. 8: $G = (E,R,v)$ heißt bewerteter Graph oder Netzwerk, wenn gilt:

(1) $G' = (E,R)$ ist ein Graph,

(2) $v: R \longrightarrow \mathbb{R}^+$ ist eine Abb., wobei $\mathbb{R}^+$ die Menge der positiven reellen Zahlen inkl. der Null ist.

Die Bezeichnung Netzwerk, die sich eingebürgert hat, wird auch von uns benutzt werden. Die Bezeichnung bewerteter Graph faßt den strukturellen Aspekt besser: Graphen werden zusätzlicher numerischer Bewertung unterworfen. Ist $v[R] = \{1\}$, so ist $G = (E,R,v)$ nichts anderes als der unterliegende Graph $G'=(E,R)$. Ein Netzwerk heißt reflexiv etc., wenn der unterliegende Graph G' reflexiv etc. ist.

Def. 9: Sei $G = (E,R,v)$ ein Netzwerk, $|E| = m$.

(1) Die (m,m) - Matrix $W(G)$ heißt Wertmatrix von G, wenn gilt:

$$w_{ij} := \begin{cases} v(e_i, e_j) & \text{für alle } (e_i, e_j) \in R \\ & i,j = 1,2,\ldots,m \\ 0 & \text{sonst} \end{cases}$$

(2) Ist $x = (x_0, x_1, \ldots, x_n)$ ein Weg (einfacher Weg, Pfad) in G, so heißt

$$lw(x) = \sum_{i=0}^{n-1} v(x_i, x_{i+1})$$

Wertlänge von x.

(3) Ein Weg x von e nach e' heißt optimal in G, wenn gilt: für alle Wege y von e nach e' gilt:

$$lw(x) \leq lw(y) \quad .$$

(4) Ist x ein optimaler Weg von e nach e', so heißt

$$dw(e,e') := lw(x)$$

Wertdistanz von e nach e'.

(5) $iw: E \longrightarrow \mathbb{R}^+$ heißt Eingangswertabb. von G, wenn für alle $e \in E$ gilt:

$$iw(e) = \sum_{(e_i,e) \in R} v(e_i, e) \quad .$$

Analog def. man die Ausgangswertabb. .
Beispiele aus vier Anwendungsbereichen sollen nun kurz angedeutet werden.

(1.6.3.1) Stochastische Matrizen, Markow - Ketten

In der Berufsmobilitätsforschung ist es oft von Interesse, Fluktuationen zwischen einzelnen Industriebranchen oder -sektoren quantitativ zu erfassen. Betrachten wir dazu ein einfaches Beisp.:

Untersucht seien drei Industriesektoren $S = \{s_1, s_2, s_3\}$.
Die Statistik liefere folgendes Netzwerk(die Kantengewichtungen bedeuten (fiktive) Verbleibe- oder Wechselhäufigkeiten von einem Zeitpunkt t zum folgenden t+1 (z.B. Monate), die s_i werden auch Zustände des 'stochastischen Systems' genannt):

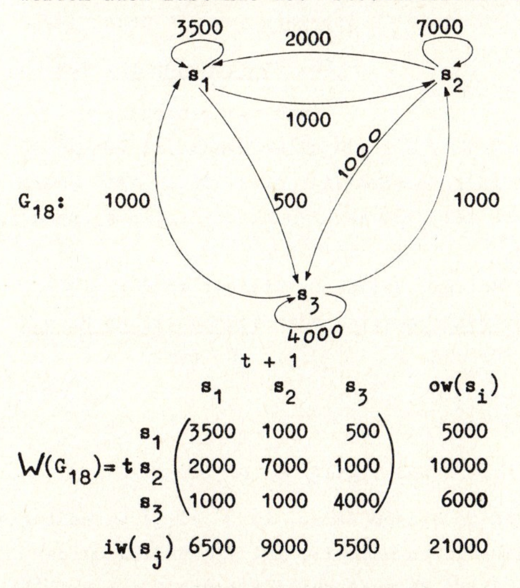

$$
W(G_{18}) = t \begin{array}{c} \\ s_1 \\ s_2 \\ s_3 \\ iw(s_j) \end{array}
\begin{array}{ccc|c}
\multicolumn{3}{c}{t+1} & \\
s_1 & s_2 & s_3 & ow(s_i) \\
3500 & 1000 & 500 & 5000 \\
2000 & 7000 & 1000 & 10000 \\
1000 & 1000 & 4000 & 6000 \\
6500 & 9000 & 5500 & 21000
\end{array}
$$

Für spezielle Fragen der Berufsmobilität (z.B. der längerfristigen Vollberufstätigen) ist es weniger relevant, Neuzugänge(z.B. Lehrlinge) oder Abgänge(z.B. Invalidierung, Sterbefälle, Pensionierung) zu betrachten. Nur für derartige Fragestellungen ist ein geschlossenes System wie das vorliegende ein geeignetes Modell, d.h. es werden nur die Beziehungen zwischen den drei Zuständen untersucht, Außeneinflüsse bleiben unberücksichtigt.

$W(G_{18})$ stellt also die absolute Mobilität zwischen den Zeitpunkten t und t+1 dar. Die $ow(s_i)$ geben somit die Beschäftigtenzahlen in s_i zum Zeitpunkt t an, die $iw(s_j)$ diejenigen in s_j in t+1.

Bildet man nun die relativen Häufigkeiten $\frac{w_{ij}}{ow(s_i)}$, so lassen sich diese als Schätzwert

$$\hat{p}_{ij} \text{ für } \operatorname{Prob}(s_{j,t+1}/s_{it})$$

interpretieren. Dadurch entsteht:

$$\hat{P}_t(G_{18}) = t \begin{matrix} \\ s_1 \\ s_2 \\ s_3 \end{matrix} \overset{\displaystyle t+1}{\overset{\begin{matrix} s_1 & s_2 & s_3 \end{matrix}}{\begin{pmatrix} 7/10 & 1/5 & 1/10 \\ 1/5 & 7/10 & 1/10 \\ 1/6 & 1/6 & 2/3 \end{pmatrix}}}$$

$\hat{p}_{ij}$ wird Übergangswahrscheinlichkeit von i nach j , $\hat{P}_t(G)$ Übergangsmatrix von t nach t+1 genannt.

Z.B. bedeutet $\hat{p}_{11} = 7/10$, daß 70% aller Beschäftigten in s_1 in t auch in t+1 noch in s_1 beschäftigt sind. $\hat{p}_{23} = 1/10$ bedeutet, daß von t nach t+1 10% der Beschäftigten in s_2 nach s_3 übergewechselt sind.

Def.10: $G = (E,R,v)$ sei ein Netzwerk, die Wertmatrix $W(G)$ heißt Wahrscheinlichkeits- oder stochastische Matrix, wenn gilt: für alle $i = 1,2,\ldots, |E|$ gilt

$$\sum_{j=1}^{|E|} w_{ij} = 1 \quad ;$$

schon nach Def. 8 und 9 gilt $w_{ij} \geqslant 0$ für alle i,j .

Bemerkung: Da es sich im obigen Beisp. in $\hat{P}_t(G_{18})$ um bedingte Wahrscheinlichkeiten handelt, ist die Bedingung der Def. 10 für diese Übergangsmatrix automatisch erfüllt. Ist $W(G)$ dagegen zunächst keine Wahrscheinlichkeitsmatrix, so kann durch geeignete Normierung der $ow(e_i)$ für alle $e_i \in E$ auf 1 ein äquivalentes Netzwerk

$\bar{G} = (E,R,\bar{v})$ konstruiert werden mit: $W(\bar{G})$ ist stochastische Matrix. Oft ist auch hier eine angemessene Interpretation von $\bar{G}$ zu finden(z.B. Intensitätsgraph).

Satz 5: Sind A und B stochastische (n,n) - Matrizen, so ist auch ihr Produkt $A \cdot B$ und $B \cdot A$ eine stochastische Matrix.

Aufgabe:

w(10) Beweisen Sie Satz 5 !

Betrachten wir noch einmal $\hat{P}_t(G_{18})$. Kann aus der gegebenen anfänglichen Beschäftigtenverteilung und der stochastischen Matrix die Beschäftigtenverteilung zu einem späteren Zeitpunkt berechnet werden? Dazu sei an dieser Stelle von der vereinfachenden Annahme ausgegangen:

> Die Wahrscheinlichkeiten in $\hat{P}_t(G)$ ändern sich im Zeitverlauf nicht, d.h. es liegt ein stationäres stochastisches System vor. Daher sei im folgenden der Zeitindex bei der stochastischen Matrix weggelassen.

Schon an den Annahmen 'Geschlossenheit und Stationarität' erkennt man, daß hier nur der einfachste Fall stochastischer Systeme, die sich durch Markow-Prozesse darstellen lassen, aufgezeigt wird.

Bezeichnet man die relative Beschäftigtenzahl von s_i in t_0 mit $\hat{q}_{0i}$, diejenige von s_j in t_1 mit $\hat{q}_{1j}$, so gilt offenbar:

$$(1.6 - 1) \qquad \hat{q}_{11} = \hat{p}_{11}\hat{q}_{01} + \hat{p}_{12}\hat{q}_{02} + \hat{p}_{13}\hat{q}_{03} \quad ,$$

da sich die relative Beschäftigtenzahl in s_1 in t_1 zusammensetzt aus dem in s_1 verbleibenden Anteil der Beschäftigten und den Zuwanderungsanteilen. Allg. läßt sich dies so formulieren:

$$(1.6 - 2) \qquad \hat{q}_{1i} = \sum_{j=1}^{3} \hat{p}_{ij}\hat{q}_{0j} \qquad \text{für } i = 1,2,3 \quad .$$

Schreibt man die Verteilung über die s_i in t_0 als Matrix $\hat{P}_0$

mit einer Zeile und 3 Spalten ('Vektor'), so läßt sich abkürzend mit Hilfe der in Kap. (1.2.3) definierten Matrizenmultiplikation schreiben:

(1.6 - 3) $\hat{p}_0' \hat{P}(G) = \hat{p}_1'$.

' bedeutet, daß der Spaltenvektor p als Zeilenvektor geschrieben wird.

$\hat{p}_0$ sei gleich $\begin{pmatrix} 1/4 \\ 1/2 \\ 1/4 \end{pmatrix}$; dann ist

$$\hat{p}_1' = (1/4 \quad 1/2 \quad 1/4) \begin{pmatrix} 7/10 & 1/5 & 1/10 \\ 1/5 & 7/10 & 1/10 \\ 1/6 & 1/6 & 2/3 \end{pmatrix} = \left(\frac{38}{120} \; \frac{53}{120} \; \frac{29}{120} \right)$$

Analog ist $\hat{p}_2' = \hat{p}_1' \hat{P}(G)$ (man beachte die Stationaritätsannahme).

Setzt man hierin den oben berechneten Vektor $\hat{p}_1$ ein, so entsteht: $\hat{p}_2' = \hat{p}_0' \hat{P}(G) \hat{P}(G)$. Verfährt man für weitere Zeitpunkte analog und setzt rekursiv ein, so entsteht für ein allgemeines t_n wegen der Assoziativität der Matrizenmultiplikation und Satz 5 :

(1.6 - 4) $\hat{p}_n' = \hat{p}_{n-1}' \hat{P}(G) = \hat{p}_0' [\hat{P}(G)]^n$.

Die hier kurz dargelegten Überlegungen sind Teil der Theorie der Markow - Ketten, auf die an späterer Stelle noch ausführlicher zurückzukommen sein wird.

Aufgaben:

w(11) (a) $\hat{P}(G) = \begin{pmatrix} 1 & 0 \\ 1/4 & 3/4 \end{pmatrix}$ (b) $\hat{P}(G) = \begin{pmatrix} 1 & 0 \\ 0 & 1 \end{pmatrix}$

(c) $\hat{P}(G) = \begin{pmatrix} 1/2 & 1/2 \\ 1/2 & 1/2 \end{pmatrix}$ (d) $\hat{P}(G) = \begin{pmatrix} 0 & 1 \\ 1 & 0 \end{pmatrix}$

Berechnen Sie einige Potenzen in (a) bis (d) und berechnen Sie (1.6 - 3) für einen von Ihnen beliebig gewählten Vektor $\hat{p}_0$! Was fällt Ihnen auf ?

p(12) Diskutieren Sie die beiden in diesem Kap. getroffenen Annahmen hinsichtlich Ihrer Plausibilität für das gegebene Beisp. und für die analoge Problemstellung regionaler Mobilität !

w(13) In Kap. (1.5.3) wurde einiges zum Konzept des 'Baumes' gesagt. Versuchen Sie, für das gegebene Mobilitätsbeisp. einen Wahrscheinlichkeitsbaum anzugeben(siehe LuM I S. 294) und berechnen Sie an Hand dieses Baumes $\hat{p}_2$ für unser Mobilitätsbeisp. für ein von Ihnen gewähltes $\hat{p}_0$!

p(14) Betrachten Sie folgende Übergangsmatrix :

$$\hat{P}(G) = \begin{array}{c} \\ s_1 \\ s_2 \\ s_3 \end{array} \begin{array}{c} \begin{array}{ccc} s_1 & s_2 & s_3 \end{array} \\ \begin{pmatrix} 1 & 0 & 0 \\ 0 & 1/2 & 1/2 \\ 0 & 1/4 & 3/4 \end{pmatrix} \end{array} .$$

Sie ist offensichtlich dadurch gekennzeichnet, daß der stochastische Prozeß, wenn er in s_2 oder in s_3 startet, niemals nach s_1 gelangen kann; wenn er dagegen in s_1 startet, bleibt er dort immer. Offensichtlich läßt sich G reduzieren auf die getrennte Beschreibung von s_1 und s_2, s_3 , d.h. die Systemzustände lassen sich bestimmten Äquivalenzklassen zuordnen. Man nennt dann eine derartige Markow - Kette reduzierbar (wobei hier nur ein Beisp. der Reduzierbarkeit aufgezeigt wurde). Bei komplexeren Systemen(mehr Zustände) läßt sich allerdings meist nicht sofort überschauen, in welche Äquivalenzklassen die Markow - Kette zerfällt.
Welches in den bisherigen Kap. aufgezeigte Instrumentarium eignet sich zur algorithmischen Lösung dieses Problems ? Finden Sie damit die gesuchten Äquivalenzklassen von

$$\hat{P}(G) = \begin{array}{c} \\ s_1 \\ s_2 \\ s_3 \\ s_4 \\ s_5 \end{array} \begin{array}{c} \begin{array}{ccccc} s_1 & s_2 & s_3 & s_4 & s_5 \end{array} \\ \begin{pmatrix} 0 & 0 & 1/2 & 0 & 1/2 \\ 0 & 1/4 & 0 & 3/4 & 0 \\ 1 & 0 & 0 & 0 & 0 \\ 0 & 1 & 0 & 0 & 0 \\ 0 & 0 & 1/5 & 0 & 4/5 \end{pmatrix} \end{array}$$

(1.6.3.2) Sättigungsprobleme, Flüsse in Netzwerken

Zwischen zwei Städten A und B bestehen über verschiedene Zwischenstationen eine Anzahl von Verkehrsverbindungen, deren maximale Verkehrskapazität bekannt ist. Frage: Wie groß darf der maximale Verkehrsfluß zwischen A und B sein, wenn Stauungen an jeder Zwischenstation vermieden werden sollen.

<u>Beisp.</u>:

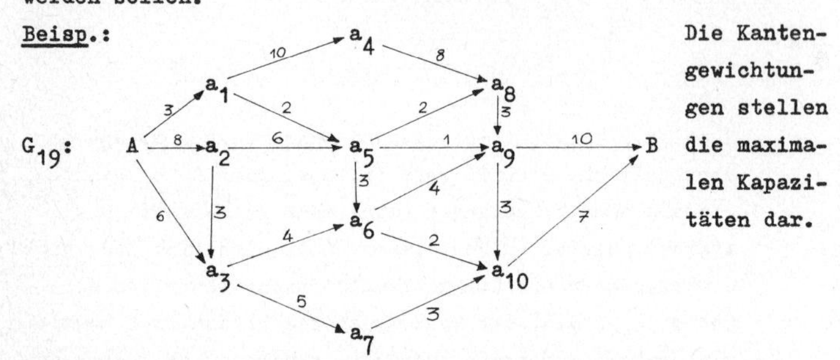

Die Kantengewichtungen stellen die maximalen Kapazitäten dar.

Allgemeiner wird das Problem dieses Abschnittes darin bestehen, für irreflexive Netzwerke mit einer Quelle und einer Senke (Flußnetzwerke), deren Kanten als Kanäle für Materialien, Informationen etc. interpretiert werden können, einen maximalen Fluß zu bestimmen unter der Annahme, daß in allen Knoten außer Quelle und Senke keine 'Lagermöglichkeiten' vorhanden sind. Exakter formuliert bedeutet dies:

Für ein Flußnetzwerk $G = (E,R,v)$ ist eine Abb. $w: R \longrightarrow \mathbb{R}^+$ gesucht mit:

(1) $\bigwedge_{k \in R} w(k) \leq v(k)$,

(2) $\sum_{(e_i,e) \in R} w(e_i,e) = \sum_{(e,e_j) \in R} w(e,e_j)$ für alle $e \in E$ außer Quelle und Senke ,

(3) für alle $w': R \longrightarrow \mathbb{R}^+$, die (1) und (2) erfüllen, gilt: $w(k) \geq w'(k)$ für alle $k \in R$.

Eine Abb. w' , die (1) und (2) genügt, heißt <u>Flußabb.</u>, eine Abb. w, die die Bedingungen (1) bis (3) erfüllt, heißt <u>maximale Flußabb.</u> .

Bedingung (1) sichert, daß die maximale Flußkapazität nicht überschritten wird; Bed. (2) bedeutet, daß in dem Flußnetzwerk G* = (E,R,w) der Ausgangswert aller Knoten gleich dem Eingangswert ist (ausgenommen Quelle und Senke); Bed. (3) sichert, daß w die maximale Flußabb. ist.

Für Flußnetzwerke mit maximaler Flußabb. gilt in G*: Der Ausgangswert der Quelle ist gleich dem Eingangswert der Senke. Dieser Wert wird maximaler Fluß genannt.

Eine allg. Antwort auf das eingangs gestellte Problem liefert der Satz von Ford & Fulkerson (siehe Ford, Fulkerson(1960)), den wir hier anführen, aber nicht beweisen wollen.

In einem Flußnetzwerk sei $q \in E$ die Quelle, $s \in E$ sei die Senke. $M \subseteq R$ heißt Trennungsmenge von q und s, wenn jeder Pfad von q nach s ein Element aus M enthält. Eine Menge von Kanten ist demnach Trennungsmenge von q nach s, wenn jede Information etc., die von q nach s gelangen soll, mindestens auf einem Kanal dieser Kantenmenge transportiert werden muß. In unserem Beisp. ist die Menge der Kanten mit B als zweitem Punkt eine A - B - Trennungsmenge, also $M = \{(a_9,B),(a_{10},B)\}$. Unter der Kapazität einer Teilmenge $N \subseteq R$ verstehen wir die Summe der Kapazitäten der Kanten in N, also z.B. für obiges M die Kapazität 17, für $M' = \{(a_1,a_4),(a_1,a_5),(a_2,a_5),(a_3,a_6),(a_3,a_7)\}$ die Kapazität 27. Diejenige q - s - Trennungsmenge, deren Kapazität am kleinsten ist, heißt minimale q - s - Trennungsmenge, ihre Kapazität minimale Trennungskapazität.

Es ist unmittelbar einsichtig, daß der maximale Fluß nicht größer als die minimale Trennungskapazität sein kann, da die Kapazität jeder Kante der Trennungsmenge voll ausgenutzt wird. Daß es auch stets eine maximale Flußabb. w gibt, so daß die minimale Trennungskapazität gleich dem maximalen Fluß ist, sichert der Satz von Ford & Fulkerson:

Satz 6: In jedem Flußnetzwerk ist die minimale q - s - Trennungskapazität gleich dem maximalen Fluß.

Der Beweis dieses Satzes gibt zugleich eine Methode zur Bestimmung der minimalen q - s - Trennungskapazität, die hier an unserem Beisp. erläutert sei:

(1) In G wird ein beliebiger Fluß bestimmt, etwa:

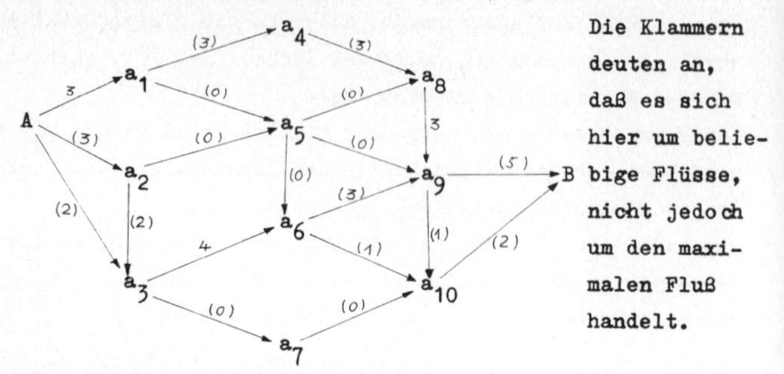

Die Klammern deuten an, daß es sich hier um beliebige Flüsse, nicht jedoch um den maximalen Fluß handelt.

(2) Einige Ecken werden nun gesondert gekennzeichnet, und zwar nach folgenden Kriterien:

(21) Die Quelle wird gekennzeichnet,

(22) ist der durchlaufende Fluß einer Kante echt kleiner als die maximale Kapazität, wird auch der Endpunkt dieser Kante gekennzeichnet, sofern der Anfangspunkt der Kante gekennzeichnet ist,

(23) nachdem so alle entsprechenden Knoten markiert sind, werden auch diejenigen Knoten markiert, die Anfangspunkte einer Kante mit Fluß größer als Null sind und deren Endpunkte markiert sind.

Für unser Beisp.:

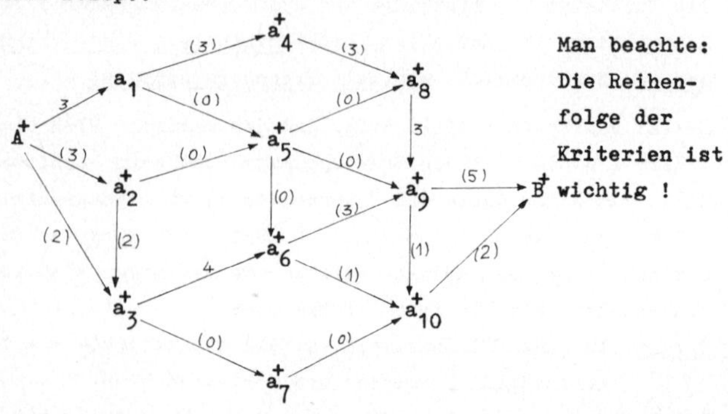

Man beachte: Die Reihenfolge der Kriterien ist wichtig !

(3) Ist die Senke auf diese Weise markiert worden, geben die

markierten Knoten an, entlang welcher Pfade der Fluß noch vergrößert werden kann, da markierte Ecken nur durch ungesättigte Pfade erreicht werden können. Entlang der Pfade mit markierten Ecken wird nun der Fluß vergrößert, und zwar so lange, bis bei einer Markierungsfolge die Senke nicht mehr markiert werden kann.

Da in unserem Beisp. von A^+ nach a_1 bereits ein maximaler Fluß herrscht, können alle weiteren Kanten auf dem 'oberen' Pfad nur '3' tragen. (3) bezieht sich also auf Pfade von A nach B, die <u>nur</u> markierte Punkte haben.

In unserem Beisp.:

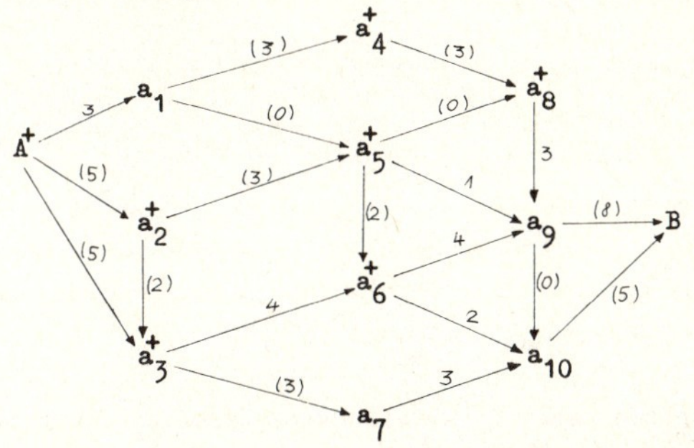

Zwar ist der maximale Fluß eines Flußnetzwerkes nach Satz 6 eindeutig, dies gilt jedoch nicht immer für die maximale Flußabb.; so ist in unserem Beisp. auch folgende Flußabb. maximal:

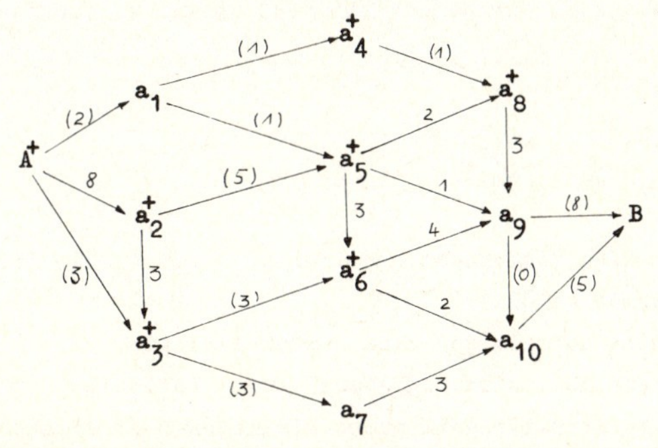

In unserem Beisp. ist der maximale Fluß 13, die A - B - Trennungsmenge mit minimaler Trennungskapazität ist

$$N = \{(a_5,a_9),(a_6,a_9),(a_6,a_{10}),(a_7,a_{10}),(a_8,a_9)\} .$$

<u>Bemerkung</u>: Hier wird deutlich, daß Minimalität der q - s - Trennungsmenge <u>nicht</u> mengentheoretische Minimalität meint, denn die Trennungsmenge $\{(a_9,B),(a_{10},B)\}$ enthält weniger Elemente als N !

Aufgaben:

w(15) Versuchen Sie, für folgendes Flußnetzwerk eine maximale Flußabb. zu finden !

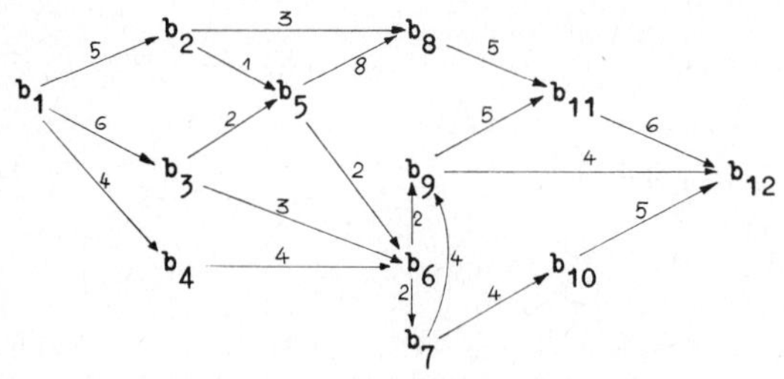

p(16) Eine Behörde habe 8 Abteilungen. Zwischen ihnen bestehen folgende formal vorgegebene (wechselseitige) Kommunikationsbeziehungen bei der Abwicklung von Aufgaben. Dabei bezeichnen die Kantenbewertungen die Zeit(in Minuten) der (z.B. durchschnittlichen) Kommunikationsdauer.

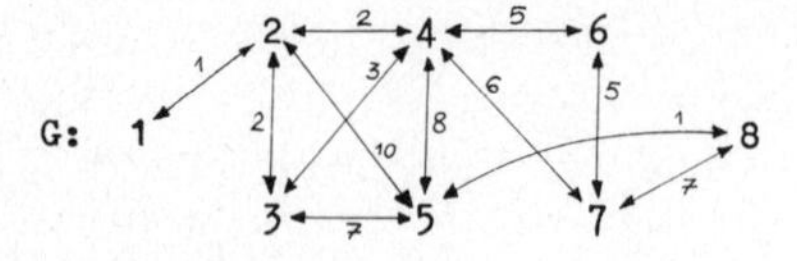

Nun sei eine Kommunikationsstruktur gesucht, die folgende Bedingungen erfüllt:

(1) Alle Abteilungen sind berücksichtigt,

(2) jede Abt. wird höchstens einmal beteiligt,

(3) die Struktur soll durch minimalen Zeitaufwand gekennzeichnet sein. (vgl. Kaufmann(1971),S.29ff)

Versuchen Sie, einen Algorithmus für die Lösung derartiger Probleme anzugeben ! (Ordnen Sie in $W(G)$ demjenigen w_{ij}, bei dem zwischen i und j keine unmittelbare Beziehung besteht, ein ∞ zu !)

(1.6.3.3) Minimale Wege in einem Graphen

In einem Kommunikationsgraphen $G = (E,R)$ werde jede Nachricht von e_i nach e_j mit einer Wahrscheinlichkeit $p(e_i,e_j)$ weitergegeben, $e_i,e_j \in E$.
Mit $\hat{p}(e_i,e_j) := N_{ij}/N_i$, wobei N_{ij}:= Anzahl der Nachrichten ist, die e_j von e_i hört, und N_i:= Anzahl von Nachrichten, die e_i bekannt sind, sei die Schätzung von $p(e_i,e_j)$ bezeichnet.
Betrachten wir als Beisp. den Graphen:

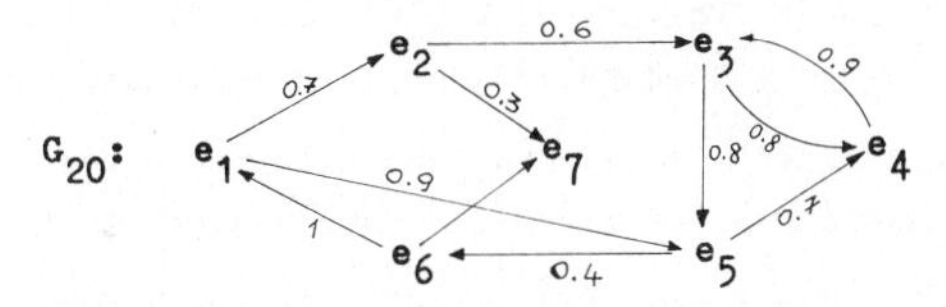

Die Kanten (e_i,e_j) mit $\hat{p}(e_i,e_j) = 0$ wurden nicht eingezeichnet. Normieren wir in der zugehörigen Matrix $W(G_{20})$ alle Zeilensummen auf 1 , so ergibt sich eine stochastische Matrix, und das Problem kann mit Hilfe einer Markow - Kette angegangen werden. Für unsere speziellen Fragestellungen soll hier jedoch ein eigener Algorithmus entwickelt werden, den wir allerdings nur andeuten wollen, so daß seine Ausführung Aufgaben vorbehalten bleibt.
Es ergeben sich folgende Fragen:

(1) Mit welcher Wahrscheinlichkeit $q(e_i,e_k)$ erreicht eine Nachricht von e_i ausgehend ein e_k (z.B. über Zwischenstationen) ?

(2) Welche 'Wege' legt eine Nachricht dabei zurück ?

(3) Es sei eine feste Wahrscheinlichkeit q^*, $0 \leq q^* \leq 1$,

vorgegeben: welche Punkte e_k werden von e_i aus mit einer Wahrscheinlichkeit erreicht, die größer oder gleich q* ist ?

(4) Von welchen Punkten muß die Nachricht ausgehen, um mit einer Wahrscheinlichkeit größer oder gleich q* alle Knoten des Graphen zu erreichen?

Diese Fragen sollen beantwortet werden unter den zusätzlichen Voraussetzungen:

(V1) Die Nachrichtenübertragung von e_i nach e_j und von e_k nach e_l mit $i \neq j$ oder $k \neq l$ ist stochastisch unabhängig .

(V2) Es werden nur irreflexive Graphen betrachtet, da die Wahrscheinlichkeit, daß eine Nachricht von e_i direkt nach e_i gelangt, gleich 1 ist.

Aufgaben:

w(17) Zur Beantwortung der Fragen (1) bis (4) sind die von e_i ausgehenden Pfade zu berücksichtigen; begründen Sie das !

w(18) Entwickeln Sie einen Algorithmus, der alle von einem Punkte e_i ausgehenden Pfade eines Graphen liefert !

w(19) Beantworten Sie die Fragen (1) bis (3) für den Graph:

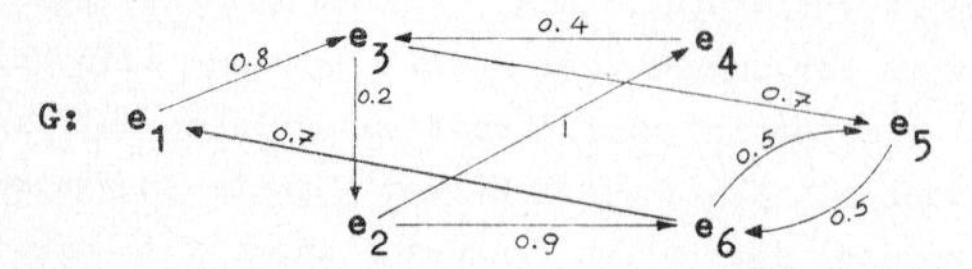

für q* = 0.75 und für e_1 als 'Nachrichtensender' !

(1.6.3.4) Netzplantechnik

Im Rahmen einer Einführung können nicht alle Netzplantechniken, geschweige denn ihre volle sozialwissenschaftliche Relevanz, aufgezeigt und diskutiert werden. Daher seien hier nur einige Bemerkungen gemacht und einige Techniken exemplarisch vorgestellt.

Netzplantechniken werden i.a. zur Kontrolle und Optimierung von Projekten eingesetzt. Dies läuft meist in folgenden Schritten ab:

(a) Problemstellung (z.B. Abhaltung einer Konferenz) ,

(b) Modellerstellung (logische Ablaufstruktur(z.B. kann man Einladungen nicht verschicken, bevor sie geschrieben sind)),

(c) Analyse der zu kontrollierenden und/oder zu optimierenden Größen (z.B. Zeit, Kosten, Kapazitäten) .

Projekte lassen sich prinzipiell als aus Vorgängen(z.B. 'Einladung von Konferenzteilnehmern') oder Ereignissen(z.B. 'Einladung abgeschickt') zusammengesetzt auffassen. Je nachdem auf welchen Aspekt man die Hauptorientierung legt und wie man sodann den Netzplan aufbaut (weitere Unterscheidungskriterien seien hier vernachlässigt), lassen sich drei grundlegende Varianten der Netzplantechnik unterscheiden:

(1) CPM (Critical Path Method),

(2) PERT(Program Evaluation and Review Technique),

(3) MPM(Metra - Potential - Methode) .

Bei CPM werden Vorgänge als gerichtete Kanten dargestellt, deren Anfangs- und Endknoten durchnumeriert werden(sie lassen sich als Ereignisse(Beginn, Ende des Vorgangs) interpretieren). Parallele Kanten sind unzulässig, um die Eindeutigkeit des Optimums(des CP) zu garantieren. Treten 'logisch parallele' Vorgänge auf (man erinnere sich an (2.6) aus LuM I), so sind Hilfsknoten mit Hilfsvorgängen einzufügen. Diese Kanten erhalten dann die Bewertung Null.

Beisp.: Drei Vorgänge A,B,C mögen folgende logische Inzidenzstruktur haben:

Vorgang/Nachfolger	A	B	C
A	0	1	1
B	0	0	0
C	0	0	0

B und C können also erst dann vorgenommen werden, nachdem A abgeschlossen ist.

Da die Vorgänge als Kanten auftreten, würde das Netz wie folgt aussehen:

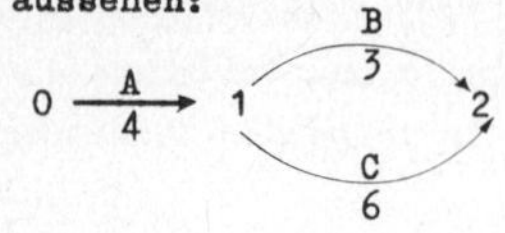

Die Bewertungen mögen hier Zeitangaben für die Dauer der Vorgänge darstellen.

B und C sind jedoch parallel. Daher wird ein Hilfsknoten x und ein Hilfsvorgang X eingeführt.

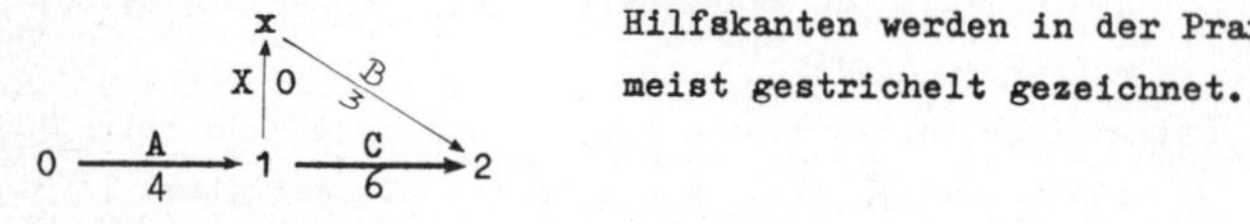

Hilfskanten werden in der Praxis meist gestrichelt gezeichnet.

Weiterhin dürfen keine Zyklen auftreten, da das Projekt in einem Zyklus 'endlos lange' zirkulieren würde. Es bedarf wohl keiner Erwähnung, daß nur endliche Projekte mit Hilfe von Netzplänen kontrolliert oder optimiert werden können.

Der wichtigste Anwendungsbereich von CPM ist die zeitoptimale Planung von komplexen Projekten, hier sind daher möglichst exakte Kantenbewertungen erforderlich.

PERT dagegen ist vorwiegend kontroll- und koordinierungsorientiert. PERT stellt auf Ereignisse ab, die als Knoten definiert werden. Kanten geben somit lediglich die logische Ablaufstruktur wieder. Für PERT ist eine spezielle, auf der Beta-Verteilung beruhende, Schätzmethode der Zeitwerte entwickelt worden, auf die aber an dieser Stelle nicht eingegangen werden soll (zumal da sie nicht unumstritten ist (siehe S.-381-)). PERT sollte vorwiegend bei Kontrollproblemen eingesetzt werden, bei denen die Ereignisabfolge im Mittelpunkt steht.

In MPM werden dagegen die Vorgänge als Knoten definiert. Die Kanten stellen somit lediglich die Ablaufstruktur des Projektes dar. MPM hat den Vorteil, im Unterschied zu CPM(das ja auch vorgangsorientiert ist) Hilfsknoten und -kanten nicht mehr zu benötigen (außer je einem Anfangs- und Endknoten).

Da die(i.a. nicht einfache) Erstellung von CPM - Netzplänen wegen der meist notwendigen Hilfskanten kaum ohne ausführlichen Kommentar nachzuvollziehen sein dürfte, sei hier lediglich die MPM - Methode exemplarisch vorgestellt, wobei keinesfalls alle Aspekte von MPM erörtert werden können. Vielmehr wollen wir uns auf die Berechnung des CP beschränken (als Einführung siehe Zimmermann(1971),S. 36 - 46), d.h. jener Teilabfolge von Aktivitäten, deren Zeitplanung in jedem Falle eingehalten werden muß, um das frühestmöglich Projektende zu garantieren. Tritt auf diesem Pfad vom Start zum Ende eine Verzögerung auf, so bedeutet dies unmittelbar eine spätere Beendigung des Projektes. Der kritische Pfad enthält also keine Spielräume für zeitliche Verschiebungen(vgl. Kap. (1.5.3)).

(a) Projekt: Vorbereitung eines Parteitages
Management: Parteisekretariat
Nur diejenigen Aspekte des Projektes können Bestandteile des Netzplanes werden, die unter der effektiven Kontrolle des Managements stehen.

(b) Modell:

(b_1) Gliederung des Projektes

(b_{11}) Hauptvorgänge :
Aktivitäten bzgl.:
A_1 - der Parteitagsmitglieder
A_2 - der Anträge
A_3 - des Services
A_4 - Presse, Funk, Fernsehen

(b_{12}) Aufgliederung der Hauptvorgänge:

A_1
a - Erfassung der Parteitagsmitglieder
b - Einladung der "

A_2
c - Beschaffung der Anträge
d - Sichtung der "
e - Einrichtung einer Redaktionskommission
f - Überweisung der Anträge an die Red.komm.

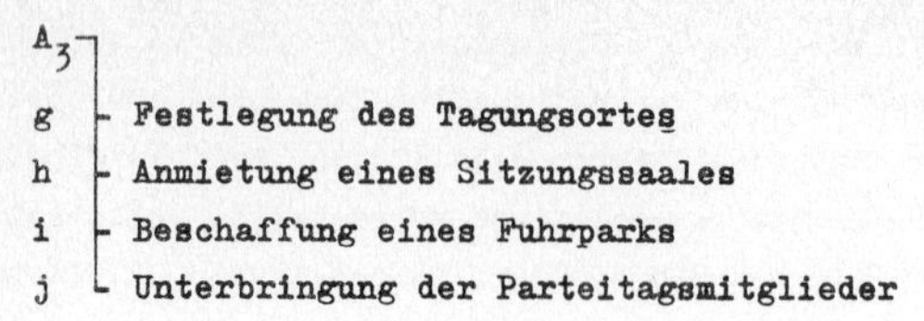

A_3

g - Festlegung des Tagungsortes
h - Anmietung eines Sitzungssaales
i - Beschaffung eines Fuhrparks
j - Unterbringung der Parteitagsmitglieder

A_4

k - Einladung von Funk, Presse, Fernsehen
l - Bereitstellung von Informationsmaterial .

Selbstverständlich sind hiermit noch nicht alle Vorgänge erfaßt, zudem lassen sich die Vorgänge a bis l noch weiter aufgliedern, was bei einer realen Planung auch geschehen müßte.

(b_2) logische Ablaufstruktur

Gehen wir hier vom Ende der Planung(Beginn des Parteitages) rückwärts bis zum Planungsbeginn(Vorgängerorientierung).

Vorgang	unmittelbarer Vorgänger
Beginn des PT	b,f,h,i,k,l
b	a,g,j
f	e
h	g
i	g
k	g,h,l
l	b,d,g
a	-
g	-
j	a,g,h
e	-
d	c
c	-

(a, g, e, c) → START

(c) Hier sei nur die Zeitplanung vorgenommen

(c_1) Zeitschätzung

Vorgänge	Dauer in Std.(1 Tag := 8 Std.)
a	40
b	32
c	80
d	160
e	4
f	1
g	1
h	2
i	5
j	80
k	4
l	80

Selbstverständlich liegen (b_{12}), (b_2) und (c_1) einerseits eine Fülle auch sozialwissenschaftlich zu problematisierender Annahmen zugrunde, andererseits gehen in einen Netzplan oft implizit bestimmte Interessen ein. So ließe sich sicherlich die Effektivität einer relativ parteitagsunabhängigen Redaktionskommission mit netzplantechnischen Argumenten belegen, dahinter stehen jedoch ebenfalls machtpolitische Interessen des Parteivorstandes(z.B. Retuschierung herrschaftskritischer Anträge). Dieser exemplarische Hinweis mag hier genügen.

(c_2) Erstellung eines Netzplanes nach MPM

(c_{21}) Assoziierte Matrix

Vorgang / Vorgänger	a	b	c	d	e	f	g	h	i	j	k	l	PT
a	0	1	0	0	0	0	0	0	0	1	0	0	0
b	0	0	0	0	0	0	0	0	0	0	0	1	1
c	0	0	0	1	0	0	0	0	0	0	0	0	0
d	0	0	0	0	0	0	0	0	0	0	0	1	0
e	0	0	0	0	0	1	0	0	0	0	0	0	0
f	0	0	0	0	0	0	0	0	0	0	0	0	1
g	0	1	0	0	0	0	0	1	1	1	1	1	0
h	0	0	0	0	0	0	0	0	0	1	1	0	1
i	0	0	0	0	0	0	0	0	0	0	0	0	1
j	0	1	0	0	0	0	0	0	0	0	0	0	0
k	0	0	0	0	0	0	0	0	0	0	0	0	1
l	0	0	0	0	0	0	0	0	0	0	1	0	1
ig	0		0		0		0						

S T A R T

(c_{22}) Netzplan

Zunächst ist nun aus der assoziierten Matrix die Verlaufsabfolge zu bestimmen, die mit den Methoden aus Kap. (1.5) errechnet werden kann, da der zugrundeliegende Graph azyklisch sein muß(siehe S.-104-). Es ergeben sich 5 Niveaus:

$N_1 = \{a,c,e,g\}$, $N_2 = \{d,h,i\}$, $N_3 = \{j\}$,

$N_4 = \{b\}$, $N_5 = \{l\}$, $N_6 = \{f,k\}$.

Bei MPM ist der Netzplan aus Kanten und Knoten wie folgt zusammengesetzt

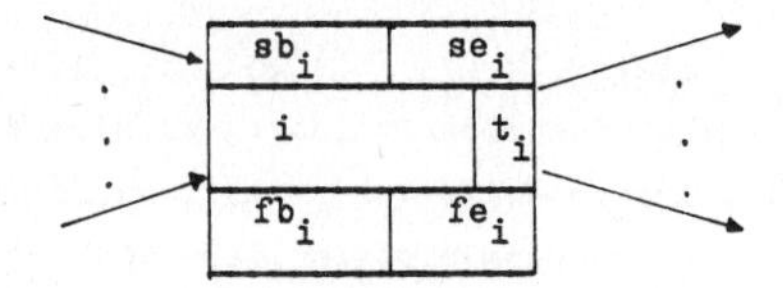

mit: i - Vorgang i

t_i - Dauer von i

fb_i - frühestmöglicher Beginn von i

fe_i - " s Ende " i

sb_i - spätestmöglicher Beginn von i

se_i - " s Ende " i

(Netzplan siehe folgende Seite!)

Das Projekt benötigt also bei sofortigem Start 324 Std., d.h. wenn man nur die frühestmöglichen Zeitpunkte betrachtet (also fb_i,fe_i) und beachtet, daß ein Vorgang erst dann begonnen werden kann, wenn alle die in ihn einmündenden Vorgänger abgeschlossen sind. Somit benötigt das Projekt $40^1/2$ Arbeitstage(wenn man von Nachtarbeit absieht). Geht man nun von'hinten nach vorne' den Netzplan zurück unter der Bedingung, daß die Zeit des frühestmöglichen Projektendes unter allen Umständen eingehalten werden soll, so leuchtet unmittelbar ein:

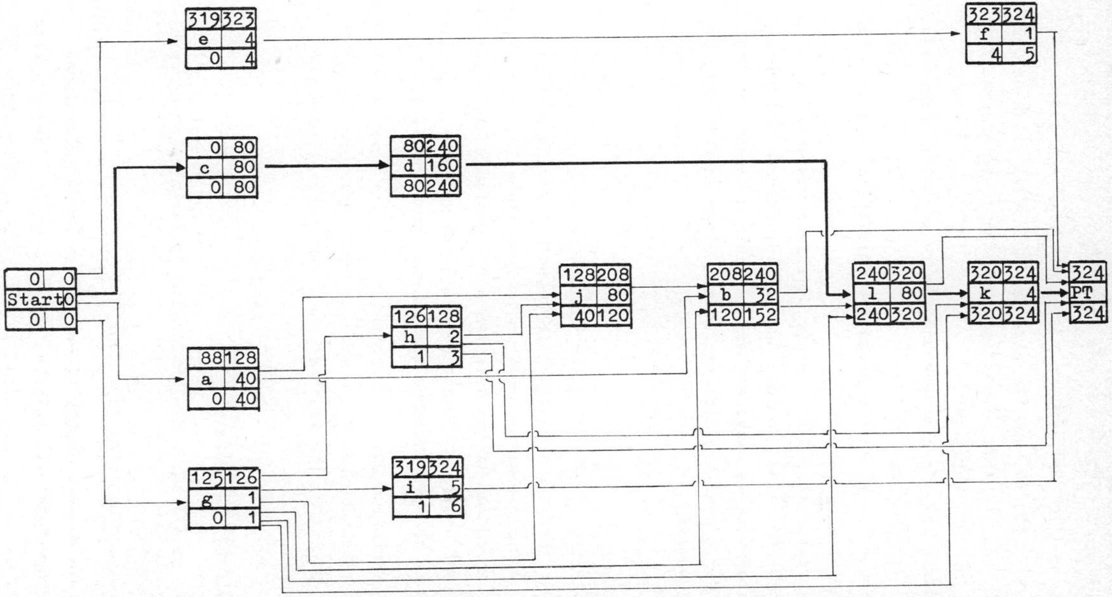

Die hier aufgeführten Zeiten sind netzplan-abhängig ermittelt. Außerhalb des kritischen Pfades können netzplan-unabhängige Termine vorgeschrieben sein.

Der CP liegt jeweils bei den Vorgängen, für die gilt:

(1) $sb_i = fb_i$,

(2) sb_i und fb_i sind maximal unter allen bei jeweils einkantigem Rückschreiten erreichbaren Vorgängen.

Auf dem CP sind selbstverständlich keine netzplanunabhängigen sb_i - Werte angebbar.

Die Projektdauer kann nur durch Eingriffe bei den CP - Vorgängen verkürzt werden.

Wenn man bedenkt, daß es heute Netzpläne gibt, die nicht nur stochastisch sind, sondern auch Zeit-, Kosten- und Produktionsbeziehungen simultan berücksichtigen können, so leuchtet ein, daß dieses Kap. in der Tat nur einen ersten Einstieg bedeuten kann.

Aufgaben:

w(20) Falls die Projektdauer vorgegeben wird(und nicht wie bisher aus den Zeitbeziehungen der Vorgänge folgt), welcher (bereits erwähnte) Algorithmus läßt sich dann anwenden, um den Netzplan durch optimale Manipulation der Dauer von Vorgängen auf die gewünschte Projektdauer zu bringen?(Näheres siehe Zimmermann(1971),S.71ff)

p(21) Erstellen Sie einen Netzplan für eine Ihrer alltäglichen Arbeiten(z.B. Tee - Kochen) und finden Sie den CP! Läßt sich Ihr Arbeitsablauf noch rationalisieren?

Weiterführende Literatur

Mary F. Arnold(ed.): Health Program Implementation through PERT
San Francisco: APHA 1966

Claude Berge: The Theory of Graphs and Its Applications
New York: Wiley 1962

G. Brüggen: Möglichkeiten und Grenzen der Soziometrie
Frankf./M.: Luchterhand 1972

Anthony J. Catanese, Alan W. Steiss: Programming for Governmental Operations - The Critical Path Approach
Atlanta: Georgia Inst. of Technology 1967

J. Criswell, H. Solomon, P. Suppes(eds.): Mathematical Methods in Small Group Processes
Stanford, Cal.: Stanford Univ. Press 1962

K.M. Evans: Sociometry and Education
London: Routledge & Kegan Paul 1962

Claude Flamant: Applications of Graph Theory to Group Structure
Englewood Cliffs,N.J.: Prentice - Hall 1963

D.I. Golenko: Statistische Methoden der Netzplantechnik
Leipzig: Teubner 1972

K.R. MacCrimmon, C.A. Ryavec: An Analytic Study of the PERT Assumptions
in: OR 12, 1964, S. 16 - 37

B. Rouget: Graph Theory and Hierarchisation Models
in: Regional and Urban Econ. 2, 1972, S. 263 - 295

Peter P. Schoderbek(ed.): Management Systems
New York: Wiley 1967
(Darin insbes. sozialwissenschaftliche Aspekte der Netzplantechnik)

Jerrol M. Seaman, Frederick Koenig: A Comparison of Measures of Cognitive Complexity
in: Sociometry 37,1974,S. 375 - 390

(2.) Lineare Algebra

Probleme in den Sozialwissenschaften, bei denen mit quantitativ meßbaren Größen operiert wird, wird man häufig zunächst - aus Gründen, wie in LuM I S. 219 dargestellt - durch lineare Modelle zu formalisieren suchen. I.a. wird in derartigen formalisierten Modellen nicht nur eine Variable zu spezifizieren sein, sondern eine endliche Menge solcher Variablen $M = \{x_1, \ldots, x_n\}$. Als einige Beisp. unter vielen seien hier Lernmodelle, ökonometrische Modelle, Mobilitätsmodelle (siehe statt vieler Land(1970))genannt, bei deren Verfeinerung in letzter Zeit auch schon z.T. nichtlineare Ansätze entwickelt wurden.

Ein derartiges lineares Modell für 3 Variablen hat z.B. folgende Struktur:

$$G_1: a_{11}x_1 + a_{12}x_2 + a_{13}x_3 = b_1$$
$$G_2: a_{21}x_1 + a_{22}x_2 + a_{23}x_3 = b_2$$
$$G_3: a_{31}x_1 + a_{32}x_2 + a_{33}x_3 = b_3$$
$$G_4: a_{41}x_1 + a_{42}x_2 + a_{43}x_3 = b_4$$

oder in bequemerer Schreibweise für $G_1, \ldots, G_4$:

$$G: \begin{pmatrix} a_{11} \\ \vdots \\ a_{41} \end{pmatrix} x_1 + \begin{pmatrix} a_{12} \\ \vdots \\ a_{42} \end{pmatrix} x_2 + \begin{pmatrix} a_{13} \\ \vdots \\ a_{43} \end{pmatrix} x_3 = \begin{pmatrix} b_1 \\ \vdots \\ b_4 \end{pmatrix}$$

Die a_{ij} ($i = 1,2,3,4$; $j = 1,2,3$) werden i.a. reelle Zahlen sein.

Sind auf Grund empirischer Befunde oder theoretischer Erwägungen derartige Modelle spezifiziert und die Parameter a_{ij}, b_i bestimmt, so ist häufig eine spezifisch mathematische Frage: Wie lauten die x_j, die bei gegebenen a_{ij} und b_i alle Gleichungen G simultan erfüllen? Gibt es derartige x_j überhaupt? Wenn ja, wieviele? Wie lassen sie sich berechnen? etc.

Diese Fragen sind für die Theorie der linearen Gleichungssysteme (d.h. der linearen Modelle mit mehreren Variablen) vollständig beantwortet worden. Wir werden diese Theorie im Verlauf dieses Kap. entwickeln. Zunächst aber sollen einige Bemerkungen zu der Frage gemacht werden, unter welchen Umständen Untersuchungsobjekte durch ein lineares Modell formalisiert werden können.

(2.1.) Vektorräume

Interpretieren wir die a_{ij}, b_i und x_j einmal an einem Beisp. konkret, um so Bedingungen zu formulieren, unter denen sich ein Objektbereich linear formalisieren läßt.

Ein Konzern stelle in 4 Werken W_1, W_2, W_3, W_4 jeweils 3 Güter G_1, G_2, G_3 her. In der Kalkulation werden u.a. die Preise festgesetzt, mit denen ein monatlicher Umsatz erzielt werden kann, der einen 'ausreichenden' Profit garantieren soll. Notieren wir: a_{ij} sei die auf Grund von Auftragslage und Produktionsmengenfestsetzung fixierte Produktionsmenge von Gut G_j in Werk W_i, b_i sei der für den Profit notwendige Umsatz in Werk W_i. Dann stellen nach Lösung des Gleichungssystems die x_j die Preise der Güter G_j dar.

Beantworten wir nun die Frage, welche mathematische Struktur hier zugrunde liegt.

(1) Spalten müssen mit Zahlen multipliziert werden können, und das Ergebnis muß wieder eine Spalte sein.

(2) Spalten müssen addiert werden können, das Ergebnis muß wieder eine Spalte sein.

(1) und (2) sind notwendig, um das Gleichungssystem überhaupt aufschreiben zu können. Um nun in diesem rechnen zu können, sind weiterhin erforderlich:

(3) Die Zahlen, mit denen multipliziert wird, müssen Elemente eines Körpers sein(vgl. LuM I,S. 134).

(4) Die Spalten müssen eine abelsche Gruppe bilden bzgl. der Addition (vgl. LuM I, S. 132) .

Als Struktur des Raumes, in dem sich ein derartiges Gleichungssystem formulieren und mit ihm rechnerisch operieren läßt, ergibt sich die Vektorraumstruktur(vgl. LuM I,S. 201):

Def. 1: Das Tripel $(G,+,\cdot K)$ heißt Vektorraum, wenn gilt:

(1) $(G,+)$ ist eine abelsche Gruppe mit dem bzgl. $+$ neutralen Element o_G ,

(2) $(K,\top,\perp)$ ist ein Körper,

(3) $\cdot : K \times G \longrightarrow G$ ist eine Abb., $(k,g) \longmapsto k \cdot g$

mit den Verträglichkeitsbedingungen:

(4) $(a \top b) \cdot g = a \cdot g + b \cdot g$ mit $a,b \in K,\ g \in G$,

(5) $a \cdot (g \top g') = a \cdot g + a \cdot g'$ mit $a \in K,\ g,g' \in G$,

(6) $(a \perp b) \cdot g = a \cdot (b \cdot g)$ mit $a,b \in K,\ g \in G$.

Die Abb. $\cdot : K \times G \longrightarrow G$ wird äußere Komposition genannt.

Wir werden künftig vorwiegend Vektorräume über dem Körper der reellen Zahlen, genannt $\mathbb{R}$ - Vektorräume, betrachten. Dabei wird häufig anstelle von $(G,+,\cdot K)$ abkürzend G Vektorraum genannt, wenn die Operationen unmißverständlich sind.

Bemerkungen:

(1) Ist G eine Menge, die nur die innere Verknüpfung trägt ohne alle Gruppeneigenschaften(wie z.B. $(\mathbb{N},+)$ oder $(\mathbb{Z},\cdot)$), so können Gleichungssysteme darüber nicht ohne weiteres rechnerisch genau gelöst werden(z.B. ganzzahlige Programmierung).

(2) Ist K kein Körper, sondern nur ein Ring(vgl. LuM I,S. 134) - z.B. $(\mathbb{Z},+,\cdot)$ - , so wird die Theorie der Gleichungssysteme hier erheblich aufwendiger,und die Ergebnisse sind weniger weitreichend. Wird in Def. 1 nur Ring für Körper gefordert, so spricht man von Moduln anstatt von Vektorräumen(siehe dazu Bourbaki(1962), Grotemeyer(1970)).

Beispiele für Vektorräume:

(1) Sei $n \in \mathbb{N}$, $G = \left\{ \begin{pmatrix} a_1 \\ \vdots \\ a_n \end{pmatrix} / a_i \in \mathbb{R} \right\}$, also die Menge der Spalten mit n Elementen, auch n - Tupel genannt, wird durch folgende Definitionen zum $\mathbb{R}$ - Vektorraum:

(a) $\begin{pmatrix} a_1 \\ \vdots \\ a_n \end{pmatrix} \oplus \begin{pmatrix} b_1 \\ \vdots \\ b_n \end{pmatrix} := \begin{pmatrix} a_1 + b_1 \\ \vdots \\ a_n + b_n \end{pmatrix}$ ist innere Komposition auf G ,

das neutrale Element bzgl. $\oplus$ in G ist $\begin{pmatrix} 0 \\ \vdots \\ 0 \end{pmatrix}$,
bezeichnet mit $\mathbf{0}_{(n,1)}$.

(b) $x \odot \begin{pmatrix} a_1 \\ \vdots \\ a_n \end{pmatrix} := \begin{pmatrix} x \cdot a_1 \\ \vdots \\ x \cdot a_n \end{pmatrix}$ ist äußere Komposition auf G mit Elementen $x \in \mathbb{R}$.

Man beachte den Unterschied zwischen + in $\mathbb{R}$ und $\oplus$ in G und zwischen $\cdot$ in $\mathbb{R}$ und $\odot$ in $\mathbb{R} \times G$.
G wird mit $\mathbb{R}^n$ bezeichnet.

(2) Die Menge der konvergenten Folgen in $\mathbb{R}$, $KF(\mathbb{R})$, bilden einen $\mathbb{R}$ - Vektorraum (vgl. LuM I, S. 201).

(3) Die Menge der stetigen Funktionen von $\mathbb{R}$ nach $\mathbb{R}$, bezeichnet mit $C(\mathbb{R},\mathbb{R})$, ist ein $\mathbb{R}$ - Vektorraum (vgl. LuM I, S. 213).

(4) Die Menge aller Polynome (vgl. LuM I, S. 217ff) vom Grad kleiner oder gleich n, $n \in \mathbb{N}$, bilden einen $\mathbb{R}$ - Vektorraum durch die Definitionen:
Sei $P = \{p / p \text{ ist Polynom vom Grad } \leq n\}$.

(a) $\oplus : P \times P \longrightarrow P$

$(p,q) \longmapsto p \oplus q$, wobei

$$p = \sum_{i=0}^{n} a_i x^i, \quad q = \sum_{i=0}^{n} b_i x^i \quad \text{und } a_i, b_i \in \mathbb{R};$$

$$p \oplus q := \sum_{i=0}^{n} (a_i + b_i) x^i$$ mit '+' als 'normaler' Addition in $\mathbb{R}$.

(b) $\odot : \mathbb{R} \times P \longrightarrow P$

$(c,p) \longmapsto c \odot p$ mit $c \in \mathbb{R}$, wobei

p wie in (a) und
$$c \odot p := \sum_{i=0}^{n} (c \cdot a_i) x^i.$$

$c \odot p$ ist in der Tat ein Element aus P, da $c \cdot a_i \in \mathbb{R}$ und somit $\sum_{i=0}^{n} (c \cdot a_i) x^i$ ein Polynom vom Grad $\leq n$.

(c) Nun sind noch die Verträglichkeitsbedingungen (4), (5) und (6) aus Def. 1 nachzuweisen. Wir zeigen (4) und überlassen (5) und (6) als Übung.

Zu zeigen: $(c + d) \odot p = c \odot p \oplus d \odot p$ mit $c,d \in \mathbb{R}$, $p \in P$.

Bew.: Sei $p = \sum_{i=0}^{n} a_i x^i$, dann gilt:

$$(c + d) \odot p = (c + d) \odot \sum_{i=0}^{n} a_i x^i = \sum_{i=0}^{n} (c + d) a_i x^i \text{ nach (b).}$$

$$= \sum_{i=0}^{n} (c a_i x^i + d a_i x^i) \quad \text{/Distributivität in } \mathbb{R}.$$

$$= \sum_{i=0}^{n} c a_i x^i + \sum_{i=0}^{n} d a_i x^i \quad \text{/Rechenregeln für Summenzeichen}$$

$$= c \odot \sum_{i=0}^{n} a_i x^i + d \odot \sum_{i=0}^{n} a_i x^i \quad \text{/nach Def. (a) und (b)}$$

$$= c \odot p \oplus d \odot p \quad .$$

Aufgaben: Zeigen Sie anhand der Definitionen:

w(1) für das Beisp. (4) die restlichen Regeln,

w(2) die Vektorraum - Eigenschaften für die übrigen 3 Beisp.,

w(3) für $n \in \mathbb{N}$ ist der Nullraum $\{0_{(n,1)}\} = \left\{ \begin{pmatrix} 0 \\ \vdots \\ 0 \end{pmatrix} / \text{ n - Tupel} \right\}$ ein Vektorraum mit den Operationen aus Beisp. (1).

w(4) Man kann jeden Körper als Vektorraum über sich selbst auffassen. Warum ?

Die für uns interessanten Vektorräume werden im folgenden stets Räume von n - Tupeln wie im Beisp. (1) (oder deren Unterräume) sein. Der Leser möge analog zum Produktionsbeispiel auf S.-113- weitere Objektbereiche suchen, in denen Vektorraumstrukturen spezifizierbar sind. Nur in derartigen Objektbereichen sind die im folgenden entwickelten Methoden anwendbar!

(2.2) Operatoren (Lineare Abbildungen)

Im Sinne einer allg. Strukturtheorie, wie sie in LuM I, Kap.(6.) entwickelt wurde im Zusammenhang mit dem Übergang von empirischen zu numerischen Relationensystemen und der Vereinfachung numerischer Relationensysteme, ist es notwendig, Morphismen zu Vektorräumen(die ja auch Relationensysteme sind) zu definieren und deren Eigenschaften aufzuzeigen. Insbesondere wird sich in den nächsten Abschnitten zeigen, daß lineare Gleichungssysteme nichts anderes als Morphismen zwischen Vektorräumen sind. Bedenkt man, daß in den Sozialwissenschaften lineare Modelle oft als erste Formalisierungsansätze verwendet werden, so kommt der Erörterung von linearen Gleichungssystemen ein erhöhtes Gewicht zu.

Erörtern wir zunächst das Konzept des Operators:
Als Veranschaulichung möge folgende Skizze dienen, die bereits auf die Relevanz des Operatorenkonzeptes für systemtheoretische Ansätze hinweist. Ein System läßt sich auffassen als eine Einheit, die inputs in outputs transformiert.

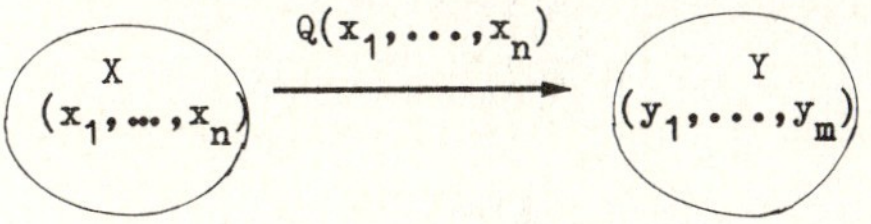

X $(x_1,\dots,x_n)$ —— $Q(x_1,\dots,x_n)$ ——→ Y $(y_1,\dots,y_m)$ SIGNALFLUSS-DIAGRAMM

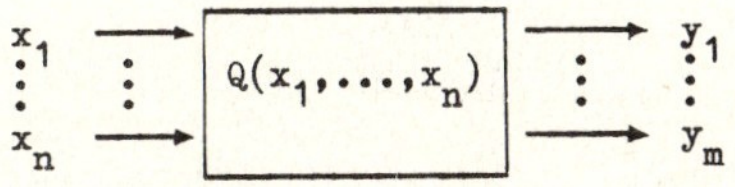

$x_1 \dots x_n$ ——→ $Q(x_1,\dots,x_n)$ ——→ $y_1 \dots y_m$ BLOCKSCHALT-BILD

$(x_1,\dots,x_n),(y_1,\dots,y_m)$ sind Elemente aus Vektorräumen, $Q(x_1,\dots,x_n)$ ist eine lineare Beziehung. Im Signalflußdiagramm wird mehr auf den Wirkungsaspekt(inputs wirken vermittels Q auf outputs), im Blockschaltbild wird mehr auf den Transformationsaspekt (Q transformiert inputs in outputs) abgestellt. Beide Darstellungsweisen werden sich später als äquivalent herausstellen.

Weil Operatoren den Transformationsaspekt in den Vordergrund rücken, ist man an solchen Operatoren interessiert, die die theoretisch relevante Strukturinformation über die inputs unverzerrt in den output übertragen. Häufig sind(insbesondere wenn die inputs aus einem Vektorraum stammen) die Strukturinformationen $(+, \cdot K)$ relevant, die in der folgenden Def. 1 aufgelistet sind.

Sei K ein Körper. Morphismen zwischen zwei K - VR(abk. für Vektorraum) sind Abb., die den beiden Grundstrukturen eines VR genügen(vgl. LuM I,Kap. (6.)). Wir definieren

__Def. 1__: $(V,+,\cdot K)$, $(W, \oplus, \odot K)$ seien K - VR; eine Abb. $f: V \longrightarrow W$ heißt __Operator__ (oder auch lineare Abb.), wenn gilt:

O1: $f(x + y) = f(x) \oplus f(y)$, $x,y \in V$;

O2: $f(c \cdot x) = c \odot f(x)$, $x \in V$, $c \in K$.

Ein Operator heißt __VR - Isomorphismus__ (häufig abk. nur __Isomorphismus__), wenn gilt: f ist bijektiv.

__Beispiele__:

(1) $P = \{p/p$ ist Polynom vom Grad $\leq 2\}$,

$$\mathbb{R}^3 = \left\{ \begin{pmatrix} x_1 \\ x_2 \\ x_3 \end{pmatrix} / x_1, x_2, x_3 \in \mathbb{R} \right\} = \mathbb{R} \times \mathbb{R} \times \mathbb{R}$$

seien zwei VR mit den Operationen, wie in (2.1) genannt.

Dann ist $f: P \longrightarrow \mathbb{R}^3$

$$p \longmapsto f(p) = \begin{pmatrix} a_0 \\ a_1 \\ a_2 \end{pmatrix} \quad \text{für } p = \sum_{i=0}^{2} a_i x^i \in P$$

ein Isomorphismus.

__Bew.__: Zu zeigen: (a) f ist Abb., (b) f ist Operator, (c) f ist bijektiv

zu(a): dem Leser

zu(b): Seien $p = \sum_{i=0}^{2} a_i x^i$, $q = \sum_{i=0}^{2} b_i x^i \in P$,

zu zeigen: 1.) $f(p + q) = f(p) + f(q)$.

__Warnung__: Das linke + ist in P , das rechte in $\mathbb{R}^3$!

Bew.: $f(p + q) = f(\sum_{i=0}^{2} a_i x^i + \sum_{i=0}^{2} b_i x^i)$

$= f(\sum_{i=0}^{2} (a_i + b_i) x^i)$ nach Def. von + in P

$= \begin{pmatrix} a_0 + b_0 \\ a_1 + b_1 \\ a_2 + b_2 \end{pmatrix}$ nach Def. von f

$= \begin{pmatrix} a_0 \\ a_1 \\ a_2 \end{pmatrix} + \begin{pmatrix} b_0 \\ b_1 \\ b_2 \end{pmatrix}$ nach Def. von + in $\mathbb{R}^3$

$= f(\sum_{i=0}^{2} a_i x^i) + f(\sum_{i=0}^{2} b_i x^i)$ nach Def. von f

$= f(p) + f(q)$

2.) zu zeigen: $f(c \cdot p) = c \cdot f(p)$

Bew.: $f(c.p) = f(c \cdot \sum_{i=0}^{2} a_i x^i) = f(\sum_{i=0}^{2} (c \cdot a_i) x^i)$

$= \begin{pmatrix} ca_0 \\ ca_1 \\ ca_2 \end{pmatrix}$ wir werden zur Abk. künftig das '.' - Zeichen weglassen

$= c \begin{pmatrix} a_0 \\ a_1 \\ a_2 \end{pmatrix} = cf(\sum_{i=0}^{2} a_i x^i) = cf(p)$

zu (c): Dem Leser(siehe LuM I,S. 86ff)

(2) Sei $V = \left\{ \begin{pmatrix} x_1 \\ 0 \\ x_2 \end{pmatrix} / x_1, x_2 \in \mathbb{R} \right\}$, dann ist

$g: \mathbb{R}^2 \longrightarrow V$ mit $g\begin{pmatrix} a_1 \\ a_2 \end{pmatrix} = \begin{pmatrix} a_1 \\ 0 \\ a_2 \end{pmatrix}$ ein Isomorphismus.

(3) $f: \mathbb{R}^2 \longrightarrow \mathbb{R}^3$ mit $f\begin{pmatrix} x_1 \\ x_2 \end{pmatrix} = \begin{pmatrix} x_1 \\ x_1 + x_2 \\ x_1 - x_2 \end{pmatrix}$, f ist Operator. Ist f auch Isomorphismus ?

(4) V,W seien K - VR. Die Abb. $h: V \longrightarrow W$ mit $h(v) = 0_W$ für $v \in V$ ist linear, 0 sei dabei das neutrale Element bzgl. + in W .

(5) Der Differential- und der Integraloperator. In Kap. (3.) werden wir sehen, daß Differentiation und Integration Operatoren zwischen $\mathbb{R}$ - VR definieren.

In LuM I,S. 201 wurde schon darauf hingewiesen, daß auch die Limesbildung in KF($\mathbb{R}$) einen Operator lim: KF($\mathbb{R}$) $\longrightarrow$ $\mathbb{R}$ def. .

Abschließend zwei Beisp. für Abb., die keine Operatoren sind.

(1) f: $\mathbb{R}^2 \longrightarrow \mathbb{R}^2$ mit

$$f\begin{pmatrix}a_1\\a_2\end{pmatrix} = \begin{pmatrix}a_1^2 - a_2^2\\3a_1^5\end{pmatrix}$$

(2) Man betrachte eine dichotome Entscheidungssituation in zwei Entscheidungsvariablen, d.h. man kann nur entweder die Entscheidungsvariable 'einsetzen' (1) oder nicht(0). Jeder Variation der Entscheidungsvariablen X_1, X_2 kommt eine bestimmte Auszahlung $f(X_1=x_1, X_2=x_2)$ zu, also

$$f: \{\{0,1\}\times\{0,1\}\} \longrightarrow \mathbb{R}.$$

Sei z.B. f durch folgende Vorschrift in Tabellenform def.:

x_1	x_2	$f(x_1,x_2)$
0	0	2
0	1	-3
1	0	7
1	1	-1

Man rechnet leicht nach, daß gilt:

$$f(x_1,x_2) = 2+5x_1 - 5x_2 - 3x_1x_2$$

für $x_1, x_2 \in \{0,1\}$.

Es gilt: 1.) $\{0,1\}$ ist kein VR, $\{0,1\}\times\{0,1\}$ ebenfalls nicht,
2.) f erfüllt nicht die Bedingungen Ø1,Ø2 aus Def. 1 .

Das Beisp. wurde Hammer,Shlifer(1971) entnommen. Künftig werden wir Operatoren mit großen lateinischen Buchstaben schreiben.

Kommen wir nun zu den Eigenschaften von Operatoren.

<u>Satz 1</u>: Sei $\mathrm{Hom}_K(V,W) = \{F/F$ ist Operator zwischen den K - VR V und W $\}$.

Dann gilt:

$\oplus$: $\mathrm{Hom}_K(V,W) \times \mathrm{Hom}_K(V,W) \longrightarrow \mathrm{Hom}_K(V,W)$ mit $(F,G) \mapsto F \oplus G$

mit $(F \oplus G)(v) = F(v) + G(v)$ für alle $v \in V$ ist Abb. .

Warnung: Man beachte, daß sich + in W , $\oplus$ hingegen in $Hom_K(V,W)$ abspielt.

Weiterhin ist

$$\odot : K \times Hom_K(V,W) \longrightarrow Hom_K(V,W) \quad \text{mit}$$
$$(c,F) \longmapsto c \odot F$$

und $(c \odot F)(v) = cF(v)$ für alle $v \in V$ eine Abb. .

Insgesamt ist $Hom_K(V,W)$ ein K - VR.

Bew. dem Leser .

Bemerkung: Anschaulich bedeutet Satz 1, daß die Summe zweier Operatoren und das Produkt eines Operators mit einem Element aus K wieder Operator ist.

Satz 2: Seien $F: V \longrightarrow W$ und $G: W \longrightarrow U$ Operatoren zwischen K - VR, dann ist $G \circ F: V \longrightarrow U$ ein Operator zwischen V und U .

Bemerkung: Anschaulich bedeutet Satz 2, daß die Komposition von Operatoren wieder ein Operator ist.

Warnung: Wie für beliebige Abb. gilt natürlich auch für Operatoren: $F \circ G \neq G \circ F$ i.a. .

Bezeichnungen: Häufig bezeichnet man Operatoren mit großen Buchstaben(wie wir es tun) und schreibt für $Q: V \longrightarrow W$ $Q(v) \in W$ oder nur $Qv \in W$ und für $T: W \longrightarrow U$ bei Komposition von Q und T $T \circ Q(v) = TQ(v)$ oder nur $TQv \in U$. Die Begründung für eine derartige Schreibweise wird im folgenden klar werden.

Nach diesen einleitenden, eher modelltheoretischen und strukturellen Bemerkungen, die die Grundlage für die Konstruktion linearer Modelle klären und die Einordnung in das allg. Konzept von LuM I bewerkstelligen sollen, werden nun die Hauptbestandteile linearer Modelle(Gleichungssysteme, Vektoren, Matrizen,...), dabei insbesondere eine vollständige Lösungstheorie für Gleichungssysteme in Form der Linearen Algebra entwickelt.

(2.3) Matrizen und Vektoren

Als grundlegende Bestandteile von linearen Gleichungssystemen (LGS) seien zunächst kurz Vektoren und Matrizen und Räume von Matrizen dargestellt.

(2.3.1) Einführung

Bei quantitativen Untersuchungen in den Sozialwissenschaften werden häufig mehrere Merkmale sozialer Einheiten erforscht. Beispielsweise ist man an dem Zusammenhang zwischen Alter und Wahlverhalten von Wählern (2 Merkmale) interessiert. Dies führt zu Daten w_{ij} , wobei w den Wähler bezeichne (z.B. $w = 1,2,\ldots,500$ bei einem Stichprobenumfang von $n = 500$), i das Alter (z.B. die Klasseneinteilung 'jünger als 30 Jahre', '30 bis unter 50 Jahre', '50 Jahre und älter'; hier hätte dann i drei mögliche Ausprägungen, etwa 0,1,2) und j die Partei (z.B. CDU,FDP,SPD) darstelle. Faßt man nun alle Wähler w , die jeweils im selben Altersintervall liegen und sich für eine bestimmte Partei j entscheiden, zusammen, so lassen sich die so gewonnenen Daten(hier: absolute Häufigkeiten) anschaulich in einer rechteckigen Form anordnen:

Altersklasse \ Partei	i \ j	SPD 1	CDU 2	FDP 3
jünger als 30 Jahre	1	55	30	15
30 bis unter 50 Jahre alt	2	45	45	10
50 Jahre und älter	3	40	50	10

%-Zahlen(fiktiv), d.h. die absoluten Häufigkeiten sind auf die Zeilensummen normiert.

Faßt man nun eine derartige Anordnung von Zahlen als Abb. von Zeilen- und Spaltennummern auf bestimmte reelle Zahlen auf(siehe LuM I,S.143,279), so heißt diese Abb. <u>Matrix</u> . Einer bestimmten Zeilen- und Spaltenposition (i,j) wird also eine reelle Zahl a zugeordnet, man schreibt dafür a_{ij} . In unserem Beisp. etwa: $(1,3) \longmapsto a_{13} = 15$.

<u>Bezeichnung</u>:

$$A = \begin{pmatrix} a_{11} & a_{12} & \cdots & a_{1n} \\ a_{21} & a_{22} & \cdots & a_{2n} \\ \vdots & \vdots & \vdots & \vdots \\ a_{m1} & a_{m2} & \cdots & a_{mn} \end{pmatrix} = A_{(m,n)} = (a_{ij})_{(m,n)}$$

ist die allg. Form einer <u>(m,n) - Matrix</u>, d.h. einer Matrix mit m Zeilen und n Spalten; die a_{ij} heißen <u>Elemente</u> der Matrix.

Ist m = n wie in unserem Beisp., so spricht man von einer <u>quadratischen Matrix</u>.

Oft interessiert man sich speziell für eine Spalte oder Zeile einer Matrix. Eine derartige (m,1) - Matrix nennt man <u>Spaltenvektor</u>, eine (1,n) - Matrix analog <u>Zeilenvektor</u>. So ist in unserem Beisp. der Vektor der Wähler mittleren Alters eine (1,3) - Matrix, d.h. ein Zeilenvektor der Form (45 45 10) - wenn keine Mißverständnisse zu befürchten sind, lassen wir die Kommata in Zeilenvektoren künftig weg -, analog ist der Spaltenvektor der SPD - Wähler

$$\begin{pmatrix} 55 \\ 45 \\ 40 \end{pmatrix} .$$

Man kann sich eine (m,n) - Matrix also aus m Zeilenvektoren oder n Spaltenvektoren zusammengesetzt denken.
Man schreibt:

$$A_{(m,n)} = (\mathfrak{a}_1\ \mathfrak{a}_2\ \ldots\ \mathfrak{a}_n), \text{wobei die } \mathfrak{a}_j\ (j = 1,2,\ldots,n)$$

jeweils Spaltenvektoren mit m <u>Komponenten</u> sind.
Man bezeichnet einen Vektor mit m Komponenten auch als m - Tupel und die Spalten- bzw. Zeilenvektoren einer Matrix sind dann Elemente des auf S.-114- def. VR $\mathbb{R}^m$. In unserem Wahlbeisp. ist m = 3 .

Aufgaben:

w(1) Was ist eine (1,1) - Matrix ?

w(2) Betrachten Sie Formel (1.6 - 4) :

(a) Welche Arten von Vektoren und Matrizen kommen darin vor?

(b) Wie müßte man (1.6 - 4) formulieren, damit man $\hat{p}_n$ als das Ergebnis einer n - fachen Anwendung eines Operators auf den Operand $\hat{p}_0$ auffassen kann.

w(3) Wann sind zwei Matrizen A und B gleich ?

(2.3.2) Algebraische und Ordnungsrelationen auf Mengen von Matrizen und Vektoren

Die Menge aller m - Tupel (als Spaltenvektoren) bilden nach S.-114- einen $\mathbb{R}$ - VR. Es liegt daher nahe, die dort def. Verknüpfungen ähnlich für Matrizen zu def. und zu überprüfen, ob und unter welchen Voraussetzungen Matrizenmengen als $\mathbb{R}$ - VR strukturiert werden können. Betrachten wir dazu den VR $\mathfrak{M}_{(m,n)} = \{A_{(m,n)} / A_{(m,n)}$ ist (m,n) - Matrix$\}$.

$A_{(m,n)} = (a_1 \dots a_n)$ und $B_{(k,l)} = (b_1 \dots b_l)$ seien Matrizen. Wollen wir nun zur Def. einer Addition für Matrizen auf diejenige für m - Tupel zurückgreifen (siehe S. -114-), so bietet es sich an, als $A + B$ die Matrix

$(a_1 \oplus b_1 \dots a_n \oplus b_n)$ zu definieren mit $\oplus$ wie auf

S. -114- , was natürlich nur möglich ist, wenn gilt:

(1) die a_i und b_j haben die gleiche Anzahl von Komponenten, also $m = k$,

(2) A und B haben die gleiche Spaltenanzahl, also $n = l$.

<u>Def. 1</u>: $A = (a_{ij})$ und $B = (b_{ij})$ seien beide (m,n) - Matrizen. Die <u>Matrizenaddition</u> ist def. als:

$$\mathsf{A} \dotplus \mathsf{B} := \begin{pmatrix} a_{11}+b_{11} & \cdots & a_{1n}+b_{1n} \\ \vdots & & \vdots \\ a_{m1}+b_{m1} & \cdots & a_{mn}+b_{mn} \end{pmatrix}$$

Wir werden künftig in in unmißverständlichen Fällen + statt $\dotplus$ schreiben.

<u>Beisp.</u>: Tarifkonflikte in einem bestimmten Tarifgebiet seien hinsichtlich Streikdauer s (in Stunden) und Betriebsgröße u (in Anzahl der Belegschaftsmitglieder) in drei aufeinanderfolgenden Jahren t_1, t_2, t_3 untersucht:

t_1

	$0<s<4$	$4\le s<8$	$8\le s<24$	$24\le s<48$	$48\le s<120$	$s\ge 120$
$10\le u<100$	0	50	0	200	40	10
$100\le u<500$	2	8	100	200	100	300
$500\le u<1000$	30	20	0	40	40	10
$1000\le u<5000$	5	10	5	15	5	10
$u\ge 5000$	4	0	0	3	0	3

Diese Matrix sei mit A_1 bezeichnet.

Analog für t_2:

$$A_2 = \begin{pmatrix} 0 & 20 & 30 & 100 & 150 & 0 \\ 4 & 6 & 50 & 150 & 400 & 100 \\ 20 & 40 & 0 & 20 & 60 & 0 \\ 10 & 10 & 0 & 0 & 20 & 10 \\ 2 & 2 & 0 & 1 & 0 & 5 \end{pmatrix}$$

t_3

$$A_3 = \begin{pmatrix} 10 & 90 & 0 & 0 & 100 & 100 \\ 0 & 100 & 50 & 50 & 300 & 210 \\ 0 & 50 & 10 & 5 & 5 & 70 \\ 10 & 0 & 20 & 5 & 10 & 5 \\ 0 & 0 & 1 & 2 & 7 & 0 \end{pmatrix}$$

$a_{ij}^{(k)}$ bezeichne die Anzahl der Betriebe zum Zeitpunkt t_k $(k = 1,2,3 \; ; \; i = 1,\ldots,5 \; ; \; j = 1,\ldots,6)$.

Will man nun z.B. die Anzahl der Betriebe mit einer Belegschaftsgröße $500 \le u < 1000$ herausfinden, in denen in t_1 oder in t_2 Streiks mit einer Dauer von $4 \le s < 8$ Stunden auftreten, so ist $a_{32}^{(1)} + a_{32}^{(2)}$ zu bilden, hier also 60 Betriebe.

Geht man analog für alle $a_{ij}^{(1)}$, $a_{ij}^{(2)}$ vor, so entsteht:

$$A_1 + A_2 = \begin{pmatrix} 0 & 70 & 30 & 300 & 190 & 10 \\ 6 & 14 & 150 & 350 & 500 & 400 \\ 50 & 60 & 0 & 60 & 100 & 10 \\ 15 & 20 & 5 & 15 & 25 & 20 \\ 6 & 2 & 0 & 4 & 0 & 8 \end{pmatrix}$$

Mit $\mathcal{B} := A_1 + A_2$ folgt sofort

$$A_1 + A_2 + A_3 = \mathcal{B} + A_3 = A_1 + \mathcal{C}$$

mit $\mathcal{C} := A_2 + A_3$, wenn man zuerst A_2 und A_3 addiert hätte.

Somit kann für die Matrizenaddition das Assoziativgesetz vermutet werden. Die folgenden Regeln zeigt man durch Zurückführen der Matrizenaddition auf die m - Tupeladdition und deren Regeln.

$A, \mathcal{B}, \mathcal{C}$ seien (m,n) - Matrizen:

(2.3 - 1) $\quad (A + \mathcal{B}) + \mathcal{C} = A + (\mathcal{B} + \mathcal{C})$ /Assoziativität

(2.3 - 2) $\quad A + \mathcal{B} = \mathcal{B} + A$ /Kommutativität

$\mathcal{O}_{(m,n)}$ sei die <u>Nullmatrix</u>, d.h. in allen Zeilen- und Spaltenpositionen stehen nur Nullen. Dann gilt:

(2.3 - 3) $\quad A + \mathcal{O} = A$ für alle (m,n) - Matrizen A; die Nullmatrix ist die einzige (m,n) - Matrix mit dieser Eigenschaft.

Für alle (m,n) - Matrizen A gibt es genau eine (m,n) - Matrix $\mathcal{B}$, so daß gilt:

(2.3 - 4) $\quad A + \mathcal{B} = \mathcal{O}$

$\mathcal{B} = (-a_{ij})$ wird die zu A negative Matrix genannt, geschrieben:

$$\mathcal{B} = -A.$$

Nach der Def. aus LuM I,S. 132 ist somit die Menge aller (m,n)-Matrizen $\mathfrak{M}_{(m,n)}$ eine abelsche Gruppe.

Aufgaben:

w(4) In unserem Tarifkonfliktbeisp. sei nach der Anzahl aller Betriebe gefragt, in denen Streiks zu beobachten waren (aufgeschlüsselt nach der im Beisp. gegebenen Betriebsgrößenklassifikation). Lösen Sie dieses Problem mit Hilfe der Vektoraddition !
Gehen Sie analog vor hinsichtlich der jeweiligen Gesamthäufigkeiten bzgl. der Streikdauer! Geben Sie zwei Wege an, um zur Lösung zu gelangen !

w(5) Formulieren Sie die graphentheoretischen Konzepte 'Ausgangsgrad' und 'Eingangsgrad' mit Hilfe der Vektoraddition, d.h. der Addition von n - Tupeln !

w(6) $\mathcal{A} = \begin{pmatrix} 2 & 1 \\ 3 & -4 \end{pmatrix}$, $\mathcal{B} = \begin{pmatrix} 0 & 0 \\ 0 & 0 \end{pmatrix}$, $\mathcal{C} = \begin{pmatrix} 1 \\ 0 \end{pmatrix}$, $\mathcal{D} = \begin{pmatrix} 3 & 2 \\ a & 5 \end{pmatrix}$;

Bilden Sie alle Additionen !

p(7) Sie wissen inzwischen, daß nur Matrizen mit jeweils gleicher Zeilen- und Spaltenanzahl addierbar sind. Stellen Sie sich jedoch bzgl. des Tarifkonfliktbeisp. einmal vor: Durch Neugründungen, Konzentration und Bankrotte einerseits und abrupten Verhaltenswechsel der betrachteten Gewerkschaften andererseits würde gelten:

A_1 ist (4,5) - Matrix , A_2 ist (5,6) - Matrix ,

A_3 ist (6,4) - Matrix .

Was würden Sie unternehmen, um dennoch ein Additionsproblem wie im vorliegenden Beisp. lösen zu können ?

w(8) Beweisen Sie (2.3 - 3) !

Kehren wir zu unserem Wählerbeisp. zurück. Die Matrix der absoluten Häufigkeiten sei

$$V = \begin{pmatrix} 110 & 60 & 30 \\ 225 & 225 & 50 \\ 120 & 150 & 30 \end{pmatrix}$$

Nun sei folgende Frage zu beantworten: Angenommen der Stichprobenumfang von n = 1000 werde verdoppelt, welche Wählerhäufigkeiten würden daraus resultieren unter der Voraussetzung, daß die prozentualen Anteile unverändert erhalten bleiben ? Offensichtlich führt dies zu einer Verdoppelung der v_{ij} $(i,j = 1,2,3)$. Dies legt folgende Def. nahe:

<u>Def. 2</u>: $c \in \mathbb{R}$, $A = (a_{ij})$ sei (m,n) - Matrix.

$c \cdot A := (c \cdot a_{ij}) = cA$ (letzteres abkürzend) für alle $i = 1,2,\dots,m$; $j = 1,2,\dots,n$

heißt <u>äußeres Produkt</u> der Matrix A mit der reellen Zahl c .

<u>Bemerkung</u>: Beachten Sie die Analogie zu S.-118- , Def. 1 bzgl. $\odot$. $\mathfrak{M}_{(m,n)}$ ist, wie wir wissen, abelsche Gruppe, auf der wir nun zusätzlich eine äußere Multiplikation mit $\mathbb{R}$ definiert haben. Dies legt die Vermutung nahe:

<u>Satz 1</u>: Die Menge aller (m,n) - Matrizen $\mathfrak{M}_{(m,n)}$ mit $+$ nach Def. 1 und $\cdot$ nach Def. 2 ist ein $\mathbb{R}$ - VR.

Aufgabe:

w(9) Beweisen Sie die noch fehlenden Teile zu Satz 1 !
(Siehe dazu Def. 1 S.-114-)

In Kap. (1.) kam bereits an zwei Stellen die Matrizenmultiplikation vor (siehe S.-33f- und S.-94-). Betrachten wir darüberhinaus hier ein betriebswirtschaftliches Beisp.:
In einem Betrieb mit vier Abteilungen werden fünf Produkte hergestellt. Zur Fertigung muß ein Produkt bestimmte Abteilungen durchlaufen und wird dort verschieden lange(in Arbeitsstunden) bearbeitet. Darüber gibt folgende Matrix Auskunft:

Abt. \ Arb.std. in den Abt. an den Produkten	1	2	3	4	5
I	0	2	0	3	1
II	5	0	6	0	3
III	7.5	0	2	0	1
IV	1	0.5	2.5	1	1

Die Kosten in den einzelnen Abteilungen sind jeweils für eine bestimmte Zeitperiode konstant vorgegeben, sie können aber in verschiedenen Zeitperioden unterschiedliche Werte annehmen. Die Kostenanteile der einzelnen Abteilungen mögen sich bzgl. der Produkte nicht unterscheiden. Folgende Matrix gebe dies datenmäßig wieder:

$$\begin{array}{c} \\ \text{Perioden} \\ T_1 \\ T_2 \\ T_3 \\ T_4 \\ T_5 \\ T_6 \end{array} \begin{array}{c} \text{Kosten in den Abt. I bis IV} \\ \begin{array}{cccc} \text{I} & \text{II} & \text{III} & \text{IV} \end{array} \\ \begin{pmatrix} 4 & 8 & 6 & 7 \\ 5 & 8 & 7 & 8 \\ 5 & 7 & 6 & 9 \\ 4 & 10 & 6 & 8 \\ 4 & 9 & 8 & 8 \\ 5 & 10 & 7 & 9 \end{pmatrix} \end{array}$$

Wir haben also eine Arb.std.-Matrix $A = (a_{ij})_{(4,5)}$ und eine Kostenmatrix $Z = (z_{ki})_{(6,4)}$. Wollen wir nun für das j - te Produkt den Kostenanteil der k - ten Periode feststellen, bezeichnet mit c_{kj}, so gilt offensichtlich:

$$c_{kj} = \sum_{i=1}^{4} z_{ki} a_{ij}$$

Geht man so für alle k und j vor, dann ergibt sich:

$$\begin{array}{c} \\ C = \end{array} \begin{array}{c} \begin{array}{ccccc} 1 & 2 & 3 & 4 & 5 \end{array} \\ \begin{pmatrix} 92.0 & 11.5 & 77.5 & 19.0 & 41.0 \\ 100.5 & 14.0 & 82.0 & 23.0 & 44.0 \\ 89.0 & 14.5 & 76.5 & 24.0 & 41.0 \\ 103.0 & 12.0 & 92.0 & 20.0 & 48.0 \\ 113.0 & 12.0 & 90.0 & 20.0 & 47.0 \\ 111.5 & 14.5 & 96.5 & 24.0 & 51.0 \end{pmatrix} \end{array} \begin{array}{c} \\ T_1 \\ T_2 \\ T_3 \\ T_4 \\ T_5 \\ T_6 \end{array}$$

Die Zeilensummen ergeben nun die Gesamtkosten pro Periode, die Spalten weisen die Kostenentwicklung im Zeitverlauf auf. (Das Beisp. ist Dietrich, Stahl(1968),S.103f entnommen.)
Man erkennt sofort, daß sich zwei Matrizen A und B nur dann multiplizieren lassen, wenn gilt:

$\mathcal{A}$ ist (m,n) - Matrix und
$\mathcal{B}$ ist (n,s) - Matrix,

d.h. wenn $\mathcal{A}$ und $\mathcal{B}$ <u>verkettet</u> sind.

Bzgl. der Matrizenmultiplikation gelten nun folgende Regeln: $\mathcal{A},\mathcal{B},\mathcal{C}$ seien Matrizen mit geeigneter Verkettung.

(2.3 - 5) $\quad \mathcal{A}(\mathcal{B}\mathcal{C}) = (\mathcal{A}\mathcal{B})\mathcal{C}$

(2.3 - 6) $\quad \mathcal{A}(\mathcal{B}+\mathcal{C}) = \mathcal{A}\mathcal{B}+\mathcal{A}\mathcal{C}$

(2.3 - 7) $\quad \mathcal{A}\mathcal{O} = \mathcal{O}$

<u>Bemerkungen</u>: (1) I.a. gilt $\mathcal{A}\mathcal{B} \neq \mathcal{B}\mathcal{A}$.

Beisp.:

$$\mathcal{A} = \begin{pmatrix} 1 & -1 \\ 2 & 0 \end{pmatrix}, \quad \mathcal{B} = \begin{pmatrix} 6 & 5 \\ -4 & 2 \end{pmatrix}$$

$$\mathcal{A}\mathcal{B} = \mathcal{C} = \begin{pmatrix} 1\cdot 6+(-1)\cdot(-4) & 1\cdot 5+(-1)\cdot 2 \\ 2\cdot 6+0\cdot(-4) & 2\cdot 5+0\cdot 2 \end{pmatrix}$$

$$= \begin{pmatrix} 10 & 3 \\ 12 & 10 \end{pmatrix}$$

$$\mathcal{B}\mathcal{A} = \begin{pmatrix} 16 & -6 \\ 0 & 4 \end{pmatrix} \neq \mathcal{A}\mathcal{B}$$

(2) Beachten Sie, daß sich die Matrizenmultiplikation <u>nicht</u> in $\mathfrak{M}_{(m,n)}$ abspielt, da zwei (m,n) - Matrizen für $m \neq n$ nicht verkettet sind.

(3) Ist $\mathcal{A}$ eine (1,n) - Matrix (also ein Zeilenvektor) und $\mathcal{B}$ eine (n,1) - Matrix(also ein Spaltenvektor), so schreibt man für $\mathcal{A}\mathcal{B}$ auch $\langle \mathcal{A},\mathcal{B} \rangle$ und def. dies als <u>Skalarprodukt</u> von $\mathcal{A}$ und $\mathcal{B}$.

Diskutieren wir nun näher den Raum $\mathfrak{M}_{(n,n)}$ der quadratischen Matrizen. Zunächst ist $\mathfrak{M}_{(n,n)}$ nach Satz 1 $\mathbb{R}$ - VR. Daneben gilt:

$$\cdot : \mathfrak{M}_{(n,n)} \times \mathfrak{M}_{(n,n)} \longrightarrow \mathfrak{M}_{(n,n)}$$

$$(\mathcal{A},\mathcal{B}) \longmapsto \mathcal{A}\cdot\mathcal{B}$$

ist innere Verknüpfung auf $\mathfrak{M}_{(n,n)}$, und es gilt:

Für alle (n,n) - Matrizen A existiert genau eine (n,n) - Matrix I mit

$$(2.3 - 8) \qquad I\,A = A\,I = A \ .$$

$I_{(n,n)}$ hat die Form $I_{(n,n)} = \begin{pmatrix} 1 0 \dots 0 \\ 0 1 0 \dots 0 \\ \vdots \\ 0 \dots 0 1 \end{pmatrix}$.

Mit den Bezeichnungen aus LuM I,S. 209 gilt dann:

Satz 2: Die Menge aller (n,n) - Matrizen $\mathfrak{M}_{(n,n)}$ mit der Matrizenaddition, der Multiplikation mit reellen Zahlen und der Matrizenmultiplikation ist eine $\mathbb{R}$ - Algebra.

Darüber hinaus existieren zu einigen (n,n) - Matrizen A inverse Matrizen $A^{-1} \in \mathfrak{M}_{(n,n)}$ mit der Eigenschaft:

$$A\,A^{-1} = I = A^{-1}A \ .$$

Eine Matrix A heißt invertierbar, wenn sie eine inverse Matrix A^{-1} besitzt. Diese ist dann eindeutig bestimmt.

Sei $\mathfrak{I}_{(n,n)}$ die Menge der invertierbaren (n,n) - Matrizen; dann ist $\mathfrak{I}_{(n,n)}$ ein Schiefkörper(siehe LuM I,S. 134), und es gilt:

$$(2.3 - 9) \qquad (AB)^{-1} = B^{-1}A^{-1} \quad \text{für } A,B \in \mathfrak{I}_{(n,n)} \ .$$

$I_{(n,n)}$ heißt Einheitsmatrix für $\mathfrak{M}_{(n,n)}$, die Vektoren aus $I_{(n,n)}$ heißen Einheitsvektoren. Häufig ist die Dimension n klar, und man schreibt lediglich I .

Wie man die Addition in $\mathbb{R}^n$ und letztlich auch in $\mathfrak{M}_{(m,n)}$ auf die Addition in $\mathbb{R}$ zurückführt (ähnlich bei der Multiplikation), so kann auch die Ordnung aus $\mathbb{R}$ benutzt werden, um Ordnungsrelationen auf $\mathbb{R}^n$ und $\mathfrak{M}_{(m,n)}$ zu definieren.

Def. 3: Seien

$$\mathfrak{a} = \begin{pmatrix} a_1 \\ \vdots \\ a_n \end{pmatrix} \text{ und } \mathfrak{b} = \begin{pmatrix} b_1 \\ \vdots \\ b_n \end{pmatrix} \in \mathbb{R}^n \ ;$$

$$\mathfrak{a} \leq \mathfrak{b} :\Longleftrightarrow a_i \leq b_i \text{ für alle } i = 1,2,\dots,n \ .$$

Seien $\mathcal{A} = (a_{ij})$ und $\mathcal{B} = (b_{ij}) \in \mathfrak{M}_{(m,n)}$;

$$\mathcal{A} \leqslant \mathcal{B} :\Longleftrightarrow a_{ij} \leqslant b_{ij} \text{ für } \underline{\text{alle}} \begin{cases} i = 1,2,\ldots,m \\ j = 1,2,\ldots,n \end{cases}$$

Analog def. man $<$, $>$, $\geqslant$.

Aufgabe:

w(10) Zeigen Sie, daß durch Def. 3 Ordnungsrelationen nach Def. 2 LuM I,S. 108 definiert werden. Sind dies vollständige Ordnungen ?

Abschließend sei eine Problemstellung ausführlicher dargestellt, die wir in Aufg. w(2) (b) bereits kennen gelernt haben.

<u>Def. 4</u>: Sei $\mathcal{A} = (a_{ij}) \in \mathfrak{M}_{(m,n)}$, dann heißt

$\mathcal{A}' := (a_{ji}) \in \mathfrak{M}_{(n,m)}$ die zu $\mathcal{A}$ <u>transponierte</u> Matrix.

Es gelten folgende Regeln: $\mathcal{A}, \mathcal{B} \in \mathfrak{M}_{(m,n)}$

(2.3 - 10) $\quad (\mathcal{A}')' = \mathcal{A}$

(2.3 - 11) $\quad (\mathcal{A} + \mathcal{B})' = \mathcal{A}' + \mathcal{B}' = \mathcal{B}' + \mathcal{A}'$

(2.3 - 12) $\quad (\mathcal{A}\mathcal{B})' = \mathcal{B}'\mathcal{A}'$

Aufgaben:

w(11) Für welche Matrizen $\mathcal{A}$ ist $\mathcal{A} + \mathcal{A}'$ definiert ?

w(12) Beweisen Sie eine der Regeln (2.3 - 10) bis (2.3 - 12) !

w(13) Definieren Sie für zwei n - Tupel $\mathfrak{a}$ und $\mathfrak{b}$ ein Skalar - Produkt analog zu Bemerkung (3) S. -130- !

Wir wollen uns nun noch kurz der geometrischen Veranschaulichung von algebraischen Operationen bei n - Tupeln (der Einfachheit halber wählen wir n = 2) zuwenden. Hieraus werden wir dann das Konzept der Norm eines Vektors entwickeln.

Betrachten wir dazu den Vektor $\mathfrak{a} = \binom{4}{1}$ als Punkt im reellen Koordinatenkreuz mit den Komponenten 4 und 1 .

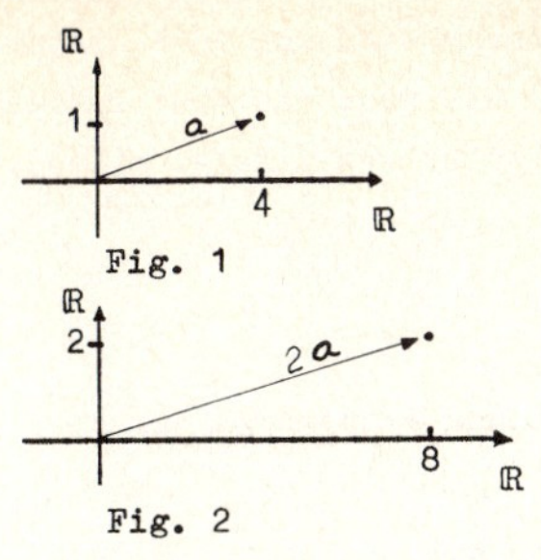

Fig. 2

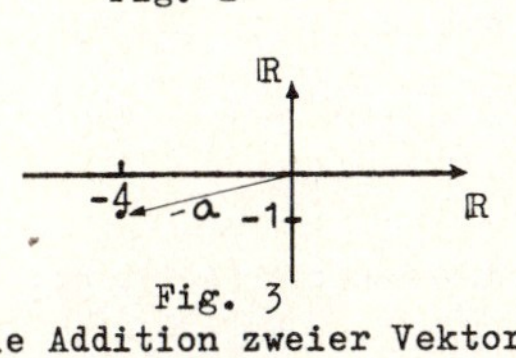

Fig. 3

Das äußere Produkt beeinflußt dann die 'Länge' des Vektors und/oder führt zur 'Umkehrung' seiner Richtung.

Beisp.: (a) $2a$ führt zur Verdopplung der Länge von a. Siehe Fig. 2 !

(b) $(-1)a$ führt zur Umkehrung von a, wobei die Länge hier gleich bleibt. Siehe Fig. 3 !

Die Addition zweier Vektoren führt zur Diagonalen im zugehörigen Paralellogramm. Siehe Fig. 4 !

Beisp.: $b = \binom{2}{4}$

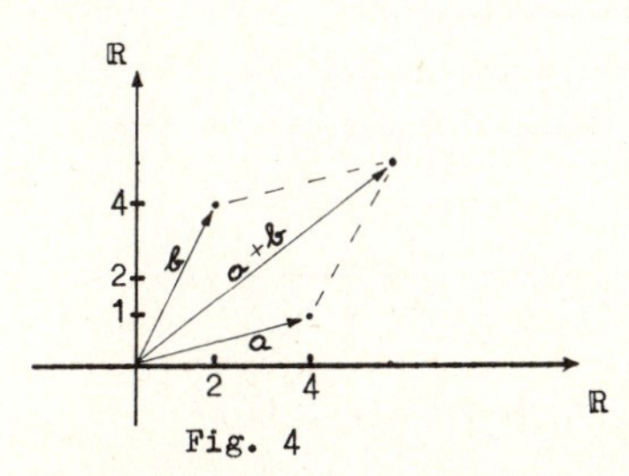

Fig. 4

Die Subtraktion ist leicht aus Addition und äußerem Produkt herzuleiten: $a - b = a + (-b) = a + (-1)b$. Eine 'Kombination' von Fig. 3 und Fig. 4 führt daher zu Fig. 5 :

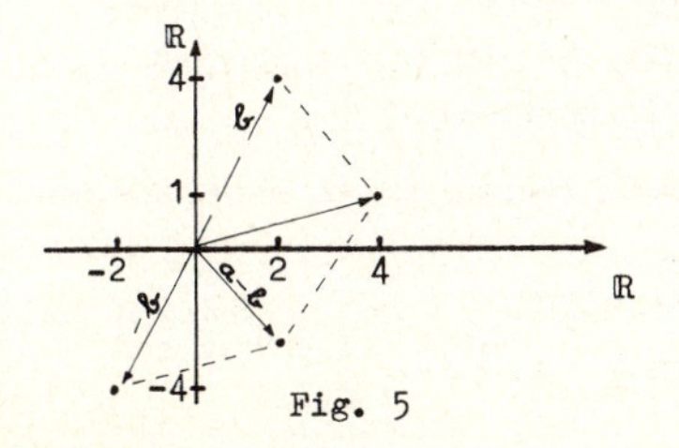

Fig. 5

Wie man sieht, liefert also der Länge nach $a - b$ die 'kleine', $a + b$ die 'große' Diagonale im Paralellogramm.

In der geometrischen Veranschaulichung sind nun noch Abstände und Winkel interessant. Betrachten wir dazu das Vektorprodukt eines (m,1) - Vektors $\mathfrak{b}$ mit sich selbst(vgl. Aufg. w(13)). Offensichtlich gilt:

$$(2.3 - 13) \qquad \mathfrak{b}'\mathfrak{b} = \sum_{i=1}^{m} b_i^2 \quad .$$

Wenden wir nun in Fig. 1 den Satz von Pythagoras an, so erkennen wir:

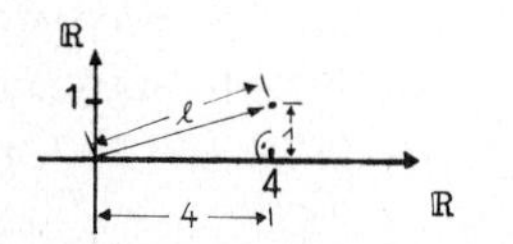

Für die Länge l des Vektors $\mathfrak{a}$ gilt: $l^2 = 1^2 + 4^2 = 17$, also $l = \sqrt{17}$.

Der Abstand zum Koordinatenursprung des Punktes (4,1), d.h. die Länge von $\mathfrak{a} = \binom{4}{1}$, beträgt $\sqrt{17}$ Rechnungseinheiten(z.B. cm). Allg. def. man für n - Tupel :

<u>Die Länge von $\mathfrak{a}$ ist gleich $(\mathfrak{a}'\mathfrak{a})^{1/2}$</u> .

Schließlich kann für den Winkel zwischen zwei Vektoren der Cosinussatz herangezogen werden. Er lautet für zwei 2 - Tupel $\mathfrak{a}, \mathfrak{b}$ ("Cosinussatz in der Ebene"):

$$\cos(\mathfrak{a}, \mathfrak{b}) =: \cos \alpha = \frac{a_1 b_1 + a_2 b_2}{[(a_1^2 + a_2^2)(b_1^2 + b_2^2)]^{1/2}}$$

In Fig. 4 gilt: $\cos \alpha = \cos 0.6508$, d.h. $\alpha \approx 49^{\circ}24'$.
Allg. gilt:

$$(2.3 - 14) \qquad \cos(\mathfrak{a}, \mathfrak{b}) = \frac{\mathfrak{a}'\mathfrak{b}}{[(\mathfrak{a}'\mathfrak{a})(\mathfrak{b}'\mathfrak{b})]^{1/2}} ,$$

sofern $\mathfrak{a}, \mathfrak{b}$ verkettete Vektoren sind mit $(\mathfrak{a}'\mathfrak{a}) \neq 0$ und $(\mathfrak{b}'\mathfrak{b}) \neq 0$. $\cos(\mathfrak{a}'\mathfrak{b})$ ist bis auf das Vorzeichen und Vielfache von $2\pi \approx 2 \cdot 3.1416$ eindeutig bestimmt.

Die hier angestellten Erörterungen führen zu dem allg. Konzept der Norm eines Vektors.

<u>Def. 5</u>: Die Abb. $\| \ \| : \mathbb{R}^n \longrightarrow \mathbb{R}^+ \cup \{0\}$
$\mathfrak{a} \longmapsto \|\mathfrak{a}\|$ heißt eine Norm auf $\mathbb{R}^n$,

wenn gilt:

(1) $\bigwedge_{a \in \mathbb{R}^n} \|a\| \geq 0$,

(2) $\bigwedge_{c \in \mathbb{R}} \bigwedge_{a \in \mathbb{R}^n} \|c a\| = |c| \|a\|$

(3) $\bigwedge_{a \in \mathbb{R}^n} \bigwedge_{b \in \mathbb{R}^n} \|a + b\| \leq \|a\| + \|b\|$ ("Dreiecksungleichung")

Aufgabe:

w(14) Zeigen Sie, daß die Abb. $\| \ \|_2 : \mathbb{R}^n \longrightarrow \mathbb{R}^+ \cup \{0\}$ mit

$\|x\|_2 = (x'x)^{1/2}$ für alle $x \in \mathbb{R}^n$ eine Norm auf $\mathbb{R}^n$ ist!

Weitere für uns interessante Normen auf $\mathbb{R}^n$ sind:

$\| \ \|_1 : \mathbb{R}^n \longrightarrow \mathbb{R}^+ \cup \{0\}$ mit $\|x\|_1 = \sum_{i=1}^{n} |x_i|$ für alle $x \in \mathbb{R}^n$;

$\| \ \|_\infty : \mathbb{R}^n \longrightarrow \mathbb{R}^+ \cup \{0\}$ mit $\|x\|_\infty = \max_i |x_i|$ für alle $x \in \mathbb{R}^n$.

Die Folge $\| \ \|_1, \| \ \|_2, \ldots$ konvergiert für alle $x \in \mathbb{R}^n$ gegen $\| \ \|_\infty$.

Mit der Lösung von w(14) läßt sich (2.3 - 14) nun auch so schreiben:

$$(2.3 - 14') \qquad \cos(a, b) = \frac{a'b}{\|a\|_2 \|b\|_2} \, , \|a\|_2 \neq 0, \|b\|_2 \neq 0 \, .$$

Ist $a'b = 0$, so ist $\cos(a, b) = 0$, d.h. a und b stehen senkrecht aufeinander. Man sagt auch: a und b sind orthogonal, vgl. S.-144- .

Aufgaben:

w(15) Stellen Sie $\sum_{i=1}^{n} a_i$ als Vektorprodukt dar! Welche spezielle Form hat der mit $a_{(n,1)}$ zu multiplizierende Vektor ?

w(16) Seien $a, b \in \mathbb{R}^n$, es gilt: $a'b = b'a$.

w(17) Machen Sie an Hand von $A = \begin{pmatrix} 1 & -2 \\ 3 & 5 \end{pmatrix}$, $a = \begin{pmatrix} 4 \\ 2 \end{pmatrix}$, $c = 5$

beispielhaft klar und formulieren und beweisen Sie einige Sätze zu (b), (d) und (e) :

(a) $\mathfrak{a}'A$ (b) $c(\mathfrak{a}'A) = \mathfrak{a}'(cA)$ (c) $A\mathfrak{a}$

(d) $c(A\mathfrak{a}) = A(c\mathfrak{a})$ (e) $\mathfrak{a}'A = \mathfrak{b}' \Longleftrightarrow A'\mathfrak{a} = \mathfrak{b}$ (f) A^3

w(18) Was läßt sich bzgl. $\mathfrak{a}, \mathfrak{b} \in \mathbb{R}^n$ aussagen, wenn gilt:
$\|\mathfrak{a} - \mathfrak{b}\| = \|\mathfrak{a} + \mathfrak{b}\|$?

w(19) A sei eine (5,4) - Matrix. Welche Dimension muß ein Vektor $\mathfrak{a}$ haben, der 'von vorn' mit A multipliziert wird, welche ein Vektor $\mathfrak{b}$, der 'von hinten' mit A multipliziert wird ?

w(20) $\mathfrak{a}' = (1/4 \quad 3/4)$; finden Sie einen zu $\mathfrak{a}'$ orthogonalen Vektor $\mathfrak{b}$!

p(21) Die Zufallsvariable X (Einkommen) werde in n verschiedenen Zeitpunkten t (Jahren) gemessen(beobachtet), $t \in T = \{1,2,\ldots,n\}$. Dabei nehme X die Ausprägungen x_t (Einkommenshöhe in t) an. Die Zufallsvariable Y (Anzahl von 'Gast'arbeitern) werde in m Städten i $(i = 1,2,\ldots,m)$ erhoben. Dabei nehme sie die Ausprägungen y_i an (Anzahl von'Gast'arbeitern in Stadt i).
Dies sind nur zwei Beispiele von Datenbeschaffungen in der schier unbegrenzten Vielfalt sozialwissenschaftlich relevanter Variablen.
Jede derartige Folge von Variablenausprägungen kann in die Form eines Datenvektors gebracht werden. Haben die Datenvektoren die gleiche Anzahl von Komponenten auf Grund ihrer Zugehörigkeit zu einer Stichprobe, so lassen sie sich in Form einer Datenmatrix zusammenfassen(z.B. reicht im obigen Beisp. $m = n$ nicht aus, um $\{x_t\}$ und $\{y_i\}$ in einer Datenmatrix zusammenzufassen; erst wenn z.B. aus einer Grundgesamtheit von Städten eine Stichprobe von m Städten gezogen wird, die in n Jahren bzgl. städtischem Sozialprodukt und Anzahl von 'Gast'-arbeitern datenmäßig ausgewertet wird, ist die Komponentenanzahl (hier n) der beiden Datenvektoren durch eine Stichprobe determiniert(nämlich n Jahre), und sie sind daher in einer Datenmatrix zusammenfaßbar).

Eine Datenmatrix ist insbesondere immer dann erstellbar, wenn verschiedene Variablen bei denselben sozialen Einheiten beobachtet werden. Z.B.:

x_{1i} - Anzahl von'Gast'arbeitern in Stadt i ,

x_{2i} - Anzahl von Betrieben mit einer Belegschaft von über 100 Personen in Stadt i .

Dies führt zu einer Datenmatrix

$$X_{(m,2)} = \begin{pmatrix} x_{11} & x_{21} \\ x_{12} & x_{22} \\ \vdots & \vdots \\ x_{1m} & x_{2m} \end{pmatrix}$$

(a) Schreiben Sie $\widehat{E(X_1)} := \frac{1}{m}\sum_{i=1}^{m} x_{1i} =: \hat{\mu}_1 =: \bar{x}_1$ vektoriell (siehe w(15)!) ! ('^' bedeutet Schätzung)

(b) $\frac{X_1 - \mu_1}{\sigma_1}$ heißt <u>0,1 - normierte</u> Zufallsvariable X_1, denn $\mu = 0$ und $\sigma = 1$, $\hat{\sigma}_1^2 = \frac{1}{m}\sum_{i=1}^{m}(x_{1i} - \bar{x}_1)^2$ <u>für großes</u> m .

Die normalverteilungsnormierte Variable wird auch mit <u>N(0,1) - normierte Zufallsvariable</u> bezeichnet .

(b_1) Schreiben Sie $\hat{\sigma}_1^2$ vektoriell !

$\text{Cov}(X_1,X_2) = \frac{1}{m}\sum_{i=1}^{m}(x_{1i} - \bar{x}_1)(x_{2i} - \bar{x}_2) =: \hat{\gamma}_{12}$ für großes m.

heißt Kovarianz zwischen X_1 und X_2. Sie stellt ein Maß für den Zusammenhang zwischen X_1 und X_2 im Mittel dar.

(b_2) Schreiben Sie $\hat{\gamma}_{12}$ vektoriell !

Bezieht man die Kovarianz zwischen X_1 und X_2 auf die Standardabweichungen σ_1 und σ_2 , betrachtet also $\frac{\text{Cov}(X_1,X_2)}{\sigma_1 \sigma_2}$, so geht man zur Korrelation $r_{X_1X_2} =: \hat{\varrho}_{12}$ über.

(c_1) Bilden Sie die Variablen $X_1 - \hat{\mu}_1$, $X_2 - \hat{\mu}_2$ und bilden Sie nach Einsetzung in die Datenmatrix

$\frac{1}{m} X'X =: \Sigma_{12}$!

Welche Größen stehen auf der Hauptdiagonalen, welche außerhalb der Hauptdiagonalen ?

(c_2)Bilden Sie die 0,1 - Normierungen von X_1 und X_2 !

Bilden Sie sodann nach Einsetzen in die Datenmatrix

$\frac{1}{m} X'X$!

Die Matrix bei (c_1) heißt Varianz-Kovarianzmatrix, bezeichnet mit Σ, diejenige bei (c_2) Korrelationsmatrix, bezeichnet mit R. Sie sind von großer Bedeutung für multivariate Methoden in der empirischen Sozialforschung (z.B. Regression, Faktorenanalyse).

w(22)Stellen Sie a und b von S.-132- mit Hilfe äußerer Produkte unter Verwendung von Einheitsvektoren dar !

w(23)Zeigen Sie die Verkettung des Produktes ac ; $c \in \mathbb{R}$, $a \in \mathbb{R}^n$!

p(24)(Für Knobler) Für die von uns eingeführte Norm $\| \ \|_2$ gelten einige weitere Regeln:

(1) $\|a - b\|_2 = \|b - a\|_2$

(2) $\|a - b\|_2 \leq \|a - c\|_2 + \|c - b\|_2$

(3) $\|a' b\|_2 \leq \|a\|_2 \|b\|_2$ (Cauchy - Schwarzsche Ungleichung)

Beweisen Sie (3) !

w(25)Nennen Sie mindestens ein Matrizenprodukt, das kommutativ ist ?

p(26)(Lineares Programm) Die Welternährungsorganisation vergab vor einigen Jahren den Auftrag, eine Nahrungszusammensetzung für die Bevölkerung unterentwickelter Länder herauszufinden, die zwei Bedingungen erfüllt:

- der tägliche minimale Bedarf an Vitaminen, Kohlehydraten etc. darf nicht unterschritten werden,
- die Kosten für die Ernährung sollen minimal sein.

In Form einer Matrix:

Nahrungsmittel x_i jeweils 1 kg \ Nährstoff, Vitamin etc. b_j	b_1	b_2	...	b_n
x_1	a_{11}	a_{12}	...	a_{1n}
x_2	a_{21}	a_{22}	...	a_{2n}
⋮	⋮	⋮		⋮
x_m	a_{m1}	a_{m2}	...	a_{mn}
Mindestmengen	b_1^*	b_2^*	...	b_n^*

a_{23} ist z.B. die Menge von b_3, die in 1 kg x_2 enthalten ist.

Jeweils 1 kg x_i $(i = 1,2,...,m)$ kostet p_i Rechnungseinheiten(z.B. $).

Formulieren Sie das Programm !

(Zur Lösung derartiger Aufgaben mit Hilfe des Simplexverfahrens siehe u.a. Collatz, Wetterling(1971) .)

p(27)Zeigen Sie den Zusammenhang zwischen Korrelationskoeffizient r_{XY} und Winkelmaß !

(2.4) Diagonal- und Dreiecksmatrizen

Einige spezielle Matrizen sind für formalisierte sozialwissenschaftliche Modelle von besonderem Interesse, und zwar aus zwei Gründen:

- Mit ihrer Hilfe lassen sich häufig komplizierte Rechnungen vereinfachen,
- sie lassen sich u.U. unmittelbar theoretisch interpretieren.

Betrachten wir zunächst folgendes einfache Planungsproblem (vgl. Fox u.a.(1966),S.21ff):

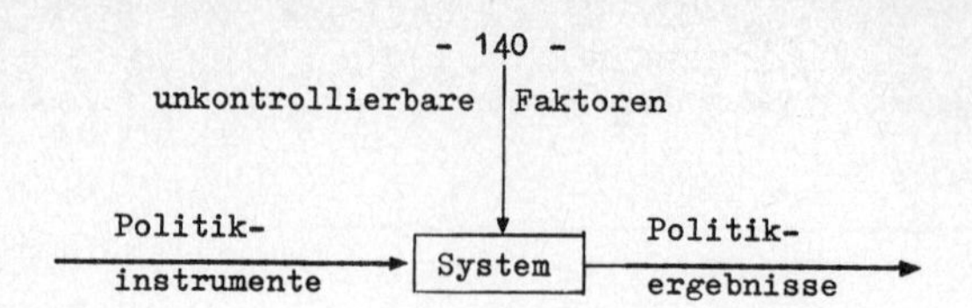

Ergebnisse von Politik hängen demnach vom Einsatz bestimmter politischer Instrumente und von deren Wirkung 'überlagernden' unkontrollierbaren Faktoren ab.
Betrachten wir nun den Fall, daß wir das Transformationsverhalten des Systems auf Grund des politischen inputs durch einen Operator S, das auf Grund der Störeinflüsse durch einen Operator E beschreiben können. Genaueres zu der hier angeschnittenen Problematik in Kap. (5.).
Das Systemmodell ist demnach nun wie folgt zu spezifizieren:

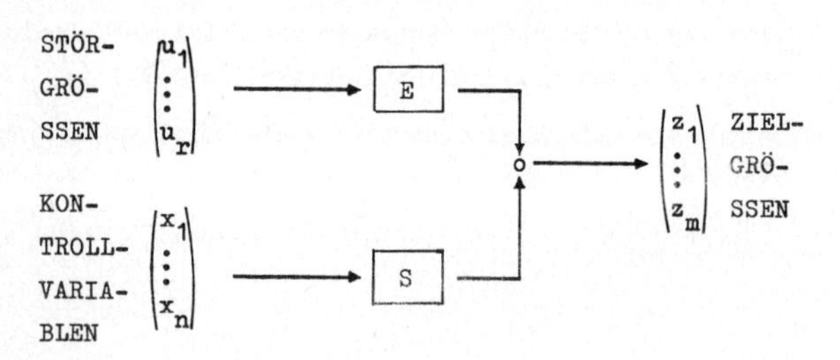

(2.4 - 1) $$z_{(m,1)} = S_{(m,n)}x + E_{(m,r)}u$$

Ist nun $n > m$, so tritt der Fall auf, daß sicher mehrere Kontrollvariablen auf eine Zielvariable einwirken. Damit aber wird eine exakte Kontrolle und Steuerung erheblich erschwert (da es z.B. in $z = a_1x_1 + a_2x_2$ unbeschränkt viele (x_1,x_2) - Kombinationen gibt, die zu einem z - Wert führen).
Betrachten wir jedoch den Fall:

$$n = m, \quad S = \begin{pmatrix} s_{11} & 0 & \dots & 0 \\ 0 & s_{22} & \dots & 0 \\ \dots & \dots & \dots & \dots \\ 0 & 0 & & 0 \; s_{mm} \end{pmatrix}$$

Man sieht sofort, daß hier eine Kontrollvariable einer Zielvariablen eindeutig zugeordnet ist. Hat E ebenfalls diese Form und sind die u - Komponenten prognostizierbar, so ist das Zielansteuerungsproblem exakt lösbar.

Diese Betrachtungen legen folgende Def. nahe:

Def. 1: $D = (d_{ij}) \in \mathfrak{M}_{(n,n)}$ mit $d_{ij} = 0$ für $i \neq j$;

$i,j = 1,2,\ldots,n$

heißt Diagonalmatrix.

Eine spezielle Diagonalmatrix kennen wir bereits, nämlich die Einheitsmatrix.

Die Diagonalmatrix $sI = \begin{pmatrix} s0\ldots0 \\ \ldots\ldots \\ 00\ldots0s \end{pmatrix}$ wird Skalarmatrix genannt.

Diagonalmatrizen haben neben der Zuordnungseigenschaft weitere nützliche Eigenschaften.

Bezeichnung: $\mathcal{D}_{(n,n)} = \{ D / D \text{ ist } (n,n) \text{ - Diagonalmatrix} \}$.

Bzgl. der in Kap. (2.3.2) def. Operationen gilt für Diagonalmatrizen:

(2.4 - 2) $D_1 + D_2 \in \mathcal{D}_{(n,n)}$ für alle $D_1, D_2 \in \mathcal{D}_{(n,n)}$

(2.4 - 3) $cD \in \mathcal{D}_{(n,n)}$ für alle $D \in \mathcal{D}_{(n,n)}$ und alle $c \in \mathbb{R}$

(2.4 - 4) $D_1 D_2 = D_2 D_1 \in \mathcal{D}_{(n,n)}$ für alle $D_1, D_2 \in \mathcal{D}_{(n,n)}$

und insbesondere

(2.4 - 5) Für $D = \begin{pmatrix} d_{11} 0 \ldots 0 \\ \ldots\ldots\ldots\ldots \\ 0 \quad 0 \ldots 0 \; d_{nn} \end{pmatrix}$ ist $D^m = \begin{pmatrix} d_{11}^m 0 \ldots 0 \\ \ldots\ldots\ldots\ldots \\ 0 \quad 0 \ldots 0 \; d_{nn}^m \end{pmatrix}$

Bemerkung: Die Sätze besagen also, daß sowohl die Summe als auch das Produkt zweier (n,n) - Diagonalmatrizen wieder eine (n,n) - Diagonalmatrix ist. Die Matrizenmultiplikation von Diagonalmatrizen ist darüber hinaus kommutativ(vgl. S.-130-). Außerdem ist das Produkt einer Diagonalmatrix mit einer reellen Zahl wieder eine Diagonalmatrix.

Aufgaben:

w(1) Weisen Sie nach, daß $\mathcal{D}_{(n,n)}$ eine $\mathbb{R}$ - Algebra ist mit der üblichen Matrizenaddition und -multiplikation sowie der Multiplikation mit Zahlen aus $\mathbb{R}$!

w(2) Berechnen Sie $\mathfrak{D}^2$ für $\mathfrak{D} = \begin{pmatrix} 4 & 0 \\ 0 & 9 \end{pmatrix}$!

Für Diagonalmatrizen können wir außerdem $\mathfrak{D}^q$ für alle $q \in \mathbb{R}$ def. durch

$$\begin{pmatrix} d_{11} & 0 \ldots & 0 \\ \ldots & \ldots & \ldots \\ 0 & 0 \ldots 0 & d_{nn} \end{pmatrix}^q := \begin{pmatrix} d_{11}^q & 0 \ldots & 0 \\ \ldots & \ldots & \ldots \\ 0 & 0 \ldots 0 & d_{nn}^q \end{pmatrix}$$

Diese Def. umfaßt die Fälle, in denen $q \in \mathbb{N}$ und stimmt dort mit der üblichen Def. der Matrizenmultiplikation überein.

Aufgabe:

w(3) Berechnen Sie $\mathfrak{D}^{-\frac{1}{2}}$ für $\mathfrak{D} = \begin{pmatrix} 4 & 0 \\ 0 & 9 \end{pmatrix}$!

Kommen wir nun zu unserem Politikbeisp. zurück und betrachten folgendes Problem (Fox u.a. (1966), S. 67):

X sei das Sozialprodukt eines Landes, vermindert um die Importe, also

$X := Y + E - M$ mit $Y :=$ Nettoinlandsprodukt,
$E :=$ Exporte,
$M :=$ Importe

$D := M - E$ ist dann (in E und M seien auch Kapitaltransaktionen erfaßt) das Zahlungsbilanzdefizit. E sei bekannt.

X_0 sei die staatliche Ausgabenhöhe. Dies sei die einzige Kontrollvariable. Es mögen folgende Beziehungen gelten:

$$(2.4 - 6) \quad \begin{aligned} X &= Y + E - M \\ X &= X_0 + bY \\ M &= mY \\ D &= M - E \end{aligned} \qquad m, b \in \mathbb{R} \text{ seien bekannte Parameter}$$

Nun bestehe ein politisches Ziel darin, Y auf das Niveau Y_F zu bringen, das Vollbeschäftigung garantiert.
Bringt man die bekannten (bzw. fixierten) Variablen auf die linke Seite von (2.4 - 6), so entsteht:

(2.4 - 7)
$$\begin{pmatrix} Y_F \\ Y_F + E \\ E \\ Y_F \end{pmatrix} = \begin{pmatrix} 1/m & 0 & 0 & 0 \\ 1 & 1 & 0 & 0 \\ 1 & 0 & -1 & 0 \\ 0 & 1/b & 0 & -\frac{1}{b} \end{pmatrix} \cdot \begin{pmatrix} M \\ X \\ D \\ X_0 \end{pmatrix}$$

d.h. mit den Bezeichnungen von S.- 140 -

$$z = S x$$

S hat hier eine besondere Struktur, die dazu führt, daß durch Y_F sofort M fixiert wird, sodann durch Y_F, E und M auch X unmittelbar gegeben ist etc., so daß schließlich X_0 keinen Spielraum mehr besitzt. Die eigentliche politische Entscheidung besteht also hier in der Festsetzung von Y_F.
Dies führt uns zu folgender Def.:

Def. 2: Sei $K = (k_{ij}) \in \mathfrak{M}_{(n,n)}$, K heißt Dreiecksmatrix, wenn gilt:

$k_{ij} = 0$ für $i < j$ oder $k_{ij} = 0$ für $i > j$.

Bezeichnung: Eine Dreiecksmatrix K heißt obere Dreiecksmatrix, wenn $k_{ij} = 0$ für $i < j$, untere Dreiecksmatrix, wenn $k_{ij} = 0$ für $i > j$.

$\mathfrak{T}_{(n,n)}$ ist die Menge der Dreiecksmatrizen, $\mathfrak{T}_{o(n,n)}$ die Menge der oberen, $\mathfrak{T}_{u(n,n)}$ die Menge der unteren Dreiecksmatrizen.

Behauptung: Nach dieser Def. ist insbesondere O eine obere und untere Dreiecksmatrix.

Systeme, deren Matrix S Dreiecksform haben, werden rekursive Systeme genannt. Sie spielen eine nicht unbedeutende Rolle aus schätztheoretischer Sicht bei der Bestimmung der Parameter des Systems. Wir werden diese Problematik in Kap.(5.) noch einmal aufgreifen.

Aufgabe:

w(4) Versuchen Sie, zu (2.3 - 16) bis (2.3 - 18) analoge Formeln zu finden für die Mengen $\mathcal{T}_{(n,n)}$, $\mathcal{T}_{o(n,n)}$, $\mathcal{T}_{u(n,n)}$. Ist eine dieser Mengen mit Matrizenaddition, -multiplikation und der Multiplikation mit reellen Zahlen ein $\mathbb{R}$ - VR? Wenn ja, ist er auch eine $\mathbb{R}$ - Algebra ?

Im vorigen Kapitel wurden in p(21) einige Matrizen betrachtet, unter ihnen haben Σ und R eine spezielle Eigenschaft, die daraus resultiert, daß $Cov(X_i,X_j) = Cov(X_j,X_i)$ bzw. $r_{ij} = r_{ji}$. Allg. wird def.

Def. 3: $A = (a_{ij}) \in \mathcal{M}_{(n,n)}$, A heißt symmetrisch, wenn gilt:

$$a_{ij} = a_{ji} \quad \text{für alle } i,j = 1,2,\dots,n \ .$$

Schließlich sei eine Matrix erwähnt, die eine bedeutende Rolle in der Varianzanalyse spielt:

Def. 4: $A = (a_{ij}) \in \mathcal{M}_{(n,n)}$; A heißt idempotent, wenn gilt:

$$AA = A \quad .$$

Alle hier erwähnten speziellen Matrizen haben nützliche Eigenschaften, die wir für die Lösung später aufzuzeigender Probleme heranziehen werden.

In Def. 3 ist die transponierte Matrix angesprochen, und wir können auch so def.: A ist symmetrisch, wenn gilt $A = A'$. Es gibt eine weitere Matrix, deren Def. die Transposition explizit enthält.

Def. 5: $A \in \mathcal{M}_{(n,n)}$ heißt orthogonale Matrix, wenn gilt:

$$A'A = I_{(n,n)} \ .$$

Eine orthogonale Matrix ist also stets invertierbar, und es gilt: A orthogonal $\Leftrightarrow$ $A' = A^{-1}$, da A^{-1}, wie wir wissen, eindeutig bestimmt ist.

Eine Menge $M = \{a_i / a_i \in \mathbb{R}^n, \ i = 1,2,\dots,n\}$ von n - Tupeln heißt orthogonal, wenn gilt: $a_i' a_j = 0$ für $i \neq j$, sie heißt orthonormal, wenn zusätzlich gilt: $a_i' a_j = 1$ für $i = j$.

Eine Begründung für diese Bezeichnungen liefert die Norm von Vektoren(siehe S.- 134f-).

Aufgaben:

w(5) Beweisen Sie: $M = \left\{ \begin{pmatrix}1\\0\\0\end{pmatrix}, \begin{pmatrix}0\\0\\1\end{pmatrix}, \begin{pmatrix}0\\1\\0\end{pmatrix} \right\}$ ist eine orthonormale Menge von Vektoren !

w(6) $M = \{a_1, \ldots, a_n\}$ sei eine orthonormale Menge von n - Tupeln. Zeigen Sie: Die Matrix $A = (a_1 \ldots a_n)$ ist eine orthogonale Matrix!

Hier sei ein mit der Hauptdiagonalen einer quadratischen Matrix zusammenhängender Begriff erwähnt, der später(insbes. in Kap. (3.   )) noch an einigen Stellen relevant wird.

Def. 6: $A = (a_{ij}) \in \mathfrak{M}_{(n,n)}$; $\mathrm{sp}\, A := \sum_{i=1}^{n} a_{ii}$ heißt Spur von A .

Die Spur kann somit interpretiert werden als Abb.

$$\mathrm{sp}: \mathfrak{M}_{(n,n)} \longrightarrow \mathbb{R} \quad .$$

$\mathfrak{M}_{(n,n)}$ ist ein $\mathbb{R}$ - VR, ebenso ist $\mathbb{R}$ ein $\mathbb{R}$ - VR. Es liegt nun nahe zu überprüfen, ob sp ein Operator ist.

Satz 1: Die Abb. sp ist eine lineare Abb., also ein Operator.

Bew.: Wir beweisen ($\mathcal{O}$1) ; ($\mathcal{O}$2) sei dem Leser überlassen.

Zu zeigen: Seien $A, B \in \mathfrak{M}_{(n,n)}$, dann ist:

$$\mathrm{sp}\,(A + B) = \mathrm{sp}\,A + \mathrm{sp}\,B \quad .$$

$\mathrm{sp}(A + B) = \mathrm{sp}(a_{ij} + b_{ij})$ nach Def. Matrizenaddition

$= \sum_{i=1}^{n}(a_{ii} + b_{ii})$ nach Def. 6

$= \sum_{i=1}^{n} a_{ii} + \sum_{i=1}^{n} b_{ii}$ nach [8.5], LuM I S.138

$= \mathrm{sp}\,A + \mathrm{sp}\,B$ nach Def. 6

Aufgabe: w(7) Berechnen Sie $\mathrm{sp}\, I_{(n,n)}$ und $\mathrm{sp}\, S_{(n,n)}$,

$S_{(n,n)}$ ist Skalarmatrix.

w(8) $A = \begin{pmatrix} 0 & 1 & -5 \\ a_{21} & 1 & a_{23} \\ a_{31} & 4 & 2 \end{pmatrix}$ Bestimmen Sie die Elemente a_{21}, a_{23}, a_{31} für den Fall, daß A symmetrisch ist !

p(9) y_t sei ein Datenvektor $\begin{pmatrix} y_1 \\ \vdots \\ y_T \end{pmatrix}$, der die Zeitreihe

$\{y_t / t = 1,2,\ldots,T\}$ des outputs eines Systems darstelle.
$S_{(T,T)}$ sei die Strukturmatrix des Systems;

$\{u_t / t = 0,1,2,\ldots,T-1\}$ sei die input - Zeitreihe.
Struktur- und Inputmatrix mögen folgende Gestalt haben:

(a) $y = S_{(T,T)}\, y$ mit $S = \begin{pmatrix} s_{11} & 0 & \cdots & 0 \\ \vdots & \vdots & \cdots & \vdots \\ s_{T1} & s_{T2} & \cdots & s_{TT} \end{pmatrix}$

(b) $y = A_{(T,T)}\, u$ mit $A = \begin{pmatrix} a_1 & 0 & \cdots & 0 \\ a_1 & a_2 & \cdots & 0 \\ \vdots & \vdots & \cdots & \vdots \\ a_1 & a_2 & \cdots & a_T \end{pmatrix}$

Diskutieren Sie(a) und (b) !

w(10)Erinnern Sie sich an **w(10)**,S.-22- und betrachten Sie

$\begin{pmatrix} 3 & -1 & 2 \\ 4 & 1 & 0 \\ 2 & 0 & -5 \\ 3 & 4 & 1 \end{pmatrix} \begin{pmatrix} 0 & 1 & 0 \\ 0 & 0 & 1 \\ 1 & 0 & 0 \end{pmatrix} = AP$ Bilden Sie dieses Matrizenprodukt! Was fällt Ihnen auf?

Matrizen mit einer Struktur, wie sie P aufweist, heißen <u>Permutationsmatrizen</u> . Lösen Sie **w(10),S.-22- mit Hilfe von Permutationsmatrizen !**

w(11) A wie in w(10); mit welchem Zeilenvektor und mit welchem Spaltenvektor muß A multipliziert werden, um als Ergebnis ein bestimmtes Element aus A, z.B. $a_{31} = 2$, zu erhalten ?

w(12) $A = \begin{pmatrix} 2 & 1 \\ -4 & -2 \end{pmatrix}$, bilden Sie A^2 und vergleichen Sie das Ergebnis mit dem Quadrieren in $\mathbb{R}$!

w(13)
$$\left(\begin{array}{cc|cc} 3 & 1 & -2 & 5 \\ 4 & 1 & 3 & -1 \\ \hline -2 & 5 & 7 & 0 \\ 2 & 8 & -6 & 2 \\ 1 & 5 & 4 & 2 \end{array}\right)\left(\begin{array}{cc|cc} 1 & 0 & 4 & 3 \\ -1 & -1 & 2 & 5 \\ \hline 1 & 5 & -2 & 6 \\ 3 & -1 & 0 & 1 \end{array}\right) = \begin{pmatrix} A_{11} & A_{12} \\ A_{21} & A_{22} \end{pmatrix}$$
Berechnen Sie die A_{ij} !

w(14) Betrachten Sie die Matrix $W(G)$ der absoluten Übergangshäufigkeiten auf S.- 91- ! Welche Untermatrix von $W(G)$ enthält die Mobilitätszugänge, welche die Abgänge ? Welche Form haben diese Matrizen ?

p(15)(Faktorenanalyse)

X sei N(0,1) - normierte (n,m) - Datenmatrix. Dann gilt (vgl. p(21) voriges Kap.):

$$R = \frac{1}{n} X'X$$

In der Faktorenanalyse ist nun eine Darstellung

(1) $X = AF$ gesucht, wobei

$A_{(n,k)}$ die Matrix der Faktorladungen, $F_{(k,m)}$ die Matrix der Faktorwerte darstellen. Ist $k \ll n$, so liegt eine Datenreduktion vor('$\ll$' bedeutet: 'sehr viel kleiner').

(a) Wenn man keine weiteren Anforderungen an A und F stellt, ist dann (1) eindeutig ?

(b) Wenn man von Datenreduktion dann spräche, wenn in A und F zusammen weniger Elemente benötigt würden zur Darstellung von X als in X gegeben sind, wie klein müßte dann k für den Fall der Datenreduktion mindestens sein ?

(c) In der Faktorenanalyse wird verlangt, daß $R = AA'$ und $\frac{1}{n} FF' = I$. Zeigen Sie, daß $R = AA'$ automatisch erfüllt ist, wenn $\frac{1}{n} FF' = I$.

w(16) $$\Sigma_0 = \begin{pmatrix} \hat{\sigma}_1^2 & 0 & \dots & 0 \\ \dots & \dots & \dots & \dots \\ 0 & 0 & \dots & \hat{\sigma}_n^2 \end{pmatrix}$$ sei Varianzmatrix,

$$\Sigma = \begin{pmatrix} \hat{\sigma}_1^2 & \hat{\gamma}_{12} & \dots & \hat{\gamma}_{1n} \\ \dots & \dots & \dots & \dots \\ \hat{\gamma}_{n1} & \hat{\gamma}_{n2} & \dots & \hat{\sigma}_n^2 \end{pmatrix}$$ die zugehörige Varianz-Kovarianzmatrix. Zeigen Sie: $R = \Sigma_0^{-\frac{1}{2}} \Sigma \Sigma_0^{-\frac{1}{2}}$

(2.5) Lineare Gleichungssysteme (LGS)

Greifen wir noch einmal die Betrachtungen aus Kap. (2.1.) auf: Lineare Gleichungssysteme als mathematische Modelle.

Folgendes Signalflußdiagramm repräsentiere ein lineares System

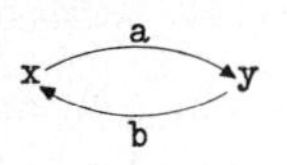

mit den Systemvariablen x, y ; $a, b \in \mathbb{R}$ seien Parameter. Folgendes LGS kann dieses System beschreiben:

$$(*) \quad y = ax \quad , \quad x = by \quad \text{oder} \quad (*') \quad \begin{array}{l} ax - y = 0 \\ x - by = 0 \; . \end{array}$$

Das LGS (*) wird unabhängig von a und b sicher durch $x = y = 0$ gelöst.

Setzt man die zweite Gleichung von (*) in die erste ein, so entsteht:

$$y = aby \quad ,$$

was nur für $y = 0$ oder für $ab = 1$, dann aber für alle $y \in \mathbb{R}$, richtig ist. Wir erhalten also:

Für $ab \neq 1$ wird (*) nur durch $x = y = 0$ gelöst;
für $ab = 1$ wird (*) durch alle $y \in \mathbb{R}$ mit $x = by$ gelöst.

Betrachten wir nun jedoch ein weiteres, zu einem linearen System gehörendes, Signalflußdiagramm mit den Systemvariablen x, y und den Parametern a, b, c , z als Umweltvariable.

Das zugehörige LGS lautet:

$$(**) \quad x = by \; , \quad y = ax + cz$$

oder

$$(**') \quad \begin{cases} x - by = 0 \\ -ax + y - cz = 0 \end{cases}$$

Das LGS ist unabhängig von a, b, c immer lösbar durch

1.) $x = y = z = 0$

2.) $z \in \mathbb{R} \; , \quad x = \frac{bc}{1 - ba} z \quad , \quad y = \frac{c}{1 - ba} z$

Für $c \neq 0$, $ba \neq 1$ ist die Lösung von (**) nicht eindeutig.

Interpretieren wir (*) als geschlossenes, (**) als offenes System, das in z 'außenverankert'(Harder) ist, so lassen sich im letzteren Fall die Systemgleichungen nach der Außenverankerung hin auflösen:

$$(**'')\quad \begin{cases} x - by = 0 \\ -ax + y = cz \end{cases}$$

Dieses LGS ist für bekanntes z nun leicht zu lösen.

Fassen wir diese einführenden Überlegungen nun allgemeiner. Lineare Systeme lassen sich durch m lineare Gleichungen mit n Unbekannten $x_1,\ldots,x_n$ modellieren; in Vektorschreibweise:

$$(2.5 - 1)\qquad x_1 a_1 + \ldots + x_n a_n = b$$

$$\text{mit } a_1,\ldots,a_n, b \in \mathbb{R}^m \; ; \; x_1,\ldots,x_n \in \mathbb{R} \; ;$$

in Matrizenschreibweise:

$$(2.5 - 2)\qquad A \begin{pmatrix} x_1 \\ \vdots \\ x_n \end{pmatrix} = b \quad \text{mit } A = (a_1 \ldots a_n) \; .$$

In diesem Kap. soll nun eine Lösungstheorie für derartige LGS kurz dargestellt werden, wobei als Lösungen diejenigen Vektoren x bezeichnet werden, die die Gleichung (2.5 - 2) erfüllen.

(2.5.1) Struktur von Vektorräumen

Wesentliche Elemente der Beschreibung linearer Systeme sind Vektoren; in den meisten Anwendungsfällen formalisierter sozialwissenschaftlicher Modelle stammen diese Vektoren aus dem $\mathbb{R}^n$. Um diese Anwendungsvielfalt allgemein charakterisieren zu können, seien daher zunächst überblickhaft die wichtigsten Struktursätze über Vektorräume zusammengestellt. Dabei geht es vornehmlich darum, wie Elemente aus Vektorräumen mit Hilfe ihrer beiden linearen Operationen möglichst einfach dargestellt werden können. D.h. läßt sich eine möglichst kleine Teilmenge eines VR finden, mit deren Hilfe alle Elemente dieses VR allein unter Verwendung von + und · darstellbar sind?

Betrachten wir z.B. den $\mathbb{R}^2$: Dieser $\mathbb{R}$ - VR enthält überabzählbar viele Elemente. Mit Hilfe der Teilmenge

$E = \left\{ \binom{2}{1}, \binom{1}{2}, \binom{-1}{-1} \right\}$ des $\mathbb{R}^2$ kann $\mathbb{R}^2$ jedoch folgendermaßen beschrieben werden:

Für jedes Element $\binom{x}{y} \in \mathbb{R}^2$ gibt es $\alpha_1, \alpha_2, \alpha_3 \in \mathbb{R}$ (also aus dem Grundkörper), so daß $\binom{x}{y}$ durch E und $\alpha_1, \alpha_2, \alpha_3$ mit Hilfe der Operationen + und · dargestellt werden kann:

(2.5 - 3) $$\binom{x}{y} = \alpha_1 \binom{2}{1} + \alpha_2 \binom{1}{2} + \alpha_3 \binom{-1}{-1} ,$$

also z.B. durch $$\alpha_1 = \frac{2x - y}{3} , \quad \alpha_2 = \frac{2y - x}{3} , \quad \alpha_3 = 0 .$$

Ist E eine Teilmenge eines K - VR V , so nennen wir jeden Ausdruck der Form

$$\alpha_1 e_1 + \ldots + \alpha_n e_n = \sum_{i=1}^{n} \alpha_i e_i$$

$$\text{mit } \alpha_i \in K, e_i \in E$$

eine <u>Linearkombination</u> von Elementen aus E ;

$$\mathcal{L}(E) = \left\{ \sum_{i=1}^{n} \alpha_i e_i \ / \ \alpha_i \in K , e_i \in E \right\}$$ die

Menge aller möglichen Linearkombinationen von Elementen aus E heißt die <u>lineare Hülle</u> von E .

Ein VR V kann somit durch eine Teilmenge $E \subseteq V$ beschrieben werden, wenn <u>jedes</u> Element von V als Linearkombination der Elemente aus E dargestellt werden kann, also wenn für jedes $v \in V$ gilt: $v \in \mathcal{L}(E)$. Eine Teilmenge E von V , die diese Bedingung erfüllt, für die also gilt $\mathcal{L}(E) = V$, heißt <u>Erzeugendensystem</u> (EZS) von V .

Im obigen Beisp. ist $E \subset \mathbb{R}^2$ ein EZS von $\mathbb{R}^2$; es kann jedoch jedes $\binom{x}{y} \in \mathbb{R}^2$ schon durch die Teilmenge $B = \left\{ \binom{2}{1}, \binom{1}{2} \right\} \subset E \subset \mathbb{R}^2$ dargestellt werden, da $\alpha_3 = 0$ in jedem Fall überflüssig ist. VR durch möglichst kleine Teilmengen darzustellen, heißt also:

EZS mit möglichst wenig Elementen finden, d.h. solche EZS $E \subseteq V$, die, nimmt man auch nur einen Vektor aus E weg, keine EZS mehr wären.

Def. 1: Sei V ein K - VR, ein EZS $B \subseteq V$ heißt eine Basis von V, wenn jede echte Teilmenge von B nicht mehr EZS von V ist.

Im $\mathbb{R}^2$ ist die Menge $B = \left\{ \binom{2}{1}, \binom{1}{2} \right\}$ eine Basis; denn

1.) ist B ein EZS von $\mathbb{R}^2$ (s.o.) und

2.) ist weder $\left\{ \binom{2}{1} \right\}$ noch $\left\{ \binom{1}{2} \right\}$ EZS des $\mathbb{R}^2$, denn z.B. der Vektor $\binom{-1}{-1}$ ist weder Element von $\mathcal{L}(\{\binom{2}{1}\})$ noch von $\mathcal{L}(\{\binom{1}{2}\})$. Der Versuch, die Linearkombination $\binom{-1}{-1} = \alpha\binom{2}{1}$ oder $\binom{-1}{-1} = \beta\binom{1}{2}$ zu bilden, führt in beiden Fällen zu einem Widerspruch.

Da eine Basis B eines VR V insbesondere ein EZS von V ist, kann jedes $v \in V$ als Linearkombination der Elemente aus B dargestellt werden. Die Bedingung, daß jede echte Teilmenge einer Basis nicht mehr EZS des ganzen VR ist, sichert, daß diese Linearkombination eindeutig ist.

Um von einer Teilmenge E eines VR V nachzuweisen, daß sie EZS ist, ist i.a. zu zeigen, daß jedes $v \in V$ als eine Linearkombination der Elemente aus E geschrieben werden kann. Für $V = \mathbb{R}^m$ führt dies für alle $x \in \mathbb{R}^m$ zum Lösen des LGS

$$x = \alpha_1 e_1 + \dots + \alpha_n e_n \quad \text{mit} \quad e_1, \dots, e_n \in E \; ; \; \alpha_1, \dots, \alpha_n \in \mathbb{R}.$$

Auf das Lösen dieses LGS wird später noch eingegangen. Zum Nachweis, daß ein EZS E eine Basis eines VR ist, ist das Kriterium aus Def. 1 recht unhandlich; technisch einfacher zu handhaben ist folgendes Kriterium:

Def. 2: Eine Teilmenge U eines VR heißt linear unabhängig (l.u.), wenn für jede Linearkombination $\sum_{i=1}^{n} \alpha_i a_i = \mathcal{O} \in V$ von Elementen a_i aus U gilt: $\alpha_1 = \alpha_2 = \dots = \alpha_n = 0$, d.h. ist eine Linearkombination von Elementen aus U gleich $\mathcal{O}$, so ist jeder Koeffizient aus dem Grundkörper gleich Null.

Es gilt dann der Satz: Jedes l.u. EZS eines VR V ist eine Basis von V .

Sei $\mathscr{E}_2 = \{\binom{1}{0}, \binom{0}{1}\} \subset \mathbb{R}^2$; $\mathscr{E}_2$ ist EZS von $\mathbb{R}^2$ (Beweis!) und l.u., denn sei

$$\alpha_1\binom{1}{0} + \alpha_2\binom{0}{1} = \mathbf{0}, \text{ dann ist } \alpha_1 \cdot 1 + \alpha_2 \cdot 0 = 0$$
$$\text{und } \alpha_1 \cdot 0 + \alpha_2 \cdot 1 = 0,$$

also $\alpha_1 = \alpha_2 = 0$; somit ist $\mathscr{E}_2$ auch Basis des $\mathbb{R}^2$.

Damit ist zugleich gezeigt, daß ein VR, hier der $\mathbb{R}^2$, mehrere verschiedene Basen haben kann.

Für den $\mathbb{R}^n$ wollen wir eine besonders einfache Basis angeben:

$$\mathscr{E}_n = \left\{ \begin{pmatrix} 1 \\ 0 \\ \vdots \\ 0 \end{pmatrix}, \begin{pmatrix} 0 \\ 1 \\ \vdots \\ 0 \end{pmatrix}, \ldots, \begin{pmatrix} 0 \\ 0 \\ \vdots \\ 1 \end{pmatrix} \right\}$$

heißt kanonische (euklidische) Basis des $\mathbb{R}^n$.

Eine gemeinsame Eigenschaft haben aber alle Basen eines VR V :

Satz 1: Sei V ein K - VR , für je zwei Basen B,B' von V gilt: $|B| = |B'|$. (Zu $|\ |$ siehe LuM I,S.92)

Diese für jeden VR feste Zahl wird Dimension des VR V , dim(V) , genannt.

Da sich, wenn auch i.a. mit einiger Mühe, nachweisen läßt, daß jeder VR (mindestens) eine Basis besitzt, läßt sich für jeden VR die Dimension durch Angabe einer Basis feststellen.

Damit gilt insbesondere für $\mathbb{R}^n$, da die kanonische Basis bekannt ist: $\dim(\mathbb{R}^n) = n$.

Warnung: Nicht alle $\mathbb{R}$ - VR sind endlich - dimensional, d.h. ihre Dimension ist eine natürliche Zahl; die in LuM I besprochenen $\mathbb{R}$ - VR der Folgen, der stetigen Abb. von $\mathbb{R}$ nach $\mathbb{R}$ etc. sind von unendlicher Dimension, also z.B.: $\dim(KF(\mathbb{R})) > |\mathbb{N}|$.

Das Konzept der Dimension kann schließlich auch herangezogen werden, um etwas über die Isomorphie von VR auszusagen:

Satz 2: Für zwei K - VR V und W gilt:

V und W sind isomorph $\Longleftrightarrow$ $\dim(V) = \dim(W)$.

Damit sind insbesondere alle endlich-dimensionalen $\mathbb{R}$ - VR V mit $\dim(V) = n$ isomorph zum $\mathbb{R}^n$.

Aufgaben:

w(1) Welche der folgenden Teilmengen des $\mathbb{R}^3$ sind EZS, welche l.u., welche Basis:

$$A = \left\{\begin{pmatrix}1\\1\\0\end{pmatrix}, \begin{pmatrix}0\\0\\1\end{pmatrix}\right\}, \quad B = \left\{\begin{pmatrix}1\\1\\0\end{pmatrix}, \begin{pmatrix}0\\0\\1\end{pmatrix}, \begin{pmatrix}1\\1\\1\end{pmatrix}\right\}, \quad C = \left\{\begin{pmatrix}1\\1\\0\end{pmatrix}, \begin{pmatrix}0\\1\\1\end{pmatrix}, \begin{pmatrix}1\\0\\1\end{pmatrix}\right\},$$

$$D = \left\{\begin{pmatrix}1\\1\\0\end{pmatrix}, \begin{pmatrix}0\\0\\1\end{pmatrix}, \begin{pmatrix}1\\1\\1\end{pmatrix}, \begin{pmatrix}0\\1\\1\end{pmatrix}\right\} \quad .$$

w(2) Negieren Sie den Begriff der linearen Unabhängigkeit aus Def. 2 für Teilmengen von VR, also
"$W \subseteq V$ nicht l.u., wenn gilt: ... "
(Eine nicht l.u. Teilmenge W eines VR V heißt linear abhängig , l.a.).
Weisen Sie von den EZS aus w(1), die nicht Basen sind, deren lineare Abhängigkeit nach.

w(3) (a) Eine Teilmenge einer l.u. Menge eines VR V ist l.u. .
(b) Eine Obermenge einer l.a. Menge eines VR V ist l.a. .
(c) Eine m - elementige Teilmenge des $\mathbb{R}^n$ mit $m > n$ ist stets l.a. .

w(4) (a) Eine Teilmenge W eines K - VR V heißt Unterraum von V , wenn W selbst ein K - VR ist. Zeigen Sie: Für jede beliebige Teilmenge $T \subseteq V$ ist $\mathcal{L}(T)$ ein Unterraum von V .
(b) B sei Basis eines VR V , ist B dann Unterraum von V ?
(c) Eine Teilmenge $W \subseteq V$ ist genau dann ein Unterraum von V , wenn gilt: (1) $0 \in W$,
(2) für alle $v, w \in W$ gilt $v + w \in W$,
(3) für alle $\alpha \in K$, $v \in W$ gilt $\alpha v \in W$.

w(5) (a) Eine n - elementige l.u. Teilmenge des $\mathbb{R}^n$ ist eine Basis des $\mathbb{R}^n$.
(b) Ein n - elementiges EZS des $\mathbb{R}^n$ ist eine Basis des $\mathbb{R}^n$.

(2.5.2) Struktur von Operatoren

Wenn wir in diesem Abschnitt die Struktur von Operatoren etwas genauer untersuchen, so wollen wir uns dabei auf endlich - dimensionale $\mathbb{R}$ - VR beschränken, obwohl einige der hier dargestellten Ergebnisse auch für unendlich - dimensionale VR richtig sind. Wir betrachten also bis auf (d.h. incl.) Isomorphie lineare Abb. zwischen $\mathbb{R}^n$ und $\mathbb{R}^m$.

Das Fazit der Strukturbetrachtungen von VR aus dem vorigen Abschnitt war, daß mit einer Basis B (und natürlich dem Grundkörper K sowie den Operationen + und $\cdot$) schon der ganze VR V bekannt ist; denn es gilt: V ist die lineare Hülle seiner Basis: $V = \mathcal{L}(B)$.

Ein analoges Resultat gilt für Operatoren: Ist $L:\mathbb{R}^n \longrightarrow \mathbb{R}^m$ ein Operator, so ist für jedes $x \in \mathbb{R}^n$ $L(x)$ bekannt, sofern für eine Basis $B = \{b_1,\dots,b_n\}$ von $\mathbb{R}^n$ die Bilder unter L , also $L(b_i)$; $i = 1,\dots,n$; bekannt sind. Genauer:

<u>Satz 3</u>: Ist B eine Basis des $\mathbb{R}^n$ und $l: B \longrightarrow \mathbb{R}^m$ eine Abb., dann gibt es genau eine lineare Abb. $L:\mathbb{R}^n \longrightarrow \mathbb{R}^m$ mit $L(b) = l(b)$ für alle $b \in B$.

Sind also die Bilder einer Basis B des $\mathbb{R}^n$ unter einer Abb. vorgegeben, so gibt es von $\mathbb{R}^n$ nach $\mathbb{R}^m$ genau einen Operator, der auf B mit der vorgegebenen Abb. übereinstimmt. Damit ist dann auch jeder Operator $L:\mathbb{R}^n \longrightarrow \mathbb{R}^m$ durch die Angabe der Bilder einer Basis des $\mathbb{R}^n$ bestimmt.

Sei dazu exemplarisch $L:\mathbb{R}^2 \longrightarrow \mathbb{R}^3$ Operator mit $L[\binom{x}{y}] = \begin{pmatrix} 2x \\ x+y \\ 2y \end{pmatrix}$.

Um den Operator L (d.h. diejenige Koeffizientenstruktur, die es erlaubt, jedem Element aus $\mathbb{R}^2$ sein Bild aus dem $\mathbb{R}^3$ unter L zuzuordnen) bestimmen zu können, genügt es, die Bilder der Elemente irgendeiner Basis aus dem $\mathbb{R}^2$ unter L anzugeben, z.B. für die Basis $B = \{\binom{2}{1},\binom{1}{2}\}$ des $\mathbb{R}^2$:

$$L[\binom{2}{1}] = \begin{pmatrix} 4 \\ 3 \\ 2 \end{pmatrix} \quad , \quad L[\binom{1}{2}] = \begin{pmatrix} 2 \\ 3 \\ 4 \end{pmatrix}$$

Für jedes $\binom{x}{y} \in \mathbb{R}^2$ gilt dann: Es gibt $\alpha_1, \alpha_2 \in \mathbb{R}$ mit

(2.5 - 4) $\binom{x}{y} = \alpha_1\binom{2}{1} + \alpha_2\binom{1}{2}$, da B eine Basis ist,

und aus den Operatoreigenschaften folgt dann:

(2.5 - 5) $L[\binom{x}{y}] = L[\alpha_1\binom{2}{1} + \alpha_2\binom{1}{2}]$

$= \alpha_1 L[\binom{2}{1}] + \alpha_2 L[\binom{1}{2}]$

Nach (2.5 - 3) nach Einsetzen von α_1, α_2 in (2.5 - 5):

(2.5 - 6) $L[\binom{x}{y}] = \frac{2x - y}{3}\begin{pmatrix}4\\3\\2\end{pmatrix} + \frac{2y - x}{3}\begin{pmatrix}2\\3\\4\end{pmatrix} = \begin{pmatrix}2x\\x+y\\2y\end{pmatrix}$.

Satz 3 kann nun dazu verwendet werden, Operatoren übersichtlich durch Matrizen darzustellen: $L: \mathbb{R}^n \longrightarrow \mathbb{R}^m$ sei ein Operator, $\mathcal{E}_n$ sei die kanonische Basis des $\mathbb{R}^n$, die Bilder der kanonischen Basisvektoren $L(e_i)$, $i = 1,\dots,n$, werden in einer Matrix zusammengefaßt: $M_L = (L(e_1) \dots L(e_n))$. M_L ist eine (m,n) - Matrix, da die $L(e_i) \in \mathbb{R}^m$, also m - Tupel von reellen Zahlen, sind, und M_L so viele Spalten besitzt, wie die Mächtigkeit von $\mathcal{E}_n$ beträgt.

Für jeden Vektor $x = \begin{pmatrix}x_1\\ \vdots \\ x_n\end{pmatrix} \in \mathbb{R}^n$ gilt dann:

(2.5 - 7) $L(x) = M_L x$,

wie man unter Verwendung der Matrizenmultiplikation leicht nachrechnet. An Hand des Operators aus unserem obigen Beisp.:

(2.5 - 8) $L(e_1) = L[\binom{1}{0}] = \begin{pmatrix}2\\1\\0\end{pmatrix}$, $L(e_2) = L[\binom{0}{1}] = \begin{pmatrix}0\\1\\2\end{pmatrix}$.

Dann ist $M_L = \begin{pmatrix}2 & 0\\1 & 1\\0 & 2\end{pmatrix}$ und

(2.5 - 9) $L[\binom{x}{y}] = M_L\binom{x}{y} = \begin{pmatrix}2 & 0\\1 & 1\\0 & 2\end{pmatrix}\binom{x}{y} = \begin{pmatrix}2x\\x+y\\2y\end{pmatrix}$.

Umgekehrt kann natürlich jede (m,n) - Matrix $M = (a_1 \dots a_n)$ als ein Operator L_M zwischen dem $\mathbb{R}^n$ und dem $\mathbb{R}^m$ aufgefaßt werden, indem man z.B. für n = 3

(2.5 - 10) $L_M\left[\begin{pmatrix}x\\y\\z\end{pmatrix}\right] = M\begin{pmatrix}x\\y\\z\end{pmatrix}$ setzt, z.B. $M = \begin{pmatrix} 1 & 3 & -1 \\ 2 & 4 & 0 \end{pmatrix}$, dann ist $L_M\left[\begin{pmatrix} x \\ y \\ z \end{pmatrix}\right] = \begin{pmatrix} x + 3y - z \\ 2x + 4y \end{pmatrix}$.

Aufgaben:

w(6) Geben Sie zu den folgenden Operatoren L_i die zugehörigen Matrizen M_{L_i} an:

(a) $L_1 : \mathbb{R}^3 \longrightarrow \mathbb{R}^2$, $L_1\left[\begin{pmatrix} x \\ y \\ z \end{pmatrix}\right] = \begin{pmatrix} 3x - z \\ 15y \end{pmatrix}$

(b) $L_2 : \mathbb{R}^3 \longrightarrow \mathbb{R}^3$, $L_2\left[\begin{pmatrix} 1 \\ 0 \\ 0 \end{pmatrix}\right] = \begin{pmatrix} -4 \\ 3 \\ 0 \end{pmatrix}$, $L_2\left[\begin{pmatrix} 0 \\ 1 \\ 0 \end{pmatrix}\right] = \begin{pmatrix} -1 \\ -1 \\ -1 \end{pmatrix}$,

$L_2\left[\begin{pmatrix} 0 \\ 0 \\ 1 \end{pmatrix}\right] = \begin{pmatrix} -5 \\ 2 \\ -1 \end{pmatrix}$

(c) $L_3 : \mathbb{R}^2 \longrightarrow \mathbb{R}^3$, $L_3[\begin{pmatrix} 3 \\ 1 \end{pmatrix}] = \begin{pmatrix} 0 \\ 1 \\ 0 \end{pmatrix}$, $L_3[\begin{pmatrix} -1 \\ -1 \end{pmatrix}] = \begin{pmatrix} 2 \\ 1 \\ 0 \end{pmatrix}$.

w(7) Geben Sie in Abb.schreibweise die zu den folgenden Matrizen M_i gehörenden Operatoren L_{M_i} an:

(a) $M_1 = \begin{pmatrix} 1 & 0 & 3 \\ 1 & 0 & 1 \\ 1 & 1 & -1 \end{pmatrix}$ (b) $M_2 = \begin{pmatrix} 4 & 1 & 2 & -1 \\ -1 & 3 & 4 & -2 \\ 0 & 0 & 0 & 5 \end{pmatrix}$

w(8) $L : \mathbb{R}^n \longrightarrow \mathbb{R}^m$ sei ein Operator; zeigen Sie:

(a) $L[\mathbb{R}^n]$, das Bild von L , ist ein Unterraum von $\mathbb{R}^m$.

(b) $L^{-1}[\{\mathcal{O}_{(m,1)}\}]$, das Urbild von $\mathcal{O}_{(m,1)}$, ist ein Unterraum von $\mathbb{R}^n$.

Allg. wird für einen Operator $L' : V \longrightarrow W$ zwischen VR der Ausdruck $L'^{-1}[\{\mathcal{O}_{(w,1)}\}]$ der <u>Kern</u> von L' genannt.

w(9) $L_1 : \mathbb{R}^n \longrightarrow \mathbb{R}^m$, $L_2 : \mathbb{R}^m \longrightarrow \mathbb{R}^l$ seien Operatoren; M_1 sei die zu L_1, M_2 die zu L_2 gehörende Matrix;

$L_3 := L_2 \circ L_1 : \mathbb{R}^n \longrightarrow \mathbb{R}^l$ sei die Komposition von L_1 und L_2, dann gilt: $M_2 M_1 = M_3$ für die zu L_3 gehörende Matrix.

p(10)(a) Stellen Sie die Darlegungen im Anschluß an Satz 3 systemtheoretisch anschaulich in Form von input - output - Skizzen dar !

(b) An ein System lassen sich drei eindeutig formulierte Fragen stellen, nämlich: 1:= gegeben ; ?:= gesucht

Fragestellung	input	output	Operator
a	1	1	?
b	1	?	1
c	?	1	1

Machen Sie sich diese Fragestellungen an Hand eines numerischen Beisp.(z.B. von S.- 154f-)klar !
Welche der Fragestellungen bezieht sich auf den Aspekt der Theorie, welche auf den der Technologie, welche auf den der Prognose ?

(2.5.3) Lösungen linearer Gleichungssysteme

Die in Kap.(2.5.2) vorgenommene Beschreibung von Operatoren durch die zugehörigen Matrizen und die Interpretation von Matrizen als Operatoren werden wir uns nun zunutze machen, um zu einem gegebenen LGS die Menge der Lösungen anzugeben.

Sei also ein LGS $A x = b$ gegeben mit A (m,n) - Matrix, $b \in \mathbb{R}^m$, $x \in \mathbb{R}^n$. Das Lösen dieses LGS bedeutet nun, für vorgegebene A und b alle $x \in \mathbb{R}^n$ zu bestimmen, die diese Vektorgleichung erfüllen.

Nach Kap. (2.5.2) kann die Matrix A als ein Operator $L : \mathbb{R}^n \longrightarrow \mathbb{R}^m$ aufgefaßt werden. $Ax = b$ ist dann als Abb.-gleichung $L_A(x) = b$ zu interpretieren. Die Frage lautet nun:

Welche $x \in \mathbb{R}^n$ erfüllen diese Gleichung, d.h. gesucht ist die Urbildmenge von b unter L , $L^{-1}[\{b\}]$. Dies ist dann die Lösungsmenge der Abb.gleichung und damit auch des LGS.

Nach LuM I,Kap.(5.1.1) hängen nun die Eigenschaften von Urbildmengen von den Eigenschaften der betrachteten Abb. ab(also Injektivität,etc.). Die Ergebnisse dieser Untersuchungen sind für lineare Abb. recht einfach:

Satz 4: $L : \mathbb{R}^n \longrightarrow \mathbb{R}^m$ sei ein Operator; dann gilt:

(1) $F \subseteq \mathbb{R}^n$ sei l.u.; L ist injektiv $\Leftrightarrow L[F] \subseteq \mathbb{R}^m$ ist l.u. ;

(2) $E \subseteq \mathbb{R}^n$ sei EZS; L ist surjektiv $\Leftrightarrow L[E] \subseteq \mathbb{R}^m$ ist EZS ;

(3) $B \subseteq \mathbb{R}^n$ sei Basis; L ist bijektiv $\Leftrightarrow L[B] \subseteq \mathbb{R}^m$ ist Basis .

Beispiele:

zu (1): $L: \mathbb{R}^2 \longrightarrow \mathbb{R}^3$, $L\left[\begin{pmatrix} x \\ y \end{pmatrix}\right] = \begin{pmatrix} x+y \\ 2x \\ 2y \end{pmatrix}$; $L\left[\begin{pmatrix} x \\ y \end{pmatrix}\right] = \begin{pmatrix} x \\ x \\ x \end{pmatrix}$

wäre nicht injektiv.

zu (2): $L: \mathbb{R}^3 \longrightarrow \mathbb{R}^2$, $L\left[\begin{pmatrix} x \\ y \\ z \end{pmatrix}\right] = \begin{pmatrix} x+y \\ y+z \end{pmatrix}$; $L\left[\begin{pmatrix} x \\ y \\ z \end{pmatrix}\right] = \begin{pmatrix} x+y+z \\ 2 \end{pmatrix}$

wäre nicht surjektiv.

zu (3): $L: \mathbb{R}^2 \longrightarrow \mathbb{R}^2$, $L\left[\begin{pmatrix} x \\ y \end{pmatrix}\right] = \begin{pmatrix} 2x \\ 2y \end{pmatrix}$ ist bijektiv .

Aus diesem Satz ergeben sich nun mit den entsprechenden Ergebnissen aus LuM I folgende Kriterien für die Lösbarkeit von LGS, wenn man berücksichtigt, wie die zu einem Operator gehörende Matrix konstruiert wird:

Für ein LGS $A x = b$ (und damit für $L_A(x) = b$) gilt:

(1) Das LGS ist für $b \in \mathbb{R}^m$ lösbar, wenn $b \in L_A[\mathbb{R}^n]$ ist, d.h. wenn $b \in \mathcal{L}(L[\mathcal{E}_n])$ (wegen Linearität von L_A und Def. Bild L), d.h. wenn $b \in \mathcal{L}(\{a_1, \ldots, a_n\})$, wobei a_i die i - te Spalte von A ist (nach Def. von L_A) .

(2) Das LGS ist für jedes $b \in \mathbb{R}^m$ lösbar, wenn L_A surjektiv ist, d.h. wenn $L[\mathcal{E}_n]$ EZS des $\mathbb{R}^m$ ist (nach Satz 4,(2)), d.h. wenn $a_1, \ldots, a_n$ EZS des $\mathbb{R}^m$ ist nach Def. von L_A .

(3) Das LGS ist für $b \in \mathbb{R}^m$ eindeutig lösbar, wenn es wie unter (1) lösbar ist und wenn L_A injektiv ist, d.h. wenn $L[\mathcal{E}_n]$ l.u. Teilmenge des $\mathbb{R}^m$ ist (nach Satz 4,(1)), d.h. wenn $\{a_1, \ldots, a_n\}$ l.u. Teilmenge des $\mathbb{R}^m$ ist (nach Def. von L_A).

(4) Das LGS ist für jedes $b \in \mathbb{R}^m$ eindeutig lösbar, wenn (2) und (3) erfüllt sind, d.h. wenn L_A bijektiv ist, d.h. wenn $\{a_1, \ldots, a_n\}$ Basis des $\mathbb{R}^m$ ist, wobei m = n .

Bemerkung zu (1): Da stets gilt: $0_{(m,1)} \in \mathcal{L}(\{a_1, \ldots, a_n\})$

(Beweis!), sind also LGS der Form $Ax = 0$ stets lösbar, ein derartiges LGS heißt homogen. Für $b \neq 0$ heißt das LGS inhomogen. Nach Kap. (2.5.2) Aufg. w(8)(b) ist die Lösungsmenge eines homogenen LGS ein Unteraum des $\mathbb{R}^n$.

Jedes dieser vier Kriterien wurde so weit vereinfacht, daß hier nur noch Aussagen über die Spalten der Ausgangsmatrix bzgl. EZS-und l.u.-Eigenschaften gemacht wurden. Man definiert daher nun den Rang einer Matrix A durch rg(A) als die Maximalzahl der l.u. Spalten (oder Zeilen, was dieselbe Zahl ergibt). Formulieren Sie die Kriterien (3) und (4) unter Verwendung des Rangkonzeptes!

Auf eine genauere Theorie der Lösung von LGS soll hier nicht eingegangen werden, da diese vor dem Hintergrund formalisierter Modelle in den Sozialwissenschaften nur selten relevant ist. Relevanter ist (insbesondere unter systemtheoretischem Aspekt) vielmehr die Analyse linearer Systeme, auf die wir in Kap. (2.6) eingehen werden.
Außerdem gibt es in der einführenden Literatur gute Darstellungen einer Lösungstheorie, wobei sich z.T. auch Algorithmen zur direkten Berechnung von LGS finden, z.B. Gantmacher(1966), Kemeny u.a.(1972).Siehe auch Kap. (2.5.5) !

Aufgabe:

w(11) Gegeben sei ein LGS $Ax = b$ mit A (m,n) - Matrix. Was kann man über die Lösungsmenge sagen, wenn
(1) $m > n$, (2) $m = n$, (3) $m < n$?

(2.5.4) Determinanten

Es soll nun ein technisches Instrumentarium dargestellt werden, das in vielen Bereichen formalisierter sozialwissenschaftlicher Modelle relevant geworden ist und auch in einigen Fällen eine direkte Berechnung von LGS erlaubt.

Zur Prüfung der Existenz der Lösungsmenge eines vorgegebenen LGS an Hand der Kriterien (3) und (4) ist es erforderlich, den Rang der zugehörigen Matrix zu berechnen. Wir werden jetzt das Instrumentarium darstellen, das es erlaubt, direkt den Rang einer Matrix anzugeben. Darüberhinaus werden an Hand dieses Determinantenkonzeptes invertierbare Matrizen und Isomorphismen charakterisiert. Schließlich kann mit Hilfe der Determinante bei eindeutig lösbaren (n,n) - LGS die Lösung sofort angegeben werden(Cramersche Regel) .
Auf weitere Anwendungsbereiche des Determinantenkonzeptes über den Rahmen der Linearen Algebra hinaus (z.B. Berechnung von Volumina) werden wir hier nicht eingehen. Wir werden allerdings sehen, daß dieses Konzept in der Theorie der dynamischen Systeme eine nicht unbedeutende Rolle spielt(siehe dazu Kap.(4.)).
Eine vollständige Darstellung des Determinantenkonzeptes findet sich z.B. bei Lang(1966), Huppert(1969/70) .
Wir werden eine Determinante nur für quadratische Matrizen definieren; die Berechnung von rg(A) werden wir dann auf den (m,n)-Fall verallgemeinern.

Was muß nun ein Instrumentarium leisten, mit dem lineare Unabhängigkeit einer endlichen Menge von Vektoren und in einigen Fällen - bei (n,n) - Matrizen A und rg(A) = n - auch Lösungen von LGS aufgezeigt werden sollen ?

(1) Jeder (n,n) - Matrix muß ein Element eines $\mathbb{R}^k$ mit $k \in \mathbb{N}$ zugeordnet werden,
(2) diese Zuordnung muß auf die VR - Struktur der Spaltenvektoren von Matrizen Rücksicht nehmen,
(3) diese Zuordnung soll verschieden sein, je nachdem ob rg(A) = n oder rg(A) < n ,
(4) mit den Bildern dieser Zuordnung muß man 'rechnen' können, um Lösungen bestimmen zu können.

Wir könnten nun aus den Forderungen (1) bis (4) ein Axiomensystem konstruieren für ein solches Instrumentarium; es zeigt sich, daß ein weniger aufwendiges Axiomensystem(es genügt z.B. bei Forderung (1): k = 1) schon unsere Forderungen(und einige weitere Eigenschaften) erfüllt. Wir stellen dieses System dar und kommentieren es kurz, bezogen auf unsere Forderungen.

Def. 1: Eine Abb. Det: $\mathfrak{M}_{(n,n)} \longrightarrow \mathbb{R}$ heißt Determinantenabb., wenn gilt:

(Det 1) (a) $A = (a_1 \ldots a_i \ldots a_n) \in \mathfrak{M}_{(n,n)}$ mit $a_i = b + b'$ für ein $i = 1, \ldots, n$

$$\Longrightarrow \text{Det}(A) := |A| = |(a_1 \ldots b \ldots a_n)| + |(a_1 \ldots b' \ldots a_n)|$$

(b) $A = (a_1 \ldots a_i \ldots a_n) \in \mathfrak{M}_{(n,n)}$ mit $a_i = c\,b$ für ein $i = 1, \ldots, n$, $c \in \mathbb{R}$

$$\Longrightarrow |A| = c\,|(a_1 \ldots b \ldots a_n)| \; .$$

(Det 2) Gilt $a_i = a_{i+1}$ für ein $i = 1, \ldots, n-1$, dann ist $|A| = 0$.

(Det 3) $|I_{(n,n)}| = 1$.

(Det 1) besagt, daß die Determinantenabb. linear in jeder Komponente ist('Multilinearität'), somit auf die VR - Struktur Rücksicht nimmt.

(Det 2) sichert (zusammen mit (Det 1)), daß die Determinante für Matrizen A mit $rg(A) < n$ gleich 0 ist.

Eine Abb. $D': \mathfrak{M}_{(n,n)} \longrightarrow \mathbb{R}$ mit den Eigenschaften (Det 1) und (Det 2) ist nicht eindeutig bestimmt; denn mit D' würde auch $\alpha \cdot D'(A)$ für $\alpha \in \mathbb{R}$ diese Bedingungen erfüllen. So sichert (Det 3) zum einen die Eindeutigkeit der Determinantenabb. (d.h. es gibt genau eine Abb. mit diesen drei Eigenschaften), zum anderen sichert (Det 3), daß für Matrizen A mit $rg(A) = n$ $|A| \neq 0$ ist.

Bezeichnungen: Für $A \in \mathfrak{M}_{(n,n)}$ wird $\text{Det}(A) = |A|$ die Determinante von A genannt (man beachte: Die Determinante einer Matrix ist eine reelle Zahl). Eine Matrix A mit $|A| = 0$ heißt auch singulär, ist $|A| \neq 0$, so heißt A auch nicht singulär oder regulär.

Wir werden nun die Eigenschaften von Determinanten, die sich aus Def. 1 ergeben ohne Beweis auflisten; dabei werden u.a. die Forderungen (1) bis (4) als Folgerungen aus der Def. erscheinen.

(1) Für $A \in \mathfrak{M}_{(n,n)}$ gilt: $|A| = |A'|$.

(2) Vertauscht man zwei Spalten oder Zeilen in A, so ändert die Determinante das Vorzeichen .

(3) Sind in A zwei Spalten oder Zeilen gleich, so ist $|A| = 0$.

(4) Addiert man zu einer Spalte oder Zeile von A eine Linearkombination der übrigen Spalten oder Zeilen, so ändert sich die Determinante nicht.

(5) Ist eine Spalte oder Zeile in A der $o_{(n,1)}$ - Vektor, so gilt: $|A| = 0$.

(6) Sei $A = \begin{pmatrix} a_1 \\ \vdots \\ a_n \end{pmatrix}$ mit a_i Zeilenvektor, so gilt:

$$\left| \begin{pmatrix} a_1 \\ \vdots \\ ca_i \\ \vdots \\ a_n \end{pmatrix} \right| = c\,|A| \quad . \tag{2.5 - 11}$$

(7)

$$|cA| = c^n |A| \; . \tag{2.5 - 12}$$

(8)

$$|A^{-1}| = |A|^{-1} . \tag{2.5 - 13}$$

(9)

$$|AB| = |A||B| \quad \text{für } A, B \in \mathfrak{M}_{(n,n)} \quad . \tag{2.5 - 14}$$

(10) $|A| = 0 \Longleftrightarrow$ Die Menge der Spalten- oder Zeilenvektoren von A ist l.a. .

(11) $|A| \neq 0 \Longleftrightarrow$ Die Menge der Spalten- oder Zeilenvektoren von A ist l.u. .

Zwei Wege sind üblich, um Determinanten zu berechnen, damit zugleich ihre Existenz nachzuweisen(wir hatten die Determinantenabb. bisher ja lediglich axiomatisch charakterisiert).
Zum einen mit Hilfe von Permutationen; dieses Verfahren ist

jedoch auf Grund der mangelnden Überschaubarkeit allenfalls für (3,3) - Matrizen geeignet. Wir verzichten daher auf seine ausführliche Darstellung und zeigen es nur exemplarisch an Hand von (2,2) - und (3,3) - Matrizen.

$$\begin{vmatrix} a_{11} & a_{12} \\ a_{21} & a_{22} \end{vmatrix} = (-1)^1 a_{12}a_{21} + (-1)^2 a_{11}a_{22} = a_{11}a_{22} - a_{12}a_{21} ,$$

also: Produkt der Hauptdiagonalelemente minus Produkt der Nebendiagonalelemente.

$\begin{vmatrix} a_{11} & a_{12} & a_{13} \\ a_{21} & a_{22} & a_{23} \\ a_{31} & a_{32} & a_{33} \end{vmatrix}$ läßt sich berechnen mit Hilfe des Schemas: $\begin{vmatrix} a_{11} & a_{12} & a_{13} \\ a_{21} & a_{22} & a_{23} \\ a_{31} & a_{32} & a_{33} \end{vmatrix} \begin{matrix} a_{11} & a_{12} \\ a_{21} & a_{22} \\ a_{31} & a_{32} \end{matrix}$

Entlang der eingezeichneten Diagonallinien wird multipliziert; die Produkte der Elemente der stark gezogenen Linien werden addiert; von dieser Summe werden die Produkte der Elemente der gebrochen gezeichneten Linien subtrahiert.

Wenden wir uns nun dem vom Rechenaufwand her etwas ökonomischeren Ansatz zu.

Für $A = (a_{ij})$ definieren wir A_{ij} als (n-1,n-1) - Matrix, bei der die i - te Zeile und die j - te Spalte von A gestrichen worden sind. Es gilt dann der folgende Entwicklungssatz, der die Berechnung von (n,n) - Determinanten auf die von (n-1,n-1)-Determinanten zurückführt:

Satz 4: Entwicklung nach einer Spalte a_j von A : Sei $A \in \mathfrak{M}_{(n,n)}$ und a_j eine Spalte von A , dann gilt:

(2.5 - 15) $$|A| = (-1)^{1+j} a_{1j}|A_{1j}| + \ldots + (-1)^{n+j} a_{nj}|A_{nj}| = \sum_{i=1}^{n} (-1)^{i+j} a_{ij} |A_{ij}| .$$

Analog gilt die Entwicklung nach einer Zeile a_i von A : Sei $A \in \mathfrak{M}_{(n,n)}$ und a_i ein Zeilenvektor aus A , dann gilt:

(2.5 - 16) $$|A| = \sum_{j=1}^{n} (-1)^{i+j} a_{ij} |A_{ij}| .$$

Mit (2.5 - 15) oder (2.5 - 16) ist auch zugleich die Existenz der Determinante gezeigt.

Zusammen insbesondere mit den Eigenschaften (4) und (5) des Kataloges von S.- 162- erhalten wir so die Möglichkeit, für viele Matrizen ihre Determinanten rasch zu berechnen. Bei einer gegebenen Matrix werden wir durch Umformungen nach (4) versuchen, in einer Spalte oder Zeile möglichst viele Nullen zu erhalten, da in der Summenformel des Entwicklungssatzes die entsprechenden Summanden dann wegfallen.

<u>Beisp</u>.:

$$\begin{vmatrix} 4 & 5 & -4 & 4 \\ -4 & 4 & 1 & 3 \\ 1 & 3 & -2 & 2 \\ -3 & 8 & -1 & 5 \end{vmatrix} \overset{/1/}{=} \begin{vmatrix} 2 & -1 & 0 & 0 \\ -4 & 4 & 1 & 3 \\ 1 & 3 & -2 & 2 \\ -3 & 8 & -1 & 5 \end{vmatrix} \overset{/2/}{=} \begin{vmatrix} 2 & -1 & 0 & 0 \\ 0 & -1 & 0 & 0 \\ 1 & 3 & -2 & 2 \\ -3 & 8 & -1 & 5 \end{vmatrix} \overset{/3/}{=} \begin{vmatrix} 2 & 0 & 0 & 0 \\ 0 & -1 & 0 & 0 \\ 1 & 3 & -2 & 2 \\ -3 & 8 & -1 & 5 \end{vmatrix}$$

$$\overset{/4/}{=} 2 \begin{vmatrix} -1 & 0 & 0 \\ 3 & -2 & 2 \\ 8 & -1 & 5 \end{vmatrix} \overset{/5/}{=} 2(-1) \begin{vmatrix} -2 & 2 \\ -1 & 5 \end{vmatrix} \overset{/6/}{=} 2(-1)(-10 + 2) = 16$$

/1/: 1. Zeile minus 2 mal 3. Zeile,
/2/: 2. " plus 3. Zeile minus 4. Zeile ,
/3/: 1. " minus 2. " ,
/4/: Entwicklung nach der 1. Zeile ,
/5/: " " " 1. " ,
/6/: Determinante für (2,2) - Matrizen.

Aufgabe:

w(12) Berechnen Sie die Determinanten der folgenden Matrizen:

(a) $A_1 = \begin{pmatrix} -1 & -2 & 2 & -1 \\ 1 & -1 & 2 & -2 \\ 3 & 0 & 2 & -3 \\ 0 & 3 & 1 & 6 \end{pmatrix}$ (b) $A_2 = \begin{pmatrix} -2 & -1 & 2 & 1 \\ -1 & -2 & 0 & -1 \\ 3 & 1 & 1 & 3 \\ -4 & -1 & 2 & -1 \end{pmatrix}$

(c) $A_3 = \begin{pmatrix} 1 & 2 & 3 \\ -3 & -2 & -1 \\ 2 & 2 & 2 \end{pmatrix}$

w(13) Berechnen Sie die Determinante für Diagonal- und Dreiecksmatrizen mit Hilfe des Entwicklungssatzes !

Nachdem wir Determinanten definiert, ihre Eigenschaften aufgelistet und Berechnungsmethoden angegeben haben, seien nun vier Anwendungsbereiche aus unserem Kontext vorgestellt, um die Einsatzmöglichkeiten von Determinanten zu illustrieren.

A. Determinanten, invertierbare Matrizen, Isomorphismen

Determinanten sind für (n,n) - Matrizen A definiert worden; der zugehörige Operator L_A geht also vom $\mathbb{R}^n$ in den $\mathbb{R}^n$. Wir werden künftig bei Operatoren $L:\mathbb{R}^n \longrightarrow \mathbb{R}^n$ von der Determinante von L, $Det(L)$, sprechen und meinen damit $|A_L|$, d.h. die Determinante der zu L gehörenden Matrix. Ist für einen Operator $Det(L) \neq 0$, so bedeutet dies, daß die Bilder der kanonischen Basis des $\mathbb{R}^n$ unter L eine n - elementige l.u. Teilmenge des $\mathbb{R}^n$ bilden, also nach Aufg. w(5) Kap.(2.5.1) eine Basis des $\mathbb{R}^n$. Nach Satz 4 ist damit L bijektiv, also insgesamt ein Isomorphismus $\mathbb{R}^n \longrightarrow \mathbb{R}^n$. Es gilt der

<u>Satz 5</u>: $L:\mathbb{R}^n \longrightarrow \mathbb{R}^n$ ist Isomorphismus $\Longleftrightarrow Det(L) \neq 0$.

Die Richtung '$\Longleftarrow$' der behaupteten Äquivalenz haben wir soeben gezeigt; der Beweis der anderen Richtung sei dem Leser überlassen.

Nach LuM I,Kap. (5.1), besitzt der Isomorphismus L eine Umkehrabb. L^{-1}, die bijektiv ist.

Aufgabe:

w(14) L sei bijektiv; zeigen Sie: $L^{-1}:\mathbb{R}^n \longrightarrow \mathbb{R}^n$ ist Operator!

Da L^{-1} für L bijektiv ebenfalls ein Operator ist, existiert also eine Matrix $\mathcal{B}$, die nach (2.5.2) gebildet wird, und es gilt: $A\mathcal{B} = \mathcal{B}A = I_{(n,n)}$ nach Aufg. w(9) und da $L \circ L^{-1} = L^{-1} \circ L = id_{\mathbb{R}^n}$ wegen der Bijektivität von L. Somit ist $\mathcal{B}$ die auf S.- 131- definierte inverse Matrix zu A und es gilt:

<u>Satz 6</u>: $L:\mathbb{R}^n \longrightarrow \mathbb{R}^n$ ist Isomorphismus $\Longleftrightarrow A_L$ ist invertierbar.

Auch dieser Beweis sei als Übung empfohlen. Die zu A inverse Matrix $\mathcal{B}$ kann nun mit Hilfe von Determinanten direkt angegeben werden:

<u>Satz 7</u>: $A \in \mathcal{M}_{(n,n)}$ sei invertierbar , $A^{-1} = (b_{ij})$, dann gilt:

(2.5 - 17) $$(b_{ij}) = \left((-1)^{i+j} \frac{1}{|A|} |A_{ji}|\right) =: \frac{1}{|A|} \operatorname{adj}(A)$$

mit $A_{ji} \in \mathfrak{M}_{(n-1,n-1)}$, wobei die j-te Zeile und i-te Spalte von A gestrichen wurden.

B. Determinanten und lineare Unabhängigkeit, Rang einer Matrix

Die Eigenschaft (11) charakterisiert die Determinante einer (n,n) - Matrix, deren Spalten- oder Zeilenvektoren l.u. sind. Um eine Charakterisierung für den Rang einer Matrix auch im allg. (m,n) - Fall zu erhalten, müssen wir Untermatrizen betrachten: Für eine Matrix $A = (a_{ij}) \in \mathfrak{M}_{(m,n)}$ heißt

$A_{(\alpha_1 \ldots \alpha_k; \beta_1 \ldots \beta_l)} = \mathfrak{B} \in \mathfrak{M}_{(k,l)}$ Untermatrix von A, wenn

$\mathfrak{B}$ die Zeilen mit den Nummern $\alpha_1, \ldots, \alpha_k$ und die Spalten mit den Nummern $\beta_1, \ldots, \beta_l$ von A enthält; $\alpha_1, \ldots, \beta_l \in \mathbb{N}$.

Für quadratische Untermatrizen ist deren Determinante wieder definiert, und es gilt:

Satz 8: Für $A \in \mathfrak{M}_{(m,n)}$ ist rg(A) gleich der Spalten(Zeilen)-zahl der größten quadratischen Untermatrix $\mathfrak{B}$ von A mit $|\mathfrak{B}| \neq 0$.

Beisp.:

$$A = \begin{pmatrix} -1 & 2 & 2 \\ 1 & -3 & 0 \\ -2 & 5 & 3 \\ -3 & 8 & 2 \end{pmatrix}$$

Gesucht: rg(A). Wir testen dazu zunächst die Determinanten der (3,3) - Untermatrizen:

$\mathrm{Det}(A_{(123;123)}) = 3$, $\mathrm{Det}(A_{(124;123)}) = 6$

$\mathrm{Det}(A_{(134;123)}) = 0$, $\mathrm{Det}(A_{(234;123)}) = -3$

Da $\mathrm{Det}(A_{(124;123)}) \neq 0$, gilt: rg(A) = 3 . Wären für alle (3,3) - Untermatrizen die Determinanten gleich Null gewesen, wären wir mit dem Testen der (2,2) - Untermatrizen fortgefahren.

Aufgaben:

w(15) Warum braucht man im vorigen Beisp. nur diese vier Matrizen zu prüfen, weshalb nicht alle Untermatrizen?

w(16) Für welche Matrizen gilt $rg(A) = 0$?

w(17) Berechnen Sie den Rang folgender Matrizen:

(a) $A_1 = \begin{pmatrix} -1 & -2 & 2 & -1 \\ 1 & -1 & 2 & -2 \\ 3 & 0 & 2 & -3 \\ 0 & 3 & 1 & 6 \end{pmatrix}$ (b) $A_2 = \begin{pmatrix} 1 & 2 & -2 & 1 \\ 3 & 0 & 0 & -1 \\ 4 & 2 & -2 & 0 \end{pmatrix}$ (c) $A_3 = \begin{pmatrix} 1 & 2 & -1 \\ -2 & -4 & 2 \\ 3 & 6 & -3 \end{pmatrix}$

C. Determinanten und Lösungen von LGS, Cramersche Regel

$Ax = b$ mit $A \in \mathfrak{M}_{(n,n)}$, $b \in \mathbb{R}^n$ sei LGS mit $|A| \neq 0$. Nach Eigenschaft (11) von Determinanten und dem Krit. (3) aus Kap.(2.5.3) gilt dann: Das LGS ist eindeutig lösbar. Für $b = 0_{(n,1)}$ ist bekannt: $x = 0_{(n,1)}$ ist diese eindeutige Lösung. Sei nun $b \neq 0_{(n,1)}$. Wir definieren zur Matrix A Matrizen

$\bar{A}_j = (a_1 \ldots b \ldots a_n)$, bei denen die j-te Spalte durch den Vektor b ersetzt wurde($j = 1,\ldots,n$). $\bar{A}_j$ ist dann wieder (n,n)-Matrix,und es gilt:

Satz 9: Für ein LGS $Ax = b$ mit $A \in \mathfrak{M}_{(n,n)}$, $b \in \mathbb{R}^n$ und $|A| \neq 0$ ist $x = \begin{pmatrix} x_1 \\ \vdots \\ x_n \end{pmatrix}$ eindeutige Lösung

mit

(2.5 - 18) $$x_j = \frac{|\bar{A}_j|}{|A|} \quad \text{für } j = 1,\ldots,n \quad .$$

Dieser Algorithmus wird Cramersche Regel genannt.

Bew.: $|\bar{A}_j| = |(a_1 \ldots a_{j-1}\, b\, a_{j+1} \ldots a_n)|$

$= |(a_1 \ldots a_{j-1} \sum_{j=1}^{n} x_j a_j\, a_{j+1} \ldots a_n)|$ und nach (Det 1)

$= \sum_{j=1}^{n} [x_j\, |(a_1 \ldots a_j \ldots a_n)|] = x_j |A|$, da für alle anderen Summanden zwei Spalten gleich sind, die Determinante also gleich Null ist.

Auflösung nach x_j ergibt (2.5 - 18) , man beachte, daß $|A| \neq 0$ vorausgesetzt war.

Beisp.: $\begin{pmatrix} 4 & 5 & -4 & 4 \\ -4 & 4 & 1 & 3 \\ 1 & 3 & -2 & 2 \\ -3 & 8 & -1 & 5 \end{pmatrix} \begin{pmatrix} x_1 \\ x_2 \\ x_3 \\ x_4 \end{pmatrix} = \begin{pmatrix} 0 \\ -2 \\ -4 \\ -6 \end{pmatrix}$ Vom Beisp. auf S.- 164 - wissen wir: $|A| = 16$

$$x_1 = \frac{\begin{vmatrix} 0 & 5 & -4 & 4 \\ -2 & 4 & 1 & 3 \\ -4 & 3 & -2 & 2 \\ -6 & 8 & -1 & 5 \end{vmatrix}}{|A|} = \frac{64}{16} = 4 \, , \quad x_2 = \frac{\begin{vmatrix} 4 & 0 & -4 & 4 \\ -4 & -2 & 1 & 3 \\ 1 & -4 & -2 & 2 \\ -3 & -6 & -1 & 5 \end{vmatrix}}{|A|} = \frac{0}{16} = 0$$

$$x_3 = \frac{\begin{vmatrix} 4 & 5 & 0 & 4 \\ -4 & 4 & -2 & 3 \\ 1 & 3 & -4 & 2 \\ -3 & 8 & -6 & 5 \end{vmatrix}}{|A|} = \frac{104}{16} = \frac{13}{2}, \quad x_4 = \frac{\begin{vmatrix} 4 & 5 & -4 & 0 \\ -4 & 4 & 1 & -2 \\ 1 & 3 & -2 & -4 \\ -3 & 8 & -1 & -6 \end{vmatrix}}{|A|} = \frac{40}{16} = \frac{5}{2}$$

Aufgabe:

w(18) Berechnen Sie folgende LGS; untersuchen Sie zuerst immer, ob die Cramersche Regel anwendbar ist !

$$L_1: \begin{pmatrix} 0 & 4 & 8 & -3 \\ 2 & -3 & -4 & 0 \\ 3 & 0 & 1 & 4 \\ -2 & -5 & 0 & 3 \end{pmatrix} \begin{pmatrix} x_1 \\ x_2 \\ x_3 \\ x_4 \end{pmatrix} = \begin{pmatrix} -5 \\ 8 \\ -1 \\ 5 \end{pmatrix} \qquad L_2: \begin{pmatrix} 2 & 3 & 6 \\ 1 & -2 & -1 \\ -1 & 4 & 3 \end{pmatrix} \begin{pmatrix} x_1 \\ x_2 \\ x_3 \end{pmatrix} = \begin{pmatrix} 10 \\ 7 \\ -9 \end{pmatrix}$$

D. Determinanten und Lösungskriterien für LGS

Die Ergebnisse der bisherigen Darlegungen über Determinanten erlauben es uns nun, Lösungskriterien für LGS mit Hilfe des Determinantenkonzeptes zu formulieren.

Für (n,n) - LGS sei ein kurzer Blick auf (2.5 - 13) geworfen: Multipliziert man nämlich ein LGS $Ax = b$ von links mit A^{-1}, so entsteht, da $A^{-1}A = I$ und $Ix = x$:

(2.5 - 19) $\qquad x = A^{-1}b \quad ;$

damit ist der Lösungsvektor x sofort gegeben. Allerdings ist dazu die Berechnung von A^{-1} notwendig. Diese Inverse existiert

aber für $|A| = 0$ nicht; denn es läßt sich dann keine Matrix A^{-1} finden, so daß $AA^{-1} = I$.
Somit gilt für $A \in \mathfrak{M}_{(n,n)}$, $b \in \mathbb{R}^n$: Entweder ist $|A| = 0$, dann ist das homogene System nicht eindeutig lösbar, und die Dimension des Lösungsraumes entspricht der Spalten(Zeilen-)-anzahl der größten Untermatrix B von A mit $|B| \neq 0$. Das inhomogene System ist nicht immer lösbar(was von b abhängt), und wenn, dann nicht eindeutig.
Oder es gilt $|A| \neq 0$,dann ist das LGS eindeutig lösbar, und die Lösung wird durch die Cramersche Regel oder durch (2.5 - 19) angegeben.
Die Kriterien für die Lösung von (m,n) - LGS unter Verwendung des Determinantenkonzeptes möge der Leser mit dem in Kap.(2.5.3) Gesagten selbst formulieren.

Aufgaben:

p(19) Entwickeln Sie spezielle Lösungskriterien für LGS $Ax = b$ für die Fälle: (a) A ist Diagonalmatrix,
(b) A ist Dreiecksmatrix,
in Matrizen-, Operatoren- und Determinantenform. Benutzen Sie für letzteres w(13) und das Determinantenkriterium für (n,n) - LGS! Für die Operatorenformulierung verwenden Sie Ihre Informationen über Isomorphismen !

w(20) $M = \{x_1,\dots,x_m\}$ sei eine Teilmenge eines $\mathbb{R}^m$.
Zeigen Sie:
M ist l.u. $\Longleftrightarrow$ $|(x_1\dots x_m)'(x_1\dots x_m)| \neq 0$.
Diese Determinante heißt Gramsche Determinante der Menge M .(vgl. auch p(30))

In diesem Abschnitt spielten Lösungsmengen von LGS, Determinanten und inverse Matrizen eine bedeutende Rolle. Auf die numerische Berechnung von LGS wurde weniger Gewicht gelegt. Dazu gibt es einmal direkte Algorithmen(z.B. das Gauss-Verfahren oder den Austauschalgorithmus für LGS, den Entwicklungsalgorithmus

für Determinanten, den Determinanten- und Operatorenalgorithmus für inverse Matrizen). Diese erfordern jedoch häufig einen hohen Rechenaufwand(Determinantenalgorithmen), oder sie sind nicht vollautomatisch auf EDV programmierbar.
Im Rahmen der numerischen Mathematik wurden daher für die Lösung der genannten drei Probleme iterative Verfahren entwickelt, d.h. Verfahren, die das Ergebnis nicht sofort liefern, sondern durch eine Folge annähern, wie beispielsweise die aus dem Banachschen Fixpunktsatz abgeleiteten Verfahren(etwa das Gauss-Seidel-Verfahren zur Lösung von LGS).
Rasch konvergente iterative Verfahren, d.h. solche, bei denen die Lösung schon nach wenigen Folgegliedern sehr gut angenähert ist, finden sich daher meist in den Programmen für EDV - Anlagen, deren Verwendung für größere Matrizen denn auch empfohlen sei.
Aus diesem Grunde sei hier nicht näher auf Rechentechniken eingegangen.
(Als Literaturhinweis: Faddejew, Faddejewa(1970))

(2.5.5) Das Operatorenkonzept

In einem linearen Modell, wie es in den Sozialwissenschaften häufig als erste Annäherung verwendet wird, mit n Variablen und m linearen Gleichungen treten i.a. die Unbestimmten als Inputvariablen eines Systems auf, dessen innere Struktur und Wirkungsweise durch die linearen Gleichungen, d.h. durch einen Operator, beschrieben wird. In diesem Sinne kann man sagen, daß ein lineares System ein Operator $L:\mathbb{R}^n \longrightarrow \mathbb{R}^m$ ist, der den funktionalen Zusammenhang zwischen den n inputvariablen und den m outputvariablen beschreibt. L beschreibt also das Transformationsverhalten von input in output. Wie in Kap.(2.5.2) entwickelt, kann jeder Operator durch eine (m,n) - Matrix dargestellt werden, so daß man häufig lineare Modelle in Form von $\mathfrak{A}x = \mathfrak{b}$ findet.

Hier soll künftig das Operatorenkonzept für lineare Systeme benutzt werden, wenn es - je nach Kontext - mehr um funktionale und Transformationszusammenhänge und die innere Struktur linearer Systeme geht.
Das Matrizenkonzept wird bevorzugt, wenn es um rechnerische Aspekte der Darstellung linearer Systeme geht.
Die Fruchtbarkeit des Operatorenkonzeptes, die sich bei der Entwicklung von Kriterien für die Lösbarkeit von LGS schon exemplarisch gezeigt hat, wird in Kap.(2.6) augenfällig: Hier geht es um differenzierte Analyse linearer Systeme, z.B. darum, die innere Struktur eines linearen Systems, gegeben durch einen Operator, rechnerisch möglichst einfach durch eine Matrix offenzulegen. Hierzu werden für einen Operator mehrere Matrizendarstellungen entwickelt, deren unter bestimmtem Blickwinkel einfachste dann zur rechnerischen Bearbeitung des linearen Systems verwendet wird.
Sind andere rechnerische Fragen bzgl. desselben Systems zu klären, so wird man evtl. eine andere, hier angemessene Matrizendarstellung wählen - stets aber wird der Operator, der den funktionalen Zusammenhang des Systems beschreibt, unverändert bleiben. Denn mit einem anderen Operator wird auch ein anderes Systemmodell herangezogen.

Aufgaben:

w(21) $\mathcal{A} = \begin{pmatrix} 1 & 2 & 0 \\ 2 & -1 & 3 \\ 4 & 0 & 0 \end{pmatrix}$, s = 2, $\mathcal{D} = \begin{pmatrix} 1 & 0 & 0 \\ 0 & -1 & 0 \\ 0 & 0 & 2 \end{pmatrix}$, $\mathcal{T} = \begin{pmatrix} 1 & 0 & 0 \\ 2 & -1 & 0 \\ 4 & 0 & 3 \end{pmatrix}$.

Rechnen Sie beispielhaft einige der 11 Eigenschaften von Determinanten an Hand von $\mathcal{A}$, s, $\mathcal{D}$, $\mathcal{T}$ durch !

p(22) In sozialwissenschaftlichen Modellen und empirischen Analysen verwendet man nicht selten dichotome Variablen, also solche, die nur zwei Ausprägungen haben können.
Beisp.: (Alker(1965))
x:= hohe Wahlbeteiligung, $\bar{x}$:= niedrige Wahlbeteil.
y:= " Regierungsausgaben, $\bar{y}$:= niedrige Reg.ausg.
Bei empirischen Untersuchungen(Russet u.a.(1964)) fand man:

	x	$\bar{x}$
y	Großbritann. Frankreich Neuseeland Niederlande Belgien Norwegen Schweden Italien	Kanada Irland Finnland Burma Japan Südafr. Rep.
$\bar{y}$	Dänemark Österreich	USA Griechenland Brasilien Portugal Spanien Pakistan Indien Jamaica

$x, \bar{x}$ und $y, \bar{y}$ wurden so definiert, daß sie eine Zerlegung konstituieren.

Wir erhalten als Häufigkeitsmatrix

$A = (n_{ij}) = \begin{pmatrix} 8 & 6 \\ 2 & 8 \end{pmatrix}$ mit den Randverteilungen(Randsummenvektoren):

$$n_{\cdot} = \begin{pmatrix} n_{1\cdot} \\ n_{2\cdot} \end{pmatrix} = \begin{pmatrix} 14 \\ 10 \end{pmatrix}, \quad {}_{\cdot}n = (n_{\cdot j}) = \begin{pmatrix} 10 \\ 14 \end{pmatrix}$$

Wir definieren nun einige Meßzahlen, die die Beziehung (<u>Assoziation</u>) zwischen den Variablen X,Y messen:

(1) $\varepsilon_{YX} := \dfrac{|A|}{n_{\cdot 1} n_{\cdot 2}}$ Dies entspricht der Steigung $\hat{b}$ der Regressionsgeraden $y = \hat{b}x$.

(2) $\delta := |A|/N$ N:= Stichprobenumfang(hier 24); δ entspricht der Kovarianz ohne Berichtigung durch N , auch Kovariation genannt.

(3) $c_{XY} := \delta/N = |A|/N^2$ Dies entspricht der Kovarianz.

(4) $\phi := \varepsilon_{YX} \sqrt[+]{\dfrac{p_x p_{\bar{x}}}{p_y p_{\bar{y}}}}$ mit $p_x := n_{\cdot 1}/N$ etc. ; dies entspricht dem Korrelationskoeffizienten r_{XY} .

(5) $\chi^2 := \phi^2 \cdot N$ Darin entspricht ϕ^2 dem r^2_{XY} , also dem Anteil der Varianz von Y , der durch die Beziehung zwischen X und Y 'erklärt' wird .

(a) Berechnen Sie für die Matrix A diese 5 Meßzahlen !

(b) Kann, ausgehend von dem Wert einer Assoziationsmeßzahl, eindeutig auf die zugehörige Datenstruktur zurückgeschlossen werden ?

p(23)(Dichotome Algebra, siehe Harder(1970),S.74 ff)

In Kap.(10.) aus LuM I sahen wir, daß es bzgl. der Anforderungen, die jeweils zu erfüllen sind, eine Hierarchie von Skalen gibt. Nun verlangen z.B. Gleichungssysteme, wie wir sie in diesem Kap. erörtern, Operationalisierung und Quantifizierung mindestens auf dem Intervallskalenniveau. Diese Bedingung ist aber häufig bei sozialwissenschaftlichen Fragestellungen nicht erfüllt.
Besonders wünschenswert wäre es, algebraische Operationen auf einer lediglich nominal skalierten Datenmenge durchführen zu können.
Betrachten wir dazu folgendes Beisp.:
Drei Variablen X:= Religiosität, Y:= Einkommen, Z:= Bildung mögen in einer Stichprobe von Individuen jeweils in den (eine Zerlegung bildenden) Ausprägungen $x,\bar{x}$; $y,\bar{y}$; $z,\bar{z}$ beobachtet sein, wobei

x:= religiös , $\bar{x}$:= nicht religiös
y:= reich , $\bar{y}$:= arm
z:= gebildet , $\bar{z}$:= ungebildet

bezeichne.
$n_{xy}, n_{xz}, \ldots, n_{\bar{y}\bar{z}}$ bezeichne die Anzahl der in der Stichprobe vorkommenden Individuen mit (logisch möglichen) zwei Eigenschaften(dabei beachte man, daß z.B.:

$n_{xy} = n_{xyz} + n_{xy\bar{z}}$) .

n bezeichne den Stichprobenumfang.
Verwendet man relative Häufigkeiten(z.B. $n_{x\bar{y}}/n$) als Wahrscheinlichkeitsschätzungen(hier z.B. $p_{x\bar{y}}$), so gibt es insgesamt $\binom{3}{2} = 3$ Vierfelder - Matrizen. Betrachten wir eine von ihnen:

(1) $$\begin{pmatrix} p_{xy} & p_{x\bar{y}} \\ p_{\bar{x}y} & p_{\bar{x}\bar{y}} \end{pmatrix} = \frac{1}{n} \begin{pmatrix} n_{xy} & n_{x\bar{y}} \\ n_{\bar{x}y} & n_{\bar{x}\bar{y}} \end{pmatrix}$$

(a) Nach p(22) läßt sich nun der Zähler der Kovariation aufschreiben; wie lautet er ? Welche Determinante stellt die Kovarianz zwischen X und Y hier dar?

(b) Zeigen Sie, daß die Determinante von (1) gleich

(2) $$\begin{vmatrix} p_{xy} & p_x \\ p_y & 1 \end{vmatrix} = p_{xy} - p_x p_y =: |\mathcal{P}_{XY}|$$

Welche Meßzahl stellt $|\mathcal{P}_{XY}|$ dar ?

Betrachten wir nun (1) unter der Bedingung z : Dann erhalten wir die Matrix:

(3) $$\begin{matrix} \begin{pmatrix} p_{xyz} & p_{x\bar{y}z} \\ p_{\bar{x}yz} & p_{\bar{x}\bar{y}z} \end{pmatrix} & \begin{matrix} p_{xz} \\ p_{\bar{x}z} \end{matrix} \\ \begin{matrix} p_{yz} & p_{\bar{y}z} \end{matrix} & p_z \end{matrix} =: \mathcal{P}_{XY/Z}$$

mit p_{xz} etc. als Zeilen- bzw. Spaltenrandwahrscheinlichkeit. Analog zu (2) läßt sich nun eine bedingte Kovarianz aufschreiben als:

(4) $$|\mathcal{P}_{XY/Z}| = p_{xyz}p_{\bar{x}\bar{y}z} - p_{x\bar{y}z}p_{\bar{x}yz} = p_z p_{xyz} - p_{xz}p_{yz}$$

Analog:

(4') $$|\mathcal{P}_{XY/\bar{Z}}| = p_{\bar{z}}p_{xy\bar{z}} - p_{x\bar{z}}p_{y\bar{z}} \quad .$$

Nach Lazarsfeld läßt sich nun $|\mathcal{P}_{XYZ}|$ implizit definieren in:

(5) $$p_{xyz} := p_x p_y p_z + p_x|\mathcal{P}_{YZ}| + p_y|\mathcal{P}_{XZ}| + p_z|\mathcal{P}_{XY}| + |\mathcal{P}_{XYZ}|$$

(c) Zeigen Sie, daß gilt:

(6) $$|\mathcal{P}_{XY/Z}| = p_z|\mathcal{P}_{XYZ}| + p_z^2|\mathcal{P}_{XY}| - |\mathcal{P}_{XZ}||\mathcal{P}_{YZ}| \quad ,$$

(7) $$|\mathcal{P}_{XY/\bar{Z}}| = -p_{\bar{z}}|\mathcal{P}_{XYZ}| + p_{\bar{z}}^2|\mathcal{P}_{XY}| - |\mathcal{P}_{XZ}||\mathcal{P}_{YZ}| \quad .$$

Hinweis: Verwenden Sie (2),(4),(4') und (5) !

(d) Zeigen Sie mit Hilfe von (6) und (7), daß für die dichotome Entsprechung der partiellen Korrelation, $\frac{|P_{XY/Z}|}{p_Z} + \frac{|P_{XY/\bar{Z}}|}{p_{\bar{Z}}}$, gilt:

$$\frac{|P_{XY/Z}|}{p_Z} + \frac{|P_{XY/\bar{Z}}|}{p_{\bar{Z}}} = |P_{XY}| - \frac{|P_{XZ}||P_{YZ}|}{p_Z p_{\bar{Z}}} \tag{8}$$

(e) Zeigen Sie, daß gilt: $|P_{XY}| = -|P_{X\bar{Y}}|$!

(f) Diskutieren Sie den aus (8) durch Auflösung nach $|P_{XY}|$ entstehenden Ausdruck unter dem Aspekt der Nonsense-Korrelation bzw. der kontextbedingten Korrelation !

(g) Aus Def. 2 Kap. (13.3) LuM I wissen wir: Eine Bedingung multipler stochastischer Unabhängigkeit lautet(bezogen auf unser Beisp.): $p_{xyz} = p_x p_y p_z$. Lazarsfeld nennt dies <u>lokale</u> stochastische Unabhängigkeit.

(g_1) Müssen im Fall $p_{xyz} = p_x p_y p_z$ alle weiteren Ausdrücke in (5) gleich Null sein ?

(g_2) Wenn dies nicht unbedingt der Fall sein sollte, was bedeutet das für die multiple stochastische Unabhängigkeit?

Die dichotome Algebra ist eine der zentralen Voraussetzungen der Latent Structure Analysis.
Weiteres siehe Lazarsfeld,Henry(1968) .

w(24)Seien $b_1,\dots,b_n \in \mathbb{R}$, $A \in \mathfrak{M}_{(n,n)}$ mit $a_{ij} = b_i^{j-1}$, also

$$A = \begin{pmatrix} 1 & b_1 & b_1^2 & \dots & b_1^{n-1} \\ \dots & \dots & \dots & \dots & \dots \\ 1 & b_n & b_n^2 & \dots & b_n^{n-1} \end{pmatrix}$$

Beweisen Sie:

$$|A| = \prod_{\substack{i,j=1 \\ i>j}}^{n} (b_i - b_j) \quad !$$

w(25) Was muß für $|A|$ gelten, wenn das LGS $Ax = b$ widersprüchlich ist?

w(26) Lösen Sie mittels Matrizeninversion:

$$\begin{pmatrix} 2 & 0 & -1 \\ 3 & 5 & 4 \\ 2 & 1 & 0 \end{pmatrix} \begin{pmatrix} x_1 \\ x_2 \\ x_3 \end{pmatrix} = \begin{pmatrix} 2 \\ 0 \\ 1 \end{pmatrix}$$

w(27) Lösen Sie das Matrizengleichungssystem:

$$\begin{aligned} 4AX + BY &= A \\ 2AX - BY &= B \end{aligned}$$

, A, B, X, Y seien reguläre (n,n) - Matrizen.

p(28) (input - output - Analyse)

In einer Wirtschaft gebe es Sektoren i (i = 1,...,n), in denen Güter(mengen) x_i hergestellt werden. Sektor i liefert (Zwischen-)produkte(mengen) x_{ij} an Sektor j (j = 1,...,n), wobei x_{ii} den Eigenverbrauch von i darstellt, und Endprodukte(mengen) y_i an den Endverbrauchssektor. Fassen wir dies in einer Tabelle zusammen:

i	$x_i \setminus j$	1	2 ...	n	y_i
1	x_1	x_{11}	x_{12}..	x_{1n}	y_1
2	x_2	x_{21}	x_{22}..	x_{2n}	y_2
......		......	......	......	..
n	x_n	x_{n1}	x_{n2}..	x_{nn}	y_n

Offensichtlich gilt :

(1) $$y_i = x_i - \sum_{j=1}^{n} x_{ij} \qquad i = 1,\dots,n$$

oder matriziell:

(1') $$y = x - X \cdot 1_{(1,n)}$$, wobei $1_{(1,n)}$ nur Einsen enthält.

Machen wir jetzt eine (meist nur grob angenähert angemessene) Annahme: Die Lieferungsintensität $x_{ij}/x_j =: a_{ij}$, wobei $x_j = \sum_{i=1}^{n} x_{ij}$ und $x_i = x_j$ für i=j (Bilanzgleichgewicht), sei constant im Zeitverlauf. Dies impliziert u.a. für eine 'Marktwirtschaft', daß die Konsumgewohnheiten nicht schwanken. In einer (z.B. sozialistisch) geplanten Ökonomie bemüht man sich dagegen, Verbrauchsnormen a_{ij} festzulegen.

(a) $A = (a_{ij})$; drücken Sie (1') durch x und A aus !

(b) Fassen Sie den Produktionsumfang x als Unbekannte auf und bestimmen Sie x in Abhängigkeit von A und y !

(c) Welche Problemstellung von (a),(b) ist produktionsorientiert, welche konsumorientiert?

Die Matrix $I - A$ heißt übrigens <u>Leontief</u> - Matrix .

w(29) Bilden Sie die Inverse einer Diagonalmatrix, deren Elemente d_i auf der Hauptdiagonalen alle $\neq 0$ sind !

p(30) (Multikollinearität in multipler Regression)

$X_{(m,n)}$ sei Datenmatrix mit n Variablen à jeweils m Ausprägungen; das Regressionsmodell sei wie folgt spezifiziert:

$y = Xa + u$, wobei y ein Datenvektor sei, auf den die in X spezifizierten Variablen mit zu schätzenden Parametern a_i einwirken.

Bezeichnet man den geschätzten Parametervektor mit $\hat{a}$, so gilt:

$u = y - X\hat{a}$ ist der Vektor der 'Erklärungs'fehler (Residuen). $\hat{a}$ soll nun so geschätzt werden, daß u unter einem bestimmten Kriterium minimiert wird. Das werden wir in Kap.(3.) noch kennen lernen. Greifen wir hier jedoch einmal vor:

(1) $$\hat{a} = (X'X)^{-1}X'y$$, sofern die Inverse existiert.

Da a geschätzt wird, werden die Parameter also selbst als Zufallsvariablen aufgefaßt. Dies hat seine Erklärung darin, daß y und X als Stichprobenrealisationen aus einer Grundgesamtheit (z.B. 'Geschichte' bei Zeitreihen) aufgefaßt werden, so daß es eine zugehörige Grundgesamtheit an Parametern gibt, aus der man zugleich mit der y - und X - Stichprobe eine Konstellation herausgreift.

Daher hat $\hat{a}$ auch eine Varianz-Kovarianzmatrix

(2) $\Sigma_{\hat{a}} = (X'X)^{-1}\sigma^2$, wobei σ^2 die Varianz der Residuen darstellt.

(2) stellt ein Maß für die zu erwartende Exaktheit von mittels (1) erstellten Prognosen dar; (2) setzt voraus, daß y unabhängige, normalverteilte Komponenten enthält (d.h. bei mehreren Stichproben würde sich für jede Komponente ein Mittelwert und eine Varianz herauskristallisieren, die Paramter einer Normalverteilung sind; ebenso bezieht sich das Unabhängigkeitspostulat auf den Fall mehrerer Stichproben).

(a) Erinnern Sie sich an p(21) S. - 136- ! Was stellt $X'X$ dar, und welche spezielle Eigenschaft hat diese Matrix ? (vgl. auch w(20) !)

(b) X sei (n,n) - Matrix und X^{-1} existiere; vereinfachen Sie (1) und diskutieren Sie diesen Fall unter dem Aspekt der Schätzung der a_i !

(c_1)Nehmen Sie an, in X existieren (mindestens) zwei Datenvektoren x_j und $x_{j'}$ mit $x_j = c x_{j'}$, $c \in \mathbb{R}$. Welche Konsequenzen hat dies für die zu erwartende Prognosegenauigkeit?

(c_2)Was geschieht in (1), wenn X orthogonal ist ?

(c_3)Betrachten Sie den Fall, daß (salopp ausgedrückt) 'fast lineare Abhängigkeit'(<u>Kollinearität</u>)in X herrscht:
Wie erkennt man das an
(c_{31}) $|X'X|$,
(c_{32}) $X'X$?

p(31)(Für Fortgeschrittene)(Partielle Korrelation)
Eine 0,1 - normierte Datenmatrix X liefert bei $\frac{1}{n}X'X$ die Korrelationsmatrix $R = \frac{1}{n}X'X$. Spaltet man nun X auf in $X^{(1)}$ und $X^{(2)}$ so gehört dazu:

$R^{(1,2)} = \begin{pmatrix} R_{11} & R_{12} \\ R_{21} & R_{22} \end{pmatrix}$. Die zu R_{11} im $R^{(1,2)^{-1}}$ gehörende Untermatrix, bezeichnet mit ρ_{11}^{-1} , läßt sich durch $\mathcal{R}_{11}$ und die übrigen Untermatrizen von $\mathcal{R}^{(1,2)}$ darstellen .

Der Ausdruck rechts vom Gleichheitszeichen vor der Invertierung liefert dann die partiellen Korrelationskoeffizienten zwischen den Variablen in $X^{(1)}$ unter Konstanthaltung der Variablen in $X^{(2)}$ (siehe Anderson(1958)).

(a) Berechnen Sie $\mathcal{S}_{11}^{-1}$!

(b) Diskutieren Sie den Fall, daß die rechte Seite der Gleichung aus (a) vor der Invertierung hohe Werte enthält, unter der Perspektive von p(30) !

p(32)(Identifikationsproblem in der Regression;reduzierte Form)

Folgendes Marktmodell sei spezifiziert:

X sei die Zufallsvariable 'Nachfrage', Y sei die Zufallsvariable 'Angebot'. Zwischen beiden bestehe Interdependenz :

$$(1)\begin{cases} x = a_0 + a_1 y + u_1 \\ y = b_0 + b_1 x + u_2 \end{cases}$$

Matriziell:

$$(2) \quad A p = u \text{ mit } A = \begin{pmatrix} 1 & -a_1 & -a_0 \\ -b_1 & 1 & -b_0 \end{pmatrix}, \; p = \begin{pmatrix} x \\ y \\ 1 \end{pmatrix}, \; u = \begin{pmatrix} u_1 \\ u_2 \end{pmatrix}.$$

Nun geht die Regression u.a. von folgender Annahme aus: Die Kovarianz zwischen den Residuen und den zugehörigen unabhängigen Variablen ist Null, also hier:

Ann.: $\quad Cov(Y,U_1) = Cov(X,U_2) = 0 \quad ,$

d.h. insbesondere: y darf nicht von u_1 , x nicht von u_2 abhängen. Betrachtet man das Signalflußdiagramm ,

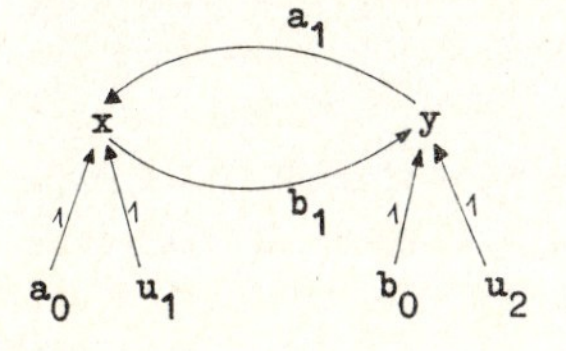

so erkennt man: x,y sind Systemvariablen, a_0, u_1, b_0, u_2 sind Umweltvariablen bzw. außenverankerte Parameter (näheres zu dieser Terminologie in Kap. (4.)).

Spaltet man A nach System - und Umweltvariablen auf, so entsteht:

(3) $(\mathcal{B}\,\mathcal{G})\binom{s}{z} = u$ mit $A = \left(\begin{array}{cc|c} 1 & -a_1 & -a_0 \\ -b_1 & 1 & -b_0 \end{array}\right)$, $p = \binom{s}{z} = \begin{pmatrix} x \\ y \\ 1 \end{pmatrix}$

(a) Setzen Sie voraus, daß $\mathcal{B}^{-1}$ existiert; weisen Sie nach, daß die Ann. verletzt wird !

(b) Nehmen Sie an, es ließe sich in (1) in <u>einer</u> Zeile eine zusätzliche Variable w spezifizieren; ist dann die Ann. noch verletzt?

(c) Multiplizieren Sie die Matrizengleichung aus (b) mit einer beliebigen invertierbaren Matrix. Was fällt Ihnen bzgl. der Eindeutigkeit der Spezifikation in (b) auf, wenn man w in beiden Gleichungen berücksichtigt?
(Die in (b) auftretende Gleichung heißt reduzierte Form)

p(33)(Nur für Leser mit Vorkenntnissen in Spieltheorie)
Die meisten Lösungsverfahren liefern für Zwei-Personen-Nullsummen-Spiele nur eine Lösung. Es existieren jedoch Spiele mit mehreren (allerdings äquivalenten, d.h. zur selben Gewinn- bzw. Verlusterwartung führenden)Lösungen. Es gibt nun einen Algorithmus, der simultan alle möglichen Lösungen liefert. Besonders für 'kleine' Auszahlungsmatrizen ist er effektiv. Für den umfangreichen Beweis sei auf McKinsey(1952),S.67-79 verwiesen.
U sei Auszahlungsmatrix, d.h. Spieler I verfügt über eine Aktivitätenmenge $A = \{a_1,\ldots,a_m\}$, II über $B = \{b_1,\ldots,b_n\}$ Für die Aktivitätenkombination (a_i, b_j) entsteht eine Auszahlung von II an I in Höhe von u_{ij}. Gesucht sind die Wahrscheinlichkeitsvektoren $p_0' = (\text{Prob}(a_1)_0 \ldots \text{Prob}(a_m)_0)$ und $q_0' = (\text{Prob}(b_1)_0 \ldots \text{Prob}(b_n)_0)$, Minimax-Strategien von I bzw. II genannt, so daß

(1) $\quad p'U\,q_0 \leq v = p_0'U\,q_0 \leq p_0'U\,q$ für alle p, q .

Man sieht sofort, daß $p'\mathcal{U}q$ der Erwartungswert $E(p,q)$ ist.
${}_{kl}\mathcal{U}_{rs}$ sei die quadratische Untermatrix von $\mathcal{U}$ mit u_{kl} als erstem und u_{rs} als letztem Element der Hauptdiagonalen, $k \leqslant r \leqslant m$, $l \leqslant s \leqslant n$. Dann gehört zu jeder dieser Untermatrizen eine Lösung

$$(2)\quad \begin{cases} {}_{kl}v_{rs} = \dfrac{|{}_{kl}\mathcal{U}_{rs}|}{1'\mathrm{adj}({}_{kl}\mathcal{U}_{rs})1} \\[2ex] {}_{k}p_{r} = \dfrac{1'\mathrm{adj}({}_{kl}\mathcal{U}_{rs})}{1'\mathrm{adj}({}_{kl}\mathcal{U}_{rs})1} \\[2ex] {}_{l}q_{s} = \dfrac{1'(\mathrm{adj}({}_{kl}\mathcal{U}_{rs}))'}{1'\mathrm{adj}({}_{kl}\mathcal{U}_{rs})1} \end{cases}$$

${}_{k}p_{r}$ drückt aus, daß die Wahrscheinlichkeitsvert. über den Aktivitäten $\{a_k,\ldots,a_r\}$ def. ist. ${}_{l}q_{s}$ hat die zu ${}_{k}p_{r}$ analoge Bedeutung.

<u>SOFERN</u>

(*) kein Sattelpunkt vorliegt, d.h. $\max_i \min_j u_{ij} \neq \min_j \max_i u_{ij}$

<u>und</u>

(**) ${}_{k}p_{r}$ und ${}_{l}q_{s}$ zulässig sind (d.h. ${}_{k}p_{ri}$, ${}_{l}q_{sj} \in [0,1]$

$$\sum_{i=k}^{r} {}_{k}p_{ri} = \sum_{j=l}^{s} {}_{l}q_{sj} = 1 \quad)$$

<u>und</u>

(***) in (1) gilt: $a_i'\mathcal{U}q_0 \leqslant v \leqslant p_0'\mathcal{U}b_j$, wobei

$a_i' := (\mathrm{Prob}(a_1)=0\ldots\mathrm{Prob}(a_{i-1})=0\ \mathrm{Prob}(a_i)=1\ \mathrm{Prob}(a_{i+1})=0\ldots\mathrm{Prob}(a_m)=0)$
b_j' analog für $\mathrm{Prob}(b_j) = 1$, für alle i,j .

Das optimale p_0 entsteht aus ${}_{k}p_{r}$ durch Auffüllen der $m-(r-k+1)$ Komponenten von p mit Nullen, analog entsteht q_0 durch das Auffüllen der $n-(s-l+1)$ Komponenten von q mit Nullen.
Treten für mehrere quadratische Untermatrizen optimale Strategien für einen Spieler auf, die (**) und (***) genügen, so ist jede konvexe Linearkombination dieser Lösungen wieder eine optimale Strategie für den betreffenden Spieler. Seien z.B. p_{01} und p_{02} äquivalente Lösungen für I, q_{01} und q_{02} äquivalente Lösungen für II, dann ist $\lambda_1 p_{01} + \lambda_2 p_{02}$ mit $\lambda_1, \lambda_2 \in [0,1]$ und $\lambda_1 + \lambda_2 = 1$ eine optimale Strategie für I und

$\lambda_3 q_{01} + \lambda_4 q_{02}$ mit $\lambda_3, \lambda_4 \in [0,1]$, $\lambda_3 + \lambda_4 = 1$ eine optimale Strategie für II.

Lösen Sie:

(a)

$$\begin{array}{cc} & \text{II} \\ & \begin{array}{ccc} b_1 & b_2 & b_3 \end{array} \\ \text{I} \begin{array}{c} a_1 \\ a_2 \end{array} & \begin{pmatrix} 1 & 2 & 0 \\ -2 & 1 & 1 \end{pmatrix} \end{array}$$

(b)

$$\begin{array}{cc} & \text{II} \\ & \begin{array}{ccc} b_1 & b_2 & b_3 \end{array} \\ \text{I} \begin{array}{c} a_1 \\ a_2 \end{array} & \begin{pmatrix} 2 & 1 & 0 \\ 0 & 1 & 2 \end{pmatrix} \end{array}$$

(c) Es wurde behauptet, daß dieses Lösungsverfahren nur für relativ kleine Matrizen effektiv sei.

Bei $\mathcal{U}_{(4,5)}$ sind bereits 105 Matrizen nach den obigen Methoden zu bearbeiten.

Wie kommt man auf diese Zahl?

<u>Hinweis</u>:

Verwenden Sie die Methoden aus Kap.(9.)

LuM I !

Lit.: McKinsey(1952)

(2.6) Diagonalisierbarkeit von Matrizen (Operatoren) - Eigenwerte und Eigenvektoren -

(2.6.1) Das Konzept der Diagonalisierung

Im letzten Abschnitt betrachteten wir lineare Systeme, die durch ein LGS beschrieben werden können, und charakterisierten deren Lösungsmengen. Dazu entwickelten wir einige Instrumentarien(Operatoren, Determinanten). Einige Probleme, die im Zusammenhang mit linearen Systemen entstehen, verlangen nun eine weitergehende Diskussion.

(1) Subsysteme: Lineare Systeme sind häufig in mehrere (ebenfalls lineare) Subsysteme untergliedert, die man jeweils mit den Methoden aus (2.5) angehen kann. Für die Darstellung des Gesamtsystems ist es nun notwendig, diese Subsysteme möglichst einfach zu beschreiben, d.h. durch ein LGS $A x = b$, in dem A von möglichst einfacher Struktur ist, um so Gesamtbetrachtungen durch eine möglichst einfache Zusammenfügung der Subsysteme durchführen zu können. Als einfach strukturierte Matrizen lernten wir bisher die Dreiecks- und insbesondere die Diagonalmatrizen kennen, so daß die Frage entsteht: Kann man jedes System, daß durch eine Matrix A beschrieben wird, äquivalent durch eine Diagonalmatrix beschreiben?

(2) Input - output - Problematik: Ein lineares I - O - System habe n input- und n outputvariablen; A sei die das System beschreibende Matrix, so daß also $A\, x_{(n,1)} = y_{(n,1)}$. Hierin wird i.a. jede output - Variable von mehreren input - variablen beeinflußt, die wiederum auf andere output - Variablen einwirken. U.a. die in Kap.(2.4) bereits anklingende Problematik eindeutiger Kontrolle von output - Variablen führt uns hier nun zu der Frage: Kann ein derartiges System äquivalent so umformuliert werden, daß eine input - Variable jeweils nur eine output - Variable beeinflußt, somit also über diesen input ein bestimmter output ohne Nebeneffekte kontrolliert werden kann ?Dies ist offensichtlich genau dann möglich, wenn

A Diagonalgestalt hat, da dann der input x_i nur auf den output y_i einwirkt. Auch hier also die Frage: Welche Matrizen lassen sich äquivalent auf Diagonalform bringen?

(3) <u>Analyse linearer Systeme</u>: Häufig ist man nicht nur an der Beschreibung linearer Systeme durch LGS und deren Lösungsmenge interessiert, sondern auch am Verhalten eines Systems über Zeiträume hinweg(etwa bei Markow - Ketten). Hier versucht man den Verlauf derartiger dynamischer Systeme(näheres siehe Kap.(4.))in der Zeit zu beschreiben, z.B. diejenigen Systemzustände zu bestimmen, die zu bestimmten Zeitpunkten erreicht werden, und dabei u.a. die Abhängigkeit einer derartigen Zustandserreichung vom Startzustand des Systems zu analysieren. Eine derartige Systemanalyse kann erheblich vereinfacht und zugleich heuristisch fruchtbar erfolgen, wenn die das System beschreibende Matrix auf eine möglichst einfache Gestalt gebracht werden kann. Die heuristische Fruchtbarkeit liegt darin begründet, daß diese einfache Gestalt meist die Systemstruktur deutlicher zutage treten läßt.

Zu (3) ein <u>Beisp</u>.: Analyse einer **Markow - Kette**

Eine Untersuchung des Wählerverhaltens in der BRD bzgl. der im Bundestag vertretenen Parteien SPD, CDU, FDP ergebe folgendes Wahl- und Wechselwählerverhalten bei einem Stichprobenumfang von n = 5000 und einer Befragung jeweils zum Zeitpunkt t und t+1:

		Zeitpunkt t+1			
		SPD	CDU	FDP	
Zeitpunkt t	SPD	1500	100	400	2000
	CDU	400	1400	200	2000
	FDP	200	100	700	1000

die Matrix sei mit (n_{ij}) bezeichnet, die Summenspalte gibt dann die $n_{i.}$ wieder. Faßt man die $n_{ij}/n_{i.}$ als Schätzungen von Übergangswahrscheinlichkeiten auf, so läßt sich schreiben:

$$(2.6 - 1) \qquad \hat{P} = (\hat{p}_{ij}) = \begin{pmatrix} 3/4 & 1/20 & 1/5 \\ 1/5 & 7/10 & 1/10 \\ 1/5 & 1/10 & 7/10 \end{pmatrix}$$

Interpretiert man die $n_{i.}$ als Ausgangsverteilung, so entsteht der Anfangsvektor

(2.6 - 2) $\hat{p}_0 = \begin{pmatrix} 2/5 \\ 2/5 \\ 1/5 \end{pmatrix}$.

Unterstellt man nun Stationarität (die p_{ij} sind im Zeitverlauf konstant) und Geschlossenheit (das Systemverhalten hängt lediglich von den hier spezifizierten Wahrscheinlichkeiten ab) des durch diesen stochastischen Prozeß beschriebenen Systems, so sind folgende Fragen von Interesse:

(1) Gibt es einen stabilen Endzustand, gegen den der hier dargestellte Prozeß konvergiert, d.h. existiert der Grenzwert der Folge $(\hat{P}'^n \cdot \hat{p}_0)_{n \in \mathbb{N}}$ für $n \longrightarrow \infty$? ($\hat{P}$ in transponierter Form, weil konventionsgemäß der Operator links vom Operanden steht)

(2) Ist es für das Erreichen dieses Zustandes relevant, ob die Anfangsverteilung gerade die Form $\hat{p}_0$ hat, oder würde von jeder beliebigen Anfangsverteilung der Zustand in (1) erreicht werden, d.h. existiert der Grenzwert für alle Wahrscheinlichkeitsvektoren des $\mathbb{R}^3$ und ist er für alle diese Vektoren gleich ?

Zur Beantwortung dieser Fragen ist nun eine Folge von potenzierten Matrizen zu berechnen, was i.a. für $\hat{P}'$ relativ schwierig ist. Wir können diese Rechnung vereinfachen, wenn es uns gelingt, die $\hat{P}'^n \hat{p}_0$ einfach darzustellen:

Wenn wir zeigen können, daß es eine Basis $B = \{b_1, b_2, b_3\}$ in $\mathbb{R}^3$ gibt, so daß

(2.6 - 3) $\hat{p}_0 = \sum_{i=1}^{3} \alpha_i b_i$ und $\hat{P}' b_i = \lambda_i b_i$ für $\lambda_i \in \mathbb{R}$, $i = 1,2,3$,

dann gilt:

(2.6 - 4) $\hat{P}' \hat{p}_0 = \hat{P}' (\sum_{i=1}^{3} \alpha_i b_i) = \sum_{i=1}^{3} \alpha_i \hat{P}' b_i = \sum_{i=1}^{3} \alpha_i \lambda_i b_i$.

Schreiben wir für $\hat{p}_0$, dargestellt mit Hilfe der Basis B , kürzer $\hat{p}_0 = \begin{pmatrix} \alpha_1 \\ \alpha_2 \\ \alpha_3 \end{pmatrix}_B$, also das Koeffizienten - Tupel, das entsteht, wenn man $\hat{p}_0$ durch B darstellt, so gilt:

(2.6 - 5) $$\hat{P}'\hat{p}_0 = \begin{pmatrix} \lambda_1 & 0 & 0 \\ 0 & \lambda_2 & 0 \\ 0 & 0 & \lambda_3 \end{pmatrix} \begin{pmatrix} \alpha_1 \\ \alpha_2 \\ \alpha_3 \end{pmatrix}_B =: \begin{vmatrix} \alpha_1 \\ \alpha_2 \\ \alpha_3 \end{vmatrix}_B$$

und

(2.6 - 6) $$\hat{P}'^2\hat{p}_0 = \hat{P}'\left(\sum_{i=1}^{3} \alpha_i \lambda_i b_i\right) = \sum_{i=1}^{3} \alpha_i \lambda_i \hat{P}' b_i = \sum_{i=1}^{3} \alpha_i \lambda_i^2 b_i$$

oder in Matrizenschreibweise

(2.6 - 7) $$\hat{P}'^2\hat{p}_0 = \begin{vmatrix} \lambda_1 & 0 & 0 \\ 0 & \lambda_2 & 0 \\ 0 & 0 & \lambda_3 \end{vmatrix}^2 \begin{pmatrix} \alpha_1 \\ \alpha_2 \\ \alpha_3 \end{pmatrix}_B ,$$

und allg. zeigt man durch Induktion :

(2.6 - 8) $$\hat{P}'^n\hat{p}_0 = \begin{vmatrix} \lambda_1 & 0 & 0 \\ 0 & \lambda_2 & 0 \\ 0 & 0 & \lambda_3 \end{vmatrix}^n \begin{pmatrix} \alpha_1 \\ \alpha_2 \\ \alpha_3 \end{pmatrix}_B .$$

(2.6 - 8) gilt **leider nicht für alle stochastischen Matrizen.**

Für die Matrizenfolge $(\hat{P}^n)_{n\in\mathbb{N}}$, $n \longrightarrow \infty$, gehen somit diejenigen λ_i^n gegen Null, für die gilt $|\lambda_i| < 1$, und für $\lambda_i = 1$ gilt: $\lambda_i^n = 1$. Seien nun $\lambda_{i_1},\ldots,\lambda_{i_k}$ diejenigen λ_i mit $\lambda_i = 1$, so gilt also insgesamt:

(2.6 - 9) $$\lim_{n \to \infty} (\hat{P}^n) = \begin{pmatrix} \lambda_1^* & 0 \ldots & 0 \\ \ldots & \ldots & \ldots \\ 0 & 0 & \lambda_m^* \end{pmatrix}$$ mit m:= Anzahl der Systemzustände,

wobei die $\lambda_{i_r}^*$ $r = 1,\ldots,k \leqslant m$ gleich 1 sind, alle anderen Elemente der Hauptdiagonalen sind Null.*) In dem Fall, daß nur $\lambda_1 = 1$, gilt also in unserem Beisp.:

(2.6 - 10) $$\left(\hat{P}^n \begin{pmatrix} \alpha_1 \\ \alpha_2 \\ \alpha_3 \end{pmatrix}_B\right)_{n\in\mathbb{N}} \longrightarrow \alpha_1 b_1 .$$

Damit ist die erste Frage beantwortet. Die zweite bezieht sich darauf, ob für alle Anfangsverteilungen $\hat{p}_0$ α_1 stets gleich ist in der Darstellung von $\hat{p}_0$ bzgl. B . Die Antwort hängt von der vorgegebenen Matrix $\hat{P}$ ab und wird im folgenden ebenfalls aufgezeigt werden.

---

*) Wir wollen hier annehmen, daß keines der λ_i gleich -1 ist; diesen Fall werden wir später ausführlicher diskutieren.

Wenn wir unser Vorgehen in diesem Beisp. noch einmal analysieren, so sind im folgenden die Fragen zu klären:

(1) Kann eine Matrix auf Diagonalgestalt gebracht werden, d.h. gibt es zu $A \in \mathfrak{M}_{(n,n)}$ und $x \in \mathbb{R}^n$ eine Diagonalmatrix $D \in \mathfrak{M}_{(n,n)}$, so daß $A\,x = D\,x^*$ für alle x, $x^* \in \mathbb{R}^n$ gilt, wenn diese Vektoren bzgl. verschiedener Basen dargestellt werden? Gibt es also zu einem Operator $L: \mathbb{R}^n \longrightarrow \mathbb{R}^n$ außer der von uns schon erörterten Matrix A_L eine Diagonalmatrix, der dann allerdings eine andere Basis des $\mathbb{R}^n$ zugrunde liegen muß?
Es werden daher zunächst Matrizendarstellungen von Operatoren bzgl. unterschiedlicher Basen diskutiert.

(2) Wie im Beisp. gezeigt, läßt sich eine Matrix offensichtlich dann auf Diagonalgestalt bringen, wenn eine Basis $B \subseteq \mathbb{R}^n$ existiert, so daß $P\mathfrak{b}_i = \lambda_i \mathfrak{b}_i$ für $\mathfrak{b}_i \in B$, $i = 1,2,\ldots,n$. Wir werden Elemente des $\mathbb{R}^n$, die für vorgegebene Matrizen eine derartige Relation erfüllen, eingehender diskutieren und Kriterien dafür entwickeln, unter welchen Bedingungen zu einem Operator die Darstellungsmatrizen diagonalisierbar sind.

(3) Einige häufig auftretende Matrizen- und Operatorentypen werden auch mit Hilfe geometrischer Veranschaulichung auf ihre Diagonalisierbarkeit hin untersucht. Dabei werden insbesondere auch Operatoren zwischen $\mathbb{C}$ - Vektorräumen eine Rolle spielen.

(4) Die Ergebnisse der Erörterungen zu (1) bis (3) werden auf inhaltliche Problemstellungen(u.a. stochastischer Matrizen) z.T. in Form von p - Aufg. angewendet.

Bemerkung: Da Diagonalmatrizen stets quadratisch sind, werden in diesem Kap. (mit Ausnahme von Abschnitt(2.6.2)) nur Operatoren $L: \mathbb{R}^n \longrightarrow \mathbb{R}^n$ und $L: \mathbb{C}^n \longrightarrow \mathbb{C}^n$ und die zugehörigen (quadratischen) Matrizen erörtert, auch wenn dies nicht immer explizit erwähnt wird.

Das Problem, (m,n) - Matrizen mit $m \neq n$ auf möglichst einfache Gestalt zu bringen, ist kaum systematisch lösbar, und wegen der auftretenden Schwierigkeiten werden wir hier auf diese Diskussion verzichten.

(2.6.2) Basisabhängige Matrizendarstellung von Operatoren

In Kap.(2.6.1) wurde das Problem formuliert, Matrizen äquivalent auf Diagonalgestalt umzuformen. Es soll hier daher zunächst präzisiert werden, was unter 'äquivalenter Umformung von Matrizen' zu verstehen ist.
In Kap.(2.5.2) wurde zu jedem Operator $L:\mathbb{R}^n \longrightarrow \mathbb{R}^m$ eine (m,n) - Matrix $M_L = (a_1 \ldots a_n)$ definiert, deren Spaltenvektoren die Bilder der Basisvektoren e_j aus $\mathscr{E}_n$ unter L waren, also $L(e_j) = a_j$. Wenn wir dies etwas genauer analysieren, so ist jedes $x \in \mathbb{R}^m$, also insbesondere auch jedes $L(e_j)$, wiederum durch die kanonische Basis $\mathscr{E}_m$ des $\mathbb{R}^m$ darstellbar, und für jedes $j = 1,\ldots,n$ gilt:

(2.6 - 11) $$L(e_j) = a_j = a_{1j}\begin{pmatrix}1\\0\\\vdots\\0\end{pmatrix} + \ldots + a_{mj}\begin{pmatrix}0\\0\\\vdots\\1\end{pmatrix} = \sum_{i=1}^{m} a_{ij} f_i \,,$$

wobei die f_i für $i = 1,\ldots,m$ die kanonischen Basisvektoren des $\mathbb{R}^m$ sind; die a_{ij} sind die Komponenten des Vektors a_j.
In der Matrix M_L wurden spaltenweise die <u>Koeffizienten</u> der $L(e_j)$, jeweils bzgl. der kanonischen Basis $\mathscr{E}_m$ notiert.

Nach Kap.(2.5.2) ist ein Operator L jedoch durch die Angabe der Bilder einer <u>beliebigen</u> Basis unter L festgelegt. Daher kann das für $\mathscr{E}_m$ und $\mathscr{E}_n$ beschriebene Verfahren verallg. werden:

$B = \{b_1,\ldots,b_n\}$ sei eine Basis des $\mathbb{R}^n$, $C = \{c_1,\ldots,c_m\}$ sei eine Basis des $\mathbb{R}^m$, $L:\mathbb{R}^n \longrightarrow \mathbb{R}^m$ sei ein Operator.
Ist für $j = 1,\ldots,n$

$$L(b_j) = \sum_{i=1}^{m} a_{ij} c_i$$

, so wird eine

(m,n) - Matrix ${}_{B}A_{C}$ zu L als Koeffizientenmatrix definiert:

$$ {}_{B}A_{C} := (a_{ij}) \quad . $$

<u>Beisp.</u>: Sei $B = \{b_1, b_2\}$ eine Basis des $\mathbb{R}^2$, $C = \{c_1, c_2, c_3\}$ eine Basis des $\mathbb{R}^3$; ein Operator

$L: \mathbb{R}^2 \longrightarrow \mathbb{R}^3$ sei def. durch: $\begin{cases} L(b_1) = 2c_1 - c_2 \\ L(b_2) = c_1 + c_2 - c_3 \end{cases}$,

dann ist ${}_{B}A_{C} = \begin{pmatrix} 2 & 1 \\ -1 & 1 \\ 0 & -1 \end{pmatrix}$

Zur Vereinfachung der Schreibweise sei vereinbart: Ist $B = \{b_1, \ldots, b_n\}$ eine Basis des $\mathbb{R}^n$ und $x \in \mathbb{R}^n$, so existiert nach Kap. (2.5.1) eine Darstellung von x durch B, z.B.

$x = \sum_{i=1}^{n} b_i b_i$. Wir schreiben dann x als Tupel der Koeffizienten, also $x = \begin{pmatrix} b_1 \\ \vdots \\ b_n \end{pmatrix}_B$ und indizieren diesen Tupel durch die Basis, die x mit Hilfe des Koeffiziententupels darstellt. Verwendet man die Darstellung $x = \sum_{i=1}^{n} x_i e_i$ mit Hilfe der kanonischen Basis, so schreiben wir wie bisher

$$ x = \begin{pmatrix} x_1 \\ \vdots \\ x_n \end{pmatrix} \text{ anstelle } x = \begin{pmatrix} x_1 \\ \vdots \\ x_n \end{pmatrix}_{\mathcal{E}_n} \quad . $$

<u>Beisp.</u>: $x \in \mathbb{R}^2$ sei gegeben durch $x = 3e_1 - 5e_2$, also $x = \binom{3}{-5}$.

Bzgl. der Basis $B = \left\{\binom{1}{1}, \binom{1}{-1}\right\}$ des $\mathbb{R}^2$ hat x die Darstellung

$$ x = -1\binom{1}{1} + 4\binom{1}{-1}, \text{ also } x = \binom{-1}{4}_B \quad . $$

Auf Grund unserer vereinfachenden Schreibkonvention ist zu beachten, daß die Elemente von B bzgl. $\mathcal{E}_2$ dargestellt sind.

<u>Bemerkung</u>: Wenn Sie sich an die geometrische Veranschaulichung von Vektoren aus S.-132ff-erinnern, so werden Sie rasch den praktischen Nutzen einer derartigen basisabhängigen Darstellung von Operatoren erkennen. Hier werden nämlich Operatoren relativ zu Koordinatensystemen beschrieben.

Es gilt(vgl.Kap.(2.5.2)):

<u>Satz 1</u>: Sei $B = \{ b_1, \ldots, b_n \}$ eine Basis des $\mathbb{R}^n$, $C = \{ c_1, \ldots, c_m \}$ eine Basis des $\mathbb{R}^m$, $L: \mathbb{R}^n \longrightarrow \mathbb{R}^m$ sei ein Operator.

Ist ${}_B A_C$ die oben zu L def. Matrix, so gilt für alle $x \in \mathbb{R}^n$: Ist $x = \begin{pmatrix} b_1 \\ \vdots \\ b_n \end{pmatrix}_B$, so ist ${}_B A_C \begin{pmatrix} b_1 \\ \vdots \\ b_n \end{pmatrix} \in \mathbb{R}^m$ das

Koeffizienten - m - Tupel von $L(x) \in \mathbb{R}^m$, dargestellt bzgl der Basis C, also

mit ${}_B A_C \begin{pmatrix} b_1 \\ \vdots \\ b_n \end{pmatrix} =: \begin{pmatrix} c_1 \\ \vdots \\ c_m \end{pmatrix}$ gilt

$$(2.6 - 12) \qquad L(x) = \sum_{i=1}^{m} c_i c_i \quad .$$

Zu Aufg. w(9) Kap.(2.5.2) läßt sich analog zeigen:

<u>Satz 2</u>: B sei eine Basis des $\mathbb{R}^n$, C eine Basis des $\mathbb{R}^m$ und D eine Basis des $\mathbb{R}^l$, $L_1: \mathbb{R}^n \longrightarrow \mathbb{R}^m$ und $L_2: \mathbb{R}^m \longrightarrow \mathbb{R}^l$ seien Operatoren; $L_3 := L_2 \circ L_1: \mathbb{R}^n \longrightarrow \mathbb{R}^l$ sei der komponierte Operator.

${}_B A_{1C}$ sei die zu L_1, ${}_C A_{2D}$ sei die zu L_2 und ${}_B A_{3D}$ sei die zu L_3 gehörende Matrix bzgl. der entsprechenden Basen; dann gilt:

$$(2.6 - 13) \qquad {}_C A_{2D} \cdot {}_B A_{1C} = {}_B A_{3D} \quad .$$

Dieser Satz gilt <u>nicht</u>, wenn im $\mathbb{R}^m$ bzgl. L_1 und L_2 verschiedene Basen gewählt werden. Beide Beweise verlaufen analog zu den Überlegungen in Kap.(2.5.2).

Die Matrix ${}_B A_C$ wird auch <u>Darstellungsmatrix</u> bzgl. B und C des Operators L genannt, und man sagt, ${}_B A_C$ stelle L bzgl. B und C dar. Zu jedem Operator gibt es also sehr viele verschiedene Darstellungsmatrizen (in Abhängigkeit von den gewählten Basen), und man definiert:

<u>Def. 1</u>: Zwei (m,n) - Matrizen A und B heißen äquivalent oder <u>ähnlich</u>, wenn es einen Operator $L: \mathbb{R}^n \longrightarrow \mathbb{R}^m$ und

Basen B,C des $\mathbb{R}^n$ und D,E des $\mathbb{R}^m$ gibt, so daß A L darstellt bzgl. B und C und $\mathcal{B}$ L darstellt bzgl. D und E .

Ein einfaches numerisches Beisp. zum bisher hier Gesagten:

$B = \left\{ \binom{1}{1}, \binom{1}{-1} \right\}$, $D = \left\{ \binom{2}{1}, \binom{1}{2} \right\}$ sind Basen des $\mathbb{R}^2$,

$C = \left\{ \begin{pmatrix}1\\1\\0\end{pmatrix}, \begin{pmatrix}1\\0\\1\end{pmatrix}, \begin{pmatrix}0\\1\\1\end{pmatrix} \right\}$ ist Basis des $\mathbb{R}^3$.

$L_1 : \mathbb{R}^2 \longrightarrow \mathbb{R}^3$ sei def. durch $L_1\left[\binom{x}{y}\right] = \begin{pmatrix}2x\\x+y\\2y\end{pmatrix}$,

$L_2 : \mathbb{R}^3 \longrightarrow \mathbb{R}^2$ sei def. durch $L_2\left[\begin{pmatrix}1\\1\\0\end{pmatrix}\right] = \binom{1}{0}, L_2\left[\begin{pmatrix}1\\0\\1\end{pmatrix}\right] = \binom{0}{1}$,

$$L_2\left[\begin{pmatrix}0\\1\\1\end{pmatrix}\right] = \binom{1}{1} .$$

Berechnen wir zunächst die Darstellungsmatrizen von L_1 bzgl. B und C, von L_2 bzgl. C und D :

zu L_1: $L_1\left[\binom{1}{1}\right] = \begin{pmatrix}2\\2\\2\end{pmatrix} = \begin{pmatrix}1\\1\\1\end{pmatrix}_C$, denn $1\tau_1 + 1\tau_2 + 1\tau_3 = \begin{pmatrix}2\\2\\2\end{pmatrix}$,

$$L_1\left[\binom{1}{-1}\right] = \begin{pmatrix}2\\0\\-2\end{pmatrix} = \begin{pmatrix}2\\0\\-2\end{pmatrix}_C \text{ , also } {}_BA_{L_1C} = \begin{pmatrix}1 & 2\\1 & 0\\1 & -2\end{pmatrix} .$$

zu L_2: $L_2\left[\begin{pmatrix}1\\1\\0\end{pmatrix}\right] = \binom{1}{0} = \binom{2/3}{-1/3}_D$, $L_2\left[\begin{pmatrix}1\\0\\1\end{pmatrix}\right] = \binom{0}{1} = \binom{-1/3}{2/3}_D$,

$$L_2\left[\begin{pmatrix}0\\1\\1\end{pmatrix}\right] = \binom{1}{1} = \binom{1/3}{1/3}_D \text{ , also } {}_CA_{L_2D} = \begin{pmatrix}2/3 & -1/3 & 1/3\\-1/3 & 2/3 & 1/3\end{pmatrix}$$

$L_3 = L_2 \circ L_1 : \mathbb{R}^2 \longrightarrow \mathbb{R}^2$ ist def. durch

$$L_3\left[\binom{1}{1}\right] = L_2\left[\begin{pmatrix}1\\1\\1\end{pmatrix}_C\right] = \binom{2}{2} = \binom{2/3}{2/3}_D ,$$

$$L_3\left[\binom{1}{-1}\right] = L_2\left[\begin{pmatrix}2\\0\\-2\end{pmatrix}_C\right] = \binom{0}{-2} = \binom{2/3}{-4/3}_D ,$$

also

$${}_BA_{L_3D} = \begin{pmatrix}2/3 & 2/3\\2/3 & -4/3\end{pmatrix} \qquad \text{und es ist}$$

$$ {}_{C}A_{L_2 D} \cdot {}_{B}A_{L_1 C} = \begin{pmatrix} 2/3 & -1/3 & 1/3 \\ -1/3 & 2/3 & 1/3 \end{pmatrix} \begin{pmatrix} 1 & 2 \\ 1 & 0 \\ 1 & -2 \end{pmatrix} = \begin{pmatrix} 2/3 & 2/3 \\ 2/3 & -4/3 \end{pmatrix} $$

$$ = {}_{B}A_{L_3 D} $$

Der Operator L_1 kann aber auch z.B. durch $\mathscr{E}_2$ und $\mathscr{E}_3$ dargestellt werden, dann ist

$$ {}_{\mathscr{E}_2}A_{L_1\, \mathscr{E}_3} = \begin{pmatrix} 2 & 0 \\ 1 & 1 \\ 0 & 2 \end{pmatrix} $$ und die beiden Matrizen

$\begin{pmatrix} 2 & 0 \\ 1 & 1 \\ 0 & 2 \end{pmatrix}$ und $\begin{pmatrix} 1 & 2 \\ 1 & 0 \\ 1 & -2 \end{pmatrix}$ sind ähnlich, da beide den

Operator L_1 darstellen. (n,n)-Matrizen heißen künftig ähnlich, wenn in Def. 1 gilt: $B = C$ und $D = E$.

Das Hauptproblem aus Kap.(2.6.1) kann nun so formuliert werden:

> Eine (n,n) - Matrix ${}_{B}A_{B}$ stelle einen Operator $L: \mathbb{R}^n \longrightarrow \mathbb{R}^n$ bzgl. einer Basis B des $\mathbb{R}^n$ dar. Hat nun ${}_{B}A_{B}$ eine nicht sehr einfache Struktur, so ist es häufig zweckmäßiger, mit einer ${}_{B}A_{B}$ ähnlichen Diagonalmatrix $\mathcal{D}$ zu arbeiten, also nach einer Basis C des $\mathbb{R}^n$ zu suchen, so daß

(2.6 - 14) $$ \mathcal{D} = {}_{C}A_{C} $$

> den Operator L bzgl. dieser Basis als Diagonalmatrix darstellt. Der Operator L (also der strukturelle Zusammenhang zwischen den betrachteten Variablen) ändert sich dabei nicht, lediglich die Darstellungsmatrix.

Verschaffen wir uns zunächst Übersicht darüber, in welchem Zusammenhang zwei Matrizen stehen, die einen Operator bzgl. verschiedener Basen wiedergeben. Wir beschränken uns dabei, weil das für unsere Problemstellung genügt, auf den $\mathbb{R}^n$.

Es ist einfach, bei Bedarf die folgenden Ausführungen für Operatoren $L:\mathbb{R}^n \longrightarrow \mathbb{R}^m$ zu verallgemeinern. Zur Beschreibung benutzen wir Satz 2 : Zu $L:\mathbb{R}^n \longrightarrow \mathbb{R}^n$ gehöre bzgl. der Basis $B \subseteq \mathbb{R}^n$ die Matrix ${}_B A_B$; um ${}_C A_C$ zu erhalten, müssen wir vor L einen Operator schalten, der L nicht verändert, dessen Darstellungsmatrix aber von $C \subseteq \mathbb{R}^n$ ausgeht. Ebenso ist hinter L ein Operator zu schalten, der L nicht verändert, dessen Matrix aber Koeffizienten bzgl. C enthält. Da L nicht verändert werden darf, kommt nur $id_{\mathbb{R}^n}$ in Frage, dargestellt bzgl. B und C in folgender Form:

$$\mathbb{R}^n \xrightarrow{id} \mathbb{R}^n \xrightarrow{L} \mathbb{R}^n \xrightarrow{id} \mathbb{R}^n$$
$${}_C A_B \qquad {}_B A_B \qquad {}_B A_C$$

Nach Satz 2 entspricht die Multiplikation dieser Matrizen (allerdings in umgekehrter Reihenfolge)der Matrix ${}_C A_C$, die L bzgl. C darstellt.

Betrachten wir diesen Vorgang einmal genauer:

$L:\mathbb{R}^n \longrightarrow \mathbb{R}^n$ sei ein Operator, $B = \{b_1,\ldots,b_n\}$ und $C = \{c_1,\ldots,c_n\}$ seien Basen des $\mathbb{R}^n$; $x,y \in \mathbb{R}^n$ mit $L(x) = y$ haben Darstellungen bzgl. B und C , z.B.

$$x = \sum_{i=1}^{n} x_i b_i = \sum_{j=1}^{n} \bar{x}_j c_j$$

und

$$y = \sum_{i=1}^{n} y_i b_i = \sum_{j=1}^{n} \bar{y}_j c_j \quad .$$

${}_B A_B$ stellt L bzgl. B dar. Dann gilt nach Satz 1 :

$$(2.6 - 15) \qquad {}_B A_B \begin{pmatrix} x_1 \\ \vdots \\ x_n \end{pmatrix} = \begin{pmatrix} y_1 \\ \vdots \\ y_n \end{pmatrix} \quad .$$

Stellt ${}_C A_C$ den Operator L bzgl. C dar, so gilt:

$$(2.6 - 16) \qquad {}_C A_C \begin{pmatrix} \bar{x}_1 \\ \vdots \\ \bar{x}_n \end{pmatrix} = \begin{pmatrix} \bar{y}_1 \\ \vdots \\ \bar{y}_n \end{pmatrix} \quad .$$

Zu $id_{\mathbb{R}^n}$ gehört nach Satz 1 eine Matrix ${}_C A_B$ bzgl. C im Definitions- und B im Wertebereich; die Spalten von ${}_C A_B$ sind demnach die $id(c_j) = c_j$ für $j = 1,\ldots,n$, dargestellt bzgl. B , also:

Sei $\tau_j = \sum_{i=1}^{n} t_{ij} b_i$ für $j = 1,\ldots,n$, dann gilt: ${}_C A_B = (t_{ij})$ und nach Satz 1 folgt:

$$(2.6 - 17) \qquad {}_C A_B \begin{pmatrix} \bar{x}_1 \\ \vdots \\ \bar{x}_n \end{pmatrix} = \begin{pmatrix} x_1 \\ \vdots \\ x_n \end{pmatrix} \text{ und } {}_C A_B \begin{pmatrix} \bar{y}_1 \\ \vdots \\ \bar{y}_n \end{pmatrix} = \begin{pmatrix} y_1 \\ \vdots \\ y_n \end{pmatrix}.$$

${}_C A_B$ ist invertierbar, da B und C Basen des $\mathbb{R}^n$ sind, also gilt:

$$(2.6 - 18) \qquad \begin{pmatrix} \bar{x}_1 \\ \vdots \\ \bar{x}_n \end{pmatrix} = {}_C A_B^{-1} \begin{pmatrix} x_1 \\ \vdots \\ x_n \end{pmatrix} \text{ und } \begin{pmatrix} \bar{y}_1 \\ \vdots \\ \bar{y}_n \end{pmatrix} = {}_C A_B^{-1} \begin{pmatrix} y_1 \\ \vdots \\ y_n \end{pmatrix}.$$

Die Spalten von ${}_C A_B^{-1}$ sind also die $id(b_j) = b_j$ für $j = 1,\ldots,n$, dargestellt bzgl. C , also:

Sei $b_j = \sum_{i=1}^{n} s_{ij} \tau_i$ für $j = 1,\ldots,n$, so ist ${}_C A_B^{-1} = (s_{ij})$, also die oben mit ${}_B A_C$ bezeichnete Matrix. Es gilt nun:

$$(2.6 - 19) \quad \left\{ \begin{aligned} \begin{pmatrix} \bar{y}_1 \\ \vdots \\ \bar{y}_n \end{pmatrix} &= {}_C A_B^{-1} \begin{pmatrix} y_1 \\ \vdots \\ y_n \end{pmatrix} = {}_C A_B^{-1} {}_B A_B \begin{pmatrix} x_1 \\ \vdots \\ x_n \end{pmatrix} \\ &= {}_C A_B^{-1} {}_B A_{BC} A_B \begin{pmatrix} \bar{x}_1 \\ \vdots \\ \bar{x}_n \end{pmatrix} \end{aligned} \right.$$

Ein Vergleich mit (2.6 - 16) zeigt:

$$(2.6 - 20) \qquad {}_C A_C = {}_C A_B^{-1} {}_B A_{BC} A_B \quad .$$

${}_C A_B$ wird Transformationsmatrix von (der neuen Basis) C und (der gegebenen Basis) B genannt. Der hier beschriebene Prozeß heißt auch Basistransformation oder Basiswechsel. Ist die Transformationsmatrix von C und B einmal berechnet, so können sie und ihre Inverse natürlich für jeden Operator, der bzgl. B dargestellt ist und bzgl. C dargestellt werden soll, wie in (2.6 - 20) verwendet werden.

Rechnen wir zu diesem Abschnitt ein Beisp. ausführlich durch:
Betrachten wir den $\mathbb{R}^2$ und die Basen $B = \{\binom{1}{0}, \binom{1}{1}\} = \{b_1, b_2\}$ und $C = \{\binom{2}{1}, \binom{1}{2}\} = \{c_1, c_2\}$ und einen Operator

$L: \mathbb{R}^2 \longrightarrow \mathbb{R}^2$, definiert durch $L(ab_1 + bb_2) = 2ab_1 + (3b-a)b_2$ für alle $a, b \in \mathbb{R}$.

(1) Darstellung der Basisvektoren c_1, c_2 bzgl. B :

$$c_1 = \binom{2}{1} = x_1 b_1 + x_2 b_2 = \begin{pmatrix} x_1 + x_2 \\ x_2 \end{pmatrix}, \text{ d.h. } x_1 = 1, x_2 = 1,$$

also $c_1 = b_1 + b_2$, oder $\underline{c_1 = \binom{1}{1}_B}$.

$$c_2 = \binom{1}{2} = y_1 b_1 + y_2 b_2 = \begin{pmatrix} y_1 + y_2 \\ y_2 \end{pmatrix}, \text{ d.h. } y_1 = -1, y_2 = 2,$$

also $c_2 = -b_1 + 2b_2$, oder $\underline{c_2 = \binom{-1}{2}_B}$.

(2) Darstellung der Basisvektoren b_1, b_2 bzgl. C :

$$b_1 = \binom{1}{0} = \bar{x}_1 c_1 + \bar{x}_2 c_2 = \begin{pmatrix} 2\bar{x}_1 + \bar{x}_2 \\ \bar{x}_1 + 2\bar{x}_2 \end{pmatrix}, \text{ d.h. } \bar{x}_1 = 2/3, \bar{x}_2 = -1/3,$$

also $b_1 = \frac{2}{3}c_1 - \frac{1}{3}c_2$, oder $\underline{b_1 = \binom{2/3}{-1/3}_C}$

$$b_2 = \binom{1}{1} = \bar{y}_1 c_1 + \bar{y}_2 c_2 = \begin{pmatrix} 2\bar{y}_1 + \bar{y}_2 \\ \bar{y}_1 + 2\bar{y}_2 \end{pmatrix}, \text{ d.h. } \bar{y}_1 = 1/3, \bar{y}_2 = 1/3,$$

also $b_2 = \frac{1}{3}c_1 + \frac{1}{3}c_2$, oder $\underline{b_2 = \binom{1/3}{1/3}_C}$

(3) Die Transformationsmatrix ${}_C A_B$:

Nach (1) ist ${}_C A_B = \begin{pmatrix} 1 & -1 \\ 1 & 2 \end{pmatrix}$, und nach (2) ist ${}_C A_B^{-1} = \begin{pmatrix} 2/3 & 1/3 \\ -1/3 & 1/3 \end{pmatrix}$

(4) Die Darstellung der Elemente aus R^2 bzgl. B und C :

(a) Sei $a \in \mathbb{R}^2$ mit $a = ab_1 + bb_2$, also $a = \binom{a}{b}_B$, dann ist nach Satz 1

$$\mathfrak{a} = \binom{\bar{a}}{\bar{b}}_C = {}_C A_B^{-1}\binom{a}{b} = \begin{pmatrix} \frac{2}{3}a + \frac{1}{3}b \\ -\frac{1}{3}a + \frac{1}{3}b \end{pmatrix}, \text{ also}$$

$$\mathfrak{a} = \frac{2a + b}{3}\mathfrak{c}_1 + \frac{-a + b}{3}\mathfrak{c}_2, \text{ oder } \mathfrak{a} = \begin{pmatrix} \frac{2a+b}{3} \\ \frac{-a+b}{3} \end{pmatrix}_C$$

(b) Sei $\mathfrak{a} \in \mathbb{R}^2$ mit $\mathfrak{a} = \bar{a}\mathfrak{c}_1 + \bar{b}\mathfrak{c}_2$, also $\mathfrak{a} = \binom{\bar{a}}{\bar{b}}_C$, dann ist nach Satz 1

$$\mathfrak{a} = \binom{a}{b}_B = {}_C A_B \binom{\bar{a}}{\bar{b}} = \binom{\bar{a} - \bar{b}}{\bar{a} + 2\bar{b}}, \text{ also}$$

$$\mathfrak{a} = (\bar{a} - \bar{b})\mathfrak{b}_1 + (\bar{a} + 2\bar{b})\mathfrak{b}_2, \text{ oder } \mathfrak{a} = \binom{\bar{a} - \bar{b}}{\bar{a} + 2\bar{b}}_B$$

(5) Die Matrizen ${}_B A_B$ und ${}_C A_C$:

(a) $L(\mathfrak{b}_1) = 2\mathfrak{b}_1 - \mathfrak{b}_2$, also $L(\mathfrak{b}_1) = \binom{2}{-1}_B$, $L(\mathfrak{b}_2) = 3\mathfrak{b}_2$, also $L(\mathfrak{b}_2) = \binom{0}{3}_B$, somit ${}_B A_B = \begin{pmatrix} 2 & 0 \\ -1 & 3 \end{pmatrix}$.

(b) $L(\mathfrak{c}_1) = L(\mathfrak{b}_1 + \mathfrak{b}_2) = L(\mathfrak{b}_1) + L(\mathfrak{b}_2) = 2\mathfrak{c}_1$, da hier a=b=1 und wegen (1), also $L(\mathfrak{c}_1) = \binom{2}{0}_C$,

$$L(\mathfrak{c}_2) = L(-\mathfrak{b}_1 + 2\mathfrak{b}_2) = -L(\mathfrak{b}_1) + 2L(\mathfrak{b}_2) = -2\mathfrak{b}_1 + 7\mathfrak{b}_2$$

$$= \mathfrak{c}_1 + 3\mathfrak{c}_2, \text{ also } L(\mathfrak{c}_2) = \binom{1}{3}_C, \text{ somit } {}_C A_C = \begin{pmatrix} 2 & 1 \\ 0 & 3 \end{pmatrix}.$$

(c) Es gilt: ${}_C A_B^{-1}\,{}_B A_B\,{}_{BC} A_B = \begin{pmatrix} 2/3 & 1/3 \\ -1/3 & 1/3 \end{pmatrix}\begin{pmatrix} 2 & 0 \\ -1 & 3 \end{pmatrix}\begin{pmatrix} 1 & -1 \\ 1 & 2 \end{pmatrix}$

$$= \begin{pmatrix} 2/3 & 1/3 \\ -1/3 & 1/3 \end{pmatrix}\begin{pmatrix} 2 & -2 \\ 2 & 7 \end{pmatrix}$$

$$= \begin{pmatrix} 2 & 1 \\ 0 & 3 \end{pmatrix} = {}_C A_C .$$

Zusammenfassend können wir zwei Sätze aufschreiben:

Satz 3: Für jeden Operator $L: \mathbb{R}^n \longrightarrow \mathbb{R}^n$ und seine Darstellungsmatrix ${}_B A_B$ bzgl. einer Basis B des $\mathbb{R}^n$ gilt:

Der Basiswechsel von B zu einer weiteren Basis C des $\mathbb{R}^n$ wird beschrieben durch eine invertierbare Matrix ${}_C A_B$, die Transformationsmatrix, und für ${}_C A_C$ gilt

(2.6 - 21) $\qquad {}_C A_C = {}_C A_B^{-1} \, {}_B A_B \, {}_C A_B$

<u>Satz 4</u>: Jede invertierbare (n,n) - Matrix T kann als ein Isomorphismus von $\mathbb{R}^n$ nach $\mathbb{R}^n$ interpretiert werden und gibt damit einen Basiswechsel an:
Sei $B = \{b_1, \ldots, b_n\} \subseteq \mathbb{R}^n$ eine Basis, dann ist auch

$\{Tb_i \,/\, b_i \in B\} \subseteq \mathbb{R}^n$ eine Basis.

Insgesamt erhalten wir für unsere Problemstellung:

<u>Korollar 1</u>: Zwei (n,n) - Matrizen A und B sind genau dann ähnlich, wenn es eine invertierbare (n,n) - Matrix T gibt mit

(2.6 - 22) $\qquad B = T^{-1} A T \quad .$

Abschließend sei noch kurz der Zusammenhang von Determinanten und ähnlichen Matrizen aufgezeigt.

<u>Satz 5</u>: $L: \mathbb{R}^n \longrightarrow \mathbb{R}^n$ sei ein Operator mit den Darstellungsmatrizen ${}_B A_B$ und ${}_C A_C$ bzgl. B und C ; dann gilt:

(2.6 - 23) $\qquad |{}_B A_B| = |{}_C A_C| \quad .$

<u>Beweis</u>: Nach Satz 3 und Korollar 1 gilt: Es gibt eine invertierbare (n,n) - Matrix T mit ${}_C A_C = T^{-1} \, {}_B A_B \, T$.
Mit Hilfe der Determinanteneigenschaften können wir berechnen: $|{}_C A_C| = |T^{-1} \, {}_B A_B \, T| = |T^{-1}| \, |{}_B A_B| \, |T|$

$$= |T^{-1}| \, |T| \, |{}_B A_B| = |{}_B A_B| \; .$$

Ähnliche Matrizen besitzen also dieselbe Determinante. D.h. die Determinante ist unabhängig von der zur Darstellung von L verwendeten Basis. Man sagt, die Determinante ist <u>basisinvariant</u>. Wir können also von <u>der</u> Determinante des Operators L sprechen.

Wir können nun Satz 6 aus Kap.(2.5) verallgemeinern:

<u>Satz 6</u>: $L:\mathbb{R}^n \longrightarrow \mathbb{R}^n$ ist Isomorphismus $\Longleftrightarrow \mathrm{Det}(L) \neq 0$ $\Longleftrightarrow$ jede Darstellungsmatrix von L bzgl. einer beliebigen Basis des $\mathbb{R}^n$ ist invertierbar.

Gibt es für L eine besonders einfache Darstellungsmatrix, z.B. in Form einer Diagonalmatrix, so ist also die Isomorphie von L leicht zu testen, da die Determinante einer Diagonalmatrix unmittelbar angegeben werden kann.

Aufgaben:

w(1) Rechnen Sie die Aussagen dieses Abschnittes analog zum obigen Beisp. durch für:

(a) $L:\mathbb{R}^2 \longrightarrow \mathbb{R}^2$ mit $L[\binom{1}{0}] = \binom{2}{4}$, $L[\binom{0}{1}] = \binom{-1}{-2}$ für die Basen $B = \left\{\binom{1}{1},\binom{1}{0}\right\}$ und $C = \left\{\binom{0}{1},\binom{-1}{-1}\right\}$; alle Koeffizientenangaben sind bzgl. $\mathcal{E}_2$ zu verstehen.

(b) $L:\mathbb{R}^3 \longrightarrow \mathbb{R}^3$ mit $L\left[\begin{pmatrix} x_1 \\ x_2 \\ x_3 \end{pmatrix}\right] = \begin{pmatrix} 0 \\ x_1+x_2 \\ x_3-x_2 \end{pmatrix}$ mit $x_1,x_2,x_3 \in \mathbb{R}$ für die Basen $B = \mathcal{E}_3$, $C = \left\{\begin{pmatrix} 1 \\ 1 \\ 1 \end{pmatrix}, \begin{pmatrix} 1 \\ 1 \\ 0 \end{pmatrix}, \begin{pmatrix} 1 \\ 0 \\ 0 \end{pmatrix}\right\}$; alle Koeffizientenangaben sind bzgl. $\mathcal{E}_3$ zu verstehen.

w(2) **Ähnliche Matrizen heißen auch äquivalent.**
Dies legt die Vermutung nahe, daß Ähnlichkeit eine Äquivalenzrelation ist. Genauer:
Auf $\mathcal{M}_{(n,n)}$ wird eine Relation π definiert durch:

$$A \,\pi\, B :\Longleftrightarrow A \text{ und } B \text{ sind ähnlich für } A, B \in \mathcal{M}_{(n,n)}.$$

Zeigen Sie:
π ist eine Äquivalenzrelation auf $\mathcal{M}_{(n,n)}$, indem Sie das Korollar 1 zur Charakterisierung ähnlicher Matrizen heranziehen(zu Äquivalenzrelationen siehe LuM I,Kap.(5.2)).

(2.6.3) Eigenwerte, Eigenvektoren: Diagonalisierbarkeit I

Mit den Def. und Sätzen des letzten Abschnitts können wir unser Hauptproblem aus Kap.(2.6.1) nun so formulieren: Gibt es zu einem Operator L: $\mathbb{R}^n \longrightarrow \mathbb{R}^n$ und zu einer Darstellungsmatrix M_B von L bzgl. einer Basis B des $\mathbb{R}^n$ eine Basis B' des $\mathbb{R}^n$, so daß $M_{B'}$ Diagonalmatrix ist ? Also: Gibt es zu M_B eine <u>ähnliche</u> Diagonalmatrix ? Wie stets gehen wir so vor, zunächst einmal Probleme mit Namen zu versehen.

<u>Def. 1</u>: Eine Matrix $M \in \mathcal{M}_{(n,n)}$ heißt von <u>einfacher Struktur</u>, wenn sie einer Diagonalmatrix ähnlich ist.

Aus Aufg. w(2)S.- 198 - ist nun sofort ersichtlich: Die Darstellungsmatrizen eines Operators sind entweder alle von einfacher Struktur, oder keine von ihnen ist es. Somit ist eine Matrix M genau dann von einfacher Struktur, wenn es zu M eine ähnliche Matrix gibt, die von einfacher Struktur ist. Das rechtfertigt eine analoge Def. für Operatoren:

<u>Def. 1'</u>: Ein Operator L: $\mathbb{R}^n \longrightarrow \mathbb{R}^n$ heißt von <u>einfacher Struktur</u>, wenn seine Darstellungsmatrizen von einfacher Struktur sind.

Unsere Aufgabe besteht nun darin, die Operatoren und Matrizen von einfacher Struktur zu charakterisieren, indem wir die zugehörigen Transformations- bzw. Diagonalmatrizen angeben. Betrachten wir dazu die Diagonalmatrizen näher.

$$\mathcal{D} = \begin{pmatrix} d_1 0 & \ldots & 0 \\ \ldots & \ldots & \ldots \\ 0\ 0 & \ldots & d_n \end{pmatrix}$$

sei Diagonalmatrix zu einem Operator L. Nach den Konstruktionsprinzipien von Darstellungsmatrizen zu Operatoren, wie sie in Kap.(2.6.2) aufgezeigt wurden, bedeutet dies: Es gibt eine Basis B des $\mathbb{R}^n$, für die gilt: Sei B $=\{b_1,\ldots,b_n\}$, dann ist

$$L(b_1) = \mathcal{D}\begin{pmatrix} 1 \\ 0 \\ \vdots \\ 0 \end{pmatrix}_B$$

also Koeffiziententupel bzgl. B , da $b_1 = 1b_1$ die Darstellung von b_1 durch B ist. Somit gilt für alle

i = 1,2,...,n :

$$L(b_i) = d_i b_i \quad ,$$ und wir definieren:

Def. 2: $L: \mathbb{R}^n \longrightarrow \mathbb{R}^n$ sei ein Operator, ein $x \in \mathbb{R}^n$, $x \neq o_{(n,1)}$ heißt Eigenvektor von L, wenn es eine reelle Zahl λ gibt mit

(2.6 - 24) $\quad L(x) = \lambda x \quad ,$

λ heißt der zugehörige Eigenwert .

Analog def. wir für Matrizen:

Def. 2': M_B sei Darstellungsmatrix zu L bzgl. der Basis B ,

$x = \begin{pmatrix} x_1 \\ \vdots \\ x_n \end{pmatrix}_B \neq o_{(n,1)}$ heißt Eigenvektor von M_B , wenn es eine reelle Zahl λ gibt mit:

(2.6 - 25) $\quad M_B \begin{pmatrix} x_1 \\ \vdots \\ x_n \end{pmatrix}_B = \lambda \begin{pmatrix} x_1 \\ \vdots \\ x_n \end{pmatrix}_B \quad ,$

λ heißt auch hier der zugehörige Eigenwert.

Bemerkungen: (1) Wir wissen bisher nicht, ob zwei Darstellungsmatrizen bzgl. eines Operators dieselben Eigenwerte und Eigenvektoren haben, das ist später zu zeigen.

(2) $o_{(n,1)}$ erfüllt die Bedingungen aus Def. 2 und 2' trivialerweise stets; daher die Forderung $\neq o$ für Eigenvektoren.

Nun lassen sich Operatoren und Matrizen einfacher Struktur kennzeichnen:

Satz 7: $L: \mathbb{R}^n \longrightarrow \mathbb{R}^n$ sei ein Operator, A_B sei Darstellungsmatrix von L bzgl. B ; L (und damit auch A_B) ist genau dann von einfacher Struktur, wenn zu L (bzw. zu A_B) eine Basis $C \subseteq \mathbb{R}^n$ aus Eigenvektoren von L (bzw. von A_B) existiert.

Bew.: Wir beweisen die Operatorenformulierung:

Sei $C = \{\tau_1, \ldots, \tau_n\}$ Basis aus Eigenvektoren von L , d.h. es gibt $\lambda_1, \ldots, \lambda_n \in \mathbb{R}$ mit

$$L(\tau_i) = \lambda_i \tau_i \quad \text{für } i = 1,2,\ldots,n \quad .$$

Die Darstellungsmatrix hat also bzgl. C die Form:

$$A_C = \begin{pmatrix} \lambda_1 & 0 & \dots & 0 \\ \dots & \dots & \dots & \dots \\ 0 & 0 & \dots & \lambda_n \end{pmatrix}.$$

Nach Korollar 1 gibt es dann eine invertierbare Transformationsmatrix T, die den Basiswechsel von B nach C beschreibt und es gilt:

(2.6 - 26) $$A_C = T^{-1} A_B T \quad .$$

Damit ist A_B von einfacher Struktur. Die Umkehrung des Bew. verläuft analog. Die matrizentheoretische Formulierung sei als Übung empfohlen.

Für einen Operator L heißt eine Basis des $\mathbb{R}^n$, die aus Eigenvektoren besteht, Eigenbasis . Unser Problem reduziert sich nun darauf, diejenigen Operatoren und die zugehörigen Darstellungsmatrizen zu charakterisieren, die eine Eigenbasis in $\mathbb{R}^n$ besitzen. Betrachten wir dazu zunächst Eigenwerte und -vektoren etwas genauer:

Lemma 1: $L: \mathbb{R}^n \longrightarrow \mathbb{R}^n$ sei ein Operator, λ sei reeller Eigenwert von L , dann ist die Menge aller Eigenvektoren zu λ $E(\lambda) := \{x / x \in \mathbb{R}^n \text{ und } L(x) = \lambda x\}$ ein Unterraum des $\mathbb{R}^n$, genannt der Eigenraum von λ .

Der Bew. sei als Übung empfohlen.

Lemma 2: $L: \mathbb{R}^n \longrightarrow \mathbb{R}^n$ sei ein Operator mit den Eigenwerten λ und λ', wobei $\lambda \neq \lambda'$; dann gilt: Ist x Eigenvektor von L zu λ, $\bar{x}$ Eigenvektor von L zu $\bar{\lambda}$, dann ist $\{x, \bar{x}\}$ l.u. .

Der etwas technische Bew. sei hier übergangen.

Bemerkung: Beide Lemmata gelten in einer analogen Matrizenformulierung ebenso .

Es ergibt sich nun:

Satz 8: Ein Operator $L: \mathbb{R}^n \longrightarrow \mathbb{R}^n$ ist sicher dann von einfacher Struktur, wenn er n verschiedene reelle Eigenwerte $\lambda_1, \dots, \lambda_n$ besitzt.

Bew.: Nach Satz 7 ist zu zeigen: L besitzt eine Eigenbasis. Nach Lemma 2 besitzt L aber n l.u. Eigenvektoren, und n l.u. Eigenvektoren bilden eine Basis des $\mathbb{R}^n$ (vgl.Aufg.w(5)S.- 143-), die somit Eigenbasis von L im $\mathbb{R}^n$ ist.

Für Matrizen gilt analog zu Satz 8: Eine Matrix M ist dann von einfacher Struktur, wenn M n verschiedene reelle Eigenwerte besitzt.

Unser Problem besteht nun also darin, die Eigenwerte eines Operators (bzw. einer Matrix) zu bestimmen. Sehen wir uns dazu noch einmal die Def. 2' an: λ ist ein Eigenwert von A_B, wenn es ein $x \in \mathbb{R}^n$ mit $x \neq 0$ gibt, so daß $A_B \begin{pmatrix} x_1 \\ \vdots \\ x_n \end{pmatrix}_B = \lambda \begin{pmatrix} x_1 \\ \vdots \\ x_n \end{pmatrix}_B$,

also

$$(2.6 - 27) \qquad A_B \begin{pmatrix} x_1 \\ \vdots \\ x_n \end{pmatrix}_B - \lambda \begin{pmatrix} x_1 \\ \vdots \\ x_n \end{pmatrix}_B = 0_{(n,1)} \quad ,$$

oder

$$(2.6 - 28) \qquad (A_B - \lambda I_{(n,n)}) \begin{pmatrix} x_1 \\ \vdots \\ x_n \end{pmatrix}_B = 0_{(n,1)} \quad .$$

Dies ist ein lineares homogenes Gleichungssystem, nach dessen nicht-trivialen Lösungen $x \in \mathbb{R}^n$ ($x \neq 0$) gefragt ist. Nach Kap. (2.5) besitzt ein LHS genau dann Lösungen $\neq 0$, wenn die Determinante der Matrix gleich Null ist. Somit gibt es dann Eigenvektoren von A_B, wenn gilt:

$$(2.6 - 29) \qquad \mathrm{Det}(A_B - \lambda I) = 0 \quad ,$$

oder ausführlicher; $A_B := (a_{ij})$:

$$\begin{vmatrix} a_{11} - \lambda & a_{12} & \dots & a_{1n} \\ a_{21} & a_{22} - \lambda & \dots & a_{2n} \\ \dots & \dots & \dots & \dots \\ a_{n1} & a_{n2} & \dots & a_{nn} - \lambda \end{vmatrix} = 0$$

Berechnen wir diese Determinante nach dem Entwicklungs- oder dem Permutationssatz, so ergibt sich ein Polynom n-ten Grades in der Unbekannten λ (zu Polynomen siehe LuM I,S.217ff). Wir def. dazu

<u>Def. 3</u>: Für $A \in \mathfrak{M}_{(n,n)}$ wird die Determinante $|A - \lambda I|$ <u>charakteristisches Polynom</u> von A genannt, $|A - \lambda I| = 0$ heißt <u>charakteristische Gleichung</u> von A.

Es gilt dann das folgende

<u>Lemma 3</u>: Für $A \in \mathfrak{M}_{(n,n)}$ ist $\lambda \in \mathbb{R}$ genau dann Eigenwert, wenn λ Nullstelle des charakteristischen Polynoms ist.

<u>Beisp.</u>: Der Operator $L: \mathbb{R}^2 \longrightarrow \mathbb{R}^2$ sei bzgl. $\mathcal{E}_2$ darstellbar durch $M = \begin{pmatrix} 3 & 4 \\ 4 & -3 \end{pmatrix}$. Ist L (und damit M) diagonalisierbar? Wir wollen Satz 7 oder 8 verwenden und berechnen daher zunächst nach Lemma 3 die Eigenwerte der charakteristischen Gleichung:

$$|M - \lambda I_{(2,2)}| = \begin{vmatrix} 3-\lambda & 4 \\ 4 & -3-\lambda \end{vmatrix} = (3-\lambda)(-3-\lambda) - 16 = \lambda^2 - 25 = 0 \quad .$$

Als Nullstellen erhält man: $\lambda_1 = 5$, $\lambda_2 = -5$.

Wir berechnen die zugehörigen Eigenvektoren:

zu λ_1: $\begin{pmatrix} 3 & 4 \\ 4 & -3 \end{pmatrix}\begin{pmatrix} x_1 \\ x_2 \end{pmatrix} = 5 \begin{pmatrix} x_1 \\ x_2 \end{pmatrix}$ ergibt $x_2 = x_1/2$

zu λ_2: $\begin{pmatrix} 3 & 4 \\ 4 & -3 \end{pmatrix}\begin{pmatrix} x_1' \\ x_2' \end{pmatrix} = -5 \begin{pmatrix} x_1' \\ x_2' \end{pmatrix}$ ergibt $x_2' = -2x_1'$

Somit:

$E(\lambda_1 = 5) = \left\{ \begin{pmatrix} x_1 \\ \frac{x_1}{2} \end{pmatrix} / x_1 \in \mathbb{R} \right\}$ mit einer Basis $B = \left\{ \begin{pmatrix} 2 \\ 1 \end{pmatrix} \right\}$

$E(\lambda_2 = -5) = \left\{ \begin{pmatrix} x_1' \\ -2x_1' \end{pmatrix} / x_1' \in \mathbb{R} \right\}$ mit einer Basis $B' = \left\{ \begin{pmatrix} 1 \\ -2 \end{pmatrix} \right\}$.

Damit ist $B^* = \left\{ \begin{pmatrix} 2 \\ 1 \end{pmatrix}, \begin{pmatrix} 1 \\ -2 \end{pmatrix} \right\}$ Eigenbasis von L im $\mathbb{R}^2$, und wir können nach Kap. (2.6.2) die Transformationsmatrix T von B^* und $\mathcal{E}_2$ berechnen. Wir erhalten die Diagonalmatrix

$$D_{B^*} = T^{-1} M T = \begin{pmatrix} 2/5 & 1/5 \\ 1/5 & -2/5 \end{pmatrix}\begin{pmatrix} 3 & 4 \\ 4 & -3 \end{pmatrix}\begin{pmatrix} 2 & 1 \\ 1 & -2 \end{pmatrix}$$

$$= \begin{pmatrix} 5 & 0 \\ 0 & -5 \end{pmatrix} \quad .$$

Dieses Ergebnis hätten wir auch schneller erhalten können: $\lambda_1 = 5$ und $\lambda_2 = -5$ sind verschiedene reelle Eigenwerte; nach Satz 8 ist demnach L von einfacher

Struktur, und nach dem Bew. von Satz 7 hat die entsprechende Diagonalmatrix, die L darstellt, gerade in der Hauptdiagonalen die Eigenwerte.

Aus dem bisher Gesagten ergibt sich, daß die Darstellung der Eigenvektoren von der gewählten Basis abhängt; es kann jedoch, wie oben bereits angekündigt, gezeigt werden, daß die Eigenwerte ähnlicher Matrizen gleich sind, d.h. alle Darstellungsmatrizen zu einem Operator dieselben Eigenwerte haben. Wir beweisen dies, indem wir zeigen, daß die charakteristischen Polynome gleich sind. Dann sind auch die Eigenwerte als Nullstellen dieses Polynoms gleich.

Lemma 4: Sind A und B ähnliche Matrizen, so sind ihre charakteristischen Polynome gleich.

Bew.: Es gibt eine invertierbare Transformationsmatrix T mit $A = T^{-1}BT$, also:

$$|T^{-1}BT - \lambda I_{(n,n)}| = |T^{-1}BT - \lambda T^{-1}IT|$$
$$= |T^{-1}(B - \lambda I)T| = |T^{-1}||B - \lambda I||T| = |B - \lambda I| .$$

Da also charakteristisches Polynom und zugehörige Determinante basisunabhängig sind, können wir von dem charakteristischen Polynom eines Operators und auch von den Eigenwerten ähnlicher Matrizen sprechen.

Wir haben unser Problem nun bis auf die Information über die Nullstellen von Polynomen reduziert. Diese Nullstellen sind nicht immer so einfach zu berechnen wie im obigen Beisp.(vgl. LuM I,S.189). Betrachten wir dieses Problem daher zunächst allgemein.

Aufgaben:

w(3) Ist x Eigenvektor von A, so lassen sich Ax, A^2x, ..., A^nx leicht berechnen.

w(4) Was sind die Eigenwerte der Einheitsmatrix ?

w(5) Zeigen Sie, daß gilt: $A^n = B^{-1}D^nB$, wenn $A = B^{-1}DB$!

w(6) Zeigen Sie: Die Eigenwerte einer Matrix M sind gleich den

Eigenwerten der transponierten Matrix M' .

w(7) Berechnen Sie die Eigenwerte und -vektoren von

$A = \begin{pmatrix} 2 & 0 \\ 0 & 1 \end{pmatrix}$ und zeigen Sie die Eigenschaften von Lemma 2 !

(2.6.4) Nullstellen von Polynomen mit reellen Koeffizienten

In diesem und dem folgenden Abschnitt werden wir Elemente aus der Menge $\mathbb{C}$ der komplexen Zahlen verwenden. Dem hiermit nicht vertrauten Leser wird empfohlen, zunächst Kap. (3.2.) zu lesen. Die dort beschriebenen Eigenschaften werden hier ohne Kommentar benutzt.

Def. 1: Eine Funktion $f: \mathbb{C} \longrightarrow \mathbb{C}$ (bzw. $f: \mathbb{R} \longrightarrow \mathbb{R}$) heißt Polynom(funktion) vom Grad n, wenn gilt:

(1) f hat die Form $f(x) = \sum_{i=0}^{n} a_i x^i$ für $x \in \mathbb{C}$ (bzw. $\mathbb{R}$)

(2) $a_n \neq 0$, $a_i \in \mathbb{R}$ für $i = 0,1,\ldots,n$. Die a_i heißen Koeffizienten von f .

Satz 9: $f: \mathbb{C} \longrightarrow \mathbb{C}$ sei ein Polynom vom Grad $\geqslant 1$, $x^* \in \mathbb{C}$ sei Nullstelle von f, d.h. $f(x^*) = 0$; dann gilt:

$$f(x) = (x - x^*)g(x) \qquad (2.6 - 30)$$

wobei $g: \mathbb{C} \longrightarrow \mathbb{C}$ ein Polynom vom Grad g = Grad $f - 1$ ist.

Bew.: $f(x) = \sum_{i=0}^{n} a_i x^i$ wird durch $(x - c)$, $c \in \mathbb{C}$, c fest, dividiert:

$$\left(\sum_{i=0}^{n} a_i x^i\right):(x - c) = \sum_{i=1}^{n} a_i' x^{i-1} + \frac{a_0'}{x - c} \quad \text{mit } a_i' \in \mathbb{R} \text{ für } i = 0,1,\ldots,n;$$

dann gilt mit $g(x) := \sum_{i=1}^{n} a_i' x^{i-1}$: (Multiplikation der vorigen Gleichung auf beiden Seiten mit $x - c$)

$f(x) = (x - c)g(x) + a_0'$. Aus Stetigkeitsgründen gilt dies auch noch an der Stelle $x = c$, also $f(c) = a_0'$. Mit $x^* = c$ ist damit der Bew. erbracht.

<u>Korollar 2</u>: Ein Polynom n - ten Grades besitzt höchstens n Nullstellen.

<u>Satz 10</u>:(Hauptsatz der Algebra, Satz von Gauß)
$f: \mathbb{C} \longrightarrow \mathbb{C}$ sei ein Polynom vom Grad $\geqslant 1$, dann besitzt f mindestens eine Nullstelle x^* in $\mathbb{C}$.

Da zu viele Voraussetzungen erforderlich sind, verzichten wir hier auf den Beweis.

<u>Def. 2</u>: $x^* \in \mathbb{C}$ heißt <u>k - fache Nullstelle</u> des Polynoms $f: \mathbb{C} \longrightarrow \mathbb{C}$ $(k \in \mathbb{N},\ k \leqslant \text{Grad } f)$, wenn gilt:

(2.6 - 31) $$f(x) = (x - x^*)^k g(x) \quad \text{mit}$$

$g(x)$ Polynom $g: \mathbb{C} \longrightarrow \mathbb{C}$ und $g(x^*) \neq 0$.

<u>Bemerkung</u>: g ist dann vom Grad g = Grad $f - k$. Eine k - fache Nullstelle läßt sich demnach genau k - mal als $(x - x^*)$ von f abspalten. Somit ergibt sich:

<u>Korollar 3</u>: Ein Polynom $f: \mathbb{C} \longrightarrow \mathbb{C}$ mit Grad $f = n$ besitzt genau n Nullstellen, wenn man (evtl. vorhandene) mehrfache Nullstellen in ihrer Vielfachheit zählt.

<u>Fazit 1</u>: In $\mathbb{C}$ läßt sich jedes Polynom vollständig in Linearfaktoren der Form $(x - x^*)$ zerlegen:
$f(x) = \sum_{i=0}^{n} a_i x^i$ habe die Nullstellen $x_1, \ldots, x_n$ (die nicht notwendig alle verschieden sind), dann gilt:

(2.6 - 32) $$f(x) = \prod_{j=1}^{n} (x - x_j) \quad .$$

<u>Satz 11</u>: $f: \mathbb{C} \longrightarrow \mathbb{C}$ sei ein Polynom, Grad $f \geqslant 2$, $z^* = a + jb \in \mathbb{C}$ mit $b \neq 0$ sei Nullstelle von f , dann ist auch $\overline{z^*} = a - jb$ (d.h. die konjugiert komplexe Zahl zu z^*) Nullstelle von f .

<u>Bew.</u>: (Rechenregeln siehe Kap.(3.2.))

$$f(z^*) = 0 \iff \sum_{i=0}^{n} a_i z^{*i} = 0 \iff \overline{a_0 + a_1 z^* + \ldots + a_n z^{*n}} = \overline{0} = 0$$

$$\iff \overline{a_0} + \overline{a_1 z^*} + \ldots + \overline{a_n z^{*n}} = 0$$

$$\iff \overline{a_0} + \overline{a_1}\,\overline{z^*} + \ldots + \overline{a_n}\,\overline{z^{*n}} = 0$$

$$\iff a_0 + a_1 \overline{z^*} + \ldots + a_n \overline{z^{*n}} = 0 \iff f(\overline{z^*}) = 0$$

Fazit 2: Über $\mathbb{R}$ ist jedes Polynom mit reellen Koeffizienten vollständig zerlegbar in Linearfaktoren der Form $(x - x^*)$ und reell unzerlegbare quadratische Faktoren der Form $(x - z)(x - \bar{z})$ mit $z, \bar{z} \in \mathbb{C}$.

Bew.: Dieses Fazit folgt aus Satz 11 und Korollar 3, wenn wir zusätzlich noch bewiesen haben, daß ein Paar konjugiert - komplexer Nullstellen $z, \bar{z}$ immer einen reellen quadratischen Faktor ergeben.
Sei $z, \bar{z}$ ein Paar konjugiert - komplexer Nullstellen von f (wobei konventionsgemäß die Imaginärteile ungleich Null sind); dann gilt: $f(x) = (x - z)(x - \bar{z})g(x)$ mit Grad g = Grad $f - 2$ (nach Satz 11 und Korollar 2).
$(x - z)(x - \bar{z}) = x^2 - (z + \bar{z})x + z\bar{z}$; mit $z = a + jb$ ist $z + \bar{z} = 2a$ und $z\bar{z} = a^2 + b^2$ (beides sind reelle Zahlen). Somit: $f(x) = (x^2 - 2ax + (a^2 + b^2))g(x)$.
Für diejenigen Nullstellen x^* von f , deren Imaginärteil gleich Null ist, die also aus $\mathbb{R}$ sind, kann mit einem Argument wie in Satz 9 der Linearfaktor $(x - x^*)$ abgespalten werden, womit die Behauptung gezeigt ist.

Bemerkung: Die Anzahl der reellen Nullstellen eines Polynoms kann dem Gesagten zufolge nicht allg. angegeben werden (im Gegensatz zu den komplexen Nullstellen nach Korollar 3). Es ist aber leicht zu zeigen, daß Polynome mit ungeradem Grad mindestens eine reelle Nullstelle haben.

Die bisher aufgezeigten Sätze sind Existenzsätze bzgl. Nullstellen oder Faktorenzerlegungen etc.. Die zugehörigen Beweise liefern noch keinen Konstruktionshinweis zur Berechnung von Nullstellen. Für Polynome vom Grad $\leqslant 4$ gibt es direkte formelmäßige Algorithmen(quadratische Ergänzung, Cardanosche Formel, Viëtasche Wurzelsätze etc.). Für einen Grad > 4 ist dies nicht mehr möglich: Man muß auf approximative Verfahren zurückgreifen(vgl. auch LuM I,S.189ff). Neben Verfahren iterativer Art, die jeweils nur eine Nullstelle liefern(z.B. Newton Verfahren, regula falsi etc.) gibt es vollautomatisch programmierte Universalverfahren, die alle (auch die komplexen) Nullstellen eines Polynoms simultan errechnen(Bairstow - Verfahren, Methode von Rutishauser etc.), siehe Faddejew/Faddejewa(1970), Collatz(1968) .

(2.6.5) Diagonalisierbarkeit II

Mit den Aussagen über Polynome und deren Nullstellen können wir nun Lemma 2 und Satz 8 verschärfen.

Lemma 5: Sei L: $\mathbb{R}^n \longrightarrow \mathbb{R}^n$ ein Operator und λ reeller Eigenwert von L ; die Vielfachheit von λ als Nullstelle des charakteristischen Polynoms von L sei k ; dann gilt für die Dimension des Eigenraumes $E(\lambda)$:

(2.6 - 33) $\dim E(\lambda) \leq k$.

Der etwas technische Beweis sei hier übergangen. Man könnte nun vermuten, daß stets $\dim E(\lambda) = k$ gilt. Das ist jedoch i.a. falsch, d.h. es gibt Operatoren, zu denen ein Eigenwert λ existiert, so daß $\dim E(\lambda)$ echt kleiner ist als die Vielfachheit von λ als Nullstelle, wie das folgende Beisp. zeigt:

Beisp.: L: $\mathbb{R}^2 \longrightarrow \mathbb{R}^2$ habe bzgl. einer Basis B des $\mathbb{R}^2$ die Darstellungsmatrix $M_B = \begin{pmatrix} 2 & 1 \\ 0 & 2 \end{pmatrix}$, dann gilt:

$$|M_B - \lambda I_{(2,2)}| = \begin{vmatrix} 2-\lambda & 1 \\ 0 & 2-\lambda \end{vmatrix} = (2-\lambda)^2 .$$

$\lambda = 2$ ist zweifache Nullstelle dieses charakteristischen Polynoms. Berechnen wir die zugehörigen Eigenvektoren: Dazu ist das LGS $M_B\begin{pmatrix} x_1 \\ x_2 \end{pmatrix} = \lambda\begin{pmatrix} x_1 \\ x_2 \end{pmatrix}$ zu lösen:

$$\begin{aligned} 2x_1 + x_2 &= 2\,x_1 \\ x_2 &= 2\,x_2 \end{aligned}$$, also $x_2 = 0$ und $x_1 \in \mathbb{R}$ beliebig .

Damit ist

$$E(\lambda = 2) = \left\{ \begin{pmatrix} x_1 \\ 0 \end{pmatrix} / x_1 \in \mathbb{R} \right\}$$ und offensichtlich

gilt $\dim E(\lambda = 2) = 1$, denn $\left\{\begin{pmatrix} 1 \\ 0 \end{pmatrix}\right\}$ ist eine Basis von E , und damit hat eine geeignete Matrix von Eigenvektoren $Q = \begin{pmatrix} 1 & 1 \\ 0 & 0 \end{pmatrix}$ den Rang 1 .

Wir kennen also nun zwei Fälle, in denen der Operator L und damit die zugehörigen Darstellungsmatrizen nicht von einfacher Struktur sind:

(1) Das charakteristische Polynom von L besitzt komplexe Nullstellen, dann folgt mit Lemma 5, daß L nicht von einfacher Struktur sein kann(Beweis?),

(2) die Dimension des Eigenraumes eines reellen Eigenwertes λ ist echt kleiner als die Viefachheit von λ als Nullstelle des charakteristischen Polynoms.

Mit Hilfe von Lemma 5 können wir nun Satz 8 zu einer Charakterisierung der Operatoren(und Matrizen) einfacher Struktur erweitern.

Satz 12: Das charakteristische Polynom des Operators $L:\mathbb{R}^n \longrightarrow \mathbb{R}^n$ besitze nur reelle Nullstellen, d.h. L besitze n reelle Eigenwerte(wobei evtl. vorhandene mehrfache Nullstellen in ihrer Vielfachheit zu zählen sind). Dann ist L genau dann von einfacher Struktur, wenn es zu jedem Eigenwert λ von L genau so viele l.u. Eigenvektoren gibt, wie die Vielfachheit von λ als Nullstelle des charakteristischen Polynoms beträgt.

Bemerkung: Dies ist z.B. dann der Fall, wenn sich $\mathcal{D}$ so in Untermatrizen $\mathcal{D}_1,\ldots,\mathcal{D}_r$ zerlegen läßt, daß gilt:

$$(2.6 - 34) \qquad \mathcal{D} = T^{-1}MT \leftrightarrow \begin{pmatrix} \mathcal{D}_1 & & 0 \\ & \ddots & \\ 0 & & \mathcal{D}_r \end{pmatrix} =$$

$$= \begin{pmatrix} T_1^{-1} & & 0 \\ & \ddots & \\ 0 & & T_r^{-1} \end{pmatrix} \begin{pmatrix} M_1 & & 0 \\ & \ddots & \\ 0 & & M_r \end{pmatrix} \begin{pmatrix} T_1 & & 0 \\ & \ddots & \\ 0 & & T_r \end{pmatrix}$$

Sei z.B. $\lambda_1 = \lambda_2 = 1$, $\lambda_3 = \lambda_4 = 2$; dann ist getrennt lösbar:

$$\mathcal{D}_1 = \begin{pmatrix} 1 & 0 \\ 0 & 2 \end{pmatrix} = T_1^{-1}M_1T_1 \; ; \mathcal{D}_2 = \begin{pmatrix} 1 & 0 \\ 0 & 2 \end{pmatrix} = T_2^{-1}M_2T_2$$

Insgesamt haben wir damit folgendes Kriterium erhalten:

Ein Operator $L:\mathbb{R}^n \longrightarrow \mathbb{R}^n$ hat einfache Struktur(und damit auch seine Darstellungsmatrizen) wenn L Satz 12 (bzw. die Darstellungsmatrizen ein analoges Kriterium) erfüllen. Dies ist insbesondere dann der Fall, wenn L (bzw. die zugehörigen Matrizen) n verschiedene reelle Eigenwerte besitzt(vgl. Satz 8).

Aufgaben:

w(8) Sind folgende Operatoren von einfacher Struktur?

(a) $L_1:\mathbb{R}^2 \longrightarrow \mathbb{R}^2$ mit $L[\binom{x_1}{x_2}] = \binom{x_1+2x_2}{2x_1-x_2}$, Darstellung bzgl. $\mathcal{E}_2$

(b) $L_2:\mathbb{R}^2 \longrightarrow \mathbb{R}^2$, $B = \{b_1, b_2\}$ sei eine Basis des $\mathbb{R}^2$;

L_2 sei definiert durch: $L_2(b_1) = 3b_1$,

$L_2(b_2) = -4b_1 + 3b_2$.

w(9) Sind folgende Matrizen von einfacher Struktur?

$$M_1 = \begin{pmatrix} 1 & 0 & 2 \\ 0 & 1 & -6 \\ 3 & 1 & -4 \end{pmatrix}, \quad M_2 = \begin{pmatrix} 1/2 & 1/2 \\ 1/2 & 1/2 \end{pmatrix}, \quad M_3 = \begin{pmatrix} 1 & -1 \\ 2 & 2 \end{pmatrix} .$$

Operatoren von einfacher Struktur lassen sich wie folgt veranschaulichen: Eine Eigenbasis B von L gibt im $\mathbb{R}^n$ n 'unabhängige' Richtungen an. Auf $x \in \mathbb{R}^n$, $x = \begin{pmatrix} a_1 \\ \vdots \\ a_n \end{pmatrix}_B$ wirkt L ein, indem es in Richtung der Basiselemente $b_1, \dots, b_n$ jeweils die Koeffizienten $a_1, \dots, a_n$ um den Eigenwert $\lambda_1, \dots, \lambda_n$ vervielfacht. Ein Operator einfacher Struktur bewirkt also eine Streckung bzw. Verkleinerung in Richtung der Eigenbasis, die je nach Basisrichtung verschieden stark sein kann.

<u>Bemerkung</u>: Für Operatoren $L:\mathbb{C}^n \longrightarrow \mathbb{C}^n$ gilt die hier entwickelte Theorie analog, wenn man berücksichtigt, daß in den Darstellungsmatrizen und in den Koeffizienten-

darstellungen von Vektoren komplexe Zahlen stehen.
Die Ergebnisse aus Kap.(2.6.4) allerdings, wonach in $\mathbb{C}$ jedes Polynom n - ten Grades genau n Nullstellen hat(Vielfachheiten gezählt), ergibt einfachere Kriterien. So erhält für komplexe VR der zentrale Satz 12 folgende Gestalt:

Satz 12': L': $\mathbb{C}^n \longrightarrow \mathbb{C}^n$ ist genau dann von einfacher Struktur, wenn es zu jedem Eigenwert $\lambda \in \mathbb{C}$ von L' genau so viele l.u. Eigenvektoren aus $\mathbb{C}^n$ gibt, wie die Vielfachheit von λ als Nullstelle des charakteristischen Polynoms beträgt.

Die Ergebnisse dieses Kap. erlauben es nun zwar, die diagonalisierbaren Operatoren und Matrizen zu charakterisieren, zum Nachweis der Kriterien sind jedoch die Berechnung von Determinanten, nämlich $|M - \lambda I|$,und die Bestimmung der Nullstellen von Polynomen(der charakteristischen Polynome) erforderlich, was ohne Datenverarbeitungsanlagen höchstens für (3,3) - Matrizen i.a. möglich sein dürfte.
Es erhebt sich daher die Frage, ob man nicht auf Grund der ohne großen Aufwand erkennbaren Struktur von Operatoren(und Matrizen) feststellen kann, ob diese von einfacher Struktur sind. Dies ist in der Tat für einige Typen von Operatoren (bzw. Matrizen) möglich.

(2.6.6) Diagonalisierbarkeit spezieller Matrizen (mit nur reellen Eigenwerten)

Ohne detaillierte Spektralanalyse(das ist die Analyse der Eigenwert und -vektoreneigenschaften von Operatoren bzw. Matrizen) kann man bestimmten Matrizen sofort ansehen, ob sie diagonalisierbar sind. Der für uns hier wichtigste Matrizentyp ist derjenige der symmetrischen Matrizen: Diese sind stets diagonalisierbar.
Umgekehrt gibt es (n,n) - Matrizen, die unter gar keinen Umständen diagonalisierbar sind. Diese können aber auf eine Form(die Jordansche Normalform) gebracht werden, die es

erlaubt, den Rechenaufwand trotzdem minimal zu halten.

Def. : $M_{(n,n)}$ sei eine Matrix mit Eigenwerten $\lambda_i \in \mathbb{R}$ $(i = 1,\dots,n)$, die nicht alle verschieden sind und für die die Eigenraumeigenschaft von Satz 12 nicht erfüllt ist. Sei r_i die Vielfachheit von λ_i als Nullstelle und $m_i = \dim E(\lambda_i)$; dann heißt

$$C = (c_{ij}) \text{ mit } \begin{array}{l} c_{ii} := \lambda_i \\ c_{i,i+1} := 1 \text{ für } \lambda_i = \lambda_{i+1} \\ c_{i,i+1} := 0 \quad " \quad \lambda_i \neq \lambda_{i+1} \\ c_{ij} := 0 \text{ sonst} \end{array} \tag{2.6 - 35}$$

Jordansche Normalform. Hierbei werden gleiche Eigenwerte nacheinander numeriert. Ist $\dim E(\lambda_i) = l_i > 1$, so sind weitere $l_i - 1$ zu λ_i gehörende Einsen in Nullen umzuwandeln, so daß also zu jedem λ_i $r_i - m_i$ Einsen übrig bleiben.

Beisp.:(siehe Aufg. w(9))

Gesucht ist eine ähnliche Matrix zu $M = \begin{pmatrix} 1 & 0 & 2 \\ 0 & 1 & -6 \\ 3 & 1 & -4 \end{pmatrix}$;

Als Eigenwerte von M findet man $\lambda_1 = -4$, $\lambda_2 = \lambda_3 = 1$.

$E(\lambda_2) = \left\{ \begin{pmatrix} x \\ -3x \\ 0 \end{pmatrix} / x \in \mathbb{R} \right\}$, $B = \left\{ \begin{pmatrix} 1 \\ -3 \\ 0 \end{pmatrix} \right\}$, also $C = \begin{pmatrix} -4 & 0 & 0 \\ 0 & 1 & 1 \\ 0 & 0 & 1 \end{pmatrix}$;

also $C = Q^{-1} M Q$ oder $QC = MQ$ gesucht.

Zu lösen ist demnach die Matrizengleichung

$$Q \begin{pmatrix} -4 & 0 & 0 \\ 0 & 1 & 1 \\ 0 & 0 & 1 \end{pmatrix} = \begin{pmatrix} 1 & 0 & 2 \\ 0 & 1 & -6 \\ 3 & 1 & -4 \end{pmatrix} Q$$

In diesem Gleichungssystem sind drei Gleichungen überflüssig, so daß drei Variablen frei wählbar sind(unter der Bedingung der Invertierbarkeit von Q). Mit $q_{11} = -1$, $q_{13} = 1$ und $q_{33} = 1$ folgt:

$$Q = \begin{pmatrix} -1 & 2 & 1 \\ 3 & -6 & 2 \\ 5/2 & 0 & 1 \end{pmatrix} \text{ und } Q^{-1} = \frac{1}{25} \begin{pmatrix} -6 & -2 & 10 \\ 2 & -7/2 & 5 \\ 15 & 5 & 0 \end{pmatrix}$$

Aufgaben:

w(10) (vgl. Freeman(1965),S.31) Diagonalisieren Sie

$$A = \begin{pmatrix} 0 & 1 & 0 \\ 0 & 0 & 1 \\ 12 & -16 & 7 \end{pmatrix} \quad !$$

p(11) Erinnern Sie sich an Kap.(14.) LuM I !

Jede Reaktion A_j $(j = 1,\ldots,n)$ eines Individuums, dessen Lernverhalten untersucht werden soll, führe zu einem bestimmten Ergebnis aus einer endlichen Menge(Ergebnismenge). Jedes Ergebnis sei mit einer bestimmten Form von Belohnung bzw. Bestrafung verbunden, dies sind die Ereignisse E_i $(i = 1,\ldots,m)$, die eine Veränderung des Verhaltens bewirken, d.h. zu einem Lerneffekt führen. Da die in einem Lernvorgang ablaufenden Prozesse fast nie rein deterministisch sind, gehöre zu jedem E_i ein 'Lernoperator' T_i in Form einer Übergangsmatrix mit

$$p_{jk,i} := \text{Prob}(A_k \text{ in } t \text{ nach Auftreten von } E_i/A_j \text{ in } t-1)$$

als Übergangswahrscheinlichkeiten.

Betrachten wir nun den einfachsten Fall: $n = m = 2$, es sei lediglich auf $i = 1$ näher eingegangen($i = 2$ dann analog):

$$(1) \qquad \begin{pmatrix} p_{1t} \\ p_{2t} \end{pmatrix} = \begin{pmatrix} p_{11,1} & p_{21,1} \\ p_{12,1} & p_{22,1} \end{pmatrix} \begin{pmatrix} p_{1,t-1} \\ p_{2,t-1} \end{pmatrix} = T\, p_{t-1}$$

Vernachlässigen wir der Einfachheit halber den Index $i = 1$ und bezeichnen:

$p_{11} := 1 - b$, $p_{12} := b$, $p_{21} := a$, $p_{22} := 1 - a$,

dann folgt mit $p_{2,t-1} = 1 - p_{1,t-1}$ Formel [7] aus Kap.(14.) LuM I. Neben dieser "gain - loss - form" gibt es die Fixpunkt - Form

$$(2) \qquad p_{1t} = \alpha^t p_{10} + (1 - \alpha^t)\beta$$

mit $\alpha = 1 - a - b$, $\beta = \frac{a}{a + b}$; p_{2t} analog.

Leiten Sie (2) aus der Diagonalisierung von T ab, wobei

Sie von verschiedenen Eigenwerten von T ausgehen können (was bedeutet das für a und b ?) .

w(12) Betrachten Sie

$$A = \begin{pmatrix} 2 & 1 & 1 \\ 1 & 2 & 1 \\ 1 & 1 & 2 \end{pmatrix} \quad !$$

Vergleichen Sie $\sum_{i=1}^{3} \lambda_i$ und sp A sowie $\prod_{i=1}^{3} \lambda_i$ und $|A|$!

Was fällt Ihnen auf?

(vgl. Morrison(1967)S. 62)

(2.7) Analyse von Markow - Ketten

In diesem Kapitel werden außer der Linearen Algebra Grundkenntnisse der Wahrscheinlichkeitsrechnung und der Approximation durch konvergente Folgen im Umfang, wie dies in LuM I ausgebreitet wurde, vorausgesetzt. Stationäre Markow - Ketten wurden einleitend schon in Kap. (1.) erörtert; wir stellen hier noch einmal die wichtigsten Ergebnisse zusammen.

Die Veränderung eines Systems $\mathcal{T}$ im Zeitverlauf soll untersucht werden. $\mathcal{T}$ habe nur <u>endlich viele</u> Zustandsmöglichkeiten

$$S = \{s_1, \ldots, s_n\} .$$

Es werden hier nur Systeme in diskreten Zeitpunkten $t_0, t_1, \ldots$ betrachtet, nicht über kontinuierliche Zeitintervalle.

$$p_{ij} := \text{Prob}(s_j \text{ in } t_k / s_i \text{ in } t_{k-1}) \quad , \; i,j \in \{1, \ldots, n\} .$$

Diese <u>Übergangswahrscheinlichkeiten</u> sind also derart spezifiziert, daß -bezeichnet man einmal den gegenwärtigen Zeitpunkt mit t_{k-1}-die Wahrscheinlichkeit, daß sich das System im nächsten Zeitpunkt in s_j befindet, nur davon abhängt, in welchem Zustand es sich gegenwärtig befindet(und nicht auch vom historisch weiter zurückliegenden Prozeß). Dies ist die <u>Markow - Bedingung</u>, eine derartige Markow - Kette heißt von <u>1.Ordnung</u>.

Weiterhin wollen wir hier nur <u>stationäre</u> Systeme betrachten, d.h. die Übergangswahrscheinlichkeiten ändern sich im Zeitverlauf nicht. Für die Matrix $\mathcal{P} = (p_{ij})$ gilt nun:

$$(2.7 - 1) \qquad \mathcal{P} \in \mathcal{M}_{(n,n)} , \; p_{ij} \geq 0 , \; \sum_{j=1}^{n} p_{ij} = 1 \; ; \; i,j \in \{1,\ldots,n\}$$

Eine (n,n) - Matrix, die die zweite und dritte Eigenschaft von (2.7 - 1) besitzt, heißt <u>stochastische Matrix</u>. Somit definiert jede diskrete Markow - Kette mit endlich vielen Zuständen eine stochastische Matrix - umgekehrt stellt jede stochastische (n,n) - Matrix eine solche Markow - Kette dar.

Es sei $q_i^{(k)}$ die Wahrscheinlichkeit, daß sich das System zum Zeitpunkt t_k im Zustand s_i befindet; die $q_i^{(k)}$ werden zu einem Spaltenvektor $\mathfrak{q}_k$ zusammengefaßt, für den gilt:

$$(1) \; q_i^{(k)} \geq 0 , \qquad (2) \; \sum_{i=1}^{n} q_i^{(k)} = 1 \quad .$$

Ein n - Tupel, das (1) und (2) erfüllt, wird <u>Wahrscheinlichkeitsvektor</u> genannt, $\mathfrak{q}_0$ heißt auch <u>Anfangsverteilung</u>, $\mathfrak{q}_k$ auch <u>Zustandsvektor</u> zum Zeitpunkt t_k.
Durch die Anfangsverteilung $\mathfrak{q}_0$ und die stochastische Matrix $\mathcal{P}$ ist der zeitliche Verlauf des Systems $\mathcal{T}$ vollständig bestimmt. Eine Markow - Kette analysieren heißt nun, den zeitlichen Verlauf von $\mathcal{T}$ zu beschreiben, insbesondere das Grenzverhalten für $t \to \infty$. Wir gehen dabei in folgenden Schritten vor:

(1) Interpretation einer Markow - Kette als Operator,
(2) Spektralanalyse der Übergangsmatrix,
(3) Grenzverhalten der Markow - Kette.

(2.7.1) Interpretation einer Markow - Kette als Operator

In Kap. (1.) stellten wir fest:

(a) Die Multiplikation zweier stochastischer (n,n) - Matrizen liefert wieder eine stochastische Matrix,
(b) Ist $\mathfrak{q}$ (n,1) - Wahrscheinlichkeitsvektor und $\mathcal{P}$ stochastische Matrix, so ist $\mathfrak{q}'\mathcal{P}$ wieder ein stochastischer (Zeilen)Vektor.

Allg. konnte gezeigt werden:

(2.7 - 2) $\quad q'_{k+1} = q'_k \mathcal{P}$, und damit durch Rekursion:

(2.7 - 3) $\quad q'_k = q'_0 \mathcal{P}^k$.

Diese Beziehungen können mit Hilfe der Transposition von $\mathcal{P}$ umgeschrieben werden zu:

(2.7 - 2') $\quad \mathcal{P}' q_k = q_{k+1}$ und

(2.7 - 3') $\quad \mathcal{P}'^k q_0 = q_k$.

Damit kann eine Markow - Kette aufgefaßt werden als ein Operator $W: \mathbb{R}^n \longrightarrow \mathbb{R}^n$, dargestellt durch die zugehörige stochastische Matrix $\mathcal{P}'$, wobei zusätzlich gilt:

Ist $x = \begin{pmatrix} x_1 \\ \vdots \\ x_n \end{pmatrix}$ Wahrscheinlichkeitsvektor, so ist auch $W(x) = \mathcal{P}' x$ Wahrscheinlichkeitsvektor.

Analyse der Markow - Kette heißt also: Untersuchung der Folge $W(x)$, $W \circ W(x)$, $W^3(x), \ldots, W^n(x)$ ... für alle $n \in \mathbb{N}$ auf ihr Grenzverhalten(insbesondere Konvergenzverhalten) hin, wenn x Wahrscheinlichkeitsvektor ist.
Da W Operator ist, kann zunächst mit Hilfe der Eigenwerttheorie versucht werden, die stochastische Darstellungsmatrix von W zu vereinfachen(um damit u.a. einen einfachen Ausdruck für (2.7 - 3') zu erhalten). Es geht also zunächst um die Spektralanalyse von $\mathcal{P}'$. Da aber nach Aufg. w(6) Kap.(2.6.3) die Eigenwerte von $\mathcal{P}'$ gleich denen von $\mathcal{P}$ sind, werden wir die Spektraleigenschaften von $\mathcal{P}$ untersuchen.

(2.7.2) Spektraleigenschaften stochastischer Matrizen

Zu jeder stochastischen Matrix läßt sich sofort ein Eigenwert angeben:

Lemma 1: Ist $\mathcal{P}$ stochastische Matrix, so ist $\lambda = 1$ ein Eigenwert von $\mathcal{P}$ und $\mathbb{1}$ ist $(n,1)$ - Eigenvektor zu $\lambda = 1$.

Aufgabe:

w(1) Beweisen Sie Lemma 1 und prüfen Sie, ob auch -1 ein Eigenwert stochastischer Matrizen sein kann ?

Aussagen über die weiteren Eigenwerte einer stochastischen Matrix $\mathcal{P}$ sind allerdings nur auf Grund der Kenntnis der speziellen Gestalt von $\mathcal{P}$ möglich. Zwei Sätze(Perron 1907, Frobenius 1912) sind hier von besonderer Relevanz. Wir wollen sie jedoch ohne Beweis angeben, siehe dazu z.B. Gantmacher(1966). Wir werden allerdings die wichtigsten Typen stochastischer Matrizen mit ihren Spektraleigenschaften vorstellen.

Def. 1: Eine (n,n) - Matrix $A = (a_{ij})$ heißt nicht negativ, wenn gilt: $a_{ij} \geq 0$ für alle $i,j \in \{1,\dots,n\}$, und positiv, wenn gilt: $a_{ij} > 0$ für alle $i,j \in \{1,\dots,n\}$.

Def. 2: Eine Matrix $A_{(n,n)} = (a_{ij})$ heißt zerlegbar, wenn die Menge der Indizes $I = \{1,\dots,n\}$ in zwei Teilmengen $T_1 = \{i_1,\dots,i_\mu\}$, $T_2 = \{k_1,\dots,k_\nu\}$ mit $T_1 \cap T_2 = \emptyset$ und $T_1 \cup T_2 = I$ aufgespalten werden kann, so daß gilt: $a_{i_\alpha k_\beta} = 0$ für $\alpha = 1,\dots,\mu$; $\beta = 1,\dots,\nu$.

Andernfalls heißt A unzerlegbar.

Def. 2 besagt, daß eine zerlegbare Matrix durch Umordnung ihrer Zeilen und Spalten auf die Form

(2.7 - 4) $\qquad \tilde{A} = \begin{pmatrix} \mathcal{B} & \mathcal{O} \\ C & F \end{pmatrix}$ gebracht werden kann

mit $\mathcal{B}_{(\mu,\mu)}$ und $F_{(\nu,\nu)}$ als Untermatrizen von $\tilde{A}$; C ist dann (ν,μ) - Untermatrix von $\tilde{A}$.

Bemerkung: Auf den eigentlichen operatorentheoretischen Hintergrund dieser sehr technisch anmutenden Def. sei hier nicht eingegangen. Einen Hinweis findet der Leser in Gantmacher(1966) und Pease(1965).

Aufgaben:

w(2) In Def. 2 sei T_1 oder T_2 leer, welche Gestalt hat dann A ?

w(3) Prüfen Sie die folgenden Matrizen auf Zerlegbarkeit hin:

(a) A sei positive (n,n) - Matrix,

(b)

$$M_1 = \begin{pmatrix} 1 & 0 & 2 & -3 \\ -1 & 4 & 3 & 2 \\ 3 & 0 & -1 & 1 \\ 5 & 0 & 2 & 0 \end{pmatrix}, \quad M_2 = \begin{pmatrix} 8 & 0 & 7 & 0 \\ 0 & 4 & 0 & 3 \\ 6 & 0 & 5 & 0 \\ 0 & 2 & 0 & 1 \end{pmatrix}, \quad M_3 = I_{(n,n)},$$

$$M_4 = \begin{pmatrix} 0 & 2 & -3 \\ 3 & -1 & 1 \\ -1 & 1 & 0 \end{pmatrix}, \quad M_5 = \mathcal{O}_{(n,n)},$$

(c) A sei obere (oder untere) Dreiecksmatrix .

Es kann nun der entscheidende Satz über die Spektraleigenschaften formuliert werden:

Satz 1: (a) Für positive (n,n) - Matrizen A gilt: A besitzt stets einen reellen Eigenwert $\lambda_1 > 0$, der einfache Nullstelle des charakteristischen Polynoms ist. Für alle anderen Eigenwerte λ_i , $i = 2,\ldots,n$, gilt:

(2.7 - 5) $$\lambda_1 > |\lambda_i| \, .$$

Zu λ_1 gehört ein Eigenvektor mit nur positiven Komponenten.

(b) Für nicht-negative, unzerlegbare (n,n) - Matrizen A gilt: A besitzt stets einen reellen Eigenwert $\lambda_1 > 0$, der einfache Nullstelle des charakteristischen Polynoms ist. Für alle anderen Eigenwerte λ_i , $i = 2,\ldots,n$, gilt:

(2.7 - 6) $$\lambda_1 \geqslant |\lambda_i| \, .$$

Zu λ_1 gehört ein Eigenvektor mit nur positiven Komponenten. Besitzt A insgesamt h Eigenwerte vom Betrag λ_1 , so sind diese sämtlich verschieden(man beachte, daß - sofern komplexe Eigenwerte vorkommen - maximal n Eigenwerte mit Betrag λ_1 auftreten können).

(c) Für nicht-negative (n,n) - Matrizen A gilt: A besitzt stets einen reellen Eigenwert $\lambda_1 \geqslant 0$. Für alle übrigen Eigenwerte λ_i , $i = 2,\ldots,n$,gilt:

(2.7 - 7) $\lambda_1 \geq |\lambda_i|$.

Zu λ_1 gehört ein Eigenvektor mit nicht-negativen Komponenten.

(d) Der 'maximale' reelle Eigenwert λ_1, der in allen drei Fällen existiert, kann wie folgt abgeschätzt werden:

Sei $\sigma_i = \sum_{j=1}^{n} a_{ij}$ für i = 1,...,n , und sei

$\underline{\sigma} = \min_i \sigma_i$, $\bar{\sigma} = \max_i \sigma_i$, dann gilt:

(2.7 - 8) $\underline{\sigma} \leq \lambda_1 \leq \bar{\sigma}$.

Teil (a) des Satzes ist der oben erwähnte Satz von Perron, (b) ist ein Teil des Satzes von Frobenius, (c) erhält man durch Limesbetrachtungen aus (b) und (d) ergibt sich aus dem Beweisverlauf des Gesamtsatzes. Die Beträge sind je nachdem, ob $\lambda_i \in \mathbb{R}$ oder $\lambda_i \in \mathbb{C}$, in $\mathbb{R}$ bzw. in $\mathbb{C}$ definiert.

Der maximale Eigenwert hat eine große Bedeutung für die Charakterisierung der auf S.- 216- erwähnten Operatorenfolge. Nach Teil (d) von Satz 1 ist dies λ_1 . Relevant für die Charakterisierung der stochastischen Matrix auf Grund ihrer Spektraleigenschaften ist nun die Anzahl der Eigenwerte mit Betrag λ_1. Diese ergibt sich aus den Teilen (a) und (b).

Def. 3: $A \in \mathfrak{M}_{(n,n)}$ sei unzerlegbar und besitze genau h Eigenwerte, die den Betrag des maximalen Eigenwertes λ_1 haben, also $\lambda_1 = |\lambda_j|$, j = 1,...,h ; dann heißt A primitiv, falls h = 1 , und imprimitiv , falls h > 1 .

Aus Satz 1 und für spezielle stochastische Matrizen ergeben sich nun folgende Eigenschaften:

Korollar 1: Ist P eine stochastische Matrix, so ist $\lambda_1 = 1$ der maximale Eigenwert von P.

Korollar 2: Alle Eigenwerte einer stochastischen Matrix sind dem Betrage nach kleiner oder gleich 1 .

Sind alle Eigenwerte reell, so kann neben λ_1 nur der Eigenwert $\lambda = -1$ mit dem Betrag 1 auftreten. Für positive stochastische Matrizen hat nur λ_1 den Betrag 1, diese Matrizen sind also primitiv.

Korollar 3: Zu dem maximalen Eigenwert $\lambda_1 = 1$ einer stochastischen Matrix gehört ein Eigenvektor, der Wahrscheinlichkeitsvektor ist. Für unzerlegbare stochastische Matrizen existiert genau ein solcher Vektor zu $\lambda_1 = 1$.

Für die Darstellungsmatrix P' des die Markow - Kette beschreibenden Operators W können wir notieren:

Korollar 4: Zu P' ist $\lambda_1 = 1$ der maximale Eigenwert. Korollar 2 gilt auch für P'.

Korollar 5: P' habe nur reelle Eigenwerte(d.h. P habe nur reelle Eigenwerte) - wir wissen nach Korollar 2, wann das auf jeden Fall erfüllt ist - mit $\lambda_1 = 1$ als maximalem Eigenwert, dann gilt für alle anderen Eigenwerte λ_i, $i = 2,...,n$, hinsichtlich der zugehörigen Eigenvektoren $x = \begin{pmatrix} x_1 \\ \vdots \\ x_n \end{pmatrix}$:

(2.7 - 9) $$\sum_{l=1}^{n} x_l = 0 \quad .$$

D.h. insbesondere: Ist y Eigenvektor und Wahrscheinlichkeitsvektor(d.h. die Summe aus (2.7 - 9) ist gleich 1), dann muß der zugehörige Eigenwert $\lambda_1 = 1$ sein.

Korollar 6: Korollar 3 gilt auch für P' .

Beweise zu den Korollaren:

zu Korollar 1: Ergibt sich aus der Def. einer stochastischen Matrix und aus Satz 1 (d) ;

zu " 2: Ergibt sich unmittelbar aus Satz 1 (a)bis (c);

zu " 3: Nach Satz 1 (a) bis (c) gibt es zu $\lambda_1 = 1$ stets einen Eigenvektor $x \neq 0$ mit nichtnegativen Komponenten. Dann gilt nach Lemma 1

Kap. (2.6.3) auch jedes Vielfache von x Eigenvektor zu $\lambda_1 = 1$. Sei $\sum_{k=1}^{n} x_k =: c$, dann ist $c \neq 0$,und $\frac{1}{c} x$ ist Eigenvektor zu $\lambda_1 = 1$ und Wahrscheinlichkeitsvektor.

zu Korollar 4: Ergibt sich aus Aufg. w(5) Kap.(2.6);

zu " 5: λ_1 sei Eigenwert von P', $\lambda_1 \neq 1$, dann gilt:

$P'x = \lambda_1 x$ für alle Eigenvektoren zu λ_1, also mit $P' =:(p_{ij})$:

$$(p_{ij}) \begin{pmatrix} x_1 \\ \vdots \\ x_n \end{pmatrix} = \lambda_1 \begin{pmatrix} x_1 \\ \vdots \\ x_n \end{pmatrix}$$

. Rechnet man diese Matrizenmultiplikation unter Verwendung von Doppelsummen aus, so erhält man nach Addition der Komponenten:

$$\sum_{i=1}^{n}\sum_{j=1}^{n} p_{ij} x_j = \lambda_1 \sum_{j=1}^{n} x_j$$

Da die p_{ij} wegen der Transposition sich nun spaltenweise zu 1 aufsummieren gilt:

$$\sum_{i=1}^{n}\sum_{j=1}^{n} p_{ij} x_j = \sum_{j=1}^{n} (x_j \sum_{i=1}^{n} p_{ij}) = \sum_{j=1}^{n} x_j = \lambda_1 \sum_{j=1}^{n} x_j \quad ,$$

was nur für $\sum_{j=1}^{n} x_j = 0$ erfüllt sein kann, da $\lambda_1 \neq 1$.

zu Korollar 6: Gilt wie Korollar 3, da auch P' stets nichtnegativ ist.

<u>Beisp.</u>: Das Wahlbeisp. aus Kap.(2.6.1) soll nun so weit diskutiert werden, wie wir mit unseren theoretischen Betrachtungen fortgeschritten sind.

$$P = \begin{pmatrix} 3/4 & 1/20 & 1/5 \\ 1/5 & 7/10 & 1/10 \\ 1/5 & 1/10 & 7/10 \end{pmatrix}$$

ist eine positive stochastische Matrix. Als charakteristisches Polynom erhalten wir

(2.7 - 10) $\quad p(\lambda) := -100\lambda^3 + 215\lambda^2 - 148\lambda + 33$.

Nach Lemma 1 ist sicher $\lambda_1 = 1$ Nullstelle von $p(\lambda)$. Nach

Division von $p(\lambda)$ durch $\lambda - 1$ ergeben sich die weiteren Nullstellen von $p(\lambda)$ aus $p_1(\lambda) = -100\lambda^2 + 115\lambda - 33$ als

$$\lambda_2 = 3/5\ ,\quad \lambda_3 = 11/20\ .$$

Die λ_i , $i = 1,2,3$, sind zugleich Eigenwerte von $\mathcal{P}'$; $\mathcal{P}$ und $\mathcal{P}'$ sind somit von einfacher Struktur .

Sie sind der Diagonalmatrix

$$\mathcal{D} = \begin{pmatrix} 1 & 0 & 0 \\ 0 & 3/5 & 0 \\ 0 & 0 & 11/20 \end{pmatrix} \quad \text{ähnlich.}$$

Der Eigenraum zu $\lambda_1 = 1$ hat die Form

$$(2.7 - 11) \qquad E(\lambda_1) = \left\{ a \begin{pmatrix} 16 \\ 7 \\ 13 \end{pmatrix} / a \in \mathbb{R} \right\} \qquad \text{bzgl. } \mathcal{P}'$$

und der eindeutige Wahrscheinlichkeitsvektor zu λ_1 ergibt sich mit $a = 1/36$, er lautet

$$(2.7 - 12) \qquad \pi = \begin{pmatrix} 16/36 \\ 7/36 \\ 13/36 \end{pmatrix} \quad .$$

Die Eigenräume von λ_2 und λ_3 haben die Form:

$$E(\lambda_2) = \left\{ b \begin{pmatrix} 0 \\ 1 \\ -1 \end{pmatrix} / b \in \mathbb{R} \right\} \text{ und } E(\lambda_3) = \left\{ d \begin{pmatrix} 1 \\ 1 \\ -2 \end{pmatrix} / d \in \mathbb{R} \right\} .$$

Als Basis, bzgl. der $\mathcal{D}$ Darstellungsmatrix der Markow - Kette ist, können wir die Menge der Eigenvektoren, d.h. der Vektoren aus den Eigenräumen $E(\lambda_1), E(\lambda_2), E(\lambda_3)$, wählen:

$$(2.7 - 13) \qquad B = \left\{ \begin{pmatrix} 16 \\ 7 \\ 13 \end{pmatrix}, \begin{pmatrix} 0 \\ 1 \\ -1 \end{pmatrix}, \begin{pmatrix} 1 \\ 1 \\ -2 \end{pmatrix} \right\} \quad .$$

Auf diese Weise erhalten wir die Ähnlichkeitstransformation:

$$(2.7 - 14) \qquad \mathcal{P}' = T \mathcal{D} T^{-1}$$

$$= \begin{pmatrix} 16 & 0 & 1 \\ 7 & 1 & 1 \\ 13 & -1 & -2 \end{pmatrix} \begin{pmatrix} 1 & 0 & 0 \\ 0 & 3/5 & 0 \\ 0 & 0 & 11/20 \end{pmatrix} \begin{pmatrix} \frac{1}{36} & \frac{1}{36} & \frac{1}{36} \\ -\frac{27}{36} & \frac{45}{36} & \frac{9}{36} \\ \frac{20}{36} & -\frac{16}{36} & -\frac{16}{36} \end{pmatrix}$$

(2.7.3) Grenzverhalten von Markow - Ketten

Will man das Verhalten einer Markow - Kette, wie sie zuvor spezifiziert wurde, für t_k bei $k \to \infty$ untersuchen, so sind im einzelnen folgende Fragen zu beantworten:

(1) Welche Markow - Ketten konvergieren gegen einen stabilen Grenzzustand?

(2) Ist dieser, sofern er existiert, unabhängig von der Anfangsverteilung zu erreichen?

Es sei $p_{ij}^{(k)}$ definiert als die Wahrscheinlichkeit, daß das System sich zum Zeitpunkt t_{m+k} im Zustand s_j befindet, wenn es sich im Zeitpunkt t_m in s_i befand, also - mit $\mathcal{P}^k = (p_{ij}^{(k)})$ -:

$$(2.7 - 15) \qquad q_{m+k} = \mathcal{P}^{k\prime} q_m \ .$$

Damit ist die Frage nach dem Grenzverhalten der Markow - Kette gleichbedeutend mit der Frage nach dem Grenzverhalten von $\mathcal{P}^k$ für $k \to \infty$. Wir betrachten daher zunächst $\mathcal{P}^k$ und dann q_k für $k \in \mathbb{N}$.

Es ist klar, daß das Verhalten von $\mathcal{P}^k$ aus dem Verhalten der einzelnen Elemente von $\mathcal{P}^k$, der $p_{ij}^{(k)}$, ablesbar ist. Gefragt ist daher zunächst nach der Existenz von $\lim\limits_{k \to \infty} p_{ij}^{(k)}$ für $i,j \in \{1,\ldots,n\}$.

Für den Existenznachweis dieser Limites können wir, da es sich um Limites von Folgen reeller Zahlen handelt, die in LuM I aufgezeigten Kriterien heranziehen. Wir sagen:

$\lim\limits_{k \to \infty} \mathcal{P}^k := (p_{ij}^{\infty})$ existiert, wenn alle $\lim\limits_{k \to \infty} p_{ij}^{(k)} := p_{ij}^{\infty}$ existieren(man beachte, daß wir für Folgen von Matrizen keinen Limes definiert haben).

Wir nennen die p_{ij}^{∞} Grenzwahrscheinlichkeiten der Markow - Kette. $\mathcal{P}^{\infty}$ ist natürlich wieder eine stochastische Matrix. Nach dem in den vorangegangenen Kapiteln Gesagten dürfte klar sein, daß die Eigenwerte von $\mathcal{P}$ für das Grenzverhalten von $\mathcal{P}^k$ bei $k \to \infty$ von entscheidender Bedeutung sind. Der hier zentrale Satz, der wieder ohne Beweis angegeben werden soll, ist mit folgenden

Definitionen einfach zu formulieren.

Def. 1: Eine Markow - Kette(und ihre Übergangsmatrix P) heißt schwach regulär, wenn P außer $\lambda_1 = 1$ keinen Eigenwert vom Betrag 1 besitzt; sie heißt regulär , wenn 1 außerdem einfache Nullstelle des charakteristischen Polynoms ist.

Eine Markow - Kette ist also insbesondere dann schwach regulär, wenn P nur reelle Eigenwerte $\neq -1$ besitzt, und insbesondere regulär, wenn P positiv ist.

Def. 2: Eine Markow - Kette heißt azyklisch, wenn ihre Übergangsmatrix P primitiv ist, und zyklisch, wenn P imprimitiv ist.

Azyklische Markow - Ketten sind also insbesondere regulär.

Aufgabe:

w(4) Welche der Eigenschaften aus Def. 1 und 2 besitzt eine stochastische Dreiecksmatrix, deren Hauptdiagonalelemente sämtlich $\neq 0$ sind? Welche Eigenschaften liegen vor, wenn ein Hauptdiagonalelement gleich Null ist?

Es gilt nun der

Satz 2: Die Grenzwahrscheinlichkeiten p_{ij}^{∞} einer Markow - Kette existieren genau dann, wenn die Kette schwach regulär ist.

Beim Beweis von Satz 2 ergibt sich insbesondere

Korollar 1: Ist $P^{\infty} = (p_{ij}^{\infty})$ die Matrix der Grenzwahrscheinlichkeiten, so wird jede Spalte p_j^{∞} von P^{∞} gebildet von einem zu dem Eigenwert $\lambda_1 = 1$ gehörenden Eigenvektor von P .

Mit Korollar 1 zeigt man

Korollar 2: Eine Markow - Kette ist genau dann regulär, wenn alle Elemente einer j - ten Spalte p_j^{∞} von P^{∞} gleich sind. Man sagt, die Grenzwahrscheinlichkeiten sind vom Anfangszustand unabhängig.(vgl. Korr.2 S.-226-)

Beweis: Für eine reguläre Kette ist $\lambda_1 = 1$ einfache Nullstelle des charakteristischen Polynoms von $\mathcal{P}$. Der Eigenraum $E(\lambda_1)$ ist also eindimensional, und nach Lemma 1 ist

$B = \left\{ \begin{pmatrix} 1 \\ \vdots \\ 1 \end{pmatrix} \right\}$ Basis von $E(\lambda_1)$. Alle Eigenvektoren zu $\lambda_1 = 1$ haben also die Form $a \begin{pmatrix} 1 \\ \vdots \\ 1 \end{pmatrix}$ mit $a \in \mathbb{R}$.

Nach Korollar 1 sind dies gerade die Spalten von $\mathcal{P}^{\infty}$.

Die Umkehrung des Beweises verläuft analog.

Mit Satz 1 (a) und Satz 2 zeigt man außerdem:

Korollar 3: $\mathcal{P}^{\infty}$ ist genau dann eine positive Matrix, wenn die Markow - Kette azyklisch ist.

Betrachten wir nun die aus Satz 2 und den Korollaren sich ergebenden Folgerungen für den Grenzzustand von Markow - Ketten. Für die Zustandsvektoren q_k definieren wir: $\lim_{k \to \infty} q_i^{(k)} := q_i^{\infty}$, $i = 1, \ldots, n$. In Vektorschreibweise:

$\lim_{k \to \infty} q_k = q^{\infty}$. Die q_i^{∞} nennen wir Grenzzustandswahrscheinlichkeiten.

Aus (2.7 - 3') ergibt sich beim Grenzübergang:

$$(2.7 - 16) \qquad q^{\infty} = \mathcal{P}^{\infty\prime} q_0 \quad ,$$

somit existiert q^{∞} genau dann, wenn $\mathcal{P}^{\infty}$ existiert. q^{∞} ist natürlich wieder Wahrscheinlichkeitsvektor.

Damit ergibt sich aus Satz 2:

Satz 3: Die Grenzzustandswahrscheinlichkeiten q_i^{∞} einer Markow - Kette existieren genau dann, wenn die Kette schwach regulär ist.

Die Korollare erhalten die Form:

Korollar 1: Der Spaltenvektor q^{∞} der Grenzzustandswahrscheinlichkeiten ist ein zu dem Eigenwert $\lambda_1 = 1$ gehörender Eigenvektor von $\mathcal{P}'$.

Bew.: Es gilt $\mathcal{P}' \mathcal{P}^{\infty\prime} = \mathcal{P}^{\infty\prime}$; Multiplikation von rechts mit p_0 ergibt nach (2.7 - 16):

$$(2.7 - 17) \qquad \mathcal{P}' q^{\infty} = q^{\infty} = 1\, q^{\infty} .$$

<u>Korollar 2</u>: Der Spaltenvektor q^{∞} der Grenzzustandswahrscheinlichkeiten existiert und ist genau dann von der Anfangsverteilung unabhängig, wenn die Kette regulär ist.

<u>Bew.</u>: Ist die Kette regulär, so sind nach Korollar 2 von Satz 2 die Elemente der j - ten Spalte p_j^{∞} gleich. Also ist

$$(2.7 - 18) \qquad P^{\infty\prime} q_0 = p_j^{\infty\prime}$$

für jede beliebige Spalte $p_j^{\infty\prime}$ von $P^{\infty\prime}$ und <u>für alle</u> q_0, die Wahrscheinlichkeitsvektoren sind. $P^{\infty\prime} q_0$ ist also nur von P und nicht von q_0 abhängig. Die Umkehrung des Beweises verläuft analog.

<u>Korollar 3</u>: Der Spaltenvektor q^{∞} der Grenzzustandswahrscheinlichkeiten existiert und ist von q_0 unabhängig sowie positiv genau dann, wenn die Kette azyklisch ist.

<u>Bew.</u>: Ergibt sich unmittelbar aus Korollar 2 zu Satz 3 und Korollar 3 zu Satz 1 .

<u>Bemerkung</u>: Ist eine allg. Markow - Kette(stationär, diskret, mit endlich vielen Zuständen) gegeben, die nicht schwach regulär ist, so gibt es für diese Kette keinen stabilen Grenzzustand. Das Verhalten dieser Kette kann nur mit einer differenzierteren Normalformtheorie für Matrizen charakterisiert werden. Diese Erörterungen würden jedoch hier zu weit führen. Wir verweisen auf Kap. (4.) und Gantmacher(1966).

Zusammenfassend können wir folgende allg. Analyseergebnisse aufzeigen:

(1) Kriterien über die Existenz eines stabilen Grenzzustandes gibt Satz 2 mit seinen Korollaren.

(2) Informationen über die Grenzzustandswahrscheinlichkeiten liefert Satz 3 mit seinen Korollaren.

(3) Für spezielle Markow - Ketten ist festzuhalten:

(a) Ist $\lambda_1 = 1$ der einzige Eigenwert vom Betrag 1 <u>und</u> einfache Nullstelle des charakteristischen Polynoms(das ist erfüllbar bei positiven oder primitive stochastischen Matrizen), dann ist der Vektor der Grenzzustandswahrscheinlichkeiten der eindeutige Wahrscheinlichkeitsvektor, der Eigenvektor zu $\lambda_1 = 1$ ist. Man bestimmt in diesen Fällen also $E(\lambda_1)$ und erhält den gesuchten Vektor durch Normierung eines beliebigen Vektors aus $E(\lambda_1)$ auf die Komponentensumme 1 .

(b) Ist die Kette schwach regulär, aber nicht regulär, so kann man für den Fall, daß $\mathcal{P}'$ von einfacher Struktur ist, folgendermaßen vorgehen: Man bestimmt zu $\mathcal{P}'$ die Diagonalmatrix $\mathcal{D} = (d_{ij})$ und die Transformationsmatrix T mit $\mathcal{P}' = T \mathcal{D} T^{-1}$. Es gilt dann

(2.7 - 19) $$\mathcal{P}^{\infty\prime} = T \mathcal{D}^{\infty} T^{-1}$$

$\mathcal{D}^{\infty}$ existiert stets, da alle Eigenwerte nach Satz 1 und Korollar 1 zu Satz 1 dem Betrage nach $\leqslant 1$ sind; $\mathcal{D}$ ist wieder Diagonalmatrix , und für die $d_{ii}^{\infty} := \lim\limits_{k \to \infty} d_{ii}^{k}$ gilt:

(2.7 - 20) $$d_{ii}^{\infty} = \begin{cases} 1 \text{ für } d_{ii} = 1 \\ 0 \text{ für } |d_{ii}| < 1 \end{cases} .$$ (vgl. LuM I, S. 199f)

Damit kann $\mathcal{P}^{\infty\prime}$ und somit auch nach (2.7 - 16) q^{∞} leicht berechnet werden.

(c) Ist die Kette nicht regulär und $\mathcal{P}'$ nicht von einfacher Struktur, so kann $\mathcal{P}^{\infty}$ nicht so unmittelbar berechnet werden. Hier sei wieder auf Kap. (4.) und Gantmacher(1966) verwiesen.

(d) Ist die Kette regulär, kann man also nach (a) vorgehen, so kann man mit Hilfe der Methode in (b) Informationen über die Geschwindigkeit der Konvergenz gegen den stabilen Endzustand erhalten, was aus (a) allein nicht möglich ist.

<u>Beisp</u>.: Diskutieren wir nun unser Wahlbeisp. unter den aufge-

zeigten Aspekten. Wir können hier nach 3(a) oder (b) vorgehen. Die Lösung nach 3(a) wurde bereits in Form von (2.7 - 12) berechnet. Führen wir daher die Rechnung nach 3(b) durch. Wir erhalten unter Verwendung von (2.7 - 14)

$$(2.7 - 21) \qquad \pi = q^{\infty} = P^{\infty\prime} q_0 = T D^{\infty} T^{-1} q_0 = T D^{\infty} T^{-1} \begin{pmatrix} 2/5 \\ 2/5 \\ 1/5 \end{pmatrix}$$

$$= \begin{pmatrix} 16/36 \\ 7/36 \\ 13/36 \end{pmatrix} \quad , \text{ mit } \quad D^{\infty} = \begin{pmatrix} 1 & 0 & 0 \\ 0 & 0 & 0 \\ 0 & 0 & 0 \end{pmatrix}$$

Für das dritte Folgenglied erhalten wir bereits

$$(2.7 - 22) \qquad q_3 = P^{3\prime} q_0 = T D^3 T^{-1} q_0 \approx \begin{pmatrix} 16/36 \\ 8/36 \\ 12/36 \end{pmatrix} ,$$

was die relativ rasche Konvergenz des Prozesses andeutet. Für genauere Betrachtungen der Konvergenzgeschwindigkeit sind natürlich abgesicherte Kriterien zu verwenden.

Aufgaben:

w(5) Zwei typische (stark vereinfachte) Modelle sozialer Schichtungsmobilität sind:

s_1:= Unterschicht, s_2:= Oberschicht, s_1 und s_2 mögen eine Zerlegung hinsichtlich der männlichen Bevölkerung eines Landes bilden.

p_{ij}:= Prob(Sohn in s_j/Vater in s_i) ; der Leser mache sich die Annahmen einer Markow - Kette soziologisch-inhaltlich klar.

$P_1 = \begin{pmatrix} 1 & 0 \\ 1/2 & 1/2 \end{pmatrix}$ beschreibt den Fall einseitiger Mobilität(nur nach oben) bei Chancengleichheit.

s_1:= Unterschicht, s_2:= Mittelschicht, s_3:= Oberschicht; s_1, s_2 und s_3 mögen eine Zerlegung bilden , auch sei p_{ij} wie zuvor(allerdings nun $i,j \in \{1,2,3\}$) definiert.

$$\mathcal{P}_2 = \begin{pmatrix} 1 & 0 & 0 \\ 0 & 1/2 & 1/2 \\ 0 & 1/3 & 2/3 \end{pmatrix}$$ Keine Aufstiegsmöglichkeiten nach s_1.

Interpretieren Sie das Grenzverhalten von $\mathcal{P}_1$, $\mathcal{P}_2$.
Ist eine der zwei Situationen dadurch charakterisiert, daß Mobilitätschancen schon durch Geburt vollkommen festgelegt werden?

w(6) Ein Zustand s_i einer Markow - Kette $(i = 1,\ldots,n)$ heißt periodisch mit Periode τ, $\tau > 1$, wenn gilt:

(1) $p_{ii}^{(n)} = 0$ außer für $n = 0$, $n = \tau, 2\tau, \ldots$; d.h.

$p_{ii}^{(n)} > 0 \Longrightarrow n$ ist Vielfaches von τ ;

(2) τ ist die kleinste Zahl $\in \mathbb{N} > 1$, für die (1) gilt.

Hierbei stellt $p_{ii}^{(n)}$ die Wahrscheinlichkeit dar, daß der Prozeß nach n Schritten s_i erreicht, wenn er in s_i gestartet ist.

(a) Kann eine Übergangsmatrix mit Verbleibewahrscheinlichkeiten p_{ii} echt größer als Null periodische Zustände enthalten? Wenn ja, Beisp., wenn nein, warum nicht?

Def.: Eine Markow - Kette heißt periodisch mit Periode τ, wenn alle ihre Zustände periodisch sind mit Periode τ.

Ist ein Zustand periodisch mit Periode τ, so existiert im Graphen, der den stochastischen Prozeß darstellt, offensichtlich ein Zyklus der Länge τ. Wie Sie wissen aus Kap.(1.), spielen die assoziierte logische Matrix und die logischen Potenzen dieser Matrix eine entscheidende Rolle zur Auffindung von Zyklen.

(b) Betrachten Sie nur solche Zyklen, die alle Knoten höchstens einmal berühren! Diese reichen zur Bestimmung der Periode aus. Weshalb?

(c) Woran erkennt man an den logischen Potenzen von $A(G)$ das Vorhandensein von Zyklen?

(d) Def.: A sei nicht negative (n,n) - Matrix,

$$\text{sp}\, A * := \begin{cases} 1 & \text{für } \text{sp}\, A > 0 \\ 0 & \text{für } \text{sp}\, A = 0 \end{cases}$$

Verwenden Sie diese Def. im Zusammenhang mit (c) zur Entwicklung einer Methode, mit deren Hilfe sich die Periode einer Übergangsmatrix berechnen läßt .

(e) Berechnen Sie die Periode von

$$\mathcal{P} = \begin{pmatrix} 0 & 1 & 0 & 0 \\ 0 & 0 & 1 & 0 \\ 0 & 1/2 & 0 & 1/2 \\ 1 & 0 & 0 & 0 \end{pmatrix} \quad !$$

Lit.: Kaufmann,Cruon(1967), S. 176ff

w(7) $\mathcal{P} = \begin{pmatrix} 0 & 1 & 0 \\ 0 & 0 & 1 \\ 1 & 0 & 0 \end{pmatrix}$, welche Eigenschaften hat dieser stochastische Prozeß ?

w(8) In einem Markow - Ketten - Prozeß läßt sich die Differenz $q_{k+1} - q_k =: \Delta q_k$, die beim Schritt von k nach k+1 entsteht, darstellen als ein Matrizenoperator, der auf q_k einwirkt. Zeigen Sie dies !

p(9) In einem Panelverfahren(<u>eine</u> Stichprobe von Individuen wird zu verschiedenen Zeitpunkten befragt, beobachtet etc.) seien Fragen mit"ja"oder"nein"zu beantworten. Das Übergangsverhalten dieses Panels lasse sich durch eine Markow - Kette darstellen mit

		Fragezeit-punkt t+1
Fragezeit-	ja	$\begin{pmatrix} p_{11} & p_{12} \\ p_{21} & p_{22} \end{pmatrix}$
punkt t	nein	

Diskutieren Sie dies unter der Annahme, die Markow - Kette sei unzerlegbar, aperiodisch und nicht absorbierend(d.h. $p_{ii} \neq 1$ für alle i), hinsichtlich des Problems der Prognose durch Panel - Befragungen !

p(10) Ein Spieler gewinnt mit einer Wahrscheinlichkeit p einen bestimmten Betrag V , mit 1 - p verliert er den Betrag W . Er beginnt mit einem Startkapital von DM 100.-. Es seien: V = DM 50.- , W = DM 25.- , p = 0.2 . Entwickeln Sie eine Übergangsmatrix mit den möglichen Spielkapitalien, die im Laufe der Spielrunden entstehen können, als Zuständen. Es entsteht so ein <u>random - walk</u> - Modell.

Der Spieler beendet das Spiel, wenn sein Kapital DM 0.- oder DM 200.- erreicht oder über-(bzw. bei 0.- unter-)schreitet. Beschreiben Sie den Verlauf des stochastischen Prozesses, soweit Sie ihn aus der Beschaffenheit der Übergangsmatrix unmittelbar ablesen können! Weiterreichende Probleme(z.B.: wie häufig wird ein Spieler das Spiel machen können, ehe er zum ersten Mal 0.- oder 200.- erreicht etc.)sind mit den Methoden aus Kap.(4.) zu behandeln. Sie müssen an dieser Stelle noch vernachlässigt werden.

p(11) Wir hatten bereits in Kap.(1.) darauf hingewiesen, daß die Markow - Ketten auf Grund ihrer Stationarität und Geschlossenheit i.a. bei der Modellierung stochastisch-dynamischer Vorgänge in den Sozialwissenschaften lediglich eine grobe Annäherung darstellen. Als weitere Schwäche läßt sich ihre Eigenschaft, einen Prozeß nur von einem Zeitpunkt zum nächsten zu beschreiben(Markow - Bedingung, Markow - Kette 1.Ordnung), nennen.

Mögliche Verfeinerungen hinsichtlich dieser drei Aspekte seien hier in Form jeweils einer Aufgabe angedeutet:

(a) Wenn für alle benachbarten Zeitpunkte t,t+1 verschiedene Übergangsmatrizen existieren, also $P^{(t)} \neq P^{(t+1)}$, wie berechnet man dann bei gegebener Anfangsverteilung q_0 die Verteilung q_t ?

(b) n_t sei die Verteilung(absolute Häufigkeiten) von Individuen auf Schichten i = 1,...,n einer Gesellschaft in einem bestimmten Land. r_i sei die Nettoreproduktionsquote der Schicht i von t auf t+1 (z.B. bedeutet $r_i = 1.05$, daß n_{it} auf Grund von Geburten und Sterbefällen auf $\hat{n}_{i,t+1} = 1.05 n_{it}$ steigt).
a_i sei die schichtenspezifische Auswanderungsquote von t auf t+1 . $(p_{ij}) =: P$ sei die Mobilitätsmatrix (Übergangsmatrix von Schicht i nach Schicht j, j = 1,...,n von t auf t+1). e_i sei die schichtenspezifische Einwanderungsquote von t auf t+1 .

Stellen Sie n_{t+1} aus diesen Größen dar! (Beachten Sie dabei, daß die Reihenfolge der hier aufgelisteten Größen bereits auf die logische Modellierungsfolge zugeschnitten ist!) Nehmen Sie an, die Quoten und Mobilitätswahrscheinlichkeiten seien konstant im Zeitverlauf. Bilden Sie dann n_t in Abhängigkeit von n_0 ! Lit. : Ziegler(1972),S.52f .

(c) Wie läßt sich durch geeignete Definition der Zustände von Markow - Ketten leicht eine Markow - Kette n - ter Ordnung konstruieren ?

Ausgewählte weiterführende Literatur

Autorenkollektiv: Mathematische Standardmodelle der Operationsforschung Berlin: Verlag die Wirtschaft 1970

William W. Cooley, Paul R. Lohnes: Multivariate Data Analysis New York: Wiley 1971

Franklin A. Graybill: An Introduction to Linear Statistical Models,Vol. I New York: McGraw - Hill 1961

George F. Hadley: Linear Programming Reading: Addison - Wesley 1967

Keith Hope(ed.): The Analysis of Social Mobility Oxford Univ. Press 1972

Ronald A. Howard: Dynamische Programmierung und Markov-Prozesse Zürich: Verlag Industrielle Organisation 1965

Arnold Kaufmann: Graphs, Dynamic Programming and Finite Games New York: Academic Press 1967

George G. Kemeny, J. Laurie Snell: Finite Markov Chains, Repr. Princeton, N.J.: Van Nostrand 1969

John G. Kemeny, J. Laurie Snell, Gerald L. Thompson: Introduction to Finite Mathematics Englewood Cliffs,N.J.: Prentice - Hall 1957

Clyde Y. Kramer: A First Course in Methodes of Multivariate Analysis
Blacksburg, Virginia: Virginia Polytechnical Inst. and State Univ. Press 1972

Paruchi R. Krishnaiah(ed.): Multivariate Analysis
New York: Academic Press 1966

Werner Meißner: Ökonometrische Modelle - Rekursivität und Interdependenz aus der Sicht der Kybernetik -
Berlin: Dunker & Humblot 1971

Eberhard Schelch: Die Intergenerationenmobilität in Westdeutschland - Eine dynamische Analyse auf der Basis Markovscher Ketten -
Meisenheim: 1972

Peter Schönfeld: Methoden der Ökonometrie , Band I - Lineare Regressionsmodelle -
Berlin: Vahlen 1969

S.R. Searle: Linear Models
New York: Wiley 1971

Patrick Suppes, Richard C. Atkinson: Markov Learning Models for Multiperson Interactions
Stanford, Calif.: Stanford Univ. Press 1960

H.C. White: Chains of Opportunity
Harvard Univ. Press 1970

H. Wold: Causality and Econometrics
in: Econometrica 22, 1954, S. 162 - 177

(3.) Analysis

(3.1) Vorbemerkung

Bisher entwickelten wir mathematische Bereiche jeweils vor dem Hintergrund eines sozialwissenschaftlichen Problemfeldes. In diesem Kap. werden wir den Anwendungsbezug zwar nicht vernachlässigen, ihn aber etwas zurückdrängen zugunsten der stärkeren Betonung einer innermathematischen Operativität. Gerade beim Gegenstandsbereich "Analysis" scheint uns eine erhebliche Schwäche bisheriger Darstellungen darin zu liegen, daß der Herleitung analytischer Theoreme relativ unvermittelt konkrete Probleme gegenübergestellt werden. Analytische Aufgabenstellungen verlangen jedoch häufig einen konstruktiven Zugriff. Gerade dieser Transfer von analytischen Theoremen auf konkrete Problemstellungen erfordert daher eine operative Darstellungsform, in deren Zentrum problemorientierte innermathematische Anwendungszusammenhänge stehen.
Wir haben versucht, diese Aspekte im Rahmen einer Einführung zu berücksichtigen.

(3.2) Komplexe Zahlen

Im vorigen Kap. entstand bei der Berechnung von Eigenwerten eines Operators das Problem, die Nullstellen von Polynomen zu bestimmen, was im Bereich der reellen Zahlen nicht immer vollständig möglich ist, wie wir gesehen haben.

Neben dieser innermathematischen Relevanz besitzen z.B. bei dynamischen Systemmodellen gerade die nicht-reellen Lösungen häufig eine besondere theoretische Bedeutung, da sie das Vorliegen von Schwingungen signalisieren.
Deswegen sollen hier die komplexen Zahlen, ihre algebraischen Eigenschaften, ihre Veranschaulichungen mit einigen Bemerkungen zu komplexen Lösungen dynamischer Systemmodelle dargestellt werden.

Sind $a,b \in \mathbb{R}$, so können wir die geordneten Paare(oder 2-Tupel) der Form (a,b) betrachten und auf der Menge aller dieser Paare eine Addition und eine Multiplikation definieren:

Def. 1: Die Menge $\mathbb{C} = \{(a,b)/a,b \in \mathbb{R}\}$ zusammen mit den inneren Verknüpfungen

$\oplus : \mathbb{C} \times \mathbb{C} \longrightarrow \mathbb{C}$ mit $(a,b) \oplus (c,d) = (a+c, b+d)$ für alle $(a,b),(c,d) \in \mathbb{C}$;

$\circ : \mathbb{C} \times \mathbb{C} \longrightarrow \mathbb{C}$ mit $(a,b) \circ (c,d) = (ac - bd, bc + ad)$ für alle $(a,b),(c,d) \in \mathbb{C}$

heißt Menge der komplexen Zahlen. $\oplus$ heißt Addition auf $\mathbb{C}$, $\circ$ heißt Multiplikation auf $\mathbb{C}$.

Beachten Sie, daß $\oplus$ durch das $+$ in $\mathbb{R}$ und $\circ$ durch $+$ und $\cdot$ in $\mathbb{R}$ definiert werden. Im folgenden werden wir, da keine Verwechslungen zu befürchten sind, für $\oplus$ und $\circ$ einfach $+$ und $\cdot$ schreiben. Es gilt der

Satz 1: Die komplexen Zahlen $\mathbb{C}$ bilden mit ihrer Addition und Multiplikation einen Körper.

Zum Beweis sei bemerkt, daß das neutrale Element bzgl. $+$ das Paar $(0,0) =: 0_{\mathbb{C}}$ ist; das neutrale Element bzgl. $\cdot$ ist das Paar $(1,0) =: 1_{\mathbb{C}}$. Die übrigen Gesetze sind leicht zu zeigen.

Das Rechnen mit komplexen Zahlen umfaßt insofern das Rechnen mit reellen Zahlen, als wir uns jede komplexe Zahl der Form $(a,0)$ für $a \in \mathbb{R}$ als die reelle Zahl a vorstellen können. Die oben definierten Verknüpfungen $\oplus$ und $\circ$ entsprechen für diese Paare $(a,0)$ gerade $+$ und $\cdot$ in $\mathbb{R}$. $\mathbb{R}$ ist so in $\mathbb{C}$ 'wiederzufinden'.

Bezeichnungen: In der Literatur findet sich meist folgende Schreibweise für komplexe Zahlen:

$(a,b) = a + jb$, wobei j die imaginäre Einheit genannt wird. Wir wollen diese Schreibweise künftig ebenfalls verwenden, allerdings darauf verzichten, j als $\sqrt{-1}$ zu interpretieren, was zwar die oben definierte Multiplikation motiviert, ansonsten aber höchstens zu Fehlinterpretationen Anlaß gibt.

Für $z = x + jy$ heißt x der Realteil von z, $\mathrm{Re}(z)$, und y der Imaginärteil von z, $\mathrm{Im}(z)$.

Zunächst sollen, wie für $\mathbb{R}$ schon in LuM I, Ordnung und Betrag für $\mathbb{C}$ erklärt werden:

<u>Def. 2</u>: Die Relation "$\circledleq$" mit $(a,b) \circledleq (c,d) \Longleftrightarrow a \leqslant b$ und $b \leqslant d$ auf $\mathbb{C}$ heißt <u>Ordnungsrelation</u> zwischen komplexen Zahlen.

Für $\circledleq$ und $\leqslant$ gilt analog das oben für $\oplus$ und $\circ$ Gesagte.

<u>Satz 2</u>: Die Relation aus Def. 2 ist eine nicht vollständige Ordnungsrelation auf $\mathbb{C}$.

Aufgabe:

w(1) Beweisen Sie Satz 2 und geben Sie zwei bzgl. $\leqslant$ nicht vergleichbare komplexe Zahlen an !

<u>Def. 3</u>: Für eine komplexe Zahl $z = x + jy$ heißt $\bar{z} = x - jy$ das <u>komplexe Konjugat</u> von z , z und $\bar{z}$ heißen <u>komplex konjugierte Zahlen</u>.

<u>Def. 4</u>: Die Abb. $|\ |: \mathbb{C} \longrightarrow \mathbb{R}^+$ mit

$$(3.2 - 1) \qquad |z| = |x + jy| := +\sqrt{z \cdot \bar{z}} = +\sqrt{x^2 + y^2}$$

heißt <u>Betragsfunktion</u> für $\mathbb{C}$.

Bevor wir die Rechengesetze für konjugiert-komplexe Zahlen und für den Betrag zusammenstellen, seien die komplexen Zahlen auf verschiedene Weise anschaulich dargestellt.

(a) Die Gauss'sche Zahlenebene

In einem kartesischen Koordinatenkreuz, hier die 'imaginäre Ebene'(auch Gauss'sche Zahlenebene genannt), wird eine reelle x - Achse und eine 'imaginäre' y - Achse definiert:

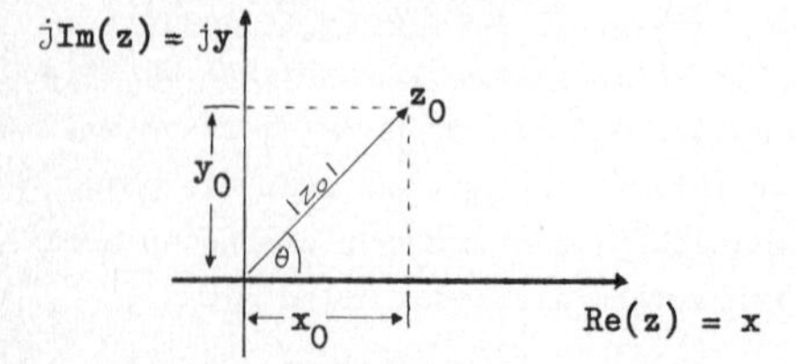

$z_0 = x_0 + jy_0$ läßt sich darin als 'Vektor' darstellen mit den Komponenten (x_0, y_0). Der Betrag $|z_0|$ wird gerade durch den Satz des

Pythagoras gegeben. Die Addition von komplexen Zahlen geht analog der von 2-komponentigen reellen Vektoren vor sich. Die konjugiert komplexe Zahl $\bar{z}_0$ entsteht durch Spiegelung von z_0 an der x - Achse. In der Gaussschen Zahlenebene werden also komplexe Zahlen als 'Vektoren' durch Re(z) und Im(z) veranschaulicht.

(b) Winkeldarstellung

Die Betragsfunktion nach (3.2 - 1) stellt offenbar eine Kreisgleichung für einen Kreis mit dem Mittelpunkt im Koordinatenursprung dar. $|z|$ gibt also den Radius des Kreises an, auf dem sich (x,y) je nach Winkel θ befindet, wobei θ der Winkel zwischen der x - Achse und z ist. Dies führt zu einer weiteren Darstellung: man schreibt $\theta =: \arg z$ ('Argument von z', auch 'Amplitude' von z genannt). arg z ist offensichtlich bis auf Vielfache von 2π eindeutig.

Man schreibt:

(3.2 - 2) $$z_0 = |z_0| \angle \theta$$

und liest:"z_0 hat die Größe $|z_0|$ unter dem Winkel θ ".

(c) Polarkoordinaten

Nach (b) kann eine komplexe Zahl z_0 durch $|z_0|$ und den Winkel θ dargestellt werden. Mit Hilfe der trigonometrischen Funktionen sin und cos kann daraus eine explizite Darstellung von $\mathrm{Re}(z_0)$ und $\mathrm{Im}(z_0)$ zurückgewonnen werden. Nach Def. von sin und cos gilt nämlich(man betrachte das Schaubild auf der vorigen Seite):

$$x_0 = |z_0| \cos\theta \quad , \quad y_0 = |z_0| \sin\theta \quad ;$$

also kann z_0 dargestellt werden als

(3.2 - 3) $$z_0 = |z_0| \cos\theta + j|z_0| \sin\theta$$
$$= |z_0|(\cos\theta + j \sin\theta) \; .$$

(3.2 - 3) wird Darstellung durch Polarkoordinaten

genannt.

(d) Exponentialform

Benutzt man in (c) die Reihendarstellung für sin und cos aus LuM I, S. 218 , so errechnet man:

$$\cos\theta = \frac{1}{2}(e^{j\theta} + e^{-j\theta}) \;,\; \sin\theta = \frac{1}{2j}(e^{j\theta} - e^{-j\theta}) \tag{3.2 - 4}$$

Damit erhalten wir für komplexe Zahlen eine weitere Darstellungsmöglichkeit:

$$z_0 = |z_0|\, e^{j\theta} \;, \tag{3.2 - 5}$$

die Exponentialform, in der der Winkel als Vielfaches von 2π ausgedrückt wird.

Allen vier Darstellungsformen ist gemeinsam, daß zwei Größen zur Beschreibung einer komplexen Zahl benötigt werden. In (a) und (c) sind Real- und Imaginärteil von z_0 unmittelbar abzulesen, (b) und (d) stellen z_0 'integriert' dar.

Stellen wir die vier Darstellungsweisen an Hand numerischer Beispiele in einer Tabelle gegenüber:

(a)	(b)	(c)	(d)
$z_1 = 1.28 + j1.53$	$z_1 = 2 \angle 50^\circ$	$z_1 = 2(0.64 + j0.77)$	$z_1 = 2e^{j0.873}$
$z_2 = 0 - j$	$z_2 = 1 \angle 270^\circ$	$z_2 = 1(0 - j)$	$z_2 = e^{j3\pi/2}$
$z_3 = 3.53 - j3.53$	$z_3 = 5 \angle -45^\circ$	$z_3 = 5(0.71 - j0.71)$	$z_3 = 5e^{-j\pi/4}$

Gehen wir exemplarisch die erste Zeile ausführlich durch: Vorgegeben sei $z_1 = 2 \angle 50^\circ$. Die Darstellung von z_1 bzgl. (c) berechnen wir durch Bestimmung von cos 50° und sin 50°. (a) ergibt sich dann aus (c) durch Ausmultiplizieren der 2, und für (d) wird der Winkel 50° in Bogenmaß angegeben. Der Leser übe die Umwandlung von einer Darstellungsform in eine andere an Hand der beiden übrigen Zeilen.

Einige im folgenden häufiger verwendete Rechengesetze seien

nun angegeben: $z = x + jy$, $z_1, z_2 \in \mathbb{C}$

(3.2 - 6) $z + \bar{z} = 2\,\mathrm{Re}(z) = 2x$

(3.2 - 7) $z - \bar{z} = 2j\,\mathrm{Im}(z) = 2jy$

(3.2 - 8) $\overline{z_1 + z_2} = \bar{z}_1 + \bar{z}_2$

(3.2 - 9) $\overline{z_1 z_2} = \bar{z}_1 \bar{z}_2$

(3.2 - 10) $\overline{az} = a\bar{z}$ für $a \in \mathbb{R}$

(3.2 - 11) $|z| \in \mathbb{R}$, $|z| \geqslant 0$, $|z| = 0 \Longleftrightarrow z = 0 + j0$

(3.2 - 12) $|z_1 z_2| = |z_1||z_2|$

(3.2 - 13) $|z_1 + z_2| \leqslant |z_1| + |z_2|$

Man vergleiche die letzten drei Regeln mit der Betragsfunktion für $\mathbb{R}$ (LuM I, S. 148, Regeln 2,3,4).

Erinnern wir uns noch einmal, wozu wir die komplexen Zahlen eingeführt haben:

(1) Es sollen die in $\mathbb{R}$ möglichen Operationen erhalten bleiben, also

(11) $\mathbb{C}$ soll ein Körper sein(siehe Satz 1) ,

(12) $\mathbb{R}$ soll mit seiner Addition und Multiplikation in $\mathbb{C}$ 'wiederzufinden' sein(siehe Bemerkung nach Satz 1),

(13) $\mathbb{C}$ soll eine Ordnungsrelation tragen(siehe Satz 2); diese ist aber im Gegensatz zur Ordnung in $\mathbb{R}$ nicht vollständig,

(14) $\mathbb{R}$ war in LuM I konstruiert worden aus $\mathbb{Q}$, damit Approximationsprozesse durch Cauchy-Folgen stets Grenzwerte besitzen. Diese Eigenschaft entdecken wir auch in $\mathbb{C}$: Jede Cauchy-Folge in $\mathbb{C}$ besitzt einen Grenzwert in $\mathbb{C}$, d.h. $\mathbb{C}$ ist topologisch vollständig. (Zur Def. einer Cauchy-Folge in $\mathbb{C}$ muß natürlich die Betragsfunktion aus $\mathbb{C}$ zugrunde gelegt werden, dann sind alle Begriffe aus LuM I, Kap. 11 übertragbar).

(2) $\mathbb{C}$ soll alle Nullstellen von Polynomen mit reellen Koeffizienten enthalten.

zu (2) läßt sich sogar zeigen: $\mathbb{C}$ enthält alle Nullstellen von Polynomen mit komplexen Koeffizienten, d.h. wir brauchen diesen Zahlbereich nicht noch einmal zu erweitern.

Ein Zahlbereich, der alle Nullstellen von Polynomen mit Koeffizienten aus diesem Zahlbereich enthält, heißt algebraisch vollständig. $\mathbb{C}$ ist also im Gegensatz zu $\mathbb{R}$ algebraisch vollständig, denn z.B. hat $f(x) = x^2 + 1$ in $\mathbb{R}$ keine Nullstelle.

Um mit dem hier Gesagten auch rechnerisch umgehen zu können, benötigen wir noch die n-ten Wurzeln aus komplexen Zahlen.

Es gilt für z in der Form (3.2 - 3):

(3.2 - 14) $$z^n = |z|^n[\cos(n\theta) + j\sin(n\theta)],$$

wobei θ bis auf Vielfache von 2π festgelegt ist. Analog:

(3.2 - 15) $$\sqrt[n]{z} = \sqrt[n]{|z|}\left[\cos\frac{1}{n}(\theta + 2\pi k) + j\sin\frac{1}{n}(\theta + 2\pi k)\right]$$ für alle $k = 0, 1, \ldots, n-1$.

(3.2 - 15) existiert, da $|z| \in \mathbb{R}^+$ und somit $\sqrt[n]{|z|}$ in $\mathbb{R}$ existiert.

Damit haben wir insgesamt:

$\mathbb{C}$ ist (nicht vollständig) geordneter Körper, der topologisch und algebraisch vollständig ist (gegenüber $\mathbb{R}$ ist also lediglich die Vollständigkeit der Ordnung verloren gegangen), und es läßt sich zeigen:
$\mathbb{C}$ ist der kleinste $\mathbb{R}$ umfassende Zahlbereich, der alle diese Eigenschaften besitzt.

Aufgaben:

w(2) Beweisen Sie (3.2 - 6) bis (3.2 - 13) !

w(3) Berechnen Sie alle Nullstellen (in $\mathbb{C}$) von:
(a) $x^2 + 1 = 0$ (b) $x^3 - x^2 + 2x - 2 = 0$!

w(4) Wie wirkt sich in der imaginären Ebene eine Multiplikation von jy mit j, von j^2y mit j, von j^3y mit j aus ?

p(5) In sozialwissenschaftlichen Problemstellungen sind oft Schwingungen von zentraler Bedeutung(Konjunkturverläufe, Lebenszyklen, anfallende Aufgabenvolumina in Organisationen, Konfliktverläufe etc.).

(a) Diskutieren Sie die Bedeutung komplexer Größen für derartige Phänomene !

(b) Die den Verlauf und die Entwicklung eines dynamischen Systems beschreibende Funktion wird wesentlich von der charakteristischen Gleichung des Systems bestimmt. In bestimmten Fällen gilt z.B.(genaueres Kap.(4.)): Ist der Realteil mindestens einer Lösung der charakteristischen Gleichung größer als Null, so ist das System instabil, andernfalls stabil. Dagegen beschreiben die Imaginärteile das (stabile oder instabile) Schwingungsverhalten des Systems.
Was läßt sich über Stabilität und Schwingungsverhalten eines Systems aussagen, dessen charakteristische Gleichung $s^3 - 2s^2 + 5s - 4 = 0$ lautet?
(Hinweis: Zur Lösung von Gleichungen 3. Grades probiere man in $y^3 + a_1y^2 + a_2y + a_3 = 0$, ob ein Teiler von a_3 die Gleichung löst. Ist dies der Fall für $y_1 = c$, d.h. $a_3/c \in \mathbb{Z}$, so dividiere man die Gleichung durch die Lösung $y - c$. Dadurch entsteht
$y^2 + b_1y + b_2 = 0$ mit den Lösungen
$$y_2 = -\frac{b_1}{2} + \sqrt{(\frac{b_1}{2})^2 - b_2} \quad , \quad y_3 = -\frac{b_1}{2} - \sqrt{(\frac{b_1}{2})^2 - b_2} \,.)$$

Wenden wir uns abschließend einer besonderen Darstellungsform von komplexen Funktionen zu. $z(t)$ sei eine zeitabhängige komplexe Funktion. Sie läßt sich durch zwei reellwertige Funktionen beschreiben, und zwar durch

$$z(t) = H(t) = f(t) + j\,g(t) \tag{3.2 - 16}$$

mit $f,g\colon \mathbb{R}^+ \longrightarrow \mathbb{R}$, so daß $H(t)$ von $\mathbb{R}^+$ nach $\mathbb{C}$ geht. Dieses Verfahren, bei dem der Paramter t in $f(t)$ und $g(t)$ eingesetzt wird, heißt Parametrisierung von $H(t)$. Für jeden Wert von t

aus $\mathbb{R}^+$ entsteht also in der komplexen Zahlenebene ein Punkt $(f(t),g(t))$. Durch Variation von t erhält man somit einen Graphen in der Gauss'schen Zahlenebene, der den Verlauf der komplexen Funktion für alle Zeitpunkte $t \in \mathbb{R}^+$ angibt. Selbstverständlich braucht der Paramter t nicht immer die Zeit zu sein.

Beispiele:

(1) $H(t) = e^{jt}$ kann beschrieben werden durch $f(t) = \cos t$ und $g(t) = \sin t$, also insgesamt: $H(t) = \cos t + j \sin t$
Als Graph entsteht ein Kreis um den Koordinatenursprung. Der Verlauf des durch $H(t)$ beschriebenen Systems entspricht also eines sich auf einem Kreise bewegenden Punktes.

(2) $H(t) = 1 + jt$; $f(t) = 1$, $g(t) = t$. Als Graph ergibt sich

jy, $y = g(t)$

t = 2
t = 1
t = 0
x = 1

x, $x = f(t)$

eine Parallele zur y - Achse durch $x = 1$; der Systemverlauf geht entlang dieser Geraden von $(x,y) = (1,0)$ an .

(3) $H(t) = t + j2t^4$, $f(t) = t$, $g(t) = 2t^4$. Als Graph ergibt sich

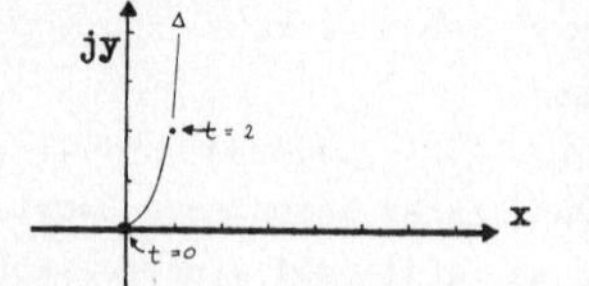

ein Parabelast im 1. Quadranten, der den Systemverlauf vom Nullpunkt an beschreibt.

Die Parametrisierung eignet sich gut zur Darstellung einfacher komplexer Funktionen und kann auch zur Stabilitätsanalyse von Systemen eingesetzt werden(siehe andeutungsweise Aufg. w(8c) und genauer Kap.(4.)).

Aufgaben:

w(6) Berechnen Sie die Eigenwerte von $A = \begin{pmatrix} 1 & -1 \\ 4 & -2 \end{pmatrix}$!

w(7) Beweisen Sie die Exponentialform für die Darstellung komplexer Zahlen mittels der Polarkoordinatendarstellung und der Reihendarstellung von $\cos\theta$ und $\sin\theta$!

w(8) Parametrisieren Sie:

(a) $z = 2 - jt^2$ (b) $z = e^{j\omega t}$

(c)(für Knobler) $z = e^{-st}$ mit $s = \sigma + j\omega$(man lese evtl. erst das folg.Kap.)

w(9) Zeigen Sie, daß $e^{2\pi j} = 1$!

(3.3) Spezielle Funktionen

Bereits in LuM I, S.218 und im vorigen Kap. wurden einige spezielle Funktionen angesprochen. Wir wollen den Kreis dieser Funktionen jetzt erweitern und etwas eingehender diskutieren.

In der klassischen Analysis spielen insbesondere jene Funktionen eine zentrale Rolle, die leicht darstellbar sind(etwa durch Potenzreihen, vgl. LuM I, S. 217ff) und ein einfaches Verhalten bei Differentiation zeigen: die trigonometrischen Funktionen und die Exponentialfunktion.

In sozialwissenschaftlichen formalisierten Modellen haben beide Funktionentypen ein weites Anwendungsspektrum, so die Exponentialfunktion in der mathematischen Statistik und in Wachstumsmodellen(um nur zwei Bereiche zu nennen), die trigonometrischen Funktionen z.B. im Falle von Schwingungsverhalten von Systemen.

Hier sind diese Funktionen mit ihren Parametern häufig unmittelbar substanzwissenschaftlich interpretierbar.

(3.3.1) Trigonometrische Funktionen

Durch ihre Potenzreihen wurden die trigonometrischen Funktionen sin und cos schon in LuM I, S. 218, als Winkelmaße in Kap. (3.2) definiert.
Weiterhin definieren wir

Def. 1: Für $x \in \mathbb{R}$ sei

(3.3 - 1) $$\tan x = \frac{\sin x}{\cos x}, \quad \cot x = \frac{\cos x}{\sin x}$$
$$\cos x \neq 0 \qquad \sin x \neq 0$$

Für die weiteren Erörterungen sind folgende Eigenschaften wichtig:

(3.3 - 2) $\sin x = \sin(x + 2k\pi)$

(3.3 - 3) $\cos x = \cos(x + 2k\pi)$

(3.3 - 4) $\tan x = \tan(x + k\pi)$ $\quad k \in \mathbb{Z}, x \in \mathbb{R}$

(3.3 - 5) $\cot x = \cot(x + k\pi)$

Demnach sind die Funktionen sin und cos periodisch mit der Periode 2π, die Funktionen tan und cot periodisch mit der Periode π.
Für praktische Berechnungen, insbesondere für $x > 2\pi$ (bzw. $x > \pi$), ist es oft zweckmäßig, x als Vielfaches von 2π (bzw. π) darzustellen.
Zur graphischen Darstellung siehe Fig. 1 auf der folgenden Seite(entnommen aus Rektorys(1969),S.110). Einige Funktionswerte für x in Grad und Bogenlängen sind in Tab. 2, S. -246-, zusammengestellt(entnommen aus Rektorys(1969),S.111).

Rechengesetze:

(3.3 - 6) $\sin(-x) = -\sin x$, $\cos(-x) = \cos x$

(3.3 - 7) $\sin^2 x + \cos^2 x = 1$ mit $\sin^2 x := (\sin x)^2$, analog $\cos^2 x$.

(3.3 - 8) $$\begin{cases} \sin(x \pm y) = \sin x \cos y \pm \cos x \sin y \\ \cos(x \pm y) = \cos x \cos y \mp \sin x \sin y \end{cases}$$

$$(3.3 - 9)\quad \begin{cases} \sin 2x = 2 \sin x \cos x \\ \cos 2x = \cos^2 x - \sin^2 x \end{cases}$$

Fig. 1: y = sin x, cos x, tan x, cot x

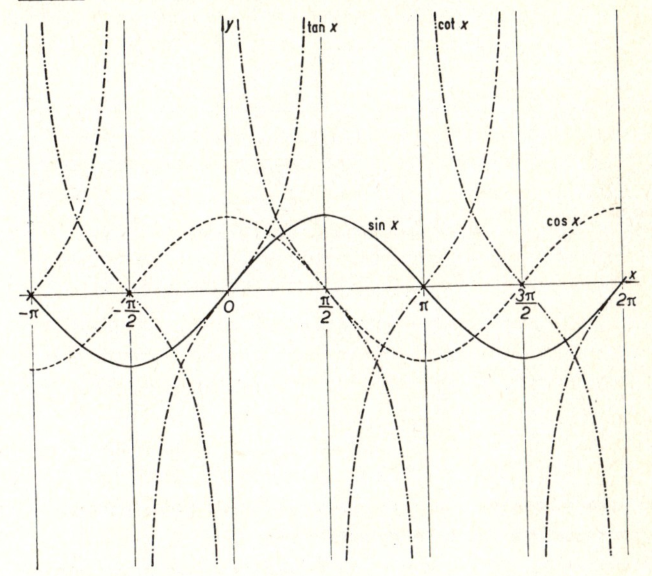

Hinsichtlich der Additionsgestze (3.3 - 8) reicht es aus, den ersten Quadranten zu betrachten, wie aus folgender Tab. zu entnehmen ist(vgl. Rektorys(1969), S.111):

Tab.1:

Funktion	$\beta = 90° \pm \alpha$	$\beta = 180° \pm \alpha$	$\beta = 270° \pm \alpha$	$\beta = 360° \pm \alpha$
$\sin \beta$	$+ \cos \alpha$	$\mp \sin \alpha$	$- \cos \alpha$	$\pm \sin \alpha$
$\cos \beta$	$\mp \sin \alpha$	$- \cos \alpha$	$\pm \sin \alpha$	$+ \cos \alpha$
$\tan \beta$	$\mp \cot \alpha$	$\pm \tan \alpha$	$\mp \cot \alpha$	$\pm \tan \alpha$
$\cot \beta$	$\mp \tan \alpha$	$\pm \cot \alpha$	$\mp \tan \alpha$	$\pm \cot \alpha$

Tab. 2:

Funktion	0° 0	30° $\frac{1}{6}\pi$	45° $\frac{1}{4}\pi$	60° $\frac{1}{3}\pi$	90° $\frac{1}{2}\pi$	120° $\frac{2}{3}\pi$	135° $\frac{3}{4}\pi$	150° $\frac{5}{6}\pi$
sin α	0	$\frac{1}{2}$	$\frac{1}{2}\sqrt{2}$	$\frac{1}{2}\sqrt{3}$	1	$\frac{1}{2}\sqrt{3}$	$\frac{1}{2}\sqrt{2}$	$\frac{1}{2}$
cos α	1	$\frac{1}{2}\sqrt{3}$	$\frac{1}{2}\sqrt{2}$	$\frac{1}{2}$	0	$-\frac{1}{2}$	$-\frac{1}{2}\sqrt{2}$	$-\frac{1}{2}\sqrt{3}$
tan α	0	$\frac{1}{3}\sqrt{3}$	1	$\sqrt{3}$		$-\sqrt{3}$	-1	$-\frac{1}{3}\sqrt{3}$
cot α		$\sqrt{3}$	1	$\frac{1}{3}\sqrt{3}$	0	$-\frac{1}{3}\sqrt{3}$	-1	$-\sqrt{3}$

Funktion	180° π	210° $\frac{7}{6}\pi$	225° $\frac{5}{4}\pi$	240° $\frac{4}{3}\pi$	270° $\frac{3}{2}\pi$	300° $\frac{5}{3}\pi$	315° $\frac{7}{4}\pi$	330° $\frac{11}{6}\pi$
sin α	0	$-\frac{1}{2}$	$-\frac{1}{2}\sqrt{2}$	$-\frac{1}{2}\sqrt{3}$	-1	$-\frac{1}{2}\sqrt{3}$	$-\frac{1}{2}\sqrt{2}$	$-\frac{1}{2}$
cos α	-1	$-\frac{1}{2}\sqrt{3}$	$-\frac{1}{2}\sqrt{2}$	$-\frac{1}{2}$	0	$\frac{1}{2}$	$\frac{1}{2}\sqrt{2}$	$\frac{1}{2}\sqrt{3}$
tan α	0	$\frac{1}{3}\sqrt{3}$	1	$\sqrt{3}$		$-\sqrt{3}$	-1	$-\frac{1}{3}\sqrt{3}$
cot α		$\sqrt{3}$	1	$\frac{1}{3}\sqrt{3}$	0	$-\frac{1}{3}\sqrt{3}$	-1	$-\sqrt{3}$

Die Umkehrfunktion von sin und cos wird Arcusfunktion genannt und wie folgt definiert:
Für $x \in [-\pi/2, +\pi/2]$ und $y = \sin x$ heißt $x := \arcsin y$ der arcus sinus von y, analog wird für $x \in [0, \pi]$ definiert:
Ist $y = \cos x$, so heißt $x := \arccos y$ der arcus cosinus von y.
Man beachte, daß diese Umkehrfunktionen nur auf bestimmten Intervallen definiert sind.

Beisp.: $\arcsin 1/2 = \pi/6$.

Wie eingangs bereits bemerkt, haben trigonometrische Funktionen besondere Bedeutung im Fall von Schwingungen dynamischer Systeme. Dies sei nun näher erörtert.

Sozialwissenschaftlich relevante Variablen besitzen oft zu verschiedenen Zeitpunkten unterschiedliche Ausprägungen. Gibt es theoretisch fundierte Anhaltspunkte dafür, daß die Größe derartiger Ausprägungen auch davon abhängt, wie lang das Zeitintervall zwischen zwei Beobachtungen ist, so dürfte hierfür ein dynamisches Modell angemessen sein. Weisen die betrachteten Variablen Oszillationen auf, so verwendet man oft trigonometrische Funktionen zu ihrer modellhaften Darstellung. Es sei hier daher kurz auf einige zentrale Aspekte der Analyse von Schwingungen eingegangen: Amplitude, Wellenlänge, Aufschwungs- und Dämpfungsfaktor, Phase.

Betrachten wir dazu den zeitlichen Verlauf gesamtwirtschaftlicher Investitionen I in einem kapitalistischen Land. Die Zeit t werde in Jahren gemessen, und die diskreten Realisationen (d.h. die in diskreten Zeitpunkten t_0, t_1, t_2,... anfallenden Meßwerte $I(t_0)$, $I(t_1)$, $I(t_2)$,...) der Variablen I in Abhängigkeit von t seien durch die (kontinuierliche) Funktion

$$(3.3 - 10) \qquad I(t) = Ae^{\sigma t}\cos(\omega t + \Psi)$$

beschrieben(d.h. angenähert). I oszilliert also in Abhängigkeit von t ; A, σ, ω und Ψ sind Systemparameter.

<u>Bemerkung</u>: Modelltheoretisch gesehen 'erklärt' t nicht den Verlauf von I , vielmehr 'verbergen' sich hinter t erklärende Variablen(wie z.B. Profiterwartungen, Inflationstendenz).

Die Oszillation erreicht offensichtlich immer dann ihre 'Spitze'(exakt: ihr lokales Maximum), wenn gilt:

$$(3.3 - 11) \qquad \omega t + \Psi = 2k\pi \quad \text{mit } k \in \mathbb{Z} \ .$$

Für $k = 1$ ist also bei $t = (2\pi - \Psi)/\omega$ die Spitze des Wellenberges bei positiver Zeit erreicht. Für $k = 0$ gilt: $t = -\Psi/\omega$. Betrachten wir einmal für $A = 1$ und $\sigma = 0$ den Graphen von

$$(3.3 - 12) \qquad I(t) = \cos(\omega t + \Psi) \qquad :$$

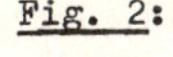

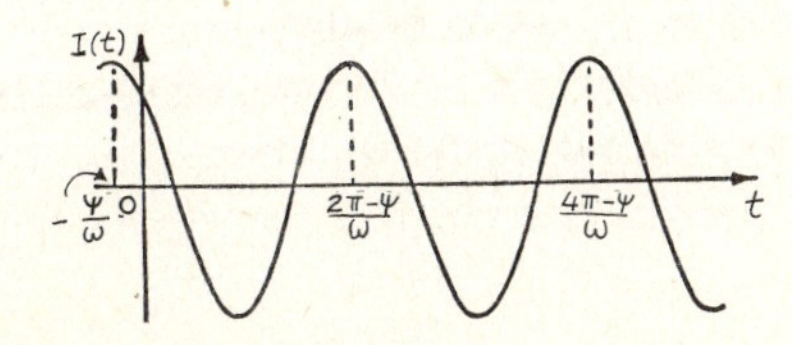

Offensichtlich ist die Funktion (3.3 - 12) gegenüber $\cos(\omega t)$ um ψ/ω Zeiteinheiten nach links verschoben. Man nennt $-\psi/\omega$ die <u>Phasenverschiebung</u> und ψ die <u>Phase</u> .

<u>Bemerkung</u>: Der Koordinatenursprung hat hier die Form $(0, I_0)$, wobei I_0 ein bestimmtes Niveau darstellt(z.B. $20 \cdot 10^9$ DM), um das die Investitionen schwanken. Zu dem realistischeren Fall einer laufenden Niveauveränderung siehe Aufg.p(5)!

Subtrahiert man nun die Phasenverschiebung von $(2\pi - \psi)/\omega$, so erkennt man, daß (3.3 - 12) eine Periode von

$$(3.3 - 13) \qquad 2\pi/\omega := P$$

hat.

Wie man sich leicht klar macht(siehe auch Aufg. w(4) , legt der Parameter ω offenbar die Anzahl der Oszillationen pro Periode fest. Diese Anzahl nennt man die <u>Frequenz</u> f . Es gilt:

$$(3.3 - 14) \qquad \omega/2\pi = f = 1/P \quad .$$

Beträgt z.B. die Periode zwei Jahre, so gilt: $f = 1/2$, d.h. eine halbe Oszillation pro Zeiteinheit(hier: pro Jahr). In einer Legislaturperiode der BRD würden also $4f = 2$ Oszillationen ablaufen. Häufig wird in Schwingungsmodellen (3.3 - 13) bzw. (3.3 - 14) gleich in (3.3 - 12) berücksichtigt, also:

$$(3.3 - 15) \qquad I(t) = \cos(\frac{2\pi}{P} t + \psi) = \cos(2\pi f t + \psi) \quad .$$

So können die Gezeiten y z.B. durch eine (deterministische) Funktion der Form $y(t) = a \cos \frac{2\pi}{12} t$ beschrieben werden, wobei t in Stunden gemessen wird(vgl. Brown(1963),S. 67).

Betrachten wir nun den allg. Fall (3.3 - 10) :

Für $t = 0$ erhalten wir die <u>Anfangsamplitude</u> A , sofern, wie üblich, negative Zeitwerte ausgeschlossen werden, was bei empirischen Zeitreihen durch geeignete Festlegung des Zeitursprungs(z.B. 1950 := t_0) stets gelingt.

σ heißt <u>Aufschwungsfaktor</u> für $\sigma > 0$ und <u>Dämpfungsfaktor</u> für $\sigma < 0$. Machen Sie sich das graphisch klar !

Nur in wenigen Ausnahmefällen dürfte jedoch ein deterministisches Modell eine angemessene Beschreibung eines sozialen Sachverhaltes darstellen.
Bei der Modellierung zeitabhängigen(also dynamischen, d.h. im Modell wird die Zeitabhängigkeit der Veränderung von Variablen explizit berücksichtigt) Verhaltens eines sozialen Systems sind meist nicht alle Einflußfaktoren bekannt(oft z.B. aus ökonomischen Beschränkungen der Informationsbeschaffung überhaupt nicht ermittelbar).
Ist nun theoretisch gesichert, daß die Haupteinflußfaktoren $X_1(t),\ldots,X_n(t)$, die auf ein System S einwirken und von denen ein output $Y(t)$ abhängt(bzw. mehrere outputs $Y_1(t),\ldots,Y_m(t)$ abhängen; dieser kompliziertere Fall sei jedoch hier nicht erörtert, siehe dazu Kap.(4.)), explizit spezifiziert sind, und die übrigen Faktoren lediglich in ihrer Gesamtheit (also nicht einzeln in <u>relevantem</u> Ausmaß, sonst müßten sie als $X_{n+1}(t),\ldots$ spezifiziert werden) eine gewisse Unschärfe von $Y(t)$ verursachen, d.h. je Zeitpunkt t treten nicht exakt vorhersehbare Abweichungen zwischen der beobachteten Realisation $y(t)$ und des auf Grund von $X_1(t),\ldots,X_n(t)$ ermittelten - d.h. geschätzten - $\hat{y}(t)$ auf, so lassen sich die'Restfaktoren' als eine stochastische Einflußgröße spezifizieren.

Ein in dieser Weise spezifiziertes dynamisch - stochastisches Modell nennen wir einen <u>stochastischen Prozeß</u>.
Wir wollen uns im folgenden analog zur vorigen Erörterung eines deterministischen Prozesses mit der einfachsten Problemstellung befassen, in der lediglich eine zeitabhängige Variable $Y(t)$ als stochastischer Prozeß gegeben ist und analysiert werden soll. Diese Problemstellung tritt insbesondere dort auf, wo man lediglich an der <u>Prognose</u> des Verhaltens eines dynamisch-stochastischen Systems interessiert ist. Hier ist dann meist der output Gegenstand der Analyse.

Gegeben sei also ein stochastischer Prozeß $Y(t)$, der in diskreten Zeitpunkten $t = 0,1,2,\ldots$ beobachtbare Realisationen y_t besitzt. Ist $Y(t)$ kontinuierlich, aber nur diskret beobachtbar,

so heißt $Y(t)$ ein sampled - data - Prozeß, Ist $Y(t)$ selbst diskret, so heißt $Y(t)$ ein diskreter Prozeß.
Die Folge $\{y_t / t = 0,1,2,\ldots\}$ heißt Zeitreihe .

Ein stochastischer Prozeß realisiert sich also in Form einer Zeitreihe.

Da $Y(t)$ stochastisch ist, ist es sinnvoll, nach seinem Mittelwert μ und seiner Varianz σ^2 zu fragen.
Ein stochastischer Prozeß heißt absolut stationär, wenn seine stochastische Struktur - ausgedrückt durch seine Verteilungsfunktion $F(u,t)$, d.h für jedes t gibt es eine Verteilungsfunktion $F(u) = Prob[Y \in (-\infty, u)]$ (zur zugehörigen diskreten Verteilungsfunktion siehe LuM I,S.221) - unabhängig vom Zeitbezugspunkt ist, also $F(u,t) = F(u,t - \tau)$ mit $\tau \in \mathbb{R}$.
Anschaulich interpretiert heißt dies: Verschiebt man alle Beobachtungszeitpunkte um eine konstante Einheit τ , so ändert sich über den gesamten Zeithorizont die Struktur des stochastischen Prozesses nicht. D.h. insbesondere, daß sich μ und σ^2 nicht ändern; und daraus folgt, daß μ und σ^2 für alle t konstant und $< \infty$ sind.
Operational interpretiert heißt dies z.B.: Betrachtet man zwei Abschnitte $Y_a(t)$ und $Y_b(t)$ des stochastischen Prozesses, so muß gelten: $\mu_a = \mu_b$ und $\sigma_a^2 = \sigma_b^2$.

Stationär in diesem strengen Sinne dürften nur wenige soziale stochastischen Prozesse sein. Daher hat man diese Eigenschaft abgeschwächt in Form der

Def. 1: Ein stochastischer Prozeß heißt schwach stationär, wenn sein Mittelwert μ konstant ist und seine Autokorrelationsfunktion $\rho(t,t')$ nur von der Differenz $\tau = t - t'$ zweier Zeitpunkte abhängt, wobei die Autokovarianzfunktion $\gamma(\tau)$ für alle $\tau \in \mathbb{N}$ endlich ist.

Dabei ist $\rho(\tau)$ definiert als der Erwartungswert

(3.3 - 16) $$\rho(\tau) = E[\tilde{Y}(t), \tilde{Y}(t+\tau)] \quad \text{mit} \quad \tilde{Y}(t) := \frac{\mu - Y(t)}{\sigma(t)} .$$

Für $\tau = 1$ wird z.B. der Korrelationskoeffizient für alle

benachbarten Werte $\{Y(t),Y(t+1)\}$ berechnet.
Die Autokovarianzfunktion ist definiert durch

$$(3.3 - 17) \qquad \gamma(\tau) = E[\check{Y}(t),\check{Y}(t+\tau)] \text{ mit } \check{Y}(t) := \mu - Y(t) .$$

Def. 1 besagt nun, daß $\varrho(t,t')$, d.h. die stochastische Beziehung zwischen Y(t) und Y(t'), unabhängig davon ist, in welcher 'Entwicklungsphase' sich der stochastische Prozeß befindet, d.h. welches t' man herausgreift.
Betrachten wir zur Verdeutlichung $\{y_t\}$. Mit Hilfe der Zeitreihe läßt sich $\varrho(\tau)$ schätzen.

$$(3.3 - 18) \qquad \hat{\varrho}(\tau) = \frac{E[(y_t - \bar{y})(y_{t+\tau} - \bar{y})]}{(E[(y_t - \bar{y})^2]E[(y_{t+\tau} - \bar{y})^2])^{1/2}} := r(\tau) .$$

Betrachten wir den Zähler von $r(\tau), \hat{\gamma}(\tau) := c(\tau)$, genauer:

$$(3.3 - 19) \qquad c(\tau) = \frac{1}{T+1}\sum_{t=0}^{T}(y_t - \bar{y})(y_{t+\tau} - \bar{y}) ,$$

sofern die Zeitreihe T+1 Ausprägungen umfaßt.
Für $\tau = 0$ gilt:

$$(3.3 - 20) \qquad c(0) = \frac{1}{T+1}\sum_{t=0}^{T}(y_t - \bar{y})^2 = \hat{\sigma}^2 .$$

Def. 1 besagt also speziell, daß die Varianz für t und $t+\tau$ für alle $\tau \in \mathbb{N}$ gleich und $< \infty$ sein muß im Falle der schwachen Stationarität.
Damit können wir festhalten:

Ändern sich μ oder σ^2 im Zeitverlauf, so ist der zugehörige stochastische Prozeß in keinem Falle stationär.

Anschaulich bedeutet dies, daß Y(t) z.B. keinen Trend ausweisen darf, denn dann wäre μ eine Funktion der Zeit.(Natürlich läßt sich die Fragestellung erörtern, ob der stochastische Prozeß nach Elimination des Trends stationär ist.)

Eine besondere Schwierigkeit ergibt sich nun daraus, daß wir nicht Y(t), sondern nur $\{y_t\}$ kennen. $\{y_t\}$ enthält aber stets nur endlich viele Ausprägungen. Eine Zeitreihe stellt also eine Art Stichprobe dar, die aus der Grundgesamtheit 'Geschichte' gezogen wird, in der sich prinzipiell beliebig viele Realisationen befinden. Das Problem der Repräsentativität stellt sich hier nun in der Form, daß $\{y_t\}$ für $t = 0,\ldots,T$ nicht stationär ist, während $\{y_t\}$ für $t = 0,\ldots,T'$ mit $T' > T$ oder $T' < T$ stationär sein kann. Umgekehrt kann ein nichtstationärer Prozeß Y(t) in seiner Realisation $\{y_t\}$ mit $t = 0,\ldots,T$ stationär sein, insbesondere dann, wenn T klein ist. Solange die Stationaritätseigenschaften von Y(t) nicht theoretisch gesichert sind, wollen wir daher sagen:

Y(t) ist in $\{y_t\}$ <u>lokal stationär</u> bzw. <u>lokal nichtstationär</u>.

Betrachten wir nun wegen der prinzipiell größeren Realitätsnähe sofort das Prognoseproblem im Fall eines lokal nichtstationären stochastischen Prozesses, d.h. $\{y_t/t = 0,\ldots,T\}$ ist nichtstationär. Ziel der prognoseorientierten Zeitreihenanalyse(auf kontrolltheoretisch orientierte Zeitreihenanalyse sei hier nicht eingegangen, siehe dazu Box,Jenkins(1970)) ist es nun, trotz des nichtstationär-stochastischen Charakters der Zeitreihe einigermaßen exakte Aussagen hinsichtlich $\{y_t/t = T+1,\ldots\}$ zu machen.

Dazu ist die Spezifikation eines Zeitreihenmodells notwendig. Hier sei das einfachste Modell betrachtet:

$\{y_t/t = 0,\ldots,T,T+1,\ldots\}$ setze sich additiv aus drei Zeitreihen $\{x_t\}$, $\{s_t\}$ und $\{e_t\}$ zusammen, wobei x_t die nichtstationäre, s_t die Saison- und e_t die Residual-(oder stochastische) Komponente bezeichnen.

Saisonkomponente wollen wir den Zeitreihenteil nennen, der sich periodisch mit einer Periode innerhalb eines festgelegten Intervalls(z.B. kleiner oder gleich 1 Jahr - dies häufig bei Konjunkturanalysen) realisiert. Fast alle sozialwissenschaftlichen Zeitreihen (Geburtenhäufigkeiten, Popularitätsentwicklungen einer Regierung etc.) weisen eine derartige Saisonkomponente auf, die jedoch, nochmals betont, nicht naturwüchsig ist, sondern eine theoriefundierte Modellspezifikation darstellt. x_t umfaßt alle trendbehafteten, nicht periodischen Einflüsse.

Es gibt nun zwei Vorgehensweisen in der Zeitreihenanalyse:

(1) prognosetechnisch orientiert,

(2) theoretisch orientiert, wobei der Prognose Erklärungscharakter zukommt .

Die kontrolltheoretisch orientierte Zeitreihenanalyse, die beide Aspekte verknüpft, sei hier nicht näher erörtert.

zu (1): Hier verfolgt man meist das Ziel, $\{y_t\}$ so zu zerlegen, daß $\{e_t\} \sim N(0,\sigma^2)$- Prozeß ist. Man geht dabei von folgenden Annahmen aus: Bei Elimination von X(t) gilt: S(t) + E(t) ist schwach stationär. Man zerlegt dann $\{y_t\}$ gerade so, daß $\{s_t + e_t\} \sim N(\mu', \sigma'^2)$- Prozeß ist mit $\mu' := E(s_t)$ und $\sigma'^2 := Var(s_t + e_t)$ konstante Parameter, und $r(\tau)$ erfüllt für $\{s_t + e_t\}$ Def. 1 .
Weiterhin wird häufig angenommen, daß X(t) sich nur langsam ändert, so daß sich x_t durch ein Polynom relativ niedrigen Grades darstellen läßt.
Da die Saisonkomponente periodisch ist, spezifiziert man:

$$s_t = a_0 + \sum_{i=1}^{q}(a_i \cos 2\pi f_i t + b_i \sin 2\pi f_i t) \quad . \tag{3.3 - 21}$$

Ist T+1 die Anzahl der Beobachtungen, so ist die Fundamentalfrequenz gleich 1/(T+1). Die f_i sind dann definiert als ganzzahlige Vielfache von 1/(T+1), also:

$$f_i = \frac{i}{T+1} \quad . \tag{3.3 - 22}$$

Die f_i werden auch Harmonische der Fundamentalfrequenz genannt.
Geht man davon aus, daß sich periodische Schwingungen über den ganzen Beobachtungszeitraum erstrecken, und ist die Anzahl T+1 möglicher Beobachtungen ungerade, so ist q so zu wählen, daß

$$T + 1 = 2q + 1 \quad . \tag{3.3 - 23}$$

Ist T+1 gerade (z.B. bei 1 Jahr als Beobachtungszeitraum und monatlichen Beobachtungen: T+1 = 12), so setzt man

(3.3 - 24) $$T + 1 = 2q \quad .$$

(3.3 - 23) und (3.3 - 24) haben ihren Grund darin, daß die höchste Frequenz 1/2 ist, um Schätzverzerrungen zu vermeiden. Dies bedeutet, daß die kleinste Periode doppelt so lang wie der Zeitraum von einer Beobachtung zur nächsten sein muß.

Häufig werden trigonometrische Polynome niedrigeren Grades für eine hinreichend exakte Prognose genügen.

Schätzt man nun die Parameter a_0, a_i und b_i aus (3.3 - 21) mit Hilfe der Kleinste-Quadrate-Methode, so findet man für (3.3 - 23):

(3.3 - 25) $$\hat{a}_0 = \bar{s}$$

(3.3 - 26) $$\hat{a}_i = \frac{2}{T+1} \sum_{t=0}^{T} y_t^* \cos 2\pi f_i t$$

(3.3 - 27) $$\hat{b}_i = \frac{2}{T+1} \sum_{t=0}^{T} y_t^* \sin 2\pi f_i t$$

$$\left.\right\} \; i = 1,\ldots,q \; ; \quad y_t^* := y_t - x_t \quad .$$

Für (3.3 - 24) gelten (3.3 - 25) , (3.3 - 26) und (3.3 - 27) für $i = 1,\ldots,q-1$, für $i = q$ gelten:

(3.3 - 28) $$\hat{a}_q = \frac{1}{T+1} \sum_{t=0}^{T} (-1)^t y_t^*$$

(3.3 - 29) $$\hat{b}_q = 0 \quad .$$

Ist x_t nicht spezifiziert, so gelten diese Formeln direkt für y_t . Ist x_t als Polynom vom Grad p spezifiziert, so ist

(3.3 - 30) $$y_t = \sum_{j=0}^{p} c_j t^j + a_0 + \sum_{i=1}^{q} (a_i \cos 2\pi f_i t + b_i \sin 2\pi f_i t) + e_t$$

das zu schätzende Modell.

Betrachten wir abschließend kurz den Fall der Spezifikation

(3.3 - 31) $Y(t) = S(t) + E(t)$.

Es läßt sich zeigen, daß jeder Frequenz f_i ein Varianzanteil an der Gesamtvarianz von Y(t) zugeordnet werden kann, d.h. jede Frequenz f_i 'erklärt' einen Teil der Varianz von Y(t). Diese Varianzausschöpfung wird durch die Funktion

(3.3 - 32) $$g(f) = 2[1 + 2\sum_{\tau=1}^{\infty}\rho(\tau)\cos 2\pi f\tau] \quad \text{für } 0 \leqslant f \leqslant 1/2$$

gegeben. g(f) heißt Spektraldichtefunktion. Man beachte, daß hier f nicht nur q Werte annehmen kann, sondern alle Werte aus dem Intervall [0,1/2]. Auf damit verbundene schätztheoretische Probleme sei hier nicht eingegangen.

Je größer g(f), desto relevanter ist i.a. f hinsichtlich der 'Erklärung' der Varianz von Y(t) . Von besonderem Interesse sind die lokalen Maxima von g(f), die "peaks".
Zu einer hohen positiven Autokorrelation gehört ein hoher Wert von g(f) für kleine f , da kleine Frequenzen hier von großer Relevanz sind; umgekehrt bei hohen negativen Autokorrelationen.

(3.3 - 32) wird geschätzt durch:

(3.3 - 33) $$\hat{g}(f) = 2[1 + 2\sum_{\tau=1}^{T} r(\tau)\cos 2\pi f\tau]$$

bei T + 1 Beobachtungen.

Eine derart beim Frequenzaspekt ansetzende Analyse von Zeitreihen wird Spektralanalyse genannt.
Auf Fragen der Schätzung, der Filtertheorie(z.B.: s_t filtert y_t- Schwingungen aus, die im Frequenzbereich 1/(T+1) bis q/(T+1) liegen, d.h. läßt nur diese Schwingungen durch), der Beziehung zwischen Spektral- und Varianzanalyse, des Zusammenhangs zwischen optimaler Kontrolle und optimaler Filterung etc. kann hier nicht eingegangen werden. Dazu sei auf Box, Jenkins (1970) und Wetzel(1970), Jenkins, Watts(1968) und Tukey(1961) statt vieler verwiesen.

zu(2): Ein Hauptproblem bei (1) besteht darin, daß man Trends Saisonkomponenten etc. nicht genau kennt, sondern erst durch Schätzung ermittelt. Diese wiederum hängt von der Spezifikation des Modells(d.h. von der Art der Zerlegung der Zeitreihe) ab. Solange man nur an einer Prognose interessiert ist, mag es zulässig erscheinen, eine optimale Zerlegung(z.B. so, daß $\{e_t\} \sim N(0,\sigma^2)$- Prozeß und σ^2 möglichst klein ist) zu erstellen.

Zerlegungseffekte können aber u.U. darin bestehen, daß Schwingungen ausgefiltert werden, die im empirischen Material gar nicht vorkommen. Soll eine Spektralanalyse theoretisch gehaltvolle Aussagen über das Schwingungsverhalten der Zeitreihe und Prognosen mit Erklärungsrelevanz liefern, so ist daher die Modellspezifikation durch substanzwissenschaftlich gewonnene Ergebnisse theoretisch zu begründen.

Aufgaben:

w(1) Berechnen Sie mit Hilfe der Tabellen auf S.- 245ff-und einschlägiger trigonometrischer Tabellen bzw. der Reihendef. der trigon. Funktionen $\sin 1.5$, $\cos 358.2$, $\cos 7\pi/4$, $\tan 5\pi/6$, $\cot(-1/2)$!

w(2) Zeigen Sie mit Hilfe der Regeln (3.3 - 7) und (3.3 - 9), daß $\sin^2 x = \frac{1}{2}(1 - \cos 2x)$ gilt .

w(3) Lösen Sie die Gleichungen

(a) $\sin^2 x - \cos x + 1 = 0$,

(b) $A \cos x + B \sin x = C$ mit $AB \neq 0$

durch Substitution in (a) und durch Verwendung von Polarkoordinaten $A = s \cos\theta$, $B = s \sin\theta$ in (b) !

w(4) Vergleichen Sie graphisch $\sin 2x$ und $2 \sin x$! Wie wirkt sich $\sin ax$, wie $b \sin x$ aus? Beschreiben Sie dies mit den Begriffen von S.- 247f- !

p(5) Angenommen, im Beisp. auf S.-247f-schwinge $I(t)$ nicht um ein konstantes Niveau I_0, sondern - realistischer - dieses Niveau vergrößere sich linear, d.h. $I(t)$ schwinge um einen linear steigenden Trend. Wie könnte eine Funktion $I(t)$

aussehen, die dies beschreibt. ?

p(6) (Faktorenrotation) Man erinnere sich an p(15),S.-147- .
In einer Befragung von 2500 Personen (repräsentative Stichprobe) soll die Einstellung der Bevölkerung eines Landes gegenüber ihrer Regierung herausgefunden werden. Dazu sollen die Befragten den 12 Ressortchefs bestimmte Eigenschaften aus einer Liste von 10 angegebenen Eigenschaften zuordnen.
Dadurch entsteht die $(m,n) = (10,12)$ - Daten(Häufigkeits-) Matrix X mit normalverteilungsnormierten Werten.
Die Matrix der Eigenschaftenkorrelationen ist nun die Grundlage der Faktorenanalyse.

(1) $X = AF$ mit A - Faktorladungsmatrix,
F - Faktorwertmatrix .

(Genauer: $X = AF + U$, da A und F geschätzte Größen enthalten; somit ist U die Matrix der Residuen $X - \hat{A}\hat{F}$, die wir im folgenden jedoch vernachlässigen wollen).

(2) $R = AA'$.

Durch Methoden der 'Faktorenextraktion' (siehe S.-
erhält man nun Vektoren a_l $(l = 1,2,\ldots,k)$ mit jeweils 10 Komponenten. k gibt die Anzahl der Faktoren(und damit die Dimension von A an, wenn wie üblich, $k < m$ und $\{a_l / l = 1,\ldots,k\}$ l.u.).
Allerdings ist A hinsichtlich (2) nicht eindeutig. Denn es existieren Matrizen T, so daß

(3) $B = AT$ und

(4) $R = BB' = AA'$.

(a) Welche Eigenschaft muß T haben, damit (4) erfüllt ist?

Jede Eigenschaft entspricht dem Gesagten zufolge einem Punkt in einem k - dimensionalen Koordinaten'kreuz' der 'Faktorenachsen'. Betrachten wir den Fall $k = 2$. Hier gibt es dann 10 Punkte im 2 - dimensionalen Koordinatenkreuz.

Nun besteht häufig der Wunsch, diese Punkte so dicht wie möglich an die Faktorachsen zu legen. Dazu muß das ursprüngliche Koordinatenkreuz u.U. so gedreht werden, daß

1.) die neuen Achsen so dicht wie möglich bei den Punkten liegen(siehe dazu S.-
2.) trotz der so entstehenden neuen Faktorladungsvektoren (4) erhalten bleibt.

(b) Zeigen Sie, daß 2.)erfüllt ist, wenn(im 2 - dimensionalen Fall) das Koordinatenkreuz um θ^{o} entgegen dem Uhrzeigersinn gedreht wird mit

$$T = \begin{pmatrix} \cos\theta & -\sin\theta \\ \sin\theta & \cos\theta \end{pmatrix} \qquad !$$

<u>Hinweis</u>: Man fasse T als Operator auf, der das alte Koordinatenkreuz in das neue transformiert.

Literatur: Harder(1974), Kap. VII

w(7) Diskutieren Sie unter Verwendung der Begriffe von S.-247f- die Funktion $y(t) = 5\cdot 10^{9}e^{0.4t}\cos(2\pi 4t + 45^{o})$!
Wie muß die Y - Achse im (t,y) - Koordinatenkreuz verschoben werden, um die Phasenverschiebung aufzuheben ?

(3.3.2) Exponentialfunktion und Logarithmus

Die Exponentialfunktion und ihre Inverse, die natürliche Logarithmusfunktion, gehören zu den in sozialwissenschaftlichen formalisierten Modellen am häufigsten vorkommenden Funktionen. Sie spielen insbesondere in der mathematischen Statistik und in Wachstumsmodellen eine große Rolle. Darüber hinaus sind diese Funktionen in der Analysis auf Grund ihrer

Differenzierungs- und Integrierungseigenschaften zentral. Dies wird in Kap.(3.4) noch deutlich werden.

In LuM I, S. 218 wurde die Exponentialfunktion exp (auch e - Funktion) durch eine Potenzreihe definiert; äquivalent dazu ist

(3.3 - 34) $\exp x = e^x := \lim_{n \to \infty}(1 + \frac{1}{n} x)^n$ für alle $x \in \mathbb{R}$.

Als Eigenschaften der e - Funktion lassen sich aufzeigen:

(3.3 - 35) $\exp x > 0$ für alle $x \in \mathbb{R}$, $\exp 0 = 1$,
$\exp[\mathbb{R}] = \mathbb{R}^+ := \{x / x \in \mathbb{R} \wedge x > 0\}$.

Weiterhin ist exp x streng monoton wachsend(vgl. LuM I,S.109); exp x ist eine stetige Funktion, da sie durch eine Potenzreihe definiert ist (vgl. LuM I,S. 210ff) .

Aus diesen drei Eigenschaften folgt:

> $\exp : \mathbb{R} \longrightarrow \mathbb{R}^+$ ist bijektiv und stetig, damit existiert nach LuM I,S.275ff eine Umkehrabb. $\exp^{-1} : \mathbb{R}^+ \longrightarrow \mathbb{R}$, die ebenfalls stetig ist.
> $\exp^{-1} x =: \ln x$ wird natürliche Logarithmusfunktion genannt, und aus den Eigenschaften inverser Abb. ergibt sich:

(3.3 - 36) $\exp(\ln x) = x$ für alle $x \in \mathbb{R}^+$, $\ln(\exp x) = x$ für alle $x \in \mathbb{R}$.

Auch für die natürliche Logarithmusfunktion gibt es eine Reihendarstellung:

(3.3 - 37) $\ln x = \sum_{n=1}^{\infty} (-1)^{n+1} \frac{(x-1)^n}{n}$ für $|x - 1| < 1$, d.h. für $x \in (0,2)$.

Und allg. für $y \in \mathbb{R}^+$:

(3.3 - 38) $\ln y = \ln x - \sum_{n=1}^{\infty} (-1)^n \frac{(y-x)^n}{nx^n}$ für $|y-x| < x$.

Man erhält aus (3.3 - 38) die für Rechnungen oft vorteilhafte Darstellung

(3.3 - 39) $\ln x = 2\sum_{n=1}^{\infty} \frac{1}{2^{n-1}} (\frac{x-1}{x+1})^{2n-1}$ für alle $x \in \mathbb{R}^+$.

Die Konvergenz dieser Potenzreihen ist mittels des Leibnitzkriteriums(vgl. LuM I,S. 204) nachzuweisen.
Elementare Eigenschaften der ln - Funktion sind:

(3.3 - 40) $\ln 1 = 0 \; , \; \ln[\mathbb{R}^+] = \mathbb{R}$.

Weiterhin ist ln streng monoton wachsend und stetig.

Für den rechnerischen Umgang mit exp und ln seien die wichtigsten Regeln zusammen gestellt:

(3.3 - 41) $\exp(x_1 + x_2) = \exp x_1 \cdot \exp x_2$ für alle $x_1, x_2 \in \mathbb{R}$

(3.3 - 42) $\ln(x_1 \cdot x_2) = \ln x_1 + \ln x_2$ für alle $x_1, x_2 \in \mathbb{R}^+$

Aus (3.3 - 41),(3.3 - 42) ergibt sich:

(3.3 - 43) $(\exp x)^{-1} = \exp(-x)$ für alle $x \in \mathbb{R}$,

und

(3.3 - 44) $\ln x = - \ln \frac{1}{x}$ für alle $x \in \mathbb{R}^+$.

Für $x = 1$ ist $\exp 1 = \sum_{n=0}^{\infty} \frac{1}{n!} = \lim_{n \to \infty} (1 + \frac{1}{n})^n =: e$. e heißt Eulersche Zahl und hat den Wert $e = 2.7183$ (auf 4 Stellen gerundet), e ist eine irrationale Zahl, d.h. $e \in \mathbb{R} \setminus \mathbb{Q}$.
Künftig werden wir für die e - Funktion nur noch die Schreibweise e^x benutzen.

Bevor einige Anwendungen der e - und ln - Funktion diskutiert werden, sei noch kurz auf die allg. Exponentialfunktion eingegangen:

Def. 1: Für $a \in \mathbb{R}^+$ und $x \in \mathbb{R}$ sei $a^x := e^{x \ln a}$; man schreibt auch $a^x := {}_a\exp x$ und sagt: Exponentialfunktion zur Basis a .

Ist x eine rationale Zahl, etwa $x = p/q$ mit $p \in \mathbb{Z}$, $q \in \mathbb{N} \setminus \{0\}$, dann gilt:

(3.3 - 45) $a^x = + \sqrt[q]{a^p}$,

insbesondere ist also für ganze Zahlen $x \in \mathbb{Z}$ a^x die übliche Potenz.
Eigenschaften und Rechenregeln für die allg. Exponentialfunktion können mit Hilfe von Def. 1 aus denen für exp gewonnen

werden.

Def. 2: Die inverse Funktion zu ${}_a\exp:\mathbb{R} \longrightarrow \mathbb{R}^+$, ${}_a\exp^{-1}:\mathbb{R}^+ \longrightarrow \mathbb{R}$, wird mit ${}_a\log$ bezeichnet und heißt Logarithmusfunktion zur Basis a.

Die Regeln für den Umgang mit ${}_a\log$ können wiederum leicht aus denen für ln gewonnen werden.
In Logarithmentafeln findet man häufig Tabellen für ${}_{10}\log$, die dekadischen oder Briggschen Logarithmen.

Aufgabe: w(8) Zeigen Sie, daß gilt: $\ln(a^x) = x \ln a$!

(3.3.3) Anwendungsbeispiele für exp und ln

Betrachten wir zunächst einige häufiger vorkommende stochastische Modelle. Aus LuM I kennen wir bereits die Binomialverteilung und die ihr zugrunde liegenden Annahmen; diese Verteilung hat die Wahrscheinlichkeitsfunktion

$$w(x) = \binom{n}{x} p^x (1-p)^{n-x} \qquad (3.3 - 46)$$ *)

mit $x, n \in \mathbb{N}$; $0 \leq x \leq n$; n bezeichnet den Umfang einer Stichprobe aus einer Grundgesamtheit, in der zwei sich ausschließende Zufallsereignisse X,Y auftreten können mit Prob(X):= p und Prob(Y) = 1 - p . (3.3 - 46) gibt dann die Wahrscheinlichkeit an, daß sich unter n zufällig realisierten X-,Y-Ereignissen gerade x - mal das X - Ereignis vorkommt, sofern die stochastische Unabhängigkeit von X und Y garantiert ist. Zu (3.3 - 46) gehört die Verteilungsfunktion(kumulierte Wahrscheinlichkeitsfunktion):

$$W(m) = \sum_{x=0}^{m} \binom{n}{x} p^x (1-p)^{n-x} \quad . \qquad (3.3 - 47)$$

*) Bei diskreten Verteilungen werden wir p(x) oder(wenn der Buchstabe p schon verbraucht ist) w(x), in kontinuierlichen Verteilungen bei der analogen Dichtefunktion f(x) sagen.

(3.3 - 47) gibt die Wahrscheinlichkeit an, daß unter n Stichprobenrealisationen bis zu m X - Ereignisse auftreten. x ist die absolute Häufigkeit von X - Ereignissen in der Stichprobe.

Der Erwartungswert von x ist

(3.3 - 48) $$E(x) = np =: \mu \quad .$$

Man beachte den Unterschied zwischen dem Ereignis X und der Anzahl x seiner in der Stichprobe realisierten Ausprägungen.

Die Varianz von x um μ beträgt:

(3.3 - 49) $$Var(x) = npq =: \sigma^2 \quad , q := 1 - p \quad .$$

Zur Berechnung siehe w(40),S.-382- .

Betrachtet man die relative Häufigkeit x/n in (3.3 - 48), so erkennt man:

(3.3 - 50) $$E(x/n) = p$$

und x/n in (3.3 - 49):

(3.3 - 51) $$Var(x/n) = pq/n \quad .$$

Nach (3.3 - 48) läßt sich schreiben:

(3.3 - 52) $$p = \mu/n \quad .$$

(3.3 - 52) in (3.3 - 46):

(3.3 - 53) $$w(x) = \frac{n!\mu^x(1 - \mu/n)^{n-x}}{x!(n - x)!n^x}$$. Es gilt

$$\lim_{n\to\infty} \frac{n!}{n^x(n - x)!} = 1$$,und es ist bekanntlich:

(3.3 - 54) $$(1 - \mu/n)^{n-x} = (1 - \mu/n)^n(1 - \mu/n)^{-x} \quad .$$

(3.3 - 54) geht für $n \to \infty$ gegen $e^{-\mu}$, d.h.

(3.3 - 55) $$\lim_{n\to\infty}(1 - \mu/n)^{n-x} = e^{-\mu} \quad .$$

Zum Beweis von (3.3 - 55) und $\lim_{n\to\infty} \frac{n!}{n^x(n - x)!} = 1$ siehe Aufg. w(11).

(3.3 - 54) geht besonders rasch gegen (3.3 - 55) für kleines p, d.h. je kleiner p, desto kleiner braucht der Stichprobenumfang zu sein, um

$$\left| (1 - \mu/n)^{n-x} - e^{-\mu} \right| < \varepsilon \quad , \quad \varepsilon \in \mathbb{R}^+$$

zu erreichen für vorgegebenes ε .

Bemerkung: Häufig findet man anstelle von μ das Symbol λ .

(3.3 - 55) unter Berücksichtigung von $\lim\limits_{n \to \infty} \frac{n!}{n^x (n-x)!} = 1$ in (3.3 - 53) :

$$(3.3 - 56) \qquad w(x) = \frac{\mu^x}{x!} e^{-\mu} \quad .$$

(3.3 - 56) wird Poisson - Wahrscheinlichkeitsfunktion(Poisson - Modell) genannt.

Hat man nun große Stichprobenumfänge, so ist das Rechnen mit (3.3 - 46) bzw. (3.3 - 56) sehr unhandlich. Verwenden wir daher die Stirlingsche Näherungsformel

$$(3.3 - 57) \qquad y! \approx +\sqrt{2\pi y}\, y^y e^{-y} \quad \text{für } y \in \mathbb{N}$$

in (3.3 - 46) - man beachte, daß x jetzt nicht mehr auf diskrete Werte beschränkt ist, wir schreiben daher $f(x)$ -:

$$f(x) = \frac{\sqrt{2\pi n}\, n^n e^{-n} p^x q^{n-x}}{\sqrt{2\pi x}\, x^x e^{-x} \sqrt{2\pi(n - x)}\, (n - x)^{n-x} e^{x-n}}$$

$$= \sqrt{\frac{n}{2\pi x(n - x)}} \cdot \frac{n^n}{x^x (n - x)^{n-x}} e^{\overbrace{-n+x-x+n}^{=0}} \cdot p^x q^{n-x}$$

$$= \underbrace{\sqrt{\frac{1}{2\pi}} \sqrt{\frac{n}{x(n - x)}}}_{:=B} \underbrace{\left(\frac{np}{x}\right)^x \left(\frac{nq}{n - x}\right)^{n-x}}_{:=A} \qquad \text{wegen } n^n = n^{x+n-x}$$

$$(3.3 - 58) \qquad f(x) = BA \quad .$$

Bezeichnung:

$$(3.3 - 59) \qquad \frac{x - np}{\sqrt{npq}} =: y$$

Aus (3.3 - 59) wegen (3.3 - 48) und (3.3 - 49) :

(3.3 - 60) $$x = y\sigma + \mu \quad .$$

(3.3 - 59) ergibt umformuliert:

(3.3 - 61) $$x = y\sqrt{npq} + n - nq \qquad \text{wegen } p = 1 - q \quad .$$

Daraus

(3.3 - 62) $$n - x = nq - y\sqrt{npq} \quad .$$

Dividiert man auf beiden Seiten von (3.3 - 62) durch nq , so entsteht für $n \neq 0$, $q \neq 0$:

(3.3 - 63) $$\frac{n - x}{nq} = 1 - y\sqrt{\frac{p}{nq}} \quad .$$

Dividieren wir noch (3.3 - 61) auf beiden Seiten durch np mit $n \neq 0$ und $p \neq 0$, so erhalten wir:

(3.3 - 64) $$\frac{x}{np} = 1 + y\sqrt{\frac{q}{np}} \quad .$$

Setzen wir die ln - Funktion zur einfacheren Berechnung auf (3.3 - 58) und berücksichtigen (3.3 - 63) und (3.3 - 64), wobei $\frac{nq}{n - x} = (\frac{n - x}{nq})^{-1}$ und $\frac{np}{x} = (\frac{x}{np})^{-1}$, so erhalten wir für ln A :

(3.3 - 65) $$\ln A = -x \ln(1 + y\sqrt{\frac{q}{np}}) - (n - x)\ln(1 - y\sqrt{\frac{p}{nq}})$$

Verwendet man die Reihendarstellung der ln - Funktion und berücksichtigt, daß

(3.3 - 66) $$\ln(1 + r) = \sum_{m=1}^{\infty}(-1)^{m+1}\frac{r^m}{m} \qquad \text{für } |r| < 1$$

und

(3.3 - 67) $$\left|y\sqrt{\frac{q}{np}}\right| < 1 \quad , \quad \left|y\sqrt{\frac{p}{nq}}\right| < 1 \quad \text{für hinreichend großes } n \quad ,$$

so entsteht, wenn man mit den ersten beiden Gliedern der Reihe annähert:

(3.3 - 68) $$\ln(1 + y\sqrt{\frac{q}{np}}) = y\sqrt{\frac{q}{np}} - \frac{1}{2}y^2\frac{q}{np} \quad ,$$

(3.3 - 69) $$\ln\left(1 - y\sqrt{\frac{p}{nq}}\right) = -y\sqrt{\frac{p}{nq}} - \frac{1}{2}y^2\frac{p}{nq} \quad .$$

(3.3 - 68) und (3.3 - 69) in (3.3 - 65) unter Berücksichtigung von (3.3 - 61):

(3.3 - 70) $$\ln A = \boxed{\begin{array}{l} -npy\sqrt{\frac{q}{np}} \\ +nqy\sqrt{\frac{p}{nq}} \end{array}} + \boxed{\begin{array}{l} \frac{1}{2}y^2q - y^2q \\ \frac{1}{2}y^2p - y^2p \end{array}} + \boxed{\begin{array}{l} \frac{1}{2}y^3\frac{q}{np}\sqrt{npq} \\ -\frac{1}{2}y^3\frac{p}{nq}\sqrt{npq} \end{array}}$$

⇓	⇓	⇓
$= 0$	$= -\frac{1}{2}y^2$	$= 0$ für $p = q$
(np bzw nq unter die Wurzel)	wegen $p + q = 1$	und für $n \to \infty$ $= 0$ für $p \neq q$

Somit bei entsprechenden Bedingungen:

(3.3 - 71) $$\ln A = -\frac{1}{2}y^2 \quad .$$

Durch Entlogarithmierung(e - Funktion auf (3.3 - 71)):

(3.3 - 72) $$A = e^{-\frac{1}{2}y^2} \quad .$$

(3.3 - 72) in (3.3 - 58):

(3.3 - 73) $$f(x) = Be^{-\frac{1}{2}y^2} \quad .$$

Betrachten wir nun B :

(3.3 - 74) $$B = \frac{1}{\sqrt{2\pi}}\sqrt{\frac{n}{x(n - x)}}$$

Dividiert man Zähler und Nenner unter der Wurzel durch n , so gilt mit $p = x/n$ (für n hinreichend groß kann an die Stelle von p ja die Schätzung x/n treten) und $q = (n-x)/n$:

(3.3 - 75) $$B = \frac{1}{\sqrt{2\pi}\sqrt{npq}} \quad .$$

(3.3 - 75) in (3.3 - 73) unter Berücksichtigung von (3.3 - 50) und (3.3 - 51) in Verbindung mit (3.3 - 60) :

$$(3.3 - 76) \qquad f(x) = \frac{1}{\sqrt{2\pi}\,\sigma}\, e^{-\frac{1}{2}\frac{(x-\mu)^2}{\sigma^2}}$$

(3.3 - 76) heißt Dichte der Normalverteilung (des Normalverteilungsmodells), $f(x)$ ist eine in x kontinuierliche Funktion und auf ganz $\mathbb{R}$ definiert. Es ist unmittelbar einleuchtend, daß es hier für bestimmte X - Ausprägungen keine Punktwahrscheinlichkeiten mehr geben kann, wie dies in diskreten Modellen der Fall ist. In Kap.(3.4.4)wird deutlich, daß wir zur Berechnung von Wahrscheinlichkeiten die Verteilungsfunktion verwenden müssen.

Diese ausführliche Herleitung soll insbesondere den Modellcharakter dieser Funktion aufdecken und dem Fehlschluß vorbeugen, in den Sozialwissenschaften träten 'naturgesetzlich' Normalverteilungen auf. Es wurde hier gezeigt, wie durch 'einleuchtende Annahmen' und Approximationsprozesse die Normalverteilung als besonders gut zu handhabendes Modell entsteht.
Diskutieren wir diese Problematik exemplarisch an Hand von Schulzensuren.

Hierbei sind folgende drei Kritikpunkte stets zu berücksichtigen:

(a) Die Verwendung des Normalverteilungsmodells(künftig kurz $N(\mu,\sigma^2)$- Modell) setzt mindestens eine Intervallskala für die betrachtete Zufallsvariable(hier Zensur) voraus. Schulzensuren sind aber bestenfalls auf Ordinalskalenniveau gemessen.

(b) Erst bei Klassen mit großer Schüleranzahl(Faustregel $n > 30$) oder bei wiederholten Meßvorgängen(z.B. Schreiben von Klassenarbeiten) unter gleichen Bedingungen stellt das $N(\mu,\sigma^2)$- Modell eine brauchbare Approximation dar. Bei wiederholten Meßvorgängen, wenn man also Daten durch Zusammenfassung mehrerer Stichproben gewinnt, taucht aber sofort das Problem der Stationarität der Grundgesamtheit auf. Hier liegt der Fehlschluß von einer Grundgesamtheit auf eine andere nahe.

(c) Der Lehrer erzeugt oft selbst die Normalverteilung dadurch, daß er sich am 'Klassendurchschnitt' orientiert. Ein so gewonnenes $N(\mu,\sigma^2)$- Modell gibt keine Auskunft über die Leistung der Schüler, sondern über das Orientierungsvermögen des Lehrers am Leistungsdurchschnitt .

Das $N(\mu,\sigma^2)$- Modell wird oft (wenn auch meist in verschleierter Form),zur Stützung einer sozialdarwinistischen Ideologie herangezogen(vgl. z.B. Woitschach(1969)). Hier findet man dann Aussagen wie 'es gibt immer Randgruppen in der Gesellschaft' oder 'es muß stets einige gute und einige schlechte Leistungen geben, die Masse aber ist mittelmäßig'.
Diese Funktion erscheint bei unserem Beisp. besonders makaber, bedenkt man in (b) die hohen Klassenfrequenzen an bundesdeutschen Schulen. Im übrigen läßt sich in (c) fragen, weshalb ein Lehrer nicht daran interessiert ist, eine umgekehrte J - Verteilung zu erzeugen: Die meisten Schüler sind gut, wenige sind mittelmäßig und keiner zeigt schlechte Leistungen ?

Wenden wir uns nun einer zweiten Anwendung der e - Funktion zu: Den Wachstumsmodellen. Überall dort, wo in Wachstumsmodellen die e - Funktion auftritt, spricht man von <u>exponentiellem Wachstum</u>. Meist wird dabei das Wachstum einer bestimmten Variablen(z.B. Bevölkerung, Einkommen) in Abhängigkeit von der Zeit untersucht.
Die einzelnen Modelle unterscheiden sich hinsichtlich ihres Funktionstyps(z.B. linearisierbar, nicht linearisierbar) und ihrer Parameterstruktur(Anzahl und Art).
Im einfachsten Fall eines Wachstumsmodells der Form

$$(3.3 - 77) \qquad y(t) = ae^{bt}$$

mit y als Wachstumsvariablen und $a,b \in \mathbb{R}$ als Parametern gilt:
Für $b>0$ geht $y(t)$ gegen $+\infty$ für $a>0$, gegen $-\infty$ für $a<0$;
für $b<0$ geht $y(t)$ gegen Null.
Eine derartige Eigenschaft unbeschränkten monotonen Wachstums

bzw. fortwährend monotoner Schrumpfung läßt (3.3 - 77) zur Beschreibung sozialer Wachstumsphänomene wenig geeignet erscheinen. Wachstumseigenschaften dieser Art sind höchstens bereichsweise(d.h. für bestimmte Zeitintervalle) zu beobachten(so wächst der Umfang wissenschaftlich-technologischer Schriften bisher 'ungebrochen' exponentiell nach (3.3 - 77)).

Realiter sind jedoch bei sozialen Wachstumsprozessen global, d.h. auf ganz $\mathbb{R}$ als Menge von Zeitpunkten, stets bestimmte Grenzen des Wachstums gegeben. Für derartige Fälle aber ist (3.3 - 77) als Modell kaum geeignet. Daher seien hier einige Wachstumsmodelle vorgestellt, die im aufgezeigten Sinne realistischer sind und eine bedeutende Rolle in der sozialwissenschaftlichen Prognoseverfahrensforschung spielen.

(3.3 - 78) $$y(t) = \frac{A}{1 + ae^{-bt}}$$, logistische Funktion ;

(3.3 - 79) $$\ln y(t) = a - be^{-t}$$, Gompertzfunktion .

Weitere Funktionen sind Haustein(1970),S.336ff zu entnehmen.

Aufgaben:

p(9) Was sind die Parameter des
(a) Binomial-Modells , (b) Poisson-Modells ,
(c) Normalverteilungs-Modells ?

w(10)Welchen Einfluß hat ein wachsender Stichprobenumfang auf die Standardabweichung(d.h. die positive Wurzel aus der Varianz im $N(\mu,\sigma^2)$- Modell), wenn man das $N(\mu,\sigma^2)$- Modell als Näherung des Binomialmodells verwendet ?
Wie wirkt sich die Varianz auf die Gestalt des Graphen von f im Fall der Normalverteilung aus ?

w(11)Beweisen Sie (3.3 - 55) und $\lim\limits_{n\to\infty} \frac{n!}{n^x(n-x)!} = 1$!
Hinweise: [9.3] aus LuM I , (3.3 - 34) .

w(12) Worin liegen die Modelleigenschaften der in diesem Kap. aufgezeigten drei stochastischen Modelle? Beurteilen Sie die auftretenden Approximationen soweit möglich größenmäßig !

p(13) Eine Menge möglicher Beobachtungsergebnisse sei zerlegt in die Zufallsereignisse $z_1, z_2, \ldots, z_n$ mit

$$\text{Prob}(z_i) := p_i \quad , \; i = 1, \ldots, n \quad .$$

Als Wahrscheinlichkeitsfeld ist folgende Formation def.:

$$F_Z := \left\{ \begin{matrix} z_1 & z_2 & \cdots & z_n \\ p_1 & p_2 & \cdots & p_n \end{matrix} \right\}$$

Def. 1: $I(z_i) := {}_2\log 1/p_i := \text{ld } 1/p_i = - \text{ld } p_i$ heißt Information (oder Informationsgehalt) von z_i mit ld als log dualis, gemessen in bit .

Faßt man eine Ereignisfolge $\{z_k / k = 1,2,\ldots,K\}$ als Realisation des diskreten stochastischen Prozesses

$\{Z_k / k = 1,2,\ldots\}$ auf, z.B.

$$\{z_k / k = 1,\ldots,10\} = \{z_1, z_1, z_9, z_7, z_n, z_{n-1}, z_3, z_4, z_n, z_{n-3}\} ,$$

so läßt sich definieren:

Def. 2: $I[\{z_k\}] := \sum_{i=1}^{n} h_i I(z_i)$ mit h_i als absoluter Häufigkeit von z_i in z_k (also: $\sum_{i=1}^{n} h_i = K$) heißt Information der Ereignisfolge.

Def. 3: $H(F_Z) := - \sum_{i=1}^{n} p_i \text{ld } p_i$ heißt Entropie des Wahrscheinlichkeitsfeldes F_Z .

Je größer die Information, desto kleiner ist $H(F_Z)$, Information reduziert also Entropie.
Die Entropie stellt ein Maß für die Strukturiertheit von F_Z dar. Ein großes $\sum_i p_i \text{ ld } 1/p_i$ bedeutet Unstrukturiertheit.
Betrachten wir nun folgende Ereignisfolge:

$\{z_k\} = \{g_1,u_1,g_2,u_2,g_2,u_1,g_2,u_1,g_1,u_2,g_1,u_1,g_1,u_1,g_2,$
$u_2,g_1,u_2,g_2,u_1,g_1,u_2\}$,

wobei g_1,g_2 eine Zerlegung der Aktivitätsmöglichkeiten einer Gewerkschaft(z.B. Streik/kein Streik) und u_1,u_2 eine Zerlegung der Aktivitätsmöglichkeiten eines Arbeitgeberverbandes (z.B. Aussperrung/keine Aussperrung) darstellen mögen.

Berechnen Sie:

(a) Die Information der einzelnen Aktivitäten,

(b) die Information der Ereignisfolge,

(c) die Entropie des Wahrscheinlichkeitsfeldes,

(d) die Überraschung, mit der ein u_j im Anschluß an ein $g_l (j,l = 1,2)$ auftritt.
Hinweis zu (d): Offensichtlich ist nach der Information von u_j unter der Bedingung, daß zuvor g_l auftrat, gefragt.

p(14) Betrachten Sie die Übergangsmatrix einer Markow-Kette, die als Modell der Schichtenmobilität, operationalisiert durch Berufsposition des Vaters/dito des Sohnes, dienen soll: Die Menge der Zustände sei $S = \{1,2,3\}$ mit
1:= Oberschicht, 2:= Mittelschicht, 3:= Unterschicht
S bilde hinsichtlich der männlichen Bevölkerung eines Landes eine Zerlegung.
Eine repräsentative Erhebung mit Stichprobenumfang n = 1000 möge ergeben:

		Sohn 1	Sohn 2	Sohn 3	
Vater	1	400	150	50	600
	2	100	150	50	300
	3	20	50	30	100
		520	350	130	

Verwenden Sie die Entropie als Unbestimmtheitsmaß und beantworten Sie folgende Fragen:

(a) Wie groß ist die Unbestimmtheit der Schichtenzugehörigkeit für einen (zufällig betrachteten) Sohn -

wenn man die gegebenen Daten betrachtet -, über dessen soziale Herkunft(operationalisiert wie in dieser Aufgabe) man nichts weiß ?

(b) Wie groß ist die Mobilitätsunbestimmtheit eines Sohnes, dessen Vater aus i stammt ? Bilden Sie den arithmetischen Mittelwert dieser Unbestimmtheiten !

(c) Der Mittelwert aus (b) reduziert die Unbestimmtheit aus (a); um wieviel ?

(d) Als Maß für die Durchlässigkeit einer Gesellschaft sei der Quotient des arithmetischen Mittelwertes aus (b) und dem Logarithmus der Anzahl der Systemzustände definiert. Geben Sie das Intervall an, in dem diese Maßzahl variieren kann und berechnen Sie diese Maßzahl für die gegebenen Daten !

Literatur: Ziegler(1972),S. 42 ff

w(15) Gegeben seien die Daten

Zeit t	Wachstumsvariable y(t)
0	1.6667
1	2.4797
2	3.5219
3	4.7267
⋮	⋮
9	9.4741
10	9.6749

Welches Wachstumsmodell paßt Ihrer Ansicht nach auf diese Daten, und welche Werte haben die Parameter des Modells?

(3.4) Differential- und Integralrechnung

Wir haben bisher bereits an einigen Stellen Probleme der Veränderung von Variablen in Abhängigkeit von anderen Variablen erörtert(z.B. Markow - Ketten, Wachstumsmodelle).

Dabei fällt auf, daß unter letzteren (sog. 'unabhängigen') Variablen häufig die Zeit vorkommt. Dies kann nicht verwundern, da es kaum sozialwissenschaftliche Problemstellungen gibt, die angemessen mit statischen Modellen(d.h. Modellen ohne explizite Erfassung der Zeit) anzugehen sind. Damit ist bereits der'dynamische Charakter'der meisten gesellschaftlichen Vorgänge angesprochen. Da wir darüberhinaus den Begriff der 'Stationarität' im Zusammenhang mit stochastischen Prozessen kennen gelernt haben, erscheint es angebracht, diese drei Konzepte zu klären und die Beziehungen zwischen ihnen aufzuzeigen, ehe wir uns einer systematischen Diskussion der Veränderung von Variablen und des Wandels von Strukturen zuwenden.

Die uns hier interessierenden Modelle bestehen aus Variablen und Parametern und Beziehungen zwischen ihnen. Dabei können Variablen für ein und dasselbe Modell verschiedene Ausprägungen annehmen. Dagegen können Parameter von Modell zu Modell zwar schwanken, für ein betrachtetes Modell sind sie jedoch bis auf den Fall nichtstationärer Modelle konstant. Sie sind es, die die Struktur des Modells(später: Systemmodells) festlegen.

Statik, Dynamik und Stationarität sind Modellkategorien (also keine realen Eigenschaften).
Ein Modell heißt statisch, wenn es den Faktor'Zeit' nicht explizit enthält. Beisp.: Input-output-Modelle wie in Aufg. p(28), S.-176f-.Ein Modell heißt dynamisch,wenn in ihm die Variable'Zeit' explizit auftritt in der Weise, daß Veränderungen zeitabhängiger Modellvariablen auch dadurch bedingt sind, wie groß das Intervall zwischen zwei Zeitpunkten ist, bei denen Variablenausprägungen gemessen werden. Beisp.: Wachstumsmodelle in Kap.(3.3.3). In diesem Sinne gehören also (affin) lineare Zeitfunktionen der Art $y(t) = a + bt$ zu den statischen Funktionen. Ein dynamisches Modell heißt nichtstationär, wenn seine Parameter nicht konstant sind(insbesondere von der Zeit abhängen). Beisp.: Markow - Ketten, in denen die p_{ij} von

bestimmten Variablen abhängen und nicht konstant sind(siehe z.B. Müller(1973),Kap. (422).

Ein einfaches Beisp.: y,t seien Variablen, $a(t)$, $b(t)$ seien zeitabhängige Parameter. Dann ist $y(t) = a(t) + b(t)t$ eine nichtstationäre Funktion.

Man macht sich leicht klar, daß mit nichtstationären Modellen Strukturbrüche erfaßt werden können. Wir wollen von einem Strukturbruch sprechen, wenn von einem bestimmten Zeitpunkt t^* an andere Parameterkonstellationen und/oder -werte zu wählen sind, um das beobachtete Verhalten von Variablen angemessen beschreiben zu können. Ein Strukturbruch wirkt sich so aus, daß in t^* ein 'Knick' oder ein 'Sprung' im Variablenverlauf auftritt.

Betrachten wir folgendes Beisp.: Ein Prozeß möge eine Zeit lang(d.h. für $t \in [\bar{t}_0, t^*)$) 'geradlinig' verlaufen. Vom Zeitpunkt t^* an (d.h. für $t \geq t^*$) setzt ein zunächst langsames, dann jedoch rasches Wachstum ein. Derartige Phänomene(allerdings meist mit komplizierterer Struktur) sind gerade in den Sozialwissenschaften häufig zu beobachten(z.B. Panik, Evolutionsprozesse). Dahinter verbirgt sich die allgemeinere Problematik, daß in den Sozialwissenschaften ständig neue Variablen relevant werden und bereits erfaßte Variablen an Bedeutung verlieren.

Verwendet man obige Formalisierung, so könnte im Falle eines Knicks das zugehörige Modell z.B. folgendermaßen spezifiziert sein:

$$a(t) = \begin{cases} 1 & \text{für } t \in [\bar{0}, 4) \\ -\frac{1}{2}t & \text{für } t \in [\bar{4}, \infty) \end{cases}$$

$$b(t) = \begin{cases} \frac{1}{4} & \text{für } t \in [\bar{0}, 4) \\ \frac{1}{4}t & \text{für } t \in [\bar{4}, \infty) \end{cases}$$

Für $y(t)$ ergibt sich dann:

$$y(t) = \begin{cases} 1 + \frac{1}{4}t & \text{für } t \in [\bar{0}, 4) \\ -\frac{1}{2}t + \frac{1}{4}t^2 & \text{für } t \in [\bar{4}, \infty) \end{cases}$$

Als graphische Darstellung:

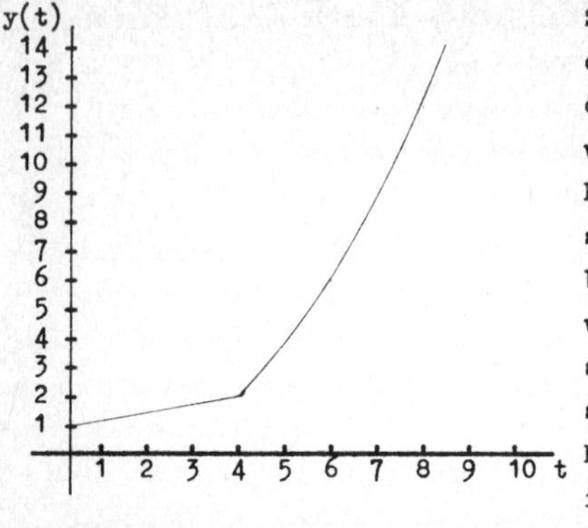

Stetige Funktionen, deren Graphen wie in diesem Beisp. Ecken aufweisen, sind, wie dieses Kapitel zeigen wird, schwieriger zu handhaben. Hier zeigt sich wieder einmal, daß schwierige substanzwissenschaftliche Probleme häufig im zugehörigen formalisierten Modell eine Entsprechung in Form erhöhter mathematischer Kompliziertheit haben.

In einem Venn-Diagramm sehen die Beziehungen zwischen Statik, Dynamik und Stationarität wie folgt aus:

◯ - statische Modelle , ▥ - dynamische Modelle,

◈ - stationäre Modelle

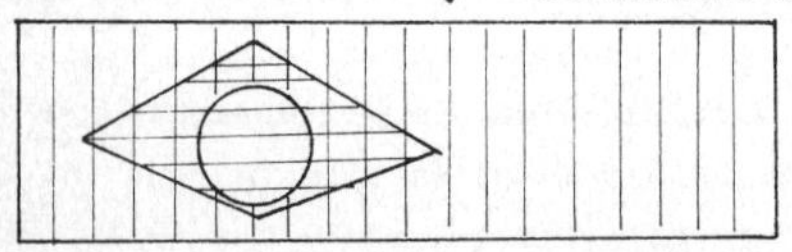

#-Symbol (kreuzschraffiert) bezeichnet z.B. die stationären dynamischen Modelle.

Wir werden uns künftig vorwiegend mit stationären Modellen beschäftigen und auf nichtstationäre Modelle nur exemplarisch in Form von Problemaufgaben eingehen.

(3.4.1) Differentialrechnung in $\mathbb{R}$

In diesem Kap. geht es darum, diejenigen Funktionen, mit deren Hilfe Systeme ohne Strukturbrüche beschrieben werden können, genauer zu untersuchen. Es wird zunächst dieser Funktionentyp anschaulich definiert und interpretiert, um dann die wichtigen Eigenschaften zusammenzustellen, mit deren Hilfe auf Grund nur weniger Informationen der Verlauf dieser Funktionen erschlossen werden kann.

Zu den wesentlichen Aspekten der Analyse von Funktionszusammenhängen gehört die Frage, welche Auswirkungen eine Änderung von Variablen auf das Verhalten anderer Variablen hat. Bei Markow - Ketten(limes-Betrachtungen) und in der Linearen Algebra bei input - output - Analysen haben wir derartige Untersuchungen schon angestellt. Für Funktionen $f: \mathbb{R} \longrightarrow \mathbb{R}$ soll die Frage jetzt allgemein angegangen werden.

Diskutieren wir zunächst eine sehr einfache Funktion: ein Polynom ersten Grades $y = f(x) = a + bx$ mit $a, b \in \mathbb{R}$.

x verändere sich von x_0 auf $x_0 + h =: x_1$ mit $h \in \mathbb{R}$; dann verändert sich $f(x)$ von $f(x_0) =: y_0$ auf $f(x_1) = y_1$. In Form eines Schaubildes:

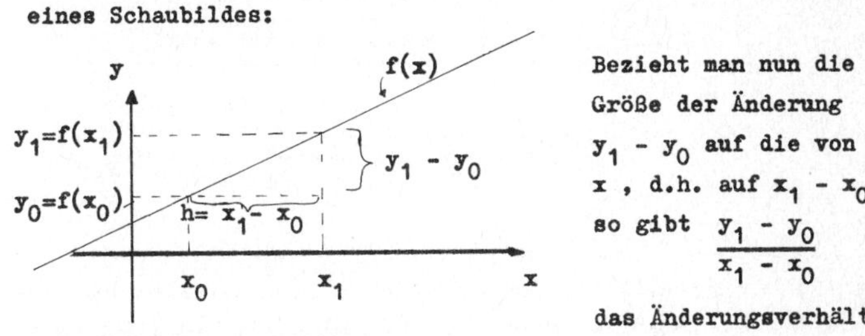

Bezieht man nun die Größe der Änderung $y_1 - y_0$ auf die von x, d.h. auf $x_1 - x_0$, so gibt $\dfrac{y_1 - y_0}{x_1 - x_0}$ das Änderungsverhältnis wieder, in unserem Fall ist

$$\frac{y_1 - y_0}{x_1 - x_0} = \frac{a + bx_1 - a - bx_0}{x_1 - x_0} = b\,\frac{x_1 - x_0}{x_1 - x_0} = b \quad \text{für } h \neq 0.$$

Das Änderungsverhältnis b ist bei Polynomen ersten Grades also unabhängig von der Stelle x_0 und dem Abstand $h = x_1 - x_0$.

Ist $b > 1$, so verändert sich y 'rascher' als x, für $0 < b < 1$ 'langsamer' als x. Für $b = 1$, $b = 0$ und $b < 0$ möge der Leser die entsprechenden Situationen diskutieren.

<u>Def. 1</u>: f sei eine reelle Funktion, $\dfrac{f(x_1) - f(x_0)}{x_1 - x_0}$ für x_0, x_1 aus dem Definitionsbereich von f, heißt <u>Differenzenquotient</u>.

Betrachten wir nun ein Polynom 2. Grades: $y = f(x) = a + bx + cx^2$, a,b,c $\in \mathbb{R}$; z.B.: $f(x) = 1 - \frac{1}{4}x + \frac{1}{4}x^2$. Im Schaubild:

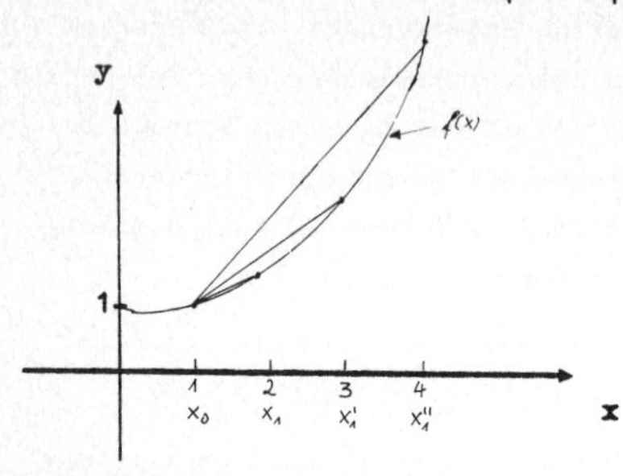

Der Differenzenquotient lautet:

$$\frac{f(x_1) - f(x_0)}{x_1 - x_0} = \frac{a + bx_1 + cx_1^2 - a - bx_0 - cx_0^2}{x_1 - x_0}$$

$$= b\,\frac{x_1 - x_0}{x_1 - x_0} + c\,\frac{x_1^2 - x_0^2}{x_1 - x_0} = b + c(x_1 + x_0)$$

für $h \neq 0$.

Somit ist der Differenzenquotient sowohl von x_0, also dem Punkt, von dem die Änderung 'ausgeht', als auch von x_1, dem'Endpunkt' der Veränderung, abhängig. Für unser Beisp. gilt:

$x_0 = 1$, $x_1 = 2$	Differenzenquotient:	0.5
$x_0 = 1$, $x_1' = 3$	"	0.75
$x_0 = 1$, $x_1'' = 4$	"	1

ETC.

Der Differenzenquotient gibt die Steigung der Geraden durch die Punkte $(x_0, f(x_0))$ und $(x_1, f(x_1))$ an, also der zugehörigen Sekanten der Funktion f . Er ist jedoch zur Angabe des Änderungsverhältnisses der Funktion f <u>im</u> Punkt x_0 nicht geeignet, da er nicht eindeutig ist und neben x_0 auch von x_1 abhängt. Kann das Änderungsverhältnis nicht, wie bei einer Geraden, für alle Punkte gemeinsam angegeben werden, so sollte es zumindest nur von dem betrachteten Punkt x_0 abhängen.
Dies erreichen wir, indem wir x_1 immer näher an x_0 heran-

rücken, so daß wir im Grenzfall von der Sekantensteigung zur Tangentensteigung in $f(x_0)$ übergehen.

Def. 2: f sei eine reelle Funktion. Existiert der Grenzwert

$$\lim_{\substack{x \to x_0 \\ x \neq x_0}} \frac{f(x) - f(x_0)}{x - x_0} =: \left.\frac{df(x)}{dx}\right|_{x=x_0}$$

für x, x_0 aus dem Definitionsbereich von f , so heißt $\left.\frac{df(x)}{dx}\right|_{x=x_0}$ Differentialquotient , und f heißt in x_0 differenzierbar, für $\left.\frac{df(x)}{dx}\right|_{x=x_0}$ schreibt man häufig $f'(x_0)$.

Hierin bedeutet $\lim\limits_{x \to x_0}$, daß die Grenzwerte aller Folgen im Definitionsbereich von f, die gegen x_0 konvergieren, gleich sein müssen, also z.B. für monoton wachsende(man schreibt $\lim\limits_{x \to x_0^-}$), für monoton fallende(man schreibt $\lim\limits_{x \to x_0^+}$) und für gemischte.

Beisp.: Sei wie oben $f(x) = 1 - \frac{1}{4}x + \frac{1}{4}x^2$, gesucht ist $f'(1)$, die Ableitung von f in x_0.

$$\lim_{\substack{x \to 1 \\ x \neq 1}} \frac{f(x) - f(1)}{x - 1} = \lim_{\substack{x \to 1 \\ x \neq 1}} \left(-\frac{1}{4} + \frac{1}{4}(x + 1)\right)$$

. Nach den Rechenregeln für konvergente Folgen(LuM I,S.200f) gilt dann:

$$f'(1) = -\frac{1}{4} + \frac{1}{4} + \frac{1}{4}\lim_{\substack{x \to 1 \\ x \neq 1}} x = 1/4$$

Def. 3: f sei eine reelle Funktion mit dem Definitionsbereich $I \subseteq \mathbb{R}$. Ist f für alle $x_0 \in I$ differenzierbar, so heißt f global differenzierbar(künftig kurz "diffbar"), und die Funktion $f': I \longrightarrow \mathbb{R}$ mit $f'(x_0) = \left.\frac{df(x)}{dx}\right|_{x = x_0}$, die also jedem x_0 den Differentialquotienten in x_0 zuordnet, heißt 1.Ableitungsfunktion von f.

Künftig werden wir statt x_0 einfach x schreiben.

----

w(1) Prüfen Sie, ob $f(x) = 1 - \frac{1}{4} x + \frac{1}{4} x^2$ auf ganz $\mathbb{R}$ diffbar ist und errechnen Sie die 1.Ableitungsfunktion !

Betrachten wir nun den Raum der diffbaren Funktionen.

Es sei I ein Intervall in $\mathbb{R}$, der Raum der auf ganz I diffbaren Funktionen $f: I \longrightarrow \mathbb{R}$ wird mit

$$C^0(I) := \{f/f: I \longrightarrow \mathbb{R} \text{ diffbar}\}$$

bezeichnet. Wir konstatieren ohne Beweis:

Sind $f, g \in C^0(I)$, so sind auch $(f+g) \in C^0(I)$ und $(f \cdot g) \in C^0(I)$. Ist $f \in C^0(I)$ und $c \in \mathbb{R}$, so ist auch $(c \cdot f) \in C^0(I)$. D.h. Summe und Produkt diffbarer Funktionen sind wieder diffbar(zur Addition und Multiplikation von Funktionen siehe LuM I,S.209); man rechnet nun leicht nach, daß damit $C^0(I)$ eine $\mathbb{R}$ - Algebra ist.

Ist $\text{Abb}(I,\mathbb{R}) = \{f/f: I \longrightarrow \mathbb{R}\}$ die $\mathbb{R}$ - Algebra aller Funktionen von I nach $\mathbb{R}$, so wird mit

$$D: C^0(I) \longrightarrow \text{Abb}(I,\mathbb{R})$$

der <u>Differentialoperator</u> bezeichnet, der jeder diffbaren Funktion $f: I \longrightarrow \mathbb{R}$ ihre 1.Ableitungsfunktion $f': I \longrightarrow \mathbb{R}$ zuordnet.

Für D gilt:

(3.4 - 1) $\qquad D(f_1 + f_2) = D(f_1) + D(f_2)$

(3.4 - 2) $\qquad D(cf) = cD(f)$ $\quad$ mit $f_1, f_2, f \in C^0(I)$, $c \in \mathbb{R}$.

Damit ist D eine lineare Abb. oder ein Operator (vgl. LuM I, S. 181, LuM II,Kap.(2.2)) .

Mit Hilfe von (3.4 - 1) und (3.4 - 2) und der Produktregel können nun Polynome differenziert werden.

Es sei $g: \mathbb{R} \longrightarrow \mathbb{R}$ mit $g(x) = c$, dann gilt nach Def.2: $g'(x) = 0$ für alle $x \in \mathbb{R}$.

Es sei $f: \mathbb{R} \longrightarrow \mathbb{R}$ mit $f(x) = x$, nach Def.2 : $f'(x) = 1$ für alle $x \in \mathbb{R}$.

Produktregel:

(3.4 - 3) $$D(f_1 \cdot f_2) = D(f_1) \cdot f_2 + f_1 \cdot D(f_2) \quad , \quad f_1, f_2 \in C^0(I)$$

Beisp.: $f_1(x) = x + 1$, $f_2(x) = x$, $f(x) = f_1(x)f_2(x)$

$$= (x + 1)x$$

$$D(f(x)) = D((f_1 \cdot f_2)(x)) = 1 \cdot x + (x + 1) \cdot 1 = 2x + 1$$

Mit Hilfe dieser drei Regeln läßt sich nun für ein Polynom

$P(x) = \sum_{i=0}^{n} a_i x^i$ zeigen:

(3.4 - 4) $$D(P(x)) = \sum_{i=1}^{n} i a_i x^{i-1} \quad .$$

Weitere Rechenregeln für Ableitungsfunktionen sind:

(3.4 - 5) $$D(\tfrac{1}{f}(x)) = - \frac{D(f(x))}{(f(x))^2}$$ für f ist diffbar in $x \in I$, und $f(x) \neq 0$.

(Quotientenregel)

Beisp.: $f(x) = 2 + x$, f ist auf ganz $\mathbb{R}$ diffbar, aber $f(-2) = 0$, somit:

$$D(\frac{1}{2 + x}) = - \frac{1}{(2 + x)^2} \quad \text{für } x \neq -2 \ .$$

(3.4 - 6) $$D(\frac{f_1}{f_2}(x)) = \frac{D(f_1(x))f_2(x) - f_1(x)D(f_2(x))}{(f_2(x))^2}$$

für $f_1, f_2 \in C^0(I)$ und $f_2(x) \neq 0$ für $x \in I$

(Allgemeine Quotientenregel).

Beisp.: $f_1(x) = x - 2x^2$, $f_2(x) = 2 + x$; für $x \neq -2$ gilt:

$$D(\frac{f_1}{f_2}(x)) = \frac{2 - 8x - 2x^2}{(2 + x)^2}$$

Kettenregel: I_1, I_2 seien Intervalle aus $\mathbb{R}$, $f \in C^0(I_1)$, $g \in C^0(I_2)$ mit $f[I_1] \subseteq I_2$. Dann ist $g \circ f \in C^0(I_1)$, d.h. diffbar mit

(3.4 - 7) $$D(g \circ f(x)) = g'(f(x)) \cdot f'(x) \quad .$$

$D(g(f(x))) = g'(f(x))$ heißt <u>äußere</u>, $D(f(x)) = f'(x)$ <u>innere</u> Ableitung.

<u>Beispiele</u>:

(1) $g \circ f: \mathbb{R} \longrightarrow \mathbb{R}$ mit $g(y) = y^2$, $y = f(x) = 2x + 4$, d.h. $h(x) = g \circ f(x) = (2x + 4)^2$. Es ist

$D(g(f(x))) = 2f(x)$ und $D(f(x)) = 2$ nach (3.4 - 4),

somit:

$D(h(x)) = 2f(x) \cdot 2 = 4(2x + 4) = 8x + 16$.

(2) $y = f(x) = -x - 2x^2$, $g(y) = 2y^2 - 1$,

$h(x) = 2(-x - 2x^2)^2 - 1$, es ist:

$D(h(x)) = 4(-x - 2x^2) \cdot (-1 - 4x) = 4x + 24x^2 + 32x^3$.

Mit den aufgezeigten Regeln ist es nun möglich, eine große Klasse von Funktionen schnell abzuleiten. Allerdings sind einige durch Potenzreihen definierte Funktionen(wie exp, sin) noch nicht angesprochen. Dieses Problem soll jetzt angegangen werden.

Über Folgen in Funktionenräumen wurde schon in LuM I,S. 215ff diskutiert. Das entscheidende Ergebnis für stetige Funktionen war dabei, daß eine gleichmäßig konvergente Folge stetiger Funktionen wieder eine stetige Grenzfunktion hat(LuM I, S.216, Satz 1). Ein analoger Satz für diffbare Funktionen gilt aber leider nicht. Vielmehr müssen hier zusätzliche Voraussetzungen bzgl. der Folge der Ableitungsfunktionen erfüllt sein.

<u>Satz 1</u>: $(f_n)_{n \in \mathbb{N}}$ sei eine Folge von Funktionen in $C^0(I)$, die f'_n für $n \in \mathbb{N}$ seien stetig. Konvergieren die f'_n gleichmäßig gegen eine Funktion $\bar{f}$ und gibt es ein $x_0 \in I$, so daß $(f_n(x_0))_{n \in \mathbb{N}}$ konvergiert, dann konvergiert die Folge $(f_n)_{n \in \mathbb{N}}$ gleichmäßig gegen eine diffbare Funktion f, und es gilt: $f' = \bar{f}$, d.h.

(3.4 - 8) $$D(\lim_{n \to \infty} f_n) = \lim_{n \to \infty}(Df_n) .$$

Dieser Satz erlaubt nun das Differenzieren von Potenzreihen, denn für den Fall, daß jedes Glied einer Reihe diffbar ist, gilt:

(3.4 - 9) $\quad D\left(\sum_{n=0}^{m} f_n\right) = \sum_{n=0}^{m} Df_n$ für alle m nach (3.4 - 1).

Ebenso: Sei P(x) Potenzreihe mit $P(x) = \sum_{i=0}^{\infty} a_i x^i$, dann gilt:

(3.4 - 10) $\quad D(P(x)) = \sum_{i=1}^{\infty} i a_i x^i$.

Somit:

(3.4 - 11) $\quad D(\exp x) = \exp x$,

denn $D\left(\sum_{n=0}^{\infty} x^n/n!\right) = \sum_{n=1}^{\infty} n x^{n-1}/n! = \sum_{n=0}^{\infty} x^n/n!$.

Analog zeigt man:

(3.4 - 12) $\quad D(\sin x) = \cos x$

(3.4 - 13) $\quad D(\cos x) = -\sin x$

(3.4 - 14) $\quad D(\ln x) = 1/x$

Mit Hilfe von (3.4 - 6) zeigt man:

(3.4 - 15) $\quad D(\tan x) = 1/\cos^2 x$ für $x \neq \pm\frac{1}{2}\pi, \pm\frac{3}{2}\pi, \ldots$

(3.4 - 16) $\quad D(\cot x) = -1/\sin^2 x$ für $x \neq 0, \pm\pi, \pm 2\pi, \ldots$

Beisp.: $h(x) = 2e^{\tan x}$, gesucht $D(h(x))$.

Wir bezeichnen: $y = f(x) = \tan x$, $g(y) = 2e^y$,

dann ist $g'(f(x)) = 2e^{f(x)}$, $D(f(x)) = 1/\cos^2 x$.

Somit nach (3.4 - 7):

$$D(h(x)) = 2e^{f(x)}/\cos^2 x = \frac{2e^{\tan x}}{\cos^2 x} .$$

Weitere Beispiele für die Berechnung der 1.Ableitungsfunktion finden sich in den Aufgaben.

Abschließend sei die Frage erörtert, wann eine diffbare Funktion f eine ebenfalls diffbare Umkehrfunktion f^{-1} besitzt. Wir wissen bereits, daß eine stetig monotone Funktion $f: I \longrightarrow \mathbb{R}$ mit $I \subseteq \mathbb{R}$ eine Umkehrfunktion $f^{-1}: f[I] \longrightarrow I$ hat, wobei $f[I]$ das Bild des Intervalls I unter f ist. Es gilt nun der

Satz 2: $f \in C^0(I)$ sei auf I streng monoton; die mit Sicherheit existierende Umkehrfunktion f^{-1} ist dann auf ganz $f[I]$ diffbar, und es gilt: Ist $x \in I$ und $y = f(x) \in f[I]$, so ist

(3.4 - 17) $$D(f^{-1}(y)) = (D(f(x)))^{-1} \quad .$$

Kehren wir noch einmal zum Ausgangspunkt unserer Erörterungen zurück: Wir wollen das Änderungsverhalten von Funktionen in einem Punkt untersuchen und definierten als Änderungsverhältnis die Steigung der Tangente an die Funktion in diesem Punkt. Die so erhaltenen Informationen über f in einem Punkt x_0, nämlich: (1) der Funktionswert $f(x_0)$ und
(2) die Steigung $f'(x_0)$

bestimmen nun genau eine Gerade, die f in x_0 in gewisser Weise 'am besten' approximiert: Sie hat diese beiden Eigenschaften mit der Funktion gemeinsam. Berechnen wir einmal eine derartige Gerade explizit:

$f(x) = 2x + \frac{1}{2}x^2$, $x_0 = 2$; dann ist $f(x_0) = 6$ und $f'(x_0) = 4$.

Für die gesuchte Gerade $g(x) = a + bx$ muß also gelten:

$g(2) = 6$, $b = 4$. Setzt man dies ein, so folgt:

$g(2) = 6 = a + 4 \cdot 2$, also $a = -2$, und die Geradengleichung lautet: $g(x) = -2 + 4x$ als Approximationsgerade an f in $x_0 = 2$. Der Leser möge für einige andere x_0- Werte die Approximationsgerade berechnen.

Kennt man nun von einer (komplizierteren) Funktion f in x_0 sowohl $f(x_0)$ als auch $f'(x_0)$, so kann man in kleinen Umgebungen um x_0 die Funktion f durch die Approximationsgerade $g(x)$

ersetzen, um näherungsweise Funktionswerte zu berechnen:

$$(3.4 - 18) \qquad f(x_1) \approx f(x_0) + f'(x_0)\cdot(x_1 - x_0) = g(x_1)$$

oder, ersetzt man $x_1 - x_0$ durch h :

$$(3.4 - 19) \qquad f(x_0 + h) \approx f(x_0) + f'(x_0)\cdot h \quad .$$

Im Schaubild:

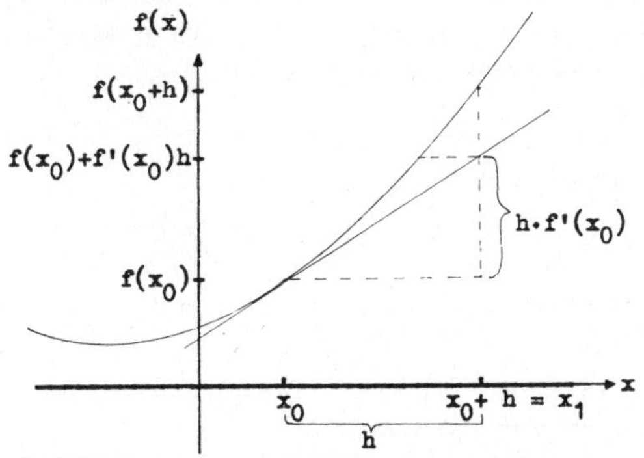

Die Formeln (3.4 - 18) bzw. (3.4 - 19) sind nützlich, wenn man den Fehler, den man bei der Approximation macht, abschätzen kann. Dieser Fehler ist dem Betrage nach gleich: $|f(x_0 + h) - [f(x_0) + hf'(x_0)]|$. Die Taylorreihe im nächsten Kapitel wird diese Überlegungen verfeinern und eine exakte Fehlerabschätzung erlauben.

Das hier angegebene Verfahren der Approximation von Funktionen in kleinen Bereichen durch Polynome 1.Grades wird lineare Approximation genannt, der Ausdruck $hf'(x_0)$ heißt Differential. Als eine Approximation durch Polynome höheren Grades werden wir im folgenden Kapitel ebenfalls die Taylorreihe kennenlernen.

Gehen wir abschließend auf die Beziehungen zwischen Diffbarkeit und Stetigkeit von Funktionen ein. In diesem Zusammenhang werden wir zugleich eine Präzisierung des Konzeptes eines 'Strukturbruches' vornehmen. Strukturbrüche äußern sich u.a. in Unstetigkeitsstellen der im zugehörigen Modell formalisierten Funktionen und in Form von Funktionen wie im Beisp. auf S.- 272f-. Wir wollen dieses Beisp. hier weiter diskutieren.

$$y(t) = \begin{cases} 1 + \frac{1}{4}t & \text{für } t \in [0,4) \\ -\frac{1}{2}t + \frac{1}{4}t^2 & \text{für } t \in [4,\infty) \end{cases}$$

Aus LuM I,S.210ff ist bekannt, daß $y(t)$ in ganz $[0,\infty)$ stetig ist, nach (3.4 - 4) ist $y(t)$ in $[0,4)$ und in $[4,\infty)$ diffbar, so daß zu betrachten bleibt: Ist $y(t)$ auch in $t_0 = 4$ diffbar bzgl. $[0,\infty)$? Nach Satz 1 ist $y(t)$ in t_0 diffbar, wenn alle Folgen (t_n), die gegen t_0 konvergieren, denselben Differentialquotienten haben. Wie die Folgen (t_n) und (t_n') zeigen, ist dies für $y(t)$ an der Stelle $t_0 = 4$ nicht der Fall für das Gesamtintervall.

$$(t_n) = (4 - 1/n) \quad , \quad (t_n') = (4 + 1/n) .$$

Die zugehörigen Differentialquotienten lauten:

Für (t_n):

$$\lim_{\substack{t_n \to t_0 \\ t_n \neq t_0}} \frac{y(t_n) - y(t_0)}{t_n - t_0} = \lim_{\substack{t_n \to t_0 \\ t_n \neq t_0}} \frac{(1 + \frac{1}{4}t_n) - 2}{t_n - 4}$$

$$= \lim_{\substack{t_n \to t_0 \\ t_n \neq t_0}} \frac{\frac{1}{4}(t_n - 4)}{t_n - 4} = 1/4$$

Für (t_n'):

$$\lim_{\substack{t_n' \to t_0 \\ t_n' \neq t_0}} \frac{y(t_n') - y(t_0)}{t_n' - t_0} = \lim_{\substack{t_n' \to t_0 \\ t_n' \neq t_0}} \frac{-\frac{1}{2}t_n' + \frac{1}{4}t_n'^2 - 2}{t_n' - 4}$$

$$= 3/2$$

Damit ist die Bedingung von Def. 2, daß der Differentialquotient für <u>alle</u> gegen t_0 konvergierenden Folgen gleich sein muß, verletzt, und $y(t)$ ist in $t = 4$ nicht diffbar bzgl. des ganzen Definitionsbereichs $[0,\infty)$. Genauer :

<u>Def. 4</u>: $f: I \longrightarrow \mathbb{R}$ heißt in $x_0 \in I$ <u>rechts-seitig</u> diffbar, wenn der Differentialquotient $\lim_{x \to x_0^+} \frac{f(x) - f(x_0)}{x - x_0}$ für alle monoton fallenden Folgen $(x_n) \to x_0$ mit

(x_n) aus I gleich ist. Analog heißt f in $x_0 \in I$ links-seitig diffbar, wenn

$$\lim_{x \to x_0^-} \frac{f(x) - f(x_0)}{x - x_0}$$

für alle monoton steigenden Folgen $(x_n) \to x_0$ mit (x_n) aus I gleich ist.

Es gilt der

Satz 3: I sei ein offenes Intervall in $\mathbb{R}$. $f: I \longrightarrow \mathbb{R}$ ist in $x_0 \in I$ genau dann diffbar, wenn die links-seitige und die rechts-seitige Ableitung von f in x_0 existieren und gleich sind.

In unserer Beisp.funktion existieren für $t_0 = 4$ die links-seitige Ableitung, nämlich 1/4 , und die rechts-seitige Ableitung, nämlich 3/2, und es gilt: $1/4 \neq 3/2$.

Wir werden sagen, daß ein Strukturbruch einer kontinuierlichen Funktion f an der Stelle x_0 vorliegt, wenn f in x_0 unstetig oder stetig, aber nicht diffbar, ist. Hiermit sind allerdings nicht alle Arten von Strukturbrüchen erfaßt.

Beisp.: $f: \mathbb{R} \longrightarrow \mathbb{R}$ mit $f(x) = |x|$. f ist auf ganz R stetig, und es gilt:

$$f'(x) = \begin{cases} -1 & \text{für } x < 0 \\ +1 & \text{für } x > 0 \end{cases}$$

Für $x = 0$ existieren die links-seitige(-1) und die rechts-seitige(+1) Ableitung, f ist somit in $x = 0$ nicht diffbar.

Diese Beispiele zeigen, daß stetige Funktionen nicht diffbar zu sein brauchen, es gilt aber der

Satz 4: Ist $f: I \longrightarrow \mathbb{R}$ diffbar in $x_0 \in I$, dann ist f stetig in x_0.

Diffbarkeit ist somit eine stärkere Eigenschaft als Stetigkeit, wie auch die Diskussion von Strukturbrüchen gezeigt hat.

Bemerkungen:

(1) Ist $f: I \longrightarrow \mathbb{R}$ auf ganz I diffbar, so existiert nach Def. 3 die Ableitungsfunktion $f': I \longrightarrow \mathbb{R}$. Diese braucht nicht wieder diffbar zu sein; man betrachte z.B. die Funktion $f(x) = x \cdot |x|$ mit $f'(x) = 2|x|$ für $x \in \mathbb{R}$. f' ist in $x_0 = 0$ nicht diffbar. Es gibt

sogar diffbare Funktionen, deren 1.Ableitungsfunktion f' nicht stetig ist. Z.B.

$$f(x) = \begin{cases} x^2 \sin \frac{1}{x} & \text{für } x \neq 0 \\ 0 & \text{für } x = 0 \end{cases}$$

$$f'(x) = \begin{cases} 2x \sin \frac{1}{x} - \cos \frac{1}{x} & \text{für } x \neq 0 \\ 0 & \text{für } x = 0 \end{cases}$$

und f' ist in $x_0 = 0$ nicht stetig !
Wir bezeichnen mit $C^1(x)$ die Menge der stetig diffbaren Funktionen $f: I \longrightarrow \mathbb{R}$, d.h. der Funktionen, deren Ableitungsfunktionen stetig sind .

(2) Kann man sich stetige Funktionen nach LuM I als Funktionen ohne Sprungstellen veranschaulichen, Funktionen also, die sich 'in einem Zuge' zeichnen lassen, so ist nach unseren Überlegungen eine diffbare Funktion als ein Graph ohne 'Ecken' vorstellbar.

Aufgaben:

w(2) Beweisen Sie (3.4 - 5) !

w(3) Differenzieren Sie:

(a) $f(x) = 3/x$ (b) $f(x) = \sqrt{x - 1}\, 2x^2 - 4x$ für $x \geqslant 1$

(c) $f(x) = x^4/\sqrt{1 - x}$ für $x \leqslant 1$

(d) $f(x) = \dfrac{e^{-2(x+3)^2}}{x^3}$ (e) $f(t) = A \cos t + B \sin(2t+\theta)$

(f) $f(t) = 3te^2 \cos^2 t$

p(4) Ein System S habe einen input $x(t)$ und einen output $y(t)$.

input → [System] → output , $x(t)$ → (S) → $y(t)$

Dabei sei $x(t) = 1 - 3te^{2t}$, $y(t) = e^{-t/2}\cos(2\pi t - 10^\circ)$.
Berechnen Sie $x(0)$ und $y(0)$ und nähern Sie $x(1)$ und $y(1)$ linear an! Berechnen Sie den dabei auftretenden Approximationsfehler !

w(5) Differenzieren Sie $y = f(x) = x^{\cos x}$!

p(6) Erinnern Sie sich zunächst an die Polarkoordinatendarstellung von komplexen Zahlen !

$z(\tau) = A(\tau)(\cos\tau + j \sin\tau) = x(\tau) + jy(\tau)$ mit $A = e^{\tau}$.

Bestimmen Sie die Steigung von z in $\tau = \frac{1}{6}\pi$, wenn $A = e^{\tau}$, wenn man def.: $\frac{dz}{d\tau} := \frac{dy/d\tau}{dx/d\tau} = \frac{dy}{dx}$.

Machen Sie sich diese Def. anschaulich klar in der Gaussschen Ebene!

w(7) Bestimmen Sie die Wachstumsgeschwindigkeiten (Ableitung nach der Zeit) der in Kap.(3.3.3) aufgeführten Wachstumsfunktionen !

(3.4.2) Analyse differenzierbarer Funktionen

In diesem Kap. wird der Approximationsgedanke diffbarer Funktionen (siehe S. -282-) wieder aufgegriffen und weiter verfolgt: Es wird insbesondere darum gehen, aus der Kenntnis weniger Funktionswerte und des Ableitungsverhaltens einer Funktion f schon etwas über ihren ganzen Verlauf auszusagen. Dazu werden zunächst einige Sätze diskutiert, die dann die Grundlage des weiteren Gedankengangs bilden. Wir werden dabei nur diffbare Funktionen betrachten.

Betrachten wir einmal die Funktion $f: [-2,2] \longrightarrow \mathbb{R}$ mit

$f(x) = x^2 - 4$

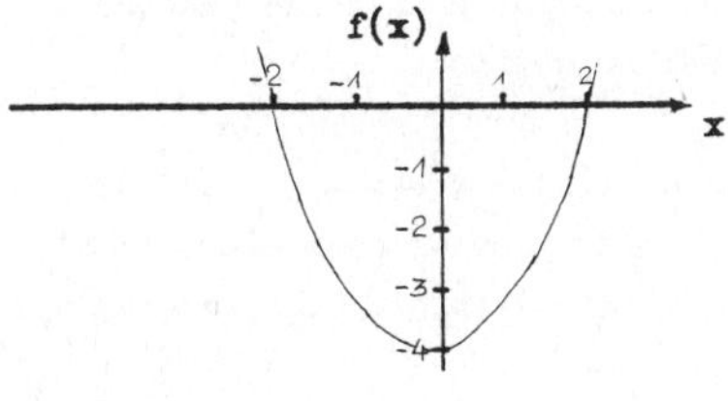

f ist als Polynom diffbar, es ist $f(-2) = f(2) = 0$ und für $x < 0$ ist $f'(x) < 0$, für $x > 0$ ist $f'(x) > 0$. Zwischen -2 und +2 gibt es ein x_0 mit

$f'(x_0) = 0$, nämlich $x_0 = 0$. Diese Überlegung läßt sich verallgemeinern zu

<u>Satz 1</u>: (Satz von Rolle) $f: [a,b] \longrightarrow \mathbb{R}$ sei auf $[a,b]$ stetig, in (a,b) diffbar. Ist $f(a) = f(b) = c$, so gibt es (mindestens) ein $x_0 \in (a,b)$ mit $f'(x_0) = 0$.

Dieser Satz kann wiederum verallgemeinert werden. Betrachten wir dazu den folgenden Graphen einer Funktion:

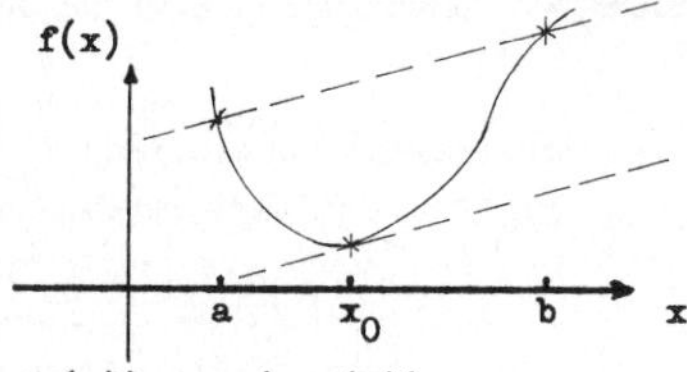

Ist $f(a) \neq f(b)$, so gibt es offensichtlich (mindestens) einen Punkt x_0, so daß $f'(x_0)$ gerade die Steigung der Geraden durch $(a,f(a))$ und $(b,f(b))$ ist. Diese Steigung ist gleich

$$m = \frac{f(b) - f(a)}{b - a} \quad ; x_0 \text{ mit } f'(x_0) = m \text{ ist gesucht .}$$

<u>Satz 2</u>: (1. Mittelwertsatz der Differentialrechnung)
$f: [a,b] \longrightarrow \mathbb{R}$ sei auf $[a,b]$ stetig, in (a,b) diffbar. Dann existiert (mindestens) ein $x_0 \in (a,b)$ mit

$$f'(x_0) = \frac{f(b) - f(a)}{b - a}, \text{ d.h. } f(b) = f(a) + f'(x_0)(b-a).$$

Der Beweis ergibt sich, wenn man Satz 1 auf die diffbare Funktion

$$F(x) = f(x) - \frac{f(b) - f(a)}{b - a}(x - a) \quad \text{anwendet.}$$

Diese Funktion F 'dreht' die betrachtete Funktion f so, daß die Sekante durch $f(a)$ und $f(b)$ parallel zur x - Achse liegt.

Beide Sätze sind zunächst nur Existenzaussagen ohne Angabe eines Verfahrens, wie x_0 jeweils berechnet werden kann. Für einfache Funktionen, wie z.B. Polynome niederen Grades, ist dies jedoch in konkreten Fällen möglich.

<u>Beispiele</u>:

(1) $f: [-2,1] \longrightarrow \mathbb{R}$ mit $f(x) = x^2 + x - 2$. Es ist $f(-2) = f(1) = 0$, somit gibt es nach dem Satz von Rolle ein $x_0 \in (-2,1)$ mit $f'(x_0) = 0$. Berechnen wir

dazu die 1. Ableitungsfunktion: $f'(x) = 2x + 1$, und setzen diese gleich Null. Dann gilt:

$$0 = 2x_0 + 1 \text{ , also } x_0 = -1/2 \text{ .}$$

(2) $f: [-2,4] \longrightarrow \mathbb{R}$ mit $f(x) = x^2 + x - 2$. Es ist $f(-2) = 0$ und $f(4) = 18$, somit: $m = \dfrac{f(4) - f(-2)}{4 - (-2)} = 3$.

Gesucht ist nun $x_0 \in (-2,4)$ mit $f'(x_0) = 3$. Setzen wir dazu die 1. Ableitungsfunktion gleich 3, so erhalten wir: $3 = 2x_0 + 1$, also: $x_0 = 1$.

Für einige Anwendungen ist folgende Verallgemeinerung von Satz 2 nützlich:

Satz 3: (2. Mittelwertsatz der Differentialrechnung)
$f,g: [a,b] \longrightarrow \mathbb{R}$ seien auf $[a,b]$ stetig und in (a,b) diffbar. Es gelte $g'(x) \neq 0$ für alle $x \in (a,b)$. Dann gibt es (mindestens) ein $x_0 \in (a,b)$ mit

$$\frac{f(b) - f(a)}{g(b) - g(a)} = \frac{f'(x_0)}{g'(x_0)}$$

Bemerkung: Satz 2 ergibt sich aus Satz 3, wenn man für g die Funktion $g(x) = x$ setzt.
Man beachte, daß es für die Fragestellung von Satz 3 ausreicht, Zähler und Nenner je für sich abzuleiten.

Beisp.: $f,g: [1,2] \longrightarrow \mathbb{R}$ mit $f(x) = x^2 + x - 2$

$$g(x) = -5 + 5x + x^2 \text{ .}$$

Es ist: $f(1) = 0$, $f(2) = 4$, $g(1) = 1$, $g(2) = 9$, somit

$\dfrac{f(b) - f(a)}{g(b) - g(a)} = \dfrac{4}{8} = \dfrac{f'(x_0)}{g'(x_0)}$. Setzen wir die 1. Ableitungsfunktionen ein, so ergibt sich:

$$\frac{1}{2} = \frac{2x_0 + 1}{2x_0 + 5} \text{ , also: } x_0 = 3/2 \text{ .}$$

Wenden wir uns nun erneut einem der Hauptaspekte der Differentialrechnung zu und stellen sie in den Zusammenhang von Approximationsverfahren.

Funktionszusammenhänge können prinzipiell gegeben sein durch:

(1) Eine endliche Menge von (gemessenen) Variablenausprägungen, d.h. durch Angabe von endlich vielen diskreten Werten (diskrete Modelle),

(2) durch eine kontinuierliche Funktion einer oder mehrerer Variablen, die stetig, diffbar etc. sein kann (kontinuierliche Modelle) .

Hieraus ergeben sich zwei Gruppen von Approximationsproblemen:

(1) Wie kann der durch diskrete Werte beschriebene Funktionszusammenhang 'am besten' durch eine (leichter zu behandelnde) kontinuierliche (also auf Teilmengen des $\mathbb{R}^n$ definierte) Funktion dargestellt werden?

(2) Wie können unübersichtliche und schwierige Funktionen durch wenige Angaben (des Steigungsverhältnisses, der Extremwerte etc.) beschrieben oder durch einfachere Funktionen angenähert werden ?

In (1) hängt die Wahl des Funktionstyps einerseits von theoretischen Erkenntnissen über die erhobenen Daten ab, andererseits sollte sie pragmatische(rechentechnische) Gesichtspunkte berücksichtigen. Auf Grund ihrer universellen Verwendbarkeit und ihrer einfachen Handhabbarkeit werden wir hier meist e - Funktionen oder Polynome finden. Dabei ist zu berücksichtigen, daß es einerseits Fälle gibt, bei denen es aus theoretischen Erwägungen nicht infrage kommt, daß die Funktion alle erhobenen Daten annimmt, andererseits die Datenlage u.U. so beschaffen ist(z.B. Punktschwarm), daß ein derartiges Verfahren mathematisch nicht möglich ist(hier kommen Regressionsmethoden etc. zum Zuge).
Um für den zweiten Problemkreis brauchbare Ergebnisse zu erhalten, muß von den verwendeten Funktionen ein gewisser Informationsreichtum gefordert werden: Dies trifft vornehmlich auf diffbare Funktionen zu. Diskutieren wir im folgenden einige ihrer diesbezüglich spezifischen Eigenschaften.

Wir wollen hier zunächst die Ableitungsfunktion heranziehen, um charakteristische Eigenschaften und Punkte einer diffbaren Funktion zu bestimmen: Monotonie, Extremwerte, Sattel- und Wendepunkte. Da bei diesen Untersuchungen oft auf die Differenzierbarkeitseigenschaften der 1.Ableitungsfunktion einzugehen ist, definieren wir allg.:

Def. 1: $f\colon I \longrightarrow \mathbb{R}$ sei diffbar, ist $D^n f$ wiederum auf ganz I diffbar, so heißt $D(D^n f) = D^{n+1} f$ die n+1 - te Ableitungsfunktion von f mit $n \in \mathbb{N}$. Also:

$$D^0 f = f \ , \ D^1 f = f' \ , \ D^2 f = D(Df) = (f')' \text{ etc.} \ .$$

Für $D^n f$ schreibt man auch $f^{(n)}$ und $f^{(n)}(x) = \frac{d^n f(x)}{dx^n}$.

Beisp.: $f\colon \mathbb{R} \longrightarrow \mathbb{R}$ sei def. durch $f(x) = 2x^3 - x^2 + x + 2$,

Dann gilt $D(f(x)) = f'(x) = 6x^2 - 2x + 1$,

$$D^2(f(x)) = f''(x) = 12x - 2$$

$$D^3(f(x)) = f^{(3)}(x) = 12$$

$$D^n f = 0 \quad \text{für } n \geqslant 4 \ .$$

Bemerkungen:

(1) Nach dem Beisp. von S.-286- brauchen diffbare Funktionen nicht 2-mal diffbar zu sein. Wir bezeichnen daher den Raum der n-mal stetig diffbaren Funktionen von I nach $\mathbb{R}$ mit $C^n(I)$, wobei stetig diffbar bedeutet, daß die n -te Ableitungsfunktion stetig ist. Es gilt dann

$$C^0(I) \supset C^1(I) \supset C^2(I) \supset \ldots \supset C^n(I) \supset C^{n+1}(I) \supset \ldots \ .$$

(2) Insbesondere Polynome und Potenzreihen sind nach Kap. (3.4.1) unendlich oft diffbar, d.h. es existiert $D^n(P(x))$ für alle $n \in \mathbb{N}$.

Die zu untersuchenden Eigenschaften diffbarer Funktionen sollen zunächst päzise definiert werden. Für die Eigenschaften "(streng) monoton wachsend oder fallend" ist dies bereits in LuM I geschehen.

Def. 2: Sei $f\colon I \longrightarrow \mathbb{R}$ eine Funktion. $x_0 \in I$ heißt lokales Maximum(Minimum) von f, wenn es eine Umgebung $U(x_0, \varepsilon)$ gibt, so daß gilt: $f(x_0) = \max\limits_{x \in I \cap U} f(x)$ (bzw.

$f(x_0) = \min_{x \in I \cap U} f(x)$). Gilt I = U , so heißt x_0 <u>globales</u> Maximum(Minimum) <u>von I</u> ; ist $U = I = \mathbb{R}$, so heißt x_0 <u>globales</u> Maximum(Minimum). Ist x_0 in $U(x_0,\varepsilon)$ eindeutig. so heißt x_0 <u>strenges</u> Maximum(Minimum).

Ein unstrenger Extremwert liegt vor, wenn f(x) in einer Umgebung von x_0 konstant ist.

<u>Def. 3</u>: Für $f \in C^0(I)$ heißt $x_0 \in I$ mit $f'(x_0) = 0$ <u>kritischer Punkt</u>.

<u>Satz 4</u>: Für $f \in C^0(I)$ gilt: Sind $a,b \in I$ und ist $f'(x) \leq 0$ (bzw. < 0) für alle $x \in (a,b)$, so ist f in $[a,b]$ monoton (bzw. streng monoton) fallend. Analog: Ist $f'(x) \geq 0$ (bzw. > 0), so ist f in $[a,b]$ (streng) monoton steigend.

<u>Beisp.</u>: $f: \mathbb{R} \longrightarrow \mathbb{R}$ sei def. durch $f(x) = x^2 + x - 2$, dann gilt: $f'(x) < 0$ für $x < -1/2$ und $f'(x) > 0$ für $x > -1/2$, so daß f auf $(-\infty,-1/2]$ streng monoton fallend und auf $[-1/2,\infty)$ streng monoton wachsend ist.

<u>Korollar</u>: Gilt für $f \in C^0(I)$: $f'(x) = c$ für alle $x \in I$ mit $c \in \mathbb{R}$ konst., so ist f dort eine Gerade, für c = 0 ist f eine Konstante.

In vielen Bereichen der Optimierungsrechnung (z.B. Nichtlineares Programmieren) spielen Funktionen eine Rolle, deren 'Krümmungsverhalten' eindeutig ist, weil derartige Funktionen stets nur ein Extremum besitzen, so daß man beim Auffinden eines derartigen Wertes sicher sein kann, <u>das</u> globale Extremum gefunden zu haben.

<u>Def. 4</u>: $f: I \longrightarrow \mathbb{R}$ heißt <u>konvex</u>(<u>konkav</u>), wenn für alle $x,y \in I$ gilt:

$$f\left(\frac{x+y}{2}\right) \leq \frac{f(x)+f(y)}{2} \quad \left(\text{bzw. } f\left(\frac{x+y}{2}\right) \geq \frac{f(x)+f(y)}{2}\right).$$

Gilt das Gleichheitszeichen nicht, so heißt f <u>streng</u> konvex (<u>streng</u> konkav).

Im Schaubild:

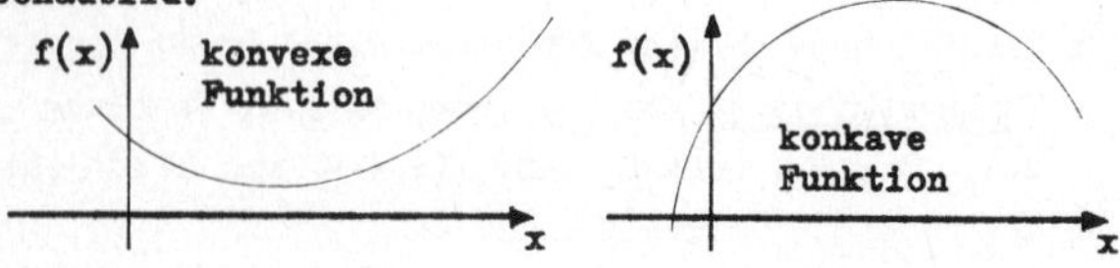

Für diffbare Funktionen gilt ein einfaches Kriterium:

<u>Satz 5</u>: Sei $f \in C^2(I)$. f ist genau dann konvex, wenn $f''(x) \geq 0$ für alle $x \in I$. Ist $f''(x) > 0$ für alle $x \in I$, so ist f streng konvex.
f ist genau dann konkav, wenn $f''(x) \leq 0$ für alle $x \in I$, ist $f''(x) < 0$ für alle $x \in I$, so ist f streng konkav.

<u>Beispiele</u>:

(1) $f(x) = x^2$ ist auf ganz $\mathbb{R}$ streng konvex .

(2) $f(x) = x^3$ ist für $(-\infty, 0]$ streng konkav, für $[0, \infty)$ streng konvex.

Bzgl. der Extremwerte läßt sich feststellen:

<u>Satz 6</u>: Sei $f \in C^0(I)$. Ist $x_0 \in I$ ein lokales Maximum(Minimum) von f , so gilt: $f'(x_0) = 0$, d.h. in den Extremwerten liegen waagerechte Tangenten vor.

Die Umkehrung von Satz 6 gilt allerdings nur unter zusätzlichen Voraussetzungen: Ist für $f \in C^0(I)$ und $x_0 \in I$ $f'(x_0) = 0$, so kann nämlich auch ein'Sattelpunkt'vorliegen, im Schaubild:

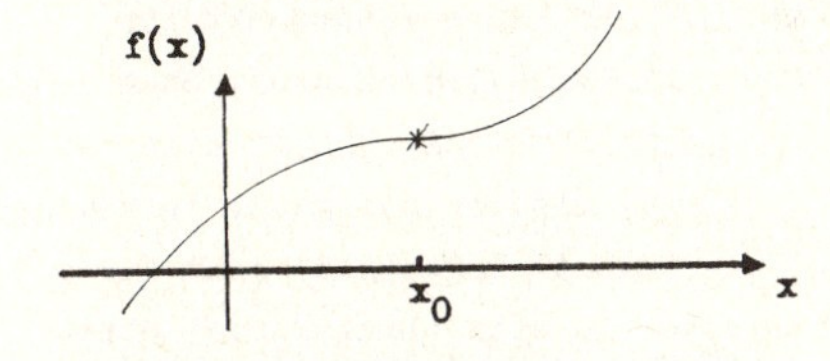

Daher ist für die Existenz eines Extremwertes $f'(x_0) = 0$ zwar <u>notwendige</u>, <u>nicht</u> aber <u>hinreichende</u> Bedingung. Unter Berücksichtigung von D^2f erhält man jedoch:

<u>Satz 7</u>: Sei $f \in C^2(I)$ und $x_0 \in I$ mit $f'(x_0) = 0$, x_0 ist ein strenges - lokales Maximum, wenn $f''(x_0) < 0$,
- lokales Minimum, wenn $f''(x_0) > 0$.

Ist $f'(x_0) = f''(x_0) = 0$, so heißt x_0 <u>Sattelpunkt</u>.

<u>Beispiele</u>:

(1) $f: \mathbb{R} \longrightarrow \mathbb{R}$ mit $f(x) = 2x^2 - 4$; $D(f(x)) = 4x$, und einziger kritischer Punkt ist $x_0 = 0$, da in x_0 gilt: $f'(x_0) = 0$. $D^2(f(x)) = 4 > 0$, somit liegt in $x_0 = 0$ ein strenges lokales Minimum vor. Da x_0 der einzige kritische Punkt ist, ist x_0 auch globales Minimum.

Es hat den Wert $f(x_0) = -4$.

(2) $f:\mathbb{R} \longrightarrow \mathbb{R}$ mit $f(x) = x^3 - 2x + 4$. $D(f(x)) = 3x^2 - 2$, $D^2(f(x)) = 6x$. $f'(x) = 0$ liefert als Lösungen die kritischen Punkte $x_{01} = +\sqrt{2/3}$, $x_{02} = -\sqrt{2/3}$. Als hinreichendes Kriterium erhält man: $f''(x_{01}) = 6\sqrt{\frac{2}{3}} > 0$, $f''(x_{02}) = -6\sqrt{2/3} < 0$. Somit liegen in x_{01} ein strenges lokales Minimum und in x_{02} ein strenges lokales Maximum vor. $f(x_{01}) = 4 - \frac{4}{3}\sqrt{2/3}$, $f(x_{02}) = 4 + \frac{4}{3}\sqrt{2/3}$.

(3) $f:\mathbb{R} \longrightarrow \mathbb{R}$ mit $f(x) = x^3$, $D(f(x)) = 3x^2$, $D(f(x)) = 6x$; für $x_0 = 0$ gilt: $f'(0) = f''(0) = 0$, somit liegt in $x_0 = 0$ ein Sattelpunkt vor.

Es bleibt die Analyse von Punkten x_0 mit $f'(x_0) \neq 0$, aber $f''(x_0) = 0$.

<u>Def. 5</u>: Sei $f \in C^2(I)$ und $x_0 \in I$ mit $f'(x_0) \neq 0$ und $f''(x_0) = 0$; dann heißt x_0 <u>Wendepunkt</u> von f .

Im Schaubild:

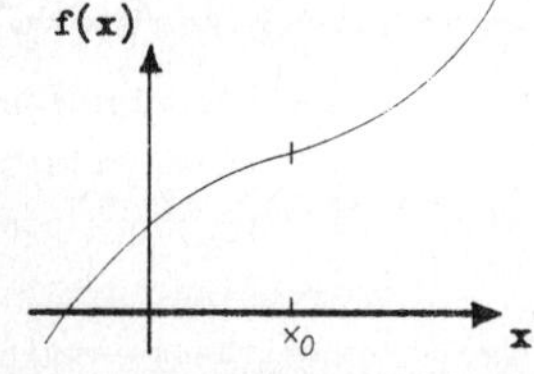

Anschaulich ändert eine Funktion f an einem Wendepunkt ihr 'Krümmungsverhalten', ohne jedoch ihr Monotonieverhalten zu ändern. Für monoton steigende Funktionen (wie im Schaubild) geht die Funktion von einer 'Rechtskurve' in eine 'Linkskurve' über, d.h. sie ist zunächst konkav, dann konvex; umgekehrt für fallende Funktionen. Ändert die Funktion f ihr Monotonieverhalten in I , so gelten diese Aussagen natürlich nur für hinreichend kleine Umgebungen um x_0, in denen das Monotonieverhalten gleich bleibt.

<u>Beisp.</u>: $f:\mathbb{R} \longrightarrow \mathbb{R}$ mit $f(x) = x^3 - 9x^2 + 15x - 4$ hat bei $x_0 = 5$ ein Minimum $f(x_0) = -29$, bei $x_1 = 1$ ein Maximum mit $f(x_1) = 3$. Es ist $D^2(f(x)) = 6x - 18$, und für $x_2 = 3$ gilt: $f''(x_2) = 0$; da $f'(x_2) \neq 0$, liegt in x_2 ein Wendepunkt vor.

Aufgaben:

w(8) Bestimmen Sie die Wachstumsbeschleunigung (2. Ableitung nach der Zeit) der Wachstumsfunktionen aus Kap.(3.3.3) ! Berechnen Sie den Wendepunkt der logistischen Funktion !

w(9) $f: \mathbb{R} \longrightarrow \mathbb{R}$ sei konkav(bzw. konvex); legen Sie die Beziehungen zwischen dieser Eigenschaft und der Umkehrbarkeit von f dar ! Nennen Sie die Intervalle, auf denen die Funktion $f(x) = x^3 - 2x^2 + 1$ eine Umkehrfunktion besitzt !

p(10)Eine Ereignisfolge $\{z_t / t = 1,2,\ldots\}$ einer Zufallsvariablen Z mit den beiden Ausprägungsmöglichkeiten z und $\bar{z}$, die dem Binomialmodell gehorcht, liefert die Information(vgl. p(13) Kap. (3.3))

$$I[\{z_t\}] = x \ln p + y \ln(1 - p)$$

mit: $x :=$ Häufigkeit von z - Ausprägungen,
$y :=$ " " $\bar{z}$ - " ,
$p := \text{Prob}(Z_t = z)$ für alle t. Man beachte, daß sich p auf den stochastischen Prozeß, aus dem die Realisation $\{z_t\}$ stammt, bezieht.

Fragt man nun nach derjenigen Parameterausprägung von p, die ein Maximum an Information bei gegebenem x,y liefert, so gilt:

$$\frac{dI}{dp} = x/p - y/(1 - p) = 0 \Longrightarrow p = \frac{x}{x + y}, \ 1-p = \frac{y}{x + y}.$$

Die 2. Ableitung möge der Leser testen.
Schätzt man nun p durch $x/(x + y)$ und $q := 1 - p$ durch $y/(x + y)$, so spricht man von einer Maximum - Likelihood - Schätzung. Verallgemeinert man das aufgeführte einfache Beisp., so läßt sich sagen:
Die Maximum - Likelihood - Schätzung liefert diejenigen Parameter - Schätzwerte, die aus einer gegebenen Datenlage das Maximum an Information holen.
Ist nun das zu einer Datenlage spezifizierte Wahrscheinlichkeitsmodell durch die Dichte $f(x)$ charakterisiert, und liegen Ausprägungen $x_1,\ldots,x_n$ vor, so ist die

Wahrscheinlichkeit(bzw. gemeinsame Dichte im kontinuierlichen Fall), daß diese n Realisationen einer Zufallsvariablen X unter dem spezifizierten Modell auftreten, gleich $\prod_{i=1}^{n} f(x_i,\theta)$, sofern die Realisationen stochastisch uanbhängig sind; θ bezeichnet den Vektor der Parameter. Man schreibt auch:

$$L(\theta) = \prod_{i=1}^{n} f(x_i,\theta)$$, um den Likelihood - Ansatz zu charakterisieren. Da $L(\theta)$ an derselben Stelle seine Extremwerte annimmt wie $l(\theta) = \ln L(\theta)$ und da $l(\theta)$ meist leichter zu differenzieren ist, wird sodann aus

$\frac{dl}{d\theta} = 0$ und $\frac{d^2 l}{d\theta^2} < 0$ (für nur einen Paramter, den Fall mehrerer Paramter können wir erst nach Kenntnis des nächsten Kap. behandeln) die Schätzung $\hat{\theta}$ von θ ermittelt.

Bestimmen Sie den nach der Maximum - Likelihood - Methode ermittelten Parameter - Schätzwert der Poisson - Verteilung !

w(11)Erinnern wir uns an p(13) Kap.(3.3). Dort war die Entropie eines Wahrscheinlichkeitsfeldes

$$\begin{Bmatrix} x_1 & x_2 & \dots & x_n \\ p_1 & p_2 & \dots & p_n \end{Bmatrix} \text{ def. als: } H(F_Z) = -\sum_{i=1}^{n} p_i \,\mathrm{ld}\, p_i \quad .$$

Betrachten Sie den Fall n = 2 ! Für welche Wahrscheinlichkeitsverteilung ist die Entropie maximal ?

p(12)(Nicht - Nullsummen-Spiele: Shapley - Lösung)

Die Nutzenmatrix eines 2 - Personen - Nicht - Nullsummenspiels habe die Form:

$$\mathcal{U} = \begin{matrix} & b_1 & b_2 \\ a_1 & (3,4) & (4,2) \\ a_2 & (1,3) & (2,1) \end{matrix}$$

wobei a_1,a_2 die Menge möglicher Aktivitäten von Spieler 1, b_1,b_2 die von Spieler 2 ist. Die Matrixelemente $(u_i^{(1)},u_j^{(2)})i,j = 1,2$ besagen, daß 1 den Nutzen u_{1i}, 2 den Nutzen u_{2j} hat, wenn a_i bzw. b_j von 1 bzw. 2 gewählt wird. Veranschaulicht man die Elemente (u_{1i},u_{2j}) als Punkte im kartesischen Koordinatenkreuz und verbindet die Punkte durch Geraden, so entsteht ein Rechteck, die sog. konvexe Hülle, in dem jeder Punkt $\binom{x}{y}$ als konvexe Linearkombination $\binom{x}{y} = \sum_{i=1}^{2} \sum_{j=1}^{2} a_{ij}(u_i^{(1)}, u_j^{(2)})$ mit $\sum_i \sum_j a_{ij} = 1, a_{ij} \geq 0$, beschrieben werden kann.

1 kann sich bei Wahl von a_1 mindestens einen Nutzen von 3 unabhängig von den b_j garantieren, analog 2 einen Nutzen von 3 bei Wahl von b_1. Verhandeln nun beide Spieler um eine Kompromißlösung(Bargaining), so wird keiner von ihnen ein Ergebnis unter dem 'Status-quo' - Punkt (3,3) akzeptieren.

Gehen wir davon aus, daß alle Punkte innerhalb der konvexen Hülle (einschl. des Randes) strategisch(d.h. durch eine gemischte Strategie(vgl. p(33),Kap.(2.5.5))erreichbar sind, und bezeichnen die Punkte mit (x,y), den Status-quo - Punkt mit(x_0, y_0).

Nehmen wir weiter an, beide Spieler seien an einem möglichst hohen Nutzen interessiert, so kommt nur der positive Quadrant mit (x_0, y_0) als Koordinatenursprung für die Kompromißbetrachtung infrage, und dort wiederum nur der 'Nordostrand', die 'Lösungsmenge'.

Da in einem Kompromiß

(1) beide Spieler gemeinsam einen möglichst hohen Nutzen erreichen wollen,

(2) der Kompromiß möglichst weit 'weg' vom Status-quo-Punkt liegen soll,

kommt als Kriterienfunktion für den optimalen Kompromiß

$K(x) = (x - x_0)(y - y_0) = \max !$ infrage .

(a) Bestimmen Sie den optimalen Kompromißpunkt !

(b) Welche gemischte Strategie führt zum optimalen Kompromißpunkt ?

Kehren wir nun zum Approximationsproblem zurück. Über die Approximation komplizierter Funktionen durch einfachere, nämlich Polynome, haben wir in LuM I den Satz von Stone -

Weierstraß kennen gelernt: Jede stetige Funktion kann durch eine Folge von Polynomen approximiert werden(Satz 2,S. 220). Leider gibt dieser Satz keinen Hinweis auf die Konstruktion der Approximationspolynome. Außerdem ist ihm nicht zu entnehmen, welchen Fehler man macht, wenn man die Funktion durch das n - te Polynom ersetzt.
Für eine große Klasse diffbarer Funktionen gibt jedoch der Satz von Taylor ein Verfahren an, das beiden Forderungen genügt.
Für eine Funktion $f:I \longrightarrow \mathbb{R}$ sei bei einem $x_0 \in I$ der zugehörige Funktionswert $f(x_0)$ bekannt. Mit nur dieser Information kann f lediglich durch eine konstante Funktion g_0 (ein Polynom 0 - ten Grades) angenähert werden:

$$g_0(x) = f(x_0) \quad \text{für alle } x \in I \quad .$$

Im Schaubild:

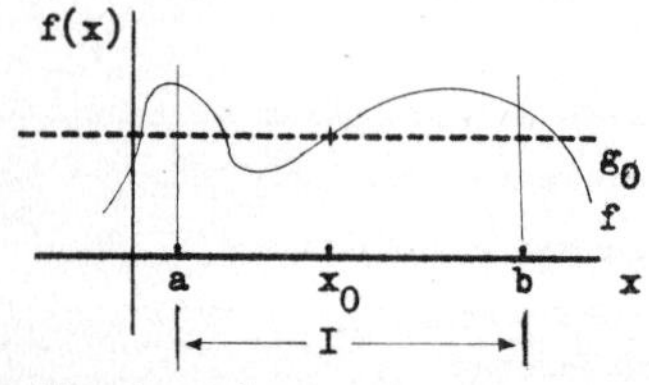

Besitzen wir jedoch die Informationen: $f \in C^0(I)$, und neben $f(x_0)$ ist auch $f'(x_0)$ bekannt, so kann f durch ein Polynom ersten Grades angenähert werden:

$$g_1(x_0 + h) = f(x_0) + hf'(x_0) \quad .$$

Neben dem Funktionswert in x_0 hat g_1 noch das Steigungsverhalten in x_0 mit f gemeinsam. Im Schaubild:

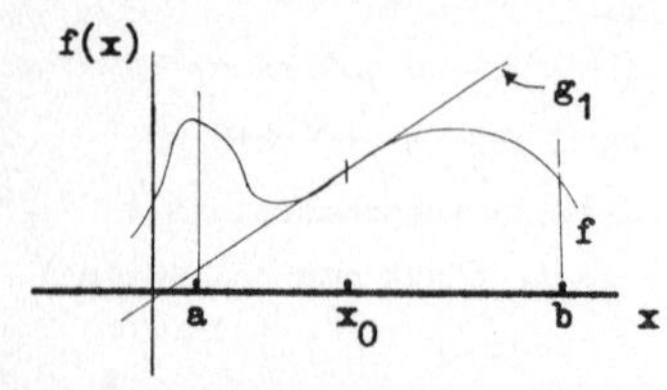

In kleinen Umgebungen um x_0 wird f durch g_1 schon recht gut angenähert.
Ist nun aber $f \in C^n(I)$, und ist neben $f(x_0)$ noch $D^i(f(x_0))$ für $i = 1,\dots,n$ bekannt, so können diese zusätzlichen Ableitungsinformationen mit benutzt werden in einem Polynom, das nun weitere Eigenschaften mit f gemeinsam haben wird. Sehen wir uns dieses Verfahren etwas genauer an.

Zunächst sei $f(x) = \sum_{i=0}^{n} a_i x^i$; für eine Umgebung um $x_0 \in \mathbb{R}$ gilt dann:

$$f(x_0 + h) = \sum_{i=0}^{n} a_i (x_0 + h)^i$$

$$= a_n x_0^n + \binom{n}{1} a_n x_0^{n-1} h + \binom{n}{2} a_n x_0^{n-2} h^2 + \ldots$$

$$+ \binom{n}{n-1} a_n x_0 h^{n-1} + \binom{n}{n} h^n +$$

$$+ a_{n-1} x_0^{n-1} + \binom{n-1}{1} a_{n-1} x_0^{n-2} h + \ldots$$

$$+ \binom{n-1}{n-2} a_{n-1} x_0 h^{n-2} + \binom{n-1}{n-1} a_{n-1} h^{n-1} +$$

$$\vdots \quad \vdots \quad \vdots$$

$$+ a_1 x_0 \quad + a_1 h +$$

$$+ a_0$$

nach dem Binomialsatz(vgl. LuM I,S. 166) .

Addiert man die untereinanderstehenden Ausdrücke, so lassen sich jeweils die Potenzen von h ausklammern.

$$f(x_0 + h) = (a_n x_0^n + a_{n-1} x_0^{n-1} + \ldots + a_1 x_0 + a_0) h^0 +$$

$$+ (\binom{n}{1} a_n x_0^{n-1} + \binom{n-1}{1} a_{n-1} x_0^{n-2} + \ldots + a_1) h^1 +$$

$$\vdots \quad \vdots \quad \vdots$$

$$+ (\binom{n}{n-1} a_n x_0 + \ldots + \binom{n-1}{n-1} a_{n-1}) h^{n-1} +$$

$$+ \binom{n}{n} a_n h^n \quad .$$

Bedenkt man, daß $D(x^n) = nx^{n-1} = 1!\binom{n}{1} x^{n-1}$,

$$D^2(x^n) = n(n-1)x^{n-2} = 2!\binom{n}{2} x^{n-2} ,$$

$$\vdots$$

$$D^m(x^n) = m!\binom{n}{m} x^{n-m} \quad \text{für } m \leqslant n ,$$

und verwendet dies bei der m - ten Ableitung von f(x), so

gelangt man zu:

$$\frac{1}{m!}D^m[\bar{f}(x)] = a_n\binom{n}{m}x^{n-m} + a_{n-1}\binom{n-1}{m}x^{n-m-1} + \ldots + a_{m+1}\binom{m+1}{m}x + a_m$$

Oder anders geschrieben

$$(3.4 - 20) \qquad f(x_0 + h) = f(x_0) + \frac{D[\bar{f}(x_0)]}{1!}h + \frac{D^2[\bar{f}(x_0)]}{2!}h^2 + \ldots + \frac{D^{n-1}[\bar{f}(x_0)]}{(n-1)!}h^{n-1} + \frac{D^n[\bar{f}(x_0)]}{n!}h^n$$

Damit kann ein Polynom n - ten Grades, sofern für ein $x_0 \in \mathbb{R}$ $f(x_0)$ und die $f'(x_0), \ldots, f^{(n)}(x_0)$ bekannt sind, durch die ersten n Ableitungen dargestellt und für jedes $(x_0 + h) \in \mathbb{R}$ berechnet werden.

<u>Bemerkung</u>: Diese Aussage ist ein Analogon zu dem Satz, daß sich zu n+1 Zahlen $x_0, \ldots, x_n \in \mathbb{R}$ und $f(x_0), \ldots, f(x_n) \in \mathbb{R}$ stets genau ein Polynom n - ten Grades angeben läßt, das die n+1 Funktionswerte exakt annimmt. Hier werden also n+1 Funktionswerte angegeben, um zu einem Polynom n - ten Grades zu gelangen; bei unseren Überlegungen gingen wir von einem Funktionswert und den ersten n Ableitungen an dieser Stelle aus und erhielten so genau ein Polynom n - ten Grades. Wir haben also zwei Arten von Informationen: Einmal die Funktionswerte, zum anderen die ersten l Ableitungen. Es läßt sich nun ein Verfahren angeben, das beide Informationen berücksichtigt. Kennt man für m Punkte $x_1, \ldots, x_m \in \mathbb{R}$ die zugehörigen Funktionswerte und für jedes $i = 1, \ldots, m$ die ersten i_l Ableitungen($l = 1, 2, \ldots$), so läßt sich mit Hilfe von derart entstandenen n+1 Informationen genau ein Polynom n - ten Grades angeben, das allen diesen Informationen entspricht(z.B. bei 2 Funktionswerten und insgesamt 6 Ableitungsinformationen an diesen beiden Stellen ergibt sich ein Polynom 7 - ten Grades).

Das hier diskutierte Verfahren kann für diffbare Funktionen allgemeiner nutzbar gemacht werden:

<u>Satz 8</u>: (Satz von Taylor) Es sei $f \in C^n(I)$; ist $x_0, x_0 + h \in I$, so gilt:

(3.4 - 21) $$f(x_0+ h) = f(x_0) + \sum_{i=1}^{n} \frac{D^i(f(x_0))}{i!} h^i + R_n ,$$

falls $\lim_{n \to \infty} R_n = 0$; und das

Restglied R_n ist bestimmt durch:

Es existiert ein $d \in (0,1)$ mit

(3.4 - 22) $$R_n = \frac{1}{(n + 1)!} D^{n+1}(f(x_0+ dh))\, h^{n+1} .$$

(3.4 - 21) heißt auch <u>Taylor - Reihe</u> der Funktion f, entwikkelt um x_0, R_n heißt <u>Lagrangesche</u> Form des Restgliedes.

<u>Bemerkung</u>: Für Polynome n - ten Grades haben wir in (3.4 - 20) gezeigt, daß bei der Entwicklung in eine Taylor - Reihe das Restglied R_m für $m \geqslant n$ gleich Null ist.

Entwickelt man eine Funktion f um $x_0 = 0$ in eine Taylor - Reihe, so läßt sich mit $x = h$ einfacher schreiben:

(3.4 - 23) $$f(x) = f(0) + \sum_{i=1}^{n} \frac{1}{i!} D^i(f(0))\, x^i + R_n \text{ ; und}$$

das Restglied hat die Form:

(3.4 - 24) $$R_n = \frac{1}{(n + 1)!} D^{n+1}(f(dx))\, x^{n+1} \quad \text{mit } d \in (0,1) .$$

(3.4 - 23) wird <u>MacLaurin - Reihe</u> genannt.

Über die Güte der Approximation durch die ersten n Glieder der Taylor(bzw. MacLaurin-) - Reihe gibt das Restglied R_{n-1} Auskunft:

Ohne eine Abschätzung des Restgliedes ist also eine derartige Approximation nicht aussagekräftig.

<u>Beispiele</u>:

(1) $f(x) = e^x$ soll um $x_0 = 1$ in eine Taylor - Reihe mit vier Gliedern, d.h. in ein Taylorpolynom 3-ten Grades, entwickelt werden. Wie groß wird der Fehler bei $h \leqslant 1$ höchstens?

Wir wissen: $D(e^x) = e^x$, und $e^1 = e$, das Polynom lautet demnach:

$P(1 + h) = e + eh + \frac{e}{2} h^2 + \frac{e}{6} h^3 + R_3$, und es ist:

$R_3 = \frac{1}{24} e^{1+dh} h^4$. Das Restglied ist in Abhängigkeit von d und h abzuschätzen:

$\sup_{d \in (0,1)} \left| \frac{1}{24} e^{1+dh} h^4 \right|$ ist demnach gesucht. e^x ist monoton wachsend, somit wird das Supremum angenommen für $d = 1$, also: $e^{1+h} = \sup_{d \in (0,1)} e^{1+dh}$ für $h > 0$. Mit $h \leqslant 1$ ergibt die Abschätzung $h = 1$: $\sup_{d \in (0,1)} \left| R_3 \right| \leqslant \frac{e^2}{24}$.

Somit: $\left| R_3 \right| \leqslant \frac{e^2}{24} \approx 1/3$. Der maximale Fehler liegt also bei $e^2/24$. Zusammenfassend läßt sich sagen: Entwickelt man die e - Funktion um $x_0 = 1$ in ein Taylorpolynom 3 - ten Grades und approximiert sie im Intervall $[0,2]$, so ist der Fehler an jeder Stelle in diesem Intervall kleiner als 1/3. Die Approximation wird natürlich um so besser, je mehr Reihenglieder man verwendet.

(2) $f(x) = \sin x$ ist um $x_0 = 0$ in ein MacLaurinpolynom 4. Grades zu entwickeln; in welcher Umgebung $U(0,\varepsilon)$ ist der Fehler kleiner als 1/1000 ?

Es gilt: $\sin 0 = 0$, $D(\sin 0) = 1$, $D^2(\sin 0) = 0$, $D^3(\sin 0) = -1$, $D^4(\sin 0) = 0$. Damit lautet das Polynom:

$$P(x) = x - x^3/3! + R_4 \quad \text{mit } R_4 = \frac{\cos d \cdot x}{5!} x^5 .$$

Gesucht ist nun ε mit: $\sup_{d \in (0,1)} \left| \frac{\cos d \cdot x}{5!} x^5 \right| < 1/1000$ für $|x| < \varepsilon$.

Da $|\cos d \cdot x| \leqslant 1$ (Gleichheit für $dx = k\pi$, $k \in \mathbb{N}$) , kann als Abschätzung $\cos d \cdot x = 1$ gewählt werden; somit gesucht: ε, so daß für $|x| < \varepsilon$, $|x^5/5!| \overset{!}{<} 1/1000$, und wir erhalten: $|x^5| \overset{!}{<} 3/25$, damit ungefähr: $|x| \approx 0.66$.

Zusammenfassend läßt sich hier sagen: Soll $\sin x$ um $x_0 = 0$ in ein Taylor(hier also MacLaurin)polynom 4 - ten Grades entwickelt werden, so approximiert dieses Polynom die sinus - Funktion im Intervall (-0.66,+0.66) mit einem Fehler von weniger als 1/1000. Auch hier kann durch Berücksichtigung weiterer Reihen - Glieder der Fehler noch vermindert werden. Läßt man dagegen einen größeren Fehler zu, so erweitert sich die Umgebung.

Bemerkung: Die Taylor - Reihe hat über den hier diskutierten Kontext hinaus in der numerischen Analysis bei Iterationsverfahren (z.B. Newton - Verfahren) eine große Bedeutung.

Aufgaben:

w(13) Nähern Sie die Funktion $f(x) = \ln(1 + x)$ um $x_0 = 1$ durch ein Taylorpolynom so an, daß für

$[x_0, x_0 + 1]$ der Fehler kleiner als 10^{-4} bleibt!

w(14) (Für Knobler) Nach Def. 2 gilt: x_0 ist lokales Maximum von f, wenn gilt: $f(x_0) \geq f(x_0 + \Delta x)$ für alle Umgebungspunkte $x_0 + \Delta x$. Nehmen Sie an, $f(x)$ sei auf dieser Umgebung 2 mal stetig diffbar. Entwickeln Sie $f(x_0 + \Delta x)$ in eine Taylor - Reihe bis zur 1. Ableitung plus Restglied und leiten Sie davon die notwendigen und hinreichenden Bedingungen für ein Maximum in x_0 her!

Hinweis: Δx kann positiv oder negativ sein, da

$-\varepsilon \leq \Delta x \leq \varepsilon$ für $x_0 + \Delta x \in U(x_0, \varepsilon)$.

(3.4.3) Differentialrechnung im $\mathbb{R}^n$

Im vergangenen Abschnitt wurden reelle Funktionen einer Variablen analysiert und es zeigte sich, daß unter der Voraussetzung der Diffbarkeit lokale und globale Eigenschaften einfach zu untersuchen waren.

Für sozialwissenschaftliche Fragestellungen sind nun aber gerade multiple Abhängigkeiten charakteristisch, d.h. in formalisierten Modellen werden wir in der Regel auf Funktionen mehrerer Variablen treffen. Die einfachsten Funktionen $f: \mathbb{R}^n \longrightarrow \mathbb{R}^m$, die Operatoren, diskutierten wir bereits in Kap.(2.2). Hier geht es nun darum, kompliziertere Funktionen dieser Art zu analysieren. Dazu wird die Differentialrechnung im $\mathbb{R}^n$ etwickelt, deren wesentliche Methoden wir jedoch aus dem Abschnitt über reellwertige Funktionen übernehmen können.

Bei mehr als einer Variablen tritt unmittelbar das Problem der Interdependenz in den Vordergrund. Hier reicht nicht selten in sozialwissenschaftlichen formalisierten Modellen die Anzahl der Ausprägungen je Variable(Daten) nicht aus, um über alle theoretisch interessanten Variablenzusammenhänge empirisch fundierte Aussagen zu machen. Dies kann dazu führen, bewußt Modellfehlspezifikationen in Kauf zu nehmen, um überhaupt zu empirischen Aussagen kommen zu können. Dahinter steht das grundlegende Problem jeder sozialwissenschaftlichen Modellbildung:
Die prinzipiell unbegrenzte interdependente Verflechtung gesellschaftlicher Faktoren.

Eine Funktion mehrerer Veränderlicher ist allg. gegeben durch $f: \mathbb{R}^n \longrightarrow \mathbb{R}^m$ (wobei wir für die Komponentenschreibweise der Elemente des $\mathbb{R}^n$ stets die kanonische Basis zugrunde legen). Beisp. sind die in Kap.(2.2) behandelten Operatoren, also

(3.4 - 25) $\quad f(x) = A\,x \quad$ mit A (m,n) - Matrix .

Ein anderes Beisp. wäre: $f(\binom{x}{y}) = \begin{pmatrix} xy \\ ye^{ax} \\ \sin(x+y) \end{pmatrix}$.

Die graphische Veranschaulichung dieser Funktionen ist i.a. nicht mehr möglich. In einigen Spezialfällen gelingt dies jedoch:

(1) $f: \mathbb{R}^2 \longrightarrow \mathbb{R}^1$, $f(\binom{x}{y}) = z$ kann im dreidimensionalen Koordinatensystem veranschaulicht werden:

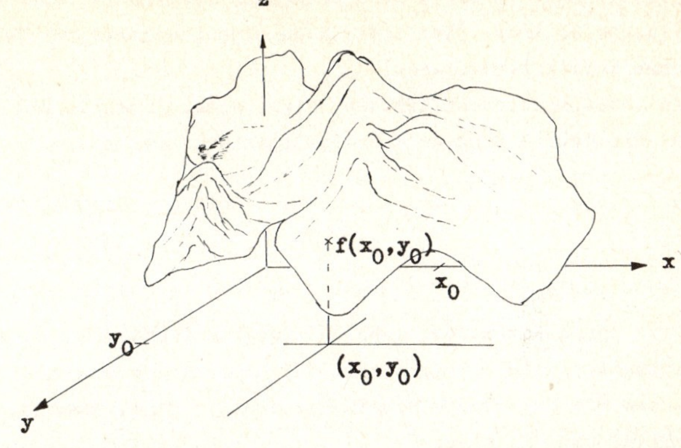

Man kann auch das 'Gebirge' in die x,y - Ebene projizieren, indem man für jedes feste $z = z_0$ die Menge aller Paare (x,y) berechnet, die die Gleichung $f(\binom{x}{y}) = z_0$ erfüllen. Diese Menge läßt sich als Graph in Form einer 'Höhenlinie' in der (x,y) - Ebene veranschaulichen. Für das obige 'Gebirge' käme dadurch etwa zustande:

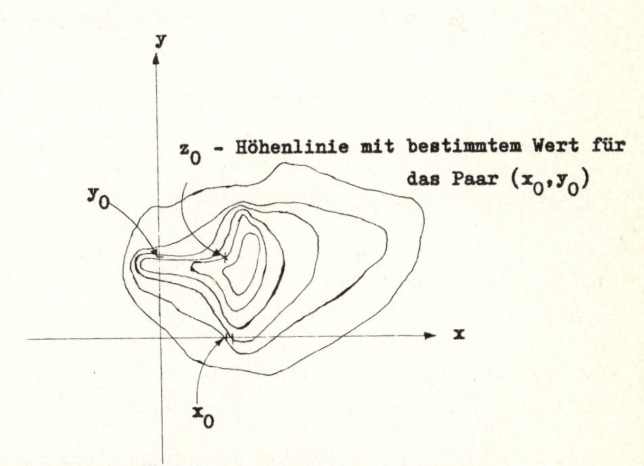

Der Leser möge zur Übung die Höhenlinien der Funktion $z = x^2 + 2y^2$ für einige z - Ausprägungen berechnen!

Dort wo Höhenlinien eng beieinander liegen, befinden sich

'Steilwände', wo sie weit auseinander liegen, befindet sich 'flaches Gelände'.(Der Leser möge eine Landkarte zur Veranschaulichung heranziehen)

Ein sozialwissenschaftliches Beisp. einer Funktion $f: \mathbb{R}^2 \longrightarrow \mathbb{R}^1$ ist die Cobb - Douglas - Produktionsfunktion:

(3.4 - 26) $\quad q = f(a,k) = ca^{\alpha}k^{\beta}$ mit q - Produktionsvol.,
a - Höhe des Arbeitspotentials,
k - Kapitalbestand,

c, α, β sind Parameter. Cobb und Douglas fanden für die US - Wirtschaft: $c = 1.01$, $\alpha = 0.75$, $\beta = 0.25$, also $\alpha + \beta = 1$. Machen Sie sich durch Berechnung einiger Funktionswerte den Verlauf von f klar!

(2) $f: [a,b] \longrightarrow \mathbb{R}^2$ mit $a,b \in \mathbb{R}$. $f(t) = \binom{T}{T'}$ kann als Kurve im $\mathbb{R}^2$ aufgefaßt werden, z.B.:

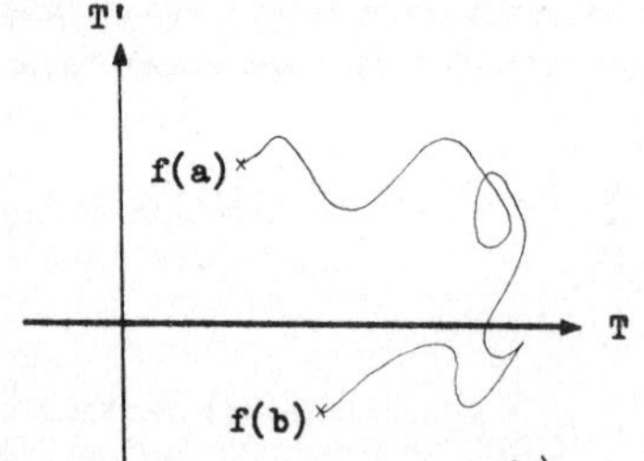

Man beachte die Parallele zur Parametrisierung in $\mathbb{C}$ (S. -241-).

Jede Funktion $f: \mathbb{R}^n \longrightarrow \mathbb{R}^m$ mit $f\left(\begin{pmatrix} x_1 \\ \vdots \\ x_n \end{pmatrix}\right) = \begin{pmatrix} y_1 \\ \vdots \\ y_m \end{pmatrix}$ kann durch ihre'Komponentenfunktionen' $f_1, \ldots, f_m: \mathbb{R}^n \longrightarrow \mathbb{R}$ dargestellt werden, nämlich:

$$f_1\left(\begin{pmatrix} x_1 \\ \vdots \\ x_n \end{pmatrix}\right) = y_1 \text{ , } \ldots \text{ , } f_m\left(\begin{pmatrix} x_1 \\ \vdots \\ x_n \end{pmatrix}\right) = y_m$$

. Wir schreiben suggestiv: $f = \begin{pmatrix} f_1 \\ \vdots \\ f_m \end{pmatrix}$ Es wird sich zeigen, daß die Stetigkeits-und Diffbarkeitsbetrachtungen auf diese Komponentenfunktionen zurückgeführt werden können, so daß im wesentlichen nur noch Funktionen $f\colon \mathbb{R}^n \longrightarrow \mathbb{R}$ betrachtet zu werden brauchen.

Beisp.: $f\colon \mathbb{R}^2 \longrightarrow \mathbb{R}^3$ mit

$$f(\binom{x}{y}) = \begin{pmatrix} x+y \\ x \sin y \\ \ln(y)e^{\cos x} \end{pmatrix} = \begin{pmatrix} z_1 \\ z_2 \\ z_3 \end{pmatrix},$$

also:

$$f_1(\binom{x}{y}) = x + y = z_1$$

$$f_2(\binom{x}{y}) = x \sin y = z_2$$

$$f_3(\binom{x}{y}) = \ln(y)e^{\cos x} = z_3$$

Erörtern wir nun einige topologische Grundbegriffe im $\mathbb{R}^n$. In LuM I wurden in Kap.(11) die topologischen Grundbegriffe für die Analyse von Funktionen $f\colon \mathbb{R} \longrightarrow \mathbb{R}$ entwickelt: Umgebung, offene und abgeschlossene Intervalle, Folge, Häufungspunkt etc. . Diese Begriffe werden jetzt, entsprechend dem hier gestellten Problem, auf den $\mathbb{R}^n$ übertragen. Die VR - Struktur des $\mathbb{R}^n$ setzen wir dabei als bekannt voraus.

Aus dem Absolutbetrag als Maß für den Abstand zwischen zwei reellen Zahlen wird nun im $\mathbb{R}^n$ die Norm(vgl. Def. 5 S. -134- Wir betrachten hier die auf S.-135-definierte Euklidische Norm $\| \ \|_2$, also: für $x = (x_1 \ldots x_n) \in \mathbb{R}^n$ ist

$$(3.4 - 27) \qquad \|x\|_2 := \sum_{i=1}^{n} x_i^2 \quad ;$$

wir verwenden (3.4 - 27) als Norm, weil sie in den Anwendungen am häufigsten vorkommt.

Der $\mathbb{R}^n$ zusammen mit dieser Norm, die wir künftig einfach $\| \ \|$ schreiben wollen, da keine Verwechslung möglich ist, wird auch <u>euklidischer Raum</u> genannt, bezeichnet mit $\mathbb{E}^n$. Als Abstand zwischen zwei Vektoren x und y des $\mathbb{E}^n$ definieren wir:

$$(3.4 - 28) \qquad d(x, y) := \| x - y \| = \sum_{i=1}^{n} (x_i - y_i)^2 \quad .$$

Zur Veranschaulichung: Im $\mathbb{R}^2$ und $\mathbb{R}^3$ stimmt diese Abstandsfunktion $d(x, y)$ mit der durch den Satz des Pythagoras gegebenen Distanz überein.

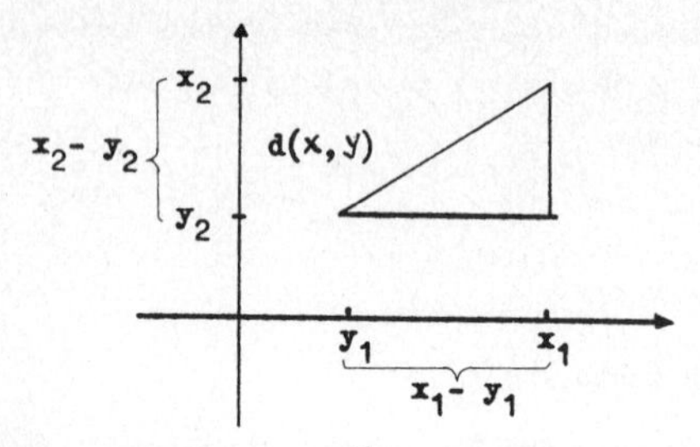

Eine ε - Umgebung im $\mathbb{E}^n$ hat die Form einer verallgemeinerten Kugel, daher sei def.:

Def. 1: Für $x_0 \in \mathbb{E}^n$ heißt $K(x_0,r) := \{ x / x \in \mathbb{E}^n, \|x - x_0\| < r\}$ mit $r \in \mathbb{R}^+$ n - dimensionale offene Kugel mit Zentrum x_0 und Radius r. Analog heißt

$$K[x_0, r] := \{ x / x \in \mathbb{E}^n, \|x - x_0\| \leqslant r\}$$

n - dimensionale abgeschlossene Kugel.

Beispiele: Im $\mathbb{E}^2$ ist $K(x_0,r)$ gerade die Kreisscheibe um x_0 mit Radius r (ohne Rand). Im $\mathbb{E}^3$ ist $K(x_0,r)$ die Vollkugel um x_0 und Radius r (ohne Rand).

Def. 2: Sei $M \subseteq \mathbb{E}^n$; $x_0 \in M$ heißt innerer Punkt von M, wenn gilt: Es gibt ein $r \in \mathbb{R}^+$ mit $K(x_0,r) \subseteq M$.

M heißt offene Menge, wenn alle Vektoren aus M innere Punkte sind.

$N \subseteq \mathbb{E}^n$ heißt abgeschlossene Menge, wenn $\mathbb{E}^n \setminus N$ eine offene Menge ist.

Als ein Beisp. wollen wir zeigen, daß offene Kugeln $K(x_0,r_0)$ auch offene Mengen sind. Sei $x_0 \in \mathbb{E}^n$, $r_0 \in \mathbb{R}^+$; dann ist nach Def. 2 x_0 innerer Punkt von $K(x_0,r_0)$. Damit aber $K(x_0,r_0)$ offene Menge ist, muß gezeigt werden, daß alle $x \in K(x_0,r_0)$ innere Punkte sind. Sei dazu $x \in K(x_0,r_0)$ und $r_1 = \|x - x_0\|$; dann ist ein $r \in \mathbb{R}^+$ zu finden mit $K(x,r) \subseteq K(x_0,r_0)$.

Sei $r = \frac{r_0 - r_1}{2}$; dann ist $r \in \mathbb{R}^+$; für alle $y \in K(x,r)$ gilt:

$$\|y - x_0\| \leqslant \|y - x\| + \|x - x_0\| < \frac{r_0 - r_1}{2} + r_1$$

$$= \tfrac{1}{2}(r_0 + r_1) < r_0$$

und es gilt somit: $y \in K(x_0, r_0)$, was zu zeigen war.

Veranschaulichen Sie sich diese Überlegungen im $\mathbb{E}^2$!

Def. 3: Sei $M \subseteq \mathbb{E}^n$, $x_0 \in M$ heißt Häufungspunkt von M , wenn gilt: In jeder offenen Kugel $K(x_0, r)$ gibt es unendlich viele $x \in M$. Die Menge aller Häufungspunkte von M wird Ableitung von M genannt, bezeichnet mit M' .
$M \cup M'$ heißt abgeschlossene Hülle von M , bezeichnet mit $\bar{M}$.

Abgeschlossene Mengen können nun einfacher als in Def. 2 charakterisiert werden:

Lemma 1: $M \subseteq \mathbb{E}^n$ ist genau dann abgeschlossen, wenn $M' \subseteq M$ ist, d.h. wenn M alle seine Häufungspunkte enthält.

Daß dies i.a. nicht der Fall zu sein braucht, zeigt folgendes

Beisp.: $M = \{x / x \in \mathbb{E}^2 , 0 < x_1 + x_2 \leq 1\}$, im Schaubild:

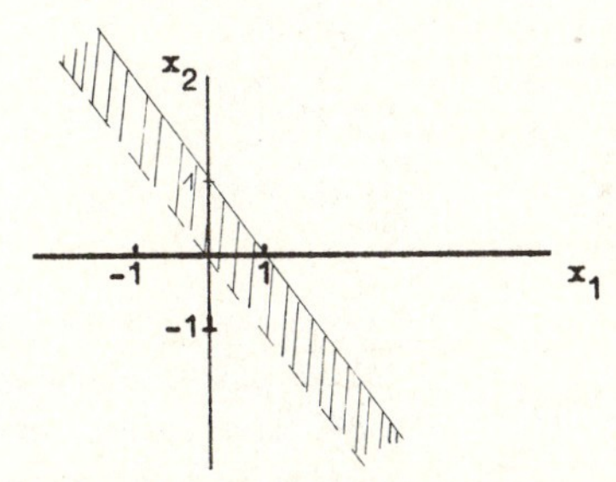

M ist hier angedeutet durch die schraffierte Fläche einschl. der oberen (durchgezogenen) Begrenzungslinie. Häufungspunkte von M sind einmal alle Elemente von M selbst (wie mit Def. 3 leicht nachzuweisen), zum anderen alle Punkte $\binom{x_1}{x_2} \in \mathbb{E}^2$ mit $x_1 + x_2 = 0$ (also die untere, gestrichelte Begrenzungslinie). Letztere sind deswegen auch Häufungspunkte von M , da in jeder Kugel um einen solchen Punkt unendlich viele Elemente von M liegen.

Wir erhalten also: $M' = \{x / x \in \mathbb{E}^2, 0 \leq x_1 + x_2 \leq 1\}$, somit:

$$M \subset M' .$$

Betrachten wir andererseits: $N = \{x / x \in \mathbb{E}^2, \|x\| \leq 1\} \cup \{\binom{1}{1}\}$.

Im Schaubild:

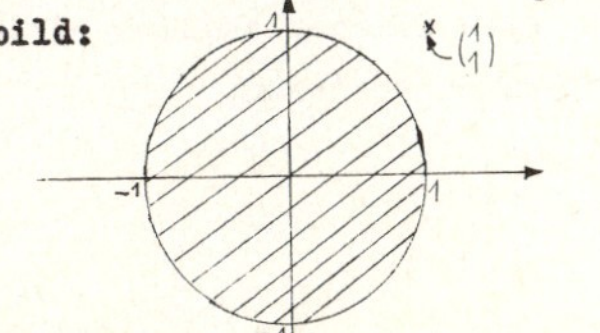

Alle Punkte von N außer $\binom{1}{1}$ sind Häufungspunkte von N , es gibt keine weiteren Häufungspunkte, so daß gilt: $N' \subset N$, und nach Lemma 1 ist N abgeschlossen.

Als wichtige Approximationsinstrumente dienen im mehrdimensionalen Fall des Raumes $\mathbb{E}^n$ ebenso wie für $n = 1$ Folgen und Reihen, jetzt allerdings mit Gliedern aus dem $\mathbb{R}^n$.

Def. 4: Eine Abb. $a: \mathbb{N} \longrightarrow \mathbb{E}^n$ heißt Folge, geschrieben $(a_i)_{i \in \mathbb{N}}$ oder einfach (a_i). $a_i \in \mathbb{E}^n$ heißt i - tes Folgenglied. Eine Folge (a_i) heißt konvergent, wenn es ein $b \in \mathbb{E}^n$ gibt mit: Für alle $r \in \mathbb{R}^+$ gibt es ein $N \in \mathbb{N}$, so daß für alle $i \geqslant N$ gilt: $a_i \in K(b, r)$, d.h.: $\| a_i - b \| < r$.

Dies ist die Übertragung der entsprechenden Def. aus LuM I, allerdings wird hier anstelle des Absolutbetrages die Norm verwendet, da die Folgenglieder ja dem $\mathbb{E}^n$ entstammen.

Zu jeder Folge im $\mathbb{E}^n$, also

$$(a_0, a_1, \ldots) = \left(\begin{pmatrix} a_{01} \\ \vdots \\ a_{0n} \end{pmatrix}, \begin{pmatrix} a_{11} \\ \vdots \\ a_{1n} \end{pmatrix}, \ldots \right)$$

können wir die n Komponentenfolgen

$$\begin{aligned} (a_{01}, a_{11}, \ldots) &= (a_{i1}) \\ (a_{02}, a_{12}, \ldots) &= (a_{i2}) \\ &\vdots \\ (a_{0n}, a_{1n}, \ldots) &= (a_{in}) \end{aligned}$$

betrachten, die jeweils Folgen mit Gliedern aus $\mathbb{R}$ sind, also Folgen, wie sie bereits in LuM I erörtert wurden.

Konvergiert nun die Folge $(a_0, a_1, \ldots)$ gegen $b = \begin{pmatrix} b_1 \\ \vdots \\ b_n \end{pmatrix} \in \mathbb{R}^n$,

so bedeutet dies anschaulich, daß die Abstände von a_i zu b immer kleiner werden, was natürlich nur möglich ist, wenn die Abstände in jeder Komponente immer geringer werden, also:

$$\begin{aligned} a_{i1} &\longrightarrow b_1 \\ &\vdots \\ a_{in} &\longrightarrow b_n \end{aligned}$$

; denn wir betrachten nur Folgen, deren Glieder endlich viele Komponenten besitzen.

Wir erhalten somit:

> Konvergiert die Folge $(\mathcal{a}_i)_{i\in\mathbb{N}}$ aus $\mathbb{E}^n$ gegen $\mathcal{b}\in\mathbb{E}^n$, so konvergieren die einzelnen Komponentenfolgen von $(\mathcal{a}_i)$ gegen die entsprechende Komponente von $\mathcal{b}$.

Konvergieren umgekehrt die Komponentenfolgen einer Folge $(\mathcal{a}_i)$ aus $\mathbb{E}^n$, und zwar (a_{i1}) gegen $b_1,\dots,(a_{in})$ gegen b_n, so konvergiert die Folge

$$(\mathcal{a}_i) = \begin{pmatrix} a_{i1} \\ \vdots \\ a_{in} \end{pmatrix} \quad \text{gegen} \quad \mathcal{b} = \begin{pmatrix} b_1 \\ \vdots \\ b_n \end{pmatrix} .$$

> <u>Satz 1</u>: Die Folge $(\mathcal{a}_i)_{i\in\mathbb{N}}$ aus dem $\mathbb{E}^n$ mit den Komponentenfolgen
>
> $$(\mathcal{a}_i) = \begin{pmatrix} a_{i1} \\ \vdots \\ a_{in} \end{pmatrix}$$ konvergiert genau dann gegen
>
> $$\mathcal{b} = \begin{pmatrix} b_1 \\ \vdots \\ b_n \end{pmatrix} \in \mathbb{E}^n ,$$
>
> wenn jede Komponentenfolge (a_{ij}) gegen b_j konvergiert für $j = 1,2,\dots,n$, also:
>
> (3.4 - 29) $$\lim\, (\mathcal{a}_i)_{i\in\mathbb{N}} = \mathcal{b} \iff \lim\, (a_{ij})_{i\in\mathbb{N}} = b_j \quad j = 1,\dots,n .$$

Damit ist die Konvergenz von Folgen in $\mathbb{E}^n$ auf die Konvergenz von Folgen in $\mathbb{R}$ zurückgeführt, und alle Kriterien und Rechenregeln für reelle Zahlenfolgen sind direkt in den $\mathbb{E}^n$ übertragbar.

<u>Beispiele</u>: $(\mathcal{a}_i)$ sei Folge im $\mathbb{E}^3$ mit $\mathcal{a}_i = \begin{pmatrix} 1 + 1/i \\ 1/(i+1) \\ -1 + (1/2)^i \end{pmatrix} \in \mathbb{E}^3$.

Gesucht ist $\lim(\mathcal{a}_i)$. Wir betrachten die Komponentenfolgen:

$$(a_{i1}) = (1 + 1/i) \text{ , d.h. } \lim_{i\to\infty}(a_{i1}) = 1$$

$$(a_{i2}) = (1/(i+1)) \text{ , d.h. } \lim_{i\to\infty}(a_{i2}) = 0$$

$$(a_{i3}) = (-1 + (1/2)^i) \text{, d.h. } \lim_{i\to\infty}(a_{i3}) = -1$$

und erhalten:

$$\lim_{i\to\infty} (\mathcal{a}_i) = \begin{pmatrix} \lim(a_{i1}) \\ \lim(a_{i2}) \\ \lim(a_{i3}) \end{pmatrix} = \begin{pmatrix} 1 \\ 0 \\ -1 \end{pmatrix} .$$

(a_i) sei Folge im $\mathbb{E}^2$ mit $a_i = \begin{pmatrix} \frac{1}{2}(a_{i-1} + \frac{2}{a_{i-1}}) \\ i! \end{pmatrix}$

mit $a_0 = \binom{2}{1}$. Wir betrachten die Komponentenfolgen:

$(a_{i1}) = (\frac{1}{2}(a_{i-1} + \frac{2}{a_{i-1}}))$, d.h. $\lim\limits_{i\to\infty}(a_{i1}) = \sqrt{2}$ (vgl. LuM I S.198)

$(a_{i2}) = i!$, d.h. $\lim\limits_{i\to\infty}(a_{i2}) = \infty$. Da somit (a_{i2}) divergiert, divergiert auch (a_i) .

In naheliegender Weise werden Reihen im $\mathbb{E}^n$ definiert, und mit Satz 1 kann die Konvergenzbetrachtung dieser Reihen auf den Fall $n = 1$, also Reihen in $\mathbb{R}$, reduziert werden.

Insgesamt besteht also die Untersuchung von Folgen und Reihen im $\mathbb{E}^n$ lediglich in der Analyse von n Folgen bzw. Reihen (den Komponentenfolgen bzw. -reihen) mit Gliedern aus $\mathbb{R}$. Diese Analyse ist jedoch aus LuM I bekannt.

Mit Hilfe von Folgen läßt sich nun ein einfaches Kriterium für die Abgeschlossenheit einer Menge formulieren:

Lemma 2: $M \subseteq \mathbb{E}^n$ ist genau dann abgeschlossen, wenn für jede Folge (a_i) von Elementen aus M mit $\lim(a_i) \in \mathbb{E}^n$ gilt: $\lim(a_i) \in M$.

Mit Lemma 1 ergibt sich der Beweis: Ist (a_i) Folge aus M mit $\lim(a_i) \in \mathbb{E}^n$, so ist $\lim(a_i)$ Häufungspunkt der Folge und nach Lemma 1 damit aus M .

Aufgaben:

w(15) Finden Sie im $\mathbb{E}^2$: Eine offene Menge, eine abgeschlossene Menge, eine Menge, die weder offen noch abgeschlossen ist und eine Menge, die sowohl offen als auch abgeschlossen ist !

w(16) Finden Sie die Häufungspunkte und damit die abgeschlossene Hülle von $M = \{ x / x \in \mathbb{E}^2, \| x \| < 1 \}$!

w(17) Welche der folgenden Mengen ist offen, welche abgeschlossen :

$M_1 = \{\binom{x}{y} / \ y = 1/x,\ 0 > x \geqslant 1\ ,\ x,y \in \mathbb{R}\} \subseteq \mathbb{E}^2$,

$M_2 = \{\binom{x}{y} / \ x^2 \geqslant y,\ x,y \in \mathbb{R}\} \subseteq \mathbb{E}^2$,

$M_3 = \mathbb{E}^n$?

w(18) Untersuchen Sie auf Konvergenz und berechnen Sie gegebenenfalls den Limes von

(a_i) aus $\mathbb{E}^3$ mit $a_i = \begin{pmatrix} \sum_{j=0}^{i} j \\ -1/i^2 \\ \sin i \end{pmatrix}$,

(b_i) aus $\mathbb{E}^2$ mit $b_i = \begin{pmatrix} i/i! \\ 1^i \end{pmatrix}$,

(c_i) aus $\mathbb{E}^2$ mit $c_i = \begin{pmatrix} (-1)^i c_{i-1}/2 \\ (c_{i-1} + 2)/3 \end{pmatrix}$ mit $c_0 = \binom{1}{2}$.

Mit Hilfe des soeben Gesagten fällt es uns nun leicht, Funktionenlimites und die Stetigkeit mehrdimensionaler Funktionen zu erörtern.
Für die Definition stetiger Funktionen $f: \mathbb{E}^n \longrightarrow \mathbb{E}^m$ fassen wir die Überlegungen in LuM I zur halbseitigen Stetigkeit nach oben und unten in einer Def. zusammen:

Def. 5: Eine Funktion $f: \mathbb{E}^n \longrightarrow \mathbb{E}^m$ hat einen Funktionenlimes bei Annäherung an $x_0 \in \mathbb{E}^n$ - Schreibweise: $L = \lim_{x \to x_0} f(x)$ -, wenn es $L \in \mathbb{E}^m$ gibt mit: Für alle $\varepsilon \in \mathbb{R}^+$ gibt es ein $\delta \in \mathbb{R}^+$, so daß gilt:

$$\| x - x_0 \| < \delta \Longrightarrow \| f(x) - L \| < \varepsilon$$

für $x \in \mathbb{E}^n$, $x \neq x_0$

Man beachte, daß bei $\| x - x_0 \|$ die Norm des $\mathbb{E}^n$, bei $\| f(x) - L \|$ diejenige des $\mathbb{E}^m$ verwendet wird, d.h. im erstern Fall wird eine δ - Kugel im $\mathbb{E}^n$ um x_0, im letzteren eine ε - Kugel im $\mathbb{E}^m$ um L betrachtet .

Def. 6: Eine Funktion $f: \mathbb{E}^n \longrightarrow \mathbb{E}^m$ heißt stetig in $x_0 \in \mathbb{E}^n$, wenn gilt: $\lim_{x \to x_0} f(x) = f(x_0)$. f heißt stetig auf

$M \subseteq \mathbb{E}^n$, wenn f für alle $x \in M$ stetig ist.

Diese etwas technisch anmutende Def. erleichtert oft Beweise für stetige Funktionen, für konkrete Rechnungen ist aber meist ein zu LuM I (12.2) Def. 1 analoges Folgenkriterium praktikabler:

<u>Satz 2</u>: $f:\mathbb{E}^n \longrightarrow \mathbb{E}^m$ ist genau dann in $x_0 \in \mathbb{E}^n$ stetig, wenn für jede Folge (a_i) in $\mathbb{E}^n$ mit Gliedern $\neq x_0$ und $\lim\limits_{i\to\infty}(a_i) = x_0$ gilt: $\lim\limits_{i\to\infty} f(a_i) = f(\lim\limits_{i\to\infty}(a_i)) = f(x_0)$.

Ein <u>Beisp</u>. einer nicht stetigen Funktion in $\mathbb{R}$:

$f:\mathbb{R} \longrightarrow \mathbb{R}$ mit $f(x) = \begin{cases} 1 & \text{für } x \neq 1 \\ 2 & \text{" } x = 1 \end{cases}$ ist nicht stetig,

denn: $\lim\limits_{x\to 1} f(x) = 1$, aber $\lim\limits_{x\to 1} f(x) \neq f(1) = 2$. Schaubild:

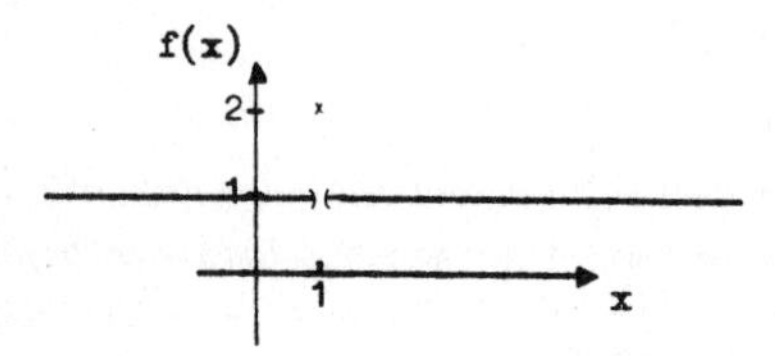

Die Untersuchung der Stetigkeit von f kann also auf die Betrachtung konvergenter Folgen reduziert werden. Hierzu genügt es jedoch, wie wir wissen, die reellen Komponentenfolgen zu betrachten, und wir erhalten mit Satz 1:

<u>Satz 3</u>: $f:\mathbb{E}^n \longrightarrow \mathbb{E}^m$ mit den Komponentenfunktionen $f = \begin{pmatrix} f_1 \\ \vdots \\ f_m \end{pmatrix}$ ist in $x_0 \in \mathbb{E}^n$ genau dann stetig, wenn für jedes $j = 1,\dots,m$ $f_j:\mathbb{E}^n \longrightarrow \mathbb{R}$ stetig ist.

Die Stetigkeit der f_j ist aber mit Hilfe von Satz 2 leicht zu überprüfen: Für alle Folgen $(a_i) \longrightarrow x_0$ mit Gliedern $\neq x_0$ aus $\mathbb{E}^n$ muß gelten:

$$\lim_{i\to\infty}(f_j(a_i)) = f_j(x_0) \qquad (3.4 - 30)$$

wobei nun $(f_j(a_i))$ wieder eine Zahlenfolge mit Gliedern aus $\mathbb{R}$ ist; es können also alle aus LuM I bekannten Kriterien unmittelbar verwendet werden.

<u>Beisp.</u>: $f{:}\mathbb{E}^2 \longrightarrow \mathbb{E}^2$ mit $f(\binom{x}{y}) = \binom{x+y}{x \sin y}$. Die Komponentenfunktionen sind

$$f_{1,2}{:}\mathbb{E}^2 \longrightarrow \mathbb{R} \text{ mit } f_1(\binom{x}{y}) = x + y$$

$$f_2(\binom{x}{y}) = x \sin y \, .$$

f ist für alle $x = \binom{x_1}{x_2} \in \mathbb{E}^2$ stetig, denn:

Sei $(a_i) = \binom{a_{i1}}{a_{i2}}$ Folge in $\mathbb{E}^2$ mit $\lim(a_{i1}) = x_1$ und

$$\lim(a_{i2}) = x_2 \, ,$$

dann gilt: $\lim (f_1(a_i)) = \lim(a_{i1} + a_{i2})$

$$= \lim(a_{i1}) + \lim(a_{i2})$$

(Satz 1 und Regel 1 LuM I,S. 200) .

Somit gilt: $\lim(f_1(a_i)) = x_1 + x_2 = f_1(\binom{x_1}{x_2})$ q.e.d.

Für f_2 gilt: $\lim(f_2(a_i)) = \lim(a_{i1} \sin a_{i2})$

$$= \lim(a_{i1}) \lim(\sin a_{i2})$$

denn (a_{i1}) ist als Komponentenfolge von (a_i) konvergent, ebenso (a_{i2}), und da der sinus eine stetige Funktion ist(als konvergente Potenzreihe), ist dann auch $(\sin a_{i2})$ eine konvergente Folge in $\mathbb{R}$. Damit kann Regel 3 LuM I, S.201 angewendet werden.

Somit gilt:

$$\lim(f_2(a_i)) = x_1 \sin(\lim(a_{i2}))$$

$$= x_1 \sin x_2 = f_2(\binom{x_1}{x_2}) \quad \text{q.e.d.} \, .$$

Damit ist f auf ganz $\mathbb{E}^2$ stetig .

In üblicher Weise können nun für Funktionen $f{:}\mathbb{E}^n \longrightarrow \mathbb{E}^m$ Summe, Produkt und Komposition erklärt werden. Aus Satz 2 und Satz 3 folgt dabei sofort:

<u>Satz 4</u>: Summe, Produkt und Komposition (soweit definiert) stetiger Funktionen sind wieder stetige Funktionen.

<u>Beisp.</u>: $f_{1,2}{:}\mathbb{E}^3 \longrightarrow \mathbb{E}^2$ mit

$$f_1\left(\begin{pmatrix} x \\ y \\ z \end{pmatrix}\right) = \begin{pmatrix} x + y - z \\ \sin^2(xyz) \end{pmatrix} \, , \quad f_2\left(\begin{pmatrix} x \\ y \\ z \end{pmatrix}\right) = \begin{pmatrix} z + 27x \\ \cos^2(xyz) \end{pmatrix} \, .$$

f_1 und f_2 sind stetig(Beweis!), und somit auch $f_1 + f_2$:

$$(f_1 + f_2)\left(\begin{pmatrix}x\\y\\z\end{pmatrix}\right) = f_1\left(\begin{pmatrix}x\\y\\z\end{pmatrix}\right) + f_2\left(\begin{pmatrix}x\\y\\z\end{pmatrix}\right)$$

$$= \begin{pmatrix}x + y - z\\ \sin^2(xyz)\end{pmatrix} + \begin{pmatrix}z + 27x\\ \cos^2(xyz)\end{pmatrix} = \begin{pmatrix}28x + y\\ 1\end{pmatrix}$$

Analog zu LuM I,(12.3) erhalten wir für stetige Funktionen bemerkenswerte Eigenschaften:

Def. 7: $M \subseteq \mathbb{E}^n$ heißt beschränkt, wenn es ein $C \in \mathbb{R}^+$ gibt mit:
$\|x\| \leq C$ für alle $x \in M$.

Es gilt dann der

Satz 5: $f:\mathbb{E}^n \longrightarrow \mathbb{E}^m$ sei eine stetige Funktion. Ist $M \subset \mathbb{E}^n$ beschränkt und abgeschlossen, so ist $f[M] \subseteq \mathbb{E}^m$ beschränkt und abgeschlossen. Insbesondere gilt für $f:\mathbb{E}^n \longrightarrow \mathbb{R}$: Ist $M \subset \mathbb{E}^n$ beschränkt und abgeschlossen, so nimmt f auf M ihr Maximum und Minimum an.

Um das Analogon zu Satz 2 aus LuM I(12.3) formulieren zu können, benötigen wir eine Def., die den Begriff des Intervalls in den $\mathbb{E}^n$ verallgemeinert:

Def. 8: $M \subseteq \mathbb{E}^n$ heißt zusammenhängend, wenn es für je zwei Punkte $x, y \in M$ eine stetige Funktion $g:[0,1] \longrightarrow M$ gibt mit:
(1) $g(0) = x$, $g(1) = y$,
(2) $g[[0,1]] \subseteq M$, d.h. die Bildmenge von g liegt ganz in M .

Eine Funktion g mit diesen Eigenschaften heißt auch Kurve von x nach y (vgl. Beisp. (2)S.-306-).

Die einzigen Beisp. zusammenhängender Mengen in $\mathbb{R}$ sind die Intervalle(einschl. $\mathbb{R}$ selbst und $(-\infty, a)$ und (a, ∞)).

Es gilt nun der

Satz 6: $f:\mathbb{E}^n \longrightarrow \mathbb{E}^m$ sei eine stetige Funktion; ist $M \subseteq \mathbb{E}^n$ zusammenhängend, so ist auch $f[M]$, das Bild von M unter f, in $\mathbb{E}^m$ zusammenhängend.

Aufgaben:

w(19) Berechnen Sie die Funktionenlimites

(a) $\lim_{x \to 0} \sin x$ (b) $\lim_{x \to 0} f(x)$ mit $f(x) = \begin{cases} \sin x & \text{für } x \neq 0 \\ 27 & \text{für } x = 0 \end{cases}$

(c) $\lim_{x \to 0} g(x)$ mit $g(x) = 1/x$.

w(20) $f: \mathbb{E}^n \longrightarrow \mathbb{E}^m$ sei eine lineare Abb.; ist f stetig?

w(21) Polynome in mehreren Variablen haben folgende Form:

Für zwei Variablen x, y : $P(x,y) = \sum_{i=0}^{n} \sum_{j=0}^{n} a_{ij} x^i y^j$ mit $a_{ij} \in \mathbb{R}$.

Zeigen Sie: $P(x,y): \mathbb{E}^2 \longrightarrow \mathbb{R}$ ist stetig.

Verallgemeinern Sie auf n Variablen:

$P(x_1, \ldots, x_n): \mathbb{E}^n \longrightarrow \mathbb{R}$!

Nach diesen Vorbereitungen können wir uns nun der Differentiation von Funktionen mehrerer Variablen zuwenden.

Erinnern wir uns noch einmal an den eindimensionalen Fall:

$f: I \longrightarrow \mathbb{R}$ heißt in $x_0 \in I$ diffbar, wenn $\lim\limits_{\substack{x \to x_0 \\ x \neq x_0}} \frac{f(x) - f(x_0)}{x - x_0} = a$,

mit $a \in \mathbb{R}$.

Jede reelle Zahl a bestimmt genau eine lineare Abb.:

$\bar{a}: \mathbb{R} \longrightarrow \mathbb{R}$ mit $\bar{a}(x) = ax$,

so daß Diffbarkeit von f interpretiert werden kann als Beschreibung von f an der Stelle x_0 durch die lineare Abb. $\bar{a}$.

Deutlicher wird diese Beschreibung noch, wenn man betrachtet:

$$(3.4 - 31) \qquad \lim_{\substack{x \to x_0 \\ x \neq x_0}} \frac{f(x) - f(x_0)}{x - x_0} - a = 0 \qquad .$$

Da für lineare Abb. gilt: $\bar{a}(x - x_0) = \bar{a}(x) - \bar{a}(x_0)$ und nach dem auf S.-282- Gesagten $\lim\limits_{\substack{x \to x_0 \\ x \neq x_0}} \frac{\bar{a}(x) - \bar{a}(x_0)}{x - x_0} = a$ ist, können wir (3.4 - 31) auch schreiben als:

(3.4 - 32) $$\lim_{\substack{x \to x_0 \\ x \neq x_0}} \frac{\bar{a}(x) - \bar{a}(x_0)}{|x - x_0|} - \lim_{\substack{x \to x_0 \\ x \neq x_0}} \frac{f(x) - f(x_0)}{|x - x_0|} = 0 \ .$$

Wird die Diffbarkeit von f in Form von (3.4 - 32) formuliert, so wird deutlich: f ist in x_0 genau dann diffbar, wenn sich der Differenzenquotient von f bei Annäherung von x an x_0 nicht von dem Differenzenquotienten einer linearen Abb. unterscheidet.

Da eine unmittelbar anschauliche Def. der Diffbarkeit von Funktionen mehrerer Variablen im Gegensatz zum eindimensionalen Fall nicht mehr möglich ist, wählen wir ein Analogon zu (3.4 - 32), nachdem wir die Teilmengen aus dem $\mathbb{E}^n$, auf denen wir differenzieren wollen, spezifiziert haben:

Def. 9: $M \subseteq \mathbb{E}^n$ heißt ein Gebiet, wenn M offen und zusammenhängend ist.

Def. 10: $M \subseteq \mathbb{E}^n$ sei ein Gebiet, $f: M \longrightarrow \mathbb{E}^m$ heißt in $x_0 \in M$ total diffbar, wenn es eine lineare Abb. $A_{x_0}: \mathbb{E}^n \longrightarrow \mathbb{E}^m$ gibt mit:

$$\lim_{\substack{x \to x_0 \\ x \neq x_0}} \frac{A_{x_0}(x) - A_{x_0}(x_0)}{\|x - x_0\|} - \lim_{\substack{x \to x_0 \\ x \neq x_0}} \frac{f(x) - f(x_0)}{\|x - x_0\|} = \theta$$

f heißt auf M total diffbar, wenn es für alle $y \in M$ eine solche lineare Abb. A_y gibt. Dabei kann für unterschiedliche $y_1, y_2 \in M$ auch $A_{y_1} \neq A_{y_2}$ sein, d.h. die lineare Abb. , die f approximiert, hängt wie im eindimensionalen Fall von der betrachteten Stelle y ab.

Für jedes $y \in M$ ist die lineare Abb. A_y eindeutig bestimmt und nach Kap.(2.5.5) durch eine (m,n) - Matrix gegeben. Es kommt nun also darauf an, diese Matrix zu berechnen. Dabei zeigt es sich, daß diese Berechnung vollständig auf die Differentialrechnung in einer Variablen zurückgeführt werden kann, indem zum einen die einzelnen Komponentenfunktionen von f betrachtet werden, zum anderen die Steigungsverhältnisse dieser f_i bzgl. jeder einzelnen Komponente der betrachteten Stelle x untersucht werden, genauer:

Sei $M \subseteq \mathbb{E}^n$ ein Gebiet und $f = \begin{pmatrix} f_1 \\ \vdots \\ f_m \end{pmatrix} : M \longrightarrow \mathbb{E}^m$ eine Funktion;

für jedes $f_i: M \longrightarrow \mathbb{R}$ und eine Stelle $x \in M$ betrachten wir das Änderungsverhältnis von f_i in Richtung der j - ten Komponente von x, also entlang der Geraden

$$g = \begin{pmatrix} x_1 \\ \vdots \\ x_j + h \\ \vdots \\ x_n \end{pmatrix} = x + he_j$$ mit $h \in \mathbb{R}$ und e_j dem j - ten Vektor der kanonischen Basis:

$$\frac{f_i(x + he_j) - f(x)}{h},$$ dabei sind Zähler und Nenner reelle Zahlen. Existiert nun der Differentialquotient

$$\lim_{\substack{h \to 0 \\ h \neq 0}} \frac{f_i(x + he_j) - f(x)}{h} \in \mathbb{R}$$, so heißt f_i

<u>partiell nach x_j diffbar in x</u> .

Anschaulich beschreibt dieser Differentialquotient die Steigung von f_i an der Stelle x in Richtung $x + he_j$, also parallel zum j - ten Einheitsvektor. Der Differentialquotient wird mit $\frac{\partial f_i(x)}{\partial x_j}$ bezeichnet.

Existiert $\frac{\partial f_i(x)}{\partial x_j}$ für alle $x \in M$, so heißt f_i auf M partiell diffbar nach x_j .

Da sich die partielle Differentiation nur in einer Variablen vollzieht, ist sie mit Hilfe der eindimensionalen Differentialrechnung leicht zu handhaben.

Ist $g: M \longrightarrow \mathbb{R}$ konkret gegeben und soll partiell nach x_j differenziert werden, so betrachtet man die übrigen Komponenten $x_1, \dots, x_{j-1}, x_{j+1}, \dots, x_n$ von x als Konstante und differenziert wie gewohnt nach der einen Variablen x_j.

<u>Beispiele</u>:(1) $g: \mathbb{E}^3 \longrightarrow \mathbb{R}$ mit $g\left(\begin{pmatrix} x_1 \\ x_2 \\ x_3 \end{pmatrix}\right) = x_3(\exp x_1 + 2 \sin x_2)$;
es gilt dann:

$$\frac{\partial g(x)}{\partial x_1} = x_3 e^{x_1} \ , \ \frac{\partial g(x)}{\partial x_2} = 2x_3 \cos x_2 \ , \ \frac{\partial g(x)}{\partial x_3} = e^{x_1} + 2\sin x_2$$

(2) $h: \mathbb{E}^2 \longrightarrow \mathbb{R}$ sei gegeben durch $h(\binom{x_1}{x_2}) = ax_1 + bx_2$ mit $a,b \in \mathbb{R}$ bekannt, dann gilt:

$$\frac{\partial h(x)}{\partial x_1} = a \ , \ \frac{\partial h(x)}{\partial x_2} = b \ .$$

Eine Funktion $f: M \longrightarrow \mathbb{E}^m$ heißt partiell diffbar nach allen Variablen $x_1,\dots,x_n$, wenn jede Komponentenfunktion f_i, $i = 1,\dots,m$, partiell nach allen $x_j, j = 1,\dots,n$, diffbar ist.

Ist dies der Fall, so bezeichnen wir die Matrix der partiellen Ableitungen von f, nämlich

$$\begin{pmatrix} \frac{\partial f_1}{\partial x_1} & \frac{\partial f_1}{\partial x_2} & \dots & \frac{\partial f_1}{\partial x_n} \\ \dots & \dots & \dots & \dots \\ \frac{\partial f_m}{\partial x_1} & \frac{\partial f_m}{\partial x_2} & \dots & \frac{\partial f_m}{\partial x_n} \end{pmatrix} =: \frac{df}{dx}$$

als <u>Funktionalmatrix</u> von f.

Ist f eine Funktion von M nach $\mathbb{R}$ (insbesondere also jede Komponentenfunktion von f), so heißt die Funktionalmatrix

$$\begin{pmatrix} \frac{\partial f}{\partial x_1} \\ \vdots \\ \frac{\partial f}{\partial x_n} \end{pmatrix} = (\frac{df}{dx})'$$

<u>Gradient</u> von f, Bezeichnung: grad(f), und ist ein Vektor aus dem $\mathbb{R}^n$.

Man beachte, daß unter den gegebenen Voraussetzungen für alle $x_0 \in M$ die Funktionalmatrix an der Stelle x_0, also $\left.\frac{df}{dx}\right|_{x=x_0}$, eine reelle (m,n) - Matrix ist.

<u>Beispiele:</u>(1) $f: \mathbb{E}^3 \longrightarrow \mathbb{E}^3$ sei gegeben durch

$$f(\begin{pmatrix} x_1 \\ x_2 \\ x_3 \end{pmatrix}) = \begin{pmatrix} x_1 + x_2 + x_3 \\ x_1 \sin(x_2) + x_3 \\ x_2 \exp x_3 \end{pmatrix} .$$

Wir berechnen die partiellen Ableitungen der Komponentenfunktionen:

$$\frac{\partial f_1(x)}{\partial x_1} = 1 \ , \qquad \frac{\partial f_1(x)}{\partial x_2} = 1 \ , \qquad \frac{\partial f_1(x)}{\partial x_3} = 1$$

$$\frac{\partial f_2(x)}{\partial x_1} = \sin x_2 \ , \qquad \frac{\partial f_2(x)}{\partial x_2} = x_1 \cos x_2 \ , \qquad \frac{\partial f_2(x)}{\partial x_3} = 1$$

$$\frac{\partial f_3(x)}{\partial x_1} = 0 \ , \qquad \frac{\partial f_3(x)}{\partial x_2} = e^{x_3} , \qquad \frac{\partial f_3(x)}{\partial x_3} = x_2 e^{x_3}$$

Für $x = \begin{pmatrix}1\\0\\1\end{pmatrix}$ erhalten wir so als Funktionalmatrix $\left.\frac{df}{dx}\right|_{x=\begin{pmatrix}1\\0\\1\end{pmatrix}}$:

$$\left.\frac{df}{dx}\right|_{x=\begin{pmatrix}1\\0\\1\end{pmatrix}} = \begin{pmatrix}1 & 1 & 1\\0 & 1 & 1\\0 & e & 0\end{pmatrix} .$$

(2) $f: \mathbb{E}^2 \longrightarrow \mathbb{R}$ mit $f(\binom{x_1}{x_2}) = x_1^2 + e^{-x_2}$;

$\frac{\partial f}{\partial x_1} = 2x_1$, $\frac{\partial f}{\partial x_2} = -e^{-x_2}$; $\operatorname{grad}(f) = \begin{pmatrix}2x_1\\-e^{-x_2}\end{pmatrix}$, z.B. für

$x = \binom{1}{0}$: $\operatorname{grad}(f(\binom{1}{0})) = \binom{2}{-1}$.

Ist $f: M \longrightarrow \mathbb{E}^m$ eine auf ganz M nach x_j partiell diffbare Funktion, so wird die Abb. $\frac{\partial f}{\partial x_j} = f_{x_j} : M \longrightarrow \mathbb{E}^m$

$$x \longmapsto \begin{pmatrix}\frac{\partial f_1}{\partial x_j}\\ \vdots \\ \frac{\partial f_m}{\partial x_j}\end{pmatrix}$$

, also die j - te Spalte der Funktionalmatrix, die 1. partielle Ableitung(sfunktion) von f nach x_j genannt. Die Berechnung der ersten partiellen Ableitungsfunktionen ergibt sich aus dem über die Funktionalmatrix Gesagten.

Es sollen nun die Zusammenhänge zwischen totaler und partieller Differenzierbarkeit erörtert werden.

Satz 7: $M \subseteq \mathbb{E}^n$ sei ein Gebiet; ist $f: M \longrightarrow \mathbb{E}^m$ total diffbar in $x_0 \in M$, so ist f in x_0 partiell diffbar nach allen Variablen, und die Matrix der linearen Approximationsabb. A_{x_0} ist gleich der Funktionalmatrix $\left.\frac{df}{dx}\right|_{x=x_0}$.

Ist somit von einer Funktion f ihre totale Diffbarkeit bekannt, so kann die lineare Abb. A_{x_0} durch die Berechnung der Funktionalmatrix angegeben werden. Dazu ist aber nur gewöhnliche Differentiation in einer Variablen erforderlich.

Die Umkehrung von Satz 7 gilt leider nicht. Existieren für f die partiellen Ableitungen nach allen Variablen, so ist f nicht notwendig total diffbar, ja nicht einmal stetig, wie folgendes Beisp. zeigt:

$$f\colon \mathbb{E}^2 \longrightarrow \mathbb{R} \text{ mit } f\left(\binom{x}{y}\right)=\begin{cases} \dfrac{xy}{x^2+y^2} & \text{für } x^2+y^2>0 \\ 0 & \text{für } x=y=0 \end{cases}$$

Diese Funktion besitzt überall partielle Ableitungen, ist aber in $\binom{0}{0}$ nicht stetig, wie man mit Satz 2 nachweist.
Unter zusätzlichen Voraussetzungen an die partiellen Ableitungen läßt sich aber zeigen:

<u>Satz 8</u>: $M \subseteq \mathbb{E}^n$ sei ein Gebiet, $f\colon M \longrightarrow \mathbb{E}^m$ sei eine Funktion; existieren auf M alle 1. partiellen Ableitungsfunktionen von f , also $f_{x_1},\dots,f_{x_n}$, und sind diese stetig, so ist f auf M total diffbar.

Damit haben wir ein einfaches Kriterium für die totale Diffbarkeit einer Funktion f:

> Wir berechnen die 1. partiellen Ableitungsfunktionen (dazu ist nur gewöhnliche Differentialrechnung notwendig), prüfen diese auf Stetigkeit(etwa mit Hilfe von Satz 2 und 3, was nur Kenntnis über konvergente Folgen in $\mathbb{R}$ erfordert), und falls $f_{x_1},\dots,f_{x_n}$ stetig sind, ist mit den 1.partiellen Ableitungsfunktionen auch schon die Funktionalmatrix und damit die Matrix der approximierenden linearen Abb. gefunden.

Dazu noch ein <u>Beisp</u>.: $f\colon \mathbb{E}^2 \longrightarrow \mathbb{E}^2$ sei gegeben durch

$$f\left(\binom{x}{y}\right) = \begin{pmatrix} ax + bxy + cy \\ x^5e^y \end{pmatrix}, \quad a,b,c \in \mathbb{R} \text{ gegeben .}$$

Die 1. partiellen Ableitungsfunktionen lauten:

$f_x(\binom{x}{y}) = \begin{pmatrix} a + by \\ 5x^4e^y \end{pmatrix}$, $f_y(\binom{x}{y}) = \begin{pmatrix} bx + c \\ x^5e^y \end{pmatrix}$; f_x ist stetig auf ganz $\mathbb{R}^2$, da die beiden Komponentenfunktionen von f_x auf ganz $\mathbb{R}^2$ stetig sind. Denn $a + by$ ist ein Polynom; $5x^4e^y$ ist das Produkt eines Polynoms mit einer ebenfalls stetigen e - Funktion . Analoges gilt für f_y . Damit ist f total diffbar und die Matrix lautet z.B. für $x_0 = \binom{-1}{0}$:

$$\frac{df}{dx}\Big|_{x=\binom{-1}{0}} = \begin{pmatrix} a & -b+c \\ 5 & -1 \end{pmatrix} .$$

Wir wollen diese Überlegungen abschließen, indem wir die partielle Differentiation etwas verallgemeinern.
Partielle Differentiation einer Funktion $g: M \longrightarrow \mathbb{R}$ in $x_0 \in M$ nach x_j bedeutet anschaulich die Bestimmung der Steigung von g in x_0 in Richtung des j - ten Einheitsvektors e_j, also in Richtung der Geraden $x_0 + he_j$. Allgemeiner kann die Steigung von g in Richtung jeder beliebigen Geraden durch x_0 betrachtet werden. Ihre Berechnung wird auf partielle Differentiation zurückgeführt.
Es sei $v \in \mathbb{E}^n$ mit $\|v\| = 1$, dann ist durch $G: x_0 + hv$ mit $h \in \mathbb{R}$ eine Gerade im $\mathbb{E}^n$ gegeben. Nun sei $g: M \longrightarrow \mathbb{R}$ total diffbar in $x_0 \in M \subseteq \mathbb{E}^n$. Dann wird die Steigung von g entlang der Geraden G im Punkt x_0 angegeben durch:

$$\frac{\partial g}{\partial v}(x_0) := v_1\frac{\partial g}{\partial x_1}(x_0) + \ldots + v_n\frac{\partial g}{\partial x_n}(x_0) = \mathrm{grad}(g(x_0))' v \in \mathbb{R},$$

und allg. für $f: M \longrightarrow \mathbb{E}^m$: $\frac{\partial f}{\partial v}(x_0) := \frac{df}{dx}\Big|_{x=x_0} \cdot v \in \mathbb{E}^m$.

$\frac{\partial f}{\partial v}(x_0)$ heißt <u>Richtungsableitung</u> von f in Richtung v im Punkte x_0.
<u>Beisp.</u>: Sei f wie auf der Vorseite unten, gesucht ist die Richtungsableitung in $x_0 = \binom{-1}{0}$, und zwar in Richtung $v = \binom{1/2}{1/2}$.

$$\frac{\partial f}{\partial v}(x_0) = \begin{pmatrix} a & -b+c \\ 5 & -1 \end{pmatrix}\binom{1/2}{1/2} = \binom{(a-b+c)/2}{2} .$$

Im Fall $g: M \longrightarrow \mathbb{R}$ wird der größte (kleinste) Wert von $\frac{\partial g}{\partial v}(x_0)$ angenommen für

(3.4 - 33) $\quad v = \lambda \, \mathrm{grad}(g(x_0))$, $\lambda \in \mathbb{R}$ d.h. wenn v ein skalares

Vielfaches von grad($g(x_0)$) ist. Dies bedeutet nach S.-134-, daß der Gradient an der Stelle x_0 die Richtung des größten Anstiegs von g angibt. Anschaulich ist klar, daß man, verfolgt man den Weg der größten Steigung in x_0(also grad($g(x_0)$)), zu Punkten gelangt, die 'höher' liegen als x_0. Geht man von hier aus weiter in Richtung des größten Anstiegs etc., so muß man schließlich zu einem (lokalen) Maximum gelangen, sofern g ein solches Maximum besitzt. Im Falle konkaver Funktionen ist dies zugleich das globale Maximum. In dieser Hinsicht haben sog. Gradientenverfahren - im Englischen auch intuitiv "hill climbing"-methods genannt - eine große Bedeutung im Nicht-Linearen Programmieren. (Analoges gilt für konvexe Funktionen.)

Das bisher Gesagte bietet die Grundlage dafür, um nun näher auf Eigenschaften diffbarer Funktionen mehrerer Variablen einzugehen. Einige besonders häufig benutzte und daher für die sozialwissenschaftliche Modellanalyse besonders wichtige Eigenschaften diffbarer Funktionen seien hier kurz zusammengestellt.

Satz 9:(Addition diffbarer Funktionen)

Sind $f,g: M \longrightarrow \mathbb{E}^m$ auf dem ganzen Gebiet M total diffbar, so ist auch $f+g: M \longrightarrow \mathbb{E}^m$ auf M total diffbar, und es gilt für $x_0 \in M$:

$$(3.4 - 34) \qquad \left.\frac{d(f+g)}{dx}\right|_{x=x_0} = \left.\frac{df}{dx}\right|_{x=x_0} + \left.\frac{dg}{dx}\right|_{x=x_0},$$

d.h. die Funktionalmatrizen werden addiert.

Satz 10:(Kettenregel) $f: M \longrightarrow \mathbb{E}^m$ mit M als Gebiet in $\mathbb{E}^n$ sei total diffbar, ferner sei $f[M] \subseteq N \subseteq \mathbb{E}^m$ mit N Gebiet. Ist dann $g: N \longrightarrow \mathbb{E}^k$ total diffbar, so ist auch $g \circ f: M \longrightarrow \mathbb{E}^k$ total diffbar, und es gilt: Für $x_0 \in M$ und $f(x_0) = y_0 \in N$ ist

$$(3.4 - 35) \qquad \left.\frac{d(g \circ f)}{dx}\right|_{x=x_0} = \left.\frac{dg}{dy}\right|_{y=y_0} \cdot \left.\frac{df}{dx}\right|_{x=x_0},$$

d.h. die Funktionalmatrizen werden multipliziert.

Bzgl. der Umkehrbarkeit von Funktionen f: $\mathbb{E}^n \longrightarrow \mathbb{E}^m$ erhalten wir ein zu (3.4 - 17) analoges Ergebnis:

Satz 11: (Umkehrfunktionen) f: $\mathbb{E}^n \longrightarrow \mathbb{E}^n$ sei in einer offenen Umgebung $K(x_0,r)$ von $x_0 \in \mathbb{E}^n$ stetig total diffbar. Ist die Det. der Funktionalmatrix in x_0 ungleich Null, also $\left|\frac{df}{dx}\Big|_{x=x_0}\right| \neq 0$, so gibt es eine offene Umgebung $K(x_0,s) \subseteq K(x_0,r)$, in der f eine Umkehrfunktion f^{-1} besitzt. Diese ist in einer Umgebung von $f(x_0)$ total diffbar, und es gilt:

(3.4 - 36) $$\frac{df^{-1}}{dy}\Big|_{y=y_0} = \left[\frac{df}{dx}\Big|_{x=x_0}\right]^{-1} .$$

Schließlich zieht die totale Diffbarkeit im Gegensatz zur partiellen Diffbarkeit die Stetigkeit nach sich:

Satz 12: f: $M \longrightarrow \mathbb{E}^m$ sei in $x_0 \in M$ total diffbar, dann ist f stetig in x_0 .

Die zu den Sätzen 1 bis 3 analogen mehrdimensionalen Mittelwertsätze und Reihenentwicklungen haben für unsere weiteren Überlegungen keine unmittelbare Bedeutung; es sei daher hierzu auf die Spezialliteratur verwiesen(z.B. Grauert,Lieb(1970), Erwe(1968), Rektorys(1969)Kap.12).

Speziell in der sozialwissenschaftlich relevanten mathematischen Statistik sind die folgenden, aus diesen Sätzen hergeleiteten Regeln von Bedeutung:

a, x, seien (n,1) - Vektoren, b, y seien (m,1) - Vektoren, A sei (n,n) - Matrix .

(3.4 - 37) $$\frac{d}{dx}(a'x) = a$$

(3.4 - 38) $$\frac{d}{dx}(x'Ax) = 2Ax \quad \text{für A symmetrisch}$$

(3.4 - 39) $$\frac{d}{dx}(x'Ay) = Ay$$

Exemplarisch der Beweis zu (3.4 - 38):

(3.4 - 38) lautet ausgeschrieben für das k-te Element:

$$\frac{d}{dx}(x'Ax) = \left(\frac{\partial}{\partial x_k}\left(\sum_{i=1}^{n}\sum_{j=1}^{n} x_i a_{ij} x_j\right)\right)$$

$$= \left(\sum_j a_{kj} x_j + \sum_i x_i a_{ik}\right) = 2\,Ax$$

wegen der Symmetrie von A.

Sei $C\colon \mathbb{E}^n \longrightarrow \mathbb{E}^m$ eine lineare Abb., so ist nach Def. 10 für jedes $x_0 \in \mathbb{E}^m$:

(3.4 - 40) $$\left.\frac{dC}{dx}\right|_{x = x_0} = C \quad .$$

Wird C durch die Matrix M dargestellt,

(3.4 - 41) $$C(x) = Mx \quad ,$$

so kann $\left.\frac{dC}{dx}\right|_{x = x_0}$ ebenfalls durch M dargestellt werden.

Nun stehen die Informationen zur Verfügung, um Eigenschaften diffbarer Funktionen zu analysieren.
Da für $m \geqslant 2$ der $\mathbb{E}^m$ nicht vollständig geordnet ist, ist es nicht sinnvoll, Extremwerte etc. für Funktionen mit Bildern im $\mathbb{E}^m$ zu erörtern, da man keine 'allgemeingültigen' Aussagen erhält. So läßt sich z.B. nicht angeben, welcher der beiden Vektoren $\begin{pmatrix} 0 \\ -2 \\ 1/8 \end{pmatrix}$, $\begin{pmatrix} 10\,000 \\ 100\,000 \\ 1/9 \end{pmatrix}$ der größere ist. Aus demselben Grunde ist eine Monotonieanalyse nur für eindimensionale Funktionen sinnvoll (man beachte die Relevanz dieser Eigenschaften für die Problematik der Konstruktion sozialer Indikatoren).
Wir beschränken uns daher hier bei der Analyse diffbarer Funktionen in mehreren Variablen auf Funktionen $f\colon \mathbb{E}^n \longrightarrow \mathbb{R}$

und auf die Betrachtung von Extremwerten.
Dabei müssen - wie im eindimensionalen Fall - zur Unterscheidung von Maxima und Minima höhere Ableitungen herangezogen werden. Wir werden daher zunächst das Instrumentarium der höheren partiellen Ableitungen entwickeln, und zwar für Funktionen $f\colon \mathbb{E}^n \longrightarrow \mathbb{R}$. Den allg. Fall von Funktionen $f\colon\mathbb{E}^n \longrightarrow \mathbb{E}^m$ kann der interessierte Leser dann durch die übliche Betrachtung der Komponentenfunktionen selbst erarbeiten.

$f\colon M \longrightarrow \mathbb{R}$ sei eine auf dem Gebiet $M \subseteq \mathbb{E}^n$ nach allen Variablen stetig partiell diffbare Funktion, wir erhalten dann n 1. Ableitungsfunktionen $f_{x_j}\colon M \longrightarrow \mathbb{R}$ mit

$$f_{x_j}(x) = \frac{\partial f}{\partial x_j}(x)\ , \quad j = 1,\dots,n\ .$$

Die einzelnen f_{x_j} können nun wiederum auf partielle Diffbarkeit nach den verschiedenen Variablen hin untersucht werden. Ist nun f_{x_j} partiell nach x_k diffbar, so heißt

$$f_{x_jx_k}\colon M \longrightarrow \mathbb{R} \text{ mit } f_{x_jx_k}(x) = \frac{\partial\left(\frac{\partial f}{\partial x_j}\right)}{\partial x_k}(x) =: \frac{\partial^2 f}{\partial x_j \partial x_k}$$

eine <u>2. partielle Ableitungsfunktion</u> von f. Existieren für f alle zweiten partiellen Ableitungsfunktionen $f_{x_jx_k}$ $(j,k=1,\dots,n)$ und sind diese stetig, so heißt f <u>2-mal stetig diffbar</u>.
Dieses Verfahren kann dann fortgeführt werden, und man sagt allg., f ist i-mal stetig diffbar, wenn alle möglichen i-ten partiellen Ableitungsfunktionen existieren und stetig sind.
Man beachte, daß nach Satz 8 aus der einmaligen stetigen Diffbarkeit von f die totale Diffbarkeit folgt.

<u>Beisp.</u>: $f\colon \mathbb{E}^2 \longrightarrow \mathbb{R}$ sei def. durch

$$f\left(\binom{x}{y}\right) = \begin{cases} xy\dfrac{x^2 - y^2}{x^2 + y^2} & \text{für } x^2 + y^2 > 0 \\ 0 & \text{"} \ x = y = 0 \end{cases}$$

Wir erhalten: $f_x\left(\binom{x}{y}\right) = \dfrac{y(x^4 - y^4) + 4x^2y^3}{(x^2 + y^2)^2}$, speziell: $f_x\left(\binom{0}{y}\right) = -y$

$$f_y\left(\binom{x}{y}\right) = \frac{x(x^4 - y^4) - 4x^3y^2}{(x^2 + y^2)^2}\text{ , speziell } f_y\left(\binom{x}{0}\right) = x \text{ .}$$

Damit ist $f_{xy}\left(\binom{0}{0}\right) = -1$ und $f_{yx}\left(\binom{0}{0}\right) = +1$.

Für unsere Beisp.funktion existieren die 2. partiellen Ableitungen zwar, aber es gilt $f_{xy} \neq f_{yx}$. Über Funktionen dieser Art kann jedoch kein Berechnungsverfahren angegeben werden. Dazu ist, wie Satz 15 zeigen wird, stets $f_{x_i x_j} = f_{x_j x_i}$ für $i,j = 1,\dots,n$ erforderlich. Diese Funktionen charakterisiert der folgende Satz:

Satz 13: $f: M \longrightarrow \mathbb{R}$ sei auf dem Gebiet $M \subseteq \mathbb{E}^n$ 2 - mal stetig diffbar, dann gilt für die 2-ten partiellen Ableitungsfunktionen:

(3.4 - 42) $\qquad f_{x_i x_j} = f_{x_j x_i}$ für alle $i,j = 1,\dots,n$.

Wegen (3.4 - 42) ist für 2 - mal stetig diffbare Funktionen die Matrix der 2.Ableitungen eine symmetrische (n,n) - Matrix

$$\left.\frac{d^2 f}{dx^2}\right|_{x=x_0} = \begin{pmatrix} f_{x_1 x_2}(x_0) & \dots & f_{x_1 x_n}(x_0) \\ \dots & \dots & \dots \\ f_{x_n x_1}(x_0) & \dots & f_{x_n x_n}(x_0) \end{pmatrix} =: H(x_0) \text{ ,}$$

genannt Hessesche Matrix der Funktion f . Eine symmetrische Matrix, speziell $H(x_0)$ wird positiv definit genannt, wenn gilt:

(3.4 - 43) $\qquad y'H(x_0)y > 0$ für alle $y \in \mathbb{E}^n$, $y \neq 0$

sie wird negativ definit genannt, wenn gilt:

(3.4 - 44) $\qquad y'H(x_0)y < 0$ für alle $y \in \mathbb{E}^n$.

Gilt in (3.4 - 43) und (3.4 - 44) $\geq$ bzw. $\leq$ so heißt $H(x_0)$ positiv bzw. negativ semidefinit. Erfüllt sie keine dieser Eigenschaften, so wird sie indefinit genannt.

Die Definitheitseigenschaften einer symmetrischen (n,n) - Matrix lassen sich auch mit Hilfe von Determinanten feststellen. Dazu die

Def. 11: $|A_i|$ heißt i - te Hauptabschnittsdeterminante von $A_{(n,n)} = (a_{ij}) = (a_{ji})$, wenn sie die Form

$$\begin{vmatrix} a_{11} \dots a_{1i} \\ \dots\dots\dots \\ a_{i1} \dots a_{ii} \end{vmatrix} \quad \text{hat, } i = 1,2,\dots,n \quad .$$

A ist genau dann positiv definit, wenn $|A_i| > 0$ für alle i .

A ist genau dann negativ definit, wenn $|A_i| < 0$ für i ungerade,
> 0 für i gerade.

Gilt $\leqslant$ bzw. $\geqslant$, so ist A positiv semidefinit bzw. negativ semidefinit. Ist keine dieser Eigenschaften gegeben, so ist A indefinit.

Beisp.: $f: \mathbb{E}^2 \longrightarrow \mathbb{R}$ sei def. durch: $f(\binom{x}{y}) = x^2 + y^2$.

Es ist $f_x(\binom{x}{y}) = 2x$, $f_y(\binom{x}{y}) = 2y$,

$f_{xx}(\binom{x}{y}) = 2 = f_{yy}(\binom{x}{y})$, $f_{xy}(\binom{x}{y}) = f_{yx}(\binom{x}{y}) = 0$.

Somit:

$$H = \begin{pmatrix} 2 & 0 \\ 0 & 2 \end{pmatrix} \quad .$$ ist positiv definit, da:

$$(x \quad y)\begin{pmatrix} 2 & 0 \\ 0 & 2 \end{pmatrix}\binom{x}{y} = 2x^2 + 2y^2 > 0 \text{ für alle } x,y \in \mathbb{R} \text{ und } x,y \neq 0.$$

Mit Hilfe von Hauptabschnittsdeterminanten stellen wir fest: $|A_1| = 2 > 0$, $|A_2| = \begin{vmatrix} 2 & 0 \\ 0 & 2 \end{vmatrix} = 4 > 0$.

Wir haben bereits die Relevanz konvexer bzw. konkaver Funktionen erwähnt. Zum Nachweis dieser Eigenschaften existiert nun unter Verwendung von H ebenfalls ein einfaches Kriterium:

Satz 14: $f: \mathbb{E}^n \longrightarrow \mathbb{E}^m$ ist auf $M \subseteq \mathbb{E}^n$ konvex(bzw. konkav), wenn gilt: $H(x)$ ist positiv semidefinit(bzw. negativ semidefinit) für alle $x \in M$. Ist $H(x)$ positiv(bzw. negativ) definit für $x \in M$, so ist f dort streng konvex(bzw. streng konkav).

Damit sind die Voraussetzungen gegeben, um in eine Erörterung der Extremwerte diffbarer Funktionen in mehreren Variablen einzutreten.

Def. 12: Für $f: M \longrightarrow \mathbb{R}$ mit $M \subseteq \mathbb{E}^n$ Gebiet heißt $x_0 \in M$ kritischer Punkt, wenn gilt:

$$\text{(3.4 - 45)} \qquad \operatorname{grad}(f(x_0)) = \mathcal{O} \ ,$$

d.h. x_0 ist ein kritischer Punkt, wenn er das Gleichungssystem $\frac{\partial f}{\partial x_1} = 0 \ , \ \dots \ , \frac{\partial f}{\partial x_n} = 0$ löst.

Satz 15: $f: M \longrightarrow \mathbb{R}$ sei in $x_0 \in M$ (M Gebiet in $\mathbb{E}^n$) nach allen Variablen partiell diffbar. Besitzt f in x_0 ein lokales Extremum, so gilt:

(a) x_0 ist kritischer Punkt,

(b) $H(x_0)$ ist definit oder semidefinit.

Damit ist geklärt, welche $x_0 \in M$ als Extrema überhaupt infrage kommen. Satz 15 gibt aber keine hinreichende Bedingung an. Hierfür gilt der

Satz 16: $f: M \longrightarrow \mathbb{R}$ sei auf dem Gemiet $M \subseteq \mathbb{E}^n$ zweimal stetig diffbar. Ist in $x_0 \in M$

$$\text{(3.4 - 46)} \qquad \operatorname{grad}(f(x_0)) = \mathcal{O} \qquad \text{und}$$

$$\text{(3.4 - 47)} \qquad H(x_0) \text{ definit ,}$$

so besitzt f in x_0 ein strenges lokales Extremum, und zwar ein

- Maximum, wenn $H(x_0)$ negativ definit,
- Minimum, wenn $H(x_0)$ positiv definit ist.

Ist (3.4 - 46) erfüllt, aber $H(x_0)$ ist indefinit, dann besitzt f in x_0 kein (lokales) Extremum. Ein derartiger Punkt wird Sattelpunkt genannt.

Zur Analyse bzgl. der Extrema einer Funktion $f: M \longrightarrow \mathbb{R}$

geht man also wie folgt vor:

(1) Berechnung des Gradienten grad(f) (d.h. der n 1. partiellen Ableitungsfunktionen),

(2) Berechnung der kritischen Punkte x_0, d.h. Lösung des Gleichungssystems $\text{grad}(f(x_0)) = \sigma$,

(3) Berechnung aller 2.partiellen Ableitungsfunktionen von f : $f_{x_i x_j}$, $i,j = 1,\ldots,n$, und Überprüfung dieser Funktionen auf Stetigkeit,

(4) Berechnung der Hesseschen Matrix $H(x_0)$ für alle $x_0 \in M$ mit $\text{grad}(f(x_0)) = \sigma$ und Überprüfung dieser Matrizen auf Definitheit,

(5) Anwendung von Satz 16.

Beisp.: $f: \mathbb{E}^3 \longrightarrow \mathbb{R}$ sei def. durch $f\left(\begin{pmatrix} x_1 \\ x_2 \\ x_3 \end{pmatrix}\right) = x_1^2 + \sin x_2 + e^{x_3^2}$

(1) $f_{x_1}(x) = 2x_1$, $f_{x_2}(x) = \cos x_2$, $f_{x_3}(x) = 2x_3 e^{x_3^2}$.

(2) Lösung von
$$\left.\begin{aligned} 2x_1 &= 0 \\ \cos x_2 &= 0 \\ 2x_3 e^{x_3^2} &= 0 \end{aligned}\right\} \Longrightarrow \begin{aligned} x_1 &= 0 \\ x_2 &= (k + \tfrac{1}{2})\pi \text{ für } k \in \mathbb{Z} \\ x_3 &= 0 \end{aligned},$$

also $x_0 = \begin{pmatrix} 0 \\ (k+\frac{1}{2})\pi \\ 0 \end{pmatrix}$, $k \in \mathbb{Z}$ beliebig erfüllt $\text{grad}(f(x_0)) = \sigma$

(3) $f_{x_1x_1}(x) = 2$, $f_{x_1x_2}(x) = 0$, $f_{x_1x_3}(x) = 0$

$f_{x_2x_1}(x) = 0$, $f_{x_2x_2}(x) = -\sin x_2$, $f_{x_2x_3}(x) = 0$

$f_{x_3x_1}(x) = 0$, $f_{x_3x_2}(x) = 0$, $f_{x_3x_3}(x) = 2e^{x_3^2}(1 + 2x_3^2)$

(4)
$$H(x_0) = \begin{pmatrix} 2 & 0 & 0 \\ 0 & -\sin(k+\frac{1}{2})\pi & 0 \\ 0 & 0 & 2 \end{pmatrix} \quad \text{für } x_0 = \begin{pmatrix} 0 \\ (k+\frac{1}{2})\pi \\ 0 \end{pmatrix}, \ k \in \mathbb{Z}$$

Es ist nun zu prüfen, für welche $k \in \mathbb{Z}$ $-\sin(k+\frac{1}{2})\pi$ negativ wird, denn dann wäre $H(x_0)$ indefinit, und für welche positiv, denn dann wäre $H(x_0)$ positiv definit.

Wir sehen: $-\sin(2k + \frac{1}{2})\pi = -1$, $-\sin(2k - \frac{1}{2})\pi = -(-1) = +1$;

somit für ersteren Fall:

$$H(x_{01}) = \begin{pmatrix} 2 & 0 & 0 \\ 0 & -1 & 0 \\ 0 & 0 & 2 \end{pmatrix}$$ ist indefinit nach Def.11,

für den zweiten Fall:

$$H(x_{02}) = \begin{pmatrix} 2 & 0 & 0 \\ 0 & 1 & 0 \\ 0 & 0 & 2 \end{pmatrix}$$ ist positiv definit nach Def. 11 ,

wobei
$$x_{01} = \begin{pmatrix} 0 \\ (2k+\frac{1}{2})\pi \\ 0 \end{pmatrix}, \quad x_{02} = \begin{pmatrix} 0 \\ (2k-\frac{1}{2})\pi \\ 0 \end{pmatrix}, \ k \in \mathbb{Z} .$$

(5) f hat strenge lokale Minima für alle x_{02} mit $k \in \mathbb{Z}$, und es gilt: $f(x_{02}) = 0$ für alle $k \in \mathbb{Z}$, so daß f kein globales Minimum besitzt.
In x_{01} besitzt f für alle $k \in \mathbb{Z}$ Sattelpunkte .

Diskutieren wir abschließend mit Hilfe des hier entwickelten Instrumentariums das Problem der Maximum - Likelihood - Schätzung der Parameter einer $N(\mu,\sigma^2)$- Verteilung.
In einer zufällig gezogenen Stichprobe seien n Realisationen x_i , $i = 1,\ldots,n$ einer Zufallsvariablen X gefunden. Nimmt man an, X sei $N(\mu,\sigma^2)$- verteilt(diese Annahme werde durch einen Hypothesentest nicht widerlegt), so geht es nun darum, die Paramter $\hat{\mu}$, $\hat{\sigma}^2$ der zu $\{x_i/i = 1,\ldots,n\}$ gehörenden

$N(\hat{\mu},\hat{\sigma}^2)$- Verteilung zu schätzen.

Ohne tief in die statistische Schätztheorie einzudringen, sei erwähnt: Man geht davon aus, zu jeder j - ten Stichprobe $\{x_i\}_j$ aus einer Grundgesamtheit gehöre eine Stichprobenrealisation $\{\hat{\mu}_j,\hat{\sigma}_j^2\}$, die gleichsam aus der Grundgesamtheit der Parameter stammt. Für $j \longrightarrow \infty$ müssen dann bei einer unverzerrten Schätzung die $\hat{\mu}_j$ gegen μ und die $\hat{\sigma}_j$ gegen σ gehen, d.h.

$$(1) \qquad E(\hat{\mu}) = \lim_{N \longrightarrow \infty} \frac{1}{N}\sum_{j=1}^{N} \hat{\mu}_j \quad , \quad E(\hat{\sigma}) = \lim_{N \longrightarrow \infty} \frac{1}{N}\sum_{j=1}^{N} \hat{\sigma}_j \quad ,$$

wobei $\{\hat{\mu}_j\}$ und $\{\hat{\sigma}_j\}$ wieder als normalverteilt angenommen werden. Vor der Schätzung werden die Parameter also als Variablen betrachtet.

Spezifiziert man nun zu $\{x_i\}$ ein $N(\mu,\sigma^2)$- Modell, und sind diese Realisationen x_i stochastisch unabhängig, so gilt für ihre Dichte:

$$(2) \qquad L(\mu,\sigma^2) = \prod_{i=1}^{n} \frac{1}{\sqrt{2\pi}\,\sigma}\, e^{-\frac{1}{2\sigma^2}(x_i - \mu)^2} \quad .$$

Logarithmiert man (2) auf beiden Seiten, so gelangt man zur sog. Likelihood - Funktion

$$(3) \qquad l(\mu,\sigma^2) = -n \ln 2 \; - n \ln \sigma - \frac{1}{2}\sum_{i=1}^{n} \frac{(x_i - \mu)^2}{\sigma^2} \quad ,$$

die den Informationsgehalt der Folge von Zeichen $\{x_i\}$ unter der $N(\mu,\sigma^2)$ - Verteilung angibt.

Geht man nun davon aus, das man angesichts einer gegebenen Stichprobe nichts Besseres tun kann, als die Parameter der Dichte so zu bestimmen, daß sie das Maximum der in der Stichprobe bzgl. des angenommenen Verteilungsmodells enthaltenen Information ausschöpfen(nicht immer muß dies auch zu unverzerrten Schätzungen führen), so ist das Maximum von (3) gesucht. Wir berechnen dazu

$$(4) \qquad \frac{\partial l}{\partial \mu} = \sum_{i=1}^{n} \frac{x_i - \mu}{\sigma^2} = 0 \quad , \quad \frac{\partial l}{\partial \sigma} = \frac{1}{\sigma^3} \sum_{i=1}^{n}(x_i - \mu)^2 - \frac{n}{\sigma} = 0$$

(4) heißt Normalgleichungssystem, dessen Lösung die kritischen Punkte $\hat{\theta} = \begin{pmatrix} \hat{\mu} \\ \hat{\sigma} \end{pmatrix} \in \mathbb{E}^2$ liefert. Wir erhalten:

$$(5) \qquad \hat{\mu} = \frac{1}{n}\sum_{i=1}^{n} x_i =: \bar{x} \quad , \quad \hat{\sigma}_{1,2} = \pm\sqrt{\frac{1}{n}\sum_{i=1}^{n}(x_i - \hat{\mu})^2} \quad .$$

Wir bekommen also im Prinzip zwei Lösungsvektoren $\hat{\theta}$, aber da $\hat{\sigma}$ nur positiv sein kann, gilt:

$$(6) \qquad \hat{\sigma} = \sqrt{\frac{1}{n}\sum_{i=1}^{n}(x_i - \hat{\mu})^2} \quad .$$

Setzen wir $\hat{\mu} = \bar{x}$ in (6) ein, so gilt: $\hat{\sigma} = \sqrt{\frac{1}{n}\sum_{i=1}^{n}(x_i - \bar{x})^2}$.

Man beachte, daß (6) keine unverzerrte Schätzung darstellt, dies macht sich insbesondere für kleine n bemerkbar.

Nach Satz 15 ist $(\hat{\mu}, \hat{\sigma})$ als kritischer Punkt der einzige für ein Maximum von L infrage kommende Punkt. Um die Maximumeigenschaft nachzuprüfen, berechnen wir nun die Hessesche Matrix im Punkte $(\hat{\mu}, \hat{\sigma})$:

$$(7) \qquad H\begin{pmatrix} \hat{\mu} \\ \hat{\sigma} \end{pmatrix} = \begin{pmatrix} -\frac{n}{\hat{\sigma}^2} & -\frac{2}{\hat{\sigma}^3}\sum_{i=1}^{n}(x_i - \hat{\mu}) \\ -\frac{2}{\hat{\sigma}^3}\sum_{i=1}^{n}(x_i - \hat{\mu}) & -\frac{3}{\hat{\sigma}^4}\sum_{i=1}^{n}(x_i - \hat{\mu})^2 + \frac{n}{\hat{\sigma}^2} \end{pmatrix}$$

$$= (h_{ij}) \ , \ i,j = 1,2 \quad .$$

Da $\hat{\mu} = \bar{x}$ ist, gilt: $\sum_{i=1}^{n}(x_i - \bar{x}) = 0$; weiterhin ist(für hinreichend großes n) : $\frac{1}{n}\sum_{i=1}^{n}(x_i - \hat{\mu})^2 = \hat{\sigma}^2$. Multipliziert man nun h_{22} im Zähler und Nenner mit $1/n$, so ergibt sich aus (7)

$$(8) \qquad H\left(\begin{pmatrix} \hat{\mu} \\ \hat{\sigma} \end{pmatrix}\right) = \begin{pmatrix} -n/\hat{\sigma}^2 & 0 \\ 0 & -2n/\hat{\sigma}^2 \end{pmatrix},$$

diese Matrix ist für alle $n > 0$ negativ definit , und somit ist $(\hat{\mu}, \hat{\sigma})$ ein strenges absolutes Maximum von L .

Die Matrix $\Sigma_{\hat{\mu},\hat{\sigma}} := [(-1)H(\binom{\hat{\mu}}{\hat{\sigma}})]^{-1}$ stellt zugleich die Varianz-Kovarianzmatrix der Schätzungen dar (man beachte, daß die Determinante der Hesseschen Matrix $\neq 0$ ist und somit $\Sigma_{\hat{\mu},\hat{\sigma}}$ existiert; der Faktor (-1) ist erforderlich, da Varianzen nie negativ sein können), und es gilt für $\Sigma_{\hat{\mu},\hat{\sigma}} = (a_{ij})$ i,j = 1,2 :

(9) $(\sqrt{a_{ij}}) = \begin{pmatrix} \hat{\sigma}/\sqrt{n} & 0 \\ 0 & \hat{\sigma}/2\sqrt{n} \end{pmatrix}$ gibt den Schätzfehler

für $\hat{\mu},\hat{\sigma}$ an, d.h. $\hat{\mu}$ schwankt in etwa 2/3 aller Stichproben im Intervall $[\hat{\mu} - \hat{\sigma}/\sqrt{n}, \hat{\mu} + \hat{\sigma}/\sqrt{n}]$; $\hat{\sigma}$ schwankt in etwa 2/3 aller Stichproben im Intervall $[\hat{\sigma} - \hat{\sigma}/2\sqrt{n}, \hat{\sigma} + \hat{\sigma}/2\sqrt{n}]$.

Bisher haben wir Extrema von diffbaren Funktionen gesucht ohne dabei zu berücksichtigen, daß diese Werte eventuell in unrealistischen Gebieten liegen. Gerade in sozialwissenschaftlichen Problemstellungen ist davon auszugehen, daß die Extremwertsuche in der Regel vielfältigen Restriktionen ausgesetzt ist.
Zum Abschluß dieses Kap. wollen wir uns daher dem Problem zuwenden, daß Optima einer bestimmten Funktion gesucht sind, d.h. Maxima oder Minima, die bestimmten Nebenbedingungen genügen.
Wir werden hier nur den einfachsten Fall erörtern, wenn diese Nebenbedingungen(NB) in Gleichungsform vorliegen, und dazu eine notwendige Bedingung analog zu Satz 15 entwickeln.
$f: M \longrightarrow \mathbb{R}$ sei die zu maximierende(bzw. minimierende) Funktion(auch Zielfunktion genannt). Die gesuchten Extremwerte sollen den NB $g_1(x) = 0$, ... , $g_m(x) = 0$ genügen, wobei M ein Gebiet des $\mathbb{E}^n$ und g_k , k = 1,...,m Funktionen $M \longrightarrow \mathbb{R}$ sind.

Sei also

(3.4 - 48) $S = \{x/x \in M , g_1(x) = \dots g_m(x) = 0\} \subseteq M$

die Menge der zulässigen Punkte.
Dann sind also die Extrema von f auf der Menge S gesucht.

Wir können die g_k als eine Funktion $g = \begin{pmatrix} g_1 \\ \vdots \\ g_m \end{pmatrix} : M \longrightarrow \mathbb{E}^m$

auffassen, und es gilt dann als notwendige Bedingung für das Vorliegen eines Extremwertes von f auf der Menge S die sog. Lagrangesche Multiplikatorenregel:

Satz 17: $f: M \longrightarrow \mathbb{R}$ sei auf M total diffbar ($M \subseteq \mathbb{E}^n$ sei Gebiet), $g: M \longrightarrow \mathbb{E}^m$ ($m < n$), die Nebenbedingungsfunktion, sei ebenfalls auf M total diffbar.
Es sei $S = \{x / x \in M , g(x) = \mathcal{O}\} \subseteq M$, und die Funktionalmatrix von g , dg/dx habe für alle $x \in S$ Höchstrang, d.h.

(3.4 - 49) $$rg(dg/dx) = m \quad .$$

Ist dann $x_0 \in S$ ein Extremum von f auf der Menge S , so gilt:
Es gibt reelle Zahlen $\lambda_1, \ldots, \lambda_m$, so daß gilt:

(3.4 - 50) $$grad(f(x_0)) + \lambda_1 grad(g_1(x_0)) + \ldots + \lambda_m grad(g_m(x_0)) = \mathcal{O}$$

oder in jeder Komponente:

(3.4 - 51) $$\frac{\partial f}{\partial x_j}(x_0) + \lambda_1 \frac{\partial g_1}{\partial x_j}(x_0) + \ldots + \lambda_m \frac{\partial g_m}{\partial x_j}(x_0) = 0$$

$$j = 1, \ldots, n \quad ,$$

so daß also ein Gleichungssystem mit n Gleichungen und den $n + m$ Unbekannten $x_1, \ldots, x_n, \lambda_1, \ldots, \lambda_m$ zu lösen ist.

Die anschauliche Bedeutung dieses Satzes wollen wir am Beisp. $m = 1$ erläutern, also für den Fall, daß nur eine NB vorliegt. Unter den Voraussetzungen von Satz 17 existiert dann ein $\lambda \in \mathbb{R}$ mit $grad(f(x_0)) = -\lambda\, grad(g(x_0))$. Nun weist aber $grad(g(x_0))$ von x_0 aus in die Richtung des stärksten Anstiegs der Funktion g , und Satz 17 besagt dann, daß in einem Punkt x_0, in dem ein Extremum von f auf S vorliegt, die Richtung des stärksten Anstiegs von f gleich der Richtung des stärksten Anstiegs von g ist. Der Betrag von λ gibt an, in welchem Verhältnis der Anstieg von f zu dem von g steht.

Man macht sich dies leicht für den 2 - dimensionalen Fall klar: $y = f(x_1,x_2)$ unter der NB $z = g(x_1,x_2) = 0$.

Im Schaubild:

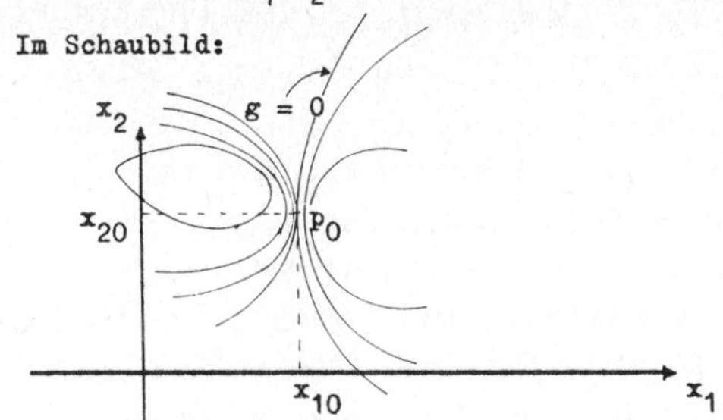

In p_0 hat $f(x_1,x_2)$ einen kritischen Punkt; es gilt für die Steigung in p_0:

$$\frac{dx_2}{dx_1} = -\frac{\frac{\partial f}{\partial x_1}}{\frac{\partial f}{\partial x_2}} = -\frac{\frac{\partial g}{\partial x_1}}{\frac{\partial g}{\partial x_2}} \quad ; \text{ somit:}$$

$$\frac{\frac{\partial f}{\partial x_1}}{\frac{\partial f}{\partial x_2}} - \frac{\frac{\partial g}{\partial x_1}}{\frac{\partial g}{\partial x_2}} = \frac{\partial f}{\partial x_1}\frac{\partial g}{\partial x_2} - \frac{\partial f}{\partial x_2}\frac{\partial g}{\partial x_1} = 0 \quad , \text{ oder}$$

für $\frac{\partial f/\partial x_1}{\partial g/\partial x_1} = \frac{\partial f/\partial x_2}{\partial g/\partial x_2} = -\lambda$:

$$\left.\begin{aligned} \frac{\partial f}{\partial x_1} + \lambda\frac{\partial g}{\partial x_1} &= 0 \\ \frac{\partial f}{\partial x_2} + \lambda\frac{\partial g}{\partial x_2} &= 0 \end{aligned}\right\}$$ ist notwendige Bedingung für einen bedingten kritischen Punkt.

Für den Fall $m > 1$ ist diese anschauliche Interpretation nicht mehr möglich; wir müssen dann mit Hyperebenen argumentieren.

Konkret geht man also zur Berechnung von Extrema unter Nebenbedingungen so vor:

(1) Überprüfung des Ranges der Funktionalmatrix von g.

(2) Man geht von der Zielfunktion f über zur Lagrangefunktion $L(x,\lambda) = f(x) + \lambda_1 g_1(x) + \ldots + \lambda_m g_m(x)$.
Darin sind die λ_i, $i = 1,\ldots,m$ zunächst unbestimmt. Wir gehen so vor, als seien die Extrema von L zu bestimmen und wenden Satz 15 auf L an. Dadurch erhalten wir n Gleichungen. Zusammen mit den m in Gleichungsform vorliegenden NB haben wir somit $n + m$ Gleichungen für $n + m$ Unbekannte.

(3) Wir errechnen diejenigen $x_0 \in M$, die das System der $n + m$ Gleichungen lösen. Nur diese kommen als Extrema von f auf S infrage.

(4) Auf die in (3) bestimmten x_0 werden nun die Schritte (3) bis (5) von S.-331- angewendet, um die Optima von f unter den NB g zu errechnen.

<u>Beisp.</u>: $f\colon \mathbb{E}^3 \longrightarrow \mathbb{R}$; $f(x) = x_1^2 + x_2^2 + x_3 = \min !$

NB: $g_1(x) = x_1 + x_2 - 1 = 0$

$g_2(x) = x_1 - x_3 + 1 = 0$.

(1) $\frac{dg}{dx} = \begin{pmatrix} 1 & 1 & 0 \\ 1 & 0 & -1 \end{pmatrix}$ hat den Rang 2 .

(2) $$L(x_1,x_2,x_3,\lambda_1,\lambda_2) = x_1^2 + x_2^2 + x_3 + \lambda_1(x_1 + x_2 - 1) + \lambda_2(x_1 - x_3 + 1) = \min !$$

$$\frac{\partial L}{\partial x_1} = 2x_1 + \lambda_1 + \lambda_2 = 0$$

$$\frac{\partial L}{\partial x_2} = 2x_2 + \lambda_1 = 0$$

$$\frac{\partial L}{\partial x_3} = 1 - \lambda_2 = 0$$

(3) Wir erhalten so 5 lineare Gleichungen für 5 Unbekannte mit den Lösungen:

$x_{10} = 1/4$, $x_{20} = 3/4$, $x_{30} = 5/4$, $\lambda_1 = -3/2$, $\lambda_2 = 1$

(4) $\frac{d^2L}{dx^2} = \begin{pmatrix} 2 & 0 & 0 \\ 0 & 2 & 0 \\ 0 & 0 & 0 \end{pmatrix}$ ist positiv semidefinit. In $x_0 = \begin{pmatrix} 1/4 \\ 3/4 \\ 5/4 \end{pmatrix}$

liegt ein (neben-) bedingtes Minimum vor mit dem Funktionswert $f(x_0) = 15/8$.

Abschließend sei das hier entwickelte Instrumentarium auf ein sozialwissenschaftlich relevantes Modell der Datenanalyse - die Faktorenanalyse(FA) - angewandt .

Von p Zufallsvariablen $X_1,\ldots,X_p$ mögen jeweils n Beobachtungen vorliegen, die auf den Mittelwert $\bar{x}_j$ $(j = 1,\ldots,p)$ normiert seien. Diese Daten seien in der Datenmatrix $X = (x_{ij})$, $i = 1,\ldots,n$; $j = 1,\ldots,p$ zusammengefaßt.

(1) $$S = \frac{1}{n-1} X'X = (s_{ij})$$

ist dann die erwartungstreue Varianz - Kovarianzmatrix, S ist eine symmetrische (p,p) - Matrix.
Die Varianz einer Zufallsvariablen X_j werde mit σ_j^2 , ihre empirische Realisation mit $s_{x_j}^2 = s_{jj}$ bezeichnet.

Das Ziel der FA besteht nun darin, die p Zufallsvariablen $X_1,\ldots,X_p$ durch neue Variablen $Y_1,\ldots,Y_k$ mit $k \leq p$ so zu beschreiben, daß möglichst viel Information aus X durch diese neuen Variablen erhalten bleibt.
Sind p und n groß(z.B. für einen Testfragebogen $p = 90$ und $n = 5000$), ist k relativ klein - z.B. $k = 4$ - , und läßt sich X fast ohne Informationsverlust durch $y_1,\ldots,y_4$ darstellen, so dürfte der Vorzug der FA sofort offenbar werden:
Die Beziehungen zwischen 90 Variablen auf der Grundlage von $90 \cdot 5000 = 450\,000$ Daten sind, selbst wenn man alle möglichen paarweisen $\binom{90}{2} = 4005$ Korrelationen berechnete (welch ein Aufwand!), kaum mehr zu überschauen; 4 Variablen sind jedoch i.a. noch recht anschaulich zu interpretieren.
Die FA dient also der Auffindung von im Datenmaterial vorhan-

denen Beziehungen und der interpretierfähigen Hypothesenüberprüfung; sie liefert keine Theorien(Modell der Datenreduktion).

Das mathematische Modell kann in 6 Schritten entworfen werden:

1.) Der Einfachheit halber machen wir einen linearen Ansatz, d.h. für Y_q , $q = 1,\dots,k$, soll gelten:

(2) $$Y_q = \sum_{j=1}^{p} \alpha_{jq} X_j \quad , \alpha_{jq} \in \mathbb{R}$$, oder bzgl. der empirischen Realisation:

(3) $$y_q = \sum_{j=1}^{p} a_{jq} x_j \quad .$$

Ist $A_k = (a_{jq}) = (a_1 \dots a_k)$, $j = 1,\dots,p$; $q = 1,\dots,k$ die Matrix der Koeffizienten, so kann (3) auch geschrieben werden:

(4) $$Y' = A_k' X'$$, und Y ist (n,k) - Matrix .

2.) Als Maß für die in X enthaltene Information werde die Gesamtvarianz

(5) $$\sum_{j=1}^{p} s_{x_j}^2 = \text{spur } S$$ gewählt .

3.) Die y_q sollen folgender Bedingung genügen:
y_1 soll diejenige der als Linearkombination aus den $x_1,\dots,x_p$ zu erhaltende Zufallsvariable sein, deren Varianz $s_{y_1}^2$ der Gesamtvarianz in (5) am nächsten kommt, d.h.

(6) $$\left| \text{spur } S - s_{y_1}^2 \right| = \min_{a_1'} ! \quad \text{mit } y_1' \in \left\{ a_1' X' / a_1 \in \mathbb{E}^p \right\} .$$

y_1 soll also aus der empirisch gegebenen Gesamtvarianz die meiste Varianz bzgl. aller möglichen Koeffizientenvektoren ausschöpfen.
Hinsichtlich der verbleibenden 'Restvarianz' (spur $S - s_{y_1}^2$) soll y_2 diejenige Variable sein, deren Varianz (spur $S - s_{y_1}^2$) am nächsten kommt etc. .

4.) Aus den Forderungen unter 3.) folgt zum einen, daß

$$(7) \qquad \text{spur}\, S - s_{y_1}^2 \geqslant 0 \qquad \text{sein muß,}$$

da sonst die Restvarianz negativ würde und somit nicht mehr durch $s_{y_2}^2$ beschrieben werden könnte; dies gilt für alle y_q, also:

$$(8) \qquad \text{spur}\, S - \sum_{q=1}^{k} s_{y_q}^2 \geqslant 0 \qquad \text{für alle } k = 1,\dots,p \quad ; \text{ oder:}$$

$$(9) \qquad \text{spur}\, S \geqslant \sum_{q=1}^{k} s_{y_q}^2 \quad .$$

Die y_q sollen nun zusammen die Gesamtvarianz, spur S, ausschöpfen, also:

$$(10) \qquad \text{spur}\, S = \sum_{q=1}^{p} s_{y_q}^2 \quad .$$

5.) Setzt man (3) in den Varianzausdruck für $s_{y_q}^2$ ein, so erhält man:

$$(11) \qquad s_{y_q}^2 = \sum_{k=1}^{p} \sum_{l=1}^{p} a_{kq} a_{lq} s_{kl} = a_q' S a_q$$

(10) ist erfüllt, wenn $A_p = (a_1 \dots a_p)$ eine orthonormale Matrix ist, denn:

$$(12) \qquad \sum_{q=1}^{p} s_{y_q}^2 = \sum_{q=1}^{p} \sum_{k=1}^{p} \sum_{l=1}^{p} a_{kq} a_{lq} s_{kl} = \sum_{k=1}^{p} \sum_{l=1}^{p} \left(s_{kl} \sum_{q=1}^{p} a_{kq} a_{lq} \right)$$

Ist nun A_p orthonormal, so gilt:

$$(13) \qquad \sum_{q=1}^{p} a_{kq} a_{lq} = \begin{cases} 1 & \text{für } k = l \\ 0 & \text{" } k \neq l \end{cases} \quad .$$

(13) in (12) folgt: (12) ist gleich spur S.

6.) Für y_1 lautet also das Optimierungsproblem:

Minimiere (spur $S - s_{y_1}^2$) $\geqslant 0$, also

$$(14)\quad \begin{cases} s_{y_1}^2 = a_1' S a_1 = \max ! \ , \\ \text{NB: } \| a_1 \| = \sqrt{a_1' a_1} = 1 \ , \text{ also } a_1' a_1 = 1 \ , \end{cases}$$

d.h. a_1 ist auf Norm 1 normiert .

Allg. für y_j lautet das Optimierungsproblem:

Minimiere $(\operatorname{spur} S - \sum_{q=1}^{j} s_{y_q}^2) \geq 0$. Da bei sukzessivem Ausrechnen der y_q die $y_1, \ldots, y_{j-1}$ bereits bekannt sind, läßt sich dies vereinfachen zu:

$$(15)\quad s_{y_j}^2 = a_j' S a_j = \max ! \ , \ \text{NB:} \quad a_j' a_j = 1 \ , \quad a_i' a_j = 0 \ \text{ für } i \neq j \ .$$

<u>Lösung</u> (für rg $S = p$) :

Wir berechnen zunächst die Lösung für y_1:

Lagrange-Funktion:

$$(16)\quad L(a_1, \lambda_1) = a_1' S a_1 + \lambda_1 (1 - a_1' a_1)$$

$$\frac{\partial L}{\partial a_1} = 2 S a_1 - 2 \lambda_1 a_1 = 2(S - \lambda_1 I_p) a_1 \quad \text{nach (3.4 - 37), (3.4 - 38),}$$

I_p ist (p,p) - Einheitsmatrix .

Kritische Punkte:

$$(17)\quad (S - \lambda_1 I_p) a_1 = 0 \quad .$$

(17) ist trivialerweise erfüllt durch $a_1 = 0$, jedoch ist hier nicht die NB aus (14) erfüllt, da $\| 0 \| \neq 1$.

Für weitere Lösungen muß gelten:

$$(18)\quad | S - \lambda_1 I_p | = 0 \quad .$$

Damit ist also λ_1 Eigenwert von S , und gesucht ist der zugehörige Eigenvektor a_1 mit $a_1' a_1 = 1$ und $a_1' S a_1 = \max !$.

Man betrachte dazu (17), von links mit a_1' multipliziert:

$$(19) \qquad a_1'(S - \lambda_1 I_p)a_1 = a_1'o = 0 \quad ,$$

und wegen $a_1'a_1 = 1$:

$$(20) \qquad a_1'Sa_1 = \lambda_1 \quad .$$

Die linke Seite von (20) soll aber maximal werden. Somit ist nach dem größten Eigenwert von S gesucht; dieser ist λ_1. Aus dem Eigenraum zu λ_1 ist sodann derjenige Eigenvektor a_1 zu wählen, der $\| a_1 \| = 1$ erfüllt.
(Für den Fall, daß die Varianz-Kovarianzmatrix S p verschiedene Eigenwerte besitzt, sind die Eigenvektoren bereits orthogonal; sie müssen nun nur noch auf 1 normiert werden, was lediglich eine einfache Rechnung erfordert.) Es gilt sogar, daß a_1 bis auf das Vorzeichen eindeutig ist.

Es gilt dann:

$$(21) \qquad s^2_{y_1} = \lambda_1 \qquad \text{nach (20)} ,$$

und die durch y_1 nicht ausgeschöpfte Varianz beträgt

$$(22) \qquad \text{spur}\, S - \lambda_1 \quad ;$$

der durch y_1 'erklärte' Anteil an der Gesamtvarianz ist $\frac{\lambda_1}{\text{spur}\, S}$.

<u>Lösung der Optimierungsaufgabe für y_j</u> :

Lagrange-Funktion:

$$(23) \qquad L(a_j, \lambda_j, \mu_1, \ldots, \mu_{j-1}) = a_j'Sa_j + \lambda_j(1 - a_j'a_j) + \\ + \mu_1 a_1'a_j + \ldots + \mu_{j-1}a_{j-1}'a_j \; .$$

Die μ_r $(r = 1,\ldots,j-1)$ sind Lagrange-Multiplikatoren für die NB $a_r'a_j = 0$ für $r < j$, wobei die a_r inzwischen bekannt sind.

$$\frac{\partial L}{\partial a_j} = 2(S - \lambda_j I_p)a_j + \mu_1 a_1 + \ldots + \mu_{j-1} a_{j-1}$$

Kritische Punkte:

(24) $$2(S - \lambda_j I_p)a_j + \mu_1 a_1 + \ldots + \mu_{j-1} a_{j-1} = 0$$

Multipliziert man (24) nacheinander mit $a_1', \ldots, a_{j-1}'$ von links, so bleibt wegen $a_i' a_j = 0$ für $i < j$ übrig:

(25) $$2a_i'(S - \lambda_j I_p)a_j + \mu_i a_i' a_i = 0 \quad ,$$

und wegen $a_i' a_i = 1$:

(26) $$2a_i' S a_j + \mu_i = 0 \quad \text{für } i = 1, \ldots, j-1 \quad .$$

Es wird nun per Induktion gezeigt, daß für kritische Punkte gilt: $(S - \lambda_j I_p)a_j = 0$.

(a) Induktionsanfang:

Nach der Lösung von y_1 gilt - siehe (17) -:

$(S - \lambda_1 I_p)a_1 = 0$.

(b) Induktionsannahme: Es gilt

$(S - \lambda_i I_p)a_i = 0$ für $i = 1, \ldots, j-1$.

(c) Induktionsbehauptung:

Aus $(S - \lambda_i I_p)a_i = 0$ folgt $(S - \lambda_j I_p)a_j = 0$.

(d) Induktionsschluß(Beweis):

Aus $(S - \lambda_i I_p)a_i = 0$ folgt $a_j'(S - \lambda_i I_p)a_i = 0$.
Da $a_j' a_i = 0$ ist, folgt: $a_j' S a_i = 0$ und somit $a_i' S a_j = 0$, da S symmetrisch ist.

Damit ist aber μ_i in (26) gleich Null, und damit gilt in (24): $(S - \lambda_j I_p)a_j = 0$, q.e.d. .

Für kritische Punkte gilt also:

$$(27)\qquad (S - \lambda_j I_p)a_j = o \quad ,$$

und λ_j ist wieder Eigenwert von S mit a_j als Eigenvektor.

Gesucht ist nun a_j mit $a_j' S a_j = \max !$.

Man betrachte $a_j'(S - \lambda_j I_p)a_j = 0$, also

$$(28)\qquad a_j' S a_j = \lambda_j \quad .$$

λ_j ist als der j-größte Eigenvektor von S zu wählen; der zugehörige, auf 1 normierte Eigenvektor a_j löst dann die Optimierungsaufgabe.

Die durch $y_1, \ldots, y_j$ ausgeschöpfte Varianz beträgt

$$(29)\qquad \sum_{q=1}^{j} s_{y_q}^2 = \sum_{q=1}^{j} \lambda_q \quad ,$$

und der Anteil an der Gesamtvarianz ist:

$$(30)\qquad \Big(\sum_{q=1}^{j} \lambda_q \Big) / \mathrm{spur}\, S \quad .$$

Die Restvarianz beträgt

$$(31)\qquad \mathrm{spur}\, S - \sum_{q=1}^{j} \lambda_q \quad .$$

<u>Bemerkung</u>: Ist $\mathrm{rg}\, S = p$, so bleibt für $k < p$ stets eine nicht erfaßte Restvarianz

$$\mathrm{spur}\, S - \sum_{q=1}^{k} \lambda_q > 0 \; .$$

Die Aufgabe der FA besteht also darin, mit möglichst kleinem k eine bestimmte (kleine) Restvarianz zu erreichen. Die Festlegung dieser durch die FA nicht erfaßten Restvarianz erfordert im konkreten Fall Augenmaß.

Hat S nicht p verschiedene Eigenwerte, so ist die Lösung der $a_1,\ldots,a_k$ nicht eindeutig, doch können auch dann stets die a_q orthonormal gewählt werden für $q = 1,\ldots,k$.

Betrachten wir abschließend die <u>geometrische Interpretation</u> der FA. Die Beobachtungen $x_1,\ldots,x_n$ seien als Punktschwarm bzgl. der Variablen $X_1,\ldots,X_p$ im p - dimensionalen Raum dargestellt. Der Mittelwert der Beobachtungen sei als Koordinatenursprung gewählt.

Gesucht ist nun ein rechtwinkliges Koordinatensystem $Y_1,\ldots,Y_k$ mit $k \leq p$, das dem Punktschwarm 'angemessen' ist. Dies soll bedeuten: Die Y_1- Achse soll die Hauptrichtung des Punktschwarms beschreiben, die Y_2- Achse die darauf senkrecht stehende 2. Hauptrichtung etc. . Als Maß für die Güte der Beschreibung des Punktschwarms durch diese Achsen soll dabei wie in der bekannten Regression die Summe der Quadratabstände der $x_1,\ldots,x_n$ zu diesen Geraden fungieren.

Genauer formuliert:

Sei $\bar{x} = (\bar{x}_1 \ldots \bar{x}_p)$ der Vektor der Mittelwerte der Beobachtungen, so ist jedes $x_i = (x_{i1} \ldots x_{ip})$ für $i = 1,\ldots,n$ in dem angegebenen Koordinatensystem dargestellt durch

$$x_i - \bar{x} = (x_{i1} - \bar{x}_1 \ldots x_{ip} - \bar{x}_p) .$$

In dem neuen Koordinatensystem wird jede Achse Y_q eindeutig beschrieben durch die Winkel $\beta_{1q},\ldots,\beta_{pq}$, die Y_q mit den (vorgegebenen) Achsen $X_1,\ldots,X_p$ bildet, im 2 - dim. Fall:

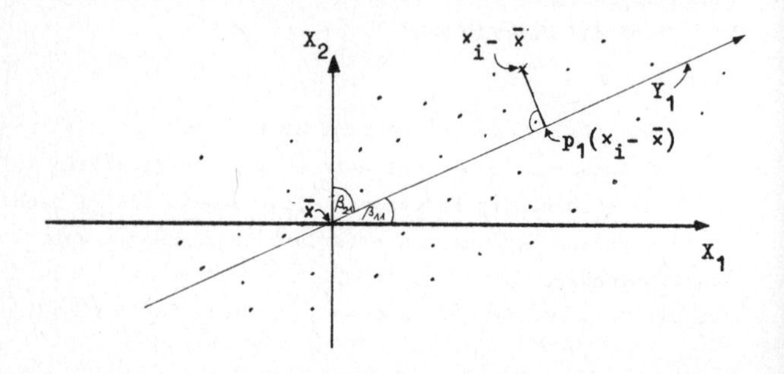

Der einfacheren Notation und Rechnung halber wählen wir die $\cos \beta_{iq}$ $(i,q = 1,\dots,p)$ als Charakteristika der neuen Koordinatenachsen.

Sei also $b_{iq} := \cos \beta_{iq}$, dann gilt stets

$$(32) \qquad \sum_{i=1}^{p} b_{iq}^{2} = 1 \quad \text{für alle } q = 1,\dots,p \quad \text{(vgl. Kap.(3.3.1))}.$$

Der Abstand von x_i zu einer Achse Y_q ist definiert als Abstand von x_i zur (senkrechten) Projektion von x_i auf Y_q , bezeichnet mit $p_q(x_i)$. $p_q(x_i)$ ist derjenige Punkt auf Y_q, der zu x_i den kleinsten Abstand hat.

Wie man sich im 2 - dimensionalen und sukzessive im p - dimensionalen Raum leicht klar macht, ist diese Projektion gegeben durch

$$(33) \qquad p_q(x_i) - \bar{x} = \sum_{k=1}^{p} b_{kq}(x_{ik} - \bar{x}_k) \quad .$$

Als Abstandsfunktion benutzen wir die bekannte Euklidische Norm und erhalten nach dem allg. Satz des Pythagoras

$$(34) \qquad \| x_i - \bar{x} \| = \| p_q(x_i) - \bar{x} \| + \| x_i - p_q(x_i) \| \quad .$$

Als Quadratabstand von x_i zur Achse Y_q erhalten wir somit:

$$(35) \qquad \| x_i - p_q(x_i) \| = \| x_i - \bar{x} \| - \| p_q(x_i) - \bar{x} \|$$

$$= \sum_{k=1}^{p} (x_{ik} - \bar{x}_k)^2 - \Big(\sum_{k=1}^{p} b_{kq}(x_{ik} - \bar{x}_k)\Big)^2$$

Die Summe der Quadratabstände ist demnach:

$$(36) \qquad \sum_{i=1}^{n} (\| x_i - p_q(x_i) \|) = \sum_{i=1}^{n}\sum_{k=1}^{p} (x_{ik} - \bar{x}_k)^2$$

$$- \sum_{i=1}^{n} \Big(\sum_{k=1}^{p} b_{kq}(x_{ik} - \bar{x}_k)\Big)^2$$

Schreiben wir $(b_{1i} \dots b_{pi}) = a_i'$ als Vektor, so läßt sich der zweite Ausdruck der rechten Seite von (36) mit Hilfe der

Varianz-Kovarianzmatrix S als quadratische Form schreiben:

$$(37) \qquad \sum_{i=1}^{n}\left(\sum_{k=1}^{p} b_{kq}(x_{ik} - \bar{x}_k)\right)^2 = (n-1)a_i' S a_i \quad .$$

Wir können nun das Optimierungsproblem formulieren:

Es ist die Achse Y_1, d.h. der Vektor $a_1' = (b_{11} \ldots b_{p1})$ gesucht, so daß

$$(38) \qquad \sum_{i=1}^{n} \| x_i - p_1(x_i) \| = \min !$$

Da der erste Summand in (36) gegeben und stets positiv ist, läßt sich (38) auch so formulieren:

$$(39) \qquad (n-1)a_1' S a_1 = \max !$$

unter der NB, daß $\sum_{i=1}^{p} b_{i1}^2 = 1$ oder $a_1' a_1 = 1$ wegen (32) .

Dies ist aber bis auf den Faktor $(n - 1)$, der jedoch bei der Berechnung der kritischen Punkte wegfällt, mit Problem (14) identisch.

Sind $Y_1, \ldots, Y_{j-1}$ bekannt, so lautet das Optimierungsproblem für Y_j:

$$(40) \qquad (n-1)a_j' S a_j = \max ! \ , \ \text{NB: } a_j' a_j = 1 \ , \ a_i' a_j = 0 \ , i < j \ .$$

Die letzte Bedingung bedeutet, daß $Y_1, \ldots, Y_p$ ein senkrechtes Koordinatensystem liefern.

Auch dies entspricht genau dem oben formulierten Ansatz.

Die Faktorenanalyse in dieser Form ist also die Verallgemeinerung der orthogonalen Regression und liefert einen Algorithmus zur Berechnung der neuen Zufallsvariablen $Y_1, Y_2, \ldots$, der sogar recht einfach ist, sofern die Eigenwerte von S leicht zu berechnen sind.

Über die Funktion der FA herrscht unter Sozialwissenschaftlern keine Einigkeit. Manche meinen, daß bei theoriegeleiteter Datenerhebung in der Datenmatrix X eine der Theorie irgendwie entsprechende Struktur vorhanden sein müsse. Diese Struktur stellt man sich vor als eine Menge relativ weniger Faktoren, die auf die Individuen einwirken und so die Beobachtungen(Antworten auf Fragen etc.) erzeugen, so daß man zu dem Ansatz

$$X = AF \quad \text{(Faktorladungsmatrix x Individualscorematrix)}$$

gelangte; F ist hierbei Orthonormalmatrix.

Diese Betrachtungsweise hat in der Folge häufig Verwirrung gestiftet, da sie suggeriert , man könne rein instrumentell auf der Basis bloßer empirischer Informationen Theorien 'entdecken'.

Es läßt sich jedoch zeigen, daß dieser Ansatz ebenfalls auf die Formel (27) führt. Allerdings wird hier meist R statt wie bei uns S verwendet, so daß die Faktorladungen noch bestimmten Normierungen unterliegen.

Im Grunde ist also auch dieser Ansatz nichts weiter als ein Instrumentarium der Datenreduktion.
Wir wählten den oben beschriebenen Ansatz, um gerade diesen Aspekt besonders hervorzuheben:

> Der Ansatz $Y' = A'X'$ verdeutlicht das Prinzip der FA, daß Daten (also X) durch eine Transformation(also A) auf ihre wesentlichen Informationen reduziert werden ('Filterprozeß').

Aufgaben:

w(22) Ist $f(x_1,x_2) = x_1 + x_2$ auf ganz $\mathbb{E}^2$ stetig? Wenn ja, weshalb, wenn nein: wo nicht?

w(23) Wann existiert zu $f(x) = y = Ax$ mit A ist (n,n) - Matrix eine Umkehrfunktion?(Verwenden Sie Satz 11 !)

w(24)(Für KNOBLER!)

Gegeben seien p Zufallsvariablen $X_1,\ldots,X_p$ mit jeweils n Ausprägungen. Somit liegt die Datenmatrix $\mathcal{X} = (x_{ij})_{(n,p)}$ vor.

$\{x_i\}$ stamme aus einer $N(\mu, \Sigma)$ - Grundgesamtheit.

Bestimmen Sie mit Hilfe der Max.-Likelihood-Schätzmethode die Parameter $\hat{\mu}$ und $\hat{\Sigma}$ aus der Datenmatrix an Hand der notwendigen Maximumbedingungen.

w(25)Bestimmen Sie das Minimum von $f(x_1,x_2) = -x_1^2 + x_1x_2 - x_2^2 + x_2$

auf dem Intervall $\{\binom{0+a}{0+b} / a,b \in [0,1]\} \subset \mathbb{E}^2$!

p(26)(Multiple Regression)

$Y = a_0 + a_1X_1 + a_2X_2$ sei Regressionsansatz mit den Zufallsvariablen Y, X_1 und X_2, d.h. es existieren empirisch ermittelte Ausprägungen y_i, x_{1i}, x_{2i}, $i = 1,\ldots,n$ (n:= Stichprobenumfang),

so daß:

$y_i = a_0 + a_1x_{1i} + a_2x_{2i} + u_i$ (u_i:= Residualgröße) oder

$u_i = y_i - (a_0 + a_1x_{1i} + a_2x_{2i})$.

u_i ist nicht beobachtbar, d.h. die Residualgröße läßt sich erst nachträglich bestimmen, nachdem die Parameter a_0, a_1, a_2 geschätzt sind.

Wie bereits auf S.-332f- ausgeführt, geht die Schätztheorie davon aus, daß es zur Menge der empirischen Drei-Tupel $\{(y_i, x_{1i}, x_{2i})\}$ eine zugehörige Realisation der Parameter gibt, die somit zunächst(d.h. vor der Schätzung) als variabel angesehen werden.

Ein plausibles Schätzziel kann nun darin bestehen, die Abweichungen der empirischen Befunde y_i von der geschätzten Funktion $\hat{y}_i = \hat{a}_0 + \hat{a}_1x_{1i} + \hat{a}_2x_{2i}$, also $y_i - \hat{y}_i$, möglichst klein zu machen.

Ein Kriterium, das die Erreichung dieses Zieles erlaubt, ist die Minimierung der Summe der Residuenquadrate.

(a) Bestimmen Sie die Normalgleichungen für die Schätzwerte der Parameter !

(b) Drücken Sie (a) matriziell aus, bestimmen Sie den Vektor $\hat{a}$ und analysieren Sie auf diese Weise das Schätzproblem, wenn die Datenmatrix die Form

$$\begin{pmatrix} X_1 & X_2 \\ 4 & 2 \\ 6 & 3 \\ -2 & -1 \\ 0 & 0 \end{pmatrix} \quad \text{hat} \quad !$$

(c) Vergleichen Sie den hier dargelegten Ansatz mit dem Max.-Likelihood-Ansatz unter der Annahme, die Residuen seien $N(\mu, \sigma^2)$- verteilt.

(d) Die Varianz-Kovarianz-Matrix der Parameterschätzungen, Σ_a, ist gleich $\sigma(Z'Z)^{-1}$ mit $Z = (1 \vdots X)$ und 1 gleich dem (n,1) - Vektor, der nur Einsen enthält. Dieses Ergebnis erhalten Sie leicht, wenn Sie den Erwartungswert von $(\hat{a} - a)'(\hat{a} - a)$ mit $\hat{a}$ als Lösung aus (b) berechnen.
σ^2 ist die Varianz der $\{u_i\}$. Σ_a stellt also ein Maß für die 'Fehlerbehaftetheit' der Schätzwerte dar. Diskutieren Sie die Prognoseexaktheit des Regressionsansatzes, wenn die Datenmatrix multikollinear ist (d.h. wenn die Spalten von X 'fast l.a.' sind) !

p(27)(Standortproblem, zugleich ein einfaches Beisp. der nichtlinearen Programmierung)
In einer Stadt soll eine Schule errichtet werden. Dazu werden die Stadtteile(evtl. auch kleinere Stadtbestandteile) in einem 3-dimensionalen Koordinatenkreuz erfaßt, dessen Ursprung der Mittelpunkt der City ist, und zwar :

x - Achse: West - Ost - Achse in Metern
y - " : Süd - Nord- " " "
z - " : Soziale Distanz, z.B. in (geeignet opera-

tionalisierter) Schulbesuchsabneigung .

Die Aufgabe bestehe nun darin, den Standort der Schule so zu bestimmen, daß die Gesamtdistanz der Stadtteile zum möglichen Schulstandort, definiert als euklidische Norm im $\mathbb{E}^3$, minimiert wird unter Berücksichtigung der Transport- und sozialen Kosten. Beide Kostenarten seien pro Stadtteil i insgesamt proportional zur Gesamtdistanz zum Stadtteil der neuen Schule(Proportionalitätsfaktor k_i). Entwickeln Sie einen für die Lösung dieser Aufgabe geeigneten Ansatz und schreiben Sie die Normalgleichungen auf(d.h. die ersten partiellen Ableitungen gleich Null gesetzt) !

w(28) $y = 2x_1^2 + x_2^2 - 3x_1x_2 \quad , \quad z = x_1^2 + x_2^2 + x_1$

Prüfen Sie anhand von Satz 14, welche Konvexitäts- bzw. Konkavitätseigenschaften diese Funktionen besitzen! Verwenden Sie zu dieser Prüfung auch folgendes Kriterium: Läßt sich $f(x_1,\dots,x_n)$ darstellen als

$$f(x) = x'Ax \quad \text{mit } A = (a_{ij})_{(n,n)},$$ und ist A positiv definit(d.h. auch symmetrisch), so ist $f(x)$ konvex. Ist A negativ definit, so ist $f(x)$ konkav (etc. für Semi-eigenschaften). Man macht sich übrigens leicht klar, daß dies ein Spezialfall von Satz 14 darstellt.

w(29) Berechnen Sie - soweit vorhanden - kritische Punkte von

$$y = a + b'x + x'Ax \quad = f(x)$$

und identifizieren Sie diese als Maxima, Minima oder Sattelpunkte, wenn

$$a = 1 \;,\; b' = (-4 \quad -6 \quad -1/2) \;,\; A = \begin{pmatrix} 1 & 0 & 1/2 \\ 0 & 2 & -1 \\ 1/2 & -1 & 3/2 \end{pmatrix}$$

p(30) Schreiben Sie die Varianz-Kovarianzmatrix für den Fall zweier Variablen auf und geben Sie ihre Definitheitseigenschaften an !

p(31) (Stichprobenoptimierung)

N := Umfang der Grundgesamtheit

r := Anzahl von Merkmalen $j = 1,\ldots,r$ (z.B. Geschlecht: männlich, weiblich, also $j = 1,2$ und $r = 2$).

Schichtet man nun die Grundgesamtheit in r Schichten (diese müssen bzgl. der Elemente der Grundgesamtheit eine Zerlegung darstellen) mit

N_j:= Umfang der j-ten Schicht in der Grundgesamtheit,

p_j:= Anteil von Schicht j , der die Eigenschaft, über die empirische Informationen eingeholt werden sollen(z.B. Student sein) besitzt (z.B.: 30% der Männer der Grundgesamtheit sind Studenten: $p_1 = 0.3$) ,

n_j:= Umfang der Stichprobe aus Schicht j , und

die Parameter N, r, N_j, p_j , die alle die Grundgesamtheit betreffen, seien bekannt ,

dann gilt als Varianz für die Wahrscheinlichkeit des Auftretens der infrage stehenden Eigenschaft auf Grund des Auswahlfehlers der Gesamtstichprobe(wenn man ein derartiges Stichprobenverfahren wiederholt anwendet, wird diese Wahrscheinlichkeit ja variieren):

$$s_p^2 = \sum_{j=1}^{r} \frac{N_j^2 p_j (1 - p_j)}{N^2 n_j} \quad .$$

Offensichtlich hängt dieses Fehlermaß s_p^2 von den n_j ab. Das Erheben jeder Stichprobeneinheit in jeder Schicht ist aber mit Kosten verbunden; sie seien als proportional zu n_j angesetzt. Steht nun für eine Erhebung ein bestimmter Geldbetrag C zur Verfügung, so ist die Erreichung des Zieles einer möglichst kleinen Varianz durch diese ökonomische Restriktion eingeschränkt.

Berechnen Sie die optimalen Stichprobenumfänge für die Schichten !(Lit.: Harder(1974))

(3.4.4) Integralrechnung in einer Variablen

Die Integralrechnung - in gewisser Weise die 'Umkehrung' der Differentialrechnung - ist für sozialwissenschaftliche formalisierte Modelle insbesondere in zwei Bereichen von großer Bedeutung:

(1) Darstellung und Analyse von Systemen, die mit Hilfe der Differentiation beschrieben werden,

(2) mathematische Statistik .

zu (1): Wie schon in Kap.(3.4.1) erwähnt, werden Systemmodelle häufig durch Angabe des Änderungsverhaltens des Systems dargestellt. Z.B. hänge der output y eines Systems vom input x ab - also $y = f(x)$ - in der Form:

(a) $f'(x) = f(x)$, $x \in \mathbb{R}$

(b) $(f'(x))^2 + (f''(x))^2 = 1$, $x \in \mathbb{R}$

(c) $f(x) + df''(x) = 0$, $x \in \mathbb{R}$, $d \in \mathbb{R}^+$.

Gleichungen dieser Art, in denen neben der Funktion $f(x)$ auch Ableitungsfunktionen von $f(x)$ auftreten, heißen <u>Differentialgleichungen</u>(künftig Diff.gl.). Ist man über das 'Steigungs'- oder 'Krümmungsverhalten' der das System beschreibenden Funktion informiert, so fragt man sich nach der Klasse von Funktionen f , die diesen Gesetzen genügen und somit zur Beschreibung des Systems infrage kommen. Mit Hilfe des in Kap.(3.4.1) Gesagten überzeugt man sich leicht:

(a) wird durch $f(x) = e^x + A$, $A \in \mathbb{R}$ konst. ,

(b) durch $f(x) = \sin x + B_1$ sowie $f(x) = \cos x + B_2$, $B_1, B_2 \in \mathbb{R}$ konst.,

(c) wird durch $f(x) = \sin(\sqrt{d}\, x) + C$, $C \in \mathbb{R}$ konst.

gelöst. Es geht nun darum, ein Instrumentarium zu entwickeln, das relativ systematisch die Konstruktion derartiger Funktionen erlaubt, die Integralrechnung.

zu (2): In LuM I, Kap.(13), haben wir uns bereits mit Problemen der folgenden Art beschäftigt:

Gegeben sei eine Zufallsvariable X mit den Variablenausprägungen $\{x_i / i \in \mathbb{N}\}$. Wie groß ist die Wahrscheinlichkeit, daß $a \leq x < b$? Mit $Prob(X = x_i) =: p_i$ sei die Wahrscheinlichkeit bezeichnet, daß X den Wert x_i annimmt. Liegen die Ausprägungen von X, für die gilt: $a \leq x < b$, in jeweils paarweise disjunkten Teilmengen des Ereignisraumes, so wissen wir:

$$(3.4 - 52) \qquad Prob(a \leq x < b) = \sum_{a \leq x_i < b} Prob(X = x_i) =: F(b) .$$

Dies gilt für diskrete Variablen. $F(b)$ heißt Verteilungsfunktion der diskreten Zufallsvariablen X.

Zwei Arten von Problemen können aber mit diesem Variablentyp nicht angegangen werden:

(a) Verwendung kontinuierlicher Zufallsvariablen,

(b) Annäherung von diskreten Verteilungsmodellen durch kontinuierliche Verteilungsmodelle.

Diese Probleme werden wir dadurch lösen, daß jedem Ausprägungsintervall einer kontinuierlichen Zufallsvariablen ein gewisses Integral (als Verallgemeinerung der Summe) als Wahrscheinlichkeitsmaß zugeordnet wird.

Wir werden uns hier auf das Riemann-Integral beschränken und es anschaulich entwickeln. Es sei jedoch darauf hingewiesen, daß insbesondere in der Maßtheorie als einer der Grundlagen der Wahrscheinlichkeitstheorie weitere Integralbegriffe diskutiert werden.

Es soll hier das Riemann-Integral konkret über die Betrachtung von Flächeninhalten unter Kurven eingeführt werden. Wir wählen diesen Zugang, weil er einmal eine direkte Konstruktion des Integraloperators erlaubt und diesen somit leichter verständlich macht, zum anderen weil diese Sichtweise es ermöglicht, in der Statistik Wahrscheinlichkeiten als Flächen unter

Dichtefunktionen aufzufassen und so viele Begriffsbildungen und Ergebnisse unmittelbar anschaulich zu machen.

Zur Herleitung des Integrals betrachten wir Funktionen $f:[a,b] \longrightarrow \mathbb{R}$, für die gilt:

(1) $f(x) \geqslant 0$ für alle $x \in I = [a,b]$, d.h. f ist überall nichtnegativ,

(2) es gibt ein $C \in \mathbb{R}^+$ mit: $f(x) \leqslant C$ für alle $x \in I$, d.h. f ist nach oben beschränkt.

Im Schaubild:

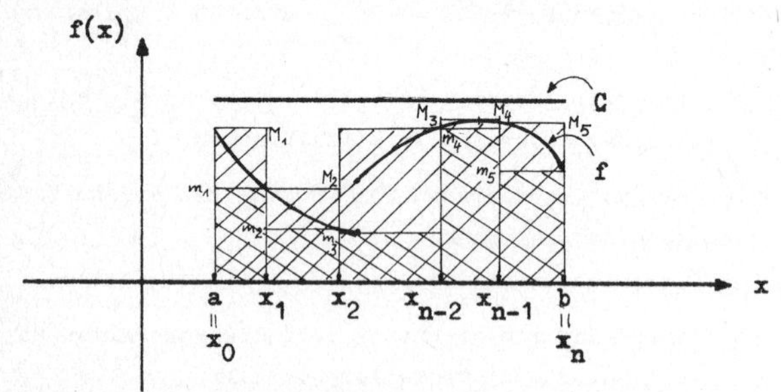

Es sei $\mathfrak{Z} = \{x_0, \ldots, x_n\}$ eine Zerlegung von I in n Teilintervalle $I_i := [x_{i-1}, x_i]$, $i = 1, \ldots, n$.

Sei $m_i :=$ inf $f(x)$, $M_i :=$ sup $f(x)$ für $x \in I_i$.

Dann heißt $\bar{S}(\mathfrak{Z}) := \sum_{i=1}^{n} M_i (x_i - x_{i-1})$ Obersumme von $\mathfrak{Z}$,

$\underline{S}(\mathfrak{Z}) := \sum_{i=1}^{n} m_i (x_i - x_{i-1})$ Untersumme von $\mathfrak{Z}$.

Wir haben damit die Fläche unter der Funktion f zwischen a und b , bezeichnet mit $F_a^b(f)$, nach oben durch $\bar{S}(\mathfrak{Z})$ und nach unten durch $\underline{S}(\mathfrak{Z})$ angenähert und können abschätzen:

(3.4 - 53) $\underline{S}(\mathfrak{Z}) \leqslant F_a^b(f) \leqslant \bar{S}(\mathfrak{Z})$

für jede Zerlegung von I .

Ist nun $\mathfrak{Z}^*$ eine feinere Zerlegung als $\mathfrak{Z}$ (d.h. gehören zu $\mathfrak{Z}^*$

außer $x_0,\dots,x_n$ noch weitere zwischen a und b liegende Punkte, so gilt offenbar:

$$(3.4 - 54) \qquad \underline{S}(\mathfrak{Z}) \leq \underline{S}(\mathfrak{Z}^*) \leq F_a^b(f) \leq \overline{S}(\mathfrak{Z}^*) \leq \overline{S}(\mathfrak{Z})$$

und für je zwei Zerlegungen $\mathfrak{Z}$ und $\mathfrak{Z}'$ gilt:

$$(3.4 - 55) \qquad \underline{S}(\mathfrak{Z}) \leq \overline{S}(\mathfrak{Z}') \quad .$$

Damit sind die Menge der Untersummen $\{\underline{S}(\mathfrak{Z}) / \mathfrak{Z} \text{ Zerlegung von } I\}$ nach oben und die Menge der Obersummen $\left\{\overline{S}(\mathfrak{Z}) / \mathfrak{Z} \begin{array}{l}\text{Zerlegung}\\ \text{von } I\end{array}\right\}$ nach unten beschränkt, und es gilt: $\sup\limits_{\mathfrak{Z}} \underline{S}(\mathfrak{Z})$ und $\inf\limits_{\mathfrak{Z}} \overline{S}(\mathfrak{Z})$ existieren, d.h. sind reelle Zahlen ≥ 0 .

Wir nennen $\sup\limits_{\mathfrak{Z}} \underline{S}(\mathfrak{Z})$ das Unterintegral, $\inf\limits_{\mathfrak{Z}} \overline{S}(\mathfrak{Z})$ das Oberintegral von f auf I .

Wir können offensichtlich dann den Flächeninhalt $F_a^b(f)$ eindeutig bestimmen, wenn dieser gleich dem Ober- und dem Unterintegral von f auf I ist. Daher:

Def. 1: $f:[a,b] \longrightarrow \mathbb{R}$ sei nach oben beschränkt und überall nichtnegativ. f heißt auf $[a,b]$ Riemann - integrierbar, wenn gilt:

$$\sup_{\mathfrak{Z}} \underline{S}(\mathfrak{Z}) = \inf_{\mathfrak{Z}} \overline{S}(\mathfrak{Z}) =: \int_a^b f(x)dx \in \mathbb{R} \quad .$$

Welche Funktionen sind nun Riemann - integrierbar(künftig einfach: integrierbar), und wie kann ihr Integral berechnet werden?

Nach oben beschränkte und überall nichtnegative integrierbare Funktionen sind z.B.:

Stetige Funktionen , Funktionen mit höchstens endlich vielen Unstetigkeitsstellen, monotone Funktionen.

Eine nicht integrierbare Funktion ist z.B.

$$f:[0,1] \longrightarrow \mathbb{R} \text{ mit } f(x) = \begin{cases} 1 & \text{für } x \in \mathbb{Q} \\ 0 & \text{für } x \in \mathbb{R}\setminus\mathbb{Q} \end{cases} ,$$

denn für jede Zerlegung $\mathfrak{Z} = \{x_0,\dots,x_n\}$ von $[0,1]$ gilt: $m_i = 0$, $M_i = 1$ und damit $\underline{S}(\mathfrak{Z}) = 0$, $\overline{S}(\mathfrak{Z}) = 1$, somit also: $\sup\limits_{\mathfrak{Z}} \underline{S}(\mathfrak{Z}) = 0 \neq 1 = \inf\limits_{\mathfrak{Z}} \overline{S}(\mathfrak{Z})$, und f ist nicht integrierbar nach Def. 1 .

Im weiteren Verlauf dieses Kap. werden wir uns mit der Berechnung der Integrale von Funktionen nur aus den genannten drei Funktionenklassen beschäftigen. Dabei betrachten wir zunächst Treppenfunktionen, weil wir sie aus LuM I, S. 221,292 schon kennen.

$f:[a,b] \longrightarrow \mathbb{R}$ sei eine Treppenfunktion über der Zerlegung $\mathfrak{z} = \{x_0,\ldots,x_n\}$; es sei $f(x) = c_i$ für $x \in (x_{i-1},x_i), i = 1,\ldots,n$; dann gilt:

$$(3.4 - 56) \qquad \int_a^b f(x)dx = \sum_{i=1}^n c_i(x_i - x_{i-1}) \quad .$$

Der Leser möge sich die Integration von Treppenfunktionen anschaulich klarmachen und (3.4 - 56) beweisen .

Bevor wir nun zur konkreten Berechnung von Integralen kommen, seien einige einfache Regeln aufgezeigt, die sich bereits aus Def. 1 ergeben:

$$(3.4 - 57) \qquad \int_a^a f(x)dx = 0 \text{ für alle } f: \mathbb{R} \longrightarrow \mathbb{R} \quad .$$

Ist f auf $[a,b]$ und $[b,c]$ integrierbar, so ist f auf $[a,c]$ integrierbar, und es gilt:

$$(3.4 - 58) \qquad \int_a^c f(x)dx = \int_a^b f(x)dx + \int_b^c f(x)dx \quad .$$

Ist f auf $[a,b]$ integrierbar, so definieren wir als

$$(3.4 - 59) \qquad \int_b^a f(x)dx := - \int_a^b f(x)dx \quad .$$

(3.4 - 59) steht im Einklang mit (3.4 - 57) und (3.4 - 58) .

Als weitere Regel halten wir fest:

> Ist f auf $[a,b]$ integrierbar, so ist f auf jedem Teilintervall von $[a,b]$ integrierbar.

Sind f_1 und f_2 auf $[a,b]$ integrierbar und sind $c_1,c_2 \in \mathbb{R}$, so ist $c_1f_1 + c_2f_2$ über $[a,b]$ integrierbar, und es gilt:

(3.4 - 60) $$\int_a^b (c_1 f_1 + c_2 f_2)(x)dx = c_1 \int_a^b f_1(x)dx + c_2 \int_a^b f_2(x)dx,$$

d.h. der Raum der integrierbaren Funktionen $J(a,b)$ auf $[a,b]$ ist ein $\mathbb{R}$ - VR und die Abb.

$$\int : J(a,b) \longrightarrow \mathbb{R} \text{ mit } f \longmapsto \int_a^b f(x)dx$$

ist ein <u>Operator</u> .

Weiterhin gilt:

Sind f_1 und f_2 über $[a,b]$ integrierbar, so ist $f_1 \cdot f_2$ über $[a,b]$ integrierbar, d.h. $J(a,b)$ ist eine $\mathbb{R}$ - Algebra .

Sind f_1, f_2 über $[a,b]$ integrierbar und ist $\inf_{x \in [a,b]} f_2(x) > 0$, so ist auch f_1/f_2 auf $[a,b]$ integrierbar.

Die beiden letzten Regeln sagen aber noch nichts über den Wert der Integrale von Produkt- und Quotientenfunktion aus.

Aus Def. 1 lassen sich neben diesen Regeln auch Abschätzungen über den Wert von Integralen ableiten:

$f: [a,b] \longrightarrow \mathbb{R}$ sei integrierbar; ist $m := \inf_{x \in [a,b]} f(x)$ und $M := \sup_{x \in [a,b]} f(x)$, so gilt:

(3.4 - 61) $$m(b-a) \leq \int_a^b f(x)dx \leq M(b-a) \quad .$$

Verschärft gilt sogar: Es gibt ein $\mu \in \mathbb{R}$ mit $m \leq \mu \leq M$ mit:

(3.4 - 62) $$\int_a^b f(x)dx = \mu(b-a) \quad .$$

Ist f auch stetig, so gilt: Es gibt ein $x_0 \in [a,b]$ mit:

(3.4 - 63) $$\int_a^b f(x)dx = f(x_0)(b-a) \quad .$$

(3.4 - 62) und (3.4 - 63) sind auch als "Mittelwertsatz der Integralrechnung" bekannt.

Sind f_1, f_2 auf $[a,b]$ integrierbar, und ist $f_1(x) \leq f_2(x)$ für alle $x \in [a,b]$, so gilt:

(3.4 - 64) $$\int_a^b f_1(x)dx \leq \int_a^b f_2(x)dx \quad .$$

Setzt man in (3.4 - 64) $f_1(x) = 0$ und ist $f_2(x) \geq 0$, und gibt es ein $x_0 \in [a,b]$ mit 1.) $f_2(x_0) > 0$

2.) f_2 ist in einer Umgebung von x_0 stetig,

dann gilt:

(3.4 - 65) $$\int_a^b f_2(x)dx > 0 \quad .$$

Kommen wir nun zur Integration von beschränkten Funktionen mit positiven und negativen Funktionswerten. Im Schaubild:

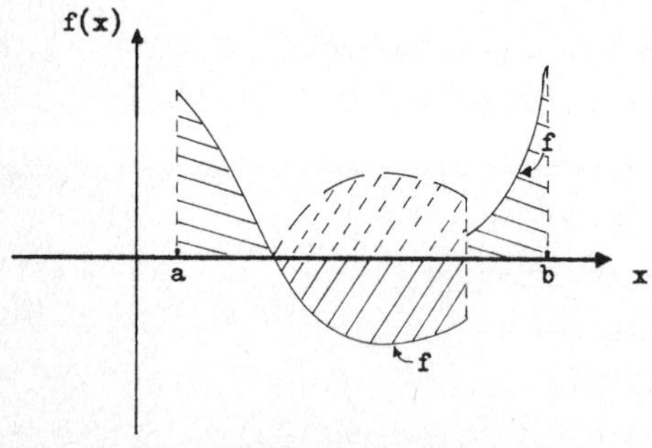

Wie für Funktionen mit nichtnegativen Funktionswerten kann man allg. für beschränkte Funktionen Ober-, Untersummen und Ober-, Unterintegrale einführen und das Riemann-Integral entsprechend definieren. Alle Regeln behalten dann ihre Gültigkeit.

Das Integral $\int_a^b f(x)dx$ gibt in diesen Fällen den Flächeninhalt zwischen dem positiven Teil von f und der x - Achse vermindert um den Flächeninhalt zwischen dem negativen Teil von f und der x - Achse an. In diesem Sinne werden wir künftig vom Integral beschränkter Funktionen (falls existent) sprechen.

Soll der gesamte Flächeninhalt zwischen f und der x - Achse (also ⋱ und ⋰) bestimmt werden, so ist anstatt $\int_a^b f(x)dx$ das Integral der Funktion $|f|$, d.h. $|f|(x) := |f(x)|$, also

$\int_a^b |f(x)|\,dx$, zu berechnen (Spiegelung des negativen Teils von f an der x - Achse, im Schaubild gestrichelt).

Wenden wir uns nun der Berechnung von Integralen zu. Es wird im folgenden ein Instrumentarium entwickelt, das häufig eine einfache Berechnung von Integralen erlaubt. Dabei wird insbesondere die Beziehung zwischen Integral- und Differentialrechnung deutlich.

Def. 2: $f:[a,b] \longrightarrow \mathbb{R}$ sei eine Funktion; eine diffbare Funktion $F: [a,b] \longrightarrow \mathbb{R}$ heißt Stammfunktion von f , wenn gilt:

(3.4 - 66) $$F'(x) = f(x) \text{ für alle } x \in [a,b] \quad .$$

Bemerkung: Wie aus Kap. (3.4.1) bekannt, fallen bei der Differentiation Konstanten weg, d.h. ist $g(x) = f(x) + c$ mit $c \in \mathbb{R}$, so ist $g'(x) = f'(x)$. Somit gilt:

Ist $F(x)$ eine Stammfunktion von f , so ist auch

(3.4 - 67) $$G(x) = F(x) + C \ , \ C \in \mathbb{R} \text{ konst.},$$

eine Stammfunktion von f . Denn $G'(x) = F'(x) = f(x)$.

Zu f gibt es also niemals nur eine Stammfunktion. Für eine Stammfunktion F von f schreiben wir auch

$F = \int f(x)dx$ ohne Angabe von Integrationsgrenzen und

nennen $\int f(x)dx$ unbestimmtes Integral.

Wir wissen bisher nicht, ob Stammfunktionen überhaupt existieren. Es gilt jedoch der

Satz 1: Ist $f:[a,b] \longrightarrow \mathbb{R}$ stetig, so besitzt f eine Stammfunktion.

Wir können eine derartige Funktion sogar explizit angeben: Ist f integrierbar, so definieren wir: $F(y) := \int_a^y f(x)dx$.

Diese so def. Funktion $F:[a,b] \longrightarrow \mathbb{R}$ ist stetig. War f selbst stetig, so ist F eine Stammfunktion von f, d.h. für stetige Funktionen f haben alle Stammfunktionen die Form $F(y) = \int_a^y f(x)dx + C$ mit $C \in \mathbb{R}$ konst. .

> Für stetige Funktionen ist also die Berechnung des Integrals die Umkehrung der Differentiation, d.h. es gilt: $\int f = D^{-1} f$.

Der folgende Satz ermöglicht nun für stetige Funktionen häufig eine leichte Berechnung des Integrals:

Satz 2: $f:[a,b] \longrightarrow \mathbb{R}$ sei stetig, F sei eine Stammfunktion von f, dann gilt:

$$\int_\alpha^\beta f(x)dx = F(\beta) - F(\alpha) \quad \text{für alle } \alpha,\beta \in [a,b] . \tag{3.4 - 68}$$

Nach Satz 2 ist also zur Berechnung des Integrals stetiger Funktionen so vorzugehen:

> (1) Man konstruiere eine Stammfunktion F von f,
>
> (2) Man berechne $F(b) - F(a)$ für die betrachteten Integrationsgrenzen a und b.
>
> Man bezeichnet diesen Vorgang anschaulich mit der Schreibweise $\int_a^b f(x)dx = F(x)\Big|_a^b$.

Hat f auf $[a,b]$ endlich viele Unstetigkeitsstellen x_1 x_2 ... x_n, so geht man für jedes Teilintervall $[a,x_1]$,...,$[x_i,x_{i+1}]$,...,$[x_n,b]$, $i = 1,\dots,n-1$, wie soeben beschrieben vor und summiere die so erhaltenen Teilintegrale.

Nach Def. 2 führen uns unsere Kenntnisse über die Differentiation einiger Funktionen(3.4 - 9) bis (3.4 - 14) unmittelbar zu den zugehörigen Integralen:

Integration von Polynomen:

(3.4 - 69) $$\int_a^b \left(\sum_{i=0}^{n} a_i x^i\right) dx = \sum_{i=0}^{n} \frac{a_i}{i+1} x^{i+1} \Big|_a^b$$

Integration von Potenzreihen:

(3.4 - 70) $$\int_a^b \left(\sum_{i=0}^{\infty} a_i x^i\right) dx = \sum_{i=0}^{\infty} \frac{a_i}{i+1} x^{i+1} \Big|_a^b$$

Integration von exp x und 1/x :

(3.4 - 71) $f(x) = e^x \quad , \quad F(x) = e^x$

(3.4 - 72) $f(x) = 1/x$ mit $x > 0$, $F(x) = \ln x$

Speziell:

(3.4 - 73) $$\int_a^b \frac{1}{x-c}\, dx = \ln|x - c| \Big|_a^b \quad \text{für } x \neq c \ .$$

Integration von sin und cos :

(3.4 - 74) $f(x) = \sin x \quad , \quad F(x) = -\cos x$

(3.4 - 75) $f(x) = \cos x \quad , \quad F(x) = \sin x \quad .$

Im folgenden Abschnitt wird es nun darum gehen, für zusammengesetzte Funktionen(also Summen, Produkte, komponierte Funktionen etc.) die Integrale zu berechnen, sofern die Einzelintegrale bekannt sind. Für Summen kennen wir die Lösung in Form von (3.4 - 60) bereits. Für die anderen Fälle gestaltet sich das Auffinden einer Stammfunktion allerdings häufig zu einer nicht ganz einfachen Konstruktionsaufgabe.

Im folgenden seien einige Konstruktionsverfahren aufgezeigt.

A. Partielle Integration

Als Umkehrung von (3.4 - 3) gilt:

Satz 3: $f, g: [\underline{a}, \underline{b}] \longrightarrow \mathbb{R}$ sei auf $[\underline{a}, \underline{b}]$ stetig diffbar, dann gilt:

(3.4 - 76) $$\int f(x)g'(x)dx = f(x)g(x) - \int f'(x)g(x)dx \; .$$

Man erhält also eine Stammfunktion von $f(x)g'(x)$.

Dieses Integrationsverfahren ist vorteilhaft, wenn eine Funktion $h(x)$ so als Produkt $f(x)g'(x)$ aufgefaßt werden kann, daß $f(x)$ leicht diffbar und $g'(x)$ leicht integrierbar ist.

Beispiele:

(1) $h(x) = x \sin x$, gesucht $\int_a^b h(x)dx = \int_a^b x \sin x \, dx$.

Wir setzen: $f(x) = x$, $g'(x) = \sin x$ und erhalten:

$$\int_a^b h(x)dx = -x \cos x \Big|_a^b - \int_a^b - \cos x \, dx$$

$$= -x \cos x \Big|_a^b + \sin x \Big|_a^b$$

$$= -b \cos b + \sin b + a \cos a - \sin a$$

Z.B. für $a = 0$, $b = \pi$: $\int_0^\pi x \sin x \, dx = \pi$.

(2) $h(x) = e^{-x} \sin x$, gesucht: $\int_a^b e^{-x} \sin x \, dx$.

Wir setzen $f(x) = \sin x$, $g'(x) = e^{-x}$ und erhalten:

(*) $$\int_a^b h(x)dx = -e^{-x} \sin x \Big|_a^b + \int_a^b e^{-x} \cos x \, dx \; .$$

Hier ist nun wiederum $\int_a^b e^{-x} \cos x \, dx$ zu berechnen.

Verwenden wir auch hier die partielle Integration mit $h_1(x) = e^{-x} \cos x$ und $f_1(x) = \cos x$, $g_1'(x) = e^{-x}$, so erhalten wir:

$$\int_a^b h_1(x)dx = -e^{-x} \cos x \Big|_a^b - \int_a^b e^{-x} \sin x \, dx \; .$$

Setzen wir dieses Ergebnis in (*) ein, so sehen wir, daß wir $\int_a^b e^{-x} \sin x \, dx$ von der rechten auf die linke Seite von (*) bringen können und wir erhalten:

$$2 \int_a^b e^{-x} \sin x \, dx = -e^{-x} \sin x \Big|_a^b - e^{-x} \cos x \Big|_a^b \quad \text{, also}$$

$$\int_a^b e^{-x}\sin x\, dx = \frac{1}{2}\left[e^{-x}(-\sin x - \cos x)\right]\Big|_a^b \quad .$$

B. <u>Integration durch Substitution</u>

Dieses Integrationsverfahren erhalten wir als Umkehrung von (3.4 - 7):

<u>Satz 4</u>: Die Funktionen $f:[a,b] \longrightarrow [c,d]$ und $g:[c,d] \longrightarrow \mathbb{R}$ seien stetig, $f(x) = y$ sei stetig diffbar, dann gilt:

$$(3.4 - 77) \qquad \int_a^b g(f(x))f'(x)dx = \int_{f(a)}^{f(b)} g(y)dy \quad .$$

Dieses Integrationsverfahren ist vorteilhaft, wenn bis auf eine multiplikative Konstante eine Funktion $h(x)$ als $(g \circ f)(x)f'(x)$ aufgefaßt werden kann, so daß g leicht integrierbar ist. In $h(x)$ sollten $(g \circ f)(x)$ und $f'(x)$ unmittelbar identifizierbar sein. Ist dies nicht der Fall, so müssen beide Funktionen bis auf einen multiplikativen Korrekturfaktor in $h(x)$ auftreten.

<u>Beispiele</u>:

(1) $h(x) = e^{\alpha x + \beta}$, gesucht: $\int_a^b e^{\alpha x + \beta} dx$.

Wir setzen $y = f(x) = \alpha x + \beta$, $g(y) = e^y$.
Dann ist $f'(x) = \alpha$, $\alpha h(x) = g(f(x))f'(x) = e^{\alpha x + \beta} \cdot \alpha$.
Durch $f'(x)$ entsteht also auf der rechten Seite ein α, das in $h(x)$ nicht vorhanden ist und somit durch $\alpha h(x)$ korrigiert wird. Somit:

$$\alpha \int_a^b h(x)dx = \int_{f(a)}^{f(b)} g(y)dy = \int_{f(a)}^{f(b)} e^y dy = e^y \Big|_{f(a)}^{f(b)}$$

$$= e^{\alpha b + \beta} - e^{\alpha a + \beta} \quad \text{, also:}$$

$$\int_a^b h(x)dx = \frac{1}{\alpha}(e^{\alpha b + \beta} - e^{\alpha a + \beta}) \quad .$$

Das Substitutionsverfahren kann natürlich auch zur direkten Berechnung von Stammfunktionen benutzt werden, wenn $h = (g \circ f) \cdot f'$ ist. Es gilt dann :

$$\int h(x)dx = \int g(y)dy \quad \text{mit} \quad y = f(x).$$

Korrekturfaktoren sind entsprechend zu berücksichtigen.

(2) $h(x) = (1 + \cos^2 x)\sin x$.

Da $(\cos x)' = -\sin x$, setzen wir $y = f(x) = \cos x$, dann ist $g(y) = 1 + y^2$ und $h(x)$ ist lediglich mit dem Korrekturfaktor (-1) zu multiplizieren:

$(-1)h(x) = g(f(x))f'(x)$ und

$$-1\int_a^b h(x)dx = \int_{f(a)}^{f(b)} g(y)dy = \int_{f(a)}^{f(b)} 1dy + \int_{f(a)}^{f(b)} y^2 dy$$

$$= y\Big|_{f(a)}^{f(b)} + \frac{y^3}{3}\Big|_{f(a)}^{f(b)} = f(b) - f(a) + f(b)^3/3 - f(a)^3/3$$

$$= \cos b - \cos a + \frac{1}{3}(\cos^3 b - \cos^3 a) \text{ , also:}$$

$$\int_a^b h(x)dx = \cos a - \cos b + \frac{1}{3}(\cos^3 a - \cos^3 b) \quad .$$

Eine Stammfunktion von $h(x)$ lautet demnach:

$$\int h(x)dx = y + y^3/3 = \cos x + \frac{1}{3}\cos^3 x \quad .$$

(3) Normalverteilung

$$h(x) = \frac{1}{\sqrt{2\pi}\,\sigma}\, e^{-\frac{1}{2}\frac{(x-\mu)^2}{\sigma^2}} \text{ . Sei } y = f(x) = \frac{x-\mu}{\sigma}$$

und $g(y) = \frac{1}{\sqrt{2\pi}}\, e^{-y^2/2}$, dann ist

$f'(x) = 1/\sigma$ und $h(x) = g(f(x))f'(x)$, also ist

$$\int_a^b h(x)dx = \int_{f(a)}^{f(b)} g(y)dy = \int_{(a-\mu)/\sigma}^{(b-\mu)/\sigma} \frac{1}{\sqrt{2\pi}}\, e^{-y^2/2}\, dy \quad .$$

Das rechte Integral ist mit unseren bisherigen Integrationsmethoden nicht lösbar. Es läßt sich jedoch zeigen, daß die so substituierte Verteilung den Mittelwert 0 und die Standardabweichung 1 besitzt; die so entstehende N(0,1) - Verteilung ist tabelliert. (Zur Integration siehe S.-373ff-.)

Beide Integrationsmethoden setzen, da gegebene Funktionen geeignet aufzuspalten sind, ein gewisses 'Augenmaß' voraus.

C. Integration durch Partialbruchzerlegung

Hier geht es darum, Stammfunktionen für rationale Funktionen, d.h. für Funktionen der Art $f(x) = P(x)/Q(x)$, wobei $P(x)$ und $Q(x)$ Polynome sind, zu bestimmen. Es sollen hier einige Ergebnisse dieser vollständig vorliegenden Theorie aufgezeigt werden.

Spezielle rationale Funktionen der Gestalt $f(x) = ax^n$,

$g(x) = \dfrac{b}{(x-c)^n}$, $h(x) = \dfrac{rx + v}{(x^2 + dx + k)^n}$ mit $d^2 \geqslant 4k$ und

$a,b,c,d,k,r,v \in \mathbb{R}$, $n \in \mathbb{N}$ heißen Partialbrüche. Es gilt:

Satz 5: Jede rationale Funktion $P(x)/Q(x)$ läßt sich in eine Summe von Partialbrüchen zerlegen. Dabei sind die Nenner der einzelnen Summanden die reell unzerlegbaren Faktoren des Polynoms $Q(x)$, ihr Exponent gibt die Vielfachheit der zugehörigen reellen(für $(x - c)^n$) bzw. des zugehörigen Paars konjugiert komplexer(für $(x^2 + dx + k)^n$ und $d^2 < 4k$) Nullstellen von $Q(x)$ an (siehe Kap.(2.6.4)).

Für die Bestimmung der Koeffizienten dieser Summanden gibt es verschiedene Verfahren, von denen eines(Ansatz mit unbestimmten Koeffizienten) in einem Beisp. erläutert wird. Weitere Verfahren finden sich in Kap.(4.2).

Ist eine rationale Funktion in ihre Partialbrüche zerlegt, so kann sie summandenweise integriert werden. Es sind also lediglich Integrale der oben angegebenen Partialbrüche zu bestimmen, und wir können (3.4 - 69) und(3.4 - 73) beim 2. Typ bei $n = 1$ verwenden. Ist $n > 1$, so gilt:

(3.4 - 78) $$\int \frac{a}{(x-b)^n}\,dx = -\frac{a}{(n-1)(x-b)^{(n-1)}} \quad .$$

Die Integration des dritten Typs von Partialbrüchen ist(mit

einigem Rechenaufwand) iterativ möglich. Wir notieren hier lediglich das uns interessierende Resultat für $n = 1$:

(3.4 - 79) $$\int \frac{1}{(x^2 + cx + d)}\,dx = \frac{1}{A}\arctan\left(\frac{1}{A}(x + c/2)\right)$$
$$\text{mit } A = +\frac{1}{2}\sqrt{4d - c^2}\ .$$

(Für die weitere Diskussion siehe z.B. Erwe II(1968), Grauert-Lieb(1970)).

Beispiele:

(1) $f(x) = \frac{P(x)}{Q(x)} = \frac{x + 2}{x^2 - 1}\ ,\ x \neq \pm 1\ .$

Schritt 1: Partialbruchzerlegung: Die Nullstellen von $Q(x)$ sind $q_1 = +1$, $q_2 = -1$, und wir setzen an:
$$\frac{P(x)}{Q(x)} = \frac{a}{x - q_1} + \frac{b}{x - q_2} = \frac{a}{x - 1} + \frac{b}{x + 1}\ .$$

Wir erhalten:
$$\frac{P(x)}{Q(x)} = \frac{a(x + 1) + b(x - 1)}{(x - 1)(x + 1)}\ ,\ \text{d.h.}$$

$P(x) = x + 2 = a(x + 1) + b(x - 1)$ oder

$x + 2 = (a + b)x + (a - b)$, somit

durch Koeffizientenvergleich:

$a + b = 1$, $a - b = 2$

Dieses LIS hat die Lösung: $a = 3/2$
$b = -1/2$.

Schritt 2: Integration:
$$\int \frac{P(x)}{Q(x)}\,dx = \int \frac{a}{x - 1}\,dx + \int \frac{b}{x + 1}\,dx$$
$$= \frac{3}{2}\int \frac{1}{x - 1}\,dx - \frac{1}{2}\int \frac{1}{x + 1}\,dx$$
$$= \frac{3}{2}\ln|x - 1| - \frac{1}{2}\ln|x + 1|\ .$$

Wie auch $\frac{P(x)}{Q(x)}$, ist diese Stammfunktion auf $\mathbb{R}\setminus\{+1,-1\}$ definiert. Berechnet man $\int_a^b \frac{P(x)}{Q(x)}\,dx$, so ist zu beachten, daß a,b nur so gewählt werden können, daß $\frac{P(x)}{Q(x)}$ auf ganz $[\bar{a},\bar{b}]$ definiert ist, d.h. $\pm 1 \notin [\bar{a},\bar{b}]$.

(2) $f(x) = \frac{P(x)}{Q(x)} = \frac{4x^4 + 2x^2 + x - 3}{x^3 - x^2 + x - 1}$. Da der Grad von P größer ist als der von Q , sind die Polynome zunächst zu dividieren:

$P(x):Q(x) = (4x^4 + 2x^2 + x - 3):(x^3 - x^2 + x - 1)$

$= 4x + 4 + (2x^2 + x + 1)/(x^3 - x^2 + x - 1)$.

Der letzte Summand ist nun durch Partialbrüche zu zerlegen. Die reell unzerlegbaren Faktoren von $Q(x)$ sind: $Q(x) = x^3 - x^2 + x - 1 = (x^2 + 1)(x - 1)$, und wir setzen an:

$$\frac{P_1(x)}{Q(x)} = \frac{2x^2 + x + 1}{x^3 - x^2 + x - 1} = \frac{a}{x - 1} + \frac{bx + c}{(x^2 + 1)} \quad \text{oder}$$

$P_1(x) = (a + b)x^2 + (c - b)x + (a - c)$.

Durch Koeffizientenvergleich:

$$\begin{matrix} a + b = 2 & & a = 2 \\ c - b = 1 & \text{mit der Lösung} & b = 0 \\ a - c = 1 & & c = 1 \end{matrix} \quad .$$

Durch Integration erhält man nun:

$$\int \frac{P(x)}{Q(x)}\,dx = \int 4x\,dx + \int 4\,dx + \int \frac{P_1(x)}{Q(x)}\,dx .$$

Für den letzten Summanden gilt nach (3.4 - 73) und (3.4 - 79):

$$2\int \frac{1}{x - 1}\,dx + \int \frac{1}{x^2 + 1}\,dx = 2 \ln|x-1| + \arctan x ,$$

somit insgesamt:

$$\int \frac{P(x)}{Q(x)}\,dx = 2x^2 + 4x + 2 \ln|x - 1| + \arctan x , x \neq 1 .$$

Häufig müssen verschiedene dieser drei Verfahren kombiniert werden, um zu einer Lösung zu gelangen.

Aufgaben:

w(32) Berechnen Sie die Stammfunktionen von

(a) $f(x) = 2x + c$ mit $c \in \mathbb{R}$

(b) $f(x) = e^{-2x} + 2/x$

(c) $f(x) = e^{-sx}x$ mit $s \in \mathbb{R}^+$

w(33) Bestimmen Sie die Lösung von

$\int (e^{-st}x + yt + z)dt$, $s \in \mathbb{R}^+$ konst., x,y,z reelle Variablen.

w(34) Berechnen Sie $\int_3^4 \frac{2x + 4}{x^4 - 4x^3 + 3x^2 + 4x - 4} dx$.

Bisher wurde das Integral über einem endlichen Intervall $[a,b]$ berechnet, das abgeschlossen ist. Wir wollen jetzt das Integralkonzept in einer Weise erweitern, wie es insbesondere für die mathematische Statistik erforderlich ist: Es werden Integrale definiert über offenen und halboffenen Intervallen, deren Unter- oder Obergrenzen auch $-\infty$ bzw. $+\infty$ sein können. Dabei soll der so entwickelte Integralbegriff mit Def. 1 kompatibel sein. Die dem Vorgehen zugrunde liegende Idee ist, die Fläche über einem offenen Intervall durch die Fläche über geschlossenen Teilintervallen, die wir ja berechnen können, anzunähern.

Def. 3: Sei $I = (a,b)$ ein Intervall in $\mathbb{R}$ (zugelassen sei auch $a = -\infty$, $b = +\infty$) und $f: I \longrightarrow \mathbb{R}$ eine Funktion, die auf allen abgeschlossenen Teilintervallen von I integrierbar ist; sei $x_0 \in I$. Existieren dann die Funktionenlimites

$$\lim_{y \to a} \int_y^{x_0} f(x)dx \text{ und } \lim_{z \to b} \int_{x_0}^{z} f(x)dx ,$$

so heißt f auf I integrierbar , und der Ausdruck

$$\int_I f(x)dx = \int_a^b f(x)dx := \lim_{y \to a} \int_y^{x_0} f(x)dx + \lim_{z \to b} \int_{x_0}^{z} f(x)dx$$

heißt uneigentliches Integral von f über I .

Wegen (3.4 - 58) ist $\int_a^b f(x)dx$ unabhängig vom gewählten x_0, d.h. wenn $\int_I f(x)dx$ existiert, dann existiert es für jede Wahl von x_0 und ist für jedes x_0 gleich.

Da nach Satz 1 die Funktionen $y \longmapsto \int_y^{x_0} f(x)dx$ und $z \longmapsto \int_{x_0}^{z} f(x)dx$ stetige Funktionen sind, gilt:

> Das uneigentliche Integral von f über $[a,b]$ ist gleich dem Riemann - Integral von f über $[a,b]$.

Def. 3 und Def. 1 sind also kompatibel.

Da wir uneigentliche Integrale als Funktionenlimites von Riemann - Integralen definiert haben, behalten alle Regeln ihre Gültigkeit.

Wie berechnet man nun uneigentliche Integrale?

Nach Def. 3 ist zu zeigen: Für alle Folgen (y_n) mit $(y_n) \longrightarrow a$ und $y_n \neq a$ existiert $\lim\limits_{n \to \infty} \int_{y_n}^{x_0} f(x)dx$, und dieser Limes ist für alle Folgen (y_n) gleich; analog für die obere Grenze b . Ist dies überprüft, so kann mit zwei geeignet gewählten Folgen das Integral berechnet werden.

<u>Beispiele</u>:

(1) $f(x) = e^{-x}$, zu berechnen: $\int_0^{\infty} f(x)dx$ mit $I = [0,\infty)$.

Wir brauchen hier nur einen Limesprozeß zu untersuchen, da nur die obere Grenze offen ist. Es gilt:

$$\int_0^z e^{-x}dx = -e^{-x}\Big|_0^z = -e^{-z} + 1 .$$ Es gilt:

$\lim\limits_{x \to \infty} -e^{-x} = 0$,und wir erhalten:

$$\int_0^{\infty} e^{-x}dx = \lim_{z \to \infty} \left(\int_0^z e^{-x}dx\right) = \lim_{z \to \infty} \left(-e^{-x}\Big|_0^z\right) = \lim_{z \to \infty} (-e^{-z} + 1)$$

$$= \lim_{z \to \infty} (-e^{-z}) + 1 = 0 + 1 = 1 \quad .$$

(2) $f(x) = 1/x^2$, zu berechnen: $\int_{-\infty}^{-1} f(x)dx$ mit $I = (-\infty,-1]$.

Hier brauchen wir lediglich den Limes bzgl. der unteren Grenze zu betrachten. Es ist:

$$\int_y^{-1} \frac{1}{x^2}dx = -\frac{1}{x}\Big|_y^{-1} = 1 + 1/y$$. Es gilt:

$\lim_{x \to -\infty} (-1/x) = 0$ und somit:

$$\int_{-\infty}^{-1} \frac{1}{x^2}dx = \lim_{y \to -\infty} \left(\int_y^{-1} \frac{1}{x^2}dx\right) = \lim_{y \to -\infty} \left(-1/x\Big|_y^{-1}\right)$$

$$= \lim_{y \to -\infty} (1 - 1/y) = 1 + \lim_{y \to -\infty} (-1/y) = 1 + 0 = 1 .$$

(3) $f(x) = 1/x$, zu berechnen: $\int_1^{\infty} f(x)dx$. Es ist:

$$\int_1^z \frac{1}{x}\,dx = \ln x\Big|_1^z = \ln z$$. Wir wissen:

$\lim_{z \to \infty} \ln z = \infty$ und daher gilt:

$$\int_1^{\infty} \frac{1}{x}\,dx = \lim_{z \to \infty} \left(\int_1^z \frac{1}{x}\,dx\right) = \lim_{z \to \infty} \left(\ln x\Big|_1^z\right) = \lim_{z \to \infty} \ln z = \infty .$$

Dieses uneigentliche Integral existiert also nicht.

Aufgabe:

w(35) Berechnen Sie $\int_{-\infty}^{+\infty} e^{-st}dt$ und $\int_0^{+\infty} e^{-st}t\,dt$, $s \in \mathbb{R}^+$!

Man verwende hierbei die Regel von de L'Hospital:
Eine Funktion $h(x)$ habe die Form $h(x) = f(x)/g(x)$.
Es sei $\lim_{x \to a} |g(x)| = +\infty$. Existiert dann $\lim_{x \to a} \frac{f'(x)}{g'(x)}$ (man beachte, daß über $\lim_{x \to a} f(x)$ nichts bekannt zu sein braucht), dann gilt:

$$\lim_{x \to a} \frac{f(x)}{g(x)} = \lim_{x \to a} \frac{f'(x)}{g'(x)} .$$

Diese Regel ist nützlich zur Berechnung unbestimmter Grenzwerte der Form ∞/∞ .

Erörtern wir nun zunächst den zweiten der auf S. -354- erwähnten Anwendungsbereiche. Wir wollen hier einige kontinuierliche stochastische Modelle und das Instrumentarium der charakteristischen Funktion zur Berechnung u.a. von Parametern dieser Modelle exemplarisch vorstellen.

Eine der wichtigsten Funktionen zur Beschreibung derartiger Modelle ist die Gamma - Funktion:

$$(3.4 - 80) \qquad \Gamma(x) = \int_0^\infty e^{-t} t^{x-1} dt \quad .$$

Dieses uneigentliche Integral existiert für alle $x \geqslant 0$.
Einige Eigenschaften der Gamma - Funktion:

$$(3.4 - 81) \qquad \Gamma(1) = \int_0^\infty e^{-t} dt = 1$$

$$(3.4 - 82) \qquad \Gamma(x + 1) = x\Gamma(x) \quad ,$$

denn bei partieller Integration mit $f(t) = t^x$, $g'(t) = e^{-t}$ erhalten wir $f'(t) = xt^{x-1}$, $g(t) = -e^{-t}$ und somit:

$$\Gamma(x+1) = \int_0^\infty e^{-t} t^x dt = -e^{-t} t^x \Big|_0^\infty + x \int_0^\infty e^{-t} t^{x-1} dt$$

Der erste Summand konvergiert (nach der Regel von de L'Hospital-mehrfach hintereinander verwendet-, siehe Aufg. w(36)) gegen 0, so daß (3.4 - 82) übrig bleibt.
Damit gilt insbesondere:

$$(3.4 - 83) \qquad \Gamma(n+1) = n! \quad \text{für } n \in \mathbb{N} \quad .$$

Ohne Beweis sei notiert:

$$(3.4 - 84) \qquad \Gamma(x)\Gamma(1-x) = \frac{\pi}{\sin \pi x} \quad ,$$

Für $x = 1/2$ erhalten wir speziell:

$$(3.4 - 85) \qquad \Gamma(1/2) = \sqrt{\pi} \quad .$$

Kehren wir nun noch einmal zur Normalverteilung zurück und betrachten, wie diese von Gauss entwickelt wurde.

Substituieren wir in $\Gamma(x)$ $t = f(z) = z^2/2$ mit $f'(z) = z$, so ergibt sich:

$$\Gamma(x) = \int_0^\infty e^{-z^2/2}(\tfrac{1}{2})^{x-1} z^{2(x-1)} z\, dz = \int_0^\infty e^{-z^2/2}(\tfrac{1}{2})^{x-1} z^{2x-1} dz$$

Für $x = 1/2$ gilt:

$$\Gamma(1/2) = \sqrt{\pi} = \sqrt{2} \int_0^\infty e^{-z^2/2} dz \text{ , also: } \int_0^\infty e^{-z^2/2} dz = \sqrt{\pi/2} .$$

Ebenso gilt, da $(-z)^2 = z^2$:

$$\int_{-\infty}^0 e^{-z^2/2} dz = \sqrt{\pi/2} \qquad \text{, also insgesamt:}$$

$$\text{(3.4 - 86)} \qquad \int_{-\infty}^{+\infty} e^{-z^2/2} dz = \sqrt{2\pi} \text{ oder } \frac{1}{\sqrt{2\pi}} \int_{-\infty}^{+\infty} e^{-z^2/2} dz = 1 \quad .$$

Dies ist aber gerade das Verteilungsintegral der N(0,1)-Verteilung.

Die Wahrscheinlichkeit, daß $z \leq y$ ist, wird nach (3.4 - 86) angegeben durch:

$$\text{(3.4 - 87)} \qquad \Phi(y) = \frac{1}{\sqrt{2\pi}} \int_{-\infty}^{y} e^{-z^2/2} dz \quad ,$$

und es gilt für die $N(\mu,\sigma^2)$- Verteilung insbesondere:

$$\text{(3.4 - 88)} \qquad \Phi(-y) = 1 - \Phi(y) \quad .$$

<u>Beweis</u>: Sei $g(z)$ die Dichtefunktion der $N(\mu,\sigma^2)$- Verteilung; es gilt: $g(z) = g(-z)$, da $(-z)^2 = z^2$; somit:

$$\int_{-\infty}^{-y} g(z)dz = \int_{y}^{\infty} g(z)dz \text{ , d.h. mit (3.4 - 86) und (3.4 - 58):}$$

$$\int_{-\infty}^{+\infty} g(z)dz = \int_{-\infty}^{-y} g(z)dz + \int_{-y}^{y} g(z)dz + \int_{y}^{\infty} g(z)dz = 1 \text{ , also:}$$

$$\int_{-\infty}^{-y} g(z)dz + \left(\int_{-y}^{y} g(z)dz + \int_{-\infty}^{-y} g(z)dz \right) = \int_{-\infty}^{-y} g(z)dz + \int_{-\infty}^{y} g(z)dz = 1 \text{ ,d.h.}$$

$$\Phi(-y) = 1 - \Phi(y) \qquad \text{q.e.d.}$$

Mit $z = (x - \mu)/\sigma$ (vgl. S.-366-) gilt:

(3.4 - 89) $\quad \text{Prob}(a < x < b) = \Phi(\frac{b-\mu}{\sigma}) - \Phi(\frac{a-\mu}{\sigma})$.

Statt $x \in (a,b)$ kann äquivalent auch $x \in [a,b]$, $x \in [a,b)$ oder $x \in (a,b]$ stehen(siehe die Erläuterungen im Anschluß an Def. 3).

Berechnet man nun das Integral (d.h. die Verteilungsfunktion) von $a = \mu - \sigma$ bis $b = \mu + \sigma$, so erhält man:

(3.4 - 90)
$$\begin{cases} \text{Prob}(\mu - \sigma < x < \mu + \sigma) = \Phi(1) - \Phi(-1) \approx 0.68 \\ \text{Prob}(\mu - 2\sigma < x < \mu + 2\sigma) = \Phi(2) - \Phi(-2) \approx 0.955 \\ \text{Prob}(\mu - 3\sigma < x < \mu + 3\sigma) = \Phi(3) - \Phi(-3) \approx 0.997 \end{cases}$$

Da das Gesamtintegral nach (3.4 - 86) gleich 1 ist, heißt dies z.B. für den ersten Fall(sog. 1 - Sigma - Bereich): Im Intervall $(\mu - \sigma, \mu + \sigma)$ liegen etwa 2/3 aller Variablenausprägungen.

Wichtige Kennwerte(oft sogar Parameter)eines Verteilungsmodells sind häufig der Mittelwert und die Varianz. Aus LuM I wissen wir: Der Mittelwert ist gleich der Kumulierung(d.h. im diskreten Fall gleich der Summe, im kontinuierlichen Fall gleich dem Integral) aller möglichen (empirisch: aller realisierten) Variablenausprägungen, multipliziert mit ihrer zugehörigen Wahrscheinlichkeit(Dichte), also: X sei Zufallsvariable mit möglichen Realisationen x aus Ω , f(x) sei die zugehörige Dichtefunktion:

(3.4 - 91) $\quad \mu = E(X) = \int_{\Omega} x f(x) dx$,

(3.4 - 92) $\quad \text{Var}(X) = \int_{\Omega} (x - \mu)^2 f(x) dx$.

Da $\text{Var}(X) = E(X^2) - [E(X)]^2$, läßt sich (3.4 - 92) schreiben:

(3.4 - 93) $\quad \text{Var}(X) = \int_{\Omega} x^2 f(x) dx - (\int_{\Omega} x f(x) dx)^2$.

Eine weiteres wichtiges Verteilungsmodell ist durch die Beta - Dichtefunktion beschrieben:

$$(3.4 - 94) \qquad B(x) = \begin{cases} \frac{\Gamma(\alpha+\beta)}{\Gamma(\alpha)\Gamma(\beta)} x^{\alpha-1}(1-x)^{\beta-1} & \text{für } 0 \leq x \leq 1 \\ 0 & \text{sonst} \end{cases} .$$

Es gilt: $B(0) = B(1) = 0$. $\alpha, \beta \in \mathbb{R}$ sind die Parameter dieses Modells. Als Mittelwert und Varianz der Beta-Verteilung erhält man nach (3.4 - 91), (3.4 - 92) bzw. (3.4 - 93):

$$(3.4 - 95) \qquad E(X) = \frac{\alpha}{\alpha + \beta} ,$$

$$(3.4 - 96) \qquad Var(X) = \frac{\alpha\beta}{(\alpha + \beta)^2(\alpha + \beta + 1)} .$$

Für sozialwissenschaftliche Fragestellungen sind meist Modelle mit $\alpha, \beta \geqslant 1$ angemessen.

Auf andere spezielle stochastische Modelle, z.B. t - Verteilung, χ^2 - Verteilung, F - Verteilung, die alle im Rahmen statistischer Tests eine große Bedeutung haben, die Wishart-Verteilung (u.a. Modell zur Maximum - Likelihood - Schätzung von Faktorladungen), Weibull-Verteilung(Darstellung von Ermüdungserscheinungen, z.B. Dauer von Kriegen, von Streiks), die Erlang - Verteilung(Warteschlangen - Modelle), die log $N(\mu, \sigma^2)$- Verteilung(an die Stelle von x tritt log x, z.B. bei Einkommensverteilungen), um nur einige zu nennen, können wir im Rahmen einer Einführung nicht explizit eingehen, für einige von ihnen sei auf die Aufgaben verwiesen.

Abschließend wollen wir den Graph einiger Dichten skizzieren:

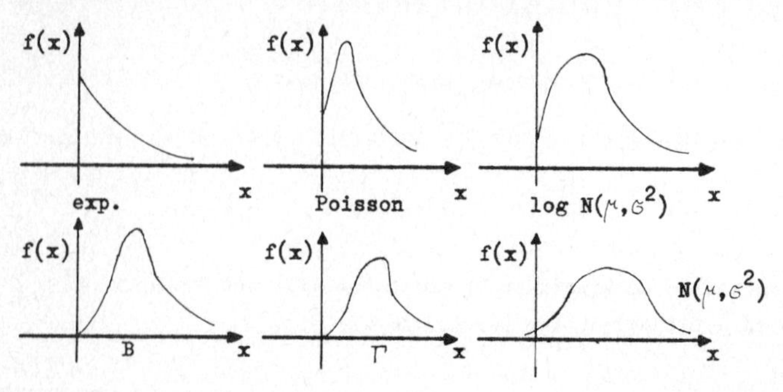

Der Leser wird bemerken, daß die Reihenfolge der Modelle nach dem Grad der Links- Steilheit spezifiziert ist. Analog lassen sich rechts-steile Dichten aufzeigen.
I.a. wird man so vorgehen, daß man - falls nicht schon durch theoretische Überlegungen der Dichtetyp festliegt - empirische Variablenausprägungen in ein derartiges Koordinatenkreuz einträgt, um überblicken zu können, welche Dichtefunktion $f(x)$ als Testfunktion verwendet werden kann(Test: Sind Stichprobendaten $F(x)$ - verteilt ?).

Wir sahen an einigen Stellen, daß die explizite Berechnung von Mittelwerten, allg. Erwartungswerten, durch Integration bei kontinuierlichen, durch Summierung bei diskreten Zufallsvariablen häufig erhebliche Schwierigkeiten bereitet.
Wenn es uns nun gelänge, durch eine geeignete Integral- bzw. Summentransformation auf einen Funktionstyp zu stoßen, der frei von Integralen bzw. Summenzeichen ist, und der die betreffende Verteilungsfunktion eindeutig 'erzeugt', so besäßen wir ein elegantes Instrumentarium zur Berechnung der relevanten Kennzahlen bzw. Parameter.

Eine derartige Transformation, die auch in den folgenden Kap. in Form von Laplace- und $\mathfrak{Z}$-Transformation von zentraler Bedeutung sein wird, und die wir im Rahmen der Zeitreihenanalyse als Fouriertransformation andeuteten, sei im folgenden vorgestellt.
All diesen Transformationen(künftig kurz Trafos) ist gemeinsam, daß es sich dabei um Integraltrafos (im Fall diskreter Variablen Summentrafos) handelt. Diese Integraltrafo liefert im Fall der kontinuierlichen Verteilungsfunktion $F(x) = \int_{-\infty}^{x} f(y)dy$

die <u>charakteristische</u> oder '<u>erzeugende</u>' <u>Funktion</u>

$$\varphi(t) = \int_{-\infty}^{\infty} e^{+jtx} f(x)dx \quad . \tag{3.4 - 97}$$

Man gewinnt also dadurch, daß man $f(x)$ mit e^{+jtx} multipliziert und die so modifizierte Dichte integriert, die charakteristische Funktion. Wir wollen nun an dieser Stelle nicht in eine

Erörterung der Integration komplexer Funktionen eintreten. Hier genügt es zu vermerken, da f(x) reell ist, daß die Integration analog zur Integration reeller Funktionen(mit j als Konstante) vor sich geht.

Beisp.:(Rechteckverteilung)

$$f(x) = \begin{cases} 1/(a - b) & \text{für } x \in [b, a] \\ 0 & \text{sonst.} \end{cases}$$

$$\varphi(t) = \int_b^a e^{jtx} \frac{1}{a-b}\, dx = \frac{1}{jt(a-b)} e^{jtx} \Big|_b^a .$$

Wählt man $(a + b)/2$ als Nullpunkt, so wird aus der Obergrenze des Integrals $c = (a - b)/2$, aus der Untergrenze $-c$, und es gilt:

$$\varphi(t) = \frac{\sin ct}{ct} .$$

Ein derart einfaches Vorgehen ist jedoch nicht immer möglich. Wir begnügen uns damit festzustellen, daß die Integration der uns interessierenden komplexen Funktionen prinzipiell möglich ist. Im übrigen seien hier die charakteristischen Funktionen $\varphi(t)$ für bestimmte Verteilungen einfach angegeben ohne Erläuterung der zugehörigen Integrationsprozedur.

Beim Arbeiten mit Verteilungsfunktionen kommt es meist darauf an, etwas über bestimmte Parameter oder Kennzahlen wie arithmetisches Mittel, Varianz, Schiefe etc. auszusagen. Wenn wir nun den Ausdruck e^{jtx} in ein MacLaurin-Polynom für die Variable X entwickeln, so erhalten wir:

$$(3.4 - 98) \qquad e^{jtx} = \sum_{k=0}^{q} \frac{(jtx)^k}{k!} + R_q$$

mit $R_q = \frac{(jtx)^{q+1}}{(q+1)!} e^{jhtx}$, wobei $h \in (0,1)$.

Nimmt man auf beiden Seiten von (3.4 - 98) Erwartungswerte, so gelangt man zu:

$$(3.4 - 99) \qquad \varphi(t) = E(e^{jtx}) = 1 + \sum_{k=1}^{q} E(x^k)\frac{(jt)^k}{k!} + E(R_q) ;$$

denn aus der Def. eines Erwartungswertes folgt, daß $E(e^{jtx})$ gerade durch (3.4 - 97) gegeben ist.

$E(X^k)$ heißt k-tes zentrales Moment der Zufallsvariablen X. Für k = 1 erhält man das arithmetische Mittel, mit E(X) und $E(X^2)$ läßt sich die Varianz berechnen etc. .
Damit haben wir ein elegantes Verfahren zur Berechnung der $E(X^k)$ - bzw. wenn man sich auf die Ausprägungen bezieht, der $E(x^k)$ - für <u>alle</u> k gefunden :

Man berechnet zuerst $\varphi(t)$, entwickelt $\varphi(t)$ in eine MacLaurin-Reihe und erhält dann die $E(X^k)$ als Koeffizienten der $(jt)^k/k!$ bei t = 0 durch Koeffizientenvergleich.

<u>Beisp.</u>: (Gamma - Verteilung)

Zu $f(x) = \frac{\beta^\alpha}{\Gamma(\alpha)} x^{\alpha-1} e^{-\beta x}$ für $x \geqslant 0$, $f(x) = 0$ sonst,

gehört die charakteristische Funktion

$$\varphi(t) = (1 - \frac{jt}{\beta})^{-\alpha} \quad .$$

In der zugehörigen MacLaurin-Reihe erhalten wir bei k = 1 den Ausdruck:

$$\frac{\alpha}{\beta}(1 - \frac{jt}{\beta})^{-\alpha-1}\Big|_{t=0} \cdot \frac{t^1}{1} = \frac{\alpha}{\beta} \cdot \frac{t^1}{1} \text{ , somit } E(X) = \frac{\alpha}{\beta} \quad .$$

Analog bei k = 2:

$$(\frac{\alpha^2}{\beta^2} + \frac{\alpha}{\beta^2})(1 - \frac{jt}{\beta})^{-\alpha-2}\Big|_{t=0} \cdot \frac{t^2}{2} \text{ , also: } E(X^2) = \frac{\alpha^2}{\beta^2} + \frac{\alpha}{\beta^2} ;$$

$$\text{somit: } Var(X) = E(X^2) - [E(X)]^2 = \frac{\alpha}{\beta^2} \quad .$$

Für eine diskrete Zufallsvariable erhält man analog:

(3.4 - 100) $\varphi(t) = \sum_{i=1}^{n} e^{jtx_i} p(x_i)$ mit n gleich Anzahl der Ausprägungen von X.

Beisp.: X sei diskrete Zufallsvariable mit Ausprägungen $x \in \{0,1,2,\ldots\}$; X sei geometrisch verteilt, d.h.

$p(x) = q^x p$ mit $p,q \geqslant 0$ und $p + q = 1$.

$\varphi(t) = \sum_{x=0}^{\infty} e^{jtx} q^x p = p \sum_{x=0}^{\infty} (e^{jt} q)^x$.

Diese geometrische Reihe konvergiert gleichmäßig, und es gilt:

$\varphi(t) = p/(1 - qe^{jt})$.

Bei $k = 1$ in der MacLaurin-Reihe:

$$\frac{pqje^{-jt}}{(1 - qe^{-jt})^2}\Bigg|_{t=0} \cdot \frac{t}{1} = \frac{pqe^{-jt}}{(1 - qe^{-jt})^2}\Bigg|_{t=0} \cdot \frac{(jt)}{1},$$

also $E(X) = pq/(1 - q)^2 = q/p$.

Analog findet man: $Var(X) = q/p^2$.

Man beachte, daß n anstelle von ∞ tritt, wenn X prinzipiell nur endlich viele Ausprägungen besitzt.

Wir wollen hier nicht weiter auf die erzeugenden Funktionen eingehen, da in den folgenden Kap. diese Problemstellung noch einmal aufgegriffen wird.

Auch hinsichtlich des ersten Bereiches relevanter Anwendung von Integralrechnung in sozialwissenschaftlichen formalisierten Modellen (siehe (1) auf S.-354-) verweisen wir auf die folgenden Kap. .

Aufgaben:

w(36) (a) Zeigen Sie,daß die Exponentialverteilung(die zugehörige Dichtefunktion lautet: Für $x \geqslant 0$ ist

$f(x) = \frac{1}{a} e^{-x/a}$ mit $a \in \mathbb{R}^+$ Parameter) der Bedingung stochastischer Modelle genügt, daß die Kumulierung über alle Variablenausprägungen aus Ω gleich 1 ist.

(b) Berechnen Sie für die Exponentialverteilung

$$F(y) = \int_0^y f(x)dx \quad !$$

w(37)(a) Auf S. -378- wurde die Rechteckverteilung definiert. Berechnen Sie E(X) und Var(X) der Rechteckverteilung!

(b) Berechnen Sie E(X) und Var(X) der Exponentialverteilung !

p(38) Die Dauer einer Tätigkeit in einem PERT - spezifizierten Projekt sei eine Zufallsvariable Y .
Läßt man von Experten eine optimistische, a ,und eine pessimistische, b,Schätzung der Tätigkeitsdauer vornehmen, so läßt sich Y als Zufallsvariablentransformation

$Y = a + (b - a)X$ auffassen, wobei $a \geq 0$, $b > a$.

Man weiß aus Erfahrung(z.B. an Hand von Skizzen wie auf S. -376-), daß X etwa $B(\alpha,\beta)$-verteilt ist mit $\alpha,\beta > 1$.

(a) Berechnen Sie die Dichtefunktion h(y) durch Einsetzen von X = g(y) in die $B(\alpha,\beta)$ - Verteilung !

(b) Die Tätigkeitsdauer, die die größte Wahrscheinlichkeit besitzt, ist unter diesen Modellannahmen dann $\max_y h(y) =: m$. Berechnen Sie m !

(c) Es ist $Var(Y) = \frac{(b-a)^2 \alpha\beta}{(\alpha+\beta)^2(\alpha+\beta+1)}$; aus Erfahrungswerten postulierte man: $\alpha = 3 + \sqrt{2}$, $\beta = 3 - \sqrt{2}$.
Wie groß ist dann Var(Y) ?

(d) Beachten Sie, daß die Transformation, mit der Y aus X hervorgeht, affin linear ist. Berechnen Sie E(Y) an Hand von (3.4 - 95) ! Verwenden Sie einen Ausdruck für E(Y), in dem m aus (b) vorkommt. Sie gelangen dann zu der klassischen Formel für die Schätzung der Dauer von Tätigkeiten in PERT - Programmen.

(e) Diskutieren Sie die hier aufgezeigte Vorgehensweise insbesondere unter modelltheoretischer Perspektive. Beachten Sie dabei das Problem, in wie weit m strukturell(d.h. durch Annahmen und Postulate)determiniert ist.

p(39) Ist in der Gamma-Verteilung speziell $\alpha = k$ mit $k \in \mathbb{N} \setminus \{0\}$ und $\beta = \lambda k$, so entsteht die Erlang-Verteilung. Sie hat große Bedeutung in der Warteschlangentheorie.

(a) Berechnen Sie Mittelwert und Varianz der Erlang-Verteilung!

(b) Bei welcher Parameterkonstellation geht aus der Erlang-Verteilung die Exponential-, wann die Poisson-Verteilung hervor ?

(c) $\gamma = E((X - E(X))^3)/\sqrt{Var}^3$ ist der Parameter der <u>Schiefe</u> einer Verteilung. Ist $\gamma = 0$, so ist die Verteilung symmetrisch, ist $\gamma < 0$, so liegt der Mittelwert rechts von der Mehrzahl der Ausprägungen ('Rechts-Schiefe'), für $\gamma > 0$ gilt das Umgekehrte (Links-Schiefe).

Ordnen Sie die Exponential-, Erlang- und Poisson-Verteilung(letztere für Knobler) nach ihrem Schiefemaß !

w(40) Geben Sie die erzeugende Funktion der Binomialverteilung an und berechnen Sie, für welchen Parameterwert diese Verteilung symmetrisch ist !

w(41) Für eine Zufallsvariable X sei folgende Dichtefunktion gegeben:

$$f(x) = \frac{x^2}{8} + x/3 \quad \text{für } x \in [0, c] .$$

Berechnen Sie c !

w(42) Zeigen Sie: Für die $N(\mu, \sigma^2)$-Verteilung gilt: $E(X) = \mu$.

Weiterführende Literatur:

J. Aitchison, J.A.C. Brown: The Log-normal Distribution
Cambridge: Cambridge Univ. Press 1957

Harry H. Harman: Modern Factor Analysis, 2nd rev. ed.,
Chicago: Univ. of Chicago Press 1967

Athanasios Papoulis: Probability, Random Variables and
Stochastic Processes
New York: McGraw-Hill 1965

T.L. Saaty, Joseph Bram: Nonlinear Mathematics
New York: McGraw-Hill 1965

Peter Schönfeld: Methoden der Ökonometrie, Band 1,2
Berlin: Vahlen 1969/71

K. Überla: Faktorenanalyse
Berlin: Springer 1968

(4.) Einführung in die Theorie dynamischer Systeme

(4.1) Einführende Bemerkungen zu Differential- und Differenzengleichungen

Soziale Beziehungen lassen sich häufig als dynamische Systeme auffassen, d.h. es können eine Anzahl relevanter Variablen und Abhängigkeiten bzw. Interdependenzen zwischen ihnen spezifiziert werden, wobei die Variablen im Zeitverlauf verschiedene Ausprägungen annehmen können.
Daher bietet sich in derartigen Fällen zur Formalisierung die Theorie dynamischer Systeme an.

Im Rahmen einer Einführung können hier jedoch lediglich einige Aspekte dieser äußerst umfangreichen Theorie dargestellt werden; wir werden uns dabei auf die Erörterung linearer, stationärer Systeme beschränken. Auf nichtlineare oder nichtstationäre Systeme(letztere sind Systeme mit einer im Zeitverlauf variierenden Struktur, sie werden auch zeitvariante Systeme genannt) können wir nur am Rande eingehen.

Bevor wir einige zentrale Konzepte dieser Systemtheorie in operationaler Form erörtern, seien kurz die Hauptbestandteile derartiger Systeme,

- Differentialgleichungen(künftig Diff.gl.) im Falle kontinuierlicher Systeme,

- Differenzengleichungen(künftig Differ.gl.) im Falle diskreter Systeme,

dargelegt.

Betrachten wir die Anzahl B von Einwohnern im Jahr t (zu einem bestimmten Stichtag) in einem bestimmten Land. Wächst die Bevölkerung pro Jahr um $100 \cdot p\%$, so gilt im darauffolgenden Jahr $t + 1$ (exakt: am darauffolgenden Stichtag):

$$B(t + 1) = B(t) + pB(t) = (1 + p)B(t) \quad . \tag{4.1 - 1}$$

Nimmt man an, das % - uale Wachstum verteile sich gleichmäßig auf n äquidistante Zeitpunkte im Verlaufe eines Jahres, so gilt:

$$B(t + \frac{1}{n}) = B(t) + \frac{p}{n} B(t) = (1 + \frac{p}{n}) B(t) \quad . \tag{4.1 - 2}$$

Subtrahiert man auf beiden Seiten $B(t)$ und dividiert auf beiden Seiten durch $1/n$, so entsteht:

$$\frac{B(t + \frac{1}{n}) - B(t)}{\frac{1}{n}} = pB(t) \quad . \tag{4.1 - 3}$$

Setzen wir $t + \frac{1}{n} = t + \Delta t$, so gilt für $\lim\limits_{\substack{\Delta t \to 0 \\ \Delta t \neq 0}} \Delta t$, sofern $B(t)$ für alle betrachteten t diffbar ist:

$$\frac{dB(t)}{dt} = pB(t) \quad . \tag{4.1 - 4}$$

(4.1 - 4) läßt sich wie folgt interpretieren: Die Änderungsneigung (Änderungs'geschwindigkeit') der Bevölkerungsanzahl ist proportional zur augenblicklichen Bevölkerungsanzahl.

Für $B(t) \neq 0$ kann man auf beiden Seiten von (4.1 - 4) durch $B(t)$ dividieren und mit dt formal multiplizieren:

$$\frac{dB(t)}{B(t)} = p\,dt \quad . \tag{4.1 - 5}$$

Wollen wir eine Aussage über die zeitliche Entwicklung der Bevölkerungsanzahl machen, so ist aus (4.1 - 5) $B(t)$ explizit in Abhängigkeit von t zu berechnen, d.h. (4.1 - 5) ist zu integrieren.
Mit (3.4 - 72) finden wir:

$$\int dB(t)/B(t) = \ln B(t) + C_1 \tag{4.1 - 6}$$

mit C_1 als Integrationskonstante; weiterhin für die rechte Seite von (4.1 - 5):

$$\int p\,dt = pt + C_2 \quad . \tag{4.1 - 7}$$

Also insgesamt:

(4.1 - 8) $\ln B(t) = pt + C_3$ mit $C_3 = C_2 - C_1$.

e - Funktion auf beiden Seiten liefert:

(4.1 - 9) $B(t) = Ce^{pt}$ mit $C = e^{C_3}$.

Damit läßt sich auch hier die e - Funktion anschaulich interpretieren(vgl. (3.4 - 11)): Die e - Funktion beschreibt eine Entwicklung, deren Änderungstendenz proportional zum gegenwärtigen Entwicklungsstand ist.
Die Lösungsmethode, die im Beisp. verwendet wurde, nennt man übrigens die Methode der Trennung der Variablen.

Allg. nennt man die Gleichung

(4.1 - 10)
$$a_0(t)\frac{d^n x(t)}{dt^n} + a_1(t)\frac{d^{n-1}x(t)}{dt^{n-1}} + \dots + a_{n-1}(t)\frac{dx(t)}{dt} + a_n(t)x(t) = f(t)$$

eine <u>gewöhnliche lineare Differentialgleichung n - ter Ordnung</u>.

Linear, da $x(t)$ und die Ableitungen von $x(t)$ höchstens in der 1. Potenz auftreten;
n - ter Ordnung, da Ableitungen bis zur Ordnung $\frac{d^n x}{dt^n}$ auftreten.

$f(t)$ ist eine bestimmte Funktion. t ist eine Variable, von der das Systemverhalten abhängt. In dynamischen Systemen ist t häufig die Zeit. Dabei muß vermerkt werden, daß die Verwendung nur der Zeitvariablen t (wie in (4.1 - 9)) lediglich ein erster Modellierungsansatz ist; 'hinter' t verbergen sich Kausalbeziehungen zwischen weiteren substantiellen Variablen (die,falls dynamisch, wieder eine nur zeitabhängige Lösung haben).

Sind die $a_i(t)$, $i = 0,1,\dots,n$, unabhängig von t , d.h. konstant, so liegt eine Diff.gl. mit konstanten Koeffizienten vor; durch sie werden stationäre Systeme beschrieben.

Ein Beisp. für eine nichtlineare Diff.gl.(2. Grades, 1. Ordnung) wäre :

(4.1 - 11) $$a_0(t)\frac{dy(t)}{dt} + a_1(t)y^2(t) = f(t) \quad .$$

Ist f(t) in (4.1 - 10) gleich Null, so spricht man von einer homogenen, sonst von einer inhomogenen Diff.gl. .
(4.1 - 4) ist offensichtlich eine homogene gewöhnliche Diff.gl. (linear, 1. Ordnung) mit konstanten Koeffizienten. Deren Lösung (4.1 - 9) ist eine Schar von Kurven, da für jedes C die e - Funktion auf einem anderen 'Niveau' liegt.
Nun gibt es aber nur eine einzige Bevölkerungsentwicklung für ein bestimmtes Land in einem bestimmten Zeitraum. Wir müssen also in (4.1 - 9) gerade die Lösung finden, die der realen Entwicklung entspricht. Dies kann dadurch geschehen, daß C den für die vorliegende Entwicklung charakteristischen Wert annimmt. Man sieht unmittelbar, daß dieses C sofort berechenbar ist, wenn für ein bestimmtes $\bar{t}$ die Bevölkerungsanzahl $B(\bar{t})$ gegeben ist. Meist wählt man den Beginn t_0 des Betrachtungszeitraumes als ein derartiges $\bar{t}$. Das Paar $(t_0, x(t_0))$ heißt **Anfangsbedingung, und das Auffinden der Lösung der Diff.gl.** <u>Cauchysches Anfangswertproblem</u>. Für unser Beisp.:

$$B(t_0) = Ce^{pt_0} \quad \text{, also:} \quad C = B(t_0)/e^{pt_0} \quad .$$

Betrachten wir ein weiteres Beisp.:

Ein System S weise im Intervall $I = [\bar{t}_0, t_1]$ folgendes zeitliche Änderungsverhalten auf: Das Verhalten sei proportional zu der Zeit, die seit t_0 vergangen ist, also proportional zu $t - t_0$, und proportional zu der bis t_1 noch zu durchlaufenden Zeit, also zu $t_1 - t$. Somit lautet die das System beschreibende Diff.gl. bei direkter Proportionalität:

(4.1 - 12) $$y'(t) = (t - t_0)(t_1 - t) \quad .$$

Gesucht ist eine Lösung im Intervall I . Trennung der Variablen liefert:

(4.1 - 13) $$y(t) = \int dy = \int (t - t_0)(t_1 - t)dt \quad \text{, also:}$$

(4.1 - 14) $$y(t) = -t^3/3 + (t_0 + t_1)t^2/2 - t_0 t_1 t + C \; , C \in \mathbb{R} \; .$$

Für $t_0 = 0$, $t_1 = 10$, $y(t_0) = C = 0$ hat die Lösungskurve die Form:

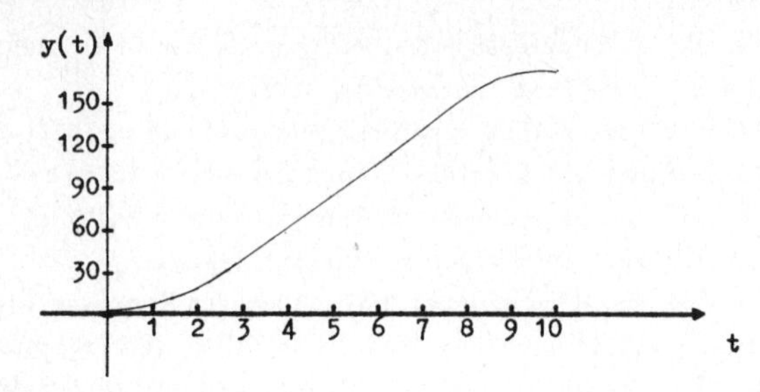

Stationäre Modelle sind jedoch gerade in den Sozialwissenschaften, wo Phänomene der Evolution ständig auftreten, häufig nur erste Annäherungen.

So wissen wir z.B. für unser Bevölkerungsbeisp., daß die Einführung der Anti-Babypille(neben anderem) zum 'Pillenknick' in der Bevölkerungsentwicklung einiger hochindustrialisierter Länder(etwa der BRD) führte, d.h. vor ihrer Einführung galt(grob angenähert; nimmt man den Zeitraum nach 1945, so ist dies sicher keine exakte Darstellung - man nehme etwa den Geburtenrückgang während des Koreakrieges-) eine Beziehung der Form

$$B(t) = Ce^{pt}$$, nach ihrer Einführung jedoch

$$\bar{B}(t) = Ke^{\bar{p}t}$$, $C, K \in \mathbb{R}$ Konstanten aus Anfangsbedingungen, $p > \bar{p}$.

Ein Modell wie das aus (4.1 - 4) ist hierfür sicher ungeeignet; vielmehr hängt p selbst von der Zeit ab, etwa:

$$(4.1 - 15) \qquad \frac{dB(t)}{dt} = p(t)B(t) \quad \text{mit} \quad p(t) = \begin{cases} p & \text{für } t \leq t^* \\ \bar{p} & \text{für } t > t^* \end{cases} .$$

Aber nicht nur stationäre Modelle dürften meist lediglich erste Annäherungen sein, auch die Linearitätseigenschaft in (4.1 - 10) wird häufig wenig realistisch sein.

So ist für viele sozialwissenschaftliche Systeme das Vorliegen eines Sättigungspunktes K charakteristisch. D.h. es gibt eine Grenze des Wachstums, die nicht überschritten werden kann. Modelliert man dies so, daß eine das Systemverhalten beschreibende Funktion $y(t)$ zwischen dem niedrigsten Niveau der Entwicklung, k (häufig $k = 0$), und dem Sättigungsniveau K zu jedem Zeitpunkt t proportional zum schon erreichten Niveau und zum noch verbleibenden Spielraum bis zur Erreichung von K steigt, so gelangt man zu folgendem Ansatz:

(4.1 - 16) $$y'(t) = \frac{b}{K}\, y(K - y) \qquad \text{für } k = 0 \quad , b \in \mathbb{R} \text{ ist Proport.konst.}$$

Gesucht ist die Lösung $y(t)$. Durch Trennung der Variablen gelangt man zu:

(4.1 - 17) $$\int \frac{K}{b} \cdot \frac{1}{y(K - y)}\, dy = \int dt = t + C \quad .$$

Wir berechnen das Integral auf der linken Seite durch Partialbruchzerlegung.

$$\frac{1}{y(K - y)} = \frac{a}{y} + \frac{d}{K - y} = \frac{aK + (d - a)y}{y(K - y)} \quad \text{, also:} \quad aK = 1, \quad d - a = 0 \,,$$

als Lösung aus dem Koeffizientenvergleich somit: $a = 1/K = d$.

$$\int \frac{K}{b} \cdot \frac{1}{y(K - y)}\, dy = \frac{K}{b} \int \left(\frac{1}{Ky} + \frac{1}{K(K - y)}\right) dy$$

$$= \frac{1}{b} \ln|y| - \frac{1}{b} \ln|K - y| = \frac{1}{b} \ln \frac{|y|}{|K - y|} \,,$$

somit:

$$t + C = \frac{1}{b} \ln \frac{|y|}{|K - y|} \,,$$ wobei C alle Integrationskonstanten 'auffängt'.

e - Funktion auf beiden Seiten:

$$e^{bt+bC} = \frac{|y|}{|K - y|} \,, \quad \text{oder:} \quad \frac{|K - y|}{|y|} = e^{-b(t+C)} \quad .$$

Nun ist $y \geqslant 0$ und $K - y \geqslant 0$ für alle y, da K Obergrenze; somit:

$$K - y - ye^{-b(t+C)} = 0 \quad \text{, oder}$$

(4.1 - 18) $$y(t) = \frac{K}{1 + e^{-b(t+C)}}$$, oder für geeignetes C_1:

(4.1 - 19) $$y(t) = \frac{K}{1 + C_1 e^{-bt}}$$, und $K > 0$.

(4.1 - 18) wird die symmetrische Form der logistischen Funktion genannt; ihre Zuwachsfunktion lautet:

(4.1 - 20) $$y'(t) = \frac{Kbe^{-b(t + C)}}{(1 + e^{-b(t + C)})^2}$$

$y'(t)$ ist symmetrisch um $t = -C$. Dieser Punkt $t = -C$ ist Maximum(bzw. Minimum) von $y'(t)$ für $b > 0$ (bzw. $b < 0$) und zugleich Wendepunkt von $y(t)$. Diese Eigenschaften sind in folgenden Skizzen festgehalten:

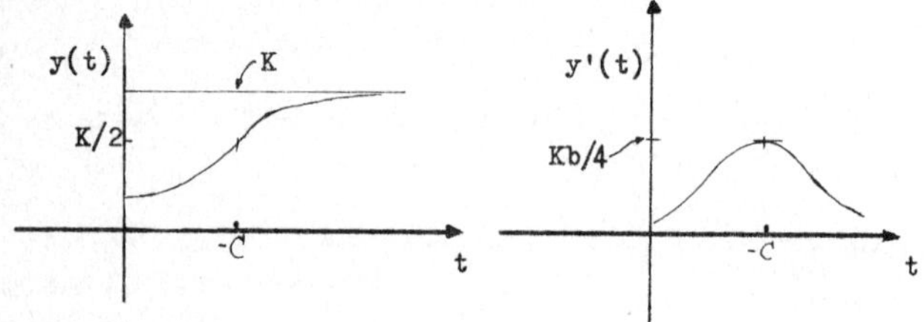

Gehen wir abschließend kurz auf die Lösung von (4.1 - 10) ein, wobei die $a_i(t)$ konstant seien.

Zunächst versuchen wir, alle Funktionen zu bestimmen, die diese Diff.gl. erfüllen, d.h. ohne Berücksichtigung von Anfangsbedingungen: Man spricht von der allg. Lösung. Unter diesen infrage kommenden Funktionen gibt es dann eine, die den Anfangsbedingungen genügt.
Um die allg. Lösung von (4.1 - 10) mit konstanten Koeffizienten zu erhalten, betrachten wir die allg. Lösung der zugehörigen homogenen Gleichung(also mit $f(t) = 0$). Denn es gilt: Ist $f(t)$ auf einem Intervall (c,c') stetig, so gilt für die Lösung der inhomogenen Gleichung:

(4.1 - 21) $$x(t) = x^*(t) + x_0(t)$$,

wobei $x^*(t)$ eine spezielle Lösung von (4.1 - 10) und $x_0(t)$

die allg. Lösung der homogenen Gleichung ist.
Diese allg. Lösung versuchen wir mit Hilfe von e - Funktionen zu bestimmen, d.h. $x(t) = e^{st}$, wobei $s \in \mathbb{C}$.
Wegen $D^n(e^{st}) = s^n e^{st}$ gilt mit Einsetzen:

(4.1 - 22) $$(a_0 s^n + \ldots + a_n)e^{st} = 0 \quad ,$$

d.h. da $e^{st} > 0$:

(4.1 - 23) $$a_0 s^n + \ldots + a_n = 0.$$

(4.1 - 23) heißt <u>charakteristische Gleichung</u> und ihre n Lösungen heißen <u>charakteristische Wurzeln</u> der Diff.gl. . Sind die Wurzeln $s_1,\ldots,s_n$ verschieden, so ist also

(4.1 - 24) $$x_0(t) = C_1 e^{s_1 t} + \ldots + C_n e^{s_n t}$$

die allg. Lösung der homogenen Diff.gl. mit $C_1,\ldots,C_n \in \mathbb{R}$ beliebig. Durch Anfangsbedingungen erhält man dann bestimmte $C_1,\ldots,C_n$ und somit eine diese Anfangsbedingungen genügende Lösung $x_0(t)$.
Die sich hier stellenden Fragen nach mehrfachen Nullstellen in (4.1 - 23), Bestimmung der C_i für bekannte Anfangsbedingungen, Auffinden einer speziellen Lösung des inhomogenen Systems werden in Kap.(4.2.1)beantwortet.

Die Frage, wann zu einer vorgegebenen Diff.gl. eine Lösungsfunktion existiert, kann nicht allg. beantwortet werden, für einige Diff. gl. gibt es bestimmte, auf Approx.betrachtungen beruhende Existenzsätze für Lösungen. Diese Sätze klären z.T. auch, wann Lösungen für das Anfangswertproblem eindeutig sind.

Da wir jedoch Approximationsverfahren in allg. Funktionenräumen nicht erörtert haben, verzichten wir auf eine Darstellung dieser Sätze, die jedoch in Walter (1972) leicht verständlich beschrieben sind. Eine ausführliche Diskussion findet man in Hartman(1964), Knobloch-Kappel(1974).

Schon recht simple nichtlineare Diff.gl.(z.B. logistische Funktion)sind relativ schwierig zu lösen. Für nichtlineare

Diff.gl. existiert keine allg. Lösungstheorie;Lösungen lassen sich nur für spezielle Gleichungen angeben(wenn überhaupt).

Allg. lassen sich drei Schwierigkeiten bei Diff.gl. unterscheiden:

(1) Hohe Komplexität, d.h. viele Variablen oder - wenn für jede Variable eine Diff.gl. vorliegt, und diese Diff.gleichungen sich rekursiv ineinander einsetzen lassen - eine Diff.gl. hoher Ordnung;

(2) nichtstationäre Diff.gl., d.h. Diff.gl. mit variablen Parametern;

(3) nichtlineare Diff.gl. .

Wir werden ein Instrumentarium aufzeigen, mit dem sich im Prinzip(d.h. ohne Berücksichtigung des Rechenaufwandes) (1) und (2) für den linearen Fall angehen lassen, wobei in (2) eine große Klasse von Parameterfunktionen(Polynome, e- und trigonometrische Funktionen) abgedeckt ist.

Im Fall von (3) oder wenn mehr als eine der drei Schwierigkeiten zugleich auftreten, sollte man auf jeden Fall auf Computerprogramme zurückgreifen. Dies führt unmittelbar in den Problembereich der approximativen Lösung von Diff.gl. und der Computersimulation, was wir aber hier nicht erörtern wollen.

Aufgaben:

w(1) Lösen Sie: $\frac{dy(t)}{dt} + y(t) = 1$ mit $y(0) = 0$!

w(2) Die Änderungsneigung des outputs eines Systems sei proportional der Differenz zwischen output und input. Formulieren Sie dies in Form einer Diff.gl., wobei die Proportionalitätskonstante positiv und der input die Form $x(t) = t$ habe. Geben Sie an, wie sich die Positivität der Prop.konst. auswirkt !

p(3) (Zuverlässigkeit eines Systems)

Ein soziales System sei wie folgt modelliert:

$n(t)$ sei die Anzahl der Komponenten des Systems, die zum Zeitpunkt t funktionieren. Im Zeitraum t bis Δt können nun (durch Krankheit, Tod, Sabotage etc.) Komponenten ausfallen; die Anzahl dieser Ausfälle ist offenbar gleich $n(t) - n(t + \Delta t)$. Durch Grenzübergang (Diff.barkeit von $n(t)$ vorausgesetzt) erhält man:

(1) $r(t) = - \frac{dn(t)}{dt}$, die Ausfallrate.

Die durchschnittliche Ausfallrate ist dann:

(2) $h(t) = \frac{r(t)}{n(t)}$.

Die Zuverlässigkeit des Systems sei nun def. als:

(3) $R(t) = \frac{n(t)}{N}$, also die relative Häufigkeit von funktionierenden Komponenten, bezogen auf die Anzahl aller Komponenten.

Dann ist die zeitliche Ausfallverteilung:

(4) $F(t) = 1 - R(t)$.

(a) Setzen Sie (4) in (2) ein und lösen Sie (2), wobei $h(t)$ zunächst als unbekannte Funktion in der Rechnung verbleibe. (Beachten Sie dabei, daß in $t = 0$ alle Komponenten funktionieren!)

(b) Nehmen Sie an, die durchschnittliche Ausfallrate sei in einem bestimmten Zeitintervall konstant gleich $1/a$; bestimmen Sie $F(t)$ und die zugehörige Dichte $f(t)$! Welches stochastische Modell entsteht?

Bemerkung: Häufig trifft man in der Praxis auf dieses Modell; seine Eigenschaften(konstante durchschnittliche Ausfallrate und stochastische Unabhängigkeit zwischen den Ausfällen) sind jedoch empirisch nachzu weisen.

p(4) (Innovationsmodell, deterministischer Diffusionsprozeß)

N sei die Anzahl von Personen in einer Gruppe, Abteilung,

Behörde etc.); n(t) sei die Anzahl von Personen, die eine Innovation übernommen haben(z.B. eine neue Technologie). Dann ist es plausibel zu spezifizieren:

1.) $\frac{dn}{dt}$ hängt von $N - n(t)$ ab ,

2.) zugleich jedoch auch von $a + bn(t)$ mit $a,b \in \mathbb{R}$ Parameter, d.h. von einer Konstanten für $n(t) = 0$ und proportional mit Faktor b .

Insgesamt also:

$$\frac{dn(t)}{dt} = [\bar{N} - n(t)][\bar{a} + bn(t)] \quad .$$

Lösen Sie diese Diff.gl. für $n(0) = 1$.

Nehmen Sie eine Sensitivitätsanalyse hinsichtlich des Gruppenumfanges vor ! Was geschieht für $t \to \infty$?

Lit.: Coleman(1964) .

In den vorigen Ausführungen sind wir von Funktionen $x = f(t)$ ausgegangen, deren Werte x für alle $t \in A \subseteq \mathbb{R}$ (A offenes Intervall) definiert sind, insbesondere auch in jeder beliebigen(noch so kleinen)Umgebung von jedem $t \in A$.

Gerade in den Sozialwissenschaften treten jedoch häufig Fälle auf, bei denen eine von t abhängige Variable nur für bestimmte t's Ausprägungen besitzt(z.B. monatliche Einkommen).

Derartige Funktionen heißen diskrete Funktionen. Wir wollen hier nur solche diskreten Funktionen betrachten, für die aufeinanderfolgende Zeitpunkte gleichen Abstand haben, d.h. ist $B = \{ t_i / i \in \mathbb{N} \} \subseteq \mathbb{Z}$ die Menge der Zeitpunkte, dann gelte:

(4.1 - 26) $$t_{i+1} - t_i = c \in \mathbb{Z} \text{ für alle } i \in \mathbb{N} \quad .$$

I.A. wird $B = \mathbb{Z}$ oder $B = \mathbb{N}$ sein. Zur Unterscheidung von kontinuierlichen Funktionen $x(t)$ sei im diskreten Fall x_t geschrieben. Der Aspekt der Dynamik wird nun dadurch eingefangen, daß x

zum Zeitpunkt t von einer früheren Ausprägung von x abhängig ist. Ein einfaches Beisp. ist:

(4.1 - 27) $\qquad x_t = ax_{t-1} \qquad$ mit $a \in \mathbb{R}$ Parameter für alle $t \in B$.

Subtrahiert man auf beiden Seiten x_{t-1} , so entsteht:

$$x_t - x_{t-1} = (a - 1)x_{t-1} \quad .$$

Für lineare Differenzengleichungen mit konstanten Koeffizienten bleibt die Gleichheit erhalten, wenn man für t beliebige Elemente aus B einsetzt, insbesondere kann man also um eine Zeiteinheit vorrücken. Dann erhält man:

(4.1 - 28) $\qquad x_{t+1} - x_t = (a - 1)x_t \quad .$

Dies ist eine <u>Differenzengleichung</u>, da die Differenz aufeinanderfolgender Ausprägungen von x_t abhängig ist.

Wir definieren einen Differenzenoperator durch:

<u>Def. 1</u>: $\Delta(x_t) := x_{t+1} - x_t$ für alle $t \in B$,

in einfacherer Schreibweise: Δx_t .

Allg. definiert man:

<u>Def. 2</u>: Setzt eine Gleichung eine Funktion x_k mit $k \in B \subseteq \mathbb{Z}$ mit ihren Differenzen $\Delta x_k, \Delta^2 x_k, \ldots, \Delta^n x_k$ in Beziehung, so heißt sie <u>Differenzengleichung</u>, wobei $\Delta^i x_k$ die i - malige Anwendung von Δ bedeutet.

Oft wird k die Zeit t sein.

Betrachten wir z.B. :

(4.1 - 29) $\qquad \Delta^2 x_k + \Delta x_k = k + 1 \quad .$

Darin ist $\Delta^2 x_k = \Delta(\Delta x_k) = \Delta(x_{k+1} - x_k)$

$$= x_{k+2} - x_{k+1} - (x_{k+1} - x_k) = x_{k+2} - 2x_{k+1} + x_k$$

$$= \Delta x_{k+1} - \Delta x_k \quad .$$

Zur Zulässigkeit dieser Δ- Operation siehe Aufg. w(5) !

Somit entspricht (4.1 - 29) in der Schreibweise von (4.1 - 27)

$$\Delta^2 x_k + \Delta x_k = x_{k+2} - x_{k+1} = k + 1$$

oder durch Zurückschreiten um eine k - Einheit:

(4.1 - 30) $\quad x_{k+1} - x_k = k \quad .$

Betrachten wir als Anwendungsbeisp. von (4.1 - 27) das einfache Lernmodell aus LuM I, p(4) S. 142 :

(4.1 - 31) $\quad p_k = bp_{k-1} \quad$ mit $b \in \mathbb{R}$, $k \in B \subset \mathbb{Z}$

wobei p_k die Wahrscheinlichkeit einer richtigen Problemlösung im Problemlösungsversuch k (z.B. in einem Lernexperiment) sei. Versuchen wir, (4.1 - 31) zu lösen. Dazu müssen wir davon ausgehen, daß der durch (4.1 - 31) beschriebene Prozeß vor endlich langer Zeit einmal begonnen hat. Durch geeignetes Vor- oder Zurückrücken in k läßt sich dann o.B.d.A. dieser Startzeitpunkt mit k = 0 angeben, so daß $k \in \mathbb{N}$. Da $(p_k)_{k \in \mathbb{N}}$ offensichtlich eine Folge darstellt, besteht die Lösung also darin, eine Formel F(k) anzugeben, die das allg. Glied der Folge darstellt. Durch rekursives Einsetzen:

$$p_1 = bp_0 \; , \; p_2 = bp_1 = bbp_0 = b^2 p_0, \; \dots \; , \; p_k = b^k p_0$$

gelangt man zu:

(4.1 - 32) $\quad F(k) = b^k p_0$

ist Lösung von (4.1 - 31), sofern der Anfangswert p_0 bekannt ist.

Für $b \in (-1,1)$ gilt: $\lim_{k \to \infty} F(k) = 0$, für b = 1 gilt: $F(k) = p_0$ für alle k , für $|b| > 1$ divergiert (p_k) .

Da es sich bei $F(k) = p_k$ um Wahrscheinlichkeiten handelt, dürfte der letztere Fall nur lokal (d.h. für einige k) eine angemessene Darstellung sein.

Kehren wir nun zum allg. Fall zurück:

Def. 3: Eine Differenzengleichung (im folgenden Differ.gl.), in der der Differenzenoperator Δ^n auftritt, heißt Differ.gl. n - ter Ordnung, wenn es kein Δ^m gibt mit $m > n$.

Beisp.: $y_{k+2} - y_{k+1} + 2y_k = 3$ ist von 2.Ordnung

$y_k - 2y_{k-9} = 1$ ist von 9.Ordnung

Differ.gl. vom Typ (4.1 - 27), also 1. Ordnung, sind offensichtlich elementar zu lösen. Häufig gelangt man durch rekursives Einsetzen und scharfes Hinsehen auch bei schwierigeren Differ.gl. zu einer Lösung.

Für Differ.gl. kann nun analog zu Diff.gl. das Anfangswertproblem formuliert werden:

Für eine Differ.gl. n - ter Ordnung (nicht notwendig mit konstanten Koeffizienten)

$$(4.1 - 33) \qquad p_n(k)x_{k+n}^{l_n} + p_{n-1}(k)x_{k+n-1}^{l_{n-1}} + \dots + p_0(k)x_k^{l_0} = q(k) \quad \text{mit } p_n(k) \neq 0$$

seien n aufeinanderfolgende x - Werte gegeben, dann heißt eine Lösung dieser Differ.gl., die die gegebenen n Werte annimmt, eine Lösung der Differ.gl. für dieses Anfangswertproblem.

$p_n(k) \neq 0$ ist zu fordern, da die Gleichungen nach Einsetzen der n Werte sonst überbestimmt wären; aufeinanderfolgende Werte(d.h. für $k = r$, $k = r+1, \dots, k = r+n$)sind zu fordern, damit sukzessive die nachfolgenden x - Werte berechnet werden können.

Wie bei Diff.gl. sind allg. Existenz- und Eindeutigkeitssätze für die Lösung von Differ.gl.(und für das Anfangswertproblem) nicht verfügbar. In speziellen Fällen(z.B. für lineare Differ.-gl.) können diese Sätze jedoch auch hier bewiesen werden (das obige Anfangswertproblem besitzt z.B. für lineare Differ.-gl. stets eine eindeutige Lösung). Für allgemeinere Sätze siehe z.B. Brand(1966).

Analog zur Diff.gl.problematik lassen sich auch bei Differ.gl. die genannten drei Schwierigkeiten Komplexität, Nichtstationarität und Nichtlinearität unterscheiden.

Wir werden auch hier ein Instrumentarium entwickeln, mit dem sich eine relativ große Klasse von Differ.gl., die die beiden ersten Schwierigkeiten aufweisen, rechnerisch bewältigen läßt.

Ob man ein Modell unter Verwendung von Diff.gl. oder Differ.gl. oder gemischt aus beiden spezifiziert, läßt sich nicht allg. in Regeln fassen; dies hängt vom konkreten Problem ab.
Allg. läßt sich sagen: Modelle mit Diff.gl. lassen sich meist analytisch leichter handhaben; andererseits läßt die Datenlage (relativ lange Zeitspannen zwischen den einzelnen Variablenausprägungen) oft eine Modellierung mit Differ.gl. geeigneter erscheinen.

Aufgaben:

w(5) Zeigen Sie, daß Δ ein Operator(also eine lineare Transformation) ist !

w(6) Bestimmen Sie die Lösung von $x_{k+1} = px_k + q$ bei vorgegebenem x_0 und $p \neq 1$!

p(7) (Für Knobler) Hin und wieder stößt man bei sozialwissenschaftlicher Modellierung auf den Fall, daß zwar theoretisch ein kontinuierliches System vorliegt, daß jedoch nur zu diskreten Zeitpunkten Ausprägungen der das System beschreibenden Variablen beobachtbar sind. Daher kann es von Nutzen sein, eine Differ.gl. in die zugehörige Diff.gl. umzuwandeln.
Umgekehrt tritt manchmal das Problem auf, die Parameter einer Diff.gl. aus diskreten Daten einer Zeitreihe zu schätzen; dazu ist die Diff.gl. in die zugehörige Differ.-gl. umzuwandeln. Deren Koeffizienten sind zu schätzen ,

und sodann ist die Umwandlung rückgängig zu machen.

Gegeben sei $\frac{dy}{dt} = ay + b$ mit $y(t_0) = y_0$.

(a) Finden Sie die zugehörige Differ.gl. y_k !

(b) Lösen Sie die Differ.gl. aus (a) und machen Sie den Grenzübergang $\lim_{\Delta k \to 0}$; Sie erhalten dann die Lösung der Diff.gl. .

<u>Hinw.</u>: $t - t_0 = k \Delta k$ für $t = t_k$.

(Damit ist zugleich der Schätzvorgang in seinen Schritten beschrieben: Diff.gl. ⟶ Differ.gl. ⟶ Schätzung der Parameter ⟶ Lösung der Differ.gl. ⟶ Grenzübergang)

Vgl.: Land(1970)

p(8) (Stabilitätsbetrachtungen in der Ökologie)

In der Ökologie sind folgende graphische Darstellungen üblich: y_t bezeichne die(geschätzte)Anzahl der Lebenden einer Species zum Zeitpunkt t . Dann plottet man y_t gegen y_{t+1} und betrachtet die 45°- Linie $y_t = y_{t+1}$ als gleichgewichtigen Wachstumspfad.

(a) Diskutieren Sie folgende Kurve

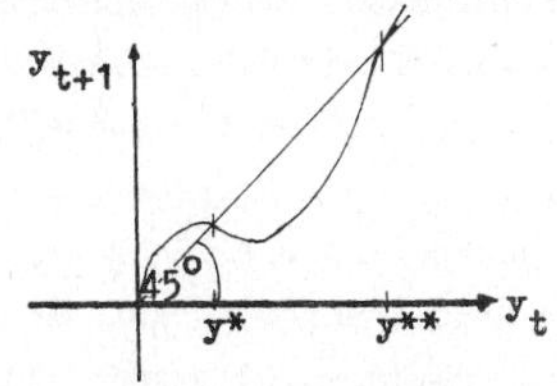

(b) Diskutieren Sie folgende Kurve unter dem Aspekt des Umweltschutzes(d.h. der Species-Erhaltung) und unter dem Aspekt der Prognose.

$\hat{y}_{t+1}$ bezeichnet den für Prognosen zu verwendenden Schätzwert von y_{t+1}, der schraffierte Bereich gibt den Vertrauensbereich der Schätzung(d.h. den Bereich, in dem auf Grund der gegebenen Datenlage und des verwendeten Modells die nicht unwahrscheinlichen Prognosen liegen werden).

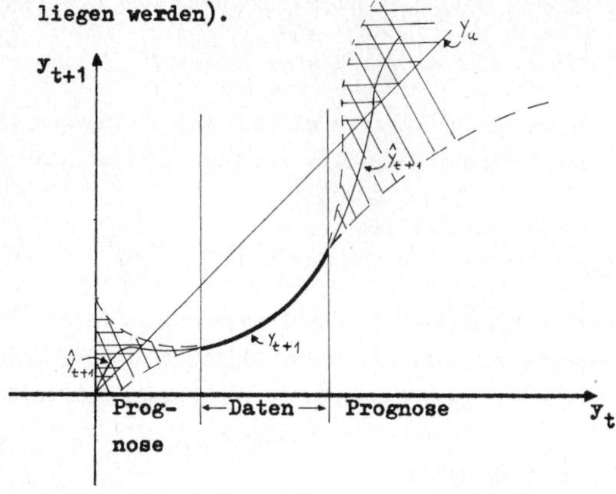

p(9) (Adaptive Prognosen, exponential smoothing)

Ein stochastischer Prozeß $\left\{X_t / t = 0,1,2,\ldots\right\}$ sei empirisch realisiert durch die Zeitreihe $\left\{x_t / t = 0,1,2,\ldots\right\}$.
Gerade in den Sozialwissenschaften tritt relativ häufig der Fall auf, daß man ein stationäres Modell spezifiziert für einen stochastischen Prozeß, der in Wirklichkeit nichtstationär ist(was man jedoch u.U. erst später bemerkt). Das hat zur Folge, daß weiter zurückliegende Ausprägungen weniger geeignet zur Prognose aktueller oder künftiger Ausprägungen sind als näher an der Gegenwart liegende, da sich inzwischen(z.B. auf Grund von Evolutionseffekten) der damals existierende 'Trend' geändert hat.(Man erinnere sich, daß Mittelwert und/oder Varianz bei nichtstationären stochastischen Prozessen mit der Zeit variieren)
Eine Prognose von nichtstationären Prozessen, für die noch kein angemessenes Modell vorliegt, muß daher adaptiven Charakter haben.

Betrachten wir dazu $\{x_t\}$, es mögen n Ausprägungen vorliegen. In t = n-1 sei eine Prognose für n erstellt, bezeichnet mit $\hat{x}_{n-1}(n)$. Da x_n realisiert ist, steht in t = n der Fehler $x_n - \hat{x}_{n-1}(n)$ fest. Ist nun in n eine Prognose für t = n+1 zu erstellen, also $\hat{x}_n(n+1)$, so ist plausibel, dafür anzusetzen:

$$\hat{x}_n(n+1) = \hat{x}_{n-1}(n) + a[x_n - \hat{x}_{n-1}(n)] \quad \text{mit} \quad a \in [0,1],$$

also gleich Prognose für n plus Fehler bei dieser Prognose, mal einem Gewichtungsfaktor a, der die Fähigkeit charakterisiert, aus Fehlern zu lernen(a kann somit -zumindest ex post- auch als Evolutionskonstante interpretiert werden; man beachte die Analogie zu einfachen Lernmodellen(siehe z.B. LuM I)).

Berechnen Sie $\hat{x}_n(n+1)$ durch rekursives Einsetzen als Funktion zurückliegender gewichteter Ausprägungen !

Hängt die Gewichtungsintensität vom Zeitpunkt der jeweiligen Ausprägung ab; wenn ja, wie ?

<u>Bemerkung</u>: Das hier beschriebene Verfahren ist das einfache exponential smoothing. Es ist dann anwendbar, wenn ein Mittelwert m_t eine hinreichende Approximation für x_t in einer Umgebung von t darstellt. Ist dies nicht der Fall, gilt z.B.

$$x_{t+k} = a_t + b_t k \quad ,$$ so sind mehrfache Glättungen(multiple expon. smoothing) notwendig.

Lit.: Brown(1962)

(4.2.) Laplace - und Z - Transformation

Wir wollen uns im folgenden das bereits bei der Darstellung der charakteristischen Funktion(bzw. erzeugenden Funktion) verwendete Instrumentarium zunutze machen, um einen weiten Bereich von Problemen dynamischer Systeme elegant und auf operationale Weise angehen zu können. Dabei handelt es sich um einen Übergang vom Zeitbereich in den Frequenzbereich, so daß man beide Transformationen(künftig kurz"Trafos") auch im Rahmen einer spektralanalytischen Darstellung systematisch erörtern könnte.

Wir wollen darauf(insbesondere auf die Beziehungen zwischen diesen Trafos und der Fourier-Trafo)jedoch verzichten.

(4.2.1.) Die Laplace - Transformation

Dynamische Systeme in den Sozialwissenschaften besitzen eine endliche Geschichte. D.h. es läßt sich prinzipiell ein Zeitpunkt t_0 angeben, in dem die Entwicklung des Systems (die es beschreibenden Prozesse) begann. Gerade für derartige Systeme mit vorhandener Spezifikation von Anfangsbedingungen ist die Laplace - Trafo geeignet.

Eine Trafo ist eine Abb. von einem <u>Originalbereich</u> Ω in einen <u>Bildbereich</u> B (Ω und B sind Bereiche von Funktionen). In Ω liegen die das System beschreibenden Zeitfunktionen *) f(t), in B die Laplace - Transformierten von f(t).

Also:

$$\Omega \xrightarrow{\text{Trafo}} B$$

$$\mathcal{L}: \Omega \longrightarrow B$$

$$f(t) \longmapsto \mathcal{L}[f(t)]$$

In B gelten dann nicht nur einfachere Operationsregeln, sondern häufig lassen sich in B rasch wesentliche Eigenschaften des Systems feststellen, d.h. Aussagen über Sachverhalte in Ω machen. So werden wir z.B. sehen, daß einem System von Diff.gl. in Ω ein algebraisches Gleichungssystem in B entspricht, auf

---

*)Wir beschränken uns hier aus didaktischen Gründen von vornherein auf Zeitfunktionen, selbstverständlich kann t irgendeine reelle Variable darstellen.

das somit die in Kap.(2.) aufgezeigten Verfahren angewandt werden können.

In Anlehnung an Doetsch(1967) läßt sich folgendes Arbeitsschema aufstellen:

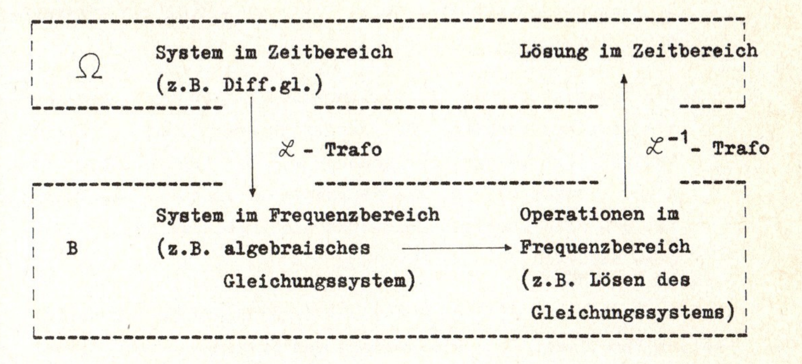

Die $\mathcal{L}$ - Trafo ist eine Integral - Trafo von f(t). O.B.d.A. können wir $t_0 = 0$ setzen und die Systementwicklung von t = 0 bis $t = \infty$ betrachten. Daher genügt es für unsere Zwecke, die einseitige $\mathcal{L}$ - Trafo aufzuzeigen. Das darin auftretende Integral erstreckt sich von 0 bis ∞.

Ist durch die Rück - Trafo $\mathcal{L}^{-1} : B \longrightarrow \Omega$ das dynamische Verhalten des Systems für alle Zeitpunkte bekannt, so wird man dieses Verhalten bei konkreten Anwendungen häufig nur für endliche t - Werte betrachten.

<u>Def. 1</u>: $f(t) \in \Omega$ sei eine reellwertige Funktion.

$$\mathcal{L}[f(t)](s) := \int_0^\infty e^{-st} f(t)\,dt =: F(s) \tag{4.2 - 1}$$

mit $s = \alpha + j\omega$, d.h. $s \in \mathbb{C}$, heißt <u>Laplace - Transformierte</u> von f(t) ; $F: \mathbb{C} \longrightarrow \mathbb{C}$, $s \longmapsto F(s)$.

Die $\mathcal{L}$ - Trafo von Funktionen f,g,h,... werden wir mit den entsprechenden Großbuchstaben F,G,H,... bezeichnen.

<u>Bemerkung</u>: Die $\mathcal{L}$ - Trafo läuft also in folgenden Schritten ab:

Gegeben ist eine Funktion $f: \mathbb{R} \longrightarrow \mathbb{R}$ mit $f(t) = 0$ für

$t < 0$. Es wird nun eine neue Funktion l konstruiert, die von der reellen Variablen t und den Parametern f und s abhängt:

$$l(t/f,s) = e^{-st}f(t) \quad , \text{ also: } l\colon \mathbb{R} \longrightarrow \mathbb{C} \; .$$

l wird nun integriert, um zu $\mathcal{L}(f)(s) = F(s)$ zu gelangen, d.h.

$$\mathcal{L}\colon \mathbb{C} \longrightarrow \mathbb{C} \; .$$

Die Integration von l verlangt die Integration einer komplexwertigen Funktion. Für derartige Funktionen $g\colon \mathbb{R} \longrightarrow \mathbb{C}$ verläuft die Integration genauso wie bei reellwertigen Funktionen, indem man j als Konstante betrachtet. Das Integral ist nun eine komplexe Zahl, und die Regeln in Kap.(3.2) sind anzuwenden.

Welche Funktionen f(t) sind nun $\mathcal{L}$- transformierbar, d.h. für welche Funktionen f(t) konvergiert das Integral $\int_0^\infty e^{-st}f(t)dt$?

'Kumuliert' man die mit e^{-st} gewichteten Werte von f(t) in Form des Integrals aus Def. 1 , so sieht man sofort, daß dieses Integral nur dann einen endlichen Wert besitzt, d.h. konver - giert, wenn $|f(t)|$ nicht schneller als die Gewichtung wächst. Wir wollen hier nur solche f(t) betrachten, die für $t \geqslant 0$ (zumindest stückweise) stetig sind.

Def. 2: f(t) heißt von exponentieller Ordnung, wenn gilt:
Es gibt ein $a \in \mathbb{R}$ und ein $K \in (0,\infty)$ mit

(4.2 - 2) $$e^{-at}|f(t)| < K \quad \text{für alle } t \; .$$

Beispiele:

(1) Jede beschränkte Funktion ist von exponentieller Ordnung mit $a = 0$; denn es existiert eine Schranke M für f(t), so daß $e^0|f(t)| < M = K$

(2) $g(t) = e^{ct}\cos 2\pi ft$, c und f Parameter , ist von exponentieller Ordnung; denn für $a = c$ gilt:
$$e^{-ct}|g(t)| = e^{-ct}e^{ct}|\cos 2\pi ft| = 1|\cos 2\pi ft| \leqslant 1 = K - 1 \; .$$

Satz 1:(Existenzsatz) f(t) sei eine Funktion der reellen Variablen t und $t \geqslant 0$. Es mögen $a,K \in (0,\infty)$ existieren, so daß für alle t gilt: $e^{-at}|f(t)| < K$.

Dann existiert

$$\mathcal{L}[f(t)](s) = \int_0^\infty e^{-st} f(t)dt \quad \text{mit } s = \alpha + j\omega \in \mathbb{C}, \tag{4.2 - 3}$$

sofern $\alpha > a > 0$.

Es sei darauf hingewiesen, daß auch Funktionen, die die Bedingungen von Satz 1 nicht erfüllen, $\mathcal{L}$- transformierbar sein können, so daß Satz 1 lediglich eine hinreichende Bedingung angibt.

Existiert nun die $\mathcal{L}$- Trafo von f für ein $s \in \mathbb{C}$ mit $s = \alpha + j\omega$, so existiert sie für alle $z \in \mathbb{C}$ mit $Re(z) > \alpha$, d.h. die Existenz(also die Konvergenz) des Integrals hängt nur vom Realteil von s ab.

Genauer gilt: Für jede $\mathcal{L}$- transformierbare Funktion f existiert eine eindeutig bestimmte reelle Zahl c_f , so daß das Integral $\int_0^\infty e^{-st} f(t)dt$ für alle $z \in \mathbb{C}$ mit $Re(z) > c_f$ existiert,

d.h. zu f ist $F(s)$ definiert auf einer offenen Halbebene von $\mathbb{C}$:

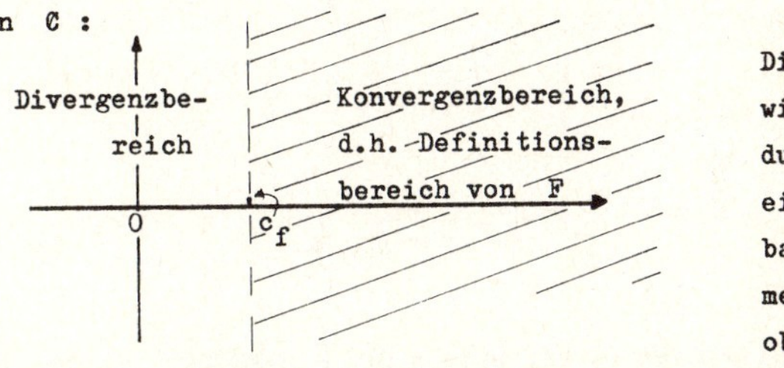

Die $\mathcal{L}$- Trafo wird nun dadurch zu einem brauchbaren Instrumentarium(im obigen Sinne), daß nach Rechnungen im Bildbereich dem Ergebnis(sofern auch dieses im Bildbereich von $\mathcal{L}$ liegt) genau eine entsprechende Funktion im Originalbereich zuordnenbar ist, d.h. die $\mathcal{L}$- Trafo ist injektiv und es gilt:

<u>Satz 2</u>: (Eindeutigkeitssatz) $f_1(t)$ und $f_2(t)$ mögen dieselbe $\mathcal{L}$- Trafo besitzen; dann gilt:

$$\mathcal{L}^{-1}[\mathcal{L}f_1(t)] = \mathcal{L}^{-1}[\mathcal{L}f_2(t)], \text{ d.h. } f_1(t) = f_2(t). \tag{4.2 - 4}$$

Ebenso wie die Menge der $\mathcal{L}$- transformierbaren Funktionen kann

auch die Menge der rücktransformierbaren Funktionen nicht durch einfache Kriterien charakterisiert, d.h. genau angegeben werden(vgl. S.-415-). Zur Berechnung der $\mathcal{L}$- Trafo von Funktionen f gehen wir daher wie folgt vor:
Zunächst werden für einige (einfache) Funktionen f die $\mathcal{L}(f)$ direkt berechnet, dann wird diskutiert, wie aus diesen Funktionen zusammengesetzte Funktionen transformiert werden, und abschließend wird das Verhalten von $\mathcal{L}$ gegenüber Differenzieren und Integrieren betrachtet. Mit diesem Instrumentarium können dann Diffgl. und Diffgl.systeme berechnet werden.

Einige <u>Beispiele:</u>

(1) $f(t) = A$; $\mathcal{L}[A](s) = \int_0^\infty e^{-st}A\,dt = -\frac{A}{s}e^{-st}\Big|_0^\infty = \frac{A}{s}$,

speziell für $A = 1$:

(4.2 - 5) $\mathcal{L}[1](s) = 1/s$ für $Re(s) = \alpha > 0$.

(2) $f(t) = e^{-bt}$; $\mathcal{L}[e^{-bt}](s) = \int_0^\infty e^{-st}e^{-bt}dt = \int_0^\infty e^{-(s+b)t}dt$

$$= -\frac{e^{-(s+b)t}}{s+b}\Big|_0^\infty \text{ , somit:}$$

(4.2 - 6) $\mathcal{L}[e^{-bt}](s) = \frac{1}{s+b}$ für $Re(s+b) > 0$, d.h. für alle $\alpha > 0$.

(3) $f(t) = \sin 2\pi ft$, wir setzen $2\pi f = b \in \mathbb{R}$;

$\mathcal{L}[\sin bt](s) = \int_0^\infty e^{-st}\sin bt\,dt$; durch partielle Integration($h(t) = \sin bt$, $g'(t) = e^{-st}$) :

$$\underbrace{\int_0^\infty e^{-st}\sin bt\,dt}_{A} = \underbrace{-\frac{1}{s}e^{-st}\sin bt\Big|_0^\infty}_{B} - \int_0^\infty -\frac{1}{s}e^{-st}b\cos bt\,dt$$

Das letzte Integral wiederum partiell integriert:

$$\frac{b}{s}\int_0^\infty e^{-st}\cos bt\, dt =$$

$$= \frac{b}{s}\left[\underbrace{-\frac{1}{s} e^{-st}\cos bt}_{C}\Big|_0^\infty - \int_0^\infty -\frac{1}{s} e^{-st} b(-\sin bt)dt\right]$$

Somit gilt:

$$A = B\Big|_0^\infty + \frac{b}{s} C\Big|_0^\infty - \frac{b^2}{s^2} A \quad , \quad \text{also:}$$

$$A = \frac{B\Big|_0^\infty + \frac{b}{s} C\Big|_0^\infty}{1 + \frac{b^2}{s^2}} = \frac{b/s^2}{1 + \frac{b^2}{s^2}} \quad , \text{ somit:}$$

(4.2 - 7) $$\mathcal{L}[\sin bt] = \frac{b}{s^2 + b^2} \quad \text{für geeignete } \alpha > 0 \quad .$$

(4) $f(t) = t$; $\mathcal{L}[t](s) = \int_0^\infty e^{-st} t\, dt$; durch partielle Integration mit $h(t) = t$, $g'(t) = e^{-st}$:

$$\mathcal{L}[t](s) = -\frac{te^{-st}}{s}\Big|_0^\infty + \int_0^\infty \frac{1}{s} e^{-st}dt = 0 + 1/s^2 \quad , \text{ also:}$$

(4.2 - 8) $$\mathcal{L}[t](s) = 1/s^2 \quad \text{für geeignete } \alpha > 0 \quad .$$

(5) $f(t) = t^n \; (n = 1,2,\ldots)$;

$$\mathcal{L}[t^n](s) = \frac{t^n e^{-st}}{-s}\Big|_0^\infty + \frac{n}{s}\int_0^\infty t^{n-1}e^{-st}dt$$

$$= \frac{n}{s}\int_0^\infty t^{n-1}e^{-st}dt = \frac{n}{s}\mathcal{L}[t^{n-1}](s) \text{ für } \alpha > 0.$$

Durch Induktion(oder die Beziehung:

$$\int_0^\infty t^{n-1}e^{-\tau}d\tau = \Gamma(n) \text{ mit } \tau = st):$$

(4.2 - 9) $$\mathcal{L}[t^n] = n!/s^{n+1} \quad , \text{ für geeignete } \alpha > 0 \; .$$

In analoger Weise erhalten wir die Eintragungen in Tab.1 (große Buchstaben bezeichnen Konstanten):

Tab. 1

No.	f(t)	F(s)
1	1	$1/s$
2	e^{At}	$1/(s - A)$
3	$\sin At$	$\frac{A}{s^2 + A^2}$
4	$\cos At$	$\frac{s}{s^2 + A^2}$
5	t^n $(n = 1,2,...)$	$n!/s^{n+1}$
6	$t^n \cos At$	$j=\sqrt{-1}$: $\frac{n![(s + jA)^{n+1} + (s - jA)^{n+1}]}{2(s^2 + A^2)^{n+1}}$ (*)
7	$t^n \sin At$	$j=\sqrt{-1}$: $\frac{n![(s + jA)^{n+1} - (s - jA)^{n+1}]}{2j(s^2 + A^2)^{n+1}}$ (*)
8	$\sin(Bt + C)$	$\frac{s \sin C + B \cos C}{s^2 + B^2}$
9	$\cos(Bt + C)$	$\frac{s \cos C - B \sin C}{s^2 + B^2}$
10	$t^n f(t)$	$(-1)^n \frac{d^n}{ds^n} F(s)$

(*) Man beachte den Satz von Moivre

Hier sind nur die gebräuchlichsten Trafos aufgelistet. Weitere Trafos sind der Spezialliteratur zu entnehmen (z.B. Nixon(1964), Doetsch(1967)).

Wir wollen nun einige wichtige Eigenschaften der $\mathcal{L}$- Trafo aufzeigen.

Da es sich um eine Integral - Trafo handelt, und $\int$ ein linearer Operator ist, liegt die Vermutung nahe, daß auch $\mathcal{L}$ ein linearer Operator ist. In der Tat folgt unmittelbar aus Def. 1(Vgl. Aufg. w(2)!), sofern man die Konvergenzbereiche beachtet:

$$(4.2 - 10) \qquad \mathcal{L}[af_1(t) + bf_2(t)](s) = a\mathcal{L}[f_1(t)](s) + b\mathcal{L}[f_2(t)](s) \; .$$

<u>Beisp.</u>: $f(t) = \sin^2 at$; wegen: $\sin^2 at = \frac{1 - \cos 2at}{2}$:

$$\mathcal{L}[\sin^2 at](s) = \mathcal{L}[\tfrac{1}{2} - \tfrac{1}{2}\cos 2at](s)$$

$$= \tfrac{1}{2}\mathcal{L}[1](s) - \tfrac{1}{2}\mathcal{L}[\cos 2at](s)$$

Aus Tab. 1 entnehmen wir:

$$\mathcal{L}[\sin^2 at](s) = \frac{1}{2} \cdot \frac{1}{s} - \frac{1}{2} \cdot \frac{s}{s^2 + 4a^2}$$

$$(4.2 - 11) \qquad = \frac{2a^2}{s(s^2 + 4a^2)}$$

Gerade die in den Sozialwissenschaften betrachteten Systeme besitzen nicht die Eigenschaft unendlich schneller Reaktion, vielmehr verstreicht bis zur Reaktion eine 'Totzeit' $\tau > 0$. Zeitfunktionen, die dies berücksichtigen, haben dann die Form:

$$f(t - \tau) = 0 \text{ für } t < \tau \; .$$

Hierfür gilt der <u>1. Verschiebungssatz</u> :

$$(4.2 - 12) \qquad \mathcal{L}[f(t - \tau)](s) = e^{-\tau s}F(s) \quad \text{für } \tau > 0 \text{ und } \alpha \, ,$$

so daß $F(s)$ im Sinne von Satz 1 konvergiert.

Bei der Rücktrafo ist zu beachten, daß $f(t - \tau) = 0$ für $t < \tau$.

<u>Beisp.</u>: Nach (4.2 - 7) wissen wir, daß $\mathcal{L}[\sin 2t](s) = 2/(s^2 + 4)$.

Tritt nun in einem Modell ein

$F(s) = e^{-s}\frac{2}{s^2+4}$ auf, so ergibt die Rück - Trafo:

$$\mathcal{L}^{-1}\left[e^{-s}\frac{2}{s^2+4}\right](t) = \sin[2(t-1)] \quad \text{mit } 0 \text{ für } t<1 .$$

Hin und wieder trifft man allerdings auch auf antizipatorische Systeme, die im Zeitpunkt t bereits den Wert $f(t+\theta)$ mit $\theta > 0$ annehmen. Für diese Fälle gilt der <u>2. Verschiebungssatz</u>:

$$\text{(4.2 - 13)} \qquad \mathcal{L}[\bar{f}(t+\theta)](s) = e^{\theta s}\left[\bar{F}(s) - \int_0^\theta e^{-st}f(t)dt\right]$$

für $\theta > 0$.

Weiterhin sind die Fälle relevant, in denen eine Funktion $f(t)$ exponentiell erregt oder gedämpft wird. Hierfür gelten der <u>Erregungs</u>- bzw. der <u>Dämpfungssatz</u>:

a sei eine Zahl, so daß für $\alpha > a$ $\mathcal{L}[\bar{f}(t)](s)$ im Sinne von Satz 1 konvergiert, $b \in \mathbb{C}$:

$$\text{(4.2 - 14)} \qquad \mathcal{L}[e^{bt}f(t)](s) = F(s-b) \quad \text{für } \alpha > a + \mathrm{Re}(b) .$$

Für alle α, für die $\mathcal{L}[\bar{f}(t)](s)$ im Sinne von Satz 1 konvergiert, gilt:

$$\text{(4.2 - 15)} \qquad \mathcal{L}[e^{-ct}f(t)](s) = F(s+c) \quad \text{für } c \in \mathbb{C} .$$

Schließlich ist der Ähnlichkeitssatz für praktische Berechnungen nützlich:

$\mathcal{L}^{-1}[\bar{F}(s)](t) = f(t)$; ist $a > 0$ eine Konstante, so gilt:

$$\text{(4.2 - 16)} \qquad \mathcal{L}[\bar{f}(at)](s) = \frac{1}{a}F\left(\frac{s}{a}\right)$$

bzw.

$$\text{(4.2 - 17)} \qquad \mathcal{L}^{-1}[\bar{F}(as)](t) = \frac{1}{a}f\left(\frac{t}{a}\right) .$$

Verwenden wir exemplarisch (4.2 - 16) zur Berechnung von

$\mathcal{L}[\cos bt](s)$. Durch partielle Integration berechnet man rasch:

$\mathcal{L}[\cos t](s) = s/(s^2+1)$. Nach (4.2 - 16) ist dann:

(4.2 - 18) $$\mathcal{L}[\cos bt](s) = \frac{1}{b} \cdot \frac{s/b}{(\frac{s}{b})^2+1} = s/(s^2+b^2).$$

Mit Hilfe der Regeln (4.2 - 10) bis (4.2 - 17) und Tab. 1 lassen sich nun die $\mathcal{L}$- Trafos auch von relativ komplizierten Funktionen angeben.

Beisp.: $f(t) = e^{-at}\cos(\beta t + \psi)$; a, β, ψ konstante reelle Zahlen.

No. 9 aus Tab. 1:

$$\mathcal{L}[\cos(\beta t + \psi)](s) = \frac{s\cos\psi - \beta\sin\psi}{s^2+\beta^2} ;$$

nach (4.2 - 15):

$$\mathcal{L}[e^{-at}\cos(\beta t + \psi)](s) = \frac{(s+a)\cos\psi - \beta\sin\psi}{(s+a)^2+\beta^2}$$

Systematisch wäre an dieser Stelle die Rücktrafo zu erörtern. Um jedoch das zentrale Anliegen dieses Kap., das Lösen von Diff.gl., nicht aus den Augen zu verlieren, wenden wir uns zunächst der $\mathcal{L}$- Trafo von Diff.gl. zu.

Die grundlegende Idee besteht dabei darin, die Diff.gl. als Funktionalgleichung in den Bildbereich zu transformieren, wobei die Ableitungen D^n einer Funktion f in Polynome von f übergehen, so daß in B lediglich(i.a.) rationale Funktionen zu berechnen sind. Die Rücktrafo liefert dann(für vorgegebene Anfangswerte) die Lösung der Diff.gl. .

Zunächst folgt aus dem bisher Gesagten, daß in (4.1 - 10) auch nichtlineare $f(t)$ ' s $\mathcal{L}$- transformierbar sind (z.B. t^n). Insbesondere sind alle sin-, cos-, exp- Funktionen und alle Polynome $\mathcal{L}$- transformierbar. Damit ist bereits ein weiter Bereich der in konkreten Anwendungen auftretenden Funktionen erfaßt. Für konstante Koeffizienten schreiben wir (4.1 - 10) mit Hilfe des Operators D :

(4.2 - 19) $$(a_0D^n + a_1D^{n-1} + \ldots + a_n)x = f(t)\ ,\quad a_0 \neq 0\ ,$$

es ist nun zunächst die $\mathcal{L}$- Trafo von Ableitungsfunktionen zu berechnen. Betrachten wir dazu zunächst das Problem $\mathcal{L}[Dg(t)](s)$. Ist die Ableitung Dg einer diff.baren Funktion $\mathcal{L}$- transformierbar, so gilt dies auch für die Funktion g selbst, und es ist: (partielle Integration)

(4.2 - 20) $$\mathcal{L}[Dg(t)](s) = \lim_{t\to\infty} \left(e^{-s\tau}g(\tau)\Big|_0^t\right) + s \lim_{t\to\infty} \int_0^t e^{-s\tau}g(\tau)d\tau\ .$$

Es gilt: $\lim_{t\to\infty} e^{-s\tau}g(\tau)\Big|_0^t = 0 - g(0_+)$, rechtsseitiger Funktionenlimes von $g(0)$; der Integralausdruck in (4.2 - 20) ist aber nichts anderes als $sG(s)$. Somit gilt:

(4.2 - 21) $$\mathcal{L}[Dg(t)](s) = sG(s) - g(0_+)\ .$$

Durch wiederholtes Anwenden von (4.2 - 20) gelangt man für $D^ng(t)$ zu(natürlich nur dann, wenn $g(t)$ n - mal diff.bar ist):

(4.2 - 22) $$\mathcal{L}[D^ng(t)](s) = s^nG(s) - \sum_{i=1}^{n} s^{i-1}D^{n-i}g(t)\Big|_{t=0_+}$$

<u>Beisp.</u>: $$\mathcal{L}[D^3g(t)](s) = s^3G(s) - [D^2g(t)_{t=0_+} + sDg(t)\big|_{t=0_+} + s^2g(t)\big|_{t=0_+}]$$

Wie man sieht, treten in (4.2 - 22) n Anfangswerte auf. Speziell für $g(0_+) = Dg(0_+) = \ldots = D^{n-1}g(0_+) = 0$ vereinfacht sich (4.2 - 22) zu:

(4.2 - 23) $$\mathcal{L}[D^ng(t)](s) = s^nG(s)\quad .$$

Also gilt bzgl. der $\mathcal{L}$- Trafo von Diff.gl. mit verschwindenden Anfangsbedingungen und konstanten Parametern:

$$(4.2 - 24) \qquad \mathcal{L}[(a_0 D^n + \ldots + a_n)\underline{x}](s) = (a_0 s^n + \ldots + a_n)X(s)$$
$$= F(s) = \mathcal{L}[f(t)](s)$$

Formell tritt hier also einfach s an die Stelle von D. Ebenso zeigt man durch partielle Integration, falls g eine $\mathcal{L}$ - Trafo hat(das Integral hat dann ebenfalls eine):

$$(4.2 - 25) \qquad \mathcal{L}[\int_0^t g(\tau)d\tau](s) = \frac{1}{s} G(s) \quad .$$

Mit Hilfe von (4.2 - 22) und (4.2 - 10) ist nun die $\mathcal{L}$-Trafo von (4.2 - 19):

$$\mathcal{L}[(a_0 D^n + \ldots + a_n)\underline{x}](s) = \mathcal{L}[f(t)](s)$$

$$\Leftrightarrow a_0 \mathcal{L}[D^n x(t)](s) + \ldots + a_n \mathcal{L}[x(t)](s) = \mathcal{L}[f(t)](s)$$

$$\Leftrightarrow a_0 [s^n X(s) - \sum_{i=1}^{n} s^{i-1} D^{n-i} x(t)|_{t=0_+}] +$$

$$+ a_1 [s^{n-1} X(s) - \sum_{i=1}^{n-1} s^{i-1} D^{n-1-i} x(t)|_{t=0_+}] + \ldots$$

$$+ a_{n-1} [s X(s) - x(t)|_{t=0_+}] + a_n X(s) = F(s) \quad .$$

Bezeichnen wir $x(t)|_{t=0_+}$ mit c_0, analog $Dx(t)|_{t=0_+} = c_1, \ldots,$ $D^i x(t)|_{t=0_+} = c_i, \ldots,$ $D^n x(t)|_{t=0_+} = c_n$, und klammern $X(s)$ aus, so erhalten wir:

$$(a_0 s^n + a_1 s^{n-1} + \ldots + a_{n-1} s + a_n)X(s) - c_0(a_0 s^{n-1} + \ldots + a_{n-1})$$
$$- c_1(a_0 s^{n-2} + \ldots + a_{n-2}) - \ldots - c_{n-2}(a_0 s + a_1) - c_{n-1} a_0 = F(s) \ ;$$

oder durch Auflösen nach $X(s)$:

$$(4.2 - 26) \qquad X(s) = \frac{F(s) + c_0(a_0 s^{n-1} + \ldots + a_{n-1}) + \ldots + c_{n-1} a_0}{a_0 s^n + a_1 s^{n-1} + \ldots + a_{n-1} s + a_n}$$

wobei $a_0 \neq 0$ und $c_i = D^i x(t)|_{t=0_+}$.

Bemerkung: Der Nenner von (4.2 - 26) ist das charakteristische Polynom der Diff.gl., wir bezeichnen ihn mit $\Delta(s)$. Bezeichnen wir weiterhin:

$c_0(a_0 s^{n-1} + \ldots + a_{n-1}) + \ldots + c_{n-1}a_0 = Q(s)$, so gilt also:

$$(4.2 - 27) \qquad X(s) = \frac{F(s)}{\Delta(s)} + \frac{Q(s)}{\Delta(s)} ,$$

wobei Q und Δ Polynome sind (die leicht rücktransformiert werden können), so daß sich das Problem der Lösung von Diff.gl. des angegebenen Typs auf die Rück - Trafo von (4.2 - 27) reduziert. Dabei enthält $Q(s)$ n Anfangsbedingungen.

Beispiele:

(1) $(D - 2)x = e^t + t$, $x(0) = 1$.

Nach (4.2 - 26) in Verbindung mit (4.2 - 27) und No. 2,5 in Tab. 1:

$$X(s) = \frac{\mathcal{L}[e^t + t](s)}{\Delta(s)} + \frac{x(0)(1 \cdot s^0)}{\Delta(s)} = \frac{F(s) + 1}{s - 2}$$

$$= \frac{\frac{1}{s-1} + \frac{1}{s^2} + 1}{s - 2} = \frac{s(s^2 + 1) - 1}{(s - 2)(s - 1)s^2}$$

(2) $(D - 1)y = 0$, $y(0) = 1$.

$Y(s) = \frac{0 + 1}{s - 1}$, No. 2 aus Tab. 1: $y(t) = e^t$.

(3) $(3D^2 - D + 4)x = e^{-3t}\cos \frac{1}{6}\pi t$, $x(0) = 1$, $Dx(t)|_{t=0} = 2$.

$F(s) = \frac{s + 3}{(s+3)^2 + (\frac{\pi}{6})^2}$ gemäß No. 4 aus Tab. 1 und (4.2 - 15). Somit nach (4.2 - 26):

$$X(s) = \frac{\frac{s+3}{(s+3)^2 + (\pi/6)^2} + 1\cdot(3s^1 - 1\cdot s^0) + 2(3s^0)}{3s^2 - s + 4}$$

$$= \frac{s(3s^2 + 23s + 58 + \pi^2/12) + 48 + 5(\pi/6)^2}{[(s+3)^2 + (\pi/6)^2](3s^2 - s + 4)}$$

Bei der Rücktrafo ist nun zunächst zu beachten, daß die Menge der $\mathcal{L}^{-1}$ - transformierbaren komplexen Funktionen nicht direkt beschrieben werden kann. Wir kennen jedoch aus Tab. 1 schon einige Rücktrafos und werden daher folgendermaßen vorgehen: Ist X(s) aus Funktionen, wie sie in Tab. 1 aufgelistet sind, zusammengesetzt(sei es als Linearkombination oder als Produkt derartiger Funktionen), so kann die Rücktrafo 'relativ leicht' berechnet werden. Unsere Aufgabe besteht also hauptsächlich darin, X(s) oder allgemeiner $\mathcal{L}[f(t)](s)$ auf eine leicht rücktransformierbare Form zu bringen.
Kann F(s) als Linearkombination geschrieben werden, so gehen wir nach (4.2 - 10) vor. Im Falle des Produktes F(s) = H(s)G(s) hat die Rücktrafo die Gestalt:

$$\mathcal{L}^{-1}[H(s)G(s)](t) = \int_0^t h(\tau)g(t-\tau)d\tau \,. \tag{4.2 - 28}$$

Dieses Integral nennt man <u>Faltungsintegral</u> von g und h , bezeichnet h∗g .
Die Faltung besitzt folgende Eigenschaften:

$$f(t) * [g(t) + h(t)] = f(t)*g(t) + f(t)*h(t) \tag{4.2 - 29}$$

$$f(t) * [cg(t)] = cf(t)*g(t) \quad , c\in\mathbb{R} \tag{4.2 - 30}$$

$$f(t) * g(t) = g(t) * f(t) \quad . \tag{4.2 - 31}$$

Mit (4.2 - 27)und(4.2 - 28) kann die Lösung von Diff.gl. der Art(4.2 - 19) nun als $\mathcal{L}^{-1}(\frac{1}{\Delta(s)}F(s))$ geschrieben werden für verschwindende Anfangsbedingungen:

(4.2 - 32) $$x(t) = \int_0^t w(\tau)f(t - \tau)d\tau$$, sofern $f(t) = 0$ für $t < 0$,

wobei: $w: [0, \infty) \longrightarrow \mathbb{R}$.

In (4.2 - 32) kann $w(\tau)$ als eine Gewichtung zum Zeitpunkt τ interpretiert werden, d.h. $f(t)$ erhält das Gewicht $w(0)$, $f(t - 1)$ das Gewicht $w(1)$ etc. .

$x(t)$ kann also als eine Art 'Mittelwert' vergangener externer 'Erregungen' $f(t - \tau)$ angesehen werden. Anders formuliert: $w(\tau)$ gibt die 'Relevanz' der Einwirkung von $f(t - \tau)$ auf den Wert $x(t)$ an. Ist $w(\tau)$ für jedes $\tau \in (0,t)$ bekannt, so ist $x(t)$ einfach die Kumulierung der 'Geschichte' der gewichteten Erregungen von $t = 0$ bis zur 'Gegenwart'.

Beisp.: $$F(s) = \frac{1}{s^2(s^2 + 1)} = G(s)H(s) = \frac{1}{s^2} \cdot \frac{1}{s^2 + 1}$$

Somit: $$\mathcal{L}^{-1}[F(s)](t) = \mathcal{L}^{-1}[1/s^2](t) * \mathcal{L}^{-1}\left[\frac{1}{s^2 + 1}\right](t) = \int_0^t \tau \sin(t - \tau)d\tau$$

Wegen (4.2 - 31):

$$\mathcal{L}^{-1}[F(s)](t) = \int_0^t (\sin\tau)(t - \tau)d\tau$$. Dieser zweite Ausdruck ist offensichtlich einfacher zu integrieren.

$$\mathcal{L}^{-1}[F(s)](t) = t\int_0^t \sin\tau\, d\tau - \int_0^t \tau \sin\tau\, d\tau$$

$$= -t \cos\tau\Big|_0^t - \left[\tau(-\cos\tau)\Big|_0^t - \int_0^t -\cos\tau\, d\tau\right]$$

$$= -t[(\cos t) - 1] + t\cos t - \sin\tau\Big|_0^t$$

$$= t - \sin t$$.

Wir wenden uns nun der Lösung von Diff.gl. zu, die wir mit Hilfe von (4.2 - 32), gegebenenfalls unter Verwendung von (4.2 - 10), darstellen können.

$\Delta(s)$ bezeichne die charakteristische Funktion, $F(s) = \mathcal{L}[f(t)](s)$,

$Q(s) = c_0(a_0 s^{n-1} + \ldots + a_{n-1}) + \ldots + c_{n-2}(a_0 s + a_1) + c_{n-1}a_0$ (vgl. (4.2 - 27)). Q(s) berücksichtigt also die Anfangsbedingungen. Dann gilt:

$$X(s) = \frac{F(s)}{\Delta(s)} + \frac{Q(s)}{\Delta(s)} \quad . \tag{4.2 - 33}$$

Sind nun alle Anfangsbedingungen gleich Null, so ist $Q(s) = 0$, und es läßt sich schreiben:

$$X(s) = \frac{F(s)}{\Delta(s)} = W(s)F(s) \quad \text{mit } W(s) = \frac{1}{\Delta(s)} \quad . \tag{4.2 - 34}$$

Es gilt:

$$\mathcal{L}^{-1}[\bar{X}(s)](t) = w(t) * f(t) \tag{4.2 - 35}$$

$$\text{mit} \quad w(t) = \mathcal{L}^{-1}[\bar{W}(s)](t) \quad .$$

Sind die Anfangsbedingungen nicht alle gleich Null, so läßt sich dennoch w(t) zur Berechnung von x(t) verwenden :
Man ordnet Q(s) nach den Potenzen von s:

$$Q(s) = c_0 a_0 s^{n-1} + \ldots + (c_0 a_1 + c_1 a_0)s^{n-2} + \ldots$$
$$+ (c_0 a_{n-1} + \ldots + c_{n-1}a_0) \quad ,$$

dividiert jeden der so erhaltene Summanden durch $\Delta(s)$ und erhält als Rücktrafo mit Hilfe von (4.2 - 23) und (4.2 - 10) z.B. für den ersten Summanden:

$$\mathcal{L}^{-1}[\bar{c}_0 a_0 s^{n-1}/\Delta(s)](t) = c_0 a_0 D^{n-1} w(t).$$

Verfährt man mit den anderen Summanden analog, so erhält man also:

$$\left.\begin{aligned} x(t) &= w(t) * f(t) + \mathcal{L}^{-1}[\bar{W}(s)Q(s)](t) \\ &= w(t) * f(t) + c_0 a_0 D^{n-1} w(t) + (c_0 a_1 + c_1 a_0) \cdot \\ &\quad \cdot D^{n-2} w(t) + \ldots + (c_0 a_{n-1} + \ldots + c_{n-1} a_0) w(t) \end{aligned}\right\} \tag{4.2 - 36}$$

Mit w(t) aus (4.2 - 35) können auch alle Ableitungen von w(t) berechnet werden , und w(t) zusammen mit f(t) legen also x(t), d.h. die die Entwicklung des Systems beschreibende Funktion, vollständig und eindeutig fest. Für praktische Berechnungen empfiehlt es sich, Q(s) auszurechnen, da zwischen den Ausdrükken in Q(s) und den n-1 Ableitungen von w(t) folgende Zuordnung besteht: Q(s) habe die Form $A_0 + A_1 s + \ldots + A_{n-1} s^{n-1}$, dann gilt:

$$\begin{array}{lll} A_0 & \longrightarrow & \text{Koeff. von } w(t) \\ A_1 & \longrightarrow & \text{" " } Dw(t) \\ \vdots & & \vdots \\ A_{n-1} & \longrightarrow & \text{" " } D^{n-1}w(t) \end{array} .$$

Der Leser mache sich dies durch einen Vgl. von $Q(s)/\Delta(s)$ mit $\mathcal{L}^{-1}[\bar{W}(s)Q(s)](t)$ klar !

w(t) wird übrigens <u>Impuls - Antwort - Funktion</u> des Systems genannt; anschaulich interpretiert gibt sie die Reaktion des Systems(d.h. des Verhaltens von x(t)) wieder, die bei einer kurzen aber starken Erregung des Systems zu beobachten ist. Da sich jedoch soziale Systeme einem freien Experiment meist entziehen(um ein drastisches Beisp. zu wählen: man kann einem Krankenhaus nicht vorübergehend den gesamten Strom sperren, oder einmal alle Krankenschwestern beurlauben, um zu beobachten, welche Reaktionen dann auftreten), sei auf diese Interpretation und der damit verknüpften mathematischen Konzeption hier nicht weiter eingegangen.

Bei der Lösung von linearen Diff.gl. mit konstanten Koeffizienten geht es also zunächst darum, w(t) zu berechnen, um(4.2 - 36) anwenden zu können. Damit steht im Zentrum das Problem der Rücktrafo spezieller rationaler Funktionen. Formulieren wir dieses Problem sofort etwas allgemeiner:

$R(s) = A(s)/B(s)$ sei eine rationale Funktion, wobei der Zählergrad echt kleiner als der Nennergrad sei(wir machen diese Einschränkung, da die Rücktrafo von Polynomen in s auf Funktionentypen führt, die wir hier nicht betrachten wollen,

Distributionen, siehe Doetsch(1970)). $R(s)$ wird in Partialbrüche zerlegt, und die Summanden werden nach (4.2 - 10) einzeln rücktransformiert. Genauer:

Es sei $B(s)$ ein Polynom n-ten Grades in s mit reellen Koeffizienten, dann besitzt $B(s)$ in $\mathbb{C}$ genau n Nullstellen $s_1, \dots, s_p$ mit jeweils der Vielfachheit K_i, d.h.: $\sum_{i=1}^{p} K_i = n$ (siehe Kap. (2.6.4)).

Als Partialbrüche treten dann rationale Funktionen der Form $a/(s - s_i)^m$ auf, wobei $a \in \mathbb{R}$ und $m = 1, \dots, K_i$. Die Zähler werden durch Koeffizientenvergleich bestimmt. Für die Rücktrafo der Partialbrüche gilt:

$$\mathcal{L}^{-1}[a/(s - b)^m](t) = \frac{a}{(m-1)!}\, t^{m-1} e^{bt} \qquad \text{(beachte: } 0! = 1\text{)}$$

Rechnen wir ein Beisp. ausführlich durch:

$$R(s) = \frac{A(s)}{B(s)} = \frac{s^2 + 4s - 3}{s^4 - 5s^3 + 8s^2 - 6s + 2}$$

$B(s)$ besitzt die Nullstellen $s_1 = s_2 = 1$, $s_3 = 1 + j$, $s_4 = 1 - j$.

Der Ansatz für die Partialbruchzerlegung lautet demnach:

$$\frac{A(s)}{B(s)} = \frac{a}{(s-1)^2} + \frac{b}{s-1} + \frac{c}{s-(1+j)} + \frac{d}{s-(1-j)}$$

mit dem Koeffizientenvergleich:

$$\begin{aligned} 0 &= b + c + d \\ 1 &= a - 3b - 3c - 3d + jc - jd \\ 4 &= -2a + 4b + 3c + 3d - 2jc + 2jd \\ -3 &= 2a - 2b - c - d + jc - jd \end{aligned}$$

Die Lösung lautet: $a = 2$, $b = 6$, $c = \frac{j}{2} - 3$, $d = -\frac{j}{2} - 3$.

Also:
$$\frac{A(s)}{B(s)} = \frac{2}{(s-1)^2} + \frac{6}{s-1} + \frac{(j/2) - 3}{s-(1+j)} + \frac{-(j/2) - 3}{s-(1-j)}$$

Somit: $\mathcal{L}^{-1}[A(s)/B(s)](t) =$

$$= \underbrace{2te^t + 6e^t}_{G} + \underbrace{(\tfrac{j}{2} - 3)(e^{t(1+j)}) + (-\tfrac{j}{2} - 3)(e^{t(1-j)})}_{H} \quad .$$

$$H = \tfrac{j}{2}\, e^t \cdot e^{jt} - \tfrac{j}{2}\, e^t e^{-jt} - 3e^t e^{jt} - 3e^t e^{-jt}$$

$$= \tfrac{j}{2}\, e^t(e^{jt} - e^{-jt}) - 3e^t(e^{jt} + e^{-jt})$$

$$= \tfrac{j}{2}\, e^t(\cos t + j \sin t - \cos(-t) - j \sin(-t))$$

$$-3e^t\, (\cos t + j \sin t + \cos(-t) + j \sin(-t))$$

$$= \tfrac{j}{2} e^t\, (\cos t + j \sin t - \cos t + j \sin t)$$

$$-3e^t\, (\cos t + j \sin t + \cos t - j \sin t)$$

$$= \tfrac{j}{2}\, e^t \cdot 2j \sin t - 3e^t \cdot 2 \cos t = -e^t \sin t - 6e^t \cos t$$

$$= e^t(-\sin t - 6 \cos t) \quad .$$

Insgesamt:

$$\mathcal{L}^{-1}[A(s)/B(s)](t) = e^t(2t + 6 - \sin t - 6\cos t) \quad .$$

Betrachten wir nun allg. die Lösung von linearen Diff.gl. mit konstanten Koeffizienten:

(a) Die allg. Lösung der homogenen Gleichung

$$(*) \qquad a_0 D^n x + a_1 D^{n-1} x + \dots + a_n x = 0 \quad .$$

Hierzu sind alle Anfangswertkonstellationen in (4.2 - 36) zu berücksichtigen, d.h. beliebige Werte für $c_0, \dots, c_{n-1}$. Wir nennen eine Menge von Funktionen L(x) ein Fundamentalsystem der Diff.gl. (*), wenn durch Linearkombinationen mit reellen Koeffizienten von Elementen aus L(x) alle die Diff.gl. (*) erfüllenden Funktionen dargestellt werden können. Ein derartiges Fundamentalsystem kann nun wie folgt gewonnen werden:

Sei $\triangle(s) = a_0 s^n + \dots + a_n$ das charakteristische Polynom von (*) mit den Nullstellen $s_1,\dots,s_p$ und der Vielfachheit K_i von s_i. Dann führt die Rücktrafo auf folgende Funktionen:

zu s_1: $t^{K_1-1}e^{s_1t}$, $t^{K_1-2}e^{s_1t}$, ... , e^{s_1t}

zu s_2: $t^{K_2-1}e^{s_2t}$, $t^{K_2-2}e^{s_2t}$, ... , e^{s_2t}

etc. (insgesamt n Funktionen).

Sind s_i, s_{i+1} zwei konjugiert komplexe Nullstellen von $\triangle(s)$, so nehmen wir für e^{s_it}, $e^{s_{i+1}t}$ mit $s_i = a + jb$, $s_{i+1} = a - jb$

auch $e^{at}\sin bt$ und $e^{at}\cos bt$ in das Fundamentalsystem auf(wie im obigen Beisp.).

Als Linearkombinationen ergeben sich Funktionen der Form

$$g_1(t)e^{s_1t} + \dots + g_p(t)e^{s_pt}$$, wobei die $g_i(t)$ Polynome

in t sind vom Grad $g_i = K_i - 1$ bzw. für je zwei konjugiert komplexe Nullstellen die entsprechenden sin- und cos-Funktionen zu schreiben sind.

<u>Beisp.</u>: $(D^6 - 9D^5 + 34D^4 - 68D^3 + 75D^2 - 43D + 10)x = 0$.

$$\triangle(s) = s^6 - 9s^5 + 34s^4 - 68s^3 + 75s^2 - 43s + 10 = 0$$

liefert die Nullstellen:

$s_1 = 1$ mit Viefachheit 3
$s_2 = 2$ " " 1
$s_3 = 2 + j$ mit Vielfachheit 1
$s_4 = 2 - j$ " " 1

$$L(x) = \{t^2e^t, te^t, e^t, e^{2t}, e^{2t}\cos t, e^{2t}\sin t\}$$

Allg. Lösung:

$$(b_1t^2 + b_2t + b_3)e^t + b_4e^{2t} + b_5e^{2t}\cos t + b_6e^{2t}\sin t$$

mit $b_1,\dots,b_6 \in \mathbb{R}$ beliebig.

(b) Lösung der homogenen Gleichung für bestimmte Anfangswerte
Nach Berechnung von $w(t)$ werden die Anfangswerte wie in (4.2 - 36) verwendet, um die entsprechenden Koeffizienten der allg. Lösung zu bestimmen.

__Beisp.__: $(D^3 - D^2 + 2)x = 0$ mit $x(0) = c_0 = 0$, $x'(0) = c_1 = 1$, $x''(0) = c_2 = 0$.

$\triangle(s) = s^3 - s^2 + 2 = 0$ liefert die Lösungen:

$s_1 = -1$, $s_2 = 1 + j$, $s_3 = 1 - j$

$$W(s) = 1/\triangle(s) = \frac{1/5}{s + 1} + \frac{-(j/5)-1/10}{s - (1 + j)} + \frac{(j/5) -1/10}{s - (1 - j)}$$

$$\mathcal{L}^{-1}[W(s)](t) = w(t) = \frac{1}{5} e^{-t} + e^t(\frac{2}{5} \sin t - \frac{1}{5} \cos t)$$

$$x(t) = w(t)*0 + c_0a_0D^2w(t) + (c_0a_1 + c_1a_0)Dw(t)$$
$$+ (c_0a_2 + c_1a_1 + c_2a_0)w(t)$$
$$= - \frac{1}{5}e^{-t} + e^t(\frac{3}{5} \sin t + \frac{1}{5} \cos t)$$
$$- (\frac{1}{5} e^{-t} + e^t(\frac{2}{5} \sin t - \frac{1}{5} \cos t))$$
$$= - \frac{2}{5} e^{-t} + e^t(\frac{1}{5} \sin t + \frac{2}{5} \cos t)$$

(c) Allg. Lösung der inhomogenen Gleichung

$(**)(a_0D^n + \dots + a_n)x(t) = f(t)$.

Die allg. Lösung von (**) hat die Form $x(t) = x^*(t) + x_0(t)$, wobei $x^*(t)$ eine spezielle Lösung von (**) und $x_0(t)$ die allg. Lösung der zugehörigen homogenen Gleichung ist. Als spezielle Lösung läßt sich die Lösung mit verschwindenden Anfangswerten wählen, also nach (4.2 - 36)

$x^*(t) = w(t) * f(t)$, die allg. Lösung der homogenen Gleichung läßt sich nach (a) bestimmen.

(d) Lösung der inhomogenen Gleichung für bestimmte Anfangswerte

Um (4.2 - 36) verwenden zu können, sind $w(t)$ und $D^i w(t)$, $i = 1,\ldots,n-1$ zu bestimmen und zusammen mit $f(t)$ und den Anfangswerten in die Formel einzusetzen. Dabei ist es i.a. nicht trivial, das Faltungsintegral zu berechnen(vgl. das Beisp. von S.-416 -).

Mit dem in der Erörterung der vier Fälle Aufgezeigten ist es nun i.a. möglich, lineare Diff.gl. mit konstanten Koeffizienten zu lösen. Die Lösungen für spezielle Anfangswerte wird man dabei dann berechnen, wenn man an einer bestimmten Lösungskurve der Diff.gl. interessiert ist(was voraussetzt, daß die Parameter und die Anfangswerte genau bekannt sind). Dagegen gibt die allg. Lösung Auskunft darüber, wie sich das betrachtete System prinzipiell entwickeln kann. Diese Aspekte werden wir im Abschnitt über Sensitivität und Stabilität eingehender analysieren.

Abschließend seien noch zwei Methoden aufgezeigt, die u.U. die Verwendung von (4.2 - 36) erleichtern. Zum einen ist es nicht immer erforderlich, $W(s)$ vollständig in Partialbrüche zu zerlegen, wenn für einige rationale Funktionen die Rücktrafos bereits bekannt sind. Siehe dazu Tab. 2 auf der nächsten Seite.

Zum anderen kann für einige spezielle $f(t)$ das Faltungsintegral bei der Berechnung von $x(t)$ leicht angegeben werden; wir zitieren den entscheidenden Satz:

Satz 3:(1) $f(t)$ habe die Form $f(t) = e^{bt}g(t)$ mit $0 \leqslant b \in \mathbb{R}$, t reelle Variable;

(2) $W(s) := H(s)/\Delta(s)$ sei rationale Funktion mit reellen Koeffizienten; der Polynomgrad von $H(s)$ sei niedriger als der von $\Delta(s)$;

(3) $g(t)$ sei ein Polynom vom Grad 1 ;

(4) $W(s)$ sei durch Partialbruchzerlegung auf die Form

Tab. 2

No	X(s)	$\mathcal{L}^{-1}[\bar{X}(s)](t)$
1	$\frac{1}{(s+a)(s+b)}$ $a \neq b$	$\frac{e^{-at} - e^{-bt}}{b-a}$
2	$\frac{ps+q}{(s+a)(s+b)}$ $a \neq b$	$\frac{(q-pa)e^{-at} - (q-pb)e^{-bt}}{b-a}$
3	$\frac{ps+q}{(s+a)^2}$	$e^{-at}[p + t(q-ap)]$
4	$\frac{1}{as^2+bs+c}$ $a \neq 0$, $b^2 - 4ac > 0$	$\frac{1}{\mu}(e^{-\beta t} - e^{-\alpha t})$, $\mu = \sqrt{b^2 - 4ac}$, $\alpha = \frac{b+\mu}{2a}$, $\beta = \frac{b-\mu}{2a}$
5	$\frac{ps+q}{as^2+bs+c}$ Bedingungen wie in No. 4	$\frac{1}{\mu}[(q-p\beta)e^{-\beta t} - (q-p\alpha)e^{-\alpha t}]$, α, β, μ wie in No. 4
6	wie No.4, $b^2 - 4ac = 0$	$\frac{1}{a} te^{-\alpha t}$, $\alpha = b/2a$
7	wie No.5, $b^2 - 4ac = 0$	$\frac{1}{a} e^{-\alpha t}[p + t(q - \alpha p)]$, α wie in No.6
8	wie No.4, $b^2 - 4ac < 0$	$\frac{2}{\mu} e^{-\alpha t} \sin\frac{\mu}{2a} t$, $\mu = \sqrt{4ac - b^2}$, α wie in No. 6
9	wie No.5, $b^2 - 4ac < 0$	$e^{-\alpha t}(\frac{p}{a} \cos\frac{\mu}{2a} t + \frac{2q-2\alpha p}{\mu} \sin\frac{\mu}{2a} t)$, α, μ wie in No. 8
10	$1/[(s+a)(s+b)(s+c)]$ a, b, c verschieden	$-[\frac{e^{-at}}{(c-a)(a-b)} + \frac{e^{-bt}}{(b-c)(a-c)} + \frac{e^{-ct}}{(b-c)(c-a)}]$
11	$1/[(s+a)^2(s+b)]$, $a \neq b$	$\frac{e^{-bt}}{(b-a)^2} + [\frac{t}{b-a} - \frac{1}{(b-a)^2}]e^{-at}$
12	$1/[(s+d)(as^2+bs+c)]$, $N := ad^2 - bd + c \neq 0$, $a \neq 0$	$\frac{e^{-dt}}{N} + \frac{1}{N}\mathcal{L}^{-1}[\frac{-as+ad-b}{as^2+bs+c}](t)$

$$W(s) = \sum_{m=1}^{K_1} \frac{A_{1m}}{(s - s_1)^m} + \ldots + \sum_{m=1}^{K_p} \frac{A_{pm}}{(s - s_p)^m}$$

gebracht mit $s_1, \ldots, s_p$ Nullstellen von $\Delta(s)$ mit der Vielfachheit K_i von s_i ;

(5) $b \neq s_i$ für $i = 1, \ldots, p$, d.h. b ist keine Nullstelle von $\Delta(s)$;

(6) die s_i, $i = 1, \ldots, p$, besitzen negative Realteile.

Sind alle Voraussetzungen (1) bis (6) erfüllt, so gilt:

(4.2 - 37) $\mathscr{L}^{-1}[W(s)]*f(t)$

$$= \sum_{i=1}^{p} \sum_{m=1}^{K_i} \frac{A_{im}}{(m-1)!} t^{m-1} e^{s_i t} +$$

$$+ e^{bt}\left(w(b)g(t) + \frac{w'(b)g'(t)}{1!} + \ldots\right)$$

__Beisp.__: $(D^2 + 4D + 3)x = e^t(t^3 + t^2 - 1)$ mit $x(0) = 1$, $x'(0) = 2$.

$X(s) = W(s)F(s) + W(s)Q(s)$, $W(s) = 1/(s^2 + 4s + 3)$

$x(t) = \mathscr{L}^{-1}[W(s)](t)*f(t) + \mathscr{L}^{-1}[W(s)Q(s)](t)$.

Mit den Bezeichnungen von Satz 3:

(1) $b = 1$, $g(t) = t^3 + t^2 - 1$

(2) $H(s) = 1$ mit Polynomgrad 0, $\Delta(s) = s^2 + 4s + 3$ mit Polynomgrad 2

(3) $l = 3$

(4) Die Nullstellen von $\Delta(s)$ sind: $s_1 = -1$, $s_2 = -3$,

$$W(s) = \frac{A_1}{s+1} + \frac{A_2}{s+3} = \frac{1/2}{s+1} + \frac{-1/2}{s+3}$$

(5) $-1 \neq 1 \neq -3$

(6) $-1,-3 < 0$

Somit sind (1) bis (6) erfüllt.

$$D^0W(s)|_{s=b} = (\Delta(s))^{-1}{}_{s=1} = 1/8$$

$$D^1W(s)|_{s=1} = -3/32$$

$$D^2W(s)|_{s=1} = 7/64$$

$$D^3W(s)|_{s=1} = -45/256$$

$$D^0g(t) = t^3 + t^2 - 1 \ , \ D^1g(t) = 3t^2 + 2t \ ,$$

$$D^2g(t) = 6t + 2 \ , \ D^3g(t) = 6$$

$$F(s) = \frac{6}{(s-1)^4} + \frac{2}{(s-1)^3} - \frac{1}{s-1}$$

$$F(s_1) = F(-1) = 5/8 \ , \ F(s_2) = F(-3) = 31/128$$

Somit:

$$\mathcal{L}^{-1}[W(s)](t)*f(t) = \frac{1}{2}\cdot\frac{5}{8}\, e^{-t} - \frac{1}{2}\cdot\frac{3}{128}\, e^{-3t}$$

$$+ e^t\Big(\frac{1}{8}(t^3 + t^2 - 1) - \frac{3}{32}(3t^2 + 2t) + \frac{7}{64}\cdot\frac{1}{2}(6t + 2)$$

$$- \frac{45}{256}\cdot\frac{1}{6}\cdot 6\Big)$$

$$= \frac{5}{16}\, e^{-t} - \frac{31}{256}\, e^{-3t} + e^t\Big(\frac{1}{8}t^3 - \frac{5}{32}t^2 + \frac{9}{64}t - \frac{49}{256}\Big)$$

Zur Berechnung des zweiten Summanden:

$$Q(s) = s + 6 \ , \ w(t) = \frac{1}{2}(e^{-t} - e^{-3t}) \ ,$$

$$Dw(t) = \frac{1}{2}(-e^{-t} + 3e^{-3t}) \quad \text{und somit}$$

$$\mathcal{L}^{-1}[W(s)Q(s)](t) = \frac{5}{2}\, e^{-t} - \frac{3}{2}\, e^{-3t}$$; insgesamt also:

$$x(t) = \frac{45}{16}\, e^{-t} - \frac{415}{256}\, e^{-3t} + e^t\Big(\frac{1}{8}t^3 - \frac{5}{32}t^2 + \frac{9}{64}t - \frac{49}{256}\Big)$$

(Literatur: Kaplan(1962), Kap.(6 - 13) bis (6 - 16))

Der hier aufgezeigte Lösungsalgorithmus besitzt zwar durch die Verwendung von w(t) eine gewisse Anschaulichkeit, er erfordert jedoch häufig einen hohen Rechenaufwand.
Daher ist es oft zweckmäßiger, direkt das Partialbruchverfahren zu verwenden. Dabei kann mit zunehmender Übung durch Verwendung einiger Rechenkunstgriffe der kalkulatorische Aufwand etwas reduziert werden.
Der Leser benutze daher so weit wie möglich Tabellen und Arbeitsbücher(z.B. Doetsch, Nixon und viele andere).

Zur Umgehung eines komplexen Koeff.vgl. exemplarisch:

$X(s) = 1/(s^2 + 8s + 80)$ sei rückzutransformieren.

Durch quadratische Ergänzung im Nenner erhält man:

$s^2 + 8s + 80 = (s + 4)^2 + 64$

Nach Tab.1 No.4 gilt nun:

$$\mathcal{L}^{-1}[X(s)](t) = \frac{8}{8}\mathcal{L}^{-1}[1/((s + 4)^2 + 64)](t)$$

$$= \frac{1}{8}\mathcal{L}^{-1}[8/((s + 4)^2 + 64)](t) = \frac{1}{8} e^{-4t}\sin 8t \quad .$$

Die Relevanz der Laplace-Trafo als eines operativen Kalküls wird im Zusammenhang mit der Verwendung von Signalflußdiagrammen noch sichtbarer. Indem sie so die Entwicklung eines know how von Modellierungsprozessen erleichtert und beschleunigt, erhält die etwas ausführliche Erörterung der Laplace-Trafo an dieser Stelle eine Rechtfertigung.

Gerade sozialwissenschaftliche Problemstellungen sind meist durch die Interdependenz einer Vielzahl von Variablen gekennzeichnet. Eine Formalisierung führt hier oft auf ein Gleichungssystem, im Fall dynamischer kontinuierlicher Beziehungen also auf ein System von Diff.gl. . Daher werden wir uns abschließend kurz mit der Anwendung der $\mathcal{L}$ - Trafo auf Diff.-gl.systeme beschäftigen.

$x_1,\ldots,x_n$ seien zeitabhängige Variablen; dann möge

$$
(4.2-39)\quad \begin{cases} D\mathfrak{x} = A\mathfrak{x} + \mathfrak{b}(t) \\ \text{mit} \\ \quad D\mathfrak{x} = \begin{pmatrix} dx_1/dt \\ \vdots \\ dx_n/dt \end{pmatrix}, \quad A = \begin{pmatrix} a_{11} & \cdots & a_{1n} \\ \vdots & & \vdots \\ a_{n1} & \cdots & a_{nn} \end{pmatrix}, \\ \quad \mathfrak{b}(t) = \begin{pmatrix} b_1(t) \\ \vdots \\ b_n(t) \end{pmatrix} \end{cases}
$$

ein lineares Diff.gl.system mit konstanten Koeffizienten darstellen.

Die Betrachtung lediglich von Diff.gl. 1.Ordnung je Zeile des Gleichungssystems beschränkt nicht die Allgemeinheit, da jede Diff.gl. n - ter Ordnung äquivalent in ein Diff.gl.system mit Diff.gleichungen 1.Ordnung transformiert werden kann, und zwar entspricht (4.2 - 19) dem Gleichungssystem:

$$
(4.2-40)\quad \begin{cases} Dx_1 = x_2 \\ Dx_2 = x_3 \\ \quad\vdots \\ Dx_{n-1} = x_n \\ \\ Dx_n = -\dfrac{a_n}{a_0}x_1 - \dfrac{a_{n-1}}{a_0}x_2 - \ldots - \dfrac{a_1}{a_0}x_n + \dfrac{1}{a_0}f(t) \end{cases}
$$

Verdeutlichen wir dies an einer Diff.gl. 2.Ordnung: Ausgehend von $(a_0D^2 + a_1D + a_2)x = f(t)$ erhält man das Gleichungssystem: $x := x_1$

(1) $Dx_1 = x_2$

(2) $Dx_2 = -\frac{a_2}{a_0} x_1 - \frac{a_1}{a_0} x_2 + \frac{1}{a_0} f(t)$.

Differenzieren wir (1) nochmals, so erhalten wir:

(3) $D^2 x_1 = Dx_2$.

(2) in (3) :

$$D^2 x_1 = -\frac{a_2}{a_0} x_1 - \frac{a_1}{a_0} x_2 + \frac{1}{a_0} f(t) \quad , \text{ oder}$$

$a_0 D^2 x_1 + a_1 Dx_1 + a_2 x_1 = f(t)$, mit $x_1 = x$ ist die ursprüngliche Form wieder erreicht.

Es gibt nun drei Möglichkeiten, die Lösung von (4.2 - 39) zu berechnen:

(1) Zurückführung auf eine Diff.gl. n - ter Ordnung und Lösung mit den bekannten Methoden für jede Variable x_i ($i = 1,\ldots,n$), man beachte, daß für jedes x_i n **konsistente** Anfangsbedingungen vorliegen müssen.

(2) zeilenweise $\mathcal{L}$- Trafo, Auflösung des so entstehenden Gleichungssystems nach $X_1(s),\ldots,X_n(s)$ und Rücktrafo in $x_1(t),\ldots,x_n(t)$;

(3) unmittelbare Verwendung des Matrizenkalküls, denn für vektorwertige Funktionen kann die $\mathcal{L}$- Trafo wie für reelle Funktionen angewandt werden .

Hier seien nur (2) und (3) kurz exemplarisch dargestellt:

Beisp.: $Dx_1 = x_2 + t$, $x_1(0) = 1$

$Dx_2 = -6x_1 - 5x_2 + e^{-t}$, $x_2(0) = 2$

zu (2): $sX_1(s) - 1 = X_2(s) + 1/s^2$

$sX_2(s) - 2 = -6X_1(s) - 5X_2(s) + 1/(s + 1)$

Die Auflösung dieses Gleichungssystems führt zu:

$$X_1(s) = \frac{2s^4 - 3s^3 - 6s^2 - 6s - 6}{s^3(s + 1)(s^2 + 5s + 6)} + \frac{1}{s^3} + \frac{1}{s}$$

$$X_2(s) = \frac{2s^4 - 3s^3 - 6s^2 - 6s - 6}{s^2(s + 1)(s^2 + 5s + 6)}$$

Beide Ausdrücke sind nun mit den aufgezeigten Methoden ohne weiteres rückzutransformieren.

zu(3): Wendet man auf (4.2 - 39) unmittelbar $\mathcal{L}$ an, so gilt:

$$\mathcal{L}[\dot{x} - A\,x](s) = \mathcal{L}[b(t)](s)$$

$$\Longleftrightarrow \quad s\,x(s) - x(0) - A\,x(s) = b(s)$$

$$\Longleftrightarrow \quad x(s) = (sI - A)^{-1}x(0) + (sI - A)^{-1}b(s)$$

Mit Tab. 1,No.2 (jetzt matriziell):

(4.2 - 41) $$\mathcal{L}^{-1}[(sI - A)^{-1}](t) = e^{At}$$

$\Phi(s) := (sI - A)^{-1}$ heißt Fundamental-Frequenz-Matrix des Systems ,

$\Phi(t) := e^{At}$ heißt Fundamentalmatrix des Systems.

Somit gilt für die Lösung nach dem Faltungssatz:

(4.2 - 42) $$x(t) = \Phi(t)\,x(0) + \Phi(t) * b(t)$$

Oft ist es jedoch einfacher, nicht den Weg über die Faltung zu wählen, d.h.:

(4.2 - 43) $$x(t) = \Phi(t)\,x(0) + \mathcal{L}^{-1}[\Phi(s)\,b(s)](t) \quad .$$

Für unser Beisp.:

$$A = \begin{pmatrix} 0 & 1 \\ -6 & -5 \end{pmatrix}, \quad b(t) = \begin{pmatrix} t \\ e^{-t} \end{pmatrix}, \quad x(0) = \begin{pmatrix} 1 \\ 2 \end{pmatrix}$$

$$\Phi(s) = (sI - A)^{-1} = \begin{pmatrix} s & -1 \\ 6 & s+5 \end{pmatrix}^{-1}$$

$$= \begin{pmatrix} \frac{s+5}{(s+2)(s+3)} & \frac{1}{(s+2)(s+3)} \\ \frac{-6}{(s+2)(s+3)} & \frac{s}{(s+2)(s+3)} \end{pmatrix}$$

$$\Phi(t) = \begin{pmatrix} 3e^{-2t} - 2e^{-3t} & e^{-2t} - e^{-3t} \\ -6e^{-2t} + 6e^{-3t} & -2e^{-2t} + 3e^{-3t} \end{pmatrix}$$

Somit nach (4.2 - 42):

$$x(t) = \Phi(t)\begin{pmatrix} 1 \\ 2 \end{pmatrix} + \int_0^t \Phi(t-\tau)\begin{pmatrix} \tau \\ e^{-\tau} \end{pmatrix} d\tau \quad ,$$

wobei die Integration über die zeilenweisen Linearkombinationen auszuführen ist, so daß zeilenweise Satz 3 anwendbar ist.

Oder nach (4.2 - 43):

$$x(t) = \Phi(t)\begin{pmatrix} 1 \\ 2 \end{pmatrix} + \mathcal{L}^{-1}\left[\begin{pmatrix} \frac{s+5}{s^2(s+2)(s+3)} + \frac{1}{(s+1)(s+2)(s+3)} \\ \frac{-6}{s^2(s+2)(s+3)} + \frac{s}{(s+1)(s+2)(s+3)} \end{pmatrix}\right](t)$$

Auch dies ist nun zeilenweise(d.h. für $x_1(t)$ und $x_2(t)$) mit den bekannten Methoden leicht rückzutransformieren. (Lit.: Freeman(1965),S.113ff)

Bemerkung: Wir betrachten hier nur solche Systeme, bei denen $|sI - A| \neq 0$; für den anomalen Fall der Null-Determinante siehe Doetsch(1967), Anhang 19 .

Aufgaben:

w(10) (a) Zeigen Sie, daß $f(t) = t^x$, $x > 0$, von exponentieller Ordnung ist !

(b) Ist $f(t) = e^{t^2}$ $\mathcal{L}$ - transformierbar ?

w(11) Es sei $f(t) = t$; geben Sie die $\mathcal{L}$ - Trafo von $g(t) = f(t + 2)$ an!

w(12) Finden Sie die $\mathcal{L}$ - Trafo von

(a) $f(t) = 3t^2 + e^{-2t}\cos(2\pi \frac{1}{5} t - 30^\circ) + t^3 e^{-3t}$

(b) $f(t) = \frac{1}{(n-1)!} t^{n-1} e^{-at}$; $n = 1,2,\ldots$, $a \in \mathbb{R}$

w(13) Lösen Sie die Diff.gl. $(D^2 + 2D + 4)x = 0$,

$Dx(t)\big|_{t=0} = 1$, $x(0) = 3$

mit Hilfe der Gewichtsfunktion $w(t)$ aus (4.2 - 36) !

w(14) (Für Knobler) Berechnen Sie $x(t)$ aus

$$X(s) = \frac{2s^3 + 10s^2 + 46s + 47}{4s^4 + 16s^3 + 97s^2 + 162s + 221} \quad !$$

w(15) Berechnen Sie durch zeilenweise $\mathcal{L}$ - Trafo und direkt durch matrizielle $\mathcal{L}$ - Trafo die Lösung des Gleichungssystems:

$Dx_1 = x_1 + x_2 + 2t$, $x_1(0) = 0$, $Dx_1(t)\big|_{t=0} = 1$

$Dx_2 = x_1 - 2x_2$, $x_2(0) = 1$, $Dx_2(t)\big|_{t=0} = -5$

w(16) (Integro-Differentialgleichung) Berechnen Sie $X(s)$ für

$$\frac{d^2}{dt^2} x(t) - 2\frac{d}{dt} x(t) + x(t) - 4\int_0^t x(\theta)\,d\theta = e^{2t} ,$$

$x(0) = 1$, $Dx(t)\big|_{t=0} = 0$!

w(17) Bringen Sie die Diff.gl. $(tD + 2)(2tD + 1)x = 0$ auf eine Diff.gl. 2. Ordnung durch Auflösen der Klammern; beachten Sie dabei, daß hier die Koeffizienten <u>nicht</u> konstant sind! Vgl. Sie das Ergebnis mit dem (falschen!) Ergebnis,

das Sie bei einfacher Ausmultiplikation erhalten!
(Lit.: Kreider et al.(1968),S.50ff)

w(18) Lösen Sie $(D^3 + 1)x = 0$, $x(0) = 1$, $Dx(t)|_{t=0} = 0$, $D^2x(t)|_{t=0} = 1$!

p(19) p_k sei die Wahrscheinlichkeit, daß in einer Organisation k Fehler von Organisationsmitgliedern bei der Ausübung ihrer Funktionen gemacht werden. Die Entwicklung dieser Wahrscheinlichkeit in der Zeit sei modellmäßig wie folgt spezifiziert:

$$\frac{dp_0}{dt} = -\lambda p_0 \quad , \quad \frac{dp_i}{dt} = \lambda p_{i-1} - \lambda p_i \quad ; \; i = 1,2,...$$

(λ = const. ist empirisch zu prüfen!)

Berechnen Sie die Wahrscheinlichkeitsfunktion für p_k aus diesem Diff.-Differ.gl.system !

(Lit.: Coleman(1964),S.1033f)

(4.2.2) Die $\mathfrak{Z}$ - Transformation

Da es sich bei der $\mathfrak{Z}$- Trafo lediglich um die diskrete $\mathcal{L}$ - Trafo handelt, können wir uns hier kurz fassen. Wir schreiben im folgenden f_t oder $f(k)$ anstelle von $f(t)$, um deutlich zu machen, daß $f(k)$ nur bei den diskreten Werten $k = 0,1,2,...$ Ausprägungen besitzt, also graphisch

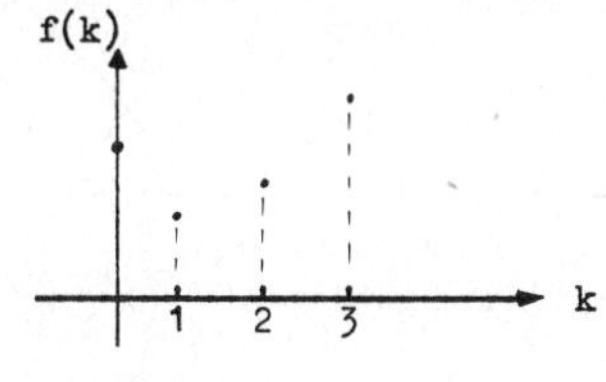

Die $\mathfrak{Z}$ - Trafo gewichtet jede Ausprägung von $f(k)$ mit einer zugehörigen Potenz von $z = e^{-p}$, $p = \alpha + j\omega \in \mathbb{C}$, und zwar so, daß:

(4.2 - 44) $$F(z) = f(0)z^0 + f(1)z^1 + \ldots = \sum_{k=0}^{\infty} f(k)z^k \quad .$$

Es sei $f(k) = 0$ für $k < 0$; für die in den Sozialwissenschaften interessierenden Fälle ist dies eine durchaus realitätsnahe Bedingung.

Wir formulieren nun ein Kriterium für die Existenz(d.h. Konvergenz)von $F(z)$:

Satz 1: $f(k)$ sei eine Folge, $F(z) = \sum_{k=0}^{\infty} f(k)z^k$ existiert, d.h. konvergiert , wenn M, S existieren mit

$$\lim_{k \to \infty} \frac{|f(k)|}{M^k} < S \qquad \text{für alle } k \quad .$$

Man sagt dann: $f(k)$ ist von exponentieller Ordnung.

Wir werden nun einige einfache $\mathfrak{Z}$- Trafos explizit berechnen.

$f(k) = 1$ für alle $k \in \mathbb{N}$

(4.2 - 45) $$\mathfrak{Z}(1)(z) = \sum_{k=0}^{\infty} z^k = \frac{1}{1 - z} \quad ;$$

denn $|z| < 1$ und $z \in \mathbb{C}$, und es liegt eine geometrische Reihe vor.

$f(k - \theta)$ mit $\theta \in \mathbb{N}$ sei zu transformieren, $f(k)$ gegeben

$$\mathfrak{Z}[f(k - \theta)](z) = \sum_{k=0}^{\infty} f(k - \theta)z^k = \sum_{\tau = -\theta}^{\infty} f(\tau)z^{\tau + \theta}$$

nach [8.8] aus LuM I . Da über τ summiert wird, gilt:

(4.2 - 46) $$\mathfrak{Z}[f(k - \theta)](z) = z^{\theta} \sum_{\tau = -\theta}^{\infty} f(\tau)z^{\tau} = z^{\theta} \sum_{\tau = 0}^{\infty} f(\tau)z^{\tau}$$

$$= z\, F(z) \quad ,$$

da $f(\tau) = 0$ für $\tau < 0$.

(4.2 - 46) ist der sog. Erregungssatz . Für antizipatorische Fälle gelangt man analog zu

$$(4.2 - 47)\qquad \mathfrak{Z}[f(k+\eta)](z) = z^{-\eta}\Big[F(z) - \sum_{\tau=0}^{\eta-1} f(\tau)z^{\tau}\Big],$$

dem sog. Dämpfungssatz; denn

$$\mathfrak{Z}[f(k+\eta)](z) = \sum_{k=0}^{\infty} f(k+\eta)z^{k} = \sum_{\tau=\eta}^{\infty} f(\tau)z^{\tau-\eta}$$

$$= z^{-\eta}\sum_{\tau=\eta}^{\infty} f(\tau)z^{\tau}$$, subtrahiert man

$\eta - 1$ Summenglieder, so kann man (4.2 - 47) schreiben.

Da Konzepte wie Faltung, Linearität etc. bereits aus dem vorigen Kap. bekannt sind, zudem das Rechnen mit Summenzeichen in LuM I ausführlich dargestellt ist, können wir hier gebräuchliche $\mathfrak{Z}$- Trafos und ihre Eigenschaften sofort in Tab. 3 (siehe folgende Seite) auflisten.

Viele andere diskrete Funktionen lassen sich durch Kombination der Eintragungen in Tab. 3 transformieren.

Beispiele:

(1) $\mathfrak{Z}[ka^{k}](z) = zD(\mathfrak{Z}[a^{k}](z)) = \dfrac{az}{(1-az)^{2}}$ nach Tab.3, No.5 und 7.

(2) $\mathfrak{Z}[k^{2}](z) = \mathfrak{Z}[k\cdot k](z)$, $\mathfrak{Z}[k](z) = \mathfrak{Z}[k\cdot 1](z)$

$= zD\,\mathfrak{Z}[1](z) = \dfrac{z}{(1-z)^{2}}$

nach Tab.3,No.1 und 5 ;

somit: $\mathfrak{Z}[kk](z) = zD\dfrac{z}{(1-z)^{2}} = \dfrac{z(1+z)}{(1-z)^{3}}$

(3) $\mathfrak{Z}[(k+1)f(k+1)](z) = \mathfrak{Z}[kf(k+1)](z)$

$+ \mathfrak{Z}[f(k+1)](z) = DF(z)$

nach Tab.3,No.2,4 und 5 .

Wie man sieht, kommt Tab.3,No. 5 hier eine besondere Bedeutung zu. Um den Umgang mit der $\mathfrak{Z}$- Trafo zu erleichtern, seien auch diese und ähnliche Trafos tabellarisch zusammengefaßt(siehe

Tab. 3

No.	$f(k)$	$F(z) = \mathcal{Z}[f(k)](z)$
1	1	$1/(1 - z)$
2	$a_1f_1(k) + a_2f_2(k)$	$a_1F_1(z) + a_2F_2(z)$, Linearität
3	$f(k - \theta)$, $\theta \in \mathbb{N}$	$z^{\theta}F(z)$, Erregung, lag
4	$f(k + \eta)$, $\eta \in \mathbb{N}\setminus\{0\}$	$z^{-\eta}[F(z) - \sum_{\tau=0}^{\eta-1} f(\tau)z^{\tau}]$ Dämpfung, advance
5	$kf(k)$	$zDF(z)$ $D = \frac{d}{dz}$
6	$a^k f(k)$, $a \in \mathbb{R}$	$F(az)$
7	a^k , $a \in \mathbb{R}$	$1/(1 - az)$
8	$f(k/\gamma)$, $k = 0, \gamma, 2\gamma, \ldots$	$F(z^{\gamma})$
9	$f(k) - f(k - 1)$	$(1 - z)F(z)$
10	$\sum_{n=0}^{k} f(n)$	$\frac{1}{1 - z} F(z)$
11	$\sum_{\tau=0}^{k} f_1(\tau)f_2(k - \tau)$	$F_1(z)F_2(z)$, Faltung
12	$\sum_{k=0}^{\infty} f(k)$ $=$	$F(z)\big\vert_{z=1}$, sofern die Reihe konvergiert
13	$\sum_{k=0}^{\infty} (-1)^k f(k)$ $=$	$F(z)\big\vert_{z=-1}$, Bedingung wie in No. 12
14	$f(k)g(k)$	$\mathcal{Z}[f(k)g(k)](z) = \sum_{k=0}^{\infty} f(k)g(k)z^k$
15	$\lim_{k \to 0} f(k) = \lim_{z \to 0} F(z)$, $\lim_{k \to \infty} f(k) = \lim_{z \to 1} (1-z)F(z)$, sofern $f(k)$ konvergiert	

folgende Seite); der Leser möge jedoch zur Übung die eine oder andere Eintragung herleiten.
Ebenso wie die $\mathcal{L}$ - Trafo ist auch die $\mathfrak{Z}$ - Trafo injektiv, so daß zur Rücktrafo hier in methodischer Hinsicht über das von Kap. (4.2.1) hinausgehend(Partialbruchzerlegung) bis auf einen Hinweis nichts erwähnt zu werden braucht.
Betrachtet man (4.2 - 44), so erkennt man, daß f(k) der Koeffizient von z^k ist. Das kann man sich bei der $\mathfrak{Z}^{-1}$ - Trafo zunutze machen, indem man F(z) in eine Reihe entwickelt(z.B. durch elementare Division des Zählers durch den Nenner). f(k) ist dann der Koeffizient von z^k. Somit erhält man(MacLaurin - Reihe):

(4.2 - 48) $$f(k) = \frac{1}{k!} D^k F(z)\Big|_{z=0} \quad .$$

Häufig ist jedoch die Rücktrafo über die Partialbruchzerlegung und unter Zuhilfenahme der Tabellen einfacher.

Bevor wir uns nun der Lösung von Differ.gl. zuwenden, eine kurze Bemerkung: Eine Reihe von Autoren(z.B. Doetsch(1967), Kaplan(1962)) definieren $\mathfrak{Z}^*[\bar{f}(k)](z) = \sum_{k=0}^{\infty} f(k) z^{-k}$ und erhalten für $z = e^p$ eine Analogie zur $\mathcal{L}$ - Trafo. Dieser Ansatz führt zwar zu anderen $\mathfrak{Z}^*$- Trafos, liefert aber bei der Rücktrafo selbstverständlich dieselben Funktionen f(k) wie bei der von uns gewählten Def. . Unsere Vorgehensweise hat hinsichtlich der folgenden Kapitel leichte Vorteile, außerdem besteht eine direkte Analogie zur erzeugenden Funktion von diskreten Wahrscheinlichkeitsfunktionen, was bei der Behandlung diskreter stochastischer Systeme vorteilhaft ist. Gerade hier kommt häufig die Eigenschaft, daß die k - te Ausprägung der betrachteten Funktion gleich dem Koeffizienten von z^k ist, voll zum Tragen.

Für die Lösung von Differ.gl. ist Tab.3,No.4 besonders relevant. Im folgenden Kap. werden wir durchweg Problemstellungen analysieren, die durch die multiple Interdependenz mehrerer Variablen gekennzeichnet sind. Stellt man dabei darauf ab, wie

Tab. 4

No.	f(k)	F(z)
1	ka^k , $a \in \mathbb{R}$	$az/(1 - az)^2$
2	k	$z/(1 - z)^2$
3	k^2a^k , $a \in \mathbb{R}$	$az(1 + az)/(1 - az)^3$
4	k^2	$z(1 + z)/(1 - z)^3$
5	$(k + 1)f(k + 1)$	$DF(z)$
6	$(k + 1)a^k$, $a \in \mathbb{R}$	$1/(1 - az)^2$
7	$k + 1$	$1/(1 - z)^2$
8	$\frac{1}{\theta!}\left(\prod_{i=1}^{\theta}(k + i)\right)a^k = \binom{k+\theta}{\theta}a^k$, $\theta \in \mathbb{N}$, $a \in \mathbb{R}$	$1/(1 - az)^{\theta+1}$
9	a^k/k , $a \in \mathbb{R}$	$-\ln(1 - az)$ für $k = 1,2,\ldots$ $\frac{1}{2}\ln(\frac{1 + az}{1 - az})$ für $k = 1,3,5,\ldots$ $-\frac{1}{2}\ln(1 - a^2z^2)$ für $k=2,4,6,\ldots$
10	$a^k/k!$, $a \in \mathbb{R}$	e^{az}

Lit.: Howard(1971), S. 43ff .

bestimmte Variablen auf andere einwirken, so kann man die Anfangsbedingungen vernachlässigen (gleich Null setzen) und die Differ.gl. auf eine Form bringen, so daß Tab.3, No.3 anwendbar wird. Dies in Verbindung mit dem im folgenden Kap. entwickelten Instrumentarium führt zu einer eleganten Behandlung von Differ.gl. .

Dabei ist besonders interessant, daß wir auf Grund von Tab.3, No.5 und 6 sogar Differ.gl. mit variablen Koeffizienten lösen können (variable Koeffizienten mit Polynom- oder Exponentialcharakter - man beachte, daß e^k bzw. $e^{-k} = (e^{-1})^k$ ein Spezialfall von No. 6 ist -). Ein einfaches Beisp. für zeitvariable Koeffizienten ist in w(20) aufgezeigt.

Im folgenden soll die Theorie für lineare Differ.gl. mit konstanten Koeffizienten entwickelt werden. Betrachten wir dazu zunächst die Gleichung

(4.2 - 49) $$a_n x_{k+n} + a_{n-1} x_{k+n-1} + \dots + a_0 x_k = f(k) \ , \ a_n \neq 0 \ .$$

Sie soll durch eine Operatorenschreibweise analog zum kontinuierlichen Fall dargestellt werden, wobei der 'Verschiebungsoperator' E definiert sei durch:

(4.2 - 50) $$Ef(k) = f(k+1) \qquad \text{für alle Folgen} \quad f(k) \ .$$

Durch formale Anwendung erhält man:

(4.2 - 51) $$E^m f(k) = f(k+m) \qquad ,$$

und wir definieren

(4.2 - 52) $$E^0 f(k) = f(k) \qquad .$$

(4.2 - 49) läßt sich nun in der Form schreiben:

(4.2 - 53) $$(a_n E^n + a_{n-1} E^{n-1} + \dots + a_0) x_k = f(k) \quad .$$

Nach Tab. 3, No 4 erhalten wir für die $\mathfrak{Z}$- Trafo von $E^m f(k)$:

$$\mathfrak{Z}[E^m f(k)](z) = z^{-m}(F(z) - \sum_{\tau=0}^{m-1} f(\tau) z^{\tau}) \qquad .$$

Damit kann analog zum kontinuierlichen Fall die Lösung von (4.2 - 49) berechnet werden:

$$\mathcal{Z}[(a_nE^n + \dots + a_0)x_k](z) = \mathcal{Z}[f(k)](z)$$

$$\Longleftrightarrow a_n \mathcal{Z}[E^n x_k] + \dots + a_0 \mathcal{Z}[x_k] = \mathcal{Z}[f(k)](z)$$

$$\Longleftrightarrow (a_n z^{-n} + a_{n-1} z^{-n+1} + \dots + a_0)X(z) - a_n z^{-n} \sum_{\tau=0}^{n-1} x_\tau z^\tau$$

$$- a_{n-1} z^{-n+1} \sum_{\tau=0}^{n-2} x_\tau z^\tau - \dots - a_1 z^{-1} x_0 = F(z)$$

$$\Longleftrightarrow (a_n + a_{n-1}z + \dots + a_0 z^n)X(z) = a_n \sum_{\tau=0}^{n-1} x_\tau z^\tau + \dots$$

$$+ a_1 z^{n-1} x_0 + z^n F(z)$$

Ordnet man die ersten n Ausdrücke der rechten Seite nach Potenzen von z, so ergibt sich:

$$z^{n-1}(a_1x_0 + \dots + a_nx_{n-1}) + z^{n-2}(a_2x_0 + \dots + a_nx_{n-2}) + \dots$$

$$+ z(a_{n-1}x_0 + a_nx_1) + a_nx_0 \quad .$$

Wir definieren:

$Q_i = \sum_{l=i}^{n} a_l x_{l-i}$ und erhalten für die $\mathcal{Z}$ - Trafo von (4.2 - 49) mit $\Delta(z) = (a_n + a_{n-1}z + \dots + a_0z^n)$:

$$(4.2 - 54) \qquad X(z) = \frac{z^nF(z)}{\Delta(z)} + \frac{z^{n-1}Q_1 + z^{n-2}Q_2 + \dots + Q_n}{\Delta(z)}$$

$$=: z^nW(z)F(z) + W(z)Q(z)$$

mit

$$W(z) = 1/\Delta(z) \quad \text{und} \quad Q(z) = \sum_{i=1}^{n} z^{n-i}Q_i \quad .$$

Die Rücktrafo ergibt als Lösung von (4.2 - 49):

$$(4.2 - 55) \qquad x_k = w(k-n)*f(k) + Q_1w(k-n+1)$$

$$+ Q_2w(k-n+2) + \dots + Q_{n-1}w(k-1) + Q_nw(k) \; .$$

(Beachten Sie die Analogie zwischen (4.2 - 55) und (4.2 - 36)!)

Wesentliches Problem ist also hier wie im kontinuierlichen Fall die Bestimmung der Gewichtungsfunktion

$$\mathfrak{Z}^{-1}[1/\Delta(z)](k) = w(k) \quad .$$

Da Tab. 3 und 4 die entsprechenden Trafos enthalten, sei die Berechnung lediglich an einem Beisp. gezeigt.

Beisp.: $x_{k+2} - 3x_{k+1} + 2x_k = k \; ; \; x_0 = 1 \; , \; x_1 = 1$

$$z^{-2}[\bar{X}(z) - (x_0 + x_1 z)] - 3z^{-1}[\bar{X}(z) - x_0] + 2X(z)$$
$$= z/(1 - z)^2 \quad .$$

$$(z^{-2} - 3z^{-1} + 2)X(z) = \frac{z}{(1 - z)^2} + z^{-2}(x_0 + x_1 z) - 3z^{-1}x_0$$

$$X(z) = \frac{z^3}{(1 - z)^2(1 - z)(1 - 2z)} + \frac{1}{1 - z}$$

Die Zerlegung des Nennerpolynoms erfolgt hier also nicht in Faktoren der Form $(s - b)$ wie bei der $\mathcal{L}$- Trafo, sondern in Faktoren der Form $(1 - az)$, da diese in den Tab. 3 und 4 verwendet werden. Es gilt: Ist p Nullstelle des Polynoms $P(z)$, so kann der Faktor $(1 - \frac{1}{p}z)$ abgespalten werden. Mit dieser Partialbruchzerlegung machen wir analog zu dem auf S.- - Gesagten den Ansatz:

$$\frac{b_2}{1 - z} + \frac{b_1}{(1 - z)^2} + \frac{b_0}{(1 - z)^3} + \frac{a}{1 - 2z} = \frac{z^3}{(1-z)^3(1-2z)}$$
$$= A(z)/B(z)$$

Hier sei kurz eine elegante Methode zur Bestimmung der Koeffizienten aufgezeigt: Multiplizieren wir auf beiden Seiten mit $(1 - z)^3$ und lösen nach b_0 auf, so erhalten wir an der Stelle $z = 1$:

$$(*) \qquad b_0 = (1 - z)^3 \frac{A(z)}{B(z)}\bigg|_{z = 1} = z^3/(1 - 2z)\bigg|_{z = 1} = -1$$

Zur Berechnung von b_1 schreiben wir (*) aus:

$$\frac{z^3}{1-2z} = b_0 + b_1(1-z) + b_2(1-z)^2 + \frac{a(1-z)^3}{1-2z}$$

Man sieht: Leitet man dies nach z ab, so verschwindet b_0, aber b_1 bleibt erhalten, so daß

$$\frac{d}{dz}\left[(1-z)^3 A(z)/B(z)\right]\Big|_{z=1} \quad \text{zum gewünschten Ergebnis}$$

führt:

$$b_1 = (-1)\frac{d}{dz}\left[(1-z)^3 A(z)/B(z)\right]\Big|_{z=1} = 1$$

Analog:

$$b_2 = \frac{1}{2}(-1)^2 \frac{d^2}{dz^2}\left[(1-z)^3 A(z)/B(z)\right]\Big|_{z=1} = -1 \quad .$$

Zur Bestimmung von a wiederholen wir das Verfahren (*), nun allerdings für $z = 1/2$, da hierbei der zu a gehörende Nenner verschwindet.

$$a = (1-2z)A(z)/B(z)\Big|_{z=1/2} = 1$$

<u>Allgemein</u>: $X(z) = A(z)/B(z)$;

Sind alle Wurzeln von $B(z) = 0$ verschieden und gilt

$$\frac{A(z)}{B(z)} = \frac{c_1}{1-a_1 z} + \ldots + \frac{c_n}{1-a_n z} \quad \text{, so ist}$$

(4.2 - 56) $$c_i = (1-a_i z)\frac{A(z)}{B(z)}\Bigg|_{z=1/a_i}$$

Treten bei $B(z) = 0$ m gleiche Wurzeln $1/b$ auf, so gilt für den Ansatz

$$\frac{A(z)}{B(z)} = \frac{d_0}{(1-bz)^m} + \frac{d_1}{(1-bz)^{m-1}} + \ldots + \frac{d_{m-1}}{1-bz} +$$

$$+ \frac{c_1}{1-a_1 z} + \ldots + \frac{c_r}{1-a_r z} \quad :$$

$$d_j = \frac{1}{j!}\left(-\frac{1}{b}\right)^j \frac{d^j}{dz^j}\left[(1-bz)^m A(z)/B(z)\right]\Big|_{z=1/b} ,$$

$$j = 0,1,\ldots,m-1 \quad ;$$

die c_l $(l = 1,\ldots,r)$ werden nach (4.2 - 56) bestimmt.

Wir gelangen also für unser Beisp. zu:

$$\mathfrak{Z}^{-1}[\bar{X}(z)](k) = \mathfrak{Z}^{-1}\left[\frac{-1}{(1-z)^3}\right](k) + \mathfrak{Z}^{-1}[1/(1-z)^2](k) +$$

$$+\mathfrak{Z}^{-1}[-1/(1-z)](k) + \mathfrak{Z}^{-1}[1/(1-2z)](z) +$$

$$+\mathfrak{Z}^{-1}[1/(1-z)](k)$$

$$= -\frac{1}{2}(k+1)(k+2) + k + 1 - 1 + 2^k + 1$$

$$= -\frac{1}{2}k(k+1) + 2^k \quad .$$

Ebenso läßt sich dieses Ergebnis aus der Anwendung von (4.2 - 55) erhalten.

$\Delta(z) = 1 - 3z + 2z^2$, $W(z) = \frac{-1}{1-z} + \frac{2}{1-2z}$, d.h.

$w(k) = -1 + 2^{k+1}$ und somit (der lag ist n = 2)

$$x_k = (-1 + 2^{k-1}) * k + (-3 + 1)(-1 + 2^k) + (-1 + 2^{k+1})$$

$$= \left(\sum_{\tau=0}^{k-1}(-1 + 2^{k-1-\tau})\right) - 1 \quad .$$

Der Summationsindex geht dabei nur bis k-1, da w(k) für $k < 0$ gleich Null ist.

$$x_k = -\sum_{\tau=0}^{k-1}\tau + \frac{1}{2}\sum_{\tau=0}^{k-1}2^{k-\tau} + 1 = -\frac{1}{2}k(k+1) + 2^k \quad .$$

(Die zweite Summe kann dabei z.B. mit Hilfe des Kunstgriffs aus der Bemerkung auf S. 141 LuM I berechnet werden.)

An der Form von w(k) erkennt man: Je weiter die externe Erregung u(k) = k zurückliegt, desto stärker wird sie in diesem Fall gewichtet. Die Verwendung von (4.2 - 55) ermöglicht nun

wie im kontinuierlichen Fall die Berechnung allg. und spezieller Lösungen für die homogenen und inhomogenen Differ.gl.. Wegen der völligen Analogie der Überlegungen sei hier auf diese Diskussion verzichtet.
Ob man bei der Lösung von Differ.gl. die direkte Rücktrafo verwendet(erster Lösungsgang des Beisp.) oder (4.2 - 55) benutzt, wird von der konkreten Aufgabe abhängen.(4.2 - 55) erfordert die Berechnung der Faltung, was häufig Geschick im Umgang mit Summenformeln verlangt, der erste Weg dagegen erfordert umfangreichere Partialbruchzerlegung, was ebenfalls mit erheblichem Rechenaufwand verbunden sein kann.
Unser Beisp. zur Berechnung von Differ.gl. war insofern speziell, als $\Delta(z)$ nur reelle Nullstellen aufwies.
Liefert $\Delta(z) = 0$ komplexe Wurzeln, so treten in der Lösung

$x(k)$ sin- bzw. cos - Ausdrücke auf. Durch wiederholte Anwendung von (3.2 - 14) lassen sich aus Tab.3 folgende in Tab.5 eingetragenen Trafo - Paare herleiten:

Tab. 5

No.	f(k)	F(z)
1	$r^k(A\cos k\theta + B\sin k\theta)$, $k \in \mathbb{N}$, $r \in [0, \infty)$, $A, B \in \mathbb{C}$	$\frac{A - r(A\cos\theta - B\sin\theta)z}{1 - 2rz\cos\theta + r^2z^2}$
2	$r^{k-\tau}[A\cos(k-\tau)\theta - B\sin(k-\tau)\theta]$, $k = 1,2,\ldots$; $\tau = 1,2,\ldots$	$\frac{[A - r(A\cos\theta - B\sin\theta)z]z^\tau}{1 - 2rz\cos\theta + r^2z^2}$

No. 2 folgt aus No.1 sofort wegen Tab.3,No.3 .

Besitzt also $\Delta(z)$ die Nullstellen $z_1 = p + jq$, $z_2 = p - jq$, so wird in der Partialbruchzerlegung dafür ein Ausdruck der Form

$$\frac{\alpha - \beta z}{(1 - \frac{1}{p - jq}z)(1 - \frac{1}{p + jq}z)} = \frac{\alpha - \beta z}{1 - \frac{2p}{p^2 + q^2}z + \frac{1}{p^2 + q^2}z^2}$$

berücksichtigt, wobei α,β durch Koeffizientenvergleich bestimmt werden. Aus α,β,p,q erhält man dann A,B,r,θ in Tab.5 und kann rücktransformieren.

<u>Beisp.</u>: $$F(z) = \frac{az(1 + z)}{1 - (1 - a)z + az^2} = \frac{A(z)}{B(z)}$$

$$B(z) = 0 \Longrightarrow z^2 - \frac{1 - a}{a}z + 1/a = 0 \quad ;$$

für $\frac{(1 - a)^2}{a^2} - 4/a < 0$ entstehen komplex konjugierte Wurzeln, d.h. für $6a - a^2 > 1$. Koeff.vgl. in A(z) mit Tab.5,No.2 liefert:

$$A = a \quad , -rA\cos\theta + rB\sin\theta = a$$

Koeff.vgl. in B(z) liefert:

$$2r\cos\theta = 1 - a \quad , \quad r^2 = a \quad .$$

Somit: $r = \sqrt{a}$, $\cos\theta = (1 - a)/2\sqrt{a}$

$$\Longrightarrow \theta = \arccos[(1 - a)/2\sqrt{a}]$$

Damit ist auch $\sin\theta$ bestimmt, und

$$B = \frac{a - a\sqrt{a}\cos((1-a)/(2\sqrt{a}))}{\sin(\arccos((1-a)/(2\sqrt{a}))}$$

Lit. Howard(1971),S.134f .

Betrachten wir abschließend das Differ.gl.system

(4.2 - 57) $$x_{k+1} = A x_k + b_k$$

mit

$$x_{k+1} = \begin{pmatrix} x_{1,k+1} \\ \vdots \\ x_{n,k+1} \end{pmatrix}, \quad b_k = \begin{pmatrix} b_{1k} \\ \vdots \\ b_{nk} \end{pmatrix}, \quad A = (a_{ij})_{(n,n)}$$

$$\mathfrak{Z}[x_{k+1} - A x_k](z) = \mathfrak{Z}[b_k](z)$$

$$\Leftrightarrow \quad z^{-1}[x(z) - x_0] - A x(z) = b(z)$$

$$\Leftrightarrow \quad x(z) - z A x(z) = z b(z) + x_0$$

$$\Leftrightarrow \quad x(z) = (I - zA)^{-1} z b(z) + (I - zA)^{-1} x_0 \, .$$

(4.2 - 58) $$\Phi(z) := (I - zA)^{-1}$$ heißt

Fundamentalmatrix des Systems, von manchen Autoren auch dynamische Matrix genannt; die letztere Bezeichnung rührt daher, daß $|I - zA| = 0$ alle Aussagen über das dynamische Verhalten des Systems liefert. Man beachte jedoch, daß $|I - zA|$ nicht das charakteristische Polynom des Differ.gl.systems darstellt, dies ist vielmehr $|A - zI|$. Es gilt also die Beziehung:

(4.2 - 59) $\lambda_j = z_j^{-1}$ ist Nullstelle von $|A - zI| = 0$, wenn z_j Nullstelle von $|I - zA| = 0$ ist. λ_j ist also Nullstelle des charakteristischen Polynoms(im folgenden betrachten wir nur z mit $|I - zA| \neq 0$).

Mit (4.2 - 58) gilt also:

(4.2 - 60)
$$\mathfrak{Z}[x_{k+1} - A x_k](z) = \mathfrak{Z}[b_k](z)$$
$$\Leftrightarrow \quad z\Phi(z) b(z) + \Phi(z) x_0 = x(z)$$

Aus $\mathfrak{Z}[A^k](z) = \sum_{k=0}^{\infty} A^k z^k = I + Az + A^2 z^2 + \ldots = (I - zA)^{-1}$

folgt sofort:

$$\Phi(k) = A^k \quad . \tag{4.2 - 61}$$

Oft wird auch $\Phi(k)$ als Fundamentalmatrix bezeichnet.
Analog beweist man die Eintragungen der folgenden Tab. :

Tab. 6

No.	M_k	$M(z)$
1	A^k	$(I - zA)^{-1}$
2	$k\,M(k)$	$z \frac{d}{dz} M(z)$
3	$k\,A^k$	$z(I - zA)^{-1}A(I - zA)^{-1}$

Beisp.: $\begin{pmatrix} x_{1k} \\ x_{2k} \end{pmatrix} = \begin{pmatrix} 5 & 4 \\ 5 & 6 \end{pmatrix} \begin{pmatrix} x_{1,k-1} \\ x_{2,k-1} \end{pmatrix} + \begin{pmatrix} k \\ -2^k \end{pmatrix} \quad , x_0 = \begin{pmatrix} 1 \\ 1 \end{pmatrix}$

Rücken wir eine Zeiteinheit vor und wenden (4.2 - 60) an:

$$\Phi(z) = \frac{1}{(1-z)(1-10z)} \begin{pmatrix} 1-6z & 4z \\ 5z & 1-5z \end{pmatrix} \quad ,$$

$$\mathcal{b}(z) = \mathfrak{z}\left[\begin{pmatrix} k+1 \\ -(2^{k+1}) \end{pmatrix}\right](z) = \begin{pmatrix} 1/(1-z)^2 \\ -2/(1-2z) \end{pmatrix}$$

und durch Partialbruchzerlegung:

$$\Phi(z) = \frac{1}{1-z} \underbrace{\begin{pmatrix} 5/9 & -4/9 \\ -5/9 & 4/9 \end{pmatrix}}_{A} + \frac{1}{1-10z} \underbrace{\begin{pmatrix} 4/9 & 4/9 \\ 5/9 & 5/9 \end{pmatrix}}_{B} \quad , \text{ also:}$$

$$x(z) = \left[-\frac{1}{1-z}A + \frac{1}{1-10z}B\right] z \begin{pmatrix} 1/(1-z)^2 \\ -2/(1-2z) \end{pmatrix} + \left[-\frac{1}{1-z}A + \frac{1}{1-10z}B\right]\binom{1}{1}$$

$$x(k) = A\,\mathcal{Z}^{-1}\left[\begin{pmatrix} z/(1-z)^3 \\ -2z/(1-z)(1-2z) \end{pmatrix}\right] + B\,\mathcal{Z}^{-1}\left[\begin{pmatrix} z/(1-10z)(1-z)^2 \\ -2z/(1-2z)(1-10z) \end{pmatrix}\right]$$

$$+ \; A\binom{1}{1} + 10^k B\binom{1}{1} \quad .$$

Rücktrafo der einzelnen Ausdrücke:

$$\mathcal{Z}^{-1}\left[z/(1-z)^3\right](k) = \binom{k+1}{2} \text{ nach Tab.4,No.8} \quad .$$

$$\frac{-2z}{(1-z)(1-2z)} = \frac{2}{1-z} + \frac{-2}{1-2z}$$ durch Partialbruchzerlegung,

also:

$$\mathcal{Z}^{-1}\left[-2z/(1-z)(1-2z)\right](k) = 2 - 2(2^k)$$ nach Tab.3, No.1 u. 7 .

$$\frac{z}{(1-10z)(1-z)^2} = \frac{-10/81}{1-z} + \frac{-(1/9)z}{(1-z)^2} + \frac{10/81}{1-10z}$$

durch Partialbruchzerlegung, somit:

$$\mathcal{Z}^{-1}\left[z/(1-10z)(1-z)^2\right](k) = -10/81 - \frac{k+1}{9} + \frac{10}{81}10^k$$

nach Tab 3,No. 1,2,7 und Tab. 4, No.2 .

Schließlich $\mathcal{Z}^{-1}\left[-2z/(1-2z)(1-10z)\right](k) = \frac{1}{4}(2^k) + (-\frac{1}{4})10^k$

Insgesamt:

$$x(k) = A\begin{pmatrix} k(k+1)/2 \\ 2 - 2(2^k) \end{pmatrix} + B\begin{pmatrix} -\frac{10}{81} - \frac{k+1}{9} + \frac{10}{81}10^k \\ 2^k/4 + (-1/4)10^k \end{pmatrix}$$

$$+ A\binom{1}{1} + 10^k B\binom{1}{1}$$. Die Gleichungen für x_{1k} und x_{2k} lassen sich nun sofort aufschreiben.

Bisher wurden lineare Differ.gl. mit konstanten Koeffizienten erörtert. Für Phänomene des Lernens, der Evolution etc. erweisen sich derartige Modelle jedoch meist als unzureichende Approximation. Eine angemessenere Beschreibung nichtstationärer Systeme liefern i.a. zeitvariante Differ.gl.(allg.: mit variablen Koeffizienten).

Prinzipiell ist ein relativ weiter Bereich zeitvarianter Differ.gl. $\mathfrak{Z}$- transformierbar(siehe S.-). Die rechnerischen Schwierigkeiten sind hier jedoch häufig so groß, daß die $\mathfrak{Z}$- Trafo keine Erleichterung gegenüber klassischen Lösungsverfahren(insbesondere rekursives Vorgehen) bietet.

Dies sei an einem einfachen Beisp. erläutert.

Das (geeignet operationalisierte) Wachstum c_t ($t = 0,1,2,...$) einer Organisation verläuft nicht selten in folgender typischer Form:

In der Entstehungsphase einer Organisation wächst c_t im Vergleich zu c_{t-1} stark('Anlaufphase'), im Laufe der Zeit setzt sich jedoch ein Konsolidierungsprozeß durch(die Organisation stabilisiert sich nach innen und außen), so daß schließlich c_t und c_{t-1} in einem konstanten Abhängigkeitsverhältnis stehen. Ein sehr einfaches Modell dieses nichtstationären Wachstumsprozesses läßt sich durch

(4.2 - 62) $$c_{t+1} = 1 + \frac{1}{1+t} c_t$$ angeben.

Die Einfachheit läßt sich schon daran verdeutlichen, daß es sich in (4.2 - 62) offensichtlich um die wohl simpelste Approximation von $c_{t+1} = a + be^{-dt}c_t$ handelt, nämlich $a = b = d = 1$, und e^{-t} wird linear angenähert.

Um (4.2 - 62) an Hand unserer Tabellen $\mathfrak{Z}$- transformieren zu können, schreiben wir (4.2 - 62) in der Form

(4.2 - 63) $$(1+t)c_{t+1} = 1 + t + c_t \quad .$$

Nach Tab.4,No.5 erhält man sofort

(4.2 - 64) $$C'(z) - C(z) = 1/(1-z)^2$$ /Tab.4,No.7 .

Die Lösung dieser Diff.gl. ist mit den in diesem Buch entwickelten Methoden nicht möglich, sie erfordert vielmehr den Rückgriff auf Spezialintegrale, wie man sie Integraltafeln entnehmen kann(hier dem Integral Ei(x), siehe Meyer zur Capellen(1950), S.226). Rekursiv läßt sich (4.2 - 62) jedoch rasch lösen. Wir gehen von $c_0 = 1$ aus:

$$c_1 = 1 + c_0 = 2$$

$$c_2 = 1 + \frac{1}{2}c_1 = 1 + \frac{1}{2} \cdot 2 = 2$$

$$c_3 = 1 + \frac{1}{3} c_2 = 1 + \frac{1}{3}(1 + \frac{1}{2} \cdot 2) = 1 + \frac{1}{3} + \frac{1}{3 \cdot 2} \cdot 2$$

$$c_4 = 1 + \frac{1}{4} + \frac{1}{4 \cdot 3} \cdot 2$$

$$c_5 = 1 + \frac{1}{5} + \frac{1}{5 \cdot 4} + \frac{1}{5 \cdot 4 \cdot 3} 2$$

$$\vdots$$

$$c_t = \frac{t!}{t!} + \frac{(t-1)!}{t!} + \ldots + \frac{3!}{t!} + \frac{2!}{t!} 2$$

Nun gilt: $\frac{2!}{t!} + \frac{1!}{t!} + \frac{0!}{t!} = \frac{2!}{t!} 2$; somit:

$$(4.2 - 65) \qquad c_t = \frac{1}{t!} \sum_{n=0}^{t} n! = 1 + \frac{1}{t!} \sum_{n=0}^{t-1} n!$$

Man macht sich leicht klar, daß diese Folge konvergiert, und zwar gegen 1 .

Wir wollen resumierend festhalten:

> Man sollte die Vorteile der $\mathfrak{Z}$- Trafo nicht überschätzen. Sie liegen vorwiegend bei der Erörterung von linearen Differ.gl. mit konstanten Koeffizienten (und bei der Verwendung erzeugender Funktionen von diskreten Wahrscheinlichkeitsfunktionen, wie wir noch sehen werden).
>
> $\mathfrak{Z}$ - transformierbare zeitvariante Differ.gl. sind jedoch meist relativ trivial(siehe Aufg.w(20)) oder bequemer durch klassische Methoden zu lösen.

Bei nichtlinearen, schwierigeren zeitvarianten Differ.-gl. oder bei größeren Differ.gl. systemen empfiehlt sich auf jeden Fall die Verwendung von elektronischen Rechenanlagen. Neuere Entwicklungen auf dem Gebiet der Computersimulation stehen ja gerade für diese Zwecke bereits zur Verfügung.

Aufgaben:

w(20) Berechnen Sie die Lösung der zeitvarianten Differ.gl.

$$c_t = \frac{a}{t} + \frac{t-1}{t} c_{t-1} \quad , c_0 = 257 \quad .$$

w(21) $f(k) = \frac{1}{5^k k!} (k!(2^k + 3^k) + (2^k)^2 3^k)$;

(a) Berechnen Sie $\sum_{k=0}^{\infty} f(k)$!

(b) Berechnen Sie $f(0)$!

w(22) Lösen Sie

(a) $x_{k+2} + x_{k+1} - 2x_k = k \quad , x_0 = x_1 = 0$;

(b) $y_{t+2} + 4y_t = t \quad , y_0 = y_1 = 1$!

w(23) Wenn Sie die erzeugenden Funktionen diskreter Wahrscheinlichkeitsfunktionen betrachten, so werden Sie feststellen, daß jene nichts anderes als $\mathfrak{z}$ - Trafos der Wahrscheinlichkeitsfunktionen sind. Damit läßt sich aber unmittelbar das Konzept der $\mathfrak{z}$ - Trafo verwenden. Etwa bei der Binomialverteilung:

$$p(k;n,p) = \begin{cases} \binom{n}{k} p^k (1-p)^{n-k} & \text{für } k \in [\bar{0}, \underline{n}] \\ 0 & \text{für } k \notin [\bar{0}, \underline{n}] \end{cases}$$

(a) Bilden Sie die $\mathfrak{z}$ - Trafo !

(b) Überprüfen Sie an Hand von Tab.3,No.12 , ob Sie die $\mathfrak{z}$ - Trafo aus (a) richtig berechnet haben !

(c) Verwenden Sie Tab.3,No.5 u. 12 zur Berechnung von E(k).

(4.3) Dynamische Systeme

Bisher wurde bereits an einigen Stellen in LuM I und LuM II deutlich(man erinnere sich z.B. an die Einleitung zu LuM I), daß mathematische Verfahren und formalisierte Modelle in den Sozialwissenschaften in einem nicht geringen Ausmaß für einen sowohl theoretisch als auch in seinem Anwendungsbezug relevanten Bereich bereitgestellt werden, der hier mit dem Begriff 'dynamische Systeme' umschrieben sei. Wir werden diese Konzeption im folgenden etwas ausführlicher erörtern. Da die 'Theorie dynamischer Systeme', insbesondere was den sozialwissenschaftlichen Bereich angeht, jedoch noch keineswegs als vollständig ausformuliert gelten kann, müssen sich die folgenden Darlegungen auf eine ansatzweise Darstellung beschränken.

(4.3.1) Einführung in die systemtheoretische Modellbildung

Eines der zentralen Probleme in den Sozialwissenschaften ist die Reflexivität sozialer Prozesse. Hier kann nicht der Ort sein, in eine erschöpfende Diskussion dieser Problematik einzutreten. Für die nachfolgenden Ausführungen reicht es aus, die Reflexivität sozialer Prozesse in einigen mehr operationalen Aspekten aufzuzeigen:

(1) Einbettung des gesellschaftliche Vorgänge selegierenden, beobachtenden, beschreibenden und beeinflussenden Individuums(oder allgemeiner: einer sozialen Einheit) in ein mindestens diese Vorgänge umfassendes Netzwerk sozialer Prozesse;

(2) (intelligente) Reaktionen von Individuen auf Aktivitäten anderer(damit Aspekte von Konflikt, Anpassung, Lernen, sozialer Evolution, Erwartungs-Erwartungen etc.);

(3) Festlegung bzw. Vorstrukturierung künftiger Entscheidungs- und Aktivitätsalternativen durch gegenwärtige Entscheidungen und Aktivitäten.

(vgl.: Müller(1973),Kap.1)

Ohne dies hier eingehend zu begründen(siehe dazu Ackoff(1960), Adam u.a.(1969) und Müller(1973)), sei hier die These aufgestellt, daß kybernetische Konzeptionen einen nicht unwesentlichen Beitrag zur Lösung der mit den drei genannten Aspekten verbundenen Probleme der Modellierung und Analyse von Systemen erbringen können. Dabei sei unter Kybernetik die Gesamtheit einer Reihe von Kernmodellen einschließlich der operativen Regeln ihrer Verknüpfung(damit auch ihrer methodologischen Diskussion) verstanden, wobei man als Kernmodelle nennen könnte(dieser Katalog ist nicht erschöpfend, zumal die kybernetische Modellentwicklung noch nicht abgeschlossen ist):

- Informations- und Kommunikationstheorie,
- Entscheidungstheorie
- Spieltheorie,
- Organisationstheorie,
- Regelungstheorie,
- Lerntheorie,
- Theorie stochastischer Prozesse *) .

(vgl. Müller(1973),Kap.(213))

Wir können hier keinesfalls alle Kernmodelle ausführlich erörtern, vielmehr wollen wir uns auf einige Konstruktions- und systemanalytische Aspekte beschränken, bei deren Darstellung dann einige Kernmodelle Verwendung finden werden. Zudem sind verschiedentlich in LuM I und LuM II schon einige Kernmodelle erörtert worden(z.B. LuM I,Kap.(15), das hinsichtlich des

*) Dies ist zwar kein genuin kybernetisches Modell, auf Grund ihrer zentralen Bedeutung zur Darstellung stochastischer Systeme sei sie jedoch in diesen Katalog mit aufgenommen.

dritten Reflexivitätsaspektes eine gewisse Relevanz besitzt).

Wir werden insbesondere aufzuzeigen versuchen, daß für den ersten und zweiten Reflexivitätsaspekt das Konzept der Rückkopplung von zentraler Bedeutung ist, u.a. da ihre Beschaffenheit die Stabilität von durch reflexive Mechanismen strukturierten Systemen bestimmt.
Für komplexe Systeme, in denen alle drei Reflexivitätsaspekte in verwobener und gegenseitig durchdrungener Form auftreten (dies ist allerdings gerade die übliche Struktur sozialer Systeme), sind jedoch mehrere(wenn nicht sogar alle) kybernetischen Modelle in integrierten Ansätzen zu verknüpfen. Die darauf bezogene sozialwissenschaftliche Forschung(die hier notwendig multidisziplinärer Natur sein muß) steckt aber noch in den Anfängen. Im Rahmen einer Einführung können wir darauf nicht eingehen.
In den soeben gemachten Ausführungen sind bereits Begriffe wie 'System', 'Rückkopplung','Stabilität','Komplexität' aufgetaucht. Wir wollen uns nun etwas eingehender mit der Konstruktion von Systemmodellen beschäftigen, um derartigen Begriffen ihren systematischen Standort zuzuweisen.

In seiner allgemeinsten Form ist ein System ein Relationensystem(siehe LuM I, Kap.(4.4) und Kap.(6.1)). Dieses übergreifende Prinzip, Phänomene aus systemtheoretischer Perspektive lediglich durch Relationen zu beschreiben, schlägt sich in der zentralen Stellung des 'black box'-Konzeptes in der systemtheoretischen Modellbildung nieder. In einer kybernetischen Systemkonzeption, die sich also u.a. mit Kommunikation, Wechselwirkungen und Kontrolle beschäftigt, sind dies vielfältige Beziehungen zwischen Variablen, wobei man von folgender systemtheoretischer Charakterisierung ausgeht: Es gibt eine zunächst unbekannte Systemstruktur(black box), sodann Einflüsse, die in das System einmünden und solche, die vom System bewirkt werden.

Fig. 1

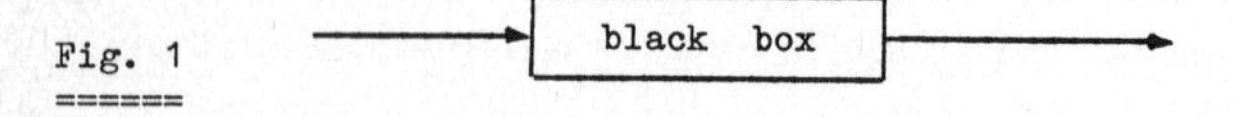

Schon daran wird deutlich, daß die hier aufgezeigte Systemkonzeption keine 'realen Systeme'(was immer das sei), sondern nur System<u>modelle</u> behandelt (andere Systemkonzeptionen, die von der Existenz realer Systeme ausgehen, seien hier nicht erörtert). Wenn wir der Kürze halber künftig von 'System' reden, ist dies daher stets als Modellbegriff zu verstehen.

In der Entwicklung eines sozialwissenschaftlichen Systemmodells wird zunächst eine soziale Beziehung als black box aufgefaßt. Die einmündenden Einflüsse werden als exogene, alle übrigen als endogene Variablen bezeichnet. Zwei Spezialfälle sind hier besonders wichtig:

(1) Die endogenen Variablen sind als Reaktionen auf bestimmte Einwirkungen(exogene Variablen) zu interpretieren,

(2) die im black box angesiedelten sozialen Beziehungen konstituieren eine soziale Einheit(Krankenhaus, Gemeindeverwaltung etc.).

Faßt man (1) und (2) zusammen, so kann also ein <u>spezieller</u> Gegenstand systemtheoretischer Modellbildung die Art und Weise sein, wie soziale Einheiten auf bestimmte Einflüsse reagieren.

Erklärung in diesem Kontext bedeutet nun, daß die soziale Beziehung eine gewissen Regelhaftigkeiten genügende Struktur aufweist, die die beobachteten exogenen Variablenausprägungen gerade in die beobachteten endogenen Variablenausprägungen transformiert. D.h. dem black box wird eine Struktur eingelagert, er wird 'aufgehellt', an seine Stelle tritt ein Systemmodell.

Wir wollen zwei Fälle dieser Aufhellung unterscheiden:

(1) Es existieren bestimmte Hypothesen über die Art der zu verwendenden Systemmodelle;

(2) es existieren keine derartigen Hypothesen, d.h. es stehen lediglich input-output-Beobachtungen zur Verfügung.

Durch Aufhellung tritt an die Stelle von Fig. 1 :

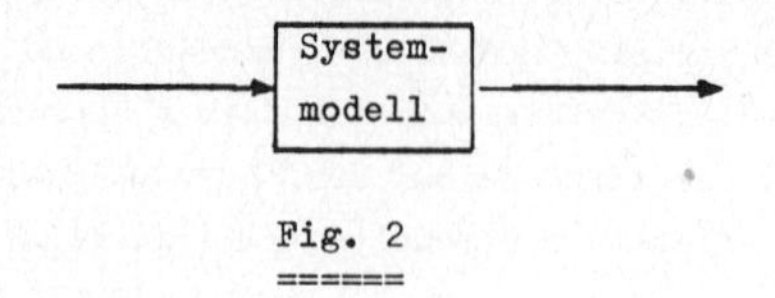

Fig. 2

Wir unterscheiden drei Arten von Systemen je nach ihrer Zeitstruktur:

(1) Solche, deren Verhalten in der Zeit kontinuierlich abläuft(kontinuierliche Systeme),

(2) Systeme, die zwar kontinuierlich sind, aber nur in diskreten Zeitpunkten beobachtet werden können(sampled data Systeme) und

(3) Systeme, deren Variablenausprägungen nur in diskreten Zeitpunkten anfallen(diskrete Systeme).

(2) bezieht sich also auf Systeme, die theoretisch kontinuierlich, empirisch jedoch diskret sind, (3) bezieht sich auf theoretisch und empirisch diskrete Systeme. Da sozialwissenschaftliche Systeme in der Regel nur diskret beobachtbar oder diskret sind, wird das Schwergewicht der weiteren Ausführungen auf diskreten Systemen liegen. Wir haben mit den drei Unterscheidungsmerkmalen bereits auf die Relevanz der Variable 'Zeit' hingewiesen. Realitätsnahe Systemmodelle werden in der Regel dynamisch sein, d.h. die in ihnen auftretenden Größen hängen von der Zeit ab.

Zur Analyse und Kontrolle von Systemen werden wir zwei mathematische Ansätze verwenden: Einer auf der Grundlage der Theorie komplexer Funktionen($\mathcal{L}$, $\mathcal{Z}$ - Trafo), der andere auf der Grundlage der linearen Algebra('Zustandsraumdarstellung').

Ein System transferiert Ausprägungen von auf das System einwirkenden Variablen(künftig mit u bezeichnet), u kann im Fall mehrerer Variablen auch ein Vektor sein, in Ausprägungen von Variablen, auf die das System einwirkt(künftig mit y

bezeichnet), auch y kann ein Vektor sein. Diese Trafo bezeichnen wir mit H .

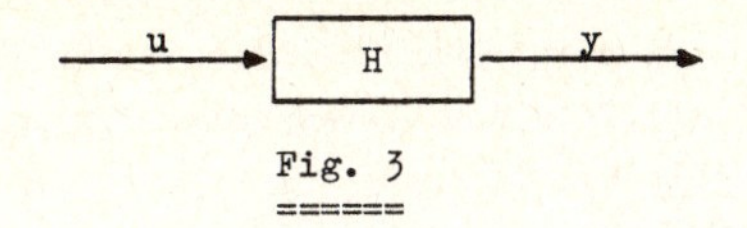

Fig. 3

Mit einem System sind drei Problemstellungen verknüpfbar:

Tab. 1

No.	Problem	Gegeben	Gesucht
1	Analyse	u , H	y
2	Instrumentation	H , y	u
3	Identifikation	u , y	H

No. 1 beschäftigt sich mit der Frage, wie ein System auf spezielle u reagiert; No. 2 mit der Frage, wie man bestimmte vorgegebene y durch Wahl geeigneter u erreichen kann; No. 3 schließlich ist das Problem der Theorie- bzw. Modellbildung im engeren Sinne (d.h. wenn u,y bereits bekannt sind). Wir werden auf das Identifikationsproblem in Kap. (4.3.2) und (4.3.3) noch einmal zurückkommen.

Wir wollen ein systemtheoretisches Problem <u>eindeutig formuliert</u> nennen, wenn im Sinne von Tab. 1 zwei Größen gegeben und eine gesucht sind.

(4.3.2) Konstruktion von Systemmodellen

Die Konstruktion eines Systemmodells ist <u>scharf</u> in zwei Phasen zu untergliedern. Zunächst ist auf Grund inhaltlicher Theorien ein möglichst realitätsangemessenes Systemmodell zu erstellen('Kausalsystem'). An dieses Kausalsystem werden dann bestimmte Fragen gestellt, z.B. ob es stabil ist('Systemanalyse'). Wird auf Grund der Ergebnisse dieser Systemanalyse ein Eingriff in das System beabsichtigt, so erfolgt an dieser Stelle der Übergang vom Kausal- zum Kontrollsystem. Ohne diese scharfe Trennung erliegt man leicht der Gefahr der Ontologisierung systemtheoretischer Konzeptionen.

Der Aufbau eines Systemmodells für ein komplexes sozialwissenschaftliches Phänomen läßt sich in fünf Phasen gliedern.

(1) Spezifikation der für das betrachtete Phänomen relevant erscheinenden Variablen auf Grund von Vorstudien, Hypothesen, Analogieschlüssen etc.

Diese Variablen lassen sich aufgliedern in:

(a) endogene Variablen ('Systemvariablen'),

(b) exogene Variablen ('Umweltvariablen') .

Dabei kann als Kriterium für die Zugehörigkeit zu (b) die vorhandene bzw. fehlende Interdependenz zwischen den Variablen herangezogen werden.
Eine Variable gehört demnach zur Umwelt, wenn sie zwar andere Variablen beeinflußt, aber selbst keiner Beeinflussung durch andere Variablen unterliegt. Charakterisiert man die Kausalrichtung von x_1 nach x_2 durch einen Pfeil

$$x_1 \longrightarrow x_2 \quad ,$$

so läßt sich ein Systemmodell zunächst anschaulich durch ein 'Pfeildiagramm' darstellen. Das Kriterium für Exogenität läßt sich dann graphisch leicht veranschaulichen:

Alle Quellen stellen Umweltvariablen dar.

In

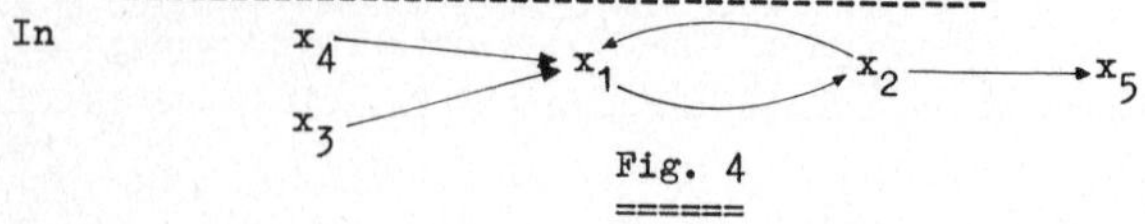

Fig. 4

sind demnach x_3, x_4 Umwelt-, x_1, x_2, x_5 Systemvariablen.

Mit Hinblick auf den spezifischen Charakter sozialwissenschaftlicher Erklärungsmodelle wollen wir bzgl. der Systemvariablen noch eine weitere Unterscheidung treffen: Systemvariablen, die nicht unmittelbar beobachtbar sind, nennen wir intermediär(z.B. Image, Feindbild).

Eine Folgerung aus dem bisher Gesagten sei besonders hervorgehoben: System und Umwelt sind Modellkonzepte, die nur äußerst selten mit einem 'natürlichen' System oder einer 'natürlichen' Umwelt zusammenfallen. Eine Aussage wie: "Die in einem Raum befindliche Gruppe ist ein System, außerhalb des Raumes liegt die Umwelt dieses Systems" ist ohne nähere Spezifikation der Variablen vor dem Kontext der hier ausgebreiteten Systemkonzeption sinnleer. (Bei Variablen- und Einflußspezifikation dürfte sich eine derartige Aussage zudem meist bzgl. der System-/Umwelttrennung als falsch herausstellen.)

Wegen der hochgradigen Interdependenz sozialer Beziehungen fällt es oft schwer, Umweltvariablen zu spezifizieren. Für eine Schätzung der Einflußparameter (siehe Phase (5)) und die Kontrolle des Systems ist dies aber von besonderer Bedeutung.

> Am Ende der ersten Phase steht eine Liste von s_i (System-), i_r(intermediären) und u_p(Umweltvariablen) sowie ein Pfeildiagramm.

(2) Spezifikation der Einflußbeziehungen zwischen den Variablen.

Zunächst ist die Zeitstruktur der Beziehungen zwischen den Variablen auf Grund theoretischer Überlegungen zu spezifizieren('lags'), bei diskreten Systemen etwa

$$x_i \xrightarrow{E^{k_{ij}}} x_j \quad ,$$

bei kontinuierlichen Systemen

$$x_i \xrightarrow{D^{r_{ij}}} x_j \quad .$$

Unter Berücksichtigung der lags gibt es einseitige und wechselseitige Beziehungen, wobei sich Beziehungen grob in positive (+) und negative(-) aufgliedern lassen.

Eine Variable x_i beeinflußt eine Variable x_j positiv, wenn ein Wachsen (Fallen) von x_i ein Wachsen (Fallen) von x_j (um den lag verzögert) bewirkt; sonst spricht man von negativer Beeinflussung.

Weiterhin lassen sich bereits in dieser Phase die definitorischen Identitäten (etwa Bilanzgleichungen, z.B. $x_k(t) := x_i(t) + x_j(t)$) auflisten, so daß die definitorischen Parameter (meist sind es Einsen) ebenfalls bekannt sind. Daneben sind Parameter zu spezifizieren, die die Beziehung zwischen zwei Variablen größenmäßig angeben. So gelangt man etwa zu

$$x_i \xrightarrow{a_{ij}(t)E^{k_{ij}}} x_j$$

für diskrete Systeme.

In diesem Zusammenhang seien kurz die Begriffe Komplexität und Kompliziertheit unterschieden. Wir wollen dies modelltheoretisch tun(auf die Erörterung der Operationalisierung von Komplexität durch das Konzept der Entropie sei hier verzichtet):

> Komplexität bezieht sich auf die Vielzahl der Beziehungen zwischen den Variablen, Kompliziertheit auf die Parameterstruktur.

Am Ende der 2.Phase steht ein Pfeildiagramm mit den Bewertungen +,-, den lags und den Parametern.

Zur besseren Übersichtlichkeit und/oder falls das Pfeildiagramm aus Komplexitätsgründen nicht mehr zeichenbar ist, lassen sich diese Beziehungen auch graphentheoretisch in Form der assoziierten Matrix darstellen.

(3) Nähere Spezifikation der Beziehungen zwischen den Variablen.

Hierunter wollen wir all das subsumieren, was noch vor der Operationalisierung der Variablen und Schätzung der Struktur des Systems liegt, etwa: Festlegung von Polynomgraden, Schwellenwerten, Definitions- und Wertebereichsbeschränkungen.
Es sei betont, daß derartige Festlegungen theoretisch begründet sein müssen(und nicht etwa auf Grund pragmatischer Operationalisierungs- oder Schätzerwägungen vollzogen werden).

(4) Operationalisierung und Quantifizierung

Hier ist nicht der Ort, auf diese schwierigen Probleme (z.B. soziale Indikatoren, Meßziffern, Indizes) näher einzugehen. Besondere Schwierigkeiten bereiten oft die Operationalisierung und Quantifizierung intermediärer Variablen.

(5) Schätzung der Parameter

Eine Theorie sollte eigentlich so beschaffen sein, daß sie die Parameter exakt angibt(u.U. verbunden mit einer Schwankungsbreite), also etwa: $a_{ij}(t) = 2\ (\pm\ 10^{-3})$ oder $a_{ij}(t) = 3e^{-t}$. Sozialwissenschaftliche Theorien sind jedoch meist noch nicht so weit ausformuliert, daß sie bereits so exakte Folgerungen erlaubten. Vielmehr läßt sich in der Regel lediglich die allgemeine Form von $a_{ij}(t)$

angeben. Also etwa: $a_{ij}(t) = c$, oder $a_{ij}(t) = ae^{bt}$.
Hier sind dann c bzw. a und b zu schätzen.
Auf die Schätzverfahren und die damit verknüpfte Problematik kann hier nicht näher eingegangen werden. Dazu kann insbesondere die ökonometrische Literatur herangezogen werden.

Gerade das bei der Parameterschätzung auftretende Problem der zeitlich simultanen Interdependenz von Variablen wirft oft von Neuem die Frage der Abgrenzung von System und Umwelt auf. Ein diskretes System läßt sich jedoch immer schätzen, wenn es <u>rekursiv</u> ist. Dies ist dann der Fall, wenn es sich in Form eines zyklenfreien Tinbergen-Diagramms darstellen läßt.(Vgl. Menges(1962))

<u>Beisp</u>.:

$$y_t = ay_{t-1} + bx_{t-1}$$

$$x_t = cy_{t-1} + dx_{t-1}$$

ist rekursiv, denn das Tinbergen-Diagramm hat die Form:

t	0	1	2	...
x_t	$x_0 \rightarrow$	$x_1 \rightarrow$	x_2	
y_t	$y_0 \rightarrow$	$y_1 \rightarrow$	y_2	

Die Kanten bezeichnen darin Einflußrichtungen.

Dagen ist

$$y_t = ay_t + bx_{t-1}$$

$$x_t = cy_t + dx_t$$

nicht rekursiv, wie man an Hand des Tinbergen-Diagramms leicht bestätigt.

Man sieht: Je genauer und umfassender die Struktur der zeitlichen Abfolge von Variablenausprägungen ist, desto weniger groß ist die Gefahr, in Phase (5) am Schätzproblem zu scheitern.

Dies ist aber nichts weiter als die Forderung, Theorien möglichst realitätsnah und exakt zu formulieren. Oft ist jedoch z.B. auf Grund der starken Aggregation der Daten(z.B.: Zwar hängt der Konsum im Monat t vom Einkommen in t-1 beim einzelnen Haushalt ab, in der jährlichen volkswirtschaftlichen Gesamtrechnung erscheinen aber pro Jahr t simultan Volkseinkommen und gesamtwirtschaftlicher Konsum) die Erstellung eines rekursiven Modells nicht möglich. Hier ist notfalls eine bewußte Fehlspezifikation des Modells in Kauf zu nehmen, um dadurch das System 'künstlich' zu öffnen oder rekursiv zu machen. Es sei denn, die Disaggregation der Daten gelingt. Die dabei auftretenden Kontext- und Mehrebenenprobleme können hier jedoch nicht erörtert werden.

> Am Ende der fünften Phase steht das vollständige bewertete Pfeildiagramm.

Mit ihm kann nun gearbeitet werden in einer Weise, wie wir es in den folgenden Abschnitten aufzeigen werden. Die Phasen (1) und (2) sind an Hand eines Umweltkontrollsystems in Müller(1973),Anhang III, aufgezeigt.

Abschließend sei noch einmal kurz auf das Identifikationsproblem als ganzes eingegangen. Ist die Beziehungsstruktur der Variablen im Groben bekannt(Phase (2) ist abgeschlossen), so kann man den Prozeß der Erstellung eines Systemmodells auch iterativ bewältigen:

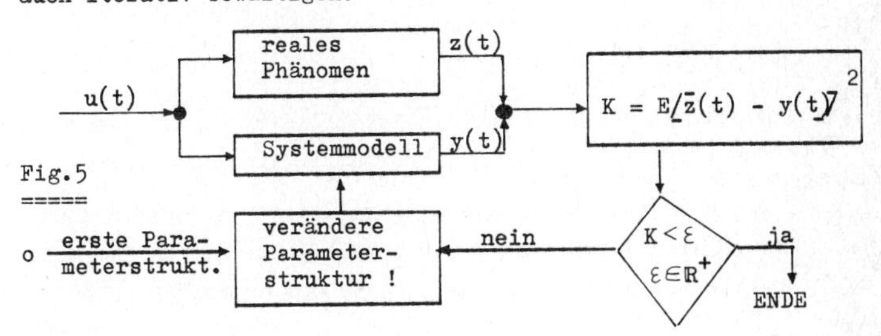

Fig.5

u(t) und z(t) sind für verschiedene t beobachtbar(u(t) und z(t) können auch Vektoren sein).

Durch systematische Variation der Parameter und Prüfung, ob $E[\bar{z}(t) - y(t)]^2$ hinreichend klein ist (häufig wird man bei n Beobachtungen zu diskreten Zeitpunkten

$$K = \frac{1}{n-1} \sum_{t=1}^{n} [\bar{z}_t - y_t]^2$$

verwenden), gelangt man so schließlich zu einem Systemmodell, das eine Art Kompromiß zwischen einem bloßen Stimulus - Response - Modell und der oft sehr aufwendigen Modellbildung über alle fünf Phasen darstellt.

Der hier geschilderte Iterationsprozeß ist aber dennoch eine relativ oberflächliche Parameteranpassung. Daher ist ein Durchlaufen aller fünf Phasen diesem Verfahren der Modellerstellung auf jeden Fall vorzuziehen. Dabei ist zu betonen, daß die Phasen (4) und (5) in der Regel die größten Probleme aufwerfen.

Aufgaben:

p(1) Versuchen Sie, zu jeder der fünf Phasen einige Probleme zu nennen !

w(2) Welche der folgenden Systemmodelle sind rekursiv?

(a) $y_t = ax_t + b$

(b) $y_t = ay_{t-1} + bx_t \qquad x_t = cy_t + dx_{t-1}$

(c) $D\binom{x}{y} = \begin{pmatrix} a & b \\ c & d \end{pmatrix}\binom{x}{y}$

w(3) Sind Systeme, in denen ein Variablenvektor auf einen anderen vermittels einer Dreiecksmatrix einwirkt, rekursiv?

p(4) Lewis F. Richardson(1960) spezifizierte für das Rüstungsverhalten der Entente- und Achsenmächte vor dem 1. Weltkrieg ein Rüstungswettlaufmodell der folgenden Form:

$$D\binom{x}{y} = \begin{pmatrix} a & b \\ c & d \end{pmatrix}\binom{x}{y} + \binom{u_1}{u_2}$$

mit x,y - Rüstungsniveau der jeweiligen Koalition

a,d - 'Ermüdungs'parameter

b,c - 'Verteidigungs'parameter

u_1,u_2 - Konstanten für 'Konfliktschärfe'("grievance").

(a) Interpretieren Sie das System in 'je - desto Aussagen' und machen Sie klar, daß a,d und b,c mit anschaulichen Begriffen belegt sind !

(b) Halten Sie es aus modelltheoretischer Perspektive für zulässig, u_1 und u_2 in der aufgezeigten Form zu interpretieren (wie es Richardson tat)?

Lit: Blalock(1969),Müller(1973),Kap.(214)

(4.3.3) Analyse von Signalflußdiagrammen

Wenn nun das System in Form eines bewerteten Pfeildiagramms vorliegt, erhebt sich die Frage, wie sich das System im Zeitverlauf verhält, wie bestimmte Systemvariablen auf bestimmte Umweltvariablen quantitativ reagieren, welche Rolle dabei die interne Systemstruktur(z.B. Schleifen) spielt etc. .

Um diese Fragen auch algorithmisch beantworten zu können, stellen wir im folgenden zwei Instrumentarien dar:

Einmal die Signalflußdiagrammauflösung, zum anderen die Berechnung des Systemverhaltens mit Hilfe der Fundamentalmatrix.

Bewertete Pfeildiagramme werden auch Signalflußdiagramme genannt, anschaulich: In

$$x_1 \xrightarrow{a} x_2$$

fließt ein 'Signal' a von x_1 nach x_2 .

Konventionsgemäß gibt es bei der Aufstellung des Pfeildiagramms zwei Möglichkeiten der Verknüpfung von Variablen:

(1) $x_1 \xleftarrow{a} x_2$, $x_1 \xleftarrow{b} x_3$

Hier wirken x_2 und x_3 additiv auf x_1, d.h.

$$x_1 = ax_2 + bx_3$$

(2) $x_1 \xleftarrow{a} x_2 \xleftarrow{b} x_3$

Hier wirken x_2 und x_3 'hintereinander' auf x_1, also:

$$x_1 = ax_2 \quad , \quad x_2 = bx_3$$

$$\Longrightarrow \quad x_1 = abx_3 \quad ,$$

d.h. multiplikative Auflösung.

Diese Konventionen sind bereits bei der Erstellung von Pfeildiagrammen zu beachten. So produzierte Signalflußdiagramme können nun mit den im folgenden beschriebenen Methoden analysiert werden.

Ein algorithmisches Verfahren zur Auflösung von Signalflußdiagrammen setzt direkt bei deren graphentheoretischen Eigenschaften an und erscheint uns nicht zuletzt deswegen besonders bemerkenswert. Ohne Beweis(siehe z.B. Henley/Williams(1973) oder Naslin(1968)) soll diese sog. "Mason-Formel" jetzt entwickelt und dann auf gegebene Systeme angewandt werden. Die hierbei benutzte Terminologie schließt sich an das Kap.(1.) an.

Gegeben sei ein Signalflußdiagramm mit den Knoten x_l , $l = 1,\ldots,n$ und den Kantenbewertungen a_{ij} , $i,j = 1,\ldots,n$.

Der Knoten x_j sei ein bzgl. einer bestimmten Fragestellung spezifizierter output, x_i sei ein hinsichtlich einer bestimmten Fragestellung ebenfalls spezifizierter input. In einem ersten Schritt wird nun der 'isolierte' Einfluß von x_i auf x_j berechnet. Dabei spielt offensichtlich nur derjenige Untergraph unseres Signalflußdiagramms eine Rolle, der überhaupt Auswirkungen auf x_j haben kann, d.h. die Cozusammenhangskomponente $CZ(x_j)$ von x_j.(Bei sozialwissenschaftlichen Systemen wird man bei angemessener Spezifikation i.a. Signalflußdiagramme erhalten, die - bei Weglassen der inputs - streng zusammenhängend sind, so daß $CZ(x_j)$ der ganze Graph ist). Beachten Sie, daß für unterschiedliche outputs x_j, x_k auch $CZ(x_j)$ und $CZ(x_k)$ verschieden sein können.

Die folgenden Berechnungen werden nun in $CZ(x_j)$ ausgeführt.

Die Mason-Formel zur Berechnung des Einflusses von x_i auf x_j besteht aus den Komponenten:

(1) für jeden Pfad w_k , $k = 1,\dots,l$ von x_i nach x_j aus dem Produkt der Kantenbewertungen,

(2) Systemdeterminante,

(3) Pfaddeterminante.

zu(1): Dieses Parameterprodukt bezeichnen wir für den k - ten Pfad mit h_k (man beachte, daß die Wertlänge eines Pfades gerade als dessen Parametersumme def. ist).

zu(2): Alle in $CZ(x_j)$ auftretenden Zyklen seien numeriert in Form von $(z_1,\dots,z_m)$, zu jedem Zyklus z_p kann das Parameterprodukt $c_p^{(1)}$ seiner Bewertungen gebildet werden wie unter (1), $p = 1,\dots,m$.

Man sagt: Zwei Zyklen berühren sich nicht, wenn sie keinen Knoten gemeinsam haben, entsprechend drei, vier,... berührungsfreie Zyklen. Bei m Zyklen gibt es maximal $\binom{m}{2}$ Paare berührungsfreier Zyklen, es mögen m_2 dieser Paare existieren. Zu jedem Paar wird das zugehörige Parameterprodukt $c_p^{(2)}$ als das Produkt aller Parameter der beiden Zyklen definiert, $p = 1,\ldots,m_2$.

Analog werden für die Tripel berührungsfreier Zyklen die Parameterprodukte $c_p^{(3)}$, $p = 1,\ldots,m_3$, mit $m_3 \leq \binom{m}{3}$, gebildet, etc. . So fährt man fort, bis keine m-Tupel berührungsfreier Zyklen mehr auffindbar sind. Es kann höchstens einen m-Tupel berührungsfreier Zyklen geben, der alle Zyklen enthält, also $c_1^{(m)}$.

Als Systemdeterminante $\Delta(x_j)$ wird nun definiert:

$$(4.3 - 1) \qquad \Delta(x_j) = 1 - \sum_{p=1}^{m} c_p^{(1)} + \sum_{p=1}^{m_2} c_p^{(2)} - \sum_{p=1}^{m_3} c_p^{(3)} + \ldots -$$

bis zur Maximalzahl berührungsfreier Zyklen.

(Man beachte, daß die Systemdeterminante vom betrachteten output abhängen kann.)

zu(3): Zu jedem Pfad w_k von x_i nach x_j gehört eine Menge von Zyklen Z_k, die w_k nicht berühren, d.h. keinen gemeinsamen Knoten mit ihm haben(diese Menge kann leer sein). In dieser Menge Z_k werden wie bei 'zu(2)' die Parameterprodukte der einzelnen Zyklen, der Paare berührungsfreier Zyklen etc. berechnet. Die auf Z_k bezogene Determinante, berechnet wie in (4.3 - 1) wird mit

$\Delta_k(x_j,x_i)$ bezeichnet(ist Z_k leer, so gilt:

$\Delta_k(x_j,x_i) = 1 - 0 = 1$).

Der isolierte Einfluß von x_i auf x_j, oder die 'Übertragungsfunktion' von x_i nach x_j, lautet nun:

(4.3 - 2) $$\frac{1}{\Delta(x_j)} \sum_{k=1}^{l} h_k \Delta_k(x_j,x_i) =: \frac{1}{\Delta(x_j)} H_{ij}$$

Bezeichnen wir mit $u_1,\dots,u_r$ die inputs des Signalflußdiagramms, so erhalten wir insgesamt als Lösung des Diagramms für den output x_j:

(4.3 - 3) $$x_j = \frac{1}{\Delta(x_j)}(H_{1j}u_1 + \dots + H_{rj}u_r)$$

mit $H_{qj} = \sum_{k=1}^{l_q} h_k \Delta_k(x_j,u_q)$, darin bezeichnet l_q die Anzahl der Pfade von u_q nach x_j.

Zur Erläuterung einige Beispiele:

(1) Gegeben sei das Signalflußdiagramm

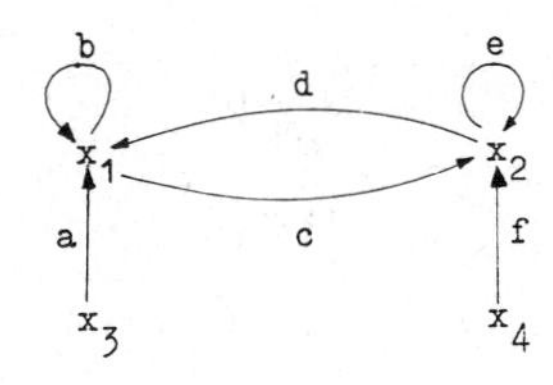

x_1 sei output, x_3,x_4 seien inputs.

(a) Die Cozusammenhangskomponente von x_1 ist der ganze Graph.

(b) Die Wirkung von x_3 auf x_1:

Es gibt einen Pfad von x_3 nach x_1: (x_3,x_1) mit dem Parameter $h_1 = a$.

Es gibt drei Zyklen: $(x_1,x_1),(x_2,x_2),(x_1,x_2,x_1)$ mit den Parameterprodukten $c_1^{(1)} = b$, $c_2^{(1)} = e$, $c_3^{(1)} = cd$.

Es gibt ein Paar berührungsfreier Zyklen: (x_1,x_1) und (x_2,x_2) mit $c_1^{(2)} = be$.

Damit ist: $\Delta(x_1) = 1 - (b + e + cd) + be$

und $\Delta_1(x_1,x_3) = 1 - e$, also $H_{31} = a(1 - e)$.

(c) Die Wirkung von x_4 auf x_1:

Es gibt einen Pfad von x_4 nach x_1: (x_4,x_2,x_1) mit dem Parameterprodukt $h_1 = fd$; Z_1 ist leer, somit ist $\Delta_1(x_1,x_4) = 1 - 0 = 1$.

Also: $H_{41} = fd \cdot 1 = fd$.

(d) Als Lösung für x_1 ergibt sich dann nach (4.3 - 3):

$$x_1 = \frac{1}{1 - (b + e + cd) + be} (a(1 - e)x_3 + fdx_4) \quad .$$

(2) Gegeben sei das Signalflußdiagramm

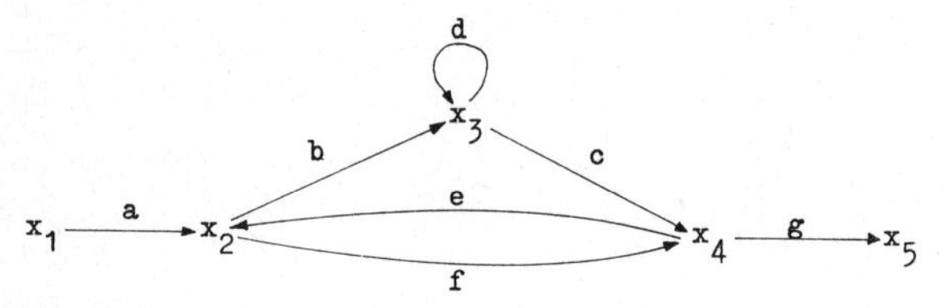

x_5 sei output, x_1 sei input.

Die Cozusammenhangskomponente von x_5 ist der ganze Graph. Es gibt zwei Pfade von x_1 nach x_5: $w_1 = (x_1,x_2,x_4,x_5)$, $w_2 = (x_1,x_2,x_3,x_4,x_5)$ mit den Parameterprodukten

$h_1 = afg$, $h_2 = abcg$.

Es gibt drei Zyklen: $z_1 = (x_3,x_3)$, $z_2 = (x_2,x_3,x_4,x_2)$, $z_3 = (x_2,x_4,x_2)$ mit

$$c_1^{(1)} = d \ , \ c_2^{(1)} = bce \ , \ c_3^{(1)} = ef \quad .$$

Es gibt ein Paar berührungsfreier Zyklen (z_1,z_3) mit

$$c_1^{(2)} = def \quad .$$

Damit ist $\Delta(x_5) = 1 - (d + bce + ef) + def$.

$\Delta_1(x_5,x_1) = 1 - d$, $\Delta_2(x_5,x_1) = 1 - 0 = 1$, und

insgesamt gilt für x_5:

$$x_5 = \frac{afg(1 - d) + abcg}{1 - (d + bce + efg)} x_1 .$$

(3) Gegeben sei das Signalflußdiagramm

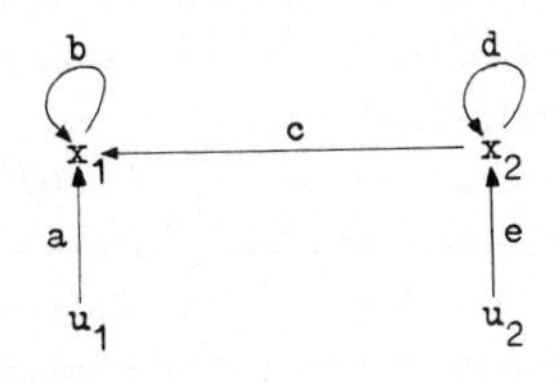

mit den inputs u_1,u_2 und den outputs x_1,x_2 .

Für jeden output ist nun eine Bestimmungsgleichung zu entwickeln.

zu x_1: $CZ(x_1)$ ist der ganze Graph, analog zu Beip. (1) und (2) erhält man

$$x_1 = \frac{1}{1 - (b + d) + bd} (a(1 - d)u_1 + ecu_2)$$

zu x_2: $CZ(x_2)$ ist der Untergraph

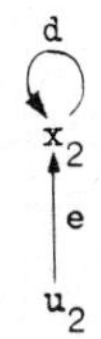

und wir erhalten nach (4.3 - 3) an Hand dieses Graphen

$$x_2 = \frac{1}{1 - d} eu_2 .$$

Insgesamt wird also das vorliegende Diagramm durch folgendes Gleichungssystem gelöst:

$$x_1 = \frac{1}{1 - (b + d) + bd} (a(1 - d)u_1 + ecu_2)$$

$$x_2 = \frac{1}{1 - d} eu_2 \qquad .$$

Sind die Parameter des Signalflußdiagramms reelle oder komplexe Zahlen, wird also das betrachtete System durch ein lineares Gleichungssystem beschrieben, so kann, wie oben dargestellt, die Mason-Formel unmittelbar zur Lösung verwendet werden. Liegt hingegen ein Diff.- oder Differ.gl.system vor, so kann im Zusammenhang mit der $\mathcal{L}$- oder $\mathfrak{Z}$- Trafo die Mason-Formel benutzt werden. Dies wird im folgenden Abschnitt dargestellt.

(4.3.4) Systemanalyse mit Hilfe der Mason-Formel

Betrachten wir noch einmal das Signalflußdiagramm aus Beisp.(2) des vorigen Abschnitts, nun mit Differential- und Integralparametern, etwa:

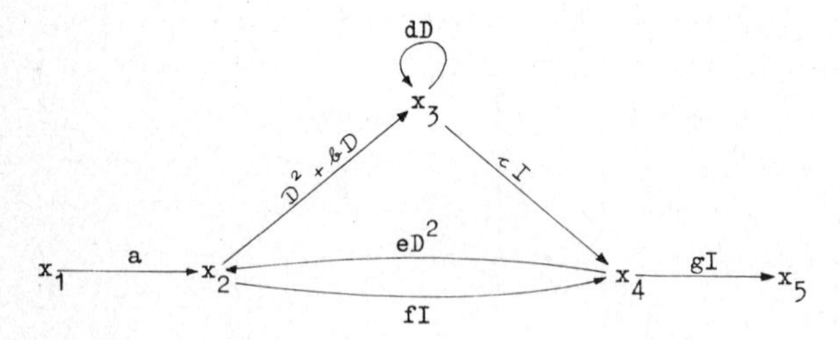

mit $a,b,c,d,e,f,g \in \mathbb{R}$, D Diff.-, I Integralparameter.

Wir können nun mit den Diff.- und Integraloperatoren formal rechnen und (4.3 - 3) ergibt:

$$x_5 = \frac{afgI^2 + (abcg - adfg)I + acg}{1 + (ef - d)D + (def - bce)D^2 - ceD^3}\, x_1 \quad ,$$

oder als Differential-Integralgleichung geschrieben:

$$x_5 + (ef - d)\dot{x}_5 + (def - bce)\ddot{x}_5 - ce\dddot{x}_5 =$$

$$= afg \iint x_1 + (abcg - adfg)\int x_1 + acgx_1 \qquad .$$

Somit erhalten wir aus der Auflösung des Signalflußdiagramms die die Beziehung zwischen input und output beschreibende Diff.gl. :

$$\ddot{x}_5 + (ef - d)x_5^{(3)} + (def - bce)x_5^{(4)} - cex_5^{(5)} =$$

$$= afgx_1 + (abcg - adfg)\dot{x}_1 + acg\ddot{x}_1 \qquad .$$

Wie dieses Beisp. zeigt, erhält man also durch formales Auflösen von Signalflußdiagrammen Diff.gleichungen der Form

$$a_n y^{(n)} + a_{n-1} y^{(n-1)} + \ldots + a_0 y = b_m u^{(m)} + \ldots + b_0 u \quad ,$$

wie wir sie schon in Kap.(4.2.1)betrachtet haben. Dort wurden derartige Diff.gl. mit Hilfe der $\mathcal{L}$ - Trafo gelöst,und wir werden uns nun der Methode zuwenden, mit deren Hilfe Signalflußdiagramme direkt $\mathcal{L}$ - transformiert und dann mit Hilfe der Mason-Formel berechnet werden können ohne den Zwischenschritt über die Aufstellung der zugehörigen Diff.gl. .

Wie wir in Kap.(4.2.1) gesehen haben, ist die $\mathcal{L}$ - Trafo eine lineare Trafo. Dies ist der Grund dafür, daß'lineare Signalflußdiagramme',d.h. Signalflußdiagramme, in denen außer Integral- und Diff.operatoren(bzw. Verschiebungsoperatoren bei diskreten Systemen) nur Additionen und Multiplikationen mit reellen Zahlen in der Parameterstruktur vorkommen, strukturerhaltend $\mathcal{L}$ - transformiert werden können. Daher ist es für die Berechnung eines Signalflußdiagramms gleichbedeutend, ob zunächst - im Zeitbereich - eine Auflösung(wie oben) stattfindet und dann per $\mathcal{L}$- und $\mathcal{L}^{-1}$ - Trafo die Lösung berechnet wird; als Skizze

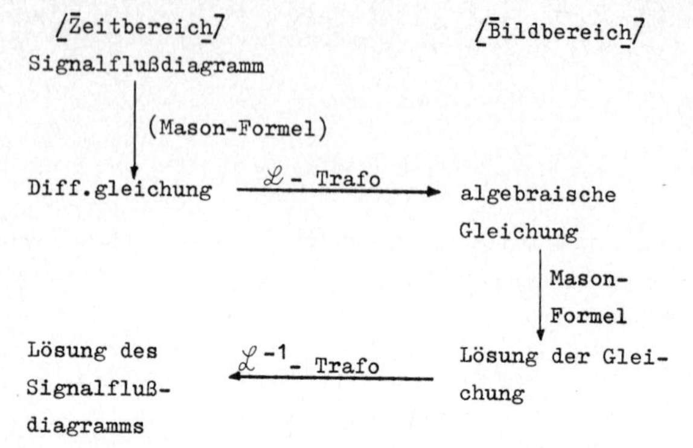

oder ob das Signalflußdiagramm $\mathcal{L}$- transformiert wird, dieses transformierte Diagramm dann aufgelöst und die Lösung $\mathcal{L}^{-1}$-rücktransformiert wird; als Skizze

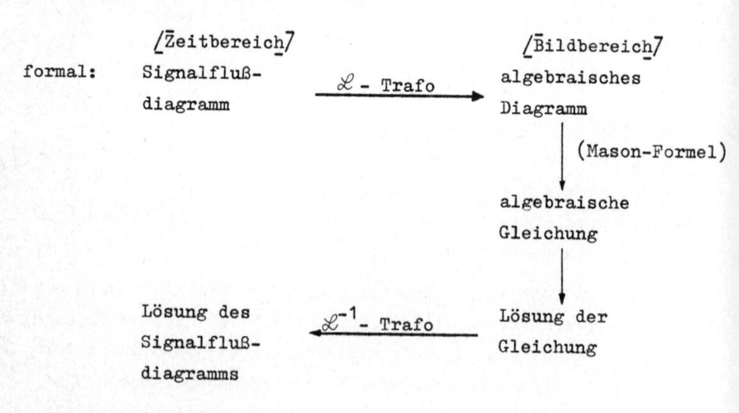

Die zweite Methode erweist sich i.a. als zweckmäßiger(da die Vorteile der $\mathcal{L}$- Trafo voll genutzt werden können), besonders weil man mit einiger Übung bald imstande ist, Signalflußdiagramme sofort im Bildbereich zu formulieren. Die $\mathcal{L}$- Trafo

eines linearen Signalflußdiagramms bezieht sich dabei wegen der Linearität dieser Trafo nur auf die Parameter, die jeweils $\mathcal{L}$ - transformiert werden; die Struktur des Diagramms bleibt jedoch erhalten.

Dazu zwei Beispiele:

(1) (Diff.system)

Gegeben sei das Signalflußdiagramm

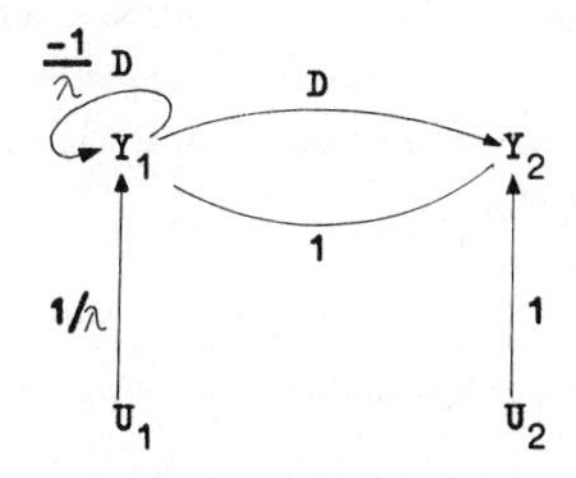

Die Auflösung vermittels Mason-Formel mit y_1 als output und u_1, u_2 als inputs führt zu der Diff.gleichung:

$$(\frac{1}{\lambda} - 1)\dot{y}_1 + y_1 = \frac{1}{\lambda} u_1 + u_2 \qquad ,$$

wobei y_1, u_1, u_2 Funktionen von t sind.

Die $\mathcal{L}$- Trafo des Diagramms liefert mit $1/\lambda$, 1 als Konstanten, $\mathcal{L}(D) = s$, $\mathcal{L}(- \frac{1}{\lambda} D) = - \frac{1}{\lambda} \mathcal{L}(D) = - \frac{1}{\lambda} s$ (vgl. S.-   ) das Diagramm:

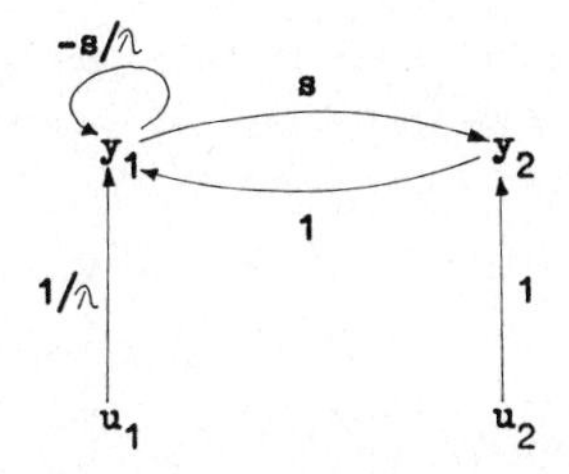

Die Anwendung der Mason-Formel führt hier zu der Gleichung:

$$(\frac{1}{\lambda} - 1)sY_1(s) + Y_1(s) = \frac{1}{\lambda} U_1(s) + U_2(s) \quad , \text{ also}$$

$$Y_1(s) = \frac{1}{(1-\lambda)s + \lambda} U_1(s) + \frac{1}{((1/\lambda)-1)s + 1} U_2(s) \; ,$$

was nach Kap.(4.2) gerade die $\mathcal{L}$- Trafo der obigen Gleichung ist. Diese Gleichung kann nun mit den in Kap.(4.2) dargestellten Mitteln gelöst werden.

Beachten Sie, daß bei obigen $\mathcal{L}$- Trafos stets von verschwindenden Anfangsbedingungen ausgegangen wird; ist dies nicht der Fall, so sind die entsprechenden Terme zu berücksichtigen.

(2) (Differenzensystem)

Gegeben sei das folgenden Signalflußdiagramm:

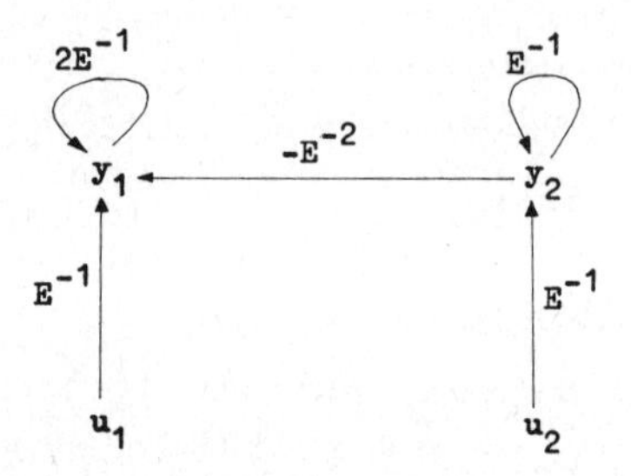

u_1, u_2 seien die inputs, y_1, y_2 die outputs des Systems.

Mit Hilfe der Mason-Formel können nun die das System beschreibenden Differ.gleichungen errechnet werden(beachten Sie, daß $CZ(y_2)$ nicht der ganze Graph ist!).

Wir erhalten somit zwei Gleichungen zur Beschreibung des Systemverlaufs:

$$y_1 - 3E^{-1}y_1 + 2E^{-2}y_1 = E^{-2}u_1 - E^{-3}u_2$$

$$y_2 - E^{-1}y_2 = E^{-1}u_2 \qquad .$$

Mit Hilfe der $\mathfrak{Z}$- Trafo kann das Signalflußdiagramm transformiert werden zu(vgl. Kap.(4.2)):

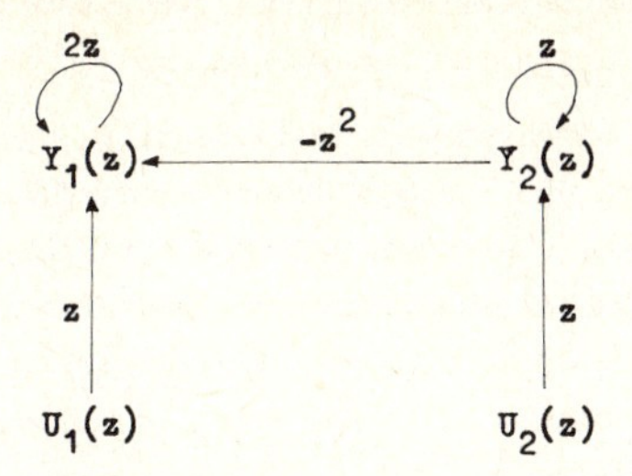

Mit der Mason-Formel erhält man die Gleichungen im Bildbereich:

$$Y_1(z) - 3zY_1(z) + 2z^2Y_1(z) = z^2U_1(z) - z^3U_2(z)$$

$$Y_2(z) - zY_2(z) = zU_2(z) \qquad , \text{d.h.}$$

$$Y_1(z) = \frac{z^2}{1 - 3z + 2z^2} U_1(z) - \frac{z^3}{1 - 3z + 2z^2} U_2(z)$$

$$Y_2(z) = \frac{z}{1 - z} U_2(z) \qquad .$$

Lösung dieser Gleichungen und Rücktrafo liefern dann den Bewegungsverlauf des Systems, wieder für verschwindende Anfangsbedingungen.

Diese Beispiele mögen zur Veranschaulichung der Einsatzmöglichkeiten von $\mathcal{L}$- und $\mathfrak{Z}$- Trafo und der Mason-Formel zur Analyse von Signalflußdiagrammen genügen. Auf diese Weise läßt sich also die Bewegung zuvor spezifizierter outputs in Abhängigkeit von einem oder mehreren inputs explizit berechnen.

Die einzelnen in der Mason-Formel auftretenden Komponenten wollen wir jetzt systemtheoretisch interpretieren. Bzgl. der Systemdeterminante eines outputs konnten wir in den Beispielen feststellen, daß diese genau die charakteristische Gleichung der die Bewegung dieses outputs beschreibenden Diff.- oder Differ.gl. angibt(vgl. Kap.(4.1)). In Kap.(4.4.2) werden wir auf diese Überlegungen zurückkommen, um Stabilitätsaussagen über das betrachtete System machen zu können.

Pfaddeterminante und Pfadparameterprodukte geben zusammen mit der Systemdeterminante das gesamte Übertragungsverhalten eines Systems wieder. Genauer(für verschwindende Anfangsbedingungen): Ein in Form eines Signalflußdiagrammes spezifiziertes System habe r outputs, $y_1,\ldots,y_r$, und m inputs, $u_1,\ldots,u_m$. Dann lautet für den i-ten output die beschreibende Gleichung im Bildbereich der $\mathcal{L}$- Trafo:

$$(4.3-4)\qquad Y_j(s) = \frac{1}{\Delta_{y_j}(s)} V_{1j}(s) U_1(s) + \ldots + \frac{1}{\Delta_{y_j}(s)} V_{mj}(s) U_m(s) \ ,$$

wobei $\Delta_{y_j}(s)$ die Systemdeterminante und $V_{ij}(s)$ die Summe aus den Produkten der Pfaddeterminanten und der Pfadparameterprodukte für das $\mathcal{L}$- transformierte System seien. Matriziell können wir (4.3 - 4) schreiben als:

$$(4.3-5)\qquad Y_j(s) = \begin{pmatrix} \frac{V_{1j}(s)}{\Delta_{y_j}(s)} & \ldots & \frac{V_{mj}(s)}{\Delta_{y_j}(s)} \end{pmatrix} \begin{pmatrix} U_1(s) \\ \vdots \\ U_m(s) \end{pmatrix} \ .$$

Fassen wir nun für alle outputs die Gleichungen der Form (4.3 - 5) zusammen, so erhalten wir:

$$(4.3-6)\qquad y(s) := \begin{pmatrix} Y_1(s) \\ \vdots \\ Y_r(s) \end{pmatrix} = \begin{pmatrix} \frac{V_{11}(s)}{\Delta_{y_1}(s)} & \ldots & \frac{V_{m1}(s)}{\Delta_{y_1}(s)} \\ \vdots & & \vdots \\ \frac{V_{1r}(s)}{\Delta_{y_r}(s)} & \ldots & \frac{V_{mr}(s)}{\Delta_{y_r}(s)} \end{pmatrix} \begin{pmatrix} U_1(s) \\ \vdots \\ U_m(s) \end{pmatrix}$$

$$=: W(s)\, u(s) \ .$$

Die Matrix $W(s)$ enthält alle Informationen über das input-output-Verhalten des Systems; sie heißt daher auch <u>Transfer-Matrix</u> (im Falle einer (1,1) - Matrix spricht man von einer Transfer-Funktion). $\mathcal{L}^{-1}[W(s)](t)$ heißt <u>Impuls-Antwort-Matrix</u>(vgl. S.- 418-) oder <u>Gewichtungsmatrix</u>,und als Lösung der Systemgleichungen erhält man nach (4.2 - 28):

$$(4.3 - 7) \qquad y(t) = \begin{pmatrix} y_1(t) \\ \vdots \\ y_r(t) \end{pmatrix} = \int_0^t W(t-\tau)u(\tau)d\tau$$

mit $W(t) = \mathcal{L}^{-1}[W(s)](t)$, $u(t) = \begin{pmatrix} u_1(t) \\ \vdots \\ u_m(t) \end{pmatrix}$, das Integral

über das Matrizenprodukt wird komponentenweise gebildet.

Die anschauliche Interpretation von $W(t)$, wie sie mit Hilfe von δ - Funktionen für technische Systeme möglich ist(siehe statt vieler Markus,Lee(1967),S.105 - 106), ist für sozialwissenschaftliche Systeme kaum sinnvoll, da hier δ - Funktionen als inputs sicher nicht vorkommen (vgl. Kap.(4.4.2.)).

Nun noch einige Bemerkungen zur praktischen Brauchbarkeit der hier aufgezeigten Methode zur Systemanalyse:

(1) Wie alle direkten Berechnungsverfahren beruht die hier dargestellte Methode darauf, den output-Verlauf explizit als Funktion(in Abhängigkeit von der Zeit t z.B.) unter Berücksichtigung der (bekannten) inputs zu berechnen. Es ist klar, daß diese Berechnung (hier bei der $\mathcal{L}^{-1}$ - Trafo) häufig große Schwierigkeiten bereitet, und somit der Systemverlauf nur unter unverhältnismäßig großem Aufwand genau ermittelt werden kann. Hier setzt die "qualitative" Systemtheorie ein, die aus der Kenntnis der das System beschreibenden Diff.- bzw. Differ.gl. einige qualitative Eigenschaften des Systems, z.B. Verhalten bei $t \to \infty$, bei bestimmten input-Werten, bei Abweichung von der Ruhelage etc. zu bestimmen versucht. In Kap.(4.4)

werden wir die Anfänge einer solchen Theorie darstellen.

(2) Betrachten wir ein einfaches Signalflußdiagramm:

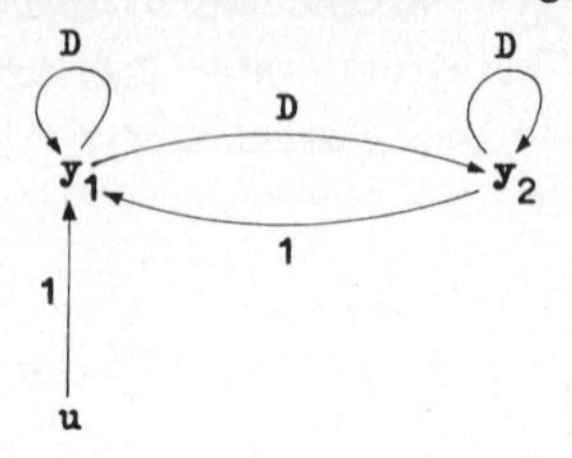

Mit der Mason-Formel erhalten wir für den output y_1 in Abhängigkeit vom input u die Diff.gl.:

$$y_1 - 3\dot{y}_1 + \ddot{y}_1 = u - \dot{u} \quad .$$

Dabei sind y_1,u Funktionen der Zeit t, weiterhin ist implizit vorausgesetzt(wegen der Operatoren D), daß y_1 diff.bar ist. Für u ist dies hier nicht vorausgesetzt, eine derartige Voraussetzung erweist sich auch als wenig sinnvoll, da häufig gerade Funktionen mit Sprungstellen als inputs(insbesondere bei (Optimal-) Kontrollsystemen) herangezogen werden müssen. Die Anwendung der Mason-Formel führt jedoch auf den Ausdruck $\dot{u}$. Dieses Problem besteht natürlich auch bei Verwendung der $\mathcal{L}$ - Trafo, hier allerdings im Bildbereich. Obgleich man jahrzehntelang trotzdem mit diesen Diff.gleichungen gerechnet hat, ist diese Situation doch mathematisch unbefriedigend. Eine ausreichende Grundlage für die Behandlung derartiger Diff.gl. schuf erst Mitte der 50-iger Jahre Schwartz mit seiner Distributionentheorie(Schwartz (1952), siehe als Einstieg auch die neueste Auflage von Doetsch), auf die wir hier jedoch nicht eingehen können. Bei der Analyse von Signalflußdiagrammen mit Hilfe von linearer Algebra, die im nächsten Abschnitt dargestellt werden soll, tritt dieses Problem allerdings nicht auf.

Abschließend sei kurz der Zusammenhang zwischen Signalflußdiagrammen und Diff-(bzw. Differ.gl.-)Systemen aufgezeigt: Wie auf S.- 456 - formuliert, werden Kanten mit derselben Zielecke in ihrem Einfluß als additiv, hintereinanderliegende Kanten als multiplikativ betrachtet. Diese Festlegung eröffnet nun umgekehrt die Möglichkeit, lineare Gleichungs-, Diff.-

oder Differ.gl.systeme in Form von Signalflußdiagrammen zu formulieren. Das kanonische Verfahren sei hier am Beisp. eines Diff.gl.systems erläutert.
Gegeben sei das Diff.gl.system:

$$(4.3 - 8)\qquad \begin{aligned} Dy_1 &= ay_1 + by_2 + u_1 \\ Dy_2 &= cy_1 + dy_2 + u_2 \quad . \end{aligned}$$

Es gibt nun mehrere Arten, (4.3 - 8) in ein Signalflußdiagramm zu überführen. Hier sei so vorgegangen, daß jede der Gleichungen nach y_1 bzw. y_2 aufgelöst wird:

$$(4.3 - 9)\qquad \begin{aligned} y_1 &= \frac{1}{a} Dy_1 - \frac{b}{a} y_2 - \frac{1}{a} u_1 \\ y_2 &= -\frac{c}{d} y_1 + \frac{1}{d} Dy_2 - \frac{1}{d} u_2 \quad . \end{aligned}$$

Für jede Gleichung aus (4.3 - 9) wird nun ein Graph erstellt gemäß den angegebenen Prinzipien:

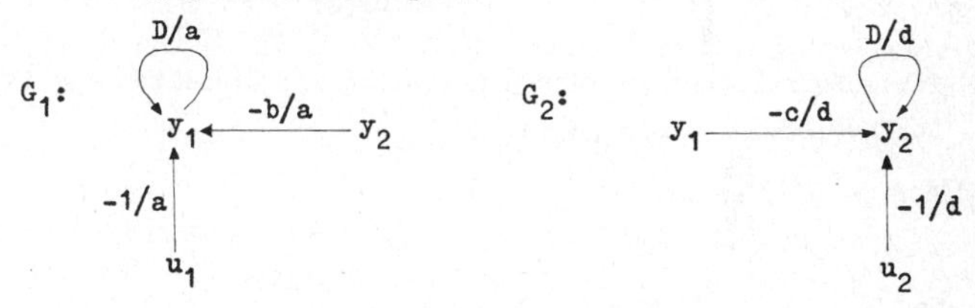

$G = G_1 \cup G_2$ ist dann das zugehörige Signalflußdiagramm:

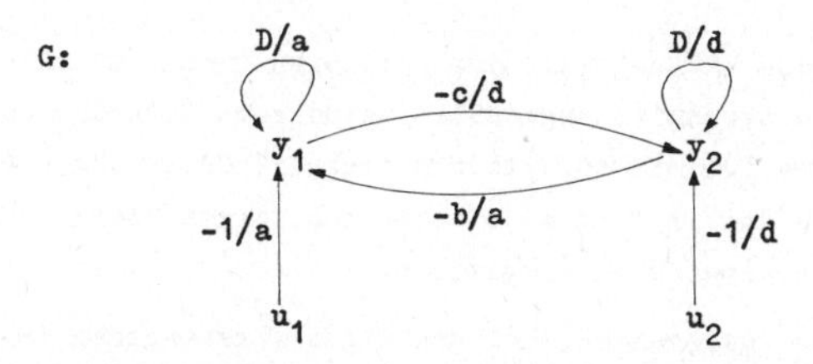

Mit einiger Übung läßt sich ein derartiges Signalflußdiagramm unmittelbar im Bildbereich der $\mathcal{L}$- (bzw. $\mathfrak{Z}$-) Trafo aufstellen.

Eine andere Möglichkeit, das System (4.3 - 8) in Form eines Signalflußdiagramms darzustellen, ist folgende: Jede Gleichung wird nach der höchsten Ableitung einer Variablen hin aufgelöst und dann entsprechend oft integriert, so daß als Ergebnis in jeder Gleichung eine Variable isoliert auftritt. In unserem Beisp.:

(4.3 - 8) ist schon geeignet aufgelöst, Integration ergibt:

$$y_1 = a\int y_1 + b\int y_2 + \int u_1$$

(4.3 - 10)

$$y_2 = c\int y_1 + d\int y_2 + \int u_2 \quad .$$

Dies entspricht dem $\mathcal{L}$-transformierten Signalflußdiagramm:

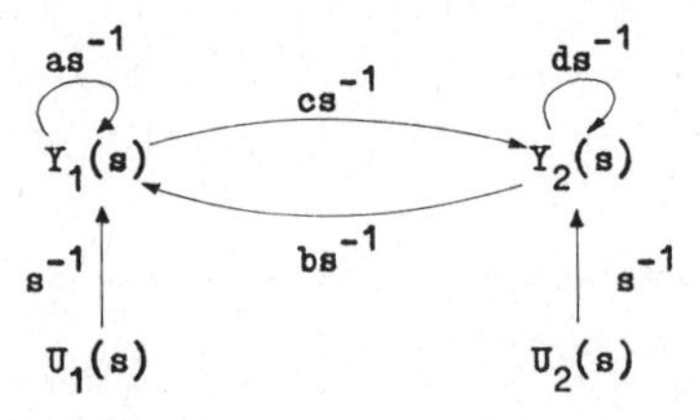

Beide Formulierungen führen natürlich auf dieselben das System beschreibenden Gleichungen.

(4.3.5) Analyse von Signalflußdiagrammen und Lineare Algebra

Neben den Hilfsmitteln der komplexen Funktionentheorie (wie im letzten Abschnitt angedeutet) sind auch Methoden der linearen Algebra für die Analyse von Signalflußdiagrammen verwendbar. Wir werden im folgenden versuchen, einen kleinen Einblick in diesen Bereich zu vermitteln.

Dabei sei davon ausgegangen, daß das Signalflußdiagramm im Zeitbereich bereits vorliege. Die inputs seien spezifiziert. Wir berechnen dann die Bewegungen aller übrigen Variablen,

unter denen insbesondere die outputs sind. Wir müssen hier allerdings die Einschränkung machen, daß die von den inputs ausgehenden Kanten als Parameter nur Konstanten tragen dürfen, was jedoch fast immer durch die Erzeugung zusätzlicher (Hilfs-) Quellen des Diagramms erreichbar ist.
Zu einem derartigen Signalflußdiagramm wird dann nach den dargestellten Regeln zu jeder Variablen die zugehörige Gleichung formuliert.

Beispiele:

(1)

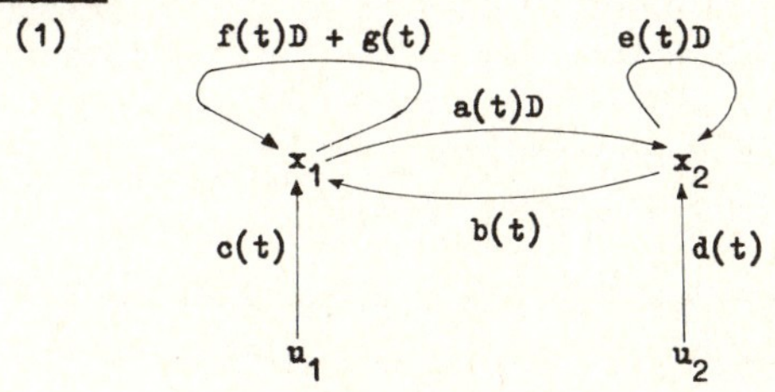

Als Gleichungen erhalten wir für x_1 und x_2

$$x_1 = f(t)\dot{x}_1 + g(t)x_1 + b(t)x_2 + c(t)u_1$$

$$x_2 = a(t)\dot{x}_1 + e(t)\dot{x}_2 + d(t)u_2 \quad .$$

(2)

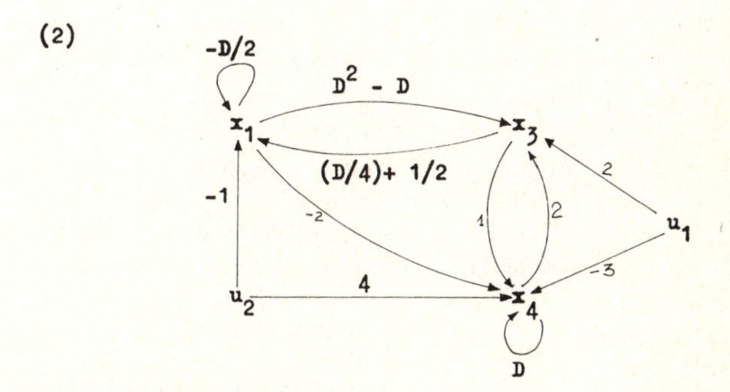

Mit den Gleichungen :

$$x_1 = -\frac{1}{2}\dot{x}_1 + \frac{1}{2}x_3 + \frac{1}{4}\dot{x}_3 - u_2$$

$$x_3 = \ddot{x}_1 - \dot{x}_1 + 2x_4 + 2u_1$$

$$x_4 = -2x_1 + x_3 + \dot{x}_4 - 3u_1 + 4u_2 \quad .$$

Für den Einsatz linearer Algebra ist es nun erforderlich, diese Gleichungssysteme auf eine 'Normalform' zu bringen, mit der dann gerechnet werden kann. Wie auf S.-426 - schon angedeutet, werden als Normalform Gleichungssysteme folgenden Typs verwendet:

$$(4.3 - 11) \qquad D\,x = A(t)\,x + B(t)\,u \quad ,$$

wobei $A(t)$ **(n,n)- und** $B(t)$ **(n,m)-Matrix sind; die** x_i **,** $i = 1,\ldots,n$ **, und die** u_j **,** $j = 1,\ldots,m$ **, sind dabei wie** $A(t)$ **und** $B(t)$ **i.a. Funktionen der Zeit.**

Formulieren wir nun die Gleichungen aus Beisp. 1 und 2 in Normalform:

zu(1):

$$\dot{x}_1 = \frac{1}{f(t)}(-g(t) + 1)x_1 - \frac{b(t)}{f(t)}x_2 - \frac{c(t)}{f(t)}u_1$$

$$\dot{x}_2 = -\frac{a(t)}{e(t)}\dot{x}_1 + \frac{1}{e(t)}x_2 - \frac{d(t)}{e(t)}u_2 \quad .$$

Setzen wir die erste Gleichung in die zweite ein, so verschwindet dort das $\dot{x}_1$**, und wir erhalten:**

$$\dot{x}_2 = \frac{a(t)}{e(t)f(t)}(g(t) - 1)x_1 + \left(\frac{a(t)b(t)}{e(t)f(t)} + \frac{1}{e(t)}\right)x_2 + \frac{a(t)c(t)}{e(t)f(t)}u_1 - \frac{d(t)}{e(t)}u_2 \quad .$$

In Matrizenform:

$$\begin{pmatrix}\dot{x}_1\\ \dot{x}_2\end{pmatrix} = \begin{pmatrix}\frac{1}{f(t)}(1 - g(t)) & -\frac{b(t)}{f(t)}\\ \frac{a(t)}{e(t)f(t)}(g(t) - 1) & \frac{a(t)b(t)}{e(t)f(t)} + \frac{1}{e(t)}\end{pmatrix}\begin{pmatrix}x_1\\ x_2\end{pmatrix}$$

$$+ \begin{pmatrix}-\frac{c(t)}{f(t)} & 0\\ \frac{a(t)c(t)}{e(t)f(t)} & -\frac{d(t)}{e(t)}\end{pmatrix}\begin{pmatrix}u_1\\ u_2\end{pmatrix}$$

zu(2): In der zweiten Gleichung tritt $\ddot{x}_1$ als Variable auf, in der Normalform dürfen jedoch nur erste Ableitungen auf der linken Seite stehen. Daher führen wir die Hilfsvariable x_2 ein als $x_2 := \dot{x}_1$. Wir erhalten dann $\dot{x}_1 = x_2$ und durch Einsetzen:

$$x_1 = -\frac{1}{2}x_2 + \frac{1}{2}x_3 + \frac{1}{4}\dot{x}_3 - u_2$$

$$x_3 = \dot{x}_2 - x_2 + 2x_4 + 2u_1$$

$$x_4 = -2x_1 + x_3 + \dot{x}_4 - 3u_1 + 4u_2 \quad .$$

Aus der 2. Gleichung: $\dot{x}_2 = x_2 + x_3 - 2x_4 - 2u_1$

" " 1. " : $\dot{x}_3 = 4x_1 + 2x_2 - 2x_3 + 4u_2$

" " 3. " $\dot{x}_4 = 2x_1 - x_3 + x_4 + 3u_1 - 4u_2$.

In Matrizenform:

$$\begin{pmatrix}\dot{x}_1\\ \dot{x}_2\\ \dot{x}_3\\ \dot{x}_4\end{pmatrix} = \begin{pmatrix}0 & 1 & 0 & 0\\ 0 & 1 & 1 & -2\\ 4 & 2 & -2 & 0\\ 2 & 0 & -1 & 1\end{pmatrix}\begin{pmatrix}x_1\\ x_2\\ x_3\\ x_4\end{pmatrix} + \begin{pmatrix}0 & 0\\ -2 & 0\\ 0 & 4\\ 3 & -4\end{pmatrix}\begin{pmatrix}u_1\\ u_2\end{pmatrix} \quad .$$

Es geht nun darum, Lösungen derartiger linearer Diff.gl.systeme erster Ordnung

$$(4.3 - 12) \qquad \dot{x} = A(t)x + b(t)$$

zu finden, d.h. die zeitliche Bewegung der einzelnen Variablen in x zu bestimmen. Dazu zunächst einige grundsätzliche Überlegungen,deren Beweise u.a. in Knobloch, Kappel(1974),Kap. II zu finden sind.

Die Komponentenfunktionen der (n,n) - Matrix $A(t)$ und des (n,1) - Vektors $b(t)$ seien stetig; dann besitzt die Gleichung (4.3 - 12) für jedes

$$(t_0, x_0) \in \mathbb{R} \times \mathbb{R}^n \text{ als Anfangswert}$$

genau eine Lösung

$$x(t) = x(t;t_0, x_0) \text{ mit } x(t_0) := x_0 \in \mathbb{R}^n .$$

Diese Lösung ist stetig diff.bar.
Häufig werden wir von verschwindenden Anfangsbedingungen ausgehen, d.h. zu einem bestimmten Zeitpunkt t_0 (meist $t_0 = 0$) haben alle Systemvariablen den Wert 0 , also

$$x_0 = \begin{pmatrix} x_1(t_0) \\ \vdots \\ x_n(t_0) \end{pmatrix} = o \quad .$$

In dieser Situation gilt für das zu (4.3 - 12) gehörende homogene System

$$(4.3 - 13) \qquad \dot{x} = A(t)x \qquad :$$

Nur $x(t) = o$ f.a. $t \in \mathbb{R}$ ist Lösung.

Wir werden nun versuchen, die Lösungen zu berechnen. Dabei lassen wir zunächst die Anfangsbedingungen unberücksichtigt und diskutieren, welche Lösungen zu (4.3 - 12) und (4.3 - 13) überhaupt möglich sind.
Grundlegend hierfür ist das Superpositionsprinzip:

x_1 sei eine Lösung von $\dot{x} = A(t)x + b_1(t)$, x_2 sei eine Lösung von $\dot{x} = A(t)x + b_2(t)$; dann ist $(x_1 + x_2)(t)$ eine Lösung von $\dot{x} = A(t)x + (b_1 + b_2)(t)$.

Für das homogene System (4.3 - 13) können wir nun festhalten: Die Lösungsmenge $L(\sigma)$ dieses Systems ist ein n - dimensionaler $\mathbb{R}$ - Vektorraum, und mit einer speziellen Lösung $\hat{x}(t) \in L(b)$ des inhomogenen Systems (4.3 - 12) gilt:

(4.3 - 14) $$L(b) = \{\hat{x}(t) + x(t) \,/\, x(t) \in L(\sigma)\}$$

(vergleichen Sie diese Aussagen mit der Lösungstheorie linearer Gleichungssysteme!).
Es geht nun zunächst darum, $L(\sigma)$ zu berechnen, d.h. hier: Eine Basis von $L(\sigma)$ zu finden.
Sei $B = \{y_1, \ldots, y_n\}$ eine Basis des $\mathbb{R}^n$, und sei $t_0 \in \mathbb{R}$,

dann sind die zu diesen Vektoren als Anfangswerte gehörenden Lösungsfunktionen

$$x(t;t_0, y_1), \ldots, x(t;t_0, y_n)$$

linear unabhängig in $L(\sigma)$, d.h. sie bilden dort eine Basis $\hat{B}$.
Diese Lösungsfunktionen haben je n Komponentenfunktionen, so daß ihre Zusammenfassung als Matrix eine (n,n) - Matrix ergibt, bezeichnet

$$\Phi(t) = (x(t;t_0, y_1) \ldots x(t;t_0, y_n)) \quad .$$

Für jeden beliebigen Anfangsvektor $y_0 \in \mathbb{R}^n$ und $t_0 \in \mathbb{R}$ können wir nun die Lösung des homogenen Systems bestimmen:

Es sei
$$y_0 = \sum_{i=1}^{n} a_i y_i$$, d.h. y_0 sei bzgl. der Basis B des $\mathbb{R}^n$

dargestellt; dann gilt:

(4.3 - 15) $$x(t;t_0, y_0) = a_1 x(t;t_0,y_1) + \ldots + a_n x(t;t_0,y_n) \,,$$

d.h.:

$$x(t;t_0,y_0) = \Phi(t)\begin{pmatrix} a_1 \\ \vdots \\ a_n \end{pmatrix}$$, und speziell für t_0 :

(4.3 - 16) $$x(t_0;t_0,y_0) = (y_1 \dots y_n)\begin{pmatrix} a_1 \\ \vdots \\ a_n \end{pmatrix}$$, d.h.

(4.3 - 17) $$\Phi(t_0) = (y_1 \dots y_n) \quad .$$

Damit ist $y_0 = \Phi(t_0)a$, und da $\Phi(t_0)$ wie alle $\Phi(t)$ mit $t \in \mathbb{R}$ regulär ist, gilt:

(4.3 - 18) $$a = \begin{pmatrix} a_1 \\ \vdots \\ a_n \end{pmatrix} = \Phi^{-1}(t_0)y_0 \quad .$$

Insgesamt erhalten wir so:

(4.3 - 19) $$x(t;t_0,\, y_0) = \Phi(t)\ \Phi^{-1}(t_0)y_0 \quad .$$

Die Matrix $\Phi(t)\ \Phi^{-1}(t_0)$, die für jeden Anfangswert den Bewegungsverlauf des Systems beschreibt, werden wir in Zukunft mit $\Phi(t,t_0)$ bezeichnen. Sie wird auch Übergangsmatrix oder wegen ihrer zentralen Bedeutung für die Charakterisierung des Systemverlaufs Fundamentalmatrix des Systems genannt.

Nachdem für alle Anfangswertkonstellationen das homogene Gleichungssystem (4.3 - 13) gelöst ist, bleibt die Berechnung der Lösungen von (4.3 - 12). Wie bereits erwähnt, erhält man die allgemeine Lösung von (4.3 - 12), indem man zu einer speziellen Lösung von (4.3 - 12) alle Lösungen des homogenen Systems addiert. Durch das bekannte Verfahren der Variation der Parameter erhält man zum Anfangswert (t_0,y_0) als Lösung von (4.3 - 12):

(4.3 - 20) $$x(t;t_0,y_0) = \Phi(t,t_0)y_0 + \int_{t_0}^{t} \Phi(t,\tau)b(\tau)d\tau \quad .$$

Dabei entspricht der erste Term der Lösung des homogenen Systems, der zweite Term einer speziellen Lösung des inhomogenen Systems.

Somit reduziert sich das Lösungsproblem auf die Berechnung der Übergangsmatrizen $\Phi(t,\tau)$. Für den allg. Fall, wie wir ihn hier betrachteten, d.h. für zeitabhängige Matrizen, kann für die Übergangsmatrix eines Systems zwar eine Reihendarstellung angegeben werden, diese führt aber nicht immer auf einen geschlossenen Ausdruck. Wir wollen in die Erörterung von Systemen mit variabler Struktur hier nicht tiefer eindringen und von nun an davon ausgehen, daß die Systemmatrix A konstant, also zeitunabhängig ist. Das System wird dann allg. beschrieben durch

(4.3 - 21) $$\dot{x} = A x + b(t) \quad .$$

Hierfür erhält man:

(4.3 - 22) $$\Phi(t,t_0) = \sum_{i=0}^{\infty} \frac{(t - t_0)^i}{i!} A^i$$

als Reihendarstellung der Übergangsmatrix.
Definieren wir (vgl. LuM I,S.218)

(4.3 - 23) $$\sum_{i=0}^{\infty} \frac{t^i}{i!} A^i =: \exp(A\,t) =: e^{At} \quad .$$

Diese Reihe hat für beliebige $t \in \mathbb{R}$ und beliebige quadratische Matrizen einen Grenzwert, und es gilt:

(4.3 - 24) $$e^{A(t+\tau)} = e^{At}e^{A\tau} \quad .$$

Wir können (4.3 - 22) nun als $\Phi(t,t_0) = e^{A(t-t_0)} =: M(t-t_0)$ schreiben.

Als Lösungen bei zeitunabhängigen Matrizen erhalten wir so für den homogenen Fall

$$(4.3 - 25) \qquad x(t;t_0,y_0) = e^{A(t-t_0)} y_0$$

und für den inhomogenen Fall

$$(4.3 - 26) \qquad x(t;t_0,y_0) = e^{A(t-t_0)} y_0 + \int_{t_0}^{t} e^{A(t-\tau)} b(\tau) d\tau$$

Für den Fall verschwindender Anfangsbedingungen des inhomogenen Falls, also $y_0 = 0$, $t_0 = 0$, erhält man so :

$$(4.3 - 27) \qquad x(t;0,0) = \int_0^t M(t-\tau) b(\tau) d\tau \quad .$$

Wir sehen, daß die Übergangsmatrix hier gerade die auf S.- 479 - und S.- 418 - erwähnte Impuls-Antwort-Matrix ist, sofern $b(\tau)$ die inputs angibt.

Wenden wir uns nun der Berechnung von e^{At} zu. Da jede quadratische Matrix A auf die Jordansche Normalform gebracht werden kann, ist diese Form der Ausgangspunkt unserer Überlegungen. Wir wollen uns hier jedoch auf diagonalisierbare Matrizen beschränken und verweisen für den allgemeineren Fall auf die Spezialliteratur(z.B. Knobloch, Kappel(1974)).

Sei also A diagonalisierbar, d.h. es gibt eine Diagonalmatrix D mit

$$D = Q^{-1} A Q \quad , \; Q \text{ regulär.}$$

Dann gilt:

$$\sum_{i=0}^{\infty} \frac{t^i}{i!} D^i = Q^{-1} \left(\sum_{i=0}^{\infty} \frac{t^i}{i!} A^i \right) Q \quad , \text{ d.h.}$$

$$(4.3 - 28) \qquad e^{At} = Q e^{Dt} Q^{-1} \quad .$$

Für Diagonalmatrizen gilt nun:

$$\exp\left[\begin{pmatrix} d_1 t & 0 & \dots & 0 \\ \vdots & & & \vdots \\ 0 & 0 & \dots & d_n t \end{pmatrix}\right] = \begin{pmatrix} e^{d_1 t} & 0 & \dots & 0 \\ \vdots & & & \vdots \\ 0 & 0 & \dots & e^{d_n t} \end{pmatrix} ,$$

und damit kann e^{At} auf relativ einfache Art berechnet werden. Betrachten wir dazu noch einmal Beisp. 2:

$$A = \begin{pmatrix} 0 & 1 & 0 & 0 \\ 0 & 1 & 1 & -2 \\ 4 & 2 & -2 & 0 \\ 2 & 0 & -1 & 1 \end{pmatrix}$$, und es gilt: A ist diagonalisierbar mit

$$\mathcal{D} = \begin{pmatrix} 1 & 0 & 0 & 0 \\ 0 & -1 & 0 & 0 \\ 0 & 0 & 2 & 0 \\ 0 & 0 & 0 & -2 \end{pmatrix} = \begin{pmatrix} 2/3 & 0 & -1/3 & 1 \\ 2/3 & -1/3 & 0 & -1/3 \\ -1/6 & 1/3 & 1/4 & -2/3 \\ -1/6 & 0 & 1/12 & 0 \end{pmatrix} A \begin{pmatrix} 1 & 1 & 1 & 1 \\ 1 & -1 & 2 & -2 \\ 2 & 2 & 2 & 14 \\ 1 & 0 & 0 & 4 \end{pmatrix}$$

$$= Q^{-1} A Q \quad .$$

Damit ist

$$e^{At} = Q \begin{pmatrix} e^t & 0 & 0 & 0 \\ 0 & e^{-t} & 0 & 0 \\ 0 & 0 & e^{2t} & 0 \\ 0 & 0 & 0 & e^{-2t} \end{pmatrix} Q^{-1} =$$

$$\begin{pmatrix} \frac{2}{3}e^t+\frac{2}{3}e^{-t}-\frac{1}{6}e^{2t}-\frac{1}{6}e^{-2t}, & -\frac{1}{3}e^{-t}+\frac{1}{3}e^{2t}, & -\frac{1}{3}e^t+\frac{1}{4}e^{2t}+\frac{1}{12}e^{-2t}, & e^t-\frac{1}{3}e^{-t}-\frac{2}{3}e^{2t} \\ \frac{2}{3}e^t-\frac{2}{3}e^{-t}-\frac{1}{3}e^{2t}+\frac{1}{3}e^{-2t}, & \frac{1}{3}e^{-t}+\frac{2}{3}e^{2t}, & -\frac{1}{3}e^t+\frac{1}{2}e^{2t}-\frac{1}{6}e^{-2t}, & e^t+\frac{1}{3}e^{-t}-\frac{4}{3}e^{2t} \\ \frac{4}{3}e^t+\frac{4}{3}e^t-\frac{1}{3}e^{2t}-\frac{7}{3}e^{-2t}, & -\frac{2}{3}e^{-t}+\frac{2}{3}e^{2t}, & -\frac{2}{3}e^t+\frac{1}{2}e^{2t}+\frac{7}{6}e^{-2t}, & -\frac{1}{3}e^t+\frac{1}{3}e^{-2t} \\ \frac{2}{3}e^t-\frac{2}{3}e^{-2t}, & 0, & -\frac{1}{3}e^t+2e^{-2t}, & e^t \end{pmatrix}$$

Als Lösung des inhomogenen Systems mit dem Anfangswert x_0 zum Zeitpunkt $t = t_0$ erhalten wir so für alle $t \in \mathbb{R}$:

$$\begin{pmatrix} x_1(t) \\ x_2(t) \\ x_3(t) \\ x_4(t) \end{pmatrix}_{(t_0,x_0)} = \Phi(t,t_0)x_0 + \int_{t_0}^{t} \Phi(t,\tau) \begin{pmatrix} 0 & 0 \\ -2 & 0 \\ 0 & 4 \\ 3 & -4 \end{pmatrix} \begin{pmatrix} u_1(\tau) \\ u_2(\tau) \end{pmatrix} d\tau \quad .$$

Damit ist der Verlauf des Systems für alle Zeitpunkte t berechnet. Schon ein solch einfaches Signalflußdiagramm, wie das aus Beisp. 2, führt also auf eine Lösung, die nicht mehr ohne weiteres überschaubar ist.
Es ist daher von Interesse, einen globalen, qualitativen Überblick über den Systemverlauf zu erhalten, ohne zuvor die Lösung explizit berechnen zu müssen. Wir werden einige Ergebnisse der Theorie, die sich mit dieser Problematik beschäftigt, in Kap.(4.4.2) darlegen.
Es sei darauf hingewiesen, daß für Matrizen A mit komplexen Eigenwerten e^{At} komponentenweise aus Termen der Form

$t^a e^{bt} \cos ct$ oder $t^a e^{bt} \sin ct$ für $a \in \mathbb{N}$ und $b,c \in \mathbb{R}$ oder aus

endlichen Linearkombinationen derartiger Terme zusammengesetzt ist. Hier wird ein Überblick über den allgemeinen Systemverlauf natürlich noch wesentlich schwerer zu gewinnen sein. (vgl.dazu Lee,Markus (1967),S. 107)

Hinsichtlich diskreter Systeme verlaufen die Überlegungen zur Gewinnung von Lösungen analog zum kontinuierlichen Fall; daher können wir uns hier kürzer fassen.
Ausgegangen sei von einer Systembeschreibung der Form:

(4.3 - 29) $\quad x(k+1) = A(k)\,x(k) + B(k)\,u(k) \quad ,$

$A(k)$ sei regulär, mit $x \in \mathbb{R}^n$, A (n,n)-, B (n,m)-Matrix und $u \in \mathbb{R}^m$. Dann hat das homogene System die Form:

(4.3 - 30) $\quad x(k+1) = A(k)\,x(k) \quad ,$

und die Lösung mit dem Anfangswert $x_0 = x(k_0)$ lautet:

(4.3 - 31) $$x(k) = \Phi(k)\,\Phi^{-1}(k_0)\,x(k_0) \quad ,$$

wobei $\Phi(k)$ wieder die Fundamentalmatrix der l.u. Lösungen ist.
Bezeichnen wir $\Phi(k,k_0) := \Phi(k)\Phi^{-1}(k_0)$, so gilt:

(4.3 - 32) $$\Phi(k,k) = I \quad \text{für alle} \quad k \quad ,$$

(4.3 - 33) $$\Phi(k,k_0) = A(k-1)\,A(k-2)\,\ldots\,A(k_0+1)\,A(k_0) \quad .$$

Für die Lösung des inhomogenen Systems (4.3 - 29) erhalten wir analog zum kontinuierlichen Fall die Lösung des homogenen Systems plus eine spezielle Lösung:

(4.3 - 34) $$x(k) = \Phi(k,k_0)x(k_0) + \sum_{l=k_0+1}^{k} \Phi(k,l)B(l-1)u(l-1)$$

Für den speziellen Fall eines stationären Systems, d.h. A , B hängen nicht von k ab, gilt nach (4.3 - 33):

(4.3 - 35) $$\Phi(k,k_0) = A^{k-k_0} \quad .$$

Ist A diagonalisierbar, etwa $A = QDQ^{-1}$, so gilt:

(4.3 - 36) $$\Phi(k,k_0) = Q\,D^{k-k_0}\,Q^{-1} \quad .$$

Für die Jordansche Normalform von A , etwa: $A = QJQ^{-1}$ gilt:

(4.3 - 37) $$\Phi(k,k_0) = Q\,J^{k-k_0}\,Q^{-1} \quad ,$$ und auch J^{k-k_0}

ist elementar berechenbar durch Betrachtung der einzelnen Jordanblöcke $J_1, \ldots, J_i$. Es ist nämlich

$$J^l = \begin{pmatrix} J_1^l & & O \\ & \ddots & \\ O & & J_i^l \end{pmatrix} \quad . \text{ Sei z.B. } J_r = \begin{pmatrix} \lambda & 1 & 0 & \dots & 0 \\ & \lambda & 1 & 0 \dots & 0 \\ & & \ddots & & \\ O & & & \ddots & \\ & & & \lambda & 1 \\ & & & & \lambda \end{pmatrix}$$

ein solcher (p,p) - Jordanblock. Dann gilt:

$$(4.3 - 38) \qquad J_r^l = \left[\begin{pmatrix} \lambda & 0 & \dots & 0 \\ 0 & \lambda & 0 \dots & 0 \\ \vdots & & & \\ 0 & \dots & 0 & \lambda \end{pmatrix} + \begin{pmatrix} 0 & 1 & 0 & \dots & 0 \\ 0 & 0 & 1 & 0 \dots & 0 \\ \vdots & & \ddots & & \\ 0 & 0 & 0 & \dots & 1 \\ 0 & 0 & 0 & \dots & 0 \end{pmatrix} \right]^l$$

$$= \binom{l}{0} \begin{pmatrix} \lambda^l & & O \\ & \ddots & \\ O & & \lambda^l \end{pmatrix} + \binom{l}{1} \begin{pmatrix} 0 & \lambda^{l-1} & & O \\ & 0 & \lambda^{l-1} & \\ & & \ddots & \ddots \\ O & & & \lambda^{l-1} \\ & & & 0 \end{pmatrix}$$

$$+ \binom{l}{2} \begin{pmatrix} 0 & 0 & \lambda^{l-2} & & O \\ & 0 & 0 & \lambda^{l-2} & \\ & & \ddots & & \lambda^{l-2} \\ O & & & \ddots & 0 \\ & & & & 0 \end{pmatrix} + \dots + \binom{l}{p-1} \begin{pmatrix} 0 & 0 & \dots & \lambda^{l-p+1} \\ 0 & 0 & \dots & 0 \\ \vdots & & & \\ 0 & 0 & \dots & 0 \end{pmatrix}$$

Damit ist die Fundamentalmatrix für alle stationären Systeme leicht berechenbar.

Abschließend zur Jordanschen Normalform ein numerisches Beisp.:

$$x_k = \begin{pmatrix} 5/2 & 1/2 \\ -1/2 & 3/2 \end{pmatrix} x_{k-1} + \binom{1}{0} \quad , k_0 = 0 \quad .$$

$$\Phi(k,0) = A^k \quad , A = Q^{-1} J Q = \begin{pmatrix} 1/2 & 1/2 \\ -1/2 & 1/2 \end{pmatrix} \begin{pmatrix} 2 & 1 \\ 0 & 2 \end{pmatrix} \begin{pmatrix} 1 & -1 \\ 1 & 1 \end{pmatrix}$$

$$A^k = Q^{-1} J^k Q \quad , \quad J^k = \left(\begin{pmatrix} 2 & 0 \\ 0 & 2 \end{pmatrix} + \begin{pmatrix} 0 & 1 \\ 0 & 0 \end{pmatrix} \right)^k$$

$$= \begin{pmatrix} 2^k & k2^{k-1} \\ 0 & 2^k \end{pmatrix}$$

$$\Phi(k,0) = A^k = \begin{pmatrix} 2^k + k2^{k-2} & k2^{k-2} \\ -k2^{k-2} & 2^k - k2^{k-2} \end{pmatrix}$$

$$x_k = A^k x_0 + \sum_{\ell=1}^{k} \begin{pmatrix} 2^{k-1} + (k-1)2^{k-2-1} & (k-1)2^{k-2-1} \\ -(k-1)2^{k-2-1} & 2^{k-1} - (k-1)2^{k-2-1} \end{pmatrix} \begin{pmatrix} 1 \\ 0 \end{pmatrix}$$

$$= A^k x_0 + \sum_{\ell=1}^{k} \begin{pmatrix} 2^{k-1} + (k-1)2^{k-2-1} \\ -(k-1)2^{k-2-1} \end{pmatrix}$$

$$= A^k x_0 + \begin{pmatrix} 2^{k-2}(3+k) - 5/4 \\ \frac{1}{4} - 2^{k-2}(k-1) \end{pmatrix} .$$

Aufgaben:

w(5) **Lösen Sie folgende Signalflußdiagramme auf:**

(a) $U_1(s) \xrightarrow{1} Y_1(s)$; $Y_1(s) \xrightarrow{1/s} Y_2(s)$; $Y_2(s) \xrightarrow{-2} Y_3(s)$; $Y_3(s) \xrightarrow{2/(s+2)} Y_1(s)$; Schleife an $Y_3(s)$: $-1/s^2$; $Y_3(s) \xrightarrow{4} Y_4(s)$

(b) $Y_1(s) \xrightarrow{a} Y_2(s)$; $Y_1(s) \xrightarrow{b/s} Y_3(s)$; Schleife an $Y_3(s)$: $1/(s-1)$; $Y_3(s) \xrightarrow{1/s} Y_4(s)$

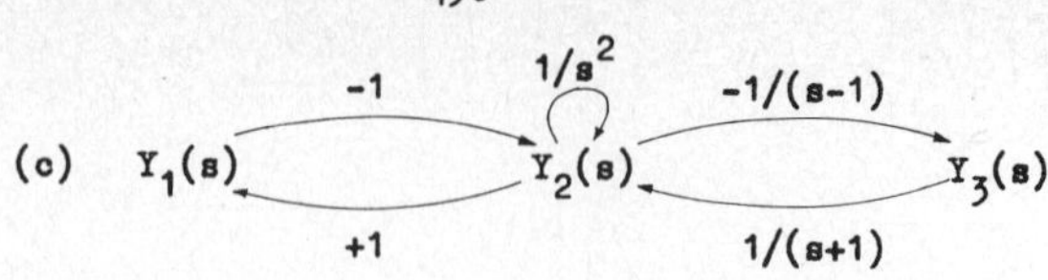

w(6) Wenn wir in w(5)(b) für $y_1(t)$ einmal $y_1(t) = 1/b$ eingeben, welche 'Reaktionsfunktion' ergibt sich dann für $y_3(t)$?

p(7) Folgendes stark vereinfachte Beisp. möge den Einsatz von Signalflußdiagrammen im Systems Engineering demonstrieren:

y_1:= Gegenwärtige Studienplatzkapazität } in einem bestimmten Fach in eieinem bestimmten Land.
y_2:= " Lehrkapazität
x_1:= erhöhte Studienplatzkapazität
x_2:= " Lehrkapazität

Steigt x_1 um eine Einheit, so erfordert dies die Erhöhung von x_2 um 1/5 Einheiten. Wegen der Notwendigkeit der Bereitstellung wissenschaftlichen (Lehr-)Personals, Tutoren etc. erfordert die Erhöhung von x_2 um eine Einheit die Erhöhung von x_1 um 1/10 Einheiten. Eine Einheit x_1 verursacht Kosten in Höhe von 4 Rechnungseinheiten, eine Einheit x_2 analog 10 Rechnungseinheiten.

(a) **Wieviel kostet die Erhöhung von y_1 um eine Einheit, wenn die Systemstruktur ansonsten erhalten bleibt?**

(b) **Wieviel kostet die Erhöhung von y_2 um eine Einheit, wenn ansonsten die Systemstruktur erhalten bleibt?**

p(8) In der zweiten Folge einer Fernsehserie, in die die Zuschauer (z.B. telefonisch) eingreifen können, teilt ein in der Sendung auftretender Redakteur den Zuschauern mit, in der ersten Sendung hätten sich x% der Zuschauer, die nicht in die Sendung eingegriffen hätten, aus der laufenden Sendung ausgeschaltet. Damit sei die Rückkopplung dieser x% ausgeblieben.
Nehmen Sie zu dieser Aussage aus der Modellperspektive, in der Rückkopplung Wechselwirkung bedeutet, Stellung!

p(9) (Heiratsregeln der Natchez-Indianer)

Bei den Natchez gibt es zwei Klassen, von denen die erste in die Unterklassen der "Sonnen","Edlen" und "Geehrten" zerfällt, während die zweite nur aus "Stinkards" besteht. Folgende Tabelle gibt die Klassenposition der Kinder an, wobei '-' bedeutet, daß eine Heirat nicht erlaubt ist.

Mutter \ Vater	Sonne	Edel	Geehrt	Stinkard
Sonne	-	-	-	Sonne
Edel	-	-	-	Edel
Geehrt	-	-	-	Geehrt
Stinkard	Edel	Geehrt	Stinkard	Stinkard

Bezeichnen Sie mit $x_i(k)$ die Anzahl der Männer in Klasse i in der k-ten Generation und untersuchen Sie das System auf Stabilität(d.h. der Indianerstamm stirbt nicht aus, sondern geht gegen einen Gleichgewichtszustand

$$x(k+1) = x(k) \quad \text{für } k \longrightarrow \infty \qquad)$$

unter den Annahmen:

(a) Für alle k gilt: In jeder Klasse i ist die Anzahl von Männern und Frauen jeweils gleich(sie kann natürlich für verschiedene Klassen unterschiedlich sein),

(b) jede Person heiratet nur einmal,

(c) jedes verheiratete Paar hat genau einen Sohn und eine Tochter,

(d) uneheliche Kinder gibt es nicht.

(Lit.: Goldberg(1968),S.329ff)

(4.4) Systemanalyse

Die Systemanalyse zielt darauf ab, qualitative Eigenschaften von Systemen hervorzuheben, ohne dazu i.a. die gesamte Systembewegung explizit berechnen zu müssen. Diese Eigenschaften wie Empfindlichkeit des Systems gegenüber Parameterschwankungen, asymptotisches Verhalten der Systembewegung etc. dienen dabei der Systembeschreibung. Sie sind somit einem evtl. Eingriff in das System(Systemkontrolle)vorgängig.
Wir wollen hier die Analyse von Systemen auf folgende Aspekte konzentrieren:

- Sensitivität,
- Stabilität,
- Ultra- und Multistabilität .

(4.4.1) Sensitivität

Hier lassen sich zwei Gesichtspunkte unterscheiden:

Sensitivität von Systemen hinsichtlich
(1) Änderungen von Variablen,
(2) Änderungen von Parametern .

Die Sensitivitätsanalyse in (1) ist gerade bei sozialwissenschaftlichen Systemen auf Grund der Beobachtungs- und Meßunschärfe relevant(z.B. Operationalisierungsproblematik, Anfangswertschätzungen etc.). Reagiert ein System auf eine relativ kleine Veränderung von Variablen sehr stark, so ist eine besonders genaue Beobachtung und Messung dieser Variablen geboten.
Als technisches Instrumentarium für diese Sensitivitätsanalyse kann die Mason-Formel herangezogen werden(siehe w(6),S.- 506 -), da sie die Berechnung isolierter Einflüsse von Variablen auf andere Variablen erlaubt und somit einen Überblick über ein bedingtes Änderungsverhalten ermöglicht. Bei komplexen Systemen

ist diese Vorgehensweise jedoch häufig zu aufwendig. Man wird daher hier meist zur Computersimulation übergehen.

Die Beobachtungs- und Meßproblematik hat auf der Ebene der Parameterschätzung ihre Entsprechung in den Varianzen der Schätzwerte. Systeme, wie wir sie hier betrachten, in denen die Parameter Schätzwerte sind, sind ja deterministische Approximationen von realiter stochastischen Systemen, d.h. man behandelt die Erwartungswerte(Mittelwerte) als deterministische Größen. Häufig reicht diese Approximation aus. Es ist jedoch sicherzustellen, daß in relativ großzügig spezifizierten Konfidenzintervallen von Parameterschätzwerten keine Parameterausprägungen liegen, bei denen das System radikal andere Eigenschaften aufweist als bei der deterministischen Approximation.

Beisp.: Ein Rückkopplungsparameter a habe den Schätzwert $\hat{a} = 2.5$; a sei $N(\mu,\sigma^2)$-verteilt. Die Stabilitätsanalyse zeige(siehe Kap.(4.4.2)), daß das System bei $a = 2.5$ zwar noch, bei $a = 2.1$ aber nicht mehr stabil ist. Ist dann $2\sigma = 0.6$, so gilt:

$$2.1 \in [\hat{a} - 2\sigma, \hat{a} + 2\sigma]$$, und es ist äußerste Vorsicht bei der Verwendung von $\hat{a}$ als deterministischer Approximation geboten.

Wir wissen ja, daß sich σ im allg. verkleinert bei Vergrößerung der Datenmenge. Es empfiehlt sich daher in solchen Fällen, erneut in die Phase der Datenbeschaffung einzutreten(Benutzung längerer Zeitreihen, Vergrößerung von Stichprobenumfängen etc.).

Aus den genannten Gründen sollten stets die Konfidenzintervalle der Parameter angegben werden.

Das mathematische Instrumentarium für die Sensitivitätsanalyse in (2) sei hier kurz dargestellt:

Im allg. Fall nichtlinearer Systeme kann bei Veränderung von Parametern u.U. nicht einmal mehr die Existenz einer Lösung der Systemgleichung(en) gesichert werden. Bedingungen, die diese Existenz sichern(und damit eine Sensitivitätsanalyse im engeren Sinn erst ermöglichen), können in dieser Einführung nicht aufgezeigt werden(siehe etwa Knobloch,Kappel (1974),S.129ff). Wir wollen uns hier auf lineare Diff.gl.-systeme mit konstanten Koeffizienten beschränken.

Sensitivität bei kleinen Parameteränderungen bezeichnet die Veränderung bestimmter Variablen auf Grund der Änderung von Systemparametern. In Diff.gl.systemen kann daher Sensitivität definiert werden als Differentialänderungsverhältnis

$\frac{\partial x}{\partial p}$ mit x Variable, p Parameter, bzw. als relatives Änderungsverhältnis

$\frac{\partial x}{\partial p} \cdot \frac{p}{x} = \frac{\partial \ln x}{\partial \ln p}$. Das prozentuale Verhältnis wird dann mit

$\frac{\partial \ln x}{\partial \ln p} \cdot 100$ angegeben.

Betrachten wir also in einem Signalflußdiagramm eine Variable x_i , die von den inputs u_j , $j = 1,\dots,m$, abhängen möge. Mit Hilfe der Mason-Formel erhalten wir dann für x_i als beschreibende Gleichung

(4.4 - 1) $$x_i = \sum_{j=1}^{m} U_{ji} u_j$$, wobei einige U_{ji} von p

abhängen mögen(sonst hinge ja auch x_i nicht von p ab, und eine Änderung von p beträfe x_i nicht).
Dann ist

(4.4 - 2) $$\frac{\partial x_i}{\partial p} = \sum_{j=1}^{m} \frac{\partial U_{ji}}{\partial p} u_j$$ oder relativ

(4.4 - 3) $$\frac{\partial \ln x_i}{\partial \ln p} = \sum_{j=1}^{m} \frac{\partial \ln U_{ji}}{\partial \ln p} u_j$$.

Zu berechnen sind also die $\partial U_{ji}/\partial p$ bzw. $\partial \ln U_{ji}/\partial \ln p$.
Nach Anwendung der Mason-Formel im Bildbereich sind die U_{ji} als Transferfunktionen gegeben.
Sei also $U_{ji} = H(s,p)$ eine derartige Funktion für ein i,j .
H(s,p) kann geschrieben werden als:

(4.4 - 4) $$H(s,p) = A(s,p)/B(s,p) \quad .$$

Nehmen wir zunächst an, der betrachtete Parameter p käme einmal als Parameter einer Kante vor, dann ist:

(4.4 - 5) $$H(s,p) = \frac{A_1(s) + pA_2(s)}{B_1(s) + pB_2(s)} \quad ,$$

und für den Fall, daß p = 0 wird, ist:

(4.4 - 6) $$H(s,0) = \frac{A_1(s)}{B_1(s)} \quad .$$

Nach Differentiation erhält man

(4.4 - 7) $$\frac{\partial H(s,p)}{\partial p} = \frac{B_1(s)A_2(s) - A_1(s)B_2(s)}{(B_1(s) + pB_2(s))^2}$$ (Quotientenregel)

und

(4.4 - 8) $$\frac{\partial \ln H(s,p)}{\partial \ln p} = \frac{B_1(s)}{B(s,p)} - \frac{A_1(s)}{A(s,p)} \quad .$$

Tritt also p als Parameter einer Kante nur einmal auf, so kann die (relative) Sensitivität von x_i bzgl. p leicht berechnet werden:
Die einzelnen Summanden in (4.4 - 2) bzw. (4.4 - 3) werden nach (4.4 - 7) bzw. (4.4 - 8) berechnet. $A_1(s)$ und $B_1(s)$ bestimmt man mit Hilfe der Mason-Formel mit p = 0 gesetzt, A(s,p) und B(s,p) mit Hilfe der Mason-Formel mit p als zuvor gewähltem Wert. Die Rücktransformation von (4.4 - 7) bzw. (4.4 - 8) in den Zeitbereich ergibt dann eine reelle Funktion, die zu jeder Änderung von p die zugehörige Ände-

rung von x_i angibt.
Für den allg. Fall, daß ein Parameter mehrmals im Signalflußdiagramm auftritt, ist eine Analyse nicht mehr so einfach möglich wie soeben dargestellt. Man wird sich in diesen und noch schwierigeren Fällen meist der Computersimulation bedienen(Lit.hinweise dazu in Henley,Williams(1973)).

Wir haben uns bisher darauf beschränkt, Auswirkungen von Parameteränderungen auf Variablen zu betrachten, in ähnlicher Weise kann das dargestellte Instrumentarium herangezogen werden, um Auswirkungen auf Amplituden und Phasen der Lösung des Diff.gl.-systems, Null- und Polstellen der Transferfunktion zu untersuchen(letzteres dient dabei(siehe nächsten Abschnitt)der Feststellung der Stabilitätsbereiche von Systemen in Abhängigkeit von Parameteränderungen). Für diese Bereiche gibt es spezielle Formeln und häufig auch geeignete numerische Verfahren(insbesondere für wenig komplexe Diagramme).

Das oben diskutierte Konzept des Differentialveränderungsverhältnisses ist natürlich nur für kleine Parameterabweichungen sinnvoll: Für große Abweichungen oder eine diskrete Parameterstruktur sind entsprechende Überlegungen diffiziler. Wir verweisen dazu auf die Speziallit.(z.B. Henley,Williams(1973), Knobloch, Kappel(1974)).

(4.4.2) Stabilität

Die Stabilitätsanalyse wird oft fälschlich als der alleinige Zweck der Erstellung von Systemmodellen angesehen und daraus der Vorwurf der Stabilitätsorientierung systemtheoretischer Ansätze(häufig verknüpft mit Begriffen wie 'Herrschaftsstabilisierung')abgeleitet. Stabilität im hier verwendeten Sinne ist jedoch ein mathematisches Konzept, das auf der Ebene mathematischer Systemtheorie, d.h. auf einer Modellebene, angesiedelt ist. Sein Bezug zu einem sozialwissenschaftlichen Stabilitätskonzept ist also, wenn überhaupt, über mehrere Stufen der Modellbildung vermittelt. Zufällige Wortgleichheit bedeutet hier also sicher nicht Sinngleichheit(vgl. andere mathematische Begriffe wie Gruppe, Körper etc.). Darüberhinaus gibt es eine Vielfalt von Stabilitätsbegriffen in der mathematischen Systemtheorie, die ein weites Spektrum von Systemeigenschaften abdecken. Erst in der Konfrontation des Modellkonzepts 'Stabilität' mit einem sozialwissenschaftlichen Sachverhalt kann sich zeigen, ob 'Stabilität' im modelltheoretischen Sinn mit 'Stabilität' im gesellschaftstheoretischen Sinn koinzidiert . Den Autoren ist kein Beisp. sozialwissenschaftlicher Modellbildung bekannt, in dem dies unmittelbar und ohne Vorbehalte der Fall ist.

Im übrigen zeigen die folgenden Bemerkungen die keineswegs dominierende Stellung des Stabilitätskonzepts im Rahmen sozialwissenschaftlicher Systemmodelle:

(1) Systemmodelle besitzen häufig ein beachtliches Erklärungspotential(z.B. counterintuitive behavior(Forrester (1971)), bei dem der Systemstabilität nur eine untergeordnete Bedeutung zukommt.

(2) Systemmodelle, wie sie hier aufgezeigt werden, haben - unabhängig vom Stabilitätsgesichtspunkt - zugleich einen erklärenden <u>und</u> operativen Aspekt und weisen damit eine nicht unbedeutende praxeologische Relevanz auf(vgl. Müller(1973)).

(3) Gerade zur Erklärung sozialer Evolution ist häufig die Kenntnis positiver Rückkopplungen in kontinuierlichen Systemmodellen(analoges gilt für diskrete Systemmodelle) notwendig(siehe weiter unten in diesem Kap.), womit Aspekte der <u>In</u>stabilität von Systemen in den Vordergrund rücken(vgl. Maruyama(1963)).

Grundlegende Begriffe

Wie schon erwähnt, existieren eine Vielzahl von Stabilitätsdefinitionen mit zugehörigen Sätzen und Stabilitätskriterien.

Dabei werden wir auf Stabilitätskriterien, die für nichtlineare Systeme entwickelt wurden, hier nicht eingehen. Das Schwergewicht wird auf linearen Systemen mit konstanten Koeffizienten liegen. Diese Bereiche der Stabilitätstheorie sind besonders anschaulich.

Zunächst sei eine intuitive Vorstellung von 'Stabilität' aufgezeigt. Gehen wir dazu von der Systemdarstellung

(4.4 - 9) $\dot{x} = A(t)x + B(t)u$

aus. Für Stabilitätsbetrachtungen sind nun solche Bewegungen des Systems besonders interessant, bei denen die Variablen keinerlei Veränderungsneigung zeigen für den Fall, daß der input gleich $\mathcal{O}$ ist - man spricht dann von Gleichgewichtsbewegungen. Keine Änderungsneigung bedeutet in (4.4 - 9): $\dot{x} = \mathcal{O}$, und da der input gleich Null ist, bleibt:

(4.4 - 10) $\mathcal{O} = A(t)x$.

(4.4 - 10) ist stets durch $x(t) = \mathcal{O}$ für alle t lösbar (wir wollen hier und künftig stets voraussetzen, daß A für alle t regulär ist; sollte ein singuläres $A(t)$ auftreten, so kann eine Sensitivitätsanalyse zeigen, ob es pragmatisch gerechtfertigt ist, durch kleine Änderung der Parameter eine reguläre Matrix zu erhalten).

Für das System

(4.4 - 11) $\dot{x} = A(t)x$

ist also $x(t) = \mathcal{O}$ stets eine Gleichgewichtsbewegung. Bei der Stabilitätsanalyse geht es nun um die Frage, ob das autonome System (4.4 - 11), d.h. ein System ohne input, eine Abweichung seiner Bewegung von der Gleichgewichtslage kompensieren kann, d.h. ob das System zum Gleichgewicht zurückkehrt oder doch zumindest sich nicht zu weit vom Gleichgewicht entfernt, wenn $x(t)$ einmal vom Gleichgewicht abweicht

(man spricht auch von 'Auslenkung' des Systems).
Dabei ist es nicht Gegenstand der Untersuchung, wie die Auslenkung aus dem Gleichgewicht zustande gekommen ist.

Unsere Stabilitätsbetrachtungen beziehen sich also auf autonome, lineare Systeme der Form (4.4 - 11), wobei die Systemreaktion auf Auslenkungen aus der σ- Lage zunächst im Zentrum steht . Später werden wir diesen Ansatz erweitern, indem wir auch den input in Betracht ziehen.

Anschaulich werden wir ein System stabil nennen, wenn eine Auslenkung aus der Gleichgewichtslage nicht zu einem Anwachsen von Systemvariablen über alle Grenzen führt; genauer:

Def. 1: Gegeben sei ein System der Form (4.4 - 11) und eine Auslenkung $x_0 = x(t_0)$ zum Zeitpunkt t_0; die aus der Auslenkung resultierende Bewegung sei $v(t;t_0,x_0)$
Dann heißt das System

stabil , wenn gilt $\| v(t;t_0,x_0) \|$ ist beschränkt für alle t und für alle Auslenkungen , d.h. für alle t_0 und $x(t_0)$;

streng stabil , wenn gilt $\| v(t;t_0,x_0) \| \longrightarrow 0$ für $t \longrightarrow \infty$ für alle Auslenkungen t_0, $x(t_0)$;

instabil , wenn das System nicht stabil ist.

Es ist evident, daß aus der strengen Stabilität eines Systems dessen Stabilität folgt, die Umkehrung ist jedoch nicht richtig, wie das folgende Beisp. zeigt:

Ein System sei beschrieben durch:

$$\begin{pmatrix} \dot{x}_1 \\ \dot{x}_2 \end{pmatrix} = \begin{pmatrix} 0 & 1 \\ -1 & 0 \end{pmatrix} \begin{pmatrix} x_1 \\ x_2 \end{pmatrix} \text{, d.h. } \dot{x}_1 = x_2 \text{, } \dot{x}_2 = -x_1 \text{ .}$$

Die allg. Lösung ist offensichtlich

$$v(t; \cdot , \cdot) = r\begin{pmatrix} \sin t \\ \cos t \end{pmatrix}$$

, wobei r durch die Anfangswerte bestimmt ist, die '.' bedeuten, daß dort t_0, $x(t_0)$ eingesetzt werden können.

Die Bewegungen des Systems im $\mathbb{R}^2$ sind also konzentrische Kreise um den Ursprung $\binom{0}{0}$. Diese Bewegung ist beschränkt, sie geht jedoch nicht gegen Null für t gegen unendlich.

Ein Gleichgewicht (genauer eine Gleichgewichtsbewegung) - bei linearen Systemen der Form (4.4 - 11) also stets der Punkt $\mathcal{O}$ - heißt streng stabiles, stabiles oder labiles Gleichgewicht, je nachdem ob das System streng stabil, stabil oder instabil ist. Das System (4.4 - 9) heißt streng stabil, stabil oder instabil, wenn das zugehörige System (4.4 - 11) diese Eigenschaft hat.

Bemerkungen:

(1) Zur Stabilität muß also die Beschränktheit der Bewegung (auch Trajektorie genannt) für alle Auslenkungen erfüllt sein. Betrachten wir das folgende Beisp.:
Ein System sei beschrieben durch:

$$\begin{pmatrix}\dot{x}_1\\ \dot{x}_2\end{pmatrix} = \begin{pmatrix}1 & 0\\ 0 & -1\end{pmatrix}\begin{pmatrix}x_1\\ x_2\end{pmatrix}$$

; wir erhalten als Lösungen $x_1 = e^t$, $x_2 = e^{-t}$, d.h. die Fundamentalmatrix lautet:

$$\begin{pmatrix}e^t & 0\\ 0 & e^{-t}\end{pmatrix} .$$

Betrachten wir nun zwei Auslenkungen:

(a) Für t_0 sei $x(t_0) = x_0 = \binom{0}{1}$, dann ist

$$v(t;t_0,x_0) = \begin{pmatrix}e^t & 0\\ 0 & e^{-t}\end{pmatrix}\binom{0}{1} = \begin{pmatrix}0\\ e^{-t}\end{pmatrix} ,$$

und $\|v(t;t_0,x_0)\| = \left\|\begin{pmatrix}0\\ e^{-t}\end{pmatrix}\right\| = e^{-t}$ bei Verwendung der Max-Norm, also $\|v(t;t_0,x_0)\| \longrightarrow 0$ für $t \longrightarrow \infty$.

(b) Für t_1 sei $x_1 = \binom{1}{0}$, dann ist

$$v(t;t_1,x_1) = \begin{pmatrix}e^t & 0\\ 0 & e^{-t}\end{pmatrix}\binom{1}{0} , \text{ und}$$

$\| v(t;t_1,x_1) \| = \left\| \binom{e^t}{0} \right\| = e^t$ bei Verwendung der Max-Norm,

also $\| v(t;t_1,x_1) \| \longrightarrow \infty$ bei $t \longrightarrow \infty$.

Das System ist also instabil,da nicht alle Auslenkungen zu einer beschränkten Trajektorie führen.

(2) Andererseits genügt es, in der Def. die Beschränktheit der Trajektorie nur für Auslenkungen x_0 in einer beliebig kleinen Umgebung um $\mathcal{O}$ zu fordern, also etwa:

$\| v(t;t_0,x_0) \|$ ist beschränkt für alle Auslenkungen $x(t_0)$ mit $\| x(t_0) \| < \delta$ und $\delta > 0$ beliebig. Die Aussage von Def. 1 ergibt sich dann aus der Linearität des Systems(niemals genügt es jedoch, die Beschränktheit nur für einzelne Punkte $x_1,\dots,x_m$ zu fordern!). Dasselbe gilt für die Def. der strengen Stabilität.
Häufig treten jedoch sozialwissenschaftliche Systeme auf, die in bestimmten Gebieten stabil, bei Verlassen dieser Gebiete aber instabil sind(z.B. points of no return in der Umweltverschmutzung). Aus dem soeben Gesagten wird klar, daß zur Modellierung derartiger Phänomene nichtlineare bzw. nichtstationäre Systemmodelle zu erstellen sind.

(3) Instabilität mathematischer Systemmodelle bedeutet das Anwachsen zumindest einer Variablen über alle Grenzen. 'Realistischer' wäre es sicherlich, das Überschreiten bestimmter Schwellenwerte als Kriterium für die 'Stabilität' von - insbesondere sozialwissenschaftlichen - Systemen zu verwenden. Diese Schwellenwertstabilität kann auf zweierlei Weise in den hier diskutierten Kontext einbezogen werden: Zum einen ist es möglich, die Schwellenwerte in die Parameterkonstellation des Systemmodells einzubauen, so daß eine Annäherung an diese Schwellenwerte das Anwachsen einer Variablen nach sich zieht; dies ist also ein Problem der Modellkonstruktion. Zum anderen kann zu vorgegebenen Schwellenwerten

der Auslenkungsbereich berechnet werden, dessen resultierenden Trajektorien unterhalb dieser Schwellenwerte bleiben. Dieses Problem ist i.a. auch für lineare Systeme nur sehr schwer lösbar und erfordert zumeist die explizite Berechnung der Fundamentalmatrix. Hier sei bereits darauf hingewiesen, daß die Schwellenwertproblematik bei der (optimalen) Kontrolle von Systemen zu einem - mathematisch besonders diffizilen - Bereich des optimal control mit Phasenbeschränkung führt, der bis heute keineswegs befriedigend bearbeitet ist. Ein Beisp. für die Einbeziehung von Schwellenwerten in die Parameterstruktur ist etwa: Wenn man das Absinken des verfügbaren Einkommens $y(t)$ auf das Existenzminimum A als Zeichen von Instabilität interpretiert, so läßt sich statt $y(t)$ oder $y(t) - A$ die Variable $1/(y(t) - A)$ wählen. Sie geht bei $y(t) \rightarrow A$ gegen ∞.

Stabilität linearer Diff.gl.systeme

In Kap.(4.3.5) wurde dargestellt, wie die Lösung von (4.4 - 11) von der Fundamentalmatrix $\Phi(t,t_0)$ abhängt. Die Analyse der Stabilität kann daher bei der Fundamentalmatrix ansetzen.

Satz 1: Das System $\dot{x} = A(t)x$ ist

stabil $\Longleftrightarrow$ $\Phi(t,t_0)$ ist beschränkt für alle t, t_0,

streng stabil $\Longleftrightarrow$ $\|\Phi(t,t_0)\| \longrightarrow 0$ für $t \rightarrow \infty$ und für alle t_0. $\| \ \|$ siehe Def. 5 S.- 134f-, wobei die Spalten der Matrix untereinander zu schreiben sind. Die Norm ist dann im $\mathbb{R}^{n^2}$.

Es ist sicherlich wünschenswert, Stabilitätskriterien auf die Matrix $A(t)$ und nicht auf die, meist sehr schwer zu berechnende, Matrix $\Phi(t,t_0)$ zu beziehen. Dies ist für stationäre Systeme möglich. Gehen wir dazu von

(4.4 - 12) $\quad \dot{x} = A\,x \quad$ aus.

In Kap. (4.3.5) wurde als Fundamentalmatrix von (4.4 - 12)

$\Phi(t,t_0) = e^{A(t-t_0)}$ berechnet und angedeutet, daß die Beschränktheit von $\Phi(t,t_0)$ nur von der Jordanschen Normalform (und damit von den Eigenwerten)von A abhängt. Genauer erhalten wir folgendes Kriterium:

Satz 2: Das System $\dot{x} = Ax$ ist stabil

$\Longleftrightarrow$ alle Eigenwerte von A haben einen Realteil ≤ 0, und für die Eigenwerte λ_i mit $Re(\lambda_i) = 0$ gilt: Die Vielfachheit von λ_i als Nullstelle des charakteristischen Polynoms ist gleich der Dimension des Eigenraumes von λ_i ;

es ist streng stabil

$\Longleftrightarrow$ alle Eigenwerte von A haben einen Realteil < 0 .

Auf Grund einer genaueren Betrachtung von $\Phi(t,t_0)$ mit Hilfe der Jordanschen Normalform von A (siehe z.B. Knobloch,Kappel (1974),S.81)macht man sich den (etwas technischen) Beweis dieses Satzes klar.
Mit Hilfe von Computerprogrammen zur Berechnung von Eigenwerten bzw. bei Vorliegen des charakteristischen Polynoms mit Programmen zur Nullstellenberechnung(z.B. dem Bairstow-Verfahren)kann nach Satz 2 die (strenge) Stabilität stationärer Systeme berechnet werden.
Abschließend sei kurz auf die Stabilitätstheorie von Ljapunow hingewiesen, da sie unmittelbar von kontinuierlichen auf diskrete Systeme übertragbar ist.
Die von Ljapunow für nichtlineare und nichtstationäre Systeme entwickelte Stabilitätstheorie läßt sich für die hier betrachteten Systeme der Form (4.4 - 12) spezialisieren. Die in dieser Theorie entwickelten Stabilitätskriterien sind auch rechnerisch besonders praktikabel und verlangen nicht die Berechnung des charakteristischen Polynoms.

Satz 3: Das System $\dot{x} = Ax$ ist streng stabil $\Longleftrightarrow$ es sei Q eine positiv definite symmetrische (reelle) Matrix, dann existiert eine positiv definite symmetrische (reelle) Matrix P, so daß gilt:

$$A'P + PA = -Q \quad . \qquad (4.4 - 13)$$

Zur Anwendung dieses Satzes geht man wie folgt vor:
Gegeben sei A, man wählt eine geeignete Matrix Q, meist die Einheitsmatrix I, und löst die Matrizengleichung

$$A'P + PA = -I \quad .$$

Man erhält $n(n + 1)/2$ lineare Gleichungen für die Unbekannten p_{ij}, die Elemente der symmetrischen Matrix P. Für streng stabile Systeme ergibt sich dabei genau eine Lösungsmatrix P, von der dann noch die positive Definitheit zu testen ist, etwa nach dem Kriterium der Hauptabschnittsdeterminanten.

Beisp.: $\dot{x} = \begin{pmatrix} -1 & 1 \\ -1 & -2 \end{pmatrix} x$; aus der Gleichung

$$\begin{pmatrix} -1 & -1 \\ 1 & -2 \end{pmatrix}\begin{pmatrix} a & b \\ b & c \end{pmatrix} + \begin{pmatrix} a & b \\ b & c \end{pmatrix}\begin{pmatrix} -1 & 1 \\ -1 & -2 \end{pmatrix} = \begin{pmatrix} -1 & 0 \\ 0 & -1 \end{pmatrix}$$

ergeben sich die drei Gleichungen

$$\begin{aligned} 2a + 2b &= 1 \\ a - 3b - c &= 0 \\ 2b - 4c &= -1 \end{aligned}$$

mit der Lösung:

$a = 4/9$, $b = 1/18$, $c = 5/18$.

Da die Matrix

$$P = \begin{pmatrix} 4/9 & 1/18 \\ 1/18 & 5/18 \end{pmatrix}$$ darüberhinaus positive

Hauptabschnittsdeterminanten besitzt:

$4/9 > 0$, $|P| = 39/18^2 > 0$, ist P positiv definit und das betrachtete System streng stabil.

(Lit.: Koppel(1968), LaSalle, Lefschetz(1967), Ogata(1967)).

Stabilität einer linearen Diff.gl. n - ter Ordnung

Neben einer Systembeschreibung durch mehrere lineare Diff.gl. erster Ordnung haben wir(Anwendung der Mason-Formel, Schätzung von Parametern auf Grund von input-output Studien)die Beschreibung eines Systems durch eine lineare Diff.gl. n - ter Ordnung diskutiert. Wir wollen nun - lediglich für den Fall konstanter Koeffizienten - ein Stabilitätskonzept für derartig beschriebene Systeme erörtern. In Analogie zu dem auf S.- 504 - Gesagten sei hier zunächst

$$x^{(n)} + a_1 x^{(n-1)} + \ldots + a_{n-1}\dot{x} + a_n x = 0 \qquad (4.4 - 14)$$

betrachtet. Wir nennen intuitiv ein durch (4.4 - 14) beschriebenes System stabil, wenn alle Lösungen der Diff.gl.(d.h. für beliebige Anfangswerte) beschränkt bleiben. Genauer:

Def. 2: Ein durch (4.4 - 14) beschriebenes System heißt

stabil $\iff$ alle Lösungen der Diff.gl. sind beschränkt auf $[0, \infty)$,

streng stabil $\iff$ für $t \to \infty$ gehen alle Lösungen der Diff.gl. gegen 0 ,

instabil $\iff$ das System ist nicht stabil .

Wie bei Def. 1 folgt auch hier aus der strengen Stabilität die Stabilität.

Gehen wir zur Beschreibung eines Systems von einem Signalflußdiagramm aus, so kann dadurch ein System der Form (4.4 - 12) oder (4.4 - 14) dargestellt werden. Wird ein Systemmodell auf diese verschiedenen Weisen beschrieben, so liefern Def. 1 und Def. 2 identische Stabilitätsaussagen(also streng stabil, stabil oder instabil).

Auch für (4.4 - 14) gibt es ein einfaches Stabilitätskriterium analog zu Satz 2:

Satz 4: Ein System der Form (4.4 - 14) mit der charakteristischen Gleichung $L(\lambda) = \lambda^n + a_1\lambda^{n-1} + \ldots + a_{n-1}\lambda + a_n = 0$

ist stabil $\iff$ alle Nullstellen haben Realteile ≤ 0, und die Nullstellen mit Realteil = 0 sind einfache Wurzeln.

Es ist streng stabil $\iff$ alle Nullstellen von $L(\lambda)$ haben Realteile < 0 .

So wie bei Systemen der Form (4.4 - 12) mit Hilfe der Fundamentalmatrix sei hier Satz 4 mit Hilfe der allg. Lösung von (4.4 - 14) plausibel gemacht: Die allg. Lösung lautet:

$$x(t) = g_1 e^{\lambda_1 t} + g_2 e^{\lambda_2 t} + \ldots + g_r e^{\lambda_r t} \quad ,$$

wobei die $\lambda_1, \ldots, \lambda_r$ die Nullstellen von $L(\lambda)$ und $g_1,\ldots,g_r$ Polynome(mit beliebigen konstanten Koeffizienten) in t sind, deren Grad jeweils von der Vielfachheit von λ_i als Nullstelle abhängt(vgl. S.-421 -).
Betrachten wir einen Summanden der allg. Lösung $g_i e^{\lambda_i t}$ mit $\lambda_i = a + jb$, also

$$g_i e^{\lambda_i t} = g_i(e^{at}(\cos bt + j \sin bt)).$$

Die komplexen Anteile von λ_i bestimmen somit nur die Weite der Schwingung, sind also für die Frage der Beschränktheit der Lösung irrelevant. Sei nun zunächst $a < 0$: Da die Exponentialfunktion e^{at} mit $a < 0$ schneller gegen Null geht als jedes Polynom in t , und cos bt, sin bt beschränkt sind, gehen $g_i e^{at} \cos bt$ und $g_i e^{at} \sin bt$ gegen Null. Dies ist für jeden Summanden der allg. Lösung der Fall, wenn alle Nullstellen von $L(\lambda)$ negative Realteile haben. Somit liegt hier strenge Stabilität vor.
Für $a = 0$ ist $g_i e^{at} \cos bt = g_i \cos bt$. Dieser Ausdruck ist beschränkt, wenn g_i eine Konstante ist, d.h. nicht explizit als Polynom in t auftritt. Dies ist aber gerade gleichbedeutend damit, daß λ_i einfache Nullstelle von $L(\lambda)$ ist. Für g_i = const. ist dies also ein stabiles System.

Verwendet man zur Modellierung linearer, stationärer Systeme Signalflußdiagramme im $\mathcal{L}$- Bereich und damit die Mason-Formel, so ist(siehe S.-478f -) die dabei in Form von $\Delta_{x_i}(s)$ anfallende Systemdeterminante gerade gleich dem charakteristischen Polynom aus Satz 4, so daß zur Stabilitätsanalyse das Signalflußdiagramm unmittelbar herangezogen werden kann.
(Lit.: Cole(1968), Zadeh,Desoer(1963))

Stabilität und input - output - Verhalten

Unsere bisherigen Stabilitätsüberlegungen bezogen sich auf die freien Bewegungen eines Systems(d.h. ohne input) bei Auslenkung aus der Gleichgewichtslage. Hier soll nun erörtert werden, welche Aussagen sich aus den Stabilitätsinformationen gewinnen lassen über die Reaktion eines Systems auf inputs. Dabei werden hier Klassen von inputs betrachtet; die gezielte Auswahl von inputs zur (optimalen) Kontrolle von Systemen wird in Kap. (4.5) diskutiert.
Realistischerweise wird man davon auszugehen haben, daß in sozialwissenschaftlichen (wie auch in technischen) Systemen nur beschränkte inputs auftreten; über längere Zeit unbeschränkt wachsende inputs setzen ein unbegrenztes Reservoir an Mitteln bzw. unbeschränkte Verhaltensspielräume voraus, eine zwar mathematisch, sicher aber nicht sozialwissenschaftlich denkbare Hypothese.
Stabilitätsüberlegungen bzgl. des input-output-Verhaltens von Systemen werden sich also auf Systemreaktionen auf beschränkte inputs konzentrieren, insbesondere darauf, welche inputs das Wachsen von Systemvariablen über bestimmte Schwellenwerte nach sich ziehen.
Diese input-output-orientierten Schwellenwertprobleme sind nicht mehr durch Einbau in die Parameterstruktur anzugehen (vgl. S.-507 -), da das Erreichen der Schwellenwerte hier auch vom input-Verhalten abhängt und nicht nur von der Matrix $A(t)$.
Eine Stabilitätstheorie für diesen Problembereich ist äußerst diffizil und bisher kaum in Angriff genommen. Spezielle einfache Beisp. können mit Hilfe der allg. Lösung erörtert werden (was aber gerade keine qualitative Betrachtung ist). I.a. überspringt man hier jedoch die Phase der Systemanalyse und wendet sich sofort der Systemkontrolle zu, indem man inputs auswählt, bei denen das System unterhalb der Schwellenwerte bleibt.
Ein erster Schritt zur Lösung der hier aufgezeigten Problematik ist der Versuch, diejenigen Systeme zu identifizieren,

die auf beschränkte inputs mit beschränkten outputs reagieren, ohne dabei Schwellenwerte für die outputs vorzugeben. Wir werden sehen, daß diese Untersuchungen eng mit dem Stabilitätskonzept für freie Systembewegungen zusammenhängen.

Beginnen wir mit der Systemdarstellung in Form von (4.4 - 9). Dabei sei u der (m,1)-input-Vektor. Wir gehen davon aus, daß x der output-Vektor ist(sind die outputs Linearkombinationen der x- Komponenten, so bleiben die Stabilitätsüberlegungen unberührt, da die Summe beschränkter Funktionen wieder beschränkt ist).

Def. 3: Ein System der Form (4.4 - 9) mit u input, x output heißt input - output - stabil (i - o - stabil), wenn für alle beschränkten inputs $u(t)$, $t \in [t_0, \infty)$ der output $x(t; t_0, x_0; u)$ beschränkt ist für alle $t \in [t_0, \infty)$.

$x(t; t_0, x_0; u)$ bezeichne dabei die Systembewegung mit Anfangswert t_0, x_0 und dem input u.

In Def. 3 wird die Beschränktheit der Systembewegung für alle beschränkten inputs gefordert. Daß es nicht genügt, einen input zu testen, zeigt das folgende Beisp.:

Ein System sei beschrieben durch $\dot{x} = x + u$ mit x, u reelle Funktionen. Für den input $u_1(t) = 0$ für alle t, der offensichtlich beschränkt ist, erhalten wir als input-output-Gleichung: $x(t; 0, x_0; u_1) = e^t x_0$, diese Trajektorie ist sicher nicht beschränkt für $t \to \infty$. Die Diff.gl. $\dot{x} = x + u$ hat die allg. Lösung $x(t; t_0, x_0; u) = e^t x_0 + u(e^t - 1)$ für $t_0 = 0$ und $x_0 = x(t_0)$. Für diesen Anfangswert $x(0)$ sei nun

$u_2(t) = -x_0$, dann ist $x(t; 0, x_0; u_2) = x_0$. Diese Trajektorie ist jedoch, da const., beschränkt für $t \to \infty$.

Nach Def. 3 ist dieses System also nicht i - o - stabil.

Auf Grund von (4.3 - 20) kann ein zu Satz 1 analoges Kriterium sofort formuliert werden:

<u>Satz 5</u>: Ein System der Form (4.4 - 9) mit $A(t)$ und $\mathcal{B}(t)$ stetig und beschränkt auf dem Intervall $[\bar{t}_0, \infty)$ ist i - o - stabil $\Longleftrightarrow$

(1) $\| \Phi(t,t_0) \| < M_1 \in \mathbb{R}$ für alle $t, t_0 \in [\bar{t}_0, \infty)$ und $t \geq t_0$, d.h. die Fundamentalmatrix ist durch ein M_1 beschränkt,

und (2) $\int_{t_0}^{t} \| \Phi(t,\tau)\mathcal{B}(\tau) \|_1 d\tau < M_2 \in \mathbb{R}$ für alle $t, t_0 \in [\bar{t}_0, \infty)$ und $t \geq t_0$, d.h. das Integral ist beschränkt durch ein $M_2 \in \mathbb{R}$, dabei ist die $\| \; \|_1$ - Norm (siehe S.-508-)für Matrizen zu nehmen.

Die Bedingung (1) von Satz 5 garantiert gerade die Stabilität des autonomen Systems nach Satz 1; die zusätzliche Bedingung (2) sichert das rasche Kleinerwerden des Matrizenproduktes $\Phi(t,\tau)\mathcal{B}(\tau)$, so daß der Einfluß jedes beschränkten inputs beschränkt bleibt.

Für stationäre Systeme folgt aus Satz 5 die einfache Aussage:

<u>Satz 6</u>: Ein System der Form

(4.4 - 15) $\qquad \dot{x} = Ax + \mathcal{B}u \qquad$ sei streng stabil; dann ist es auch i - o - stabil.

Damit ist für stationäre Systeme zur Analyse der i - o - Stabilität das zuvor dargestellte Instrumentarium der Analyse strenger Stabilität verwendbar, und die damit als streng stabil identifizierten Systeme sind auch i - o - stabil.

<u>Bemerkungen</u>:

(1) Die Umkehrung von Satz 6 gilt nicht, wie schon das Beisp. auf S.-505- mit $\mathcal{B}$ als (n,m) - Nullmatrix zeigt.

(2) Satz 6 gilt nicht für nichtstationäre oder nichtlineare Systeme(Beisp.: Zadeh,Desoer(1963),S.388 und Ogata (1967),S.469).

Lit.: Zadeh,Desoer(1963) .

Betrachten wir nun Systeme, die durch eine lineare Diff.gl. n - ter Ordnung beschrieben werden:

$$x^{(n)} + a_1 x^{(n-1)} + \ldots + a_{n-1}\dot{x} + a_n x = b_0 u^{(r)} + \ldots + b_r u \quad , \qquad (4.4 - 15)$$

wobei u der input und x der output sei. Wir beschränken uns auch hier auf den Fall verschwindender Anfangsbedingungen.

Def. 4: Ein System der Form (4.4 - 15) mit verschwindenden Anfangsbedingungen heißt Nullzustands - input - output - stabil (i - o - stabil(N)), wenn für jeden beschränkten input u die resultierende Systembewegung beschränkt bleibt für $t \to \infty$.

Dieser Stabilitätsbegriff für stationäre Systeme mit Anfangsbedingungen gleich Null fällt mit dem zuvor def. Begriff der strengen Stabilität(Def. 2) zusammen. Es gilt:

Satz 7: Gegeben sei ein System der Form (4.4 - 15); dann sind äquivalent:

(1) Das System ist im Sinne von Def. 2 streng stabil;

(2) es ist i - o - stabil(N);

(3) alle Nullstellen des Polynoms $L(\lambda) = \lambda^n + \ldots + a_n$ haben negative Realteile.

In Satz 7 wird die Äquivalenz der i - o - Stabilität(N) und der strengen Stabilität aus Def. 2 konstatiert. Daß diese Äquivalenz für die Stabilität nach Def. 2 nicht gilt, zeigt das folgende Beisp.:

Ein System sei beschrieben durch $2\ddot{x} + x = u$ mit x,u reelle Funktionen. Aus der charakteristischen Gleichung $2\lambda^2 + 1 = 0$ erhalten wir die Nullstellen

$$\lambda_1 = j\sqrt{1/2} \quad ; \quad {}_2 = -j\sqrt{1/2} \quad .$$

Beide Nullstellen haben Realteil = 0 und sind einfach, nach Satz 4 ist das System also stabil. Für u = 0 erhält man als Funktion für die Bewegung des Systems:

$$x(t) = \frac{1}{2} \sin\sqrt{1/2}\, t \quad ,$$

d.h. eine Schwingung mit konstanter Amplitude 1/2 und Frequenz $\sqrt{2}/\pi$. Für den input

$$u(t) = \sin\sqrt{1/2}\,t + \cos\sqrt{1/2}\,t$$

erhält man als Bewegungsfunktion für $x(0) = 0$

$$x(t) = -\sqrt{1/8}\,t(\cos\sqrt{1/2}\,t - \sin\sqrt{1/2}\,t) \quad ,$$

also wegen des Faktors t eine aufklingende Schwingung mit $|x(t)| \longrightarrow \infty$ für $t \longrightarrow \infty$, obwohl $u(t)$ beschränkt ist. Das System ist also nicht i - o - stabil(N). Der Grund für diese Instabilität ist die Übereinstimmung der Frequenz der freien Bewegung des Systems mit der des inputs. Diesen Vorgang nennt man Resonanz. Der input verstärkt die inneren Schwingungen des Systems; es wird so 'zerstört'.

Abschließend sei die Stabilität von Systemen untersucht, die durch Transferfunktionen dargestellt sind. Da wir hier weitgehend auf Kap.(4.2) zurückgreifen können, genügen hier einige knappe Hinweise. Gegeben sei

(4.4 - 16) $$X(s) = H(s)U(s)$$

mit $X(s)$ $\mathcal{L}$- transformierter output, $U(s)$ $\mathcal{L}$- transformierter input. Für die Faltungslösung bei $x(0) = 0$ können wir definieren wie schon zuvor, daß ein System der Form (4.4 - 16) i - o - stabil(N) heißt, wenn für jeden beschränkten input u die resultierende Systembewegung $x(t)$ beschränkt bleibt für $t \longrightarrow \infty$. Damit ergibt sich

Satz 8: Ein System der Form (4.4 - 16) ist i - o - stabil(N)

$$\Longleftrightarrow \int_0^\infty |h(t)|\,dt < M \text{ für eine reelle Zahl } M .$$

Für lineare, stationäre System gilt noch einfacher: Ein System in Form (4.4 - 16) ist i - o - stabil(N) genau dann, wenn alle Nullstellen des Nennerpolynoms von $H(s)$ negative Realteile haben.

Bemerkung: Es gibt Systeme, die nicht i - o - stabil sind, gleichwohl aber eine stabile Transferfunktion besitzen.

Beisp.: $\ddot{x} + \dot{x} - 2x = \dot{u} - u$; nach Satz 7 ist das so beschriebene System nicht i - o - stabil; denn $\lambda_1 = 1$, $\lambda_2 = -2$.

Es gilt jedoch $H(s) = \frac{s - 1}{s^2 + s - 2} = 1/(s + 2)$, dessen Nenner die Nullstelle $s = -2$ hat.

Das so beschriebene System ist also i - o - stabil.

Die beiden Stabilitätskonzepte fallen also nur dann zusammen, wenn Zähler und Nenner von $H(s)$ teilerfremd sind bzgl. der Linearfaktoren mit positiven Nullstellen. Anschaulich formuliert: Ein input kann gerade so beschaffen sein, daß er die an sich instabile Bewegung eines Systems 'kompensiert'.

Lit.: Chen, Haas(1968), Zadeh,Desoer(1963) .

Stabilität diskreter Systeme

Die grundsätzlichen Überlegungen zur Stabilität von Systemen, wie sie in den vorangegangenen Abschnitten angestellt wurden, gelten auch für diskrete Systeme, so daß wir uns hier kurz fassen können.

Gegeben sei ein diskretes System der Form

$$x(k + 1) = A(k)\, x(k) + B(k)\, u(k) \tag{4.4 - 17}$$

mit $u(k)$ input-Vektor.

Bzgl. der freien Bewegung des Systems (4.4 - 17), also für

$$x(k + 1) = A(k)\, x(k) \tag{4.4 - 18}$$

gilt nach (4.3 - 31): Die allg. Lösung für die Anfangswerte $x_0 = x(k_0)$ lautet:

$$x(k) = x(k;k_0,x_0) = \Phi(k,k_0)x_0 \quad .$$

<u>Def. 5</u>: Das System (4.4 - 18) heißt

<u>stabil</u> $\Longleftrightarrow$ für alle Anfangswerte $x_0 = x(k_0)$ bleibt die resultierende Systembewegung $x(k;k_0,x_0)$ beschränkt für alle $k \geq k_0$;

<u>streng stabil</u> $\Longleftrightarrow$ für alle Anfangswerte gilt für die resultierende Systembewegung:

$$\| x(k;k_0,x_0) \| \longrightarrow 0 \quad \text{für} \quad k \rightarrow \infty \, ;$$

<u>instabil</u> $\Longleftrightarrow$ das System ist nicht stabil .

Das System (4.4 - 17) heißt (streng) stabil bzw. instabil, wenn das zugehörige autonome System (streng) stabil bzw. instabil ist.

<u>Satz 9</u>: Das System (4.4 - 18) ist stabil

$\Longleftrightarrow$ $\| \Phi(k,k_0) \| < M \in \mathbb{R}$ für alle $k,k_0 \in \mathbb{N}$, $k > k_0$;

es ist streng stabil

$\Longleftrightarrow$ $\| \Phi(k,k_0) \| \rightarrow 0$ für $k \rightarrow \infty$ und alle k .

Satz 9 ergibt sich aus der allg. Lösung von (4.4 - 18). Für stationäre Systeme erhalten wir das Stabilitätskriterium:

<u>Satz 10</u>: Das System

$$x(k+1) = A\,x(k) \qquad (4.4 - 19)$$

ist stabil $\Longleftrightarrow$ für alle Eigenwerte λ_i von A gilt: $|\lambda_i| \leq 1$, und für die λ_j mit $|\lambda_j| = 1$ gilt: Die Vielfachheit von λ_j als Nullstelle des charakteristischen Polynoms ist gleich der Dimension des Eigenraumes von λ_j ;

streng stabil $\Longleftrightarrow$ für alle Eigenwerte λ_i von A gilt: $|\lambda_i| < 1$.

Dabei ist mit $|\;|$ die Betragsfunktion in $\mathbb{C}$ gemeint .

Man beachte, daß die von uns dargestellte $\mathfrak{z}$ - Trafo gerade die bzgl. des Einheitskreises reziproken Eigenwerte liefert, so daß für die $\mathfrak{z}$ - Trafo die Kriterien in Satz 10 'umgekehrt' werden müssen. Ist $\lambda_i \in \mathbb{R}$, so ist das entsprechende $z_i = 1/\lambda_i$; ist $\lambda_i \in \mathbb{C}$, so gilt hinsichtlich des Betrages in $\mathbb{C}$: $|z_i| = 1/|\lambda_i|$.
An die Stelle der charakteristischen Gleichung

$|A - \lambda I| = 0$ tritt bei unserer $\mathfrak{z}$- Trafo $|I - zA| = 0$.

Bei Verwendung der $\mathfrak{z}$ - Trafo ist das betrachtete System also stabil genau dann, wenn für alle z_i gilt: $|z_i| \geqslant 1$, und für die z_j mit $|z_j| = 1$ gilt: Die Vielfachheit von z_j als Nullstelle des charakteristischen Polynoms ist gleich der Dimension des Eigenraumes von z_j .

Der Leser kann nun leicht selbst die Stabilitätstheorie für den Fall einer Systembeschreibung durch eine Differ.gl. n - ter Ordnung überblicken. Auch bzgl. der Verwendung der Mason-Formel gilt das zu kontinuierlichen Systemen Analoge.
Wir wollen uns hier auf ein Beisp. beschränken:

Ein System sei beschrieben durch

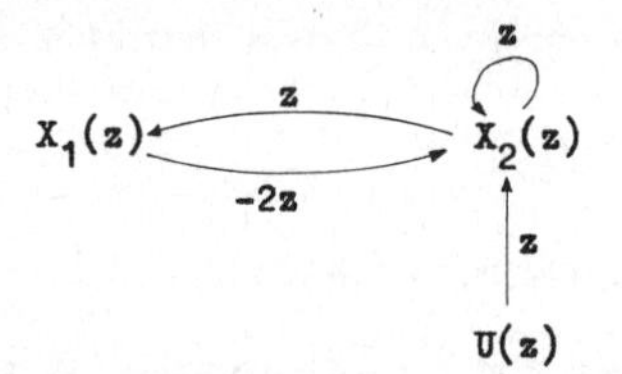

Die Systemdeterminante ist für X_1 und X_2 gleich:

$\Delta(z) = 1 - z + 2z^2$; $\Delta(z) = 0$ liefert die Wurzeln:

$z_{1,2} = \frac{1}{2} \pm j\,\frac{1}{2}$. Da $|z_{1,2}|^2 = \frac{1}{4} + \frac{1}{4}$

$= 1/2 \in (-1,1)$,

ist das System instabil.

Selbstverständlich läßt sich auch das Konzept der i - o - Stabilität analog von kontinuierlichen auf diskrete Systeme übertragen. (Lit.: Blasi, Schinas; Freeman(1965), Goldberg(1968), Howard(1971)).

Abschließend sei aus der Stabilitätstheorie von Ljapunow ein Kriterium für die strenge Stabilität von stationären, diskreten Systemen aufgezeigt.

Satz 11: Das System (4.4 - 18) ist streng stabil
$\Longleftrightarrow$ es sei $\mathcal{Q}$ eine positiv definite symmetrische (reelle) Matrix, dann existiert eine positiv definite (reelle) Matrix $\mathcal{P}$, so daß gilt:

$$A'\mathcal{P}A - \mathcal{P} = -\mathcal{Q} \quad . \tag{4.4 - 20}$$

Auch hier wird man i.a. $\mathcal{Q} = I$ wählen, und für streng stabile Systeme ist $\mathcal{P}$ wiederum eindeutig bestimmt.

Aufgaben:

w(10) (Für Knobler) Erinnern Sie sich an p(8) S.-399- !

Die Lösung einer nichtlinearen Differ.gl. laute:

$$y_t = a^{2t}, \; t \geq 0, \; a \in \mathbb{R}, \; y_t \geq 0 \quad .$$

Finden Sie $y_{t+1} = f(y_t)$ und bestimmen Sie den (die) Gleichgewichtspunkt(e) !

w(11) $(D^2 + 4D + 4)y = 2e^{-2t}$; zeigen Sie, daß bei diesem input das System trotz Resonanz eine beschränkte Trajektorie hat !

w(12) Gegeben sei das System

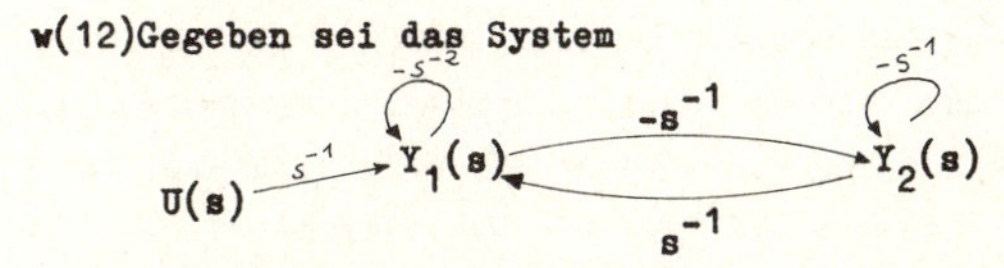

(a) Stellen Sie die zugehörige Systembeschreibung im Zeitbereich auf !

(b) Was läßt sich über die Stabilitätseigenschaften des Systems aussagen ?

(c) Gibt es einen nicht beschränkten input u , für den das System dennoch beschränkt bleibt?

(d) Finden Sie einen unbeschränkten input, der das System 'zerstört' !

Abschließend sei kurz das Konzept der Ultrastabilität und der Multistabilität angedeutet(eine Einführung findet sich bei Tsien(1954)).

Phänomene der Adaption und des Lernens sind dadurch gekennzeichnet(Adaption ist eine auf den jeweiligen Umweltzustand erfolgende Reaktion zur Reduktion des input-Drucks, Lernen ist Adaption, bei der zusätzlich vergangene Informationen verwendet werden), daß ein auf wechselnde Umwelteinflüsse ausgerichtetes Spektrum von Reaktionsmöglichkeiten(also nicht nur eine Reaktionsmöglichkeit) bereitsteht.

Nehmen wir an, eine Rückkopplung reiche bei einem bestimmten Umwelteinfluß nicht mehr aus, um den input-Druck zu kompensieren. Wird dann (z.B. automatisch) eine zweite Rückkopplung zur Aufrechterhaltung der Stabilität aktiv, so spricht man von Ultrastabilität (oft ist auch zu einem völlig neuen System überzugehen). Nun kann jedoch der input-Druck weiter steigen, so daß auch die zweite Rückkopplung(das neue System) nicht mehr ausreicht. Wird dann eine dritte(analog 4.,5.,..., allg. n-te) Rückkopplung(ein weiteres System) aktiv, so heißt das System multistabil.

Existieren hier endlich viele Umweltzustände, so läßt sich zu jedem dieser Zustände ein System mit konstanten Parametern spezifizieren, und wir haben ein - wenn auch u.U. hochkomplexes - System des bisher behandelten Typs vor uns. Verändern sich die Umweltzustände jedoch kontinuierlich, so wird das ultra- bzw. multistabile System i.a. kontinuierlich - nichtstationär sein.

Wir wollen für den ersten Fall ein einfaches Beisp. angeben, für den zweiten Fall siehe z.B. Doetsch(1967),S.90ff.

Ein System sei beschrieben durch:

$$\begin{pmatrix}\dot{y}_1\\ \dot{y}_2\end{pmatrix} = \begin{pmatrix}-1 & 1\\ -2 & 0\end{pmatrix}\begin{pmatrix}y_1\\ y_2\end{pmatrix} + \begin{pmatrix}0\\ 1\end{pmatrix}u \quad .$$

Die Umwelt möge zwei Zustände annehmen können:

$$u_1(t) = c \quad , \; c \in \mathbb{R} \; \text{const.} \; ;$$

$$u_2(t) = e^t \quad .$$

Das Signalflußdiagramm des Systems hat die Form:

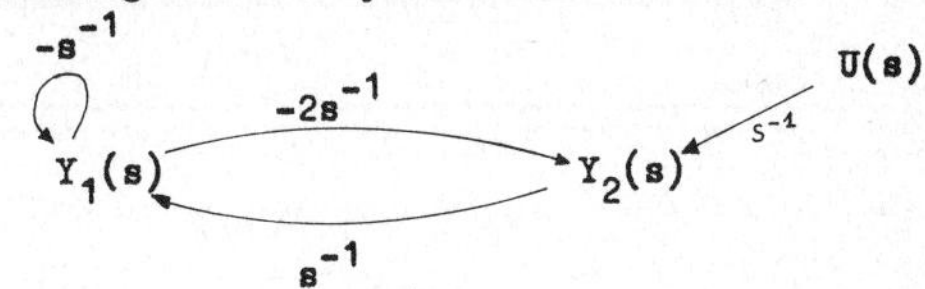

$$\Delta(s) = 1 + s^{-1} + 2s^{-2} \quad ; \quad s_{1,2} = -\frac{1}{2} \pm j\sqrt{7/4} \quad .$$

Das System ist also oszillatorisch streng stabil. Dann ist es auch für u_1 i - o - stabil(ja, es ist sogar, wie man leicht nachrechnet, für einige unbeschränkte inputs,z.B. $u(t) = t$, i - o - stabil).

u_2 ist jedoch eine sehr starke äußere Erregung, die das System nicht kompensieren kann.
Gelingt nun eine adaptive Systemdifferenzierung, etwa der Form:

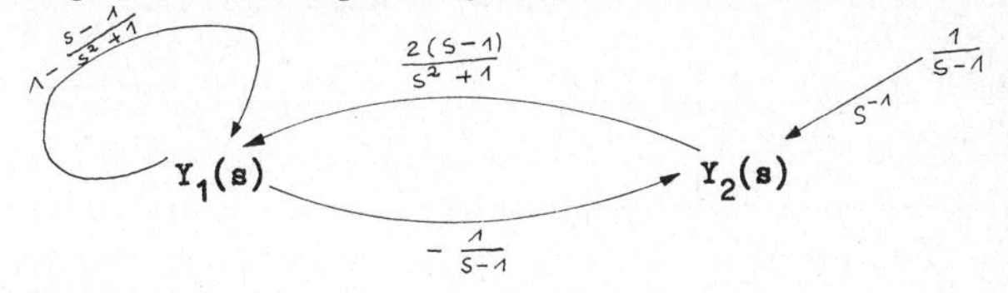

,

so gilt:

$$\Delta(s) = 1 - \left(1 - \frac{s-1}{s^2+1} - \frac{2}{s^2+1}\right) = \frac{s+1}{s^2+1} \quad ,$$

und

$$Y_2(s) = 1/s(s+1) \quad , \quad Y_1(s) = \frac{1}{\Delta(s)} \cdot \frac{2}{s(s^2+1)} = \frac{2}{s(s+1)}$$

Somit:

$$y_1(t) = 2(1 - e^{-t}) \quad , \quad y_2(t) = 1 - e^{-t} \quad .$$

Folgende interne Entscheidungsregel macht das System nach dem soeben Gesagten ultrastabil:

Umweltsituation	Verhaltensparameter(siehe Sign.fl.diagramm)		
	a	b	c
u_1	$1/s$	$1/s$	$-1/s$
u_2	$-\frac{s-1}{s^2+1}$	$-\frac{1}{s-1}$	$1-\frac{s-1}{s^2+1}$

Der Leser macht sich übrigens leicht klar, daß der Aufwand der Anpassung um so geringer ist, je geringer der input-Druck ist.

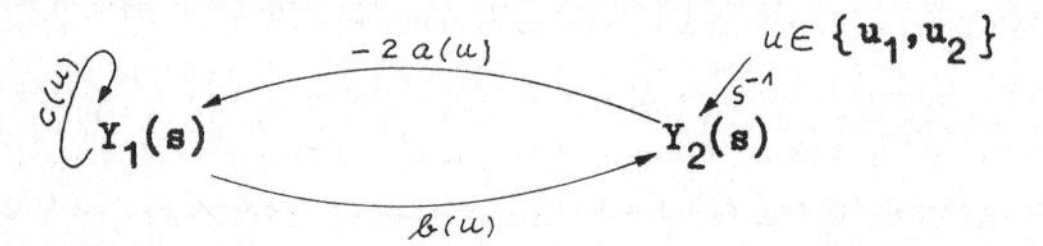

(4.5) Kontrollsysteme und Zustandsraumdarstellung.

In den vergangenen Kap. wurden Aspekte der mathematischen Modellierung sozialwissenschaftlicher Systeme und die Berechnung der Systembewegungen(durch Lösen von Diff.- bzw. Differ.gl.) erörtert sowie einige mehr qualitative Überlegungen (Sensitivität,Stabilität) angestellt. Dabei ging es bisher stets um die möglichst genaue Beschreibung und Analyse von Systemen. Wir wollen nun einen neuen Aspekt erörtern: den der Kontrolle oder Regelung von Systemen, d.h. die <u>bewußte</u> Manipulation von inputs, um bestimmte Systemreaktionen zu erreichen.

Kontrolle im sozialwissenschaftlichen Bereich ist mit einigen tiefer reichenden Problemen verknüpft. Denn hier ist es nicht ohne weiteres klar, wer wen kontrolliert, d.h. wer die input-Variablen (relativ) frei gestalten kann und wer auf eine derartige Gestaltung bloß reagiert. So kann es durchaus geschehen, daß Unternehmer von der Regierung vorgenommene volkswirtschaftliche Regelungen in einer Weise 'unterlaufen', daß diese Regelungen realiter bloß Reaktionen auf Unternehmeraktivitäten sind.(Die hier aufscheinenden Aspekte von Konflikt und Macht führen auf der Modellebene z.B. zu Versuchen, spieltheoretische Systemmodelle zu erstellen.)
Der Konstrukteur von gesellschaftlich orientierten Kontrollsystemen stellt sich bewußt auf eine der am sozialen Kontrollprozeß beteiligten Seiten.
Dies führt unmittelbar zu einem zweiten Gesichtspunkt: Jede Politik bedeutet zugleich Kontrolle, wenn dies auch nicht immer klar hervorgehoben wird. Damit laufen insbesondere politikorientierte sozialwissenschaftliche, nicht als Kontrollsysteme spezifizierte, Systeme Gefahr, realiter ablaufende soziale Kontrollprozesse, die stets einen Interessen-, Macht- und Herrschaftsaspekt besitzen, als politischem Einfluß entzogene, 'vorgegebene' Gesetzmäßigkeiten darzustellen. Derartige Ansätze sind dann leicht zur Stützung systemtechnischer Sachzwangargumente heranzuziehen(vgl. Müller(1973),Kap.(213)).

Die folgende kontrolltheoretische Diskussion wird sich, wie schon die vorangegangenen Kap., auf die Modellebene beziehen, d.h. auf eine mathematische Theorie. Wir wollen hier unter 'Systemkontrolle' intuitiv das 'Hinsteuern der Systembewegung auf bestimmte, vorgegebene Punkte oder ganze Trajektorienabschnitte' verstehen. Dieses Hinsteuern wird in den Anwendungen meist bestimmten Gütekriterien(z.B.: möglichst schnelle Ausführung, möglichst geringer Aufwand) und Nebenbedingungen (z.B.: Einschränkung der Steuerungsmöglichkeiten, der erlaubten Trajektorien) unterliegen. Derartige Kriterien werden in der Theorie optimaler Kontrolle berücksichtigt, sollen hier jedoch nicht weiter erörtert werden(Lit.: Athans,Falb(1966), Lee,Markus(1967)).

Wir wollen uns hier auf Klassen von Systemen beschränken, für die eine ausgearbeitete Theorie vorliegt. Die zentralen Begriffe für diese Systeme sind:

Zustand, input, output .

Sie werden verbunden durch folgende anschauliche Beziehung:

(a) Der Zustand $x(t)$ eines Systems enthalte alle aus der Vergangenheit (d.h. für $t' < t$) relevanten Informationen;

(b) $\mathcal{U}$ sei die Menge zulässiger inputs, ein input-Abschnitt $u_{[\bar{t},t_1]} \in \mathcal{U}$ transformiere den Zustand $x(t)$ in den Zustand $x(t_1) = x(t_1;\ u_{[\bar{t},t_1]})$;

(c) jeder Zustand $x(t)$ bewirke einen output $y(t)$.

Weiterhin gehen wir von nicht - antizipatorischen (d.h. $x(t)$ hängt nicht von zukünftigen $x(t')$, $u(t')$ oder $y(t')$ mit $t' > t$ ab), nicht-lernenden und deterministischen Systemen aus(zur formalen Def. dieser Systeme siehe Kalman(1969), Desoer(1970)). Es ist offensichtlich, daß die hier erörterten Systemmodelle für sozialwissenschaftliche Problemstellungen nur sehr eingeschränkte Relevanz besitzen. Im Rahmen einer Einführung müssen wir uns jedoch auf den einfachsten Systemtyp beschränken.

Zur Anwendung von mathematischen Instrumenten auf diese Systeme benötigen wir nun eine Standardbeschreibung, die eine Entwicklung von Definitionen und Sätzen ermöglicht.
Wir wollen dazu die Klasse der betrachteten Systeme weiter einschränken und hier nur lineare und stationäre dynamische Systeme betrachten. Dabei sei der Schwerpunkt der Erörterun-

gen auf diskrete Systeme gelegt. Zwar ist die mathematische Beschreibung kontinuierlicher Systeme häufig eleganter, und die zugehörige mathematische Theorie ist vollständiger, aber diskrete Systeme sind 'realitätsnäher'. Daher wollen wir kontinuierliche Systeme nur in Form eines ökonomischen Beisp. am Ende dieses Kap. darstellen.

Als Standardbeschreibung wählen wir nun:

$$(4.5 - 1) \qquad x(k+1) = \mathcal{A}\, x(k) + \mathcal{B}\, u(k)\,, \quad y(k) = \mathcal{C}\, x(k)$$

mit $\mathcal{A}$ (n,n), $\mathcal{B}$ (n,m) und $\mathcal{C}$ (r,n) - Matrix, k wird i.a. die Zeit sein.

$x(k) \in \mathbb{R}^n$ beschreibt dabei den Zustand des Systems zum Zeitpunkt k, die Matrix $\mathcal{A}$ beschreibt das interne Änderungs- (d.h. das dynamische)Verhalten, $\mathcal{B}$ die Wirkung des inputs $u(k) \in \mathbb{R}^m$ auf den Zustand und $\mathcal{C}$ die Abhängigkeit des outputs $y(k) \in \mathbb{R}^r$ vom Zustand.

Systembeschreibungen, wie sie in den Kap. (4.3.2) und (4.3.5) aufgezeigt wurden, sind von der Form (4.5 - 1), wobei der output-Vektor Komponenten des Zustandsvektors enthielt. Diese Betrachtung war möglich, da die (anschaulichen) Variablen des Signalflußdiagramms unmittelbar in den Zustandsvektor eingingen und dessen Komponenten daher interpretierbar sind, zumeist sogar ihrer (numerischen) Größe nach. Denn die meisten sozialwissenschaftlichen Modellierungen verwenden nur meßbare Größen als Variablen. Auf Grund dieser Modellierungspraxis in den Sozialwissenschaften kann der Zustand $x(k)$ meist unmittelbar gemessen werden und braucht nicht aus meßbaren outputs ermittelt zu werden(was Systemmodellen allg. durchaus nicht inhärent ist). (4.5 - 1) ist also geringfügig allgemeiner als die Beschreibung in (4.3.2) und (4.3.5). Verwendet man jedoch die Mason-Formel zur Systemanalyse(wie in (4.3.4), so gelangt man zu linearen Differ.gl. der Form

$$(4.5 - 2) \qquad y(k+n) + a_1 y(k+n-1) + \ldots + a_n y(k) = b_1 u(k+n-1) + \ldots + b_n u(k) \quad ,$$

wobei einige der a_i, b_i Null sein können. (4.5 - 2) kann auf die Form (4.5 - 1) gebracht werden, wobei C nun nicht mehr lediglich Komponenten von x ausfiltert. Es ist

$$(4.5 - 3) \left\{ \begin{array}{l} y(k) := x_1(k) \\ y(k+1) := x_2(k) \\ \vdots \\ y(k+n-1) := x_n(k) \qquad \text{mit} \\ \begin{pmatrix} x_1(k+1) \\ \vdots \\ x_n(k+1) \end{pmatrix} = \begin{pmatrix} 0 & 1 & 0 \ldots & 0 \\ 0 & 0 & 1 \ldots & 0 \\ \vdots & \vdots & \vdots & \vdots \\ -a_n & -a_{n-1} & -a_{n-2} \ldots & -a_1 \end{pmatrix} \begin{pmatrix} x_1(k) \\ \vdots \\ x_n(k) \end{pmatrix} + \begin{pmatrix} 0 \\ \vdots \\ 0 \\ 1 \end{pmatrix} u(k) \\ y(k) = (b_n \;\; b_{n-1} \ldots b_1) \; x(k) \end{array} \right.$$

eine Beschreibung der Differ.gl. in Standardform. Selbstverständlich gibt es je nach Def. der Zustandsvariablen mehrere Möglichkeiten, (4.5 - 2) in Matrizenform zu transformieren(vgl. Freeman(1965),Kalman(1969)). Damit erhebt sich hier das Problem, wann wir in der Form (4.5 - 1) dargestellte Systeme als gleichartig ansehen wollen. In naheliegender Weise def. wir:

<u>Def. 1</u>: Zwei Systeme der Form (4.5 - 1) heißen <u>äquivalent</u>, wenn sie dasselbe System bzgl. verschiedener Basen des Zustandsraumes darstellen, also

$$x(k+1) = A\,x(k) + B\,u(k) \quad , \quad y(k) = C\,x(k)$$

und heißen äquivalent,

$$x(k+1) = \tilde{A}\,x(k) + \tilde{B}\,u(k) \quad , \quad y(k) = \tilde{C}\,x(k)$$

wenn es eine reguläre Transformationsmatrix T gibt mit

$$\tilde{A} = T A T^{-1} \quad , \quad \tilde{B} = T B \quad , \quad \tilde{C} = C T^{-1} \quad .$$

Sind die Zustände des Systems interpretierbar, so braucht dies nicht für die Zustände eines dazu äquivalenten Systems zu gelten, da diese Linearkombinationen der ursprünglichen Zustände sind. Ebenso sind die aus (4.5 - 2) mit Hilfe von (4.5 - 3) gewonnenen Zustände i.a. nicht interpretierbar.

Insgesamt können wir festhalten: Die Standardform (4.5 - 1) umfaßt die uns bisher bekannten Darstellungsweisen für diskrete Systeme.
Bevor wir nun das Kontrollkonzept präzisieren, sei vor dem Fehlschluß aus Def. 1 gewarnt, daß äquivalente Transformationen auch äquivalente Interpretationen nach sich ziehen.

Das Kontrollkonzept ist in dreierlei Hinsicht relevant:

(1) Zur Identifizierbarkeit von Systemen(darauf sei nicht näher eingegangen),

(2) (optimale) Ansteuerung bestimmter Punkte oder Bereiche,

(3) Stabilisierung von Systemen.

Für alle drei Aspekte ist das Konzept der Ansteuerung von Punkten grundlegend. Die Punktansteuerung als solche ist jedoch für sozialwissenschaftliche Kontrollprobleme von untergeordneter Relevanz, da sie eine Genauigkeit von Messung und Kontrolle erfordert, die i.a. in den Sozialwissenschaften nicht gegeben ist.
Das Ziel der Systemkontrolle besteht darin zu erreichen, daß sich ein System in gewünschter Weise verhält, d.h. den output auf einen vorgegebenen Punkt hinzusteuern <u>und</u> Aussagen über die weitere Bewegung des Systems machen zu können.
Da vom output i.a. nicht eindeutig auf die ihn bewirkenden Zustände zurückgeschlossen werden kann(vgl. S.- 542f -), muß die Systemkontrolle bei den Zuständen ansetzen, weil diese die weitere Systembewegung bestimmen. Dazu muß bekannt sein, in welchem Zustand sich das System gegenwärtig befindet.
Sind Ziel und Zustand bekannt, so ist als letztes der angemessene Kontrollinput zu berechnen.

Hier wird deutlich, daß ein Großteil der Fruchtbarkeit systemtheoretischer Ansätze, wie wir sie hier vorstellen, erst jenseits der Phase der Erstellung des Systemmodells(die ja nicht fundamental verschieden von vielen anderen Modellierungsweisen-Formalisierung von Beziehungen zwischen Variablen-ist)in Form der Systemanalyse und -kontrolle sichtbar wird.

Zur Lösung der zuvor aufgezeigten Probleme seien nun Definitionen und Sätze entwickelt, die auf die hier erörterte Situation linearer, stationärer Systeme zugeschnitten sind, die i.a. jedoch auf lineare zeitabhängige(geschweige denn nichtlineare) Systeme nicht mehr übertragbar sind(vgl. Kalman(1969)).

Es werden nun zunächst die kontrollierbaren Systeme charakterisiert und einige Kontrollinputs für unterschiedliche Zielsetzungen berechnet, wobei wir davon ausgehen, daß der Zustand des Systems bekannt sei. Im Anschluß daran werden wir die Frage erörtern, wie für Systeme, deren Zustände nicht unmittelbar meßbar sind, Kontrollinputs errechnet werden können.

<u>Def. 2</u>: Ein System der Form (4.5 - 1) heißt <u>vollständig kontrollierbar</u> $\Longleftrightarrow$ für alle Zustände $x(t_0) = x_0$ und für alle Zustände x_1 gibt es ein $t_1 > t_0$ und einen input $u_{[t_0, t_1]}$ mit

$$x(t_1) = x(t_1; t_0, x_0; u_{[t_0, t_1]}) = x_1 ;$$

dabei sei $x(t\ ; t_0, x_0, u_{[t_0, t_1]})$ die Systembewegung mit den Anfangswerten $x(t_0) = x_0$ unter dem input $u_{[t_0, t_1]}$.

<u>Bemerkungen</u>:

(1) Kontrollierbarkeit bezieht sich also auf die gezielte Veränderung von x mit Hilfe von u, es ist also nur die erste Gleichung von (4.5 - 1) angesprochen (vgl. Satz 1).

(2) Kontrollierbarkeit, wie sie hier definiert ist, ist ein ja - nein - Kriterium, das nichts über den Aufwand der Kontrolle aussagt. Bekannt ist, daß in der Menge aller Systeme der Form (4.5 - 1) mit regulärem A die kontrollierbaren Systeme dicht liegen, d.h. ein kontrollierbares System bleibt bei kleiner Variation der Koeffizienten in A und $\mathcal{B}$ kontrollierbar, ein nichtkontrollierbares System hingegen kann schon bei kleinster Variation dieser Koeffizienten in ein kontrollierbares übergehen. Lee und Markus (1967), Kalman(1969) bemerken, daß der Aufwand einer Kontrolle eines Systems um so größer wird, je näher(im Sinne der Norm im Matrizenraum von A und $\mathcal{B}$) dieses System einem nichtkontrollierbaren ist. Hier wäre ein Ansatz, Maßzahlen für den Aufwand der Kontrolle von Systemen zu definieren.

<u>Satz 1</u>: Ein System der Form (4.5 - 1) ist genau dann vollständig kontrollierbar, wenn gilt: Die Matrix

$$(4.5 - 4) \qquad F = (\mathcal{B}, A\mathcal{B}, A^2\mathcal{B}, \ldots, A^{n-1}\mathcal{B})$$

hat den Rang n. (F ist die $(n,n\cdot m)$-Matrix mit den Spalten $\mathcal{B}, \ldots, A^{n-1}\mathcal{B}$).

<u>Bemerkung</u>: Satz 1 zeigt, daß vollständige Kontrollierbarkeit invariant gegenüber der äquivalenten Transformation von Systemen nach Def. 1 ist, d.h. ist von zwei äquivalenten Systemen eines vollständig kontrollierbar, so ist es auch das andere. Damit kann z.B. die Jordansche Normalform(oder evtl. die Diagonalform) zum Test auf vollständige Kontrollierbarkeit herangezogen werden.
Mit Hilfe der Transformation aus Def. 1 läßt sich darüberhinaus die Frage der Kontrollierbarkeit operativer angehen. Ist ein System nicht kontrollierbar, so führt dies nämlich dazu, daß mindestens eine Zeile in $\tilde{\mathcal{B}}$ nur Nullen enthält; der zu dieser Zeile gehörende Zustand ist

also durch den input nicht erreichbar.(vgl. Freeman(1965))
Das folgende Beisp. zeigt, daß Kontrollierbarkeit keine Eigenschaft eines Systems, sondern der gewählten Systemdarstellung ist, d.h. ein System - z.B. beschrieben durch eine Differ.gl. - kann auf unterschiedliche Weise auf die Form (4.5 - 1) gebracht werden, so daß kontrollierbare und nichtkontrollierbare Beschreibungen eines Systems möglich sind.

Beisp.: $y_{t+1} = (a + b)u_t$ sei die vorgegebene Differ.gl. .

Beschreibung I:

$$\begin{pmatrix} x_{1,t+1} \\ x_{2,t+1} \end{pmatrix} = \begin{pmatrix} 0 & 0 \\ 0 & 0 \end{pmatrix} \begin{pmatrix} x_{1,t} \\ x_{2,t} \end{pmatrix} + \begin{pmatrix} a \\ b \end{pmatrix} u_t$$

$$y_t = (1 \quad 1) \begin{pmatrix} x_{1,t} \\ x_{2,t} \end{pmatrix}$$

Dieses Systemmodell ist nach Satz 1 nicht kontrollierbar, da $\operatorname{rg} \begin{pmatrix} a & 0 \\ b & 0 \end{pmatrix} = 1 < 2$.

Beschreibung II:

$$z_{t+1} = 0 \cdot z_t + (a + b)u_t \quad , \; y_t = z_t$$

Dieses Modell ist für $a + b \neq 0$ kontrollierbar.

Allg. läßt sich sagen, daß eine Systemmodellierung, die zu viele Zustandskomponenten enthält, nicht kontrollierbar ist (zu hoher Interdependenzgrad; minimale Realisierung von Systemen (vgl. Lee,Markus(1967),Kalman(1969) etc.)).

In der obigen Bemerkung (2) klang schon an, daß es zweckmäßig ist, Kontrollierbarkeit auch hinsichtlich einzelner Zustände zu formulieren.

Def. 3: Ein Zustand $x_0 = x(k_0)$ eines Systems in Form (4.5 - 1) heißt kontrollierbar, wenn es einen Zeitpunkt $k_1 > k_0$ und eine input-Folge $u_{[k_0,k_1]}$ gibt mit

$$x(k_1) = x(k_1; k_0, x_0; u_{[k_0,k_1]}) = \sigma \quad .$$

Für Systeme mit A regulär gilt dann

Satz 2: Die Menge der kontrollierbaren Zustände des Systems (4.5 - 1') bilden einen Unterraum L des $\mathbb{R}^n$; ein Erzeugendensystem von L kann wie folgt konstruiert werden: Es sei $M_i = A^{-i}B$ für $i = 1,\ldots,n$

und m_{ij} die j - te Spalte von M_i , $j = 1,\ldots,m$;

dann bilden die m_{ij} ein EZS für L .

Schließlich erhält man als Beziehung zwischen Zustands- und Systemkontrollierbarkeit:

Satz 3: Das System (4.5 - 1') ist genau dann vollständig kontrollierbar, wenn jeder Zustand in höchstens n - p + 1 Schritten in den $\mathcal{O}$- Zustand überführt werden kann, wobei n die Anzahl der Zeilen(und Spalten) von A und p den Rang von B bezeichnen($0 < p \leq n$).

Bemerkung: Das Verfahren, das zur Zustandsraumdarstellung (4.5 - 3) führt, liefert stets vollständig kontrollierbare Systemmodelle.

Nach der Identifizierung der vollständig kontrollierbaren Systeme geht es nun darum, den gesuchten Kontroll-input, der einen Zustand x_0 nach $\mathcal{O}$ überführt, konkret anzugeben. Die grundlegende Idee der modernen Kontrolltheorie besteht nun darin, den Kontrollinput $u(k)$ zu jedem k vom Zustand $x(k)$ des Systems abhängig zu definieren: Es ist dies die mathematische Formulierung des als Rückkopplung ('feed-back') bekannten Prinzips.

Ein so kontrolliertes System(Regelkreis) können wir uns wie folgt skizziert vorstellen: (siehe Fig. 1 nächste Seite)

Man nennt Systeme wie in Fig. 1 auch einen geschlossenen Regelkreis. Bei unserem augenblicklichen Stand der Diskussion nehmen wir an, der Zustand $x(k)$ sei zu jedem k bekannt. Es gilt nun, den Regler zu spezifizieren.(Mit dem Schätzen des Zustands, also mit der Meßeinrichtung und dem Schätzer, befassen wir uns im Anschluß.)

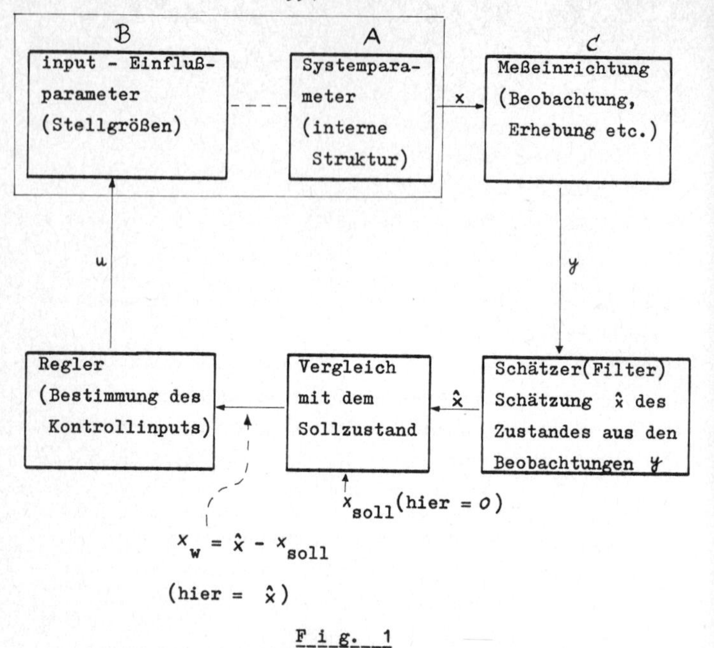

F i g. 1

Bemerkung: Bei der Lösung insbesondere sozialwissenschaftlicher Kontrollprobleme ist nicht nur (abstrakt) eine Regelung zu berechnen, sondern es sind darüberhinaus zum einen Variablen zu spezifizieren, die überhaupt manipulierbar sind, zum anderen ist ein Träger der Regelung zu finden, d.h. es sind soziale Einheiten (Personen, Parteigremien,Regierungsstellen etc.) zu finden, die die Regelung ausführen(können). Beide Probleme sind mit Aspekten von Macht, Herrschaft, Einfluß etc. verbunden.

Wir wollen uns nun bei der Darstellung des gezielten Eingriffs in ein System(Erstellung eines Kontrollsystems) auf den einfachsten Fall beschränken: Eingriff in ein diskretes, lineares und stationäres System. Beispielhaft seien hier zwei Anwendungsbereiche dargestellt: Eingriff zur

(1) Stabilisierung des Systems,

(2) zeitoptimalen Ansteuerung des 0 - Zustandes.

zu (1): Stabilisierende Kontrolle diskreter Systeme mit einem input

Vorgegeben sei ein System der Form

$$(4.5 - 7) \qquad x(k+1) = A\,x(k) + b\,u(k) \qquad A \text{ regulär },$$

mit A (n,n)- und b (n,1)-Matrix. Ziel der Kontrolle sei es, das System durch eine geeignete input-Folge zu stabilisieren, d.h. gesucht $u(k) = f(x(k))$, so daß

$$(4.5 - 8) \qquad x(k+1) = A\,x(k) + \ f(x(k))$$

stabil ist. Für (4.5 - 8) soll also erfüllt sein, daß die Eigenwerte dem Betrage nach sämtlich kleiner als 1 sind(bzw. größer als 1 bei unserer z - Trafo).

Dazu geben wir uns ein Polynom n - ten Grades $Q(\mu)$ vor. $u(k) = f(x(k))$ ist so zu bestimmen, daß $Q(\mu)$ das charakteristische Polynom von (4.5 - 8) wird, womit dann die Eigenwerte und das gesamte dynamische Verhalten festgelegt sind.

Für vollständig kontrollierbare Systeme kann dieses Problem allg. gelöst werden, und wir gehen zur Konstruktion des inputs in zwei Schritten vor.

1. Schritt

(4.5 - 7) wird durch Äquivalenzumformung(siehe (4.5 - 3) und Def. 1) auf eine Standardform gebracht. Sei

$$P(\lambda) = \lambda^n + a_1 \lambda^{n-1} + \ldots + a_n$$

das charakteristische Polynom von A ; dann bilden, wenn (4.5 - 7) ein vollständig kontrollierbares System beschreibt, folgende Vektoren eine Basis des $\mathbb{R}^n$ (nach Satz 2) :

$$\begin{aligned} e_1 &= A^{n-1}b + a_1 A^{n-2}b + \ldots + a_{n-1}b \\ &\vdots \\ e_{n-1} &= Ab + a_1 b \\ e_n &= b \end{aligned}$$

Bzgl. dieser Basis hat (4.5 - 7) die Darstellung

$$\text{(4.5 - 9)} \qquad x(k+1) = \begin{pmatrix} 0 & 1 & 0 \ldots & 0 \\ \vdots & \vdots & \vdots & \vdots \\ 0 & 0 & 0 \ldots & 1 \\ -a_n & -a_{n-1} & -a_{n-2} \ldots & -a_1 \end{pmatrix} x(k) +$$

$$+ \begin{pmatrix} 0 \\ \vdots \\ 0 \\ 1 \end{pmatrix} u(k) =: \hat{A}\, x(k) + \hat{b} u(k) ,$$

wie man leicht durch rekursives Berechnen der Ae_n, Ae_{n-1} etc. bestätigt.

2. Schritt

Wir geben das charakteristische Polynom $Q(\mu)$ des in gewünschter Weise stabilisierten Systems (4.5 - 8) vor, wodurch insbesondere die Lage der Nullstellen (nach Wunsch) gewählt werden kann, bezeichnet

$$Q(\mu) = \mu^n + c_1 \mu^{n-1} + \ldots + c_n \quad .$$

Es sei

$$\hat{d}_i = c_{n-i+1} - a_{n-i+1} \quad \text{für } i = 1,\ldots,n \text{ , und}$$

$$\hat{d}' = (\hat{d}_1 \;\ldots\; \hat{d}_n) \quad .$$

Für das System

$$(4.5 - 10) \qquad x(k+1) = \hat{A}x(k) + \hat{b}(-\hat{d}'\,x(k)) = (\hat{A} - \hat{b}\hat{d}')x(k)$$

ist $Q(\mu)$ dann charakteristisches Polynom, d.h.

$$(4.5 - 11) \qquad \hat{u}(k) = -\hat{d}'x(k)$$

ist der gesuchte Kontroll-input, dargestellt bzgl. der Basis $\{e_1,\ldots,e_n\}$. Jedes zu (4.5 - 10) äquivalente System hat ebenfalls $Q(\mu)$ als charakteristisches Polynom, und durch Rücktransformation von (4.5 - 10) auf die ursprüngliche Basis erhält man den gewünschten Kontroll-input u(k).

Beisp.:

Gegeben sei das System

$$(4.5 - 12) \qquad x(k+1) = \begin{pmatrix} 1 & -1 \\ 0 & 2 \end{pmatrix} x(k) + \begin{pmatrix} 1 \\ 1 \end{pmatrix} u(k) \quad ;$$

das charakteristische Polynom lautet:

$P(\lambda) = \lambda^2 - 3\lambda + 2$ mit den Nullstellen

$\lambda_1 = 1 \; , \; \lambda_2 = 2$.

(4.5 - 12) ist also instabil. Nach Satz 1 ist das System vollständig kontrollierbar, da $\operatorname{rg} F = \operatorname{rg} \begin{pmatrix} 1 & 0 \\ 1 & 2 \end{pmatrix} = 2$. Damit ist es auch stabilisierbar. Wir wählen als Polynom für das stabilisierte System

$Q(\mu) = \mu^2 - 0.01$ mit den Nullstellen

$\mu_1 = 0.1 \; , \; \mu_2 = -0.1$.

Schritt 1:

$e_1 = Ab + a_1 b = \begin{pmatrix} -3 \\ -1 \end{pmatrix}$, $e_2 = b = \begin{pmatrix} 1 \\ 1 \end{pmatrix}$, die Basis

lautet $B = \{e_1, e_2\}$, und es ist:

$$\hat{A} = \begin{pmatrix} 0 & 1 \\ -2 & 3 \end{pmatrix} = \begin{pmatrix} -1/2 & 1/2 \\ -1/2 & 3/2 \end{pmatrix} \begin{pmatrix} 1 & -1 \\ 0 & 2 \end{pmatrix} \begin{pmatrix} -3 & 1 \\ -1 & 1 \end{pmatrix} =: T^{-1} A\, T$$

mit den Transformationsmatrizen T und T^{-1} für den Basiswechsel zwischen der kanonischen Basis des $\mathbb{R}^2$ und B . Analog:

$$\hat{b} = \begin{pmatrix} 0 \\ 1 \end{pmatrix} = \begin{pmatrix} -1/2 & 1/2 \\ -1/2 & 3/2 \end{pmatrix} \begin{pmatrix} 1 \\ 1 \end{pmatrix} = T^{-1} b \quad .$$

<u>Schritt 2</u>:

$\hat{d}_1 = -2.01$, $\hat{d}_2 = 3$, d.h. $\hat{d}' = (-2.01 \quad 3)$, und das stabilisierte System (bzgl. B) lautet:

$$(4.5 - 13) \qquad x(k+1) = \left(\begin{pmatrix} 0 & 1 \\ -2 & 3 \end{pmatrix} - \begin{pmatrix} 0 \\ 1 \end{pmatrix} (-2.01 \quad 3) \right) x(k)$$

$$= \begin{pmatrix} 0 & 1 \\ 0.01 & 0 \end{pmatrix} x(k) \quad .$$

Die Rücktrafo von $\hat{d}$ ergibt:

$$d = \hat{d}\, T^{-1} = (-2.01 \quad 3) \begin{pmatrix} -1/2 & 1/2 \\ -1/2 & 3/2 \end{pmatrix}$$

$$= (-0.495 \quad 3.495) \quad ,$$

und wir erhalten:

Mit dem Kontroll-input

$$u(k) = -d'\, x(k) = (0.495 \quad -3.495)\, x(k)$$

wird das System (4.5 - 12) zu dem streng stabilen System

$$(4.5 - 14) \qquad x(k+1) = (A - b\, d')\, x(k)$$

$$= \left(\begin{pmatrix} 1 & -1 \\ 0 & 2 \end{pmatrix} + \begin{pmatrix} 1 \\ 1 \end{pmatrix} (0.495 \quad -3.495) \right) x(k)$$

$$= \begin{pmatrix} 1.495 & -4.495 \\ 0.495 & -1.495 \end{pmatrix} x(k) \quad .$$

Für das stabilisierte System (4.5 - 8) ist kein input spezifiziert worden, da sich Stabilität auf die freien Bewegungen eines Systems bezieht: (4.5 - 8) ist also mit beliebiger input - Matrix stabil(vgl. S.- 515 -). Für sozialwissenschaftliche Anwendungen dieses Verfahrens beachte man jedoch die Bemerkung von S.- 534 - .
Mit der Wahl des charakteristischen Polynoms wird natürlich nicht nur die strenge Stabilität garantiert, sondern auch zugleich die gesamte Systembewegung vorherbestimmt. Das hier angegebene Verfahren ermöglicht also die Konstruktion von Systemen mit beliebiger Trajektorie(Schwingungen, asymptotisches Verhalten etc.), d.h. mit beliebig erwünschten dynamischen Eigenschaften(man beachte jedoch die Bemerkung von S.- 534 -). Insbesondere lassen sich also Systeme auch in gewünschter Weise destabilisieren.

zu (2): Zeitoptimale Kontrolle diskreter Systeme mit einem input

Vorgegeben sei hier wieder ein System (4.5 - 7). Ziel der Kontrolle sei es nun, zu jedem Anfangszustand $x(0)$ eine input - Folge derart zu bestimmen, daß $x(0)$ in möglichst wenig Schritten nach $\mathcal{O}$ überführt wird. Für vollständig kontrollierbare Systeme kann eine derartige input-Folge stets angegeben werden.

Nach Satz 2 kann für den Zustandsraum $\mathbb{R}^n$, sofern (4.5 - 7) vollständig kontrollierbar ist, eine Basis wie folgt angegeben werden:

$$B = \{ A^{-1}b , A^{-2}b ,\ldots, A^{-n}b \} =: \{ e_1,\ldots,e_n \} .$$

Beschreiben wir nun diejenigen Zustände S_1 von (4.5 - 7), die in einem Schritt nach $\mathcal{O}$ überführt werden können:

$$x(1) = A x(0) + b u(0) \quad \text{, und mit } x(1) = \mathcal{O} \text{ :}$$

$$\mathcal{O} = A x(0) + b u(0) \quad \text{, also}$$

$$x(0) = A^{-1} b (-u(0)) \quad \text{, und da der input frei aus } \mathbb{R}$$

gewählt werden kann:

$$S_1 = L(\{A^{-1}b\}) = L(\{e_1\})$$ (siehe Kap. (2.6.2))

Für die Zustände S_2, die in zwei Schritten nach σ überführbar sind, gilt:

$$x(2) = Ax(1) + b\,u(1) = A^2x(0) + A\,b\,u(0) + b\,u(1)\ ,$$

und mit $x(2) = \sigma$:

$$\sigma = A^2x(0) + Ab\,u(0) + b\,u(1)\ , \text{ d.h.}$$

$$x(0) = A^{-1}b(-u(0)) + A^{-2}b(-u(1))\ , \text{ also}$$

$$S_2 = L(\{A^{-1}b, A^{-2}b\}) = L(\{e_1, e_2\})$$; allg.

(4.5 - 15) $$S_i = L(\{A^{-1}b, \ldots, A^{-i}b\}) = L(\{e_1, \ldots, e_i\}),$$

$$i \leq n\ .$$

Ist daher der Anfangszustand $x(0)$ gegeben, so stelle man $x(0)$ bzgl. der Basis B dar, etwa

$$x(0) = \sum_{i=1}^{n} a_i e_i \quad ,$$

und die input-Folge $u_{i-1} = -a_i$ überführt $x(0)$ mit den wenigsten Schritten nach σ, wobei $i = 1,\ldots,p$ mit p als der erforderlichen Schrittanzahl.
Um den input $u(i)$ als Funktion des jeweiligen Zustands $x(i)$ darzustellen, d.h. als Rückkopplungskontrolle, bilden wir die Matrix

$$F = (e_1 \ \ldots \ e_n)$$

aus den Vektoren von B . Sei g_1 die erste Spalte von $(F^{-1})'$, dann gilt

(4.5 - 16) $$a_i = g_1' x(i-1) = -u(i-1) \quad \text{für } i = 1,\ldots,n\ .$$

Wir erhalten also als zeitoptimales System für den Anfangswert $x(0)$:

$$(4.5-17)\qquad x(k+1) = Ax(k) - b g_1^{\prime} x(k) \quad .$$

Setzen wir den input $u(k) = 0$ für $k > p$, so verbleibt das System im Gleichgewichtszustand 0, bis bei erneuter Auslenkung eine neue Korrektur erfolgt.

<u>**Beisp.:**</u>

Das System $x(k+1) = \begin{pmatrix} -1 & 2 & 1 \\ -1 & -2 & -1 \\ 2 & 1 & 1 \end{pmatrix} x(k) + \begin{pmatrix} 2 \\ -1 \\ 0 \end{pmatrix} u(k)$ sei zeitoptimal von den Punkten $x_1(0) = \begin{pmatrix} -2 \\ 2 \\ 2 \end{pmatrix}$ und $x_2(0) = \begin{pmatrix} 1 \\ 3 \\ 0 \end{pmatrix}$ nach 0 zu steuern.

A ist regulär, und $F = (b, Ab, A^2 b)$ hat den Rang 3, so daß das zuvor angegebene Verfahren angewendet werden kann.

$$A^{-1}b = \frac{1}{2}\begin{pmatrix} -1 \\ 1 \\ 1 \end{pmatrix}, \quad A^{-2}b = \frac{1}{2}\begin{pmatrix} 0 \\ -2 \\ 3 \end{pmatrix}, \quad A^{-3}b = \frac{1}{2}\begin{pmatrix} 1 \\ 0 \\ 1 \end{pmatrix}, \text{ also}$$

$$B = \left\{ \begin{pmatrix} -1/2 \\ 1/2 \\ 1/2 \end{pmatrix}, \begin{pmatrix} 0 \\ -1 \\ 3/2 \end{pmatrix}, \begin{pmatrix} 1/2 \\ 0 \\ 1/2 \end{pmatrix} \right\} = \{ e_1, e_2, e_3 \} \quad .$$

$$F^{-1} = (e_1 \; e_2 \; e_3)^{-1} = \begin{pmatrix} -4/7 & 6/7 & 4/7 \\ -2/7 & -4/7 & 2/7 \\ 10/7 & 6/7 & 4/7 \end{pmatrix}, \text{ also } g_1 = \begin{pmatrix} -4/7 \\ 6/7 \\ 4/7 \end{pmatrix}.$$

<u>zu $x_1(0)$:</u>

$$x_1(0) = \begin{pmatrix} -2 \\ 2 \\ 2 \end{pmatrix} = 4\, e_1 \text{ , also } u(0) = -4 \;;$$

$$g_1^{\prime} x_1(0) = (-4/7 \quad 6/7 \quad 4/7) \begin{pmatrix} -2 \\ 2 \\ 2 \end{pmatrix} = 4 \text{ , also } u(0) = 4,$$

und es ist

$$x_1(1) = \begin{pmatrix} -1 & 2 & 1 \\ -1 & -2 & -1 \\ 2 & 1 & 1 \end{pmatrix} \begin{pmatrix} -2 \\ 2 \\ 2 \end{pmatrix} + \begin{pmatrix} 2 \\ -1 \\ 0 \end{pmatrix} (-4) = \begin{pmatrix} 0 \\ 0 \\ 0 \end{pmatrix} \quad .$$

<u>zu $x_2(0)$:</u>

$$x_2(0) = \begin{pmatrix} 1 \\ 3 \\ 0 \end{pmatrix} = 2e_1 - 2e_2 + 4e_3 \text{ , also } u(0) = -2,$$
$$u(1) = 2,\; u(2) = -4 \;;$$

$g_1' x_2(0) = 2$, also $u(0) = -2$

$$x_2(1) = A x_2(0) - 2 b = \begin{pmatrix} 1 \\ -5 \\ 5 \end{pmatrix}, \quad g_1' x_2(1) = -2 \text{ , also } u(1) = 2 \text{ ;}$$

$$x_2(2) = A x_2(1) + 2 b = \begin{pmatrix} -2 \\ 2 \\ 2 \end{pmatrix}, \quad g_1' x_2(2) = 4 \text{ , also } u(2) = -4 \text{ ;}$$

$$x_2(3) = A x_2(2) - 4 b = \begin{pmatrix} 0 \\ 0 \\ 0 \end{pmatrix} .$$

Der Leser mache sich klar, wie analog zu diesem Verfahren Anfangswerte nach Punkten $\neq \mathcal{O}$ schnellstens überführt werden.

Stabilisierung und zeitoptimale Kontrolle wurden hier an 1-input-Systemen exemplifiziert, da diese mathematisch leicht zu handhaben sind. Zugleich reichen 1-input-Systeme bei fast allen Kontrollproblemen aus (siehe Lee,Markus(1967)).

Sowohl bei stabilisierender als auch bei optimaler Kontrolle ist die Kenntnis des Zustandes $x(k)$ vorausgesetzt. Um ihn zu berechnen, genügt bei Kenntnis der Matrizen A und B und des inputs u ein Anfangszustand $x_0 = x(k_0)$ (wegen der Linearität und Stationarität ist $k_0 = 0$ wählbar) . Die meisten sozialwissenschaftlichen formalisierten Modelle verwenden meßbare Variablen als Zustandskomponenten, so daß der Zustand i.a. unmittelbar gemessen werden kann. Wir können uns also bzgl. des Problembereichs Messung und Schätzung relativ kurz fassen.

Wir gehen davon aus, daß sowohl der input u als auch der output y meßbare Größen sind, nicht aber unbedingt der Zustand x . Die Aufgabe besteht nun darin, aus der Beobachtung eines input-Intervalls $u_{[0,k^*]}$ und eines output-Intervalls $y_{[0,k^*]}$ den Zustand $x_0 = x(0)$ zu rekonstruieren.

<u>Def. 4</u>: Der Zustand $x_0 = x(0)$ eines Systems heißt <u>beobachtbar</u>, wenn für alle inputs u es $k^* > 0$ gibt, so daß aus $u_{[0,k^*]}$ und $y_{[0,k^*]}$ x_0 eindeutig berechnet werden kann. Ist für $k = 0$ jeder Zustand $x(0) \in \mathbb{R}^n$ beobachtbar, so heißt das System <u>vollständig beobachtbar</u>.

$$(4.5 - 18) \qquad y(k) = \mathcal{C}\left(A^k x_0 + \sum_{\tau=1}^{k} A^{k-\tau} \mathcal{B}\, u(\tau-1)\right) \quad .$$

Satz 4 zeigt auf, wann (4.5 - 18) für bekannte u, y eindeutig nach x_0 hin aufgelöst werden kann, d.h. der Anfangswert eindeutig bekannt ist(sofern man $u = \sigma$ wählen kann, wird man dies tun, da dann der Summenausdruck verschwindet).

Für diskrete, lineare, stationäre Systeme steht damit unter den Voraussetzungen der vollständigen Kontrollierbarkeit und Beobachtbarkeit ein Instrumentarium zur Verfügung, das die mathematische Lösung vielfältiger Kontrollprobleme erlaubt. Für die sozialwissenschaftliche Anwendung sei abschließend auf zwei zentrale Probleme hingewiesen:

(1) Es sind vor Berechnung des Kontrollinputs soziale Einheiten zu finden, die die Regelung auszuführen imstande sind(vgl. Bemerkung S.-534 -). Die spezifischen Eigenschaften dieser Einheiten führen oft dazu, daß schwierige mathematische Verfahren benutzt werden müssen (für den Bereich der Kontrolle siehe dazu das folgende Kap.).

(2) Ist das betrachtete Systemmodell nicht vollständig beobachtbar und kontrollierbar(und gibt es für das vorliegende System kein derartiges Modell, vgl.S.-532f-), so können lediglich Subsysteme kontrolliert werden.

Dazu kann jedes System(in anschaulicher Weise) in vier Subsysteme zerlegt werden:

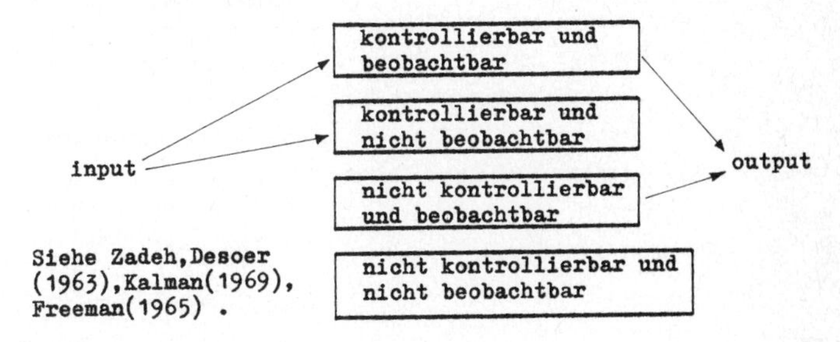

Siehe Zadeh,Desoer (1963),Kalman(1969), Freeman(1965) .

Satz 4: Ein System der Form (4.5 - 1) ist genau dann vollständig beobachtbar, wenn die Matrix

$G = (C', A'C', \ldots, A^{n-1}{}'C')$ den Rang n hat.

Bemerkungen:

(1) Die strukturelle Ähnlichkeit von Satz 1 und Satz 4 läßt tieferliegende mathematische Beziehungen zwischen Kontrollierbarkeit und Beobachtbarkeit vermuten, zur Diskussion der Dualität in der Systemtheorie siehe Kalman(1969), Knobloch,Kappel(1974).

(2) Aus Satz 4 folgt, daß auch Beobachtbarkeit invariant gegenüber äquivalenten Trafos ist, was wiederum die Normalform(Jordan,Diagonal)zum Test und der anschaulichen Interpretation der Beobachtbarkeit möglich macht(siehe Freeman(1965)).

(3) Die Standarddarstellung (4.5 - 3) ist vollstädnig beobachtbar. Allgemeiner kann jede Matrix rationaler Transferfunktionen (mit Zählergrad kleiner als Nennergrad) in ein vollständig kontrollierbares und beobachtbares System der Form (4.5 - 1) - nämlich durch (4.5 - 3) je Zeile der Matrix - transformiert werden. Damit ist ein Verfahren angedeutet, wie man stets vollständig kontrollierbare und beobachtbare Systeme erstellen kann; allerdings sind die Zustände in der Form (4.5 - 3) nicht immer inhaltlich interpretierbar.
Zur Diskussion der Zusammenhänge zwischen Transferfunktionen und Systemdarstellungen der Form (4.5 - 1), d.h. der Beziehungen zwischen 'klassischer' und 'moderner' Kontrolltheorie siehe Zadeh,Desoer(1963), Lee,Markus(1967) und Kalman(1969).

(4.6) Das Phillips - Modell

Das Phillips-Modell(vgl. Allen(1959),S.308ff) ist ein stark vereinfachtes volkswirtschaftliches Makro-Modell. Seine Erörterung an dieser Stelle kann nicht mehr als einen didaktisch - illustrativen Zweck erfüllen. Denn abgesehen davon, daß die Brauchbarkeit Keynesianischer Modelle für die Erklärung makroökonomischer Vorgänge gegenwärtig stark bezweifelt wird, ist das Phillips-Modell

- bei weitem zu wenig komplex,
- müßte es Strukturbrüche und Variablenbeschränkungen erfassen können,
- müßte es stochastisch sein,

um - wenn überhaupt - eine Erklärungsrelevanz zu besitzen.

Zwar ließe sich argumentieren, daß sich ein System im Prinzip lokal durch ein lineares, stationäres System approximieren läßt, doch reicht in einem derartigen oft kleinen Bereich die Datenfülle nicht aus, um dieses approximierte System zu identifizieren(zumal ein stochastisches System auch lokal stochastisch ist).
Das Phillips-Modell kann aber immerhin andeutungsweise die Entstehung von Konjunkturschwankungen sichtbar machen und die Funktion eines kontrollierenden Staatseingriffs aufzeigen.
Eine ausführliche Erörterung der hier dargestellten Thematik findet sich u.a. in Geyer,Oppelt(1957).

N sei die gesamtwirtschaftliche Nachfrage ohne Berücksichtigung des Außenbeitrags(Export - Import), die sich aus dem privaten gesamtwirtschaftlichen Konsum C und der privaten gesamtwirtschaftlichen Investition I zusammensetze. Y bezeichne das 'Volkseinkommen'. Auf eine Änderung von N möge Y 'verteilt' reagieren, d.h. die Reaktion von Y verteile sich auf einen Zeitraum, denn die Produktionsstätten können einerseits nicht unendlich schnell auf eine N-Änderung reagieren, andererseits nimmt die Y-Reaktionsneigung im Laufe der Zeit auf eine einmalige N-Änderung hin ab.

Dies läßt sich durch einen exponential decay $L_a = a/(D + a)$ mit a als decay-Parameter des Produktionsprozesses ausdrücken. Mit Hilfe der $\mathcal{L}$ - Trafo läßt sich leicht zeigen, daß wenn $N(t)$ einen Sprung in Form eines δ - Impulses macht, d.h. $DN(t) = 1$, $Y(t)$ mit ae^{-at} reagiert, d.h. $DY(t) = ae^{-at}$. Faßt man nun auf: $a = 1/w$, so läßt sich schreiben:

$$DY(t) = \frac{1}{w} e^{-t/w}$$

, und t läßt sich als Vielfaches von w betrachten. $t_0 = w$ ist die Zeit, in der die Reaktion von $Y(t)$ auf e^{-1} abgefallen ist. (Siehe Müller(1973), Anhang II).

Wir haben also

$$N \xrightarrow{L_a} Y \quad .$$

Fig. 1

I reagiere nun auf eine Y-Veränderung auf Grund des Parameters vDL_k, wobei v die Investitionsneigung und k den Akzellerator-decay-Parameter(analog zu a in L_a) bezeichne. Somit:

$$Y \xrightarrow{vDL_k} I \quad .$$

Fig. 2

N sei definitorisch gleich C + I ; somit:

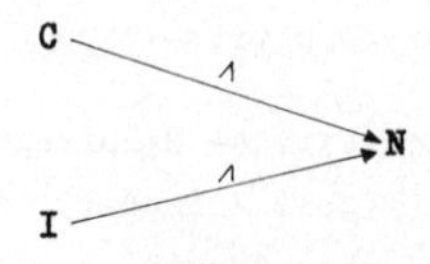

Fig. 3

Schließlich hänge C von Y ohne lag oder decay(z.B. auf Grund der Aggregation von C- und Y-Daten) durch die Konsumneigung c ab; somit:

$$Y \xrightarrow{c} C$$

Fig. 4

Die in Fig.1 bis 4 aufgezeigten Beziehungen konstituieren zusammen folgendes System(in $\mathcal{L}$ - transformierter Form):

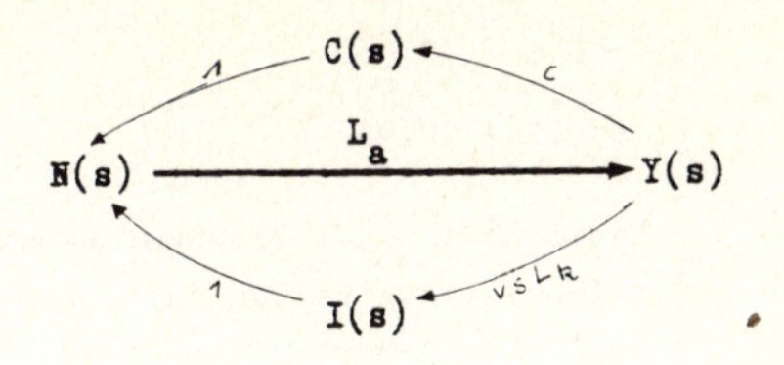

F i g. 5

Man berechnet leicht:

(4.6 - 1) $\quad \triangle(s) = 1 - (cL_a + vsL_aL_k)$, wobei

(4.6 - 2) $\quad L_a = a/(s + a)$, $L_k = k/(s + k)$.

Somit :

(4.6 - 3) $$\triangle(s) = 1 - \left(\frac{ca}{s + a} + \frac{vsak}{(s + a)(s + k)}\right)$$

mit $c = 1 - h$, h kann als Sparneigung interpretiert werden.

Wir wissen, $\triangle(s)$ ist gleich dem charakteristischen Polynom; $\triangle(s) = 0$ liefert:

(4.6 - 4) $$s^2 + [k + a(h - vk)]s + kah = 0 \quad .$$

Nimmt man als Parameterwerte die (durch empirische Untersuchungen annähernd bestätigten) Werte:

$c = 0.75$ (75% des Einkommens wird konsumiert)

$v = 0.6$ (60% des <u>zusätzlichen</u> Einkommens wird investiert)

$k = 1$, $a = 4$ (der decay des Akzellerators bewirkt eine 4 mal langsamere Rückkehr von I zur Ausgangslage als die von Y auf Grund des decay des Produktionsprozesses),

so gelangt man zu den charakteristischen Wurzeln:

$$(4.6 - 5) \qquad \begin{aligned} s_1 &= 0.2 + j0.98 \\ s_2 &= 0.2 - j0.98 \end{aligned}$$

In $s_{1,2} = \alpha \pm j\omega$ bezeichnet ω die Frequenz einer Oszillation, die nach (4.6 - 5) eine Periode(Wellenlänge) von

$$(4.6 - 6) \qquad P = 2\pi/\omega = 6.41$$

besitzt. P ist immerhin etwa das 6-fache von k .

Das hier beschriebene System ist somit ein geschlossenes, instabiles System, das durch eine relativ langsam aufklingende Wellenbewegung charakterisiert ist.
Man beachte jedoch, daß (4.6 - 5) auf Grund von Schätzungen der Parameter zustande gekommen ist, und daher mit Varianzen behaftet ist. Würde etwa das ein-σ- Vertrauensintervall um den Realteil von $s_{1,2}$ $[0.2 - 0.3, 0.2 + 0.3]$ betragen, so wären stabile Systeme trotz (4.6 - 5) durchaus noch wahrscheinlich. Dies führt unmittelbar zu Problemen stochastischer Stabilität und Kontrolle, die wir hier jedoch nicht erörtern können.
Das Ergebnis (4.6 - 6) ist so zu interpretieren: Wird die Zeit t z.B. in Jahren gemessen, so dauert eine Wellenbewegung von Y(t) etwa 6 Jahre; in dieser Zeitspanne würden etwa 6 Akzellerator- und etwa 24 Produktions'schübe' liegen.

Die Regierung verfolge nun das Ziel, das System durch einen Eingriff zu stabilisieren. Sie hat dazu prinzipiell folgende Möglichkeiten einer Stabilitätspolitik:

(1) Struktureller Eingriff durch Veränderung der Parameter,

(2) Regelung durch Einführung einer oder mehrerer negativer Rückkopplungen, die jedoch die ursprüngliche

Systemstruktur unangetastet lassen.

Beispiele für (1) sind Maßhalteappelle (Veränderung von c), Investitionskontrollen(meist verknüpft mit Verstaatlichungen, Veränderungen von v), Infrastrukturpolitik, Ausbau des volkswirtschaftlichen Informationswesens etc.(Veränderung von L_a, L_k).

Derartige Politiken sind entweder wenig effektiv(Maßhalteappelle) oder nur mit großem (insbesondere auch politischem) Aufwand durchzuführen(etwa Investitionskontrollen), zudem sind sie meist nur langfristig realisierbar.

Schneller greifen dagegen meist die Instrumente aus (2), die zudem den Vorteil haben, daß sie(Rückkopplungsprinzip!)nicht auf spezifische Störungen ausgerichtet sind. Sie stoßen daher i.a. auf weniger politschen Widerstand.
Die Nachteile der Erstellung eines derartigen Kontrollsystems sind insbesondere:

(1) die evtl. 'tieferliegenden' strukturellen Instabilitätsfaktoren werden nicht angetastet,

(2) es entsteht ein Metasystem, das
   (a) komplexer ist, und in dem staatliche Kontrolle nach und nach als naturwüchsig(Sachzwang,Technokratie) erscheint,
   (b) wieder geschlossen ist, so daß für den Fall, daß dieses Metasystem instabil wird(was in unserer stationären Modellierung allerdings nicht erfaßbar ist), ein Meta-Meta-System aufgerichtet werden muß etc. .(siehe Müller(1975)).

Gemäß der Bemerkung von S.-534- ist also ein Träger der Kontrolle identifiziert: Eine Regierung. Nun ist noch die Aktivität (Variable) zu identifizieren, die als 'Stellgröße' fungieren kann. Wir wollen dabei den Eingriff (2) - Rückkopplungskontrolle - betrachten. Als eine derartige Variable kann die staatliche Nachfrage G verwendet werden.
Die Stabilitätspolitik nach (2), vergleichbar etwa der 'Globalsteuerung', habe nun das Ziel, das System zu stabilisieren

durch Dämpfung der Schwingungen, ohne die Periode der 'Konjunktur'oszillation zu stark zu verkürzen. Somit ist Y Zielgröße. Als Kontrollvariable fungiere die staatliche Nachfrage G . Auf Grund von Messungen von Y erfolgt eine Kontrollierung von N vermittels G . Da die Kontrollanforderungen relativ anspruchsvoll sind, liegt eine Regelung nahe, die

- proportional zu Y reagiert (Proportionalregler) und
- auf die Änderungsneigung von Y (d.h. 'antizipativ') reagiert(Differentialregler) und
- die gesamte vergangene Information berücksichtigt (Integralregler),

abgekürzt: PID - Regler. Dabei unterliegen die P-,I- und D-Reglerparameter einem bestimmten decay.
Wir erhalten somit einen zusätzlichen Systembestandteil

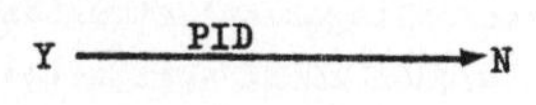

Fig. 6

Gesamtwirtschaftliche Regelung mit dieser Kontrollrichtung (von Y nach N) wird als sog. 'Rechtskeynesianismus' bezeichnet, da eine Stabilisierung über eine Erhöhung der Gewinnerwartungen angestrebt wird.
Reagiert die Regierung dagegen auf ein Nachlassen von N durch eine Beeinflussung von Y (höhere Rentenzahlungen, Erhöhung des Kindergeldes etc.), so spricht man von 'Linkskeynesianismus'. Ohne strukturelle Eingriffe (insbesondere bzgl. der Preisgestaltung durch die Unternehmer) ist letztere Politik jedoch riskant.
Wir gelangen nun zu dem erweiterten System

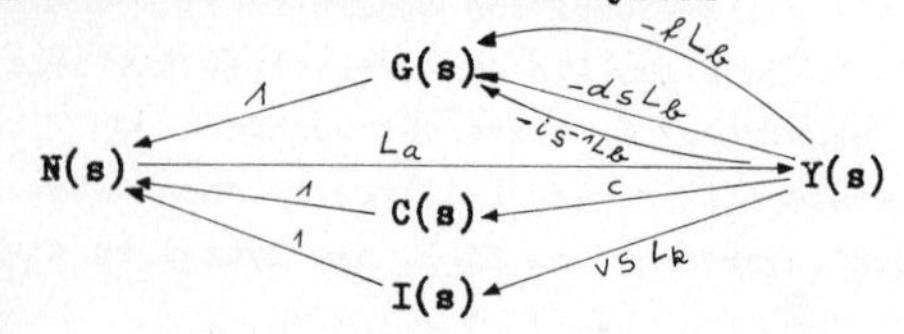

Fig. 7

i,d,f sind Parameter des Integral-(s^{-1}), Differential-(s) und Proportionalreglers, L_b bezeichnet den decay des Regierungseingriffs.

Wir erhalten:

$$(4.6 - 7) \qquad \triangle(s) = 1 - [\bar{v}sL_aL_k + cL_a - L_aL_b(ds + is^{-1} + f)].$$

Akzeptiert man nun eine Periode von etwa 2.4 und eine Dämpfung von etwa 1.5 , so gelangt man durch geeignete Wahl der Parameter i,d,f und b in (4.6 - 7) (z.B. auf Grund systematischer Variation der Parameter, Computersimulation oder durch die Lösung eines Gleichungssystems, in dem i,d,f und b als Unbekannte auftreten), etwa

$$b = i = f = 2 \ , \ d = 0.55 \ ,$$

zu den charakteristischen Wurzeln von (4.6 - 7)

$$s_1 = -0.74 \ , \ s_2 = -2.17$$

$$s_3 = -1.55 + j2.76 \ , \ s_4 = -1.55 - j2.76 \ .$$

Mit diesem Beisp. haben wir die 'klassische' Kontrolltheorie demonstriert.

(4.7) Systemanalyse von Markow - Ketten

Bei der Systemanalyse von Markow - Ketten werden insbesondere 3 Fragestellungen erörtert:

(a) Wird Zustand j , wenn der Prozeß in i startet, irgendwann mit Sicherheit erreicht?

(b) Wie groß ist die Wahrscheinlichkeit, Zustand j genau in der k - ten Periode zu erreichen, wenn der Prozeß in i startet?

(c) Wieviele Perioden verstreichen im Durchschnitt, ehe der Prozeß zum 1.Mal j erreicht, wenn er in i startet, und wie groß ist die Varianz um diesen Erwartungswert?

Wir wissen, daß Markow - Ketten Differ.gl. sind. Wenn der Prozeß in i startet, d.h. der Anfangsvektor hat die Form

$$\begin{pmatrix} 0 \\ 0 \\ \vdots \\ 1 \\ \vdots \\ 0 \end{pmatrix} \leftarrow \text{i-te Komponente},$$

dann hat diese Differ.gl. $\mathfrak{z}$ - transformiert die allg. Form:

$$(4.6 - 1) \qquad \begin{aligned} P_i(z) &= p_{1i}zP_1(z) + \ldots + p_{Ni}zP_N(z) + 1 \\ P_l(z) &= p_{1l}zP_1(z) + \ldots + p_{Nl}zP_N(z) \text{ für } i \neq l \end{aligned}$$

Start in i entspricht $\delta(t)$, und $\mathfrak{z}[\delta(t)](z) = 1$; die $p_i(n)$, n = 0,1,2,... sind die Variablen der Differ.gl., die p_{ij} die Koeffizienten(i,j = 1,...,N). Somit sind im zugehörigen Signalflußdiagramm die p_i die Knoten und die zp_{ij} die Kantenparameter. Mit Hilfe der Transferfunktion $H_{ij}(z)$ sind nun (a),(b) und (c) leicht zu beantworten.

Beisp.:

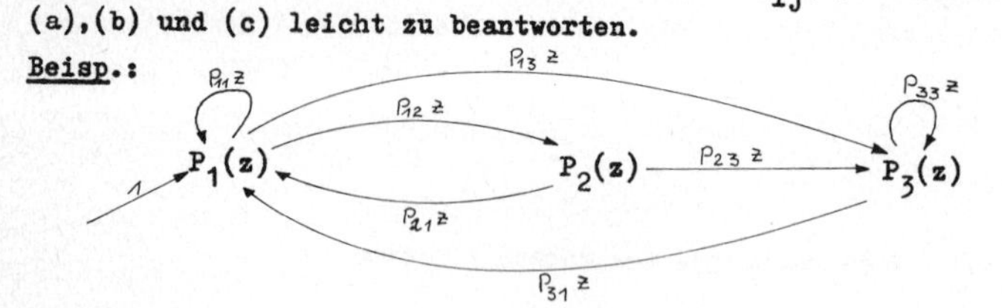

F i g. 1

Seien in Fig. 1 bzgl. der Fragen (a),(b) und (c): i = 1, j = 3. Ferner:

$$p_{11} = 0.5 \ , \ p_{12} = 0.3 \ , \ p_{13} = 0.2$$

$$p_{21} = 0.4 \ , \ p_{23} = 0.6$$

$$p_{31} = 0.1 \ , \ p_{33} = 0.9 \qquad .$$

Da die möglichen Übergänge von k nach l bedingte Wahrscheinlichkeiten sind, gilt:

$$(4.6-2) \qquad \sum_{l=1}^{N} p_{kl} = 1 \quad .$$

Nun ist zur Beantwortung von (a) bis (c) zunächst das <u>zugehörige</u> Signalflußdiagramm zu erstellen. Alle drei systemanalytischen Fragestellungen beziehen sich auf das <u>erstmalige</u> Erreichen von j , wenn der Prozeß in i startet. Daher sind hier alle die Wege im Graphen relevant, auf denen man von i nach j gelangen kann, so daß j zum ersten Mal als letzter Knoten des Weges erreicht wird.
Diese mehr intuitive Argumentation mag hier genügen, um bei einiger Modellierungserfahrung für kleinere Graphen die drei Fragestellungen beantworten zu können.
Das zugehörige Signalflußdiagramm lautet also in unserem Beisp.:

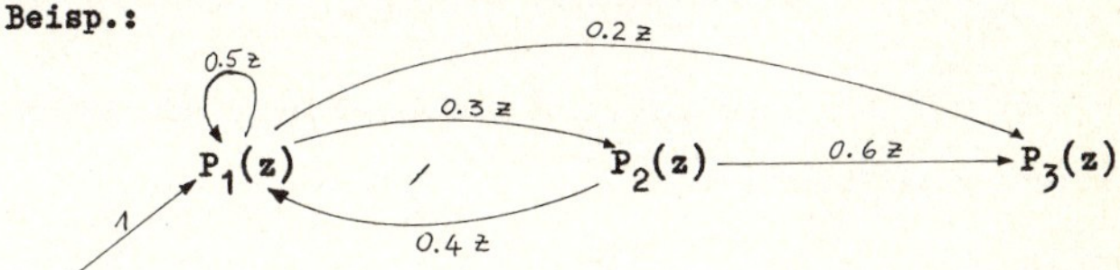

F i g. 2

$$(4.6-3) \qquad H_{13}(z) = \frac{1}{1 - 0.5z - 0.12z^2} (0.2z + 0.18z^2)$$

$$= B(z)/\Delta(z) \quad \text{mit} \quad B(z) = 0.2z + 0.18z^2 \; .$$

Nach No.12 in Tab.3 Kap.(4.2.2) gilt:

$$(4.6-4) \qquad \mathcal{Z}[\bar{p}(n)](z)\big|_{z=1} = \sum_{n=0}^{\infty} p(n) \quad ,$$

wobei p(n) = Prob(Prozeß erreicht j zum 1.Mal genau in n , startend in i) .

Wenn das Erreichen von j für $n \longrightarrow \infty$ ein sicherers Ereignis ist, muß gelten

$$(4.6 - 5) \qquad \sum_{n=0}^{\infty} p(n) = 1 \quad .$$

Wie j von i ausgehend erreicht wird, kommt gerade in $H_{ij}(z)$ zum Ausdruck. Ohne Beweis(als Hinweis siehe w(23) S.-451-) sei konstatiert:

$H_{ij}(z)$ ist die erzeugende Funktion von $p(n)$ in der angegebenen Bedeutung.

zu (a) : $H_{13}(1) = \frac{0.38}{0.38} = 1$.

Also ist das Erreichen von Zustand 3 , ausgehend von Zustand 1 , ein sicheres Ereignis.

$H_{ij}(1)$ ist u.U. ein Test dafür, ob man das Signalflußdiagramm zutreffend spezifiziert hat.

zu (b) : $B(z):\Delta(z) = a_0 + a_1 z^1 + a_2 z^2 + \ldots$

mit a_r = Prob(Zustand j wird genau in der Periode r zum ersten Mal erreicht, wenn der Prozeß in i startet) , denn so ist die erzeugende Funktion ja gerade definiert.
Hier:

$$(4.6 - 6) \qquad (0.2z + 0.18z^2):(1 - 0.5z - 0.12z^2) = 0.2z + 0.28z^2 + \ldots$$

$$\underline{-(0.2z - 0.1z^2 - 0.024z^3)}$$

$$0 \quad + 0.28z^2 + 0.024z^3$$

etc.

zu (c) : Hier ist eine kleine Vorüberlegung notwendig.

Gegeben sei eine diskrete Wahrscheinlichkeitsfunktion $p(n)$, $n \in \mathbb{N}$. Dann gilt:

(4.6 - 7) $$E(n) = \sum_{n=0}^{\infty} np(n)$$

und

(4.6 - 8) $$Var(n) = \sum_{n=0}^{\infty} (n - E(n))^2 p(n) = E(n^2) - (E(n))^2 .$$

Vgl. mit $\mathfrak{Z}$ - Trafo:

$$P(z) = \sum_{n=0}^{\infty} p(n) z^n \quad , \text{ und}$$

(4.6 - 9) $$\left.\frac{dP(z)}{dz}\right|_{z=1} = \sum_{n=0}^{\infty} np(n)$$

ist (4.6 - 7) .

$$\left.\frac{d^2P(z)}{dz^2}\right|_{z=1} = \left.\sum_{n=0}^{\infty} n(n-1)p(n)z^{n-2}\right|_{z=1}$$

$$= \sum_{n=0}^{\infty} (n^2 - n)p(n) = E(n^2) - E(n) \quad .$$

Vgl. mit (4.6 - 8) liefert

$$Var(n) = \left.\frac{d^2P(z)}{dz^2}\right|_{z=1} + E(n) - (E(n))^2 \quad , \text{ also}$$

(4.6 - 10) $$Var(n) = P''(z) + P'(z) - (P'(z))^2 \Big|_{z=1} .$$

Die für (4.6 - 9) und (4.6 - 10) erforderlichen Rechnungen lassen sich vereinfachen, wenn man statt von $P(z)$ von $\ln P(z)$ ausgeht. Dann gilt:

(4.6 - 9') $$E(n) = \frac{d}{dz} \ln P(z) \Big|_{z=1} ,$$

(4.6 - 10') $$Var(n) = \frac{d^2}{dz^2} \ln P(z) + \frac{d}{dz} \ln P(z) \Big|_{z=1} .$$

Nach (4.6 - 9) und (4.6 - 10) bzw. (9') und (10') gilt:

$$\mu_{13} = \frac{d}{dz} [\ln B(z) - \ln \Delta(z)] \Big|_{z=1}$$

$$= 3.42$$

$$\sigma_{13}^2 = \frac{d}{dz}\left(\frac{d}{dz}(\ln B(z) - \ln \Delta(z))\right)\Big|_{z=1} + \mu_{13} = 6.62$$

Da es keine negativen Erwartungswerte von Perioden geben kann, liegt eine schiefe Verteilung vor(das ist auch (4.6 - 6) zu entnehmen).

Weiterführende Literatur

A.A. Andronov et al.: Qualitative Theory of Dynamic Systems of Second Order
New York: Wiley 1974

H. Biermann: Kybernetische Prognosemodelle in der Regionalplanung
Berlin: Duncker&Humblot 1970

Walter Buckley(ed.): Modern Systems Research for the Behavioral Scientist. A Sourcebook
Chicago: Aldine 1968

W.W. Cooper, H.J. Leavitt, M.W. Shelly II(eds.): New Perspectives in Organization Research
New York: Wiley 1964

C.D. Flagle, H.W. Huggins, R.H. Roy(eds.): Operations Research and Systems Engineering
Baltimore: Johns Hopkins Press 1960

Ernst-Dieter Gilles: Struktur und Dynamik soziologischer Systeme
München: Oldenbourg 1974

S. von Känel: Einführung in die Kybernetik für Ökonomen
Berlin: Verlag die Wirtschaft 1972

R.E. Kalman, P.L. Falb, M.A. Arbib: Topics in Mathematical Systems Theory
New York: McGraw - Hill 1969

H.Marienfeld: Modelle für den Regler Mensch - ein Praktikumversuch - I,II
in: Messen, Steuern, Regeln 12, 1969, S. 468-471 (I)
13, 1970, S. 27 - 30 (II)

Terrence McGarty: Stochastic Systems and State Estimations
New York: Wiley 1974

M.D. Mesarović, D. Macko, Y. Takahara: Theory of Multilevel Hierarchical Systems
New York: Academic Press 1970

John H. Milsum: Biological Control Systems Analysis
New York: McGraw - Hill 1966

Ders.(ed.): Positive Feedback, a General Systems Approach to Positive/Negative Feedback and Mutual Causality
London: Pergamon 1968

R.W. Obermayer, F.A. Muckler: Modern Systems Theory and Human Control Functions
in: Proceedings, 5th. National Symp. on Human Factors in Electronics, IEEE 1964, S. 191 - 210

W. Oppelt, G. Vossius: Der Mensch als Regler
Berlin: Verlag die Technik 1970

Ch. Schneeweiß: Anwendung der Wienerschen Filtertheorie auf diskontinuierliche Lagerhaltungs- Produktionsmodelle
in: Unternehmensforschung 14, 1970, S. 175 - 188

Norbert Wiener: Kybernetik - Regelung und Nachrichtenübertragung in Lebewesen und Maschine
rde 294/5 , 1968

Lösungen der Aufgaben

(1.1)

w(1) $f\colon K \longrightarrow E$ mit $f(k_1) = e_3$, $f(k_2) = e_3$, $f(k_3) = e_3$,
$f(k_4) = e_1$, $f(k_5) = e_3$, $f(k_6) = e_2$;

$s\colon K \longrightarrow E$ mit $s(k_1) = e_1$, $s(k_2) = e_3$, $s(k_3) = e_1$,
$s(k_4) = e_3$, $s(k_5) = e_3$, $s(k_6) = e_1$.

$E \setminus (f[K] \cup s[K]) = E \setminus \{e_1, e_2, e_3\} = \{e_4\}$

w(2) A_1 und A_2 stimmen überein.

w(3) G_1: antisymmetrisch
G_2: " , asymmetrisch
G_3: symmetrisch
G_4: verbunden
G_5: asymmetrisch, antisymmetrisch
G_6: reflexiv, symmetrisch

p(4) -

w(5) G_2: , G_4:

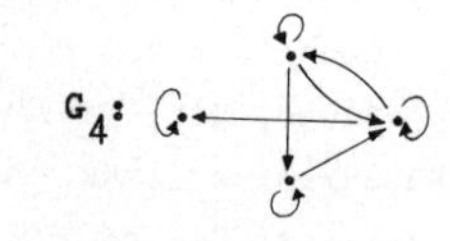

G_4':

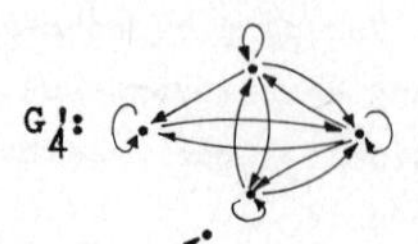

Teilgraph von G :

Untergraph von G :

Partieller Untergraph:

p(6) $G_1 = (E, R \cup S)$:

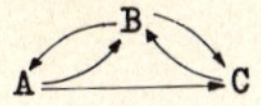

$G_2 = (E, R \cap S)$:

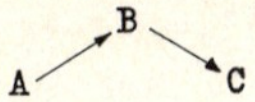

$G_3 = (E, R \circ S)$:

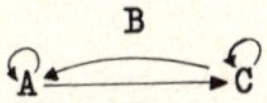

$G'_3 = (E, S \circ R)$:

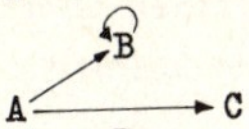

$G_4 = (E, \bar{R})$:

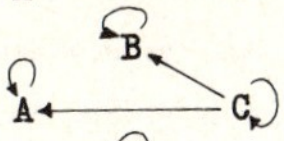

$G'_4 = (E, \bar{S})$:

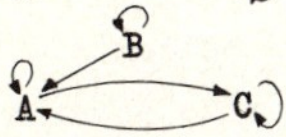

$G_5 = (E, R^{-1})$:

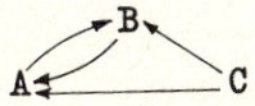

$G'_5 = (E, S^{-1})$:

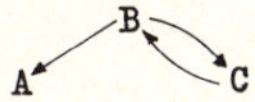

G_1 ist beziehungsreichster, G_2 und G_4 sind die beziehungsärmsten Graphen.
Als Beisp. eine Interpretation von G_3: A und C können durch vertrauliche Kommunikation Sympathie auf sich selbst lenken. Außerdem stehen A, C in Wechselverbindung. B ist dagegen hier isoliert(er dient als 'Übermittler', nicht aber als Ausgangs- oder Zielpunkt).

w(7) Z.B.:

$$A(G_1) = \begin{pmatrix} 0100 \\ 0110 \\ 0000 \\ 0000 \end{pmatrix} \qquad A(G_3) = \begin{pmatrix} 0111 \\ 1100 \\ 1011 \\ 1010 \end{pmatrix}$$

w(8) siehe w(9) !

w(9) Der Isomorphismus lautet: $f: G \longrightarrow G'$

mit $f(e_1) = a_6$, $f(e_2) = a_5$, $f(e_3) = a_4$,

$f(e_4) = a_3$, $f(e_5) = a_7$, $f(e_6) = a_1$, $f(e_7) = a_2$

oder

$f^*: G \longrightarrow G'$

mit $f^*(e_1) = a_6$, $f^*(e_2) = a_1$, $f^*(e_3) = a_7$,

$f^*(e_4) = a_3$, $f^*(e_5) = a_4$, $f^*(e_6) = a_5$,

$f^*(e_7) = a_2$.

w(10) Die assoziierten Matrizen unterscheiden sich nur durch eine unterschiedliche Reihenfolge der Zeilen und Spalten.

p(11) Bei drei Elementen und vollständiger Ordnung gibt es für die dom - Relation genau zwei nicht - isomorphe Graphen (die ersten beiden 3 - kantigen auf S. - 21 -). Eine Struktur kann also jeweils in drei verschiedenen Mustern auftreten.

(1.2)

w(1)

	a	b	c	d	$og(e_i)$
a	1	1	1	0	3
b	1	0	0	1	2
c	0	0	1	1	2
d	0	0	0	0	0
$ig(e_j)$	2	1	2	2	

p(2)

	1	2	3	4	5	og(i)
1	0	1	1	1	1	3
2	1	0	0	0	0	1
3	1	0	0	0	0	1
4	1	0	0	0	0	1
5	1	0	0	0	0	
ig(j)	4	1	1	1	1	

Eine demokratische Informationsstruktur könnte z.B. sein:

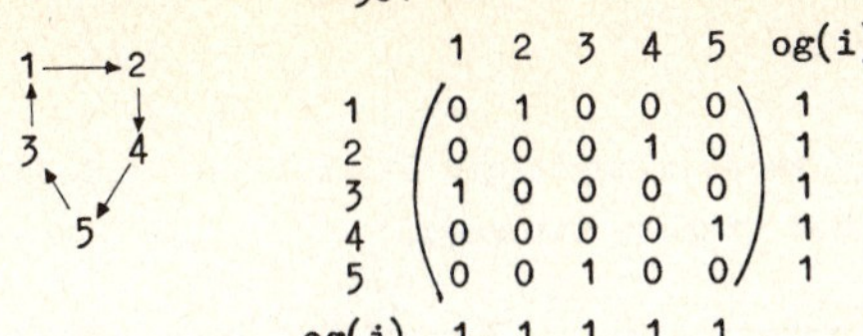

Ein Kriterium von 'Demokratie' könnte also Gleichverteilung von og(i) und ig(j) sein.

p(3) (a) $\sum_{i=1}^{|E|} og(e_i)_{max} = 0 + 1 + \ldots + (|E| - 1) = \binom{|E|}{2}$;

der Vektor der $og(e_i)$ hat hier die Form $\begin{pmatrix} |E| - 1 \\ \vdots \\ 0 \end{pmatrix}$.

(b) Insgesamt gibt es $\frac{|E|(|E| - 1)}{2}$ geordnete Paare, die bei einer verbundenen dom - Relation (asymmetrisch, nicht reflexiv) den Graphen der Relation ausmachen. Da es insgesamt $|E|$ Personen gibt, dominiert jede Person $(|E| - 1)/2$ andere in der Gleichverteilung. Zur Realisierung muß also $|E| - 1$ geradzahlig sein.

(c) $$\sum_i (og(e_i)_{max} - \mu)^2 = \sum_i og(e_i)^2_{max} - 2\mu \sum_i og(e_i)_{max} + \sum_i \mu^2$$

$$= \left(\sum_{n=0}^{|E| - 1} n^2\right) - \frac{2(|E| - 1)(|E| - 1)|E|}{2 \cdot 2} + \frac{|E|(|E| - 1)^2}{4}$$

$$= \frac{1}{6}|E| (|E| - 1)(2(|E| - 1) + 1) - \frac{1}{2}|E|(|E| - 1)^2 + \frac{1}{4}(|E| - 1)^2|E|$$

$$= \frac{1}{12}|E|(|E|^2 - 1)$$

(d) $K_{(a)} = 1$, $K_{(\text{max Gleichvert.})} = 0$; im Fall des Dominanzgraphen ist K nicht sinnvoll, denn die Verwendung von K auch bei Graphen, bei denen gilt:

$$\sum_{i=1}^{|E|} og(i) < \binom{|E|}{2} \quad ,$$

würde keine eindeutigen Rückschlüsse auf die Struktur des Graphen zulassen.

p(4) $p_i = \frac{og(i)}{\sum_{i=1}^{E} og(i)}$, $p_i > 0$ für alle i wegen Verbundenheit.

H kann prinzipiell mehr Fälle erfassen, da es auch auf Dominanzstrukturen mit

$$\sum_{i=1}^{|E|} og(i) < \binom{|E|}{2}$$

angewandt werden kann.

p(5) w ist Abb. von der Teilmenge N von $\mathbb{N}$ in E, d.h. den natürlichen Zahlen werden Ecken zugeordnet. Enthält nun der Weg w nur verschiedene Ecken, so gilt:

Ist $n, n' \in N$ und $n \neq n'$, so folgt: $w(n) \neq w(n')$.

Dies ist aber gerade die Def. der injektiven Abb. (siehe LuM I, S. -87-) .

w(6)

$$[A(G)]^3 = \begin{pmatrix} 1 & 1 & 2 \\ 0 & 0 & 1 \\ 0 & 1 & 0 \end{pmatrix}$$

w(7) $C(x_1) = \{x_1, x_2, x_3, x_4\}$,
$C(x_2) = \{x_2, x_3, x_4\}$,
$C(x_3) = \{x_3\}$,
$C(x_4) = \{x_3, x_4\}$,
$C(x_5) = \{x_3, x_4, x_5, x_6\}$,
$C(x_6) = \{x_3, x_4, x_5, x_6\}$.

p(8) (a) Da nach wechselseitigen Beziehungen gefragt ist, enthält die größte symmetr. Untermatrix S die gefragten Teilgruppen.

(b) S^n gibt Auskunft über die Anzahl von n - Cliquen.

(c) Da eine Person i sich genau dann in einer n - Clique befindet, wenn es einen Zyklus der Länge n in derjenigen Teilmenge der Knoten gibt, die gerade die symmetrische Teilmatrix festlegen, und zu der i gehört, geben die Elemente der Hauptdiagonalen in S^n die Anzahl der n - Cliquen an.

p(9) (a) Mit Hilfe der Matrizenaddition läßt sich feststellen: In $A(G) + (-S)$ deuten alle die Elemente auf einseitige Freundschaftsbeziehungen hin, die den Wert 1 haben, also hier:

$$A(G) - S = \begin{array}{r} \\ 1 \\ 2 \\ 3 \\ 4 \\ 5 \\ 6 \\ ig(j) \end{array} \begin{array}{c} 123456 \\ \left(\begin{array}{c} 010110 \\ 101110 \\ 010100 \\ 011000 \\ 001001 \\ 000010 \end{array}\right) \\ 133331 \end{array} \begin{array}{c} og(i) \\ 3 \\ 4 \\ 2 \\ 2 \\ 2 \\ 1 \\ \\ \end{array} - \begin{array}{r} \\ 1 \\ 2 \\ 3 \\ 4 \\ 5 \\ 6 \end{array} \begin{array}{c} 123456 \\ \left(\begin{array}{c} 010000 \\ 101100 \\ 010100 \\ 011000 \\ 000001 \\ 000010 \end{array}\right) \end{array}$$

$$= \begin{array}{r} \\ 1 \\ 2 \\ 3 \\ 4 \\ 5 \\ 6 \\ ig(j) \end{array} \begin{array}{c} 123456 \\ \left(\begin{array}{c} 000110 \\ 000010 \\ 000000 \\ 000000 \\ 001000 \\ 000000 \end{array}\right) \\ 001120 \end{array} \begin{array}{c} og(i) \\ 2 \\ 1 \\ 0 \\ 0 \\ 1 \\ 0 \\ \\ \end{array}$$

Der Vergleich zwischen den og(i) in $A(G)$ mit den og(i) in $A(G) - S$ legt die Vermutung nahe, daß 1 relativ kontaktfreudig aber unsympathisch (für 4,5) ist. Der analoge Vergleich bzgl. der ig(j) legt die Vermutung nahe, daß 5 sich 'ziert'. Diese Vermutungen lassen sich selbstverständlich nicht mit graphentheoretischen Mitteln, sondern nur durch weitere, auf diese Vermutungen zugeschnittene, empirische Analysen belegen.

(b) Hierzu bilden wir

$$S^2 = \begin{array}{r} \\ 1 \\ 2 \\ 3 \\ 4 \\ 5 \\ 6 \end{array} \begin{array}{c} 123456 \\ \left(\begin{array}{c} 101100 \\ 031100 \\ 112100 \\ 111200 \\ 000010 \\ 000001 \end{array}\right) \end{array}$$

5 und 6 bilden ein isoliertes Freundespaar. Damit ist eine isolierte 2 - Clique bereits gefunden. Wegen der Isoliertheit führen alle höheren Potenzen von zu lauter Nullen in den Zeilen und Spalten 5 und 6 ; daher seien diese beiden Zeilen und Spalten eliminiert.

(c) Dies würde der Fall sein, wenn in S eine Zeile nur mit Nullen besetzt wäre; das ist aber nicht der Fall.

(d) Bilden wir zunächst

$$S^3_{(4,4)} = \begin{array}{c} \\ 1 \\ 2 \\ 3 \\ 4 \end{array} \begin{array}{c} 1234 \\ \begin{pmatrix} 0311 \\ 3244 \\ 1323 \\ 1432 \end{pmatrix} \end{array}$$

Es gilt also(Elemente der Hauptdiagonalen!):

2 ist an zwei 3 - Cliquen beteiligt ,

3 ist an zwei 3 - Cliquen beteiligt ,

4 ist an zwei 3 - Cliquen beteiligt .

Einige einfache Überlegungen führen uns nun auf eine Methode zur Bestimmung der Personen, die an einer n - Clique (hier $n = 3$) beteiligt sind.

Der folgende(nicht voll programmierbare)Algorithmus bezieht sich auf $n > 2$. Die Hauptdiagonale von S^n möge in der i-ten Zeile mit t_i besetzt sein. Dann gibt es $t_i/2$ n-Cliquen, da alle Beziehungen symmetrisch sind. Mit i können also nur diejenigen Personen j $(j \neq i)$ in einer Clique sein, zu denen es von i aus mindestens t_i Wege der Länge n gibt. Da nach n-Cliquen gefragt ist, sind also in der i-ten Zeile die größten $t_i(n-1)/2$ Positionen aufzusuchen. Diese geben diejenigen Personen an, mit denen i überhaupt in einer n-Cliquenbeziehung steht. Hier also:

$\boxed{i = 4}$ $s^{(3)}_{42}, s^{(3)}_{43} > 2$, somit bilden $\{2,3,4\}$ eine 3 - Clique;

$\boxed{i = 3}$ $s^{(3)}_{32}, s^{(3)}_{34} > 2$, somit bilden $\{2,3,4\}$ eine 3 - Clique.

i = 2	$s_{33}^{(3)}, s_{44}^{(3)} > 2$, somit bilden $\{2,3,4\}$ eine 3 - Clique .

Allg.(wenn es verschiedene Cliquen gibt)ist nun zu klären, welche Personen j in welcher Clique zusammen mit i sind. Dazu ist die j-te Zeile aufzusuchen. Dort steht t_j. Dann sind hier wiederum die $t_j(n-1)/2$ größten Positionen aufzusuchen. Diese stehen mit j in n - Cliquenbeziehung. Dieses Verfahren wird mit Elementen, die mit i und j in einer n - Cliquenbeziehung stehen, so lange wiederholt, bis man zu einer eindeutigen Identifizierung von n Elementen gelangt ist.

Dies gelingt nach genau n Schritten.

Ebenso werden die anderen Cliquen identifiziert.

Im obigen Beisp. gibt es nur eine Clique, $\{2,3,4\}$, da alle drei gefundenen Cliquen identisch sind.

(e) Siehe Lösung zu (d) !

(f) Maximal kann es nur eine Clique geben, die alle der verbleibenden Personen umfaßt(hier also 4).
Man rechnet jedoch leicht nach, daß keine Zeile in $S_{(4,4)}^{4}$ die Bedingungen der Methode, die unter (d) entwickelt wurde, erfüllt. Somit gibt es also keine 4 - Clique.

w(10) $E_1 = \{a_1\}$, $E_2 = \{a_2, a_3, a_4\}$.

w(11)

G_{2Z}: $E_1 \rightarrow E_2$, $E_3 \rightarrow E_2$, $E_2 \rightarrow E_4$ $\quad E_1 = \{a\}$, $E_2 = \{b,c,d\}$, $E_3 = \{e\}$, $E_4 = \{f\}$.

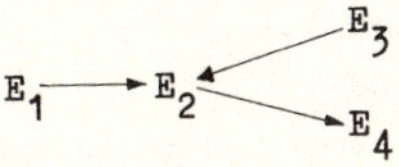

G_{4Z}: $E_1 \leftarrow E_2$ $\quad E_1 = \{a_1\}$, $E_2 = \{a_2, a_3, a_4\}$.

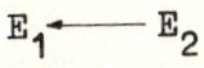

w(12) zu G_2: $B = \{a, e\}$; zu G_3: $B = \{a_1\}$;
zu G_4: $B_1 = \{a_2\}$, $B_2 = \{a_3\}$, $B_3 = \{a_4\}$.

p(13) Bei Cliquen handelt es sich um spezielle strenge Zusammenhangskomponenten. Der Quotientengraph stellt dann die nicht wechselseitigen Beziehungen zwischen den Cliquen dar.

p(14) Eine Basis dominiert alle übrigen Knoten (soziale Einheiten) des Graphen. Man beachte, daß ein Dominanzgraph keine Zyklen der Länge 2 besitzt.

w(15) zu G_2: $CB = \{f\}$;

zu G_3: $CB_1 = \{a_2\}$, $CB_2 = \{a_3\}$, $CB_3 = \{a_4\}$;

zu G_4: $CB = \{a_1\}$.

w(16) G: jeder Punkt ist DB ; G', G'': Es gibt keine DB .

p(17) Die Individuen (allg. soziale Einheiten) in einer Duobasis eines Dominanzgraphen haben gegenüber allen anderen Individuen eine dominante Position, werden jedoch zugleich von diesen dominiert. Das legt die Vermutung nahe, daß diese DB-Individuen i.a. im Zentrum von Konflikten stehen werden.

p(18) Durchgängig in diesem Abschnitt war die Methode, zu jeder Eigenschaft in G eine entsprechende in G^{-1} zu definieren, die dann in G interpretiert wurde.

Beisp.: Inzidenzmenge - Coinzidenzmenge,
Zusammenhangskomponenten - Cozusammenhangskomp.,
Quelle - Senke,
EZM - CoEZM,
Basis - Cobasis,
Sender - Empfänger .

Dabei sind also z.B. Inzidenzmengen in G^{-1} Coinzidenzmengen in G . Diese Begriffspaare nennt man duale Begriffe.

Ein Begriff A in G ist demnach dual zu einem Begriff B in G , wenn B gerade der Begriff A in G^{-1} ist. Jede Fragestellung nach einer bestimmten Teilmenge G' in G impliziert also die Fragestellung nach einer ebenso definierten Teilmenge in G^{-1}. Diese Fragestellungen heißen dann dual zueinander, etwa die Fragen (3) und (4) und die Fragen (5) und (6). Dual zu Frage (7) ist:

(7'): Erfährt jeder ein Gerücht, das ein Abteilungsleiter in Umlauf gesetzt hat?

Zu Frage (8) ergibt sich als duale Frage:

(8'): Kann man aus jeder Abteilung ein Gerücht an alle in Umlauf setzen?

zu (7'): In $G_{1\mathfrak{z}}$ von S.-50- ist die Basis zu bestimmen; sie lautet $\{a_2, a_6\}$. Somit ist E' keine Basis, z.B. hören a_2 und a_6 die Gerüchte nicht.

zu (8'): Hier ist nach einer Basis von G_1 , S.-51- gefragt; da jeder einzelne Punkt von G_1 , DB ist, ist er natürlich auch Basis.

Begriffe wie Duobasis, strenge Zusammenhangskomponente etc. sind somit zu sich selbst dual, da sie in G und G^{-1} dieselben Teilmengen beschreiben.

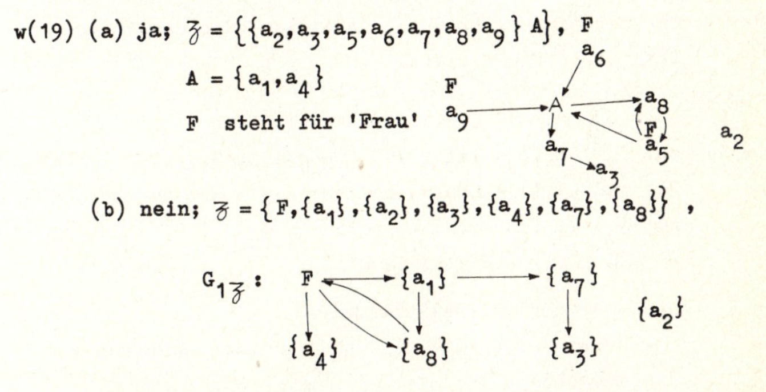

w(19) (a) ja; $\mathfrak{z} = \{\{a_2, a_3, a_5, a_6, a_7, a_8, a_9\} A\}$, F

$A = \{a_1, a_4\}$

F steht für 'Frau'

(b) nein; $\mathfrak{z} = \{F, \{a_1\}, \{a_2\}, \{a_3\}, \{a_4\}, \{a_7\}, \{a_8\}\}$,

Somit gibt es zwar einen Pfeil von F nach A , F ist aber nicht Cobasis.

p(20) Hier nur ein Hinweis: Die Funktionsfähigkeit einer Organisation steigt i.A. mit dem Ausmaß an Übereinstimmung zwischen formeller und informeller Organisationsstruktur.

(1.3) , (1.3.1) , (1.3.2)

w(1) G': zu (1) $SI(e_1) = \{e_2, e_3, e_4, e_5, e_6, e_7\}$,

$SI(e_2) = SI(e_3) = \ldots = SI(e_7) = \{e_1\}$;

zu (2) jeder wird mit jedem (über Zwischenpersonen) kommunizieren ;

zu (3) G_{SZ}: E .

G'':zu (1) $SI(e_1) = \{e_2\}$, $SI(e_2) = \{e_1, e_3\}$,

$SI(e_3) = \{e_2, e_4\}$, $SI(e_4) = \{e_3, e_5, e_6\}$,

$SI(e_5) = \{e_4\}$, $SI(e_6) = \{e_4\}$, $SI(e_7) = \emptyset$;

zu (2) $SC(e_1) = \ldots = SC(e_6) = \{e_1, \ldots, e_6\}$,

$SC(e_7) = \{e_7\}$;

zu (3) G_{SZ}:

$\{e_1, \ldots, e_6\}$ $\{e_7\}$

w(2) Vgl. p(18) Kap. (1.2); alle Semieigenschaften eines Graphen sind selbstdual, daher ist eine derartige Definition überflüssig.

w(3) --

w(4) zu G_1: (a_5, a_8) ist (0,0) - Kante in G_1, (2,2) - Kante E'' und (3,3) - Kante in E''' .

zu G_6: e_5 ist (0,0) - Knoten in G_6, (1,0) - Knoten in E' und (2,0) - Knoten in E'' .

w(5) (1,0) - Artikulationskantenmengen:

- Menge der Kanten, die zu e_2 führen oder von e_2 ausgehen,
- dasselbe für e_3 oder e_5 oder e_6 .

w(6) Gesucht ist eine (i,0) - Artikulationsknotenmenge:

$\{x_1, x_2, x_3, x_9\}$ oder $\{x_1, x_4, x_5, x_7\}$ oder $\{x_1, x_2, x_3, x_8\}$.

w(7) a_2: (0,0) in G_1 ; (a_5, a_8): (3,3) in E''' ;

(a_8, a_5): (3,2) in E''' .

w(8) Aufgehoben werden könnten: (e_1,e_2) oder (e_2,e_1) und (e_6,e_8) oder (e_8,e_6)oder (e_3,e_6) oder (e_3,e_5) und (e_6,e_5) .

Der Untergraph $e_1 \rightleftarrows e_2$ ist 3 - zusammenhängend, d.h. der Ausschluß aller übrigen Mitglieder würde das Gefüge erheblich festigen, dasselbe gilt für $e_6 \rightleftarrows e_8$. Andere Möglichkeiten diskutiert man leicht.

p(9) (a) Die ersten Zeilen in $\mathcal{R}_n(G)*$, die voll mit Einsen besetzt werden, sind die Zeilen 4 und 5 bei $n = 3$; die ersten Spalten in $\mathcal{R}_n(G)*$, die voll mit Einsen besetzt werden, sind 4 und 5 bei $n = 3$. Somit sind 4,5 kritisch für die Zusammenhangsstärke der Gruppe. Durch Berechnung der Erreichbarkeitsmatrix bei Weglassen von 4 erkennt man sofort: G wird 0 - zusammenhängend (zerfällt in zwei getrennte Graphen) bei Weglassen von 4 .

Folgende Rangordnung bzgl. der Wichtigkeit der Knoten für den Gruppenzusammenhalt läßt sich aufstellen:

1.) 4 (3, 2)
2.) 5 (3,1)
3.) 2 (3,2)
4.)1,3,6 (3,3)

(b) 4

(c) Ja, denn 4 hat $og(4) = ig(4) = 3 = \max_i og(i) = \max_j ig(j)$,

5 hat $og(5) = ig(5) = 2$.

p(10)Hinsichtlich $A(G)$ bzgl. $og(e_i)$ nein; Gegenbeisp.:

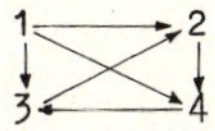

$$A(G) = \begin{array}{c} \\ 1 \\ 2 \\ 3 \\ 4 \\ ig(j) \end{array} \begin{array}{c} \begin{array}{cccc} 1 & 2 & 3 & 4 \end{array} \\ \begin{pmatrix} 0 & 1 & 1 & 1 \\ 0 & 0 & 0 & 1 \\ 0 & 1 & 0 & 0 \\ 0 & 0 & 1 & 0 \end{pmatrix} \\ \begin{array}{cccc} 0 & 2 & 2 & 2 \end{array} \end{array} \begin{array}{c} og(i) \\ 3 \\ 1 \\ 1 \\ 1 \\ \\ \end{array}$$

1 ist (2,3) - Knoten.

Analog läßt sich ein Gegenbeisp. bzgl. des isolierten $ig(e_j)$ - Aspektes finden. Ist dagegen sowohl $og(e_i)$ als auch $ig(e_j)$ 'groß', so ist dies eine notwendige (aber keine hinreichende) Bedingung für die (i,j) - Relevanz von e_i für zumindest 1 - verbundene Graphen.

Die Relevanz der og- und ig - Werte der logischen Matrizen für die (i,j) - Eigenschaften von Knoten ist dagegen offensichtlich.

(1.4), (1.4.1)

w(1) Für symmetrische Graphen .

w(2)

$$\mathfrak{D}(G) = \begin{pmatrix} 01312 \\ 30221 \\ 11012 \\ 41302 \\ 22110 \end{pmatrix}$$

p(3) ----

w(4) $o(a_1) = 4$, $i(a_1) = \infty$, $o(a_2) = \infty$, $i(a_2) = \infty$, $o(a_3) = \infty$, $i(a_3) = \infty$, $o(a_4) = \infty$, $i(a_4) = \infty$, $o(a_5) = \infty$, $i(a_5) = 4$.

(1.5)

w(1) $\binom{10}{2} = 45$ mögliche Vergleiche, verzichtet wird auf Transitivität .

(1.5.3)

w(2) G ist azyklisch, da $A(G)^k = 0$, G' ist zyklisch, z.B. ist (a_1,a_2,a_5,a_6,a_1) ein Zyklus .

w(3) '$\Longrightarrow$ ' : G ist azyklisch $\Longrightarrow$ G besitzt keine strenge Zusammenhangskomponenten, d.h. $E_Z = E$, also $|G| = |G_Z|$.

'$\Longleftarrow$' : $|G| = |G_Z|$, d.h. die Punkte aus G stehen nur mit sich selbst in der strengen Zusammenhangsrelation, also enthält G keine Zyklen.

w(4) Zu G_{15} : Die N_i kennen wir bereits; bzgl. der N_i' gilt:

$N_0' = \{a_5\}$, $N_1' = \{a_{10}\}$, $N_2' = \{a_1, a_7\}$, $N_3' = \{a_2, a_6, a_9\}$,

$N_4' = \{a_4, a_8\}$, $N_5' = \{a_3\}$.

Ein Spielraum besteht demnach für a_7, a_2, a_9, a_4 ; der 'kritische' Pfad lautet: $(a_5, a_{10}, a_1, a_6, a_8, a_3)$.

Zu G_{16}: $N_0 = \{B_1\}$, $N_1 = \{B_2, B_3\}$, $N_2 = \{B_4\}$, $N_3 = \{B_5\}$,

$N_0' = \{B_1\}$, $N_1' = \{B_2, B_3\}$, $N_2' = \{B_4\}$, $N_3' = \{B_5\}$.

Hier besteht für keine Ecke ein Spielraum.

w(5) l_a sei aufsteigende Niveauabb. für G , d.h.

$$\bigwedge_{\substack{e_i, e_j \in E \\ i \neq j}} (e_i, e_j) \in R \Longrightarrow l_a(e_i) < l_a(e_j) \quad ,$$

$x: \mathbb{N} \longrightarrow \mathbb{N}$ sei isotone Abb., d.h.

$$\bigwedge_{n, m \in \mathbb{N}} n < m \Longrightarrow x(n) < x(m) \quad , \text{ also}$$

$x(l_a(e_i)) < x(l_a(e_j))$ für alle $e_i, e_j \in E$, $i \neq j$ mit $(e_i, e_j) \in R$.

Damit ist $x \circ l_a : E \longrightarrow \mathbb{N}$ auch aufsteigende Niveauabb..

w(6) ----

w(7) (E, R_1) ist ein Baum, $l_a : E \longrightarrow \mathbb{N}$ ist def.: $\begin{cases} 6 \longmapsto 0 \\ 9 \longmapsto 1 \\ 1,2 \longmapsto 2 \\ 5,4,8 \longmapsto 3 \\ 10,3,7 \longmapsto 4 \end{cases}$

(E, R_2) " kein " , da $ig(3) = 2$,

(E, R_3) " ein Baum, $l_a : E \longrightarrow \mathbb{N}$ ist def. durch

$l_a(10) = 0$, $l_a(1) = l_a(2) = l_a(3) = 1$, $l_a(4) = l_a(5) = l_a(6) = l_a(8) = l_a(9) = 2$,

$l_a(7) = 3$.

w(8) Der Algorithmus bricht nach k Schritten ab, wobei k die Länge des längsten Pfades von G ist, d.h. k + 1 ist der kleinste Index, für den gilt: $A(G)^{k+1} = 0$.

w(9) Da Semieigenschaften selbstdual sind (vgl. auch Aufg. w(2) S.- 57 -) , würde mit epe' stets auch e'pe betrachtet werden, d.h. Aussagen über Anordnungen können hier nicht gemacht werden.

p(10)(a) $\{F,J\}$ ist die Menge der Anfangs-, $\{C,K\}$ ist die Menge der Endentscheidungen.

(b) F,J ; A,E,D ; G,H,B ; C,K .

(c) Eine Niveaumenge enthält nur das Element I , zwei enthalten jeweils drei Elemente(nämlich A,E,D und G,H,B) .

(d) I ist besonders kritisch. Man kann dies feststellen durch die (i,j)-Zusammenhangseigenschaften der Entscheidungen. G ist 1 - verbunden. I ist (1,0) - Knoten, alle übrigen Knoten sind (1,1) - Zusammenhangsknoten.

(1.6.1)

p(1) Für die Lösung von (a) und (b) ist es unerheblich, welche Personen als Gewichtungen der Kanten auftreten, da hier lediglich nach der Existenz von Zyklen gefragt ist.

(a) Konsistente Untergraphen sind solche, die keine Zyklen aufweisen, also z.B.:

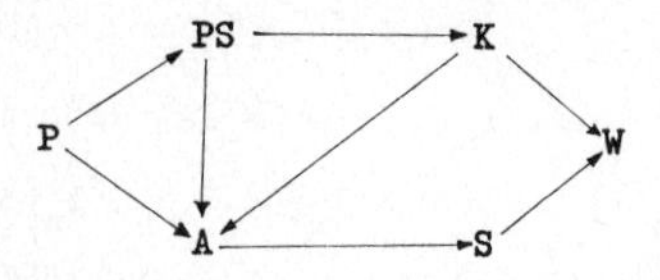

Nach Def. 10 aus Kap. (1.2.4) findet man den Quotientengraphen durch Faserung des Graphen nach den strengen Zusammenhangskomponenten. Diese sind aus der Erreichbarkeitsmatrix ablesbar.

Durch Berechnung von $\mathcal{R}(G_{17})$ erkennt man:

$$G_{17_Z}: E_1 \xrightarrow{P_1P_2P_3} E_2 \quad \text{mit } E_1 = \{P, PS\},$$
$$E_2 = \{K, S, W, A\}.$$

(b) Auch diese Frage ist durch die (oder bereits auf dem Wege der)Berechnung von $\mathcal{R}(G_{17})$ beantwortbar. Man findet:

G_{17} ist 2 - verbunden, enthält aber 3 - verbundene Untergraphen. Gesucht sind die Knoten, bei deren Entfernung G_{17} zwar 2 - verbunden bleibt, aber keine 3 - verbundenen Untergraphen mehr enthält. Also z.B.: PS,K,W .

Dann bleibt: $P \xrightarrow{P_1} A \xrightarrow{P_1P_3} S$

(c) Hier nur einige kurze Hinweise:

Interessenkonflikte werden i.a. bei Präferenzzyklen auftreten. Nun ließe sich z.B. bei (a) fragen: Gibt es einen konsistenten Untergraphen, zu dessen Konsistenz die Präferenzen nicht aller drei Personen benötigt werden (Koalitionsaspekt!)? (Offensichtlich nicht, wenn man auf keine PKW-Eigenschaft verzichten will.) Im Quotientengraph hingegen ist jede Person unabdingbar, um überhaupt noch eine Präferenzaussage machen zu können. Andererseits existiert offensichtlich zumindest ein Konsens aller hinsichtlich der Präferenz der Eigenschaften P,PS gegenüber K,S,W,A .

w(2) $l_{a_1}: E \longrightarrow \mathbb{N}$ bzgl. G_1 mit $l_{a_1}(W) = 0$, $l_{a_1}(PS) = 1$,

$l_{a_1}(K) = 2$, $l_{a_1}(P) = 0$,

$l_{a_1}(A) = 1$, $l_{a_1}(S) = 2$.

$l_{a_2}: E \longrightarrow \mathbb{N}$ bzgl. G_2 mit $l_{a_2}(PS) = 0$, $l_{a_2}(P) = 1$,

$l_{a_2}(S) = 0$, $l_{a_2}(A) = 1$, $l_{a_2}(K) = 1$, $l_{a_2}(W) = 1$.

$l_{a_3}: E \longrightarrow \mathbb{N}$ bzgl. G_3 mit $l_{a_3}(P) = 0$, $l_{a_3}(PS) = 1$,

$l_{a_3}(K) = 2$, $l_{a_3}(A) = 3$, $l_{a_3}(W) = 3$,

$l_{a_3}(S) = 4$.

Die l_{a_i} wurden nach dem Algorithmus auf S.- 75ff- berechnet.

G' ist nicht azyklisch, G'_Z: $A \longrightarrow B$ mit $A = \{P,PS\}$, $B = \{W,K,A,S\}$.

$l'_a: E_Z \longrightarrow \mathbb{N}$ mit $l'_a(A) = 0$, $l'_a(B) = 1$.

Zwischen den Abb. l_{a_i} und l'_a sind keine unmittelbaren Beziehungen festzustellen; die Niveaus entsprechen einander auch in der Reihenfolge der Elemente nicht. Berechnet man aber die Niveauabb. der G_i nach der Bemerkung auf S.- 78 - , so zeigen sich Übereinstimmungen zwischen diesen Niveauabb. und l'_a. Erklären Sie diese Übereinstimmungen !

p(3) Bei Erfüllung der Bedingungen wird der Präferenzgraph stets Zyklen haben. Hat ein derartiger Graph keine Zyklen, so läßt das darauf schließen, daß mindestens eine Person präferentiell dominiert wird(d.h. sie hat logisch zwingend dieselbe Präferenzordnung wie mindestens eine andere Person).

(1.6.2)

w(4) G_1 ist offensichtlich balanciert nach Satz 1 (3) mit $E_1 = \{a_1,\dots,a_4\}$, $E_2 = \{a_5,\dots,a_8\}$. Auch bei G_2 liefert Satz 1(3) die leichteste Antwort: G_2 ist balanciert mit $E_1 = \{a_1,a_2,a_5,a_6,a_7,a_8\}$, $E_2 = \{a_3,a_4\}$. G_3 ist nicht balanciert, da das Signum von (e_5,e_2,e_1,e_5) gleich -1 ist.

w(5) $\beta = 1$ für G_1,G_2 , da diese balanciert sind; $\beta(G_3) = 3/7$.

w(6) G_1 ist nicht balanciert, in keinem Punkt lokal balanciert, alle Punkte sind 3-balanciert, G_2 ist nicht balanciert, in keinem Punkt lokal balanciert, bei e_1 z.B. 5 - balanciert.

w(7) In G_1 sind mindestens 2 Signa zu ändern, z.B. $s(e_3,e_1)$ in + , $s(e_7,e_9)$ in + . Auch in G_2 sind mindestens 2 Signa zu ändern, z.B. $s(e_4,e_5)$ in - , $s(e_8,e_7)$ in - .

w(8) Triviale Lösung z.B.:

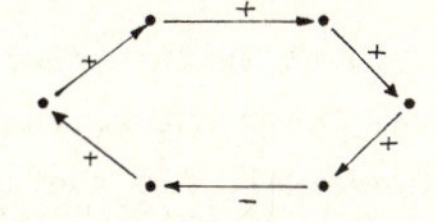

, alle Semischleifen haben die Länge $\geqslant 5$.

Sonst z.B.:

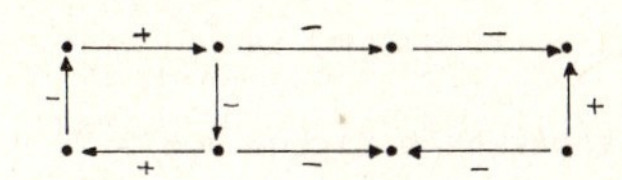

p(9) (a)

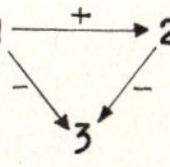

Der Graph ist balanciert (alle anderen Möglichkeiten von signierten Graphen nach dem Freund/Feind-Schema bei drei Personen haben ebenfalls 2-mal '-' und einmal '+').

(b) Es sei zunächst die allg. Matrix angegeben. M_n sei die Matrix bei n sozialen Einheiten (also (n,n)-Matrix), $n \geqslant 3$.

Zunächst gilt: Für $m_{ij}^{(n)}$ in M_n wird gesetzt:

0 , wenn keine Beziehung besteht, also in der Hauptdiagonalen,

+1 bei positiver (also Freundschafts-) Beziehung zwischen i und j und damit auch j und i ,

-1 bei Feindschaftsbeziehungen i und j und damit auch zwischen j und i.

M_n ist also zur Hauptdiagonalen symmetrisch und entspricht der schon def. semiassoziierten Matrix, allerdings mit der Einschränkung, daß hier noch Bewertungen berücksichtigt werden.

Für n = 3 haben wir aus (a):

$$M_3 = \begin{array}{c} \\ 1 \\ 2 \\ 3 \end{array} \begin{array}{c} \begin{array}{ccc} 1 & 2 & 3 \end{array} \\ \begin{pmatrix} 0 & + & - \\ + & 0 & - \\ - & - & 0 \end{pmatrix} \end{array}$$

Bei jedem neu hinzutretenden Knoten gilt nun: Ist <u>eine</u> neue Beziehung fixiert, so sind alle übrigen fest(nur 1 Freiheitsgrad). Man macht sich leicht klar, daß für n = 4 folgende Matrix konsistent(im Sinne des Verhaltensprinzips) ist:

$$M_4 = \begin{array}{c} \\ 1 \\ 2 \\ 3 \\ 4 \end{array} \begin{array}{c} \begin{array}{cccc} 1 & 2 & 3 & 4 \end{array} \\ \left(\begin{array}{ccc|c} & & & - \\ & M_3 & & - \\ & & & + \\ \hline - & - & + & 0 \end{array}\right) \end{array}$$

Für jede weitere Matrix (also n >4 für alle n) führt nun folgende Konstruktionsregel, die unmittelbar aus dem Verhaltensprinzip folgt, auf konsistente Matrizen:

$m_{ij}^{(n)}$ sei die i,j - Eintragung in M_n .

$m_{i,j+1}^{(n+1)}$ hat das umgekehrte Signum von $m_{ij}^{(n)}$ außer für i = n , da ja $m_{nn}^{(n+1)} = 0$. Hier gilt:

$m_{n,n+1}^{(n+1)}$ hat das umgekehrte Signum von $m_{n,n-2}^{(n)}$.

Mit $m_{i+1,i+1}^{(n+1)} = 0$ und $m_{j+1,i+1}^{(n+1)} = m_{i+1,j+1}^{(n+1)}$ liegt damit die Matrix fest. Also

$$\begin{array}{c} \\ 1 \\ 2 \\ 3 \\ 4 \\ 5 \\ 6 \\ \vdots \end{array} \begin{array}{c} \begin{array}{ccccccc} 1 & 2 & 3 & 4 & 5 & 6 & \ldots \end{array} \\ \left(\begin{array}{cccc|ccc} & & & & + & - & \\ & & & & + & - & \\ & M_4 & & & - & + & \\ & & & & - & + & \\ \hline + & + & - & - & 0 & + & \\ - & - & + & + & + & 0 & \\ & & & & & & \end{array}\right) \end{array}$$

(b_1)Hier ist nach dem M_n gefragt für das gilt:

(1) Es existiert ein Quotientengraph $G_{n,Z}$ mit:

(11)Mindestens ein Element E aus $G_{n,Z}$ ist nur positiv signiert,

(12)die Kanten zwischen E aus $G_{n,Z}$ und allen übrigen

E' aus $G_{n,Z}$ sind ausschließlich negativ signiert (2 - Färbung).

(2) n soll minimal sein bzgl. (1) .

Man rechnet leicht nach, daß dies bereits für n = 5 gilt:

$s(1,2) = s(1,5) = s(2,5) = +1$,

$s(1,3) = s(1,4) = s(2,3) = s(2,4) = s(5,3) = s(5,4) = -1$,

$s(3,4) = +1$.

Somit:

$$G_{5,Z}:\ E_1 \xrightarrow{-} E_2 \quad \text{mit } E_1 = \{1,2,5\},\ E_2 = \{3,4\}$$

G_1: 1 $\xrightarrow{+}$ 2, 1 $\xrightarrow{+}$ 5, 5 $\xrightarrow{+}$ 2

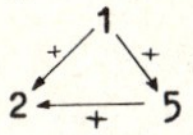

G_2: $3 \xrightarrow{+} 4$.

Man sieht, daß dieses Freund - Feind - Denken schon bei kleinen Gruppen zu 'in - groups' führen kann.

(b_2) Man erkennt am Aufbauprinzip der Matrizen sofort:

In M_∞ gilt: $\frac{N_+}{N_-} = 1$

mit N_+ und N_- sind die Anzahlen der Freundschafts- bzw. Feindschaftsbeziehungen.

(1.6.3)

w(10) Benutzen Sie die Ausführungen aus Kap. (1.2.3) und die Regeln aus LuM I, Kap. (8.) !

w(11) (a) $\hat{p}'_{n \to \infty} = \hat{p}'_0 \hat{P}(G)^{n \to \infty} = \hat{p}'_0 \begin{pmatrix} 1 & 0 \\ 1 & 0 \end{pmatrix} = (1 \quad 0)$

(b) $\hat{P}(G)^n = \hat{P}(G)$ für alle n = 0,1,2,...

(c) $\hat{P}(G)^n = \hat{P}(G)$ für alle n = 1,2,... ; $p'_n = (1/2 \quad 1/2)$

(d) $\hat{P}(G)^{2n+1} = \hat{P}(G)$, $\hat{P}(G)^{2n} = \begin{pmatrix} 1 & 0 \\ 0 & 1 \end{pmatrix}$ für alle n = 0,1,...

p(12) ----

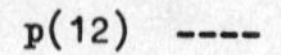

w(13) Der Prozeß starte in s_1 :

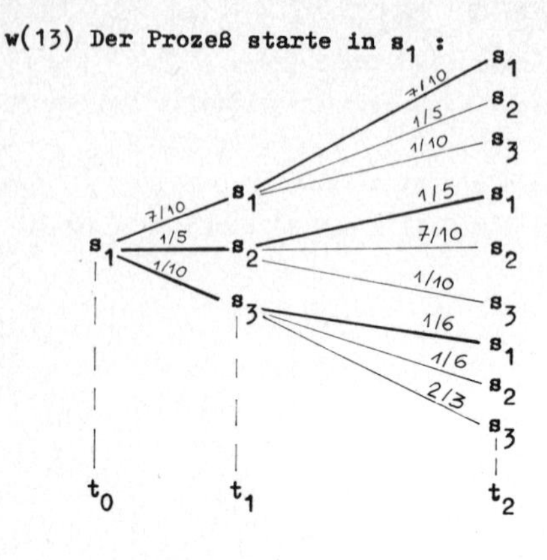

$$\hat{p}_2 = \begin{pmatrix} p_{21} \\ p_{22} \\ p_{23} \end{pmatrix} \quad , \text{ z.B.}$$

p_{21} gibt die Wahrscheinlichkeit an, von s_1 auf den drei möglichen Pfaden der Länge 2 wieder nach s_1 zu gelangen (fett gedruckt), also

$$p_{21} = \left(\frac{7}{10}\right)^2 + \left(\frac{1}{5}\right)^2 + \frac{1}{10}\frac{1}{6}$$

p(14) Offensichtlich ist hier die Semierreichbarkeit von Zuständen relevant. Gesucht ist der aus der Erreichbarkeitsmatrix $\mathcal{R}(G)$ ablesbare Quotientengraph G_{SZ} .

Im Beisp.:

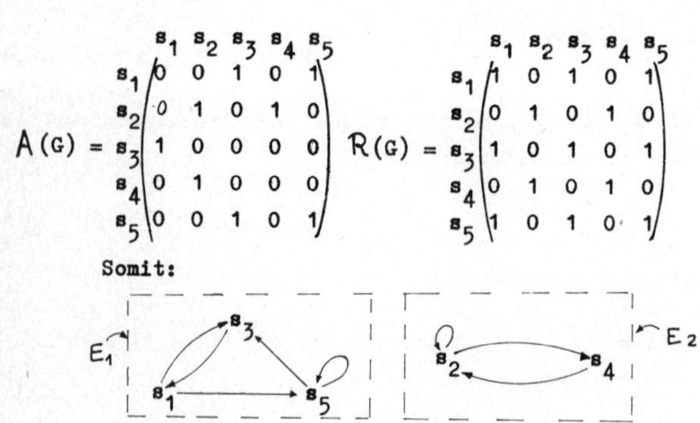

$$A(G) = \begin{pmatrix} 0 & 0 & 1 & 0 & 1 \\ 0 & 1 & 0 & 1 & 0 \\ 1 & 0 & 0 & 0 & 0 \\ 0 & 1 & 0 & 0 & 0 \\ 0 & 0 & 1 & 0 & 1 \end{pmatrix} \qquad \mathcal{R}(G) = \begin{pmatrix} 1 & 0 & 1 & 0 & 1 \\ 0 & 1 & 0 & 1 & 0 \\ 1 & 0 & 1 & 0 & 1 \\ 0 & 1 & 0 & 1 & 0 \\ 1 & 0 & 1 & 0 & 1 \end{pmatrix}$$

(Zeilen und Spalten jeweils s_1, s_2, s_3, s_4, s_5)

Somit:

Durch Umordnung gelangt man daher zu folgendem

$$\hat{P}(G) = \begin{array}{c} \\ s_1 \\ s_3 \\ s_5 \\ s_2 \\ s_4 \end{array} \begin{array}{c} \begin{array}{ccccc} s_1 & s_3 & s_5 & s_2 & s_4 \end{array} \\ \begin{pmatrix} 0 & 1/2 & 1/2 & 0 & 0 \\ 1 & 0 & 0 & 0 & 0 \\ 0 & 1/5 & 4/5 & 0 & 0 \\ 0 & 0 & 0 & 1/4 & 3/4 \\ 0 & 0 & 0 & 1 & 0 \end{pmatrix} \end{array}$$

Hier lassen sich nun die entstandenen Untermatrizen getrennt analysieren .

(1.6.3.2)

w(15)

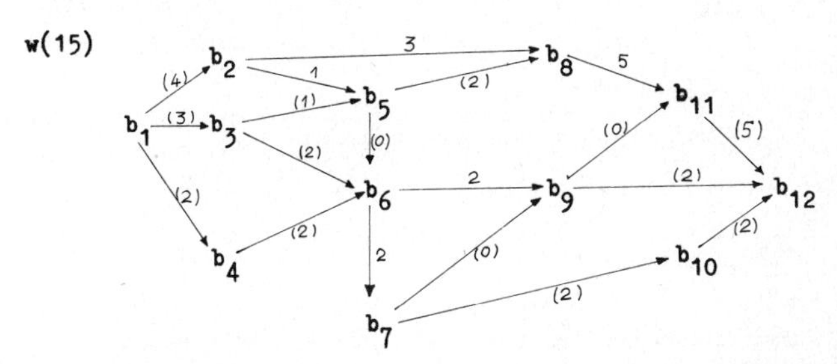

Der maximale Fluß ist 9 , die b_1 - b_{12} - Trennungsmenge mit minimaler Kapazität ist $N = \{(b_8, b_{11}), (b_6, b_9), (b_6, b_7)\}$.

p(16)

$$W(G) = \begin{array}{c} \\ 1 \\ 2 \\ 3 \\ 4 \\ 5 \\ 6 \\ 7 \\ 8 \end{array} \begin{array}{c} \begin{array}{cccccccc} 1 & 2 & 3 & 4 & 5 & 6 & 7 & 8 \end{array} \\ \begin{pmatrix} \infty & 1 & \infty & \infty & \infty & \infty & \infty & \infty \\ 1 & \infty & 2 & 2 & 10 & \infty & \infty & \infty \\ \infty & 2 & \infty & 3 & 7 & \infty & \infty & \infty \\ \infty & 2 & 3 & \infty & 8 & 5 & 6 & \infty \\ \infty & 10 & 7 & 8 & \infty & \infty & \infty & 1 \\ \infty & \infty & \infty & 5 & \infty & \infty & 5 & \infty \\ \infty & \infty & \infty & 6 & \infty & 5 & \infty & 7 \\ \infty & \infty & \infty & \infty & 1 & \infty & 7 & \infty \end{pmatrix} \end{array}$$

Offensichtlich ist ein minimaler Baum gesucht. Folgender Algorithmus bietet sich unmittelbar an:

(1) Man suche die $\min_{i,j} w_{ij}$ auf. Hier: $\min_{i,j} w_{ij} = w_{12} = w_{58} = 1.$

Damit ist der Start in Knoten 1 oder 5 festgelegt. (Man könnte auch in Knoten 2 oder 8 starten.)

(2) Nun sucht man das nächst 'höhere' Minimum unter allen w_{ij} unter Weglassung von Knoten 1,2,5,8 .

$$\min_{\substack{i,j \\ i\neq 1, j\neq 2 \\ i\neq 5, j\neq 8}} w_{ij} = w_{23} = w_{24} = 2$$

Da ein Baum keinen Zyklus haben darf, ist nun zu testen:

<u>Test</u>: Entsteht bzgl. des bisher gefundenen Teilgraphen in (1) bei Erweiterung gemäß (2) ein Zyklus?

Hier: Nein .

Somit erhalten wir als Teilpfade

$$2 \longrightarrow 3 \quad \text{oder} \quad 2 \longrightarrow 4$$

ETC.

:

Man findet schließlich (minimale w_{ij} in Schritt k sind durch Index (k) gekennzeichnet):

$w_{ij}^{(3)} = w_{34} = 3$ Test: Kein Zyklus

$w_{ij}^{(4)} = w_{46} = w_{67} = 5$ " : " "

$w_{ij}^{(5)} = w_{47} = 6$ " : " "

$w_{ij}^{(6)} = w_{35} = w_{78} = 7$ " : " "

<u>Tab. der je Schritt neu berührten Knoten</u>

k	neu berührte Knoten
1	1,2 (5,8)
2	3,4
3	-
4	6,7
5	-
6	5,8

Somit erhält man als Baum, wenn man in 1 startet:

B_1:

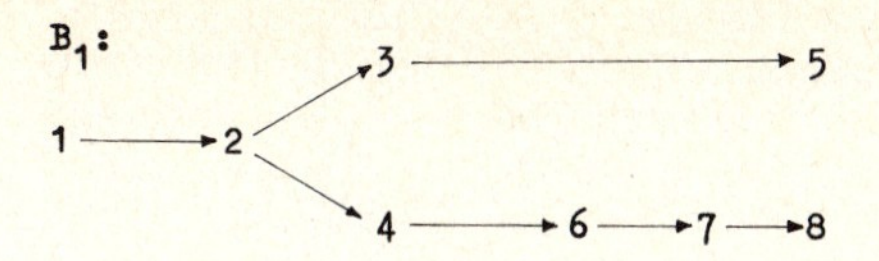

Die andere Möglichkeit bei Start in 1 ist:

B_2

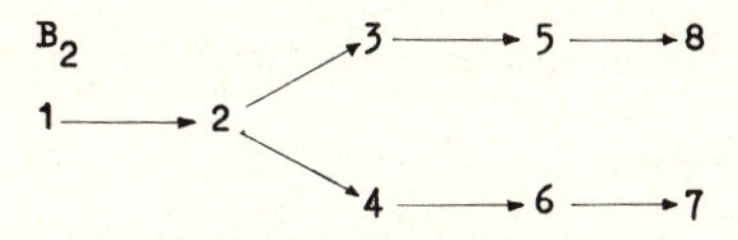

Der Fluß in B_1 beträgt 29, der in B_2 23. Somit ist B_2 der gesuchte minimale Baum.

(1.6.3.3)

w(17) -----

w(18) -----

w(19) $q(e_1,e_1) = 0.28$, $q(e_1,e_2) = 0.16$, $q(e_1,e_3) = 0.8$,
$q(e_1,e_4) = 0.16$, $q(e_1,e_5) = 0.59$, $q(e_1,e_6) = 0.38$.

(1.6.3.4)

w(20) Ford - Fulkerson - Algorithmus

p(21) -------

(2.1)

w(1),...,w(4) -------

(2.3)

w(1) Eine (1,1) - Matrix ist eine reelle Zahl.

w(2)(a) p_n und p_0 sind Zeilenvektoren, 4 - Tupel ;

$P(G)$ ist (4,4) - Matrix .

(b) p_n und p_0 müßten Spaltenvektoren sein, die Elemente von $P(G)$ müßten sich spaltenweisen zu Eins aufsummieren; dann gilt:

$$p_n = [P(G)]^n p_0 \quad ,$$

und der Operator steht links vom Operanden.

w(3) Vgl. LuM I,S. 85: $A_{(m,n)} = B_{(k,l)}$ genau dann, wenn gilt:

$m = k,\ n = l,\ a_{ij} = b_{ij}$ für alle $i = 1,2,\ldots,m$;
$j = 1,2,\ldots,n$.

w(4) Zunächst $A_1 + A_2 + A_3 =: A = (a_1 \ldots a_6)$, sodann

$$\sum_{j=1}^{6} a_j =: a. := \begin{pmatrix} a_{1.} \\ a_{2.} \\ \vdots \\ a_{5.} \end{pmatrix}$$ (Vektor der Zeilenrandhäufigkeiten)

Man kann dies auch sofort mit Hilfe von Doppelsummen aufschreiben:

$$\sum_{k=1}^{3} \sum_{j=1}^{6} a_{t_k j} = a. \quad .$$

Zur zweiten Frage sei gleich die Doppelsummenversion aufgeschrieben: i ist Zeilenindex

$$\sum_{k=1}^{3} \sum_{i=1}^{5} a_{t_k i} =: .a$$ (Vektor der Spaltenrandhäufigkeiten)

w(5) Siehe Lösung von w(4) !

w(6) $\mathcal{A}+\mathcal{B}=\mathcal{A}$, $\mathcal{D}+\mathcal{B}=\mathcal{D}$, $\mathcal{A}+\mathcal{D}=\begin{pmatrix}5 & 3\\ 3+a & 1\end{pmatrix}$

p(7) Man konstruiert Matrizen $\mathcal{B}_{t_k(p,q)}$ derart, daß gilt: Die Zeilenanzahl aller vorkommenden Matrizen ist $\leq p$, die Spaltenanzahl aller vorkommenden Matrizen ist $\leq q$, hier etwa: $p = 6$, $q = 6$. D.h. aus A_1 wird $\mathcal{B}_{1(6,6)}$, aus A_2 wird $\mathcal{B}_{2(6,6)}$, aus A_3 wird $\mathcal{B}_{3(6,6)}$; die jeweils zusätzlichen Positionen in $\mathcal{B}_{t_k}$ werden mit Nullen aufgefüllt.
Man beachte jedoch: Dieses Vorgehen muß von der Problemstellung her gerechtfertigt sein, insbesondere darf die Klasseneinteilung, die zu den Zeilen und Spalten in $\mathcal{B}_{t_k}$ führt, nicht im Widerspruch stehen zu den Klasseinteilungen der ursprünglichen A_{t_k}. Damit ist z.B. auch gesagt, daß p und q nicht größer sein dürfen als die Maximalanzahl der Zeilen bzw. Spalten der A_{t_k}.

w(8) Für alle $A \in \mathfrak{M}_{(m,n)}$ gilt:
$A + O = (a_{ij}) + (0) = (a_{ij}) = A$ nach Def. 1. Noch zu zeigen ist nun, daß die Nullmatrix allein diese Eigenschaft hat.
Annahme: Es gebe eine weitere Matrix O^* mit
$A + O^* = A$ für alle $A \in \mathfrak{M}_{(m,n)}$. Dann gilt:
$O = O + O^* = O^* + O = O^*$. Somit ist die Nullmatrix eindeutig bestimmt.

w(9) Siehe Def. $\mathbb{R}$ - VR !

w(10) Die Ordnungen sind nicht vollständig, z.B. $\binom{1}{0} \in \mathbb{R}^2$, $\binom{0}{1} \in \mathbb{R}^2$, und es gilt weder $\binom{0}{1} \leq \binom{1}{0}$ noch $\binom{1}{0} \leq \binom{0}{1}$.

w(11) A muß quadratisch sein.

w(12) Benutzen Sie Def. 1 und 4!

w(13) $\mathfrak{a}'\mathfrak{b} = \sum_{i=1}^{n} a_i b_i$.

w(14) (1) $\bigwedge_{a \in \mathbb{R}^n} \|a\| \geqslant 0$ trivial, da nur quadrierte Komponenten von a auftreten.(allerdings nur positive Wurzel ist zu definieren)

(2) $\|ca\| = [(ca)'(ca)]^{1/2} = (c^2 a'a)^{1/2} = c\|a\|$

für $c \geqslant 0$; für $c < 0$ ist $|c|$ zu betrachten.

(3) $(a + b)^2 = (a+b)'(a+b) = a'a + 2a'b + b'b$

$\leq a'a + 2\|a'b\| + b'b$

$\leq a'a + 2\|a\|\|b\| + b'b$ wegen $\|a'b\| \leq \|a\|\|b\|$

$= [(a'a)^{1/2} + (b'b)^{1/2}]^2$ [Cauchy - Schwarzsche Ungleichung]

Auf beiden Seiten die 2. Wurzel liefert:

$\|a + b\| \leq \|a\| + \|b\|$.

w(15) $(1\ 1\ \dots\ 1)\begin{pmatrix} a_1 \\ a_2 \\ \vdots \\ a_n \end{pmatrix} = (a_1\ a_2\ \dots\ a_n)\begin{pmatrix} 1 \\ 1 \\ \vdots \\ 1 \end{pmatrix} = \sum_{i=1}^{n} a_i$

w(16) Sei $a = \begin{pmatrix} a_1 \\ a_2 \\ \vdots \\ a_n \end{pmatrix}$, $b = \begin{pmatrix} b_1 \\ b_2 \\ \vdots \\ b_n \end{pmatrix}$, $a'b = \sum_{i=1}^{n} a_i b_i$

$= \sum_{i=1}^{n} b_i a_i = b'a$.

w(17) (a) $(10\quad 2)$ (b) $5(10\quad 2) = (50\quad 10) = (4\quad 2)\begin{pmatrix} 5 & -10 \\ 15 & 25 \end{pmatrix}$

(c) $\begin{pmatrix} 0 \\ 22 \end{pmatrix}$ (d) $\begin{pmatrix} 0 \\ 110 \end{pmatrix} = \begin{pmatrix} 1 & -2 \\ 3 & 5 \end{pmatrix}\begin{pmatrix} 20 \\ 10 \end{pmatrix}$

(e) $a'A = (4\quad 2)\begin{pmatrix} 1 & -2 \\ 3 & 5 \end{pmatrix} = (10\quad 2)$ $A'a = \begin{pmatrix} 1 & 3 \\ -2 & 5 \end{pmatrix}\begin{pmatrix} 4 \\ 2 \end{pmatrix}$

$= \begin{pmatrix} 10 \\ 2 \end{pmatrix}$

(f) $\begin{pmatrix} -41 & -50 \\ 75 & 59 \end{pmatrix}$

w(18) Beide Diagonalen im Paralellogramm sind gleich lang; dies kann nur der Fall sein für a, b orthogonal.

Oder exakt:

$$\|a+b\|^2 = \|a-b\|^2 \iff (a+b)'(a+b) = (a-b)'(a-b)$$
$$\iff a'a + 2a'b + b'b = a'a - 2a'b + b'b$$
$$\iff 4a'b = 0 \iff a'b = 0$$

w(19) a muß (1,5) - Vektor, b muß (4,1) - Vektor sein.

w(20) b gesucht, so daß $(1/4 \quad 3/4)\begin{pmatrix} b_1 \\ b_2 \end{pmatrix} = 0$. Da zwei Unbekannte in nur einer Gleichung vorkommen, ist ein b_i frei wählbar oder man fügt eine zusätzlich Gleichung ein, die eine weitere Bedingung für b enthält.

Wir wollen hier beide Wege gehen:

(1) $b_1 := 1 \Longrightarrow b_2 = -\frac{1}{3}$ und $b = c\begin{pmatrix} 1 \\ -1/3 \end{pmatrix}$, $c \in \mathbb{R}$

(2) Die zusätzliche Bedingung möge lauten $\|b\| = 1$, dann entsteht das Gleichungssystem:

$$\left.\begin{aligned} \tfrac{1}{4}b_1 + \tfrac{3}{4}b_2 &= 0 \\ b_1^2 + b_2^2 &= 1 \end{aligned}\right\} \Longrightarrow b = \left(-3\sqrt{\tfrac{1}{10}} \quad \sqrt{\tfrac{1}{10}}\right)$$

p(21) (a) $\bar{x}_1 = \frac{1}{m}1'x_1$

(b_1) $\tilde{x}_1 := \begin{pmatrix} x_{11} - \bar{x}_1 \\ \vdots \\ x_{1m} - \bar{x}_1 \end{pmatrix}$, $\hat{\sigma}_1^2 = \frac{1}{m}\tilde{x}_1'\tilde{x}_1$

(b_2) $\tilde{x}_2 := \begin{pmatrix} x_{21} - \bar{x}_2 \\ \vdots \\ x_{2m} - \bar{x}_2 \end{pmatrix}$, $\hat{\gamma}_{12} = \frac{1}{m}\tilde{x}_1'\tilde{x}_2$

(c_1) $\Sigma_{12} = \frac{1}{m}\begin{pmatrix} \tilde{x}_1'\tilde{x}_1 & \tilde{x}_1'\tilde{x}_2 \\ \tilde{x}_2'\tilde{x}_1 & \tilde{x}_2'\tilde{x}_2 \end{pmatrix} = \begin{pmatrix} \hat{\sigma}_1^2 & \hat{\gamma}_{12} \\ \hat{\gamma}_{21} & \hat{\sigma}_2^2 \end{pmatrix}$

(c_2) $x_1^* := \frac{1}{\hat{\sigma}_1}\tilde{x}_1$, $x_2^* := \frac{1}{\hat{\sigma}_2}\tilde{x}_2$

$$R = \frac{1}{m}\begin{pmatrix} x_1^{*\prime}x_1^* & x_1^{*\prime}x_2^* \\ x_2^{*\prime}x_1^* & x_2^{*\prime}x_2^* \end{pmatrix}$$

Mit $\frac{1}{m}x_1^{*\prime}x_1^* = \frac{\hat{\sigma}_1^2}{\hat{\sigma}_1\hat{\sigma}_1} = 1$, analog $r_{22} = 1$,und wegen

$\hat{\gamma}_{12} = \hat{\gamma}_{21} =: \hat{\gamma}$ (siehe auch w(16)!) gilt:

$$R = \frac{1}{\hat{\sigma}_1\hat{\sigma}_2}\begin{pmatrix} \hat{\sigma}_1\hat{\sigma}_2 & \hat{\gamma} \\ \hat{\gamma} & \hat{\sigma}_1\hat{\sigma}_2 \end{pmatrix}$$

w(22) $4\binom{1}{0} + 1\binom{0}{1} = a, \quad 2\binom{1}{0} + 4\binom{0}{1} = b$.

w(23) Fassen Sie c als (1,1) - Vektor auf .

p(24) Sei $b'b \neq 0$. Setzen wir an die Stelle von $a'b$ den Ausdruck $(a - cb)'(a - cb)$. Dieses Produkt enthält nur quadrierte Komponenten; es gilt somit:

$$0 \leq (a - cb)'(a - cb) = a'a - 2c\,a'b + c^2\,b'b .$$

Dieser Ausdruck kann nun durch die Wahl eines geeigneten c auf die gewünschte, zu beweisende Form gebracht werden: $c := \frac{a'b}{b'b}$ Dann folgt:

$$0 \leq (a'a)(b'b) - (a'b)(a'b) \qquad \text{q.e.d.}$$

Das Gleichheitszeichen gilt nur dann, wenn ein c gefunden werden kann, so daß gilt: $a - cb = 0$

w(25) $AI = IA$, AA, $a'b = b'a$ etc.

p(26) $f(x) = p'x = \min$! (Zielfunktion)

$$A'_{(n,m)}x_{(m,1)} \geq b^*_{(n,1)}$$ (NB, Nebenbedingungen)

p(27) Erinnern Sie sich zunächst an p(21) !

$$r_{x_1x_2} = \frac{\frac{1}{m}\tilde{x}_1'\tilde{x}_2}{\|\frac{1}{\sqrt{m}}\tilde{x}_1\|\|\frac{1}{\sqrt{m}}\tilde{x}_2\|} = m\cos(\tilde{x}_1,\tilde{x}_2)$$

(2.4)

w(1) Vgl. Def. $\mathbb{R}$ - Algebra in LuM I !

w(2) $\mathcal{D}^2 = \begin{pmatrix} 16 & 0 \\ 0 & 81 \end{pmatrix}$

w(3) $\mathcal{D}^{-\frac{1}{2}} = \begin{pmatrix} 1/2 & 0 \\ 0 & 1/3 \end{pmatrix}$

w(4) $\mathcal{T}_{o(n,n)}$ und $\mathcal{T}_{u(n,n)}$ sind jeweils $\mathbb{R}$ - Algebren, d.h.:

(1) die Summe zweier oberen(unteren) Dreiecksmatrizen ist wieder eine obere(untere) Dreiecksmatrix,

(2) cK ist wieder eine Dreiecksmatrix(obere bzw. untere),

(3) $K_1 K_2$ ist wieder obere(untere) Dreiecksmatrix, wenn K_1 und K_2 obere(untere) Dreiecksmatrizen sind.

$\mathcal{T}_{(n,n)}$ ist kein $\mathbb{R}$ - VR , da z.B.

$\begin{pmatrix} 1 & 1 \\ 0 & 1 \end{pmatrix} + \begin{pmatrix} 1 & 0 \\ 1 & 1 \end{pmatrix} = \begin{pmatrix} 2 & 1 \\ 1 & 2 \end{pmatrix}$ keine Dreiecksmatrix ist.

w(5),w(6) ------

w(7) $\text{sp}\, I_{(n,n)} = n$, $\text{sp}\, S_{(n,n)} = \text{sp}(s\, I_{(n,n)}) = sn$

w(8) $a_{21} = 1$, $a_{23} = 4$, $a_{31} = -5$

p(9) (a) gibt eine rekursive Kausalstruktur wieder:

$y_1 = s_{11} y_1 \Longrightarrow s_{11} = 1$

$y_2 = s_{21} y_1 + s_{22} y_2 \Longrightarrow y_2 = \dfrac{s_{21}}{1 - s_{22}}\, y_1$

ANALOG: $y_3 = \dfrac{s_{31} + \dfrac{s_{32} s_{21}}{1 - s_{22}}}{1 - s_{33}}\, y_1$

ETC.

Ist das 'Anfangsglied der Kausalkette' bestimmt, so liegen alle weiteren Ausgrägungen von Y fest.

(b) Aus gegebenen input- und outputvektoren ist das Systemverhalten (der Systemoperator) rekursiv zu bestimmen:

$a_1 = y_1 / u_0$

$$y_2 = a_1u_0 + a_2u_1 = y_1 + a_2u_1 \Longrightarrow a_2 = \frac{y_2 - y_1}{u_1}$$

$$y_3 = a_1u_0 + a_2u_1 + a_3u_2 = y_1 + y_2 - y_1 + a_3u_2$$

$$\Longrightarrow a_3 = \frac{y_3 - y_2}{u_2}$$

ETC.

Da die u_{t-1} und die y_t bekannt sind, ist damit der Operator berechenbar. Ähnliche Überlegungen werden wir in Kap. (5.) wiederfinden.

w(10) Permutationsmatrizen P permutieren Spalten bzw. Zeilen von Matrizen A, wenn AP gebildet wird.
In   ist demnach jeweils eine Permutationsmatrix P gesucht, so daß bei gegebenen $A(G)$ und $A(G')$ gilt: $A(G) = A(G')P$. Dann heißen G und G' isomorph.

w(11) $(0\ 0\ 1\ 0)A\begin{pmatrix}1\\0\\0\end{pmatrix} = 2$; allg. $a_{ij} = (0\ldots\underbrace{1}_{\text{i-te Stelle}}\ldots0)A\begin{pmatrix}0\\ \vdots\\ 1\\ \vdots\\ 0\end{pmatrix}$ (1 an j-ter Stelle)

w(12) ----

w(13) $A_{11} = \begin{pmatrix}3&1\\4&1\end{pmatrix}\begin{pmatrix}1&0\\-1&-1\end{pmatrix} + \begin{pmatrix}-2&5\\3&-1\end{pmatrix}\begin{pmatrix}1&5\\3&-1\end{pmatrix} = \begin{pmatrix}2&-1\\3&-1\end{pmatrix} + \begin{pmatrix}13&-15\\0&16\end{pmatrix}$

$= \begin{pmatrix}15&-16\\3&15\end{pmatrix}$, analog: $A_{12} = \begin{pmatrix}18&7\\12&34\end{pmatrix}$, $A_{21} = \begin{pmatrix}0&30\\-6&-40\\6&13\end{pmatrix}$,

$A_{22} = \begin{pmatrix}-12&61\\36&12\\6&54\end{pmatrix}$

w(14) Untere Dreiecksmatrix: Zugänge; obere Dreiecksmatrix: Abgänge

p(15) (a) i.a. nein, da nk + km Unbekannte in nm Gleichungen vorkommen und Lösungen von linearen Gleichungssystemen i.a. nicht eindeutig sind(zumal wenn $nk + km > nm$ ist).

(b) $k < (nm)/(n + m)$

w(16) $$\Sigma_0^{-\frac{1}{2}} \Sigma \Sigma_0^{-\frac{1}{2}} = \begin{pmatrix} 1/\hat{\sigma}_1 & 0 & \dots & 0 \\ \dots & \dots & \dots & \dots \\ 0 & 0 & \dots & 1/\hat{\sigma}_n \end{pmatrix} \Sigma \begin{pmatrix} 1/\hat{\sigma}_1 & 0 & \dots & 0 \\ \dots & \dots & \dots & \dots \\ 0 & 0 & \dots & 1/\hat{\sigma}_n \end{pmatrix}$$

$$= \begin{pmatrix} \hat{\sigma}_1 & \frac{\hat{\gamma}_{12}}{\hat{\sigma}_1} & \dots & \frac{\hat{\gamma}_{1n}}{\hat{\sigma}_1} \\ \dots & \dots & \dots & \dots \\ \frac{\hat{\gamma}_{n1}}{\hat{\sigma}_n} & \frac{\hat{\gamma}_{n2}}{\hat{\sigma}_n} & \dots & \hat{\sigma}_n \end{pmatrix} \begin{pmatrix} 1/\hat{\sigma}_1 & 0 & \dots & 0 \\ \dots & \dots & \dots & \dots \\ 0 & 0 & \dots & 1/\hat{\sigma}_n \end{pmatrix}$$

$$= \begin{pmatrix} 1 & r_{12} & \dots & r_{1n} \\ \dots & \dots & \dots & \dots \\ r_{n1} & r_{n2} & \dots & 1 \end{pmatrix}$$

(2.5)

w(1) A ist l.u. , B ist keines, C ist Basis, D ist EZS .

w(2) $W \subseteq V$ ist l.a., wenn es eine Linearkombination $\sum_{i=1}^{n} \alpha_i w_i = 0$ mit $\alpha_i \in K$ und $w_i \in W$ gibt mit: Es existiert (mindestens) ein α_i mit $\alpha_i \neq 0$.

w(3) (a),(b) klar mit den Definitionen; (c): benutze Satz 1 !

w(4) (a) Benutze Def. von VR !

(b) Eine Basis B eines VR V ist niemals ein Unterraum von V , da sie als solche überflüssige Elemente enthielte.

(c) Klar mit Def. von VR .

w(5) Benutze Satz 1 und Aufg. w(3)(c) !

w(6) (a) $M_{L_1} = \begin{pmatrix} 3 & 0 & -1 \\ 0 & 15 & 0 \end{pmatrix}$ (b) $M_{L_2} = \begin{pmatrix} -4 & -1 & -5 \\ 3 & -1 & 2 \\ 0 & -1 & -1 \end{pmatrix}$ (c) $M_{L_3} = \begin{pmatrix} 1 & -3 \\ 1 & -2 \\ 0 & 0 \end{pmatrix}$

w(7) (a) $L_{M_1}\left[\begin{pmatrix} x \\ y \\ z \end{pmatrix}\right] = \begin{pmatrix} x + 3z \\ x + z \\ x + y - z \end{pmatrix}$ (b) $L_{M_2}\left[\begin{pmatrix} r \\ x \\ y \\ z \end{pmatrix}\right] = \begin{pmatrix} 4r + x + 2y - z \\ -r + 3x + 4y - 2z \\ 5z \end{pmatrix}$

w(8) Zu zeigen ist: Für alle $x,y \in$ Bild L gilt: $x + y \in$ Bild L;

für alle $a \in K$, $x \in$ Bild L gilt: $ax \in$ Bild L.
Seien $x, y \in$ Bild L, d.h. es gibt $v, v' \in V$ mit $L(v) = x$, $L(v') = y$. $x + y = L(v) + L(v') = L(v + v')$; also gilt: $x + y \in$ Bild L, da $v + v' \in V$.
Sei $x \in$ Bild L, $a \in K$, dann gibt es ein $v \in V$ mit $L(v) = x$, also $ax = aL(v) = L(av) \in$ Bild L.

(b) kann nun dem Leser überlassen werden.

w(9) 1) Zu L_1 gehört $M_1 \in \mathfrak{M}_{(m,n)}$, $M_1 = (L_1(e_1) \ldots L_1(e_n))$, wobei $\mathscr{E}_n = \{e_1, \ldots, e_n\}$ kanonische Basis von $\mathbb{R}^n$ ist, und es gilt:

$$M_1 x = L_1(x) \text{ für alle } x \in \mathbb{R}^n .$$

2) Zu L_2 gehört $M_2 \in \mathfrak{M}_{(1,m)}$, $M_2 = (L_2(f_1) \ldots L_2(f_m))$, wobei $\mathscr{E}_m = \{f_1, \ldots, f_m\}$ kanonische Basis von $\mathbb{R}^m$ ist, und es gilt:

$$M_2 y = L_2(y) \text{ für alle } y \in \mathbb{R}^m .$$

3) Zu $L_3 = L_2 \circ L_1$ gehört $M_3 \in \mathfrak{M}_{(1,n)}$, $M_3 = (L_3(e_1) \ldots L_3(e_n))$ mit $\mathscr{E}_n$ wie oben, und es gilt:

$$M_3 x = L_3(x) \text{ für alle } x \in \mathbb{R}^n .$$

Zu zeigen ist nun:

$$M_2 M_1 e_i = M_3 e_i \quad \text{für alle } e_i \in \mathscr{E}_n .$$

$$\begin{aligned} M_2 M_1 e_i &= M_2 L_1(e_i) && \text{nach } 1) \\ &= L_2(L_1(e_i)) && \text{nach } 2) \\ &= L_2 \circ L_1(e_i) = L_3(e_i) = M_3 e_i && \text{nach } 3) . \end{aligned}$$

p(10)(a) Bezeichnungen:

$$x = \begin{pmatrix} x_1 \\ x_2 \end{pmatrix} \text{ sei input, } y = \begin{pmatrix} y_1 \\ y_2 \\ y_3 \end{pmatrix} \text{ sei output}$$

(a_1) L und input gegeben, gesucht output:

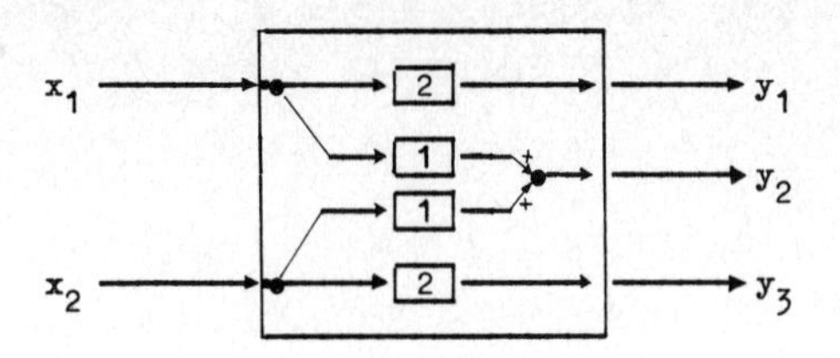

Fig. 1

Oder im Signalflußdiagramm:

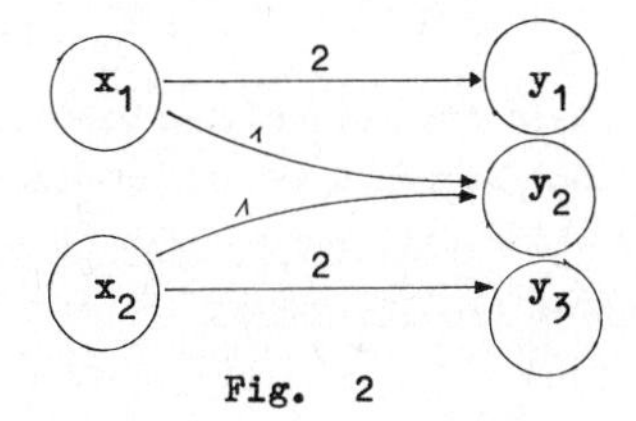

Fig. 2

(a_2) output gegeben bzgl. Basis - inputs b_1, b_2,
gesucht L :
Sei $B = \{b_1, b_2\} = \{ \binom{2}{1}, \binom{1}{2} \}$.

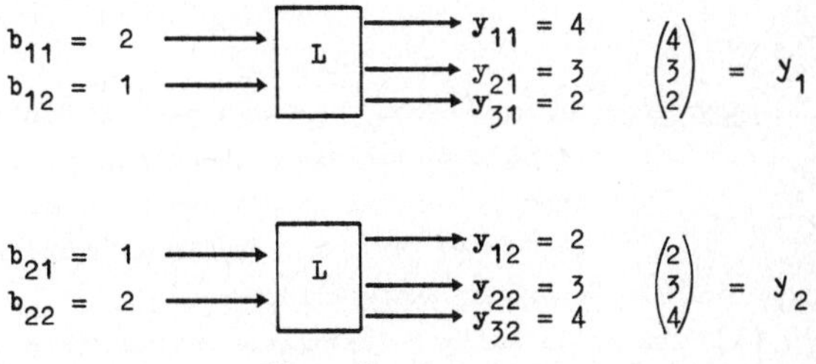

$b_{11} = 2 \longrightarrow$ L $\longrightarrow y_{11} = 4$, $y_{21} = 3$, $y_{31} = 2$ $\qquad \begin{pmatrix} 4 \\ 3 \\ 2 \end{pmatrix} = y_1$
$b_{12} = 1$

$b_{21} = 1 \longrightarrow$ L $\longrightarrow y_{12} = 2$, $y_{22} = 3$, $y_{32} = 4$ $\qquad \begin{pmatrix} 2 \\ 3 \\ 4 \end{pmatrix} = y_2$
$b_{22} = 2$

Fig. 3

Gesucht ist L nicht nur bzgl. b_1, b_2 , sondern für alle möglichen inputs $x = \binom{x_1}{x_2}$. Wir wissen,

daß L Operator ist. Also gilt: $\alpha L(b) = L(\alpha b) = \alpha y$.

Weiterhin wissen wir auf Grund der Operatoreigenschaften: Spaltet man α auf in α_1, α_2, den input in b_1 und b_2, y in y_1 und y_2, so gilt:

$$\alpha_1 L(b_1) + \alpha_2 L(b_2) = L(\alpha_1 b_1) + L(\alpha_2 b_2)$$

$$= \alpha_1 y_1 + \alpha_2 y_2 \qquad = L(\alpha_1 b_1 + \alpha_2 b_2) \quad ,$$

und $\alpha_1 y_1$ ist nur output von $\alpha_1 b_1$, $\alpha_2 y_2$ ist nur output von $\alpha_2 b_2$.

$$\alpha_1 b_1 + \alpha_2 b_2 = x \text{ , wenn wir } \alpha_1 = \frac{2x_1 - x_2}{3} \text{ ,} \quad \alpha_2 = \frac{2x_2 - x_1}{3}$$

wählen. Auf diese Art lassen sich die beiden isolierten input-output-Beziehungen mit unbekanntem L in Fig. 3 bzgl. einer bestimmten Basis zu einer input-output-Beziehung synthetisieren, in der dann L bekannt ist.

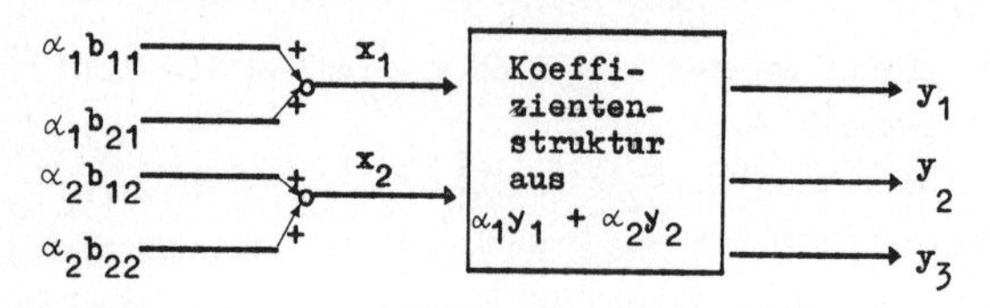

Fig. 4

Bemerkung: Wie man sieht, benötigt man zur Synthese von L nicht eine Vielzahl von outputs und zugehörigen inputs, sondern es reichen bereits, wenn $L: \mathbb{R}^m \longrightarrow \mathbb{R}^n$, m outputs aufgrund irgendwelcher m Basis - inputs.

(a_3) Zur vollständigen Systematik sei ergänzt:
Gegeben output y und L, gesucht x:

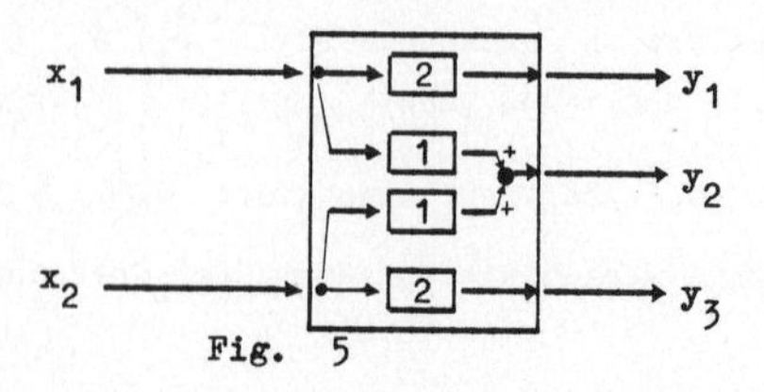

Fig. 5

Aus y_1, y_3 und L folgt: $x_1 = 2$, $x_2 = 3$; $y_2 = 5$ folgt dann automatisch in Form von $x_1 + x_2 = 2 + 3$.

Der Leser mache sich die Identifikationsproblematik hinsichtlich input, output und Operator klar, wenn, wie im zweiten Beisp., $L: \mathbb{R}^m \longrightarrow \mathbb{R}^n$ mit $m < n$.

(b) Siehe (a_1) bis (a_3)

Frage (a): Theorie, Frage (b): Prognose,
Frage (c): Technologie

w(11)(1) Hier ist das LGS nicht für jede Wahl von $\mathscr{b}$ lösbar (vgl. Krit. (1) und (2)),

(2) wenn unter dieser Voraussetzung das LGS für jedes $\mathscr{b}$ lösbar ist, dann ist es auch eindeutig lösbar, d.h. es gibt nur eine Lösung. Ist es eindeutig lösbar, dann ist es auch für jedes $\mathscr{b}$ lösbar(vgl. Krit.(4)),

(3) das LGS ist nie eindeutig lösbar (vgl. Krit.(3)).

Genauere Information über die Lösungsmengen von LGS kann nur durch die Betrachtung der linearen Abhängigkeit bzw. der Unabhängigkeit gewonnen werden.

w(12)(a) $|A_1| = 0$ (b) $|A_2| = -12$ (c) $|A_3| = 0$.

w(13) $A = (a_{ij})$ sei Dreiecks- oder Diagonalmatrix; $|A| = \prod_{i=1}^{n} a_{ii}$.

w(14) (0_1): Zu zeigen: $L^{-1}(x + y) = L^{-1}(x) + L^{-1}(y)$ für alle $x, y \in \mathbb{R}^n$.

Da L bijektiv ist, existieren zu $x, y \in \mathbb{R}^n$ ein x' und ein $y' \in \mathbb{R}^n$ mit $L(x') = x$, $L(y') = y$.

Dann gilt:

$$
\begin{aligned}
L^{-1}(x + y) &= L^{-1}[L(x') + L(y')] \\
&= L^{-1}[L(x' + y')] && \text{da L linear} \\
&= x' + y' \\
&= L^{-1}(x) + L^{-1}(y) && \text{nach Konstruktion von } x', y'.
\end{aligned}
$$

(0_2) verläuft analog .

w(15) ----

w(16) Nur für die Nullmatrix, da es sonst mindestens eine Untermatrix(nämlich in Form einer reellen Zahl) gibt, deren Determinante $\neq 0$ ist .

w(17)(a) $rg(A_1) = 3$, da $Det(A_{1(234;123)}) = 15 \neq 0$, aber $|A_1| = 0$.

(b) $rg(A_2) = 2$, da $Det(B) = 0$ für alle (3,3) - Untermatrizen B von A_2 , aber z.B. $Det(A_{2(12;12)}) = -6 \neq 0$.

(c) $rg(A_3) = 1$, da $Det(A_3) = 0$ und $Det(B) = 0$ für alle (2,2) - Untermatrizen B von A_3, aber $A_3 \neq$ Nullmatrix.

w(18) L_1: $x_1 = 1$, $x_2 = -2$, $x_3 = 0$, $x_4 = -1$;

L_2: $x_1 = 2$, $x_2 = -4$, $x_3 = 3$

p(19) (a) A sei Diagonalmatrix, $Ax = b$. Das LGS ist genau dann eindeutig lösbar, wenn alle $a_{ii} \neq 0$, und es gilt: $x_i = b_i/a_{ii}$. Gibt es (mindestens) ein $a_{ii} = 0$, so ist das homogene System immer lösbar, und die Dimension des Lösungsraumes ist gleich der Anzahl der Diagonalelemente, die gleich Null sind. Für die x_i mit $a_{ii} \neq 0$ gilt: $x_i = 0$.
Gibt es ein $a_{ii} = 0$, so ist das inhomogene System nicht immer lösbar, und wenn, dann nicht eindeutig. Für die Dimension der Lösungsmenge des zugehörigen homogenen Systems gilt das zuvor Gesagte, und für x_i mit $a_{ii} \neq 0$ gilt: $x_i = b_i/a_{ii}$.

(b) A sei Dreiecksmatrix, $Ax = b$. Das LGS ist genau dann eindeutig lösbar, wenn alle $a_{ii} \neq 0$, und die x_i lassen sich rekursiv errechnen. Gibt es ein $a_{ii} = 0$, so ist das homogene System nicht eindeutig lösbar, und die Dimension des Lösungsraumes ist gleich der Anzahl der Diagonalelemente, die gleich Null sind. Weiterhin ist in diesem Fall das inhomogene System nicht immer lösbar, und wenn, dann nicht eindeutig.

Verwenden Sie diese Formulierungen als Grundlage für die Festlegung von Kriterien in den einzelnen Formen!

w(20) $|X'X| = |X'||X| = |X||X|$

$|X| \neq 0 \iff X$ besteht aus l.u. Spalten .

w(21) -----

p(22)(a) $\varepsilon_{YX} = 13/35$, $\delta = 13/6$, $C_{XY} = 13/144$, $\phi = 13/35$,
$\chi^2 = \frac{4056}{1225}$

(b) Zu jeder Assoziationsmeßzahl lassen sich prinzipiell unendlich viele Datenstrukturen angeben .

p(23)(a) Zähler = $n_{xy}n_{\bar{x}\bar{y}} - n_{x\bar{y}}n_{\bar{x}y}$, $C_{XY} = \begin{vmatrix} p_{xy} & p_{x\bar{y}} \\ p_{\bar{x}y} & p_{\bar{x}\bar{y}} \end{vmatrix}$

(b) Nach Regel (4) von S.-162- gilt:

$$\begin{vmatrix} p_{xy} & p_{x\bar{y}} \\ p_{\bar{x}y} & p_{\bar{x}\bar{y}} \end{vmatrix} = \begin{vmatrix} p_{xy} & p_{x\bar{y}} \\ p_{\bar{x}y} + p_{xy} & p_{\bar{x}\bar{y}} + p_{x\bar{y}} \end{vmatrix} = \begin{vmatrix} p_{xy} & p_{x\bar{y}} \\ p_y & p_{\bar{y}} \end{vmatrix}$$

$$\begin{vmatrix} p_{xy} & p_{xy} + p_{x\bar{y}} \\ p_y & p_y + p_{\bar{y}} \end{vmatrix} = \begin{vmatrix} p_{xy} & p_x \\ p_y & 1 \end{vmatrix}$$

(c) Setzt man (2) in (4) ein, so entsteht:

$$|P_{XY/Z}| = \begin{vmatrix} p_xp_yp_z + p_x P_{YZ} + p_y P_{XZ} + p_z P_{XY} + P_{XYZ} & p_xp_z + P_{XZ} \\ p_yp_z + P_{YZ} & p_z \end{vmatrix}$$

Nach Regel (4) ist folgendes erlaubt:

2. Zeile mal $-p_x$, dann Summe 1.,2.Zeile anstelle 1.Zeile
2. Spalte " $-p_y$, " " 1.,2.Spalte " 2.Spalte

Diese Operationen ergeben:

$$|P_{XY/Z}| = \begin{vmatrix} P_{XYZ} + p_z P_{XY} & P_{XZ} \\ P_{YZ} & p_z \end{vmatrix}$$

Dies ist jedoch gleich (6); analoge Operationen führen auf (7) .

(d) Dividiert man (6) auf beiden Seiten durch $p_z > 0$ und (7) durch $p_{\bar{z}} > 0$ und summiert diese, so entsteht mit $p_z = 1 - p_{\bar{z}}$ (8).

(e) $|P_{XY}|$ ist gleich $|P_{X\bar{Y}}|$ mit vertauschten Spalten.

(f) $|P_{XY}| = \frac{|P_{XY/Z}|}{p_z} + \frac{|P_{XY/\bar{Z}}|}{p_{\bar{z}}} + \frac{|P_{XZ}||P_{YZ}|}{p_z p_{\bar{z}}}$

Ist nur der letzte Summand von Null verschieden, so liegt eine vollkommene Nonsense - Korrelation zwischen X und Y vor, andernfalls(die ersten beiden Summanden $\neq 0$, der letzte = 0) liegt eine echte Korrelation vor. Der dritte Summand mißt die Beziehung zwischen X und Y, die daraus resultiert, daß X und Y im Kontext Z stehen(eine eingehendere Diskussion dieser Problematik findet sich z.B. in Alker(1965),S. 96ff, Merritt, Rokkan(1965))

(g_1) Nein, sie können sich auch gegenseitig wegheben.

(g_2) Aus lokaler stochastischer Unabhängigkeit folgt nicht unbedingt die paarweise stochastische Unabhängigkeit(allg. bei mehr als drei Variablen: es folgt nicht die tripel-,quadrupel- etc. weise stochastische Unabhängigkeit).

w(24)

$$|A| \overset{/1/}{=} \begin{vmatrix} 1 & 0 & 0 & \cdots\cdots\cdots & 0 \\ 1 & b_2-b_1 & (b_2-b_1)b_2 & \cdots\cdots & (b_2-b_1)b_2^{n-1} \\ \cdots & \cdots & \cdots & \cdots & \cdots \\ 1 & b_n-b_1 & (b_n-b_1)b_2 & \cdots\cdots & (b_n-b_1)b_n^{n-1} \end{vmatrix}$$

/1/ : Man multipliziert die (n-1)-te Spalte mit b_1 und subtrahiert das Ergebnis von der n-ten Spalte; dann multipliziert man die (n-2)-te Spalte mit b_1 und subtrahiert das Ergebnis von der n-ten Spalte etc. bis: man multipliziert Spalte 1 mit b_1 und subtrahiert das Ergebnis von Spalte 2 . Dann gilt mit dem Entwicklungssatz und Eigenschaft (6) - n-1 mal angewandt -:

$$|A| = \begin{vmatrix} 1 & b_2 & \ldots\ldots b_2^{n-2} \\ \ldots & \ldots & \ldots \\ 1 & b_n & \ldots\ldots b_n^{n-2} \end{vmatrix} \quad \prod_{i=1}^{n} (b_i - b_1)$$

Auf diese Determinante wendet man dieselbe Operation noch n-2 mal an und erhält dann per Induktion die Gleichung der Aufgabenstellung.

Diese Determinante heißt Vandermondesche Determinante und spielt eine Rolle in der Theorie der linearen Differentialgleichungen mit konstanten Koeffizienten.

w(25) Die Det. muß gleich Null sein.

w(26) $|A| = -1$, $A^{-1} = \begin{pmatrix} 4 & 1 & -5 \\ -8 & -2 & 11 \\ 7 & 2 & -10 \end{pmatrix}$, $x = \begin{pmatrix} 3 \\ -5 \\ 4 \end{pmatrix}$

w(27) 2. Gleichung nach X aufgelöst:

(*) $X = \frac{1}{2} A^{-1} B (I + Y)$

Dies in die 1. Gleichung eingesetzt:

$$A = 2AA^{-1}B(I + Y) + BY$$

$$Y = \frac{1}{3}B^{-1}A - \frac{2}{3}I = \underline{\frac{1}{3}B^{-1}(A - 2B)}$$

Dies in (*):

$$X = \frac{1}{6}A^{-1}B + \frac{1}{6}I = \underline{\frac{1}{6}A^{-1}(B + A)}$$

p(28)(a) $x_{ij} = a_{ij}x_j$, $\sum_{j=1}^{n} x_{ij} = \sum_{j=1}^{n} a_{ij}x_j$; dies in (1):

$$y = x - Ax = (I - A)x$$

(b) $x = (I - A)^{-1} y$, sofern die Inverse der Leontief-Matrix existiert.

(c) In (a) sind die Produktionsmengen gegeben; gesucht ist der Verbrauch, der diesen Mengen entspricht. Der Verbrauch ist somit der Produktion anzupassen. (a) ist demnach produktionsorientiert.

(b) ist umgekehrt konsumorientiert.

Drei Bemerkungen: (1) Das hier dargestellte Modell kann nicht nur auf die erwähnte Problematik angewandt werden, es ist vielmehr ein allg. input-output-Modell.

(2) Berücksichtigt man in (a) die Produktionskosten c_i (c_i sind die Kosten für eine Einheit x_i), so bildet $(I - A)x = y$

$$c'x = \min !$$

ein lineares Planungsoptimierungsproblem.

(3) Im COMECON wird mit diesen (allerdings etwas ausgefeilteren) Ansätzen geplant (man nennt die input-output-Tabellen dort Verflechtungsbilanzen).

w(29) $\mathcal{D}^{-1} = \begin{pmatrix} d_1^{-1} & 0 \ldots & 0 \\ \ldots & \ldots & \ldots \\ 0 & 0 \ldots & d_n^{-1} \end{pmatrix}$

p(30)(a) $X'X$ enthält die Variationen und Kovariationen (nicht die Varianzen und Kovarianzen); die Gramsche Matrix ist symmetrisch.

(b) $\hat{a} = X^{-1}X'^{-1}X'y = X^{-1}y$

Dies ist aber nichts weiter als die Lösung von $y = X\hat{a}$ mittels Matrizeninversion, ein deterministischer Vorgang, der keine Schätzung von $\hat{a}$ auf Grund von empirischen Variationen der beteiligten Variablen darstellt; vielmehr sind die a_i vollständig durch die Modellstruktur bereits festgelegt.

(c_1) In (2) wird die Gramsche Matrix invertiert:

$$(X'X)^{-1} = \frac{1}{|X'X|} \operatorname{adj}(X'X) .$$

Ist nun X l.a., so ist auch $X'X$ l.a. (durch Nachrechnen zu bestätigen, vgl. w(20)). Somit verschwindet die Det., und die Elemente in $\Sigma_{\hat{a}}$ sind nicht definiert.

(c_2) $X'X = I \Longrightarrow \hat{a} = X'y$

Man vgl. mit (b) .

(c_{31}) $|X'X|$ geht mit wachsender Kollinearität gegen 0 .

(c_{32}) $X'X$ enthält hohe Werte außerhalb der Hauptdiagonalen, da Kollinearität ein spezieller Fall eines engen Zusammenhanges zwischen den betreffenden Variablen ist.

p(31)(a) $\begin{pmatrix} R_{11} & R_{12} \\ R_{21} & R_{22} \end{pmatrix} \begin{pmatrix} S^{-1}_{11} & S^{-1}_{12} \\ S^{-1}_{21} & S^{-1}_{22} \end{pmatrix} = \begin{pmatrix} I & 0 \\ 0 & I \end{pmatrix}$ Ausgeschrieben ergibt dies die vier Gleichungen:

(1) $R_{11} S^{-1}_{11} + R_{12} S^{-1}_{21} = I$ (3) $R_{11} S^{-1}_{12} + R_{12} S^{-1}_{22} = 0$

(2) $R_{21} S^{-1}_{11} + R_{22} S^{-1}_{21} = 0$ (4) $R_{21} S^{-1}_{12} + R_{22} S^{-1}_{22} = I$

(2) nach S^{-1}_{21} aufgelöst:

(5) $S^{-1}_{21} = - R^{-1}_{22} R_{21} S^{-1}_{11}$

(5) in (1):

$$R_{11} S^{-1}_{11} + R_{12}(- R^{-1}_{22} R_{21} S^{-1}_{11}) = I$$

oder:

$$(R_{11} - R_{12} R^{-1}_{22} R_{21}) S^{-1}_{11} = I$$

also:

(6) $\underline{S^{-1}_{11} = (R_{11} - R_{12} R^{-1}_{22} R_{21})^{-1}}$

$R_{11} - R_{12} R^{-1}_{22} R_{21}$ enthält die partiellen Korrelationskoeffizienten; dazu muß R^{-1}_{22} existieren.

(b) Hohe partiellen Korrelationskoeffizienten zwischen Variablen zeigen Multikollinearität zwischen diesen an(man beachte: Der Korrelationskoeffizient ist ein aussagefähiges Maß nur für lineare Datenstrukturen).

p(32)(a) (3) anders geschrieben:

(3') $Bs + Gz = u$

(3') nach s aufgelöst:

$s = -B^{-1}Gz + B^{-1}u$, oder ausgeschrieben:

$$(4)\quad \binom{x}{y} = -\frac{1}{1-a_1b_1}\begin{pmatrix}-a_0-a_1b_0\\ -a_0b_1-b_0\end{pmatrix} + \frac{1}{1-a_1b_1}\begin{pmatrix}u_1+a_1u_2\\ b_1u_1+u_2\end{pmatrix}$$

In (4) hängen aber x und y sowohl von u_1 als auch von u_2 ab. Somit ist die Annahme verletzt.

(b)

$$(5)\quad \begin{cases} x - a_1y - a_2w - a_0 = u_1 \\ -b_1x + y \qquad\quad - b_0 = u_2 \end{cases}$$

$$(6)\quad (\mathcal{B}\,\mathcal{G})\binom{s}{z} = u = A\,p \text{ mit } A = \left(\begin{array}{cc|cc} 1 & -a_1 & -a_2 & -a_0 \\ -b_1 & 1 & 0 & -b_0 \end{array}\right),\quad p = \begin{pmatrix}x\\y\\w\\1\end{pmatrix}$$

Berücksichtigt man (6) in (3'), so entsteht:

$$(7)\quad \binom{x}{y} = -\frac{1}{1-a_1b_1}\begin{pmatrix}1 & a_1\\ b_1 & 1\end{pmatrix}\begin{pmatrix}-a_2 & -a_0\\ 0 & -b_0\end{pmatrix}\binom{w}{1} + \frac{1}{1-a_1b_1}\begin{pmatrix}1 & a_1\\ b_1 & 1\end{pmatrix}\binom{u_1}{u_2}$$

Gilt in (7) $Cov(W,U_1) = Cov(W,U_2) = 0$, so liegt bzgl. der Annahme eine zulässige Modellspezifikation vor.

<u>Bezeichnungen</u>: $-\mathcal{B}^{-1}\mathcal{G} =: \Pi$, $\mathcal{B}^{-1}u =: v$

$$(8)\quad s = \Pi z + v$$ heißt <u>reduzierte Form</u>.

(c)

(3') multipliziert mit einer Matrix F, deren Inverse existiert:

$$F\mathcal{B}s + F\mathcal{G}z = Fu$$

$$s = (F\mathcal{B})^{-1}F\mathcal{G}z + (F\mathcal{B})^{-1}Fu =$$

$$= \mathcal{B}^{-1}F^{-1}F\mathcal{G}z + \mathcal{B}^{-1}F^{-1}Fu = \Pi z + v$$

Offensichtlich lassen sich verschiedene Lineartransformationen von (5) nicht unterscheiden. Da jedoch Vielfache von 0 wieder 0 sind, bleibt (5) eindeutig identifizierbar, sofern <u>apriori</u> bekannt ist, daß der Paramter bei w

in der zweiten Zeile von G aus (6) tatsächlich Null ist. Wäre diese apriori-Kenntnis nicht vorhanden, so wäre die Nullsetzung dieses Parameters eine Fehlspezifikation. Vielmehr müßte dann G in (6) lauten:

$$G = \begin{pmatrix} -a_2 & -a_0 \\ -b_2 & -b_0 \end{pmatrix}$$

und b_2 wäre zu <u>schätzen</u>, wobei dann der Nachteil von (c) zum Tragen käme.

Wir sehen also:

Interdependenz : - erschwert die Identifikation von Systemen,
- verlangt sogar von zusätzlicher Außenverankerung bestimmte Eigenschaften.

p(33) (a) Es existiert kein Sattelpunkt;

denn: $\max\limits_i \min\limits_j u_{ij} = \max\{0,-2\} = 0$,

$\min\limits_j \max\limits_i u_{ij} = \min\{1,2,1\} = 1$.

${}_{11}U_{22}$, ${}_{11}U_{23}$, ${}_{12}U_{23}$ sind die drei hier möglichen quadratischen Untermatrizen.

$|{}_{11}U_{22}| = \begin{vmatrix} 1 & 2 \\ -2 & 1 \end{vmatrix} = 5$, $\operatorname{adj}({}_{11}U_{22}) = \begin{pmatrix} 1 & -2 \\ 2 & 1 \end{pmatrix}$,

$(1\ 1)\begin{pmatrix} 1 & -2 \\ 2 & 1 \end{pmatrix}\begin{pmatrix} 1 \\ 1 \end{pmatrix} = 2$, $\underline{\underline{{}_{11}v_{22} = 5/2}}$

$${}_1p_2 = \frac{(1\ 1)\begin{pmatrix} 1 & -2 \\ 2 & 1 \end{pmatrix}}{2} = \frac{1}{2}\begin{pmatrix} 3 \\ -1 \end{pmatrix} = \begin{pmatrix} 3/2 \\ -1/2 \end{pmatrix} .$$

${}_1p_2$ verstößt gegen (**), da $-1/2 \notin [0,1]$.

$|{}_{11}U_{23}| = \begin{vmatrix} 1 & 0 \\ -2 & 1 \end{vmatrix} = 1$, $\operatorname{adj}({}_{11}U_{23}) = \begin{pmatrix} 1 & 0 \\ 2 & 1 \end{pmatrix}$,

$\mathbb{1}'\operatorname{adj}({}_{11}U_{23})\mathbb{1} = 4$, $\underline{\underline{{}_{11}v_{23} = 1/4}}$

$\underline{\underline{{}_1p_2 = \frac{1}{4}\begin{pmatrix} 3 \\ 1 \end{pmatrix} = \begin{pmatrix} 3/4 \\ 1/4 \end{pmatrix}}}$, ${}_1p_2$ ist zulässig .

Daher berechnen wir jetzt ${}_1q_3$:

$\underline{\underline{{}_1q_3 = \frac{1}{4}\mathbb{1}'\begin{pmatrix} 1 & 2 \\ 0 & 1 \end{pmatrix} = (1/4\ \ 3/4)}}$ ${}_1q_3$ ist zulässig .

Somit können wir nun (***) testen mit

$$p_0 = \binom{3/4}{1/4}, \quad q_0 = \begin{pmatrix} 1/4 \\ 0 \\ 3/4 \end{pmatrix}$$

$$a_1' U q_0 = (1\ 0)\begin{pmatrix} 1 & 2 & 0 \\ -2 & 1 & 1 \end{pmatrix}\begin{pmatrix} 1/4 \\ 0 \\ 3/4 \end{pmatrix} = 1/4 = v$$

$$a_2' U q_0 = (0\ 1)\begin{pmatrix} 1 & 2 & 0 \\ -2 & 1 & 1 \end{pmatrix}\begin{pmatrix} 1/4 \\ 0 \\ 3/4 \end{pmatrix} = 1/4 = v$$

$$p_0' U b_1 = (3/4\ 1/4)\begin{pmatrix} 1 & 2 & 0 \\ -2 & 1 & 1 \end{pmatrix}\begin{pmatrix} 1 \\ 0 \\ 0 \end{pmatrix} = 1/4 = v$$

$$p_0' U b_2 = 7/4 > v$$

$$p_0' U b_3 = 1/4 = v$$

Somit lautet die Lösung: $v = 1/4$, $p_0 = \binom{3/4}{1/4}$, $q_0 = \begin{pmatrix} 1/4 \\ 0 \\ 3/4 \end{pmatrix}$

Man rechnet leicht nach, daß dies die einzige Lösung ist.

(b)

${}_{11}v_{22} = 1$, $p_0 = \binom{1/2}{1/2}$, $q_0 = \begin{pmatrix} 0 \\ 1 \\ 0 \end{pmatrix}$ ist optimal.

${}_{11}v_{23} = 1$, $p_0^* = \binom{1/2}{1/2}$, $q_0^* = \begin{pmatrix} 1/2 \\ 0 \\ 1/2 \end{pmatrix}$ ist optimal.

${}_{12}U_{23}$ liefert dieselben Ergebnisse wie ${}_{11}U_{22}$.
Somit ist jedes $\lambda \begin{pmatrix} 0 \\ 1 \\ 0 \end{pmatrix} + (1-\lambda)\begin{pmatrix} 1/2 \\ 0 \\ 1/2 \end{pmatrix}$ ein optimaler Strategievektor für Spieler II, sofern $\lambda \in [0,1]$.

Wäre übrigens $u_{13} = -1$ gewesen, so wäre zwar ${}_{11}v_{22} = 1$, $p = \binom{1/2}{1/2}$ und $q = \begin{pmatrix} 0 \\ 1 \\ 0 \end{pmatrix}$, aber $(1/2\ \ 1/2)U\begin{pmatrix} 0 \\ 0 \\ 1 \end{pmatrix} = 1/2 < v$.

(c) In $U_{(m,n)}$ gibt es z.B. $\binom{m}{2}$ verschiedene Zeilenpaare, und je Zeilenpaar $\binom{n}{2}$ (2,2) - Matrizen. Geht man analog für größere quadratische Untermatrizen vor und berücksichtigt, daß 1 - elementige Untermatrizen nicht berücksichtigt werden, so gilt:

Die Anzahl aller zu betrachtenden Untermatrizen in $\mathcal{U}_{(m,n)}$ (O.B.d.A. sei $m \leqslant n$) ist $\sum_{i=2}^{m} \binom{m}{i}\binom{n}{i}$.

(2.6)

w(1)(a) $_C A_B^{-1} {}_B A_{BC} A_B = \begin{pmatrix} 0 & -1 \\ -1 & -1 \end{pmatrix}\begin{pmatrix} 2 & 4 \\ -1 & -2 \end{pmatrix}\begin{pmatrix} 1 & -1 \\ -1 & 0 \end{pmatrix} = \begin{pmatrix} -1 & -1 \\ 1 & 1 \end{pmatrix} = {}_C A_C$

(b)

$$_C A_B^{-1} {}_B A_{BC} A_B = \begin{pmatrix} 0 & 0 & 1 \\ 0 & 1 & -1 \\ 1 & -1 & 0 \end{pmatrix}\begin{pmatrix} 0 & 0 & 0 \\ 1 & 1 & 0 \\ 0 & -1 & 1 \end{pmatrix}\begin{pmatrix} 1 & 1 & 1 \\ 1 & 1 & 0 \\ 1 & 0 & 0 \end{pmatrix}$$

$$= \begin{pmatrix} 0 & -1 & 0 \\ 2 & 3 & 1 \\ -2 & -2 & -1 \end{pmatrix} = {}_C A_C$$

w(2) Zu zeigen: π ist Äquivalenzrelation, also:

π ist : (1) reflexiv, (2) symmetrisch, (3) transitiv

zu(1): Für alle $M \in \mathfrak{M}_{(n,n)}$ gilt: $I_{(n,n)} M I_{(n,n)} = M$,

also ist M zu sich selbst ähnlich.

zu(2): Für $M, N \in \mathfrak{M}_{(n,n)}$ gelte: M ist ähnlich zu N ,

also: es gibt eine invertierbare Matrix T mit

$N = T^{-1}MT$, dann gilt $M = T N T^{-1}$,

d.h. N ist auch zu M ähnlich, da mit T auch T^{-1} invertierbar ist.

zu(3): Für $M, N, K \in \mathfrak{M}_{(n,n)}$ gelte: Es gibt invertierbare Matrizen T, Q mit $N = T^{-1}MT$ und $K = Q^{-1}NQ$.

Sei also M zu N und N zu K ähnlich. Dann gilt:

$K = Q^{-1}T^{-1}MTQ = (TQ)^{-1}M(TQ)$, und

K und M sind ähnlich, da mit T und Q auch TQ invertierbar ist.

w(3) $A(Ax) = \lambda(\lambda x) = A^2x = \lambda^2 x$; für $|\lambda| > 1$ gehen die Elemente aus A^n für $n \to \infty$ also gegen ∞.

w(4) 1

w(5) $A^2 = (\mathcal{B}^{-1}\mathcal{D}\mathcal{B})(\mathcal{B}^{-1}\mathcal{D}\mathcal{B}) = \mathcal{B}^{-1}\mathcal{D}^2\mathcal{B}$. Führen Sie den allg. Bew. mit Hilfe der vollständigen Induktion !

w(6) $|M - \lambda I| \overset{?}{=} |M' - \lambda I|$; es gilt $I' = I$ und $\lambda I' = \lambda I$; also: $(M - \lambda I)' = M' - \lambda I$ und nach Eigenschaft (1) von Determinanten:

$$|M - \lambda I| = |(M - \lambda I)'| = |M' - \lambda I| .$$

w(7) $\lambda_1 = 2$, $\lambda_2 = 1$; beide Eigenwerte sind reell und verschieden, somit werden die zugehörigen Eigenvektoren l.u. sein. (Da zusätzlich A symmetrisch ist, werden die Eigenvektoren sogar orthogonal sein.)

$A - \lambda_i I$ (i = 1,2) sind in $(A - \lambda_i I)x_1 = o$ l.a. .

Es ist $E(\lambda_1) = \{\binom{x}{0} / x \in \mathbb{R}\}$ und $E(\lambda_2) = \{\binom{0}{y} / y \in \mathbb{R}\}$.

Fordert man zusätzlich, daß die Eigenvektoren die Länge 1 haben sollen, so sind $x_1 = \binom{1}{0} \in E(\lambda_1)$ und $x_2 \in E(\lambda_2)$ sogar orthonormal.

w(8) (a) L_1 ist von einfacher Struktur, da L_1 zwei verschiedene Eigenwerte $\lambda_1 = \sqrt{5}$, $\lambda_2 = -\sqrt{5}$ besitzt.

(b) $\lambda = 3$ ist zweifache Nullstelle des charakteristischen Polynoms; $E(\lambda = 3) = \{\binom{x}{0} / x \in \mathbb{R}\}$ ist aber eindimensional, also ist L_2 nicht von einfacher Struktur.

w(9) M_1 hat die Eigenwerte $\lambda_1 = \lambda_2 = 1$, $\lambda_3 = -4$;

$E(\lambda_1) = \left\{\begin{pmatrix} x \\ -3x \\ 0 \end{pmatrix} / x \in \mathbb{R}\right\}$ ist aber eindimensional, also ist M_1 nicht von einfacher Struktur .

M_2 hat die Eigenwerte $\lambda_1 = 1$, $\lambda_2 = 0$; also ist M_2 von einfacher Struktur.

Das charakteristische Polynom von M_3 lautet $\lambda^2 - 3\lambda + 4$; dieses hat komplexe Nullstellen, M_3 ist also nicht von einfacher Struktur.

w(10) $$|A - \lambda I| = \begin{vmatrix} -\lambda & 1 & 0 \\ 0 & -\lambda & 1 \\ 12 & -16 & 7-\lambda \end{vmatrix} = 0$$

$\lambda_1 = \lambda_2 = 2$, $\lambda_3 = 3$

Die Matrix der Eigenvektoren hat den Rang 2, da der Eigenraum zu $\lambda = 2$ die Dimension 1 hat, somit nach Def.:

$$C = \begin{pmatrix} 2 & 1 & 0 \\ 0 & 2 & 0 \\ 0 & 0 & 3 \end{pmatrix}$$ Gesucht ist Q mit $|Q| \neq 0$, so daß $C = Q^{-1}AQ$, d.h. $QC = AQ$.

Dies führt zu dem Gleichungssystem:

$$\begin{aligned} 2q_{11} &= q_{21} & 2q_{21} &= q_{31} \\ q_{11} + 2q_{12} &= q_{22} & q_{21} + 2q_{22} &= q_{32} \\ 3q_{13} &= q_{23} & 3q_{23} &= q_{33} \end{aligned}$$

$$\begin{aligned} 2q_{31} &= 12q_{11} - 16q_{21} + 7q_{31} \\ q_{31} + 2q_{32} &= 12q_{12} - 16q_{22} + 7q_{32} \\ 3q_{33} &= 12q_{13} - 16q_{23} + 7q_{33} \end{aligned}$$

Nach einigen Rechenschritten gelangt man zu 6 unabhängigen Gleichungen:

$$\begin{aligned} q_{31} &= 2q_{21} \\ q_{21} &= 3q_{23} \\ q_{32} &= q_{21} + 2q_{22} \\ q_{23} &= 3q_{13} \\ q_{22} &= q_{11} + 2q_{12} \\ q_{32} &= 2q_{22} + 2q_{11} \end{aligned}$$

Da 9 Unbekannte vorhanden sind, sind 3 von ihnen frei wählbar. Wählt man $q_{11} = 2$, $q_{22} = 3$, $q_{33} = 4$, so entsteht:

$$Q = \begin{pmatrix} 2 & 1/2 & 4/9 \\ 4 & 3 & 4/3 \\ 8 & 10 & 4 \end{pmatrix}$$

p(11) $$T^t = Q \begin{pmatrix} \lambda_1^t & 0 \\ 0 & \lambda_2^t \end{pmatrix} Q^{-1} \quad ;$$

$$|T - \lambda I| = 0 = \begin{vmatrix} 1 - b - \lambda & a \\ b & 1 - a - \lambda \end{vmatrix} \quad ;$$

$(1 - a - \lambda)(1 - b - \lambda) - ab = 0$; $\lambda_1 \neq \lambda_2$ für $a + b \neq 0$

$\lambda_1 = 1 \quad , \lambda_2 = 1 - a - b$

Die zugehörigen Eigenvektoren q_i $(i = 1,2)$ lauten:

$q_1 = k_1\binom{1}{b/a} \quad , \quad q_2 = k_2\binom{1}{-1}$ mit $k_1, k_2 \in \mathbb{R}$ beliebig.

Wählt man $k_1 = a$, $k_2 = 1$, so gilt:

$Q = \begin{pmatrix} a & 1 \\ b & -1 \end{pmatrix}$ und $Q^{-1} = \frac{1}{a+b}\begin{pmatrix} 1 & 1 \\ b & -a \end{pmatrix}$; somit

$T^t = \frac{1}{a+b}\begin{pmatrix} a & 1 \\ b & -1 \end{pmatrix}\begin{pmatrix} 1 & 0 \\ 0 & (1-a-b)^t \end{pmatrix}\begin{pmatrix} 1 & 1 \\ b & -a \end{pmatrix}$, mit $\alpha = 1-a-b$

$T^t = \frac{1}{a+b}\begin{pmatrix} a & a \\ b & b \end{pmatrix} + \frac{\alpha^t}{a+b}\begin{pmatrix} b & -a \\ -b & a \end{pmatrix}$

Mit $p_{1t} = T^t p_0$ entsteht als erste Zeile von p_{1t} die Fixpunktform.

w(22) $\operatorname{sp} A = \sum_{i=1}^{3} \lambda_i \quad , \quad |A| = \prod_{i=1}^{3} \lambda_i$.

(2.7)

w(1) (p_{ij}) sei stochastische Matrix, dann gilt

$$(p_{ij})\mathbb{1} = \begin{pmatrix} \sum_{j=1}^{n} p_{1j} \\ \vdots \\ \sum_{j=1}^{n} p_{nj} \end{pmatrix} = \mathbb{1} \quad ;$$

$P = \begin{pmatrix} 0 & 1 \\ 1 & 0 \end{pmatrix}$ ist eine stochastische Matrix mit $\lambda_1 = 1$, $\lambda_2 = -1$.

w(2) Ist A zerlegbar, so sind stets T_1 und $T_2 \neq \emptyset$.

w(3) (a) Positive (n,n) - Matrizen sind stets unzerlegbar.

(b) M_1, M_2, M_3, M_5 sind zerlegbar, M_4 ist unzerlegbar.

(c) Dreiecksmatrizen sind stets zerlegbar.

w(4) Eine stochastische Dreiecksmatrix ist stets schwach regulär und regulär genau dann, wenn die 1 in der Hauptdiagonalen genau einmal steht. Nach w(3) sind stochastische Dreiecksmatrizen stets zerlegbar; die Begriffe imprimitiv oder primitiv sind hier also nicht anwendbar.

w(5) $\lambda_1 = 1$ ist der einzige Eigenwert von P_1 mit Betrag 1, denn $\lambda_2 = 1/2$. λ_1 ist auch einfache Nullstelle des charakteristischen Polynoms. $E(\lambda_1) = \{a\binom{1}{0}/a \in \mathbb{R}\}$ für λ_1 als Eigenwert von $P_1^!$. Der Grenzzustandsvektor lautet also $\pi = \binom{1}{0}$. Der Zustand s_1 der Kette wird auch <u>absorbierender</u> Zustand genannt.

Bei P_2 ist zunächst zu testen, ob die Kette schwach regulär ist. Man rechnet als Eigenwerte aus: $\lambda_1 = \lambda_2 = 1$, $\lambda_3 = 1/6$. Damit ist der Prozeß schwach regulär, aber nicht regulär, und wir gehen nach 3(b) vor:

$$P_2^! = T^{-1}DT = \begin{pmatrix} 1 & 0 & 0 \\ 0 & 1 & 1 \\ 0 & 3/2 & -1 \end{pmatrix} \begin{pmatrix} 1 & 0 & 0 \\ 0 & 1 & 0 \\ 0 & 0 & 1/6 \end{pmatrix} \begin{pmatrix} 1 & 0 & 0 \\ 0 & 2/5 & 2/5 \\ 0 & 3/5 & -2/5 \end{pmatrix}$$

mit $D^\infty = \begin{pmatrix} 1 & 0 & 0 \\ 0 & 1 & 0 \\ 0 & 0 & 0 \end{pmatrix}$ folgt: $P^{\infty !}_2 = \begin{pmatrix} 1 & 0 & 0 \\ 0 & 2/5 & 2/5 \\ 0 & 3/5 & 3/5 \end{pmatrix}$,

und der Grenzzustand der Kette hängt von der Anfangsverteilung q_0 ab. Für $q_0 = \begin{pmatrix} 1/2 \\ 1/4 \\ 1/4 \end{pmatrix}$ ergibt sich z.B.: $\pi = \begin{pmatrix} 1/2 \\ 1/5 \\ 3/10 \end{pmatrix}$.

w(6) (a) Nein, da $p_{ii}^{(1)} > 0$, in $n = \tau, 2\tau, \ldots$ soll jedoch $\tau > 1$ sein.

(b) Weil die Länge weiterer Zyklen Vielfache der Länge dieser einfachen Zyklen sind.

(c) An Einsen in der Hauptdiagonalen .

(d) Die logische Potenz von $A(G)_*$ sei mit $A^{k*}(G)_*$ bezeichnet. Dann gilt:

$$sp\,[A^{k*}(G)_*]_* = \begin{cases} 1 & \text{für die Existenz eines Zyklus der Länge } k \\ 0 & \text{sonst} \end{cases}$$

Man betrachte $L := \{k / 1 < k \leq n\ ,\ sp[A^{k*}(G)_*]_* = 1\}$;

dann ist der größte gemeinsame Faktor aller Elemente aus L die Periode.

(e)

$$A(G)_* = \begin{pmatrix} 0 & 1 & 0 & 0 \\ 0 & 0 & 1 & 0 \\ 0 & 1 & 0 & 1 \\ 1 & 0 & 0 & 0 \end{pmatrix}, \quad sp[A^{2*}(G)_*]_* = 1\ ,$$

$$sp[A^{3*}(G)_*]_* = 0\ ,$$

$$sp[A^{4*}(G)_*]_* = 1\ .$$

wobei

$$A^{4*}(G)_* = \begin{pmatrix} 1 & 0 & 1 & 0 \\ 0 & 1 & 0 & 1 \\ 1 & 0 & 1 & 0 \\ 0 & 1 & 0 & 1 \end{pmatrix}.$$

Da alle Elemente der Hauptdiagonalen gleich 1 sind, gibt es also einen Zyklus, der alle Zustände erfaßt.

Da $L = \{2,4\}$, ist die Markow - Kette periodisch mit der Periode $\tau = 2$.

w(7) Da $P = P^4$, ist dieser Prozeß periodisch mit Periode $\tau = 3$, demnach sicher nicht konvergent.

w(8) $q_{k+1} = P q_k$; q_k auf beiden Seiten subtrahiert liefert:

$\Delta q_k = (P - I)\, q_k$. $P - I$ ist die gesuchte Matrix.

Sie wird auch <u>dynamische Matrix</u> des Systems genannt.

Man beachte, daß $|P - \lambda I| = 0$ die Eigenwerte liefert.

p(9) Hier ist q_t für $t \to \infty$ unabhängig von der Anfangsverteilung(d.h. der aktuellen Befragungsergebnisse). Treffen die Modellannahmen zu, so genügt es offenbar, die Übergangswahrscheinlichkeiten zu kennen, um auf jede weitere Panelbefragung verzichten zu können. Außerdem werden für wachsendes t augenblickliche Befragungsergebnisse immer irrelevanter.

p(10)	0	25	50	75	100	125	150	175	200
0	1	0	0	0	0	0	0	0	0
25	1-p	0	0	p	0	0	0	0	0
50	0	1-p	0	0	p	0	0	0	0
75	0	0	1-p	0	0	p	0	0	0
100	0	0	0	1-p	0	0	p	0	0
125	C	0	0	0	1-p	0	0	p	0
150	0	0	0	0	0	1-p	0	0	p
175	0	0	0	0	0	0	1-p	0	p
200	0	0	0	0	0	0	0	0	1

Es existieren zwei absorbierende Zustände 0 und 200, wobei 0 mit größerer Wahrscheinlichkeit erreicht wird als 200. Es wäre aber zu aufwendig, die Eigenwerte der Matrix

$$\begin{array}{c} \\ 25 \\ \vdots \\ 175 \end{array} \overset{25 \;\ldots\; 175}{\begin{pmatrix} \\ p_{ij} \\ \\ \end{pmatrix}}$$

zu berechnen, um dies exakt zu bestimmen. Siehe dazu Kap.(4.) !

p(11) (a) $q_t = P'^{(t)} P'^{(t-1)} \ldots P'^{(1)} q_0$

(b) R sei (n,n) - Diagonalmatrix mit $r_{ii} := r_i$, dann gilt:

$\hat{n}_{t+1} = R\, n_t$, $\hat{n}_{t+1}$ bezeichnet also die herkunftsmäßige Veränderung der Verteilung(Fruchtbarkeitsaspekt).

A sei (n,n) - Diagonalmatrix mit $a_{ii} := a_i$, dann gilt:

$\bar{n}_{t+1} = (I - A)\hat{n}_{t+1}$, $\bar{n}_{t+1}$ bezeichnet die Verteilung auf Grund sozialer Herkunft und Auswanderung(Fruchtbarkeit und Attraktivität des eigenen Landes).

$\tilde{n}_{t+1} = P\,\bar{n}_{t+1}$, $\tilde{n}_{t+1}$ bezeichnet die Verteilung auf Grund von sozialer Herkunft, Auswanderung und Mobilität.

E sei (n,n) - Diagonalmatrix mit $e_{ii} := e_i$, dann gilt:

$n_{t+1} = (I + E)\tilde{n}_{t+1}$, also insgesamt , da Multiplikation mit Diagonalmatrizen kommutativ ist,

$$n_{t+1} = R(I - A)P(I + E)n_t =$$

$$= \begin{pmatrix} r_1 & & O \\ & \ddots & \\ O & & r_n \end{pmatrix} \begin{pmatrix} 1-a_1 & & O \\ & \ddots & \\ O & & 1-a_n \end{pmatrix} P \begin{pmatrix} 1+e_1 & & O \\ & \ddots & \\ O & & 1+e_n \end{pmatrix} n_t$$

Alle Matrizen sind (n,n) - Matrizen. Da $\mathcal{R}$, $\mathcal{A}$ und $\mathcal{E}$ Diagonalmatrizen sind, gilt:

$$n_t = (\mathcal{D}_1 \mathcal{P} \mathcal{D}_2)^t n_0 \quad \text{mit } \mathcal{D}_1 = \mathcal{R}(I - \mathcal{A}), \mathcal{D}_2 = I + \mathcal{E}$$

$$= (d^t_{1,ii}) \mathcal{P}^t (d^t_{2,ii}) n_0 \ .$$

Diagonalisiert man $\mathcal{P}$, so folgt:

$$n_t = \mathcal{D}_1^t \, T \, \mathcal{D}^t T^{-1} \mathcal{D}_2^t n_0 = Q \, \mathcal{D}^t \tilde{Q}^{-1}$$

$$\text{mit } Q = \begin{pmatrix} d^t_{1,11} t_{11} & t_{12} \dots & t_{1n} \\ \dots & \dots & \dots \\ t_{n1} & t_{n2} \dots & d^t_{1,nn} q_{nn} \end{pmatrix}, \text{ analog } \tilde{Q}^{-1} \ .$$

(c) Durch 'Aufdickung' der Zustände. Beisp.:

$$\begin{array}{cc|cc} & & \multicolumn{2}{c}{t+1} \\ & & s_1 & s_2 \\ t & s_1 & p_{11} & p_{12} \\ & s_2 & p_{21} & p_{22} \end{array}$$

ist 1. Ordnung ;

$$\begin{array}{ccc|cccc} & & & 1 & 2 & 3 & 4 \\ & & t+1 & s_1 & s_1 & s_2 & s_2 \\ & & t & s_1 & s_2 & s_1 & s_2 \\ & t-1 & t & & & & \\ 1 & s_1 & s_1 & & & & \\ 2 & s_1 & s_2 & & p_{ij} & & \\ 3 & s_2 & s_1 & & & & \\ 4 & s_2 & s_2 & & & & \end{array}$$

ist 2. Ordnung, wobei einige p_{ij} systematisch gleich Null sind, z.B. $p_{21} = 0$.

(3.2)

w(1) ----- , z.B. sind $z_1 = 1-j$ und $z_2 = -1+j$ nicht vergleichbar, da $\text{Re}(z_1) > \text{Re}(z_2)$, aber $\text{Im}(z_1) < \text{Im}(z_2)$.

w(2) ------

w(3) (a) $x_1 = 0 + j$, $x_2 = 0 - j$

(b) $x_1 = 1$, $x_2 = 0 + j\sqrt{2}$, $x_3 = 0 - j\sqrt{2}$

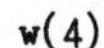

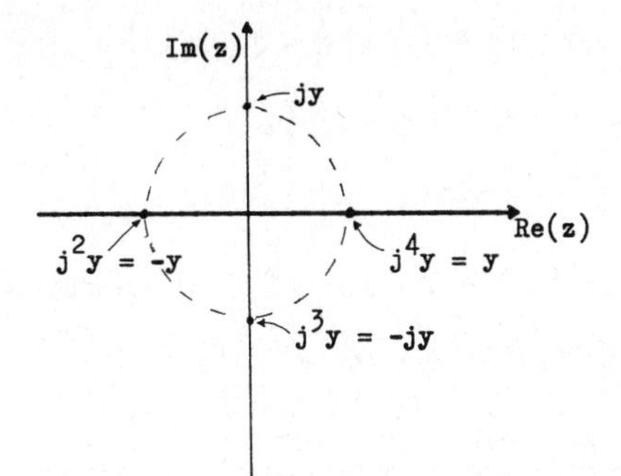

p(5) (a) Schwingungsverhalten ist (theoretisch) auf komplexe Größen zurückführbar, da diese in Form von cos - und sin - Funktionen darstellbar sind.

(b) $s_1 = 1$

$$(s^3 - 2s^2 + 5s - 4):(s - 1) = s^2 - s + 4$$

$$\begin{array}{l} -(s^3 - s^2) \\ \hline \quad - s^2 + 5s \\ \quad -(- s^2 + s) \\ \hline \qquad 4s - 4 \\ \qquad -(4s - 4) \\ \hline \qquad\quad 0 \end{array}$$

$s^2 - s + 4 = 0$ hat die Lösungen

$$s_2 = \frac{1}{2} + \sqrt{\frac{1}{4} - 4} = \frac{1}{2} + \frac{1}{2}\sqrt{15}\sqrt{-1} = \frac{1}{2} + j\,\frac{1}{2}\sqrt{15}$$

$$s_3 = \frac{1}{2} - j\,\frac{1}{2}\sqrt{15} \quad .$$

$Re(s_1) = 1 > 0$, $Re(s_2) = 1/2 > 0$, $Re(s_3) = 1/2 > 0$.
Das System ist'hochgradig'instabil mit dem Schwingungsverhalten

$s_2 = |s_2|(\cos\theta + j\sin\theta)$, $s_3 = |s_3|(\cos\theta - j\sin\theta)$,

wobei $\cos\theta = \frac{Re(s)}{|s|}$, $\sin\theta = \frac{Im(s)}{|s|}$.

w(6) $(1-\lambda)(-2-\lambda) + 4 = 0$

$$\lambda^2 + \lambda + 2 = 0 , \quad \lambda_1 = -\frac{1}{2} + \sqrt{\frac{1}{4} - 2} = -\frac{1}{2} + j\sqrt{\frac{7}{4}}$$

$$\lambda_2 = -\frac{1}{2} - j\sqrt{\frac{7}{4}} .$$

w(7) $z = |z|(\cos\theta + j\sin\theta)$

$= |z| \left[\frac{1}{2}(e^{j\theta} + e^{-j\theta}) + j\frac{1}{2j}(e^{j\theta} - e^{-j\theta})\right]$ ist zu zeigen, denn

$|z|\left(\frac{1}{2}e^{j\theta} + \frac{1}{2}e^{j\theta}\right) = |z|\, e^{j\theta}$

$$\cos\theta = 1 - \frac{\theta^2}{2!} + \frac{\theta^4}{4!} - \frac{\theta^6}{6!} + \ldots$$

$$\sin\theta = \frac{\theta}{1!} - \frac{\theta^3}{3!} + \frac{\theta^5}{5!} - \frac{\theta^7}{7!} + \ldots$$

Mit $j^2 = -1$ lassen sich beide Reihen wie folgt schreiben:

(1) $\cos\theta = 1 + \frac{(j\theta)^2}{2!} + \frac{(j\theta)^4}{4!} + \frac{(j\theta)^6}{6!} + \ldots.$

(2) $j\sin\theta = \frac{j\theta}{1!} + \frac{(j\theta)^3}{3!} + \frac{(j\theta)^5}{5!} + \ldots.$

Summe (1),(2) : $\cos\theta + j\sin\theta = \sum_{n=0}^{\infty}\frac{(j\theta)^n}{n!} = e^{j\theta}$.

w(8)(a) $f(t) = 2$, $g(t) = -t^2$, es entsteht ein Strahl im vierten Quadranten parallel zur $g(t)$ - Achse durch den Punkt (2,0) nach unten gerichtet.

(b) $f(t) = \cos\omega t$, $g(t) = \sin\omega t$, es entsteht ein Kreis um den Nullpunkt mit dem Radius 1, t gibt den Winkel des zu t gehörenden Punktes relativ zur f-Achse an.

(c) $z = e^{-\sigma t}e^{-j\omega t} = e^{-\sigma t}(\cos\omega t - j\sin\omega t)$. Man prüft dies leicht durch Aufg. w(7) nach. Die Höhe der Schwingung wird durch $e^{-\sigma t}$ gegeben, sie ist also von t abhängig, d.h. die durch die Klammer gegebene Oszillation klingt für $\sigma > 0$ mit wachsendem t ab.

$f(t) = e^{-\sigma t}\cos \omega t$, $g(t) = -e^{-\sigma t}\sin \omega t$;

betrachten wir einige Werte:

t	x	y
0	1	0
$\pi/2$	0	$-e^{-\pi/2}$
π	$-e^{-\pi}$	0
$3\pi/2$	0	$-e^{-3\pi/2}$
2π	$e^{-2\pi}$	0

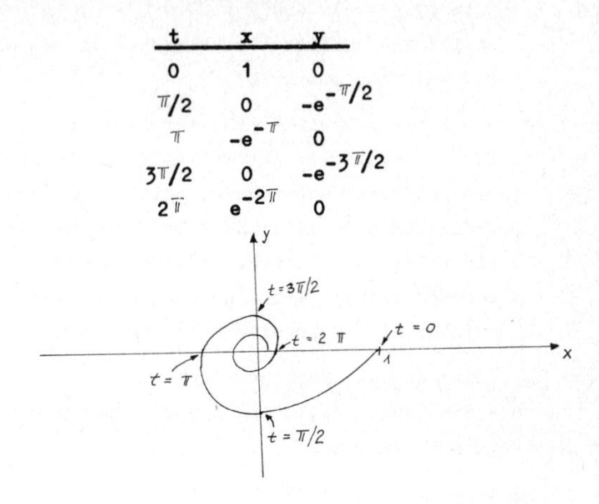

w(9) $e^{2\pi j} = \cos(2\pi) + j\sin(2\pi) = 1 + j0 = 1$

(3.3)

w(1) $\sin 1.5 \approx 0.998$, $\cos 358.2 = \cos(114\pi + 0.0584\pi) \approx 0.998$

$\cos 7\pi/4 = \frac{1}{2}\sqrt{2}$, $\tan 5\pi/6 = -\frac{1}{3}\sqrt{3}$, $\cot(-1/2) \approx -1.840$

w(2) (3.3 - 9): $\sin^2 x = -\cos 2x + \cos^2 x$; + $\sin^2 x$ auf beiden Seiten ergibt $2\sin^2 x = 1 - \cos 2x$.

w(3) (a) Mit (3.3 - 7) und $\cos x = v$:

$-(1 - v^2 - v + 1) = v^2 + v - 2 = 0,\ v_1 = \frac{1}{2} + \sqrt{\frac{1}{4} + 2} = 2$

$v_2 = -1$

Die Rücktransformation gelingt nur für v_2:
$\cos x = -1$, also: $x = \pi + 2k\pi$ für $k \in \mathbb{Z}$.

(b) $s \cos x \cos\theta + s \sin x \sin\theta = C$
Nach (3.3 - 8): $\cos(x - \theta) = C/s$; ist $|C/s| < 1$, so ist $x - \theta$ unmittelbar berechenbar und eindeutig bis auf $2k\pi$ mit $k \in \mathbb{Z}$.

w(4) ------ b sin x bewirkt eine Vergrößerung der Amplitude für $|b| > 1$ bei gleicher Wellenlänge wie sin x, d.h. eine stärkere Schwingung. sin ax bewirkt eine Vergrößerung der Wellenlänge bei gleicher Amplitude wie sin x für $|a| < 1$, d.h. eine Verlangsamung des Schwingungsprozesses(Verkleinerung der Frequenz); für $|a| > 1$ erfolgt eine Vergrößerung der Frequenz.

p(5) Hier gibt es zwei Möglichkeiten:

- Die Amplitude bleibt vom linearen Wachstumstrend unbeeinflußt, dann z.B.:

$$I(t) = a_0 + a_1 t + Ae^{\sigma t}\cos(\omega t + \psi) \quad ;$$

- oder die Amplitude wächst ebenfalls linear, dann z.B.:

$$I(t) = a_0 + a_1 t + (a_2 + a_3 t)Ae^{\sigma t}\cos(\omega t + \psi) \quad .$$

Machen Sie sich beide Fälle für einfache Parameterwerte graphisch klar !

p(6) (a) $T\,T' = I$, also T ist orthonormal.

(b) Hierzu ist zu zeigen, daß

$$\begin{pmatrix} \cos\theta & -\sin\theta \\ \sin\theta & \cos\theta \end{pmatrix}\begin{pmatrix} \cos\theta & \sin\theta \\ -\sin\theta & \cos\theta \end{pmatrix} = I$$; dies erfolgt mit (3.3 - 7) .

Bezeichnet man die ursprünglichen Faktorachsen mit y_1, y_2 , die neuen mit y_1^*, y_2^* , so gilt:

$$\begin{pmatrix} y_1^* \\ y_2^* \end{pmatrix} = T\begin{pmatrix} y_1 \\ y_2 \end{pmatrix} \text{, also } \begin{pmatrix} y_1^* \\ y_2^* \end{pmatrix} = \begin{pmatrix} \cos\theta & -\sin\theta \\ \sin\theta & \cos\theta \end{pmatrix}\begin{pmatrix} y_1 \\ y_2 \end{pmatrix}$$

w(7) Anfangsamplitude $A = 5 \cdot 10^9$, Aufschwungfaktor $\sigma = 0.4$, Frequenz $f = 4$, Periode $P = 1/4$, Phase $\psi = 45^o$,=0 bei Verschiebung der y-Achse um $\frac{\pi/4}{2\pi 4} = 1/32$ nach rechts.

w(8) (3.3 - 36) in Verbindung mit Def. 1 .

p(9) Parameter sind diejenigen Größen, die die Struktur des Modells(hier also: den 'Verlauf' der Funktion w bzw. f festlegen). Somit:

(a) n , p ; (b) μ ; (c) μ, σ^2 .

w(10) $\sigma = \sqrt{npq}$; für wachsendes n wird σ überproportional kleiner, z.B. $+\sqrt{4} = 2$, $+\sqrt{225} = 15$ und $\frac{15}{2} < \frac{225}{4}$.

Je größer σ, desto 'breiter' ist die 'Glockenkurve' der $N(\mu,\sigma^2)$- Dichte.

w(11) $\lim\limits_{n \to \infty} \frac{n(n-1)(n-2)\ldots(n-x+1)}{n^x} = 1$, da $\frac{n^x}{n^x} = 1$, und die restlichen Glieder des Zählers bei aufgelösten Klammern alternierende Vorzeichen haben.

$(1 - \mu/n)^n = (1 + \frac{1}{n}(-\mu))^n$, mit (3.3 - 34) folgt sofort das Ergebnis,

da $\lim\limits_{n \to \infty}(1 - \mu/n)^{-x} = 1^{-x} = 1$.

w(12)Binomial-Modell:

(a) Stochastische Unabhängigkeit der Ereignisse

(b) Parameter p ist eine Wahrscheinlichkeit, die für einen endlich großen Stichprobenumfang stets eine Annäherung bedeutet.

Poisson - Modell:

(a) Stochastische Unabhängigkeit

(b) limes in (3.3 - 55) und $\lim\limits_{n \to \infty} \frac{n!}{n^x(n-x)!}$, da man in den Sozialwissenschaften keine unendlich großen Stichprobenumfänge hat, muß p klein sein. Der Modellcharakter steckt dann im ε der Abschätzung auf S.- 263 - .

$N(\mu,\sigma^2)$- Modell:

(a) (3.3 - 57), ab y = 10 brauchbare Näherung

(b) (3.3 - 63),(3.3 - 64): $p \neq 0$, $q \neq 0$, $n \neq 0$

(c) (3.3 - 67) z.B. $n > y/2p$ für positives y , d.h.

je kleiner p , desto größer muß n sein , analog für q , offensichtlich ist die Annäherung für $p = q$ rasch, d.h. für $p = q = 1/2$.

(d) (3.3 - 68), (3.3 - 69) Näherung mit den ersten beiden Gliedern der ln - Reihe; für hinreichend großes n ist der Fehler zu vernachlässigen(auch hier benötigt man eine Abschätzung mit einer Approximationsgüte ε).
Für $y = 1$, $p = q = 1/2$, $n = 16$ gilt:

$$\ln(1 + y\sqrt{\frac{q}{np}}) = 0.2231 , \quad y\sqrt{\frac{q}{np}} - \frac{1}{2} y^2 \frac{q}{np} = 0.2188;$$

für $\varepsilon = 1/100$ reicht die Annäherung aus, für $\varepsilon = 1/1000$ dagegen nicht.

(e) (3.3 - 70) letzter Ausdruck für $p \neq q$. Mit einer Abschätzung der Approximationsgüte ε gelangt man zu:

$$n > \frac{y^6(q - p)^2}{4\ \varepsilon^2 pq}$$

; für $\varepsilon = 1/10$, $p = 1/4$, $q = 3/4$, $y = 1$ reicht $n = 34$, für $\varepsilon = 1/100$ muß aber schon $n = 3334$ gelten .
Zwar konvergiert der hier betrachtete Grenzprozeß für gegebenes y und n schneller gegen 0 für extreme p und q (d.h. für p,q nahe 0 bzw. 1), aber in (c) erfordert ein hohes p oder q ein hohes n , so daß dadurch nicht viel gewonnen ist.

(f) (3.3 - 75) $\hat{p}$ anstelle von p , $\hat{q}$ anstelle von q .

p(13) ld x mit $x \in \mathbb{R}^+$ läßt sich wie folgt berechnen:

$\mathrm{ld}\ x = \frac{1}{y} \ln x$ mit $y = \ln 2$. Denn: $2^{\mathrm{ld}\ x} = x$,

und mit ln auf beiden Seiten folgt die Formel.

$$F_Z = \begin{Bmatrix} g_1 & g_2 & u_1 & u_2 \\ \frac{6}{22} & \frac{5}{22} & \frac{6}{22} & \frac{5}{22} \end{Bmatrix}$$

(a) $I(g_1) = I(u_1) = \mathrm{ld}\ 22/6 = 1.87$

$I(g_2) = I(u_2) = 2.14$

(b) $I[\{z_k\}] = 43.84$ (c) $H(F_Z) = 1.99$

(d) Offensichtlich ist hier gefragt nach der Information von z_i in k, gegeben $z_{i'}$ in $k-1$.

Bezeichnung $ü_{ii'} := I(z_{ik}/z_{i',k-1})$

$$= -\,\mathrm{ld}\,\mathrm{Prob}(z_{ik}/z_{i',k-1})\ , \quad k = 1,2,\ldots$$

Hier ist also nach $-\mathrm{ld}\,\mathrm{Prob}(u_{1k}/g_{1,k-1})$,

$-\,\mathrm{ld}\,\mathrm{Prob}(u_{1k}/g_{2,k-1})$, $-\,\mathrm{ld}\,\mathrm{Prob}(u_{2k}/g_{1,k-1})$ und

$-\,\mathrm{ld}\,\mathrm{Prob}(u_{2k}/g_{2,k-1})$ gefragt.

Berechnen wir den ersten Ausdruck exemplarisch:

u_1 folgt auf g_1 an den Stellen $k = 2,12,14$.

$$\mathrm{Prob}(u_{1k}/g_{1,k-1}) = \frac{\mathrm{Prob}(u_{1k} \wedge g_{1,k-1})}{\mathrm{Prob}(g_1)} = \frac{3/22}{6/22} = 1/2\ ,$$

somit $-\,\mathrm{ld}\,\frac{3/22}{6/22} = \mathrm{ld}\,2 = 1$.

Das Auftreten von u_1 im Anschluß an g_1 liefert also eine Information(eine Überraschung) von 1 bit.

p(14)(a) Ein zufällig betrachteter Sohn kann in irgendeiner Spaltenposition angesiedelt sein. Bezeichnen wir mit $p_{i.}$ die Randwahrscheinlichkeit von i, mit $p_{.j}$ diejenige von j, so ist hier also nach

$$-\sum_{j=1}^{3} p_{.j} \ln p_{.j} =: H(S) = 0.97$$

gefragt. $\ln x = \frac{1}{\ln 2}\,\mathrm{ld}\,x$; die Größenrelationen bleiben unberührt.

(b) $-\sum_{j=1}^{3} p_{ij} \ln p_{ij} =: H(S/V \text{ in } i)$, $H(S/V \text{ in } 1) = 0.82$

$H(S/V \text{ in } 2) = 1.01$

$H(S/V \text{ in } 3) = 1.05$

$$E[H(S/V \text{ in } i)] = \sum_{i=1}^{3} p_{i.} H(S/V \text{ in } i) =: H(S/V) = 0.9$$

(c) $H(S) - H(S/V) = 0.07$; übrigens findet man in diesem Zusammenhang den Vorschlag,

$\frac{H(S) - H(S/V)}{H(S)} \in [0,1]$ als Maß für die Abhängigkeit der Schichtenzugehörigkeit des Sohnes von der des Vaters zu definieren.

(d) $\frac{|H(S/V)|}{\ln 3} \in [0,1]$, hier $|H(S/V)|/\ln 3 = 0.82$

w(15) Logistische Funktion; A = 10, a = 5 , b = 1/2 .

(3.4)

w(1) f ist auf ganz ℝ diffbar, $f'(x) = -\frac{1}{4} + \frac{1}{2}x$.

w(2) Nach Voraussetzung ist f diffbar in x_0. Nach (3.4 - 19) existiert dann die lineare Approximation

$f(x_0 + h) \approx f(x_0) + f'(x_0)h$.

Um zum Differential für 1/f zu gelangen, gehen wir von

$$\frac{1}{f(x_0 + h)} - \frac{1}{f(x_0)} = \frac{f(x_0) - f(x_0 + h)}{f(x_0 + h)f(x_0)}$$ aus .

Setzen wir (3.4 - 19) ein, so erhalten wir:

$$\frac{1}{f(x_0 + h)} - \frac{1}{f(x_0)} \approx \frac{f(x_0) - f(x_0) - f'(x_0)h}{(f(x_0) + f'(x_0)h)f(x_0)}$$

$$= \frac{-f'(x_0)h}{(f(x_0))^2 + f'(x_0)hf(x_0)}$$

Dividiert man beide Seiten der Gleichung durch h , so gilt in der Grenze:

$$\lim_{\substack{h \to 0 \\ h \neq 0}} \frac{1/f(x_0 + h) - 1/f(x_0)}{h} = -\frac{f'(x_0)}{(f(x_0))^2}$$

w(3) (a) $-3/x^2$ (b) $\frac{5x^2 - 4x}{x - 1}\sqrt{x-1} - 4$ (c) $\frac{x^3(8 - 9x)}{2\sqrt{(1 - x)^3}}$

(d) $\dfrac{-e^{-2(x+3)^2}(3+12x+4x^2)}{x^4}$ (e) $-A \sin t + 2B\cos(2t + \theta)$

(f) $3e^{2\cos^2 t}(1 - 4\cos t \sin t)$

p(4) $x(0) = 1$, $y(0) = \cos(-10^\circ) = 0.9848$

$x(1) \approx x(0) + hx'(0) = 1 + (1-0)[-(3e^{2t} + 2e^{2t}\cdot 3t)]\Big|_{t=0}$

$= -2$

Exakt: $x(1) = -21.1673$

$y(1) \approx \cos(-10^\circ) + [-\frac{1}{2}e^{-t/2}\cos(2\pi t - 10^\circ) + $
$+ e^{-t/2}2\pi(-\sin(2\pi t - 10^\circ)]\Big|_{t=0}$

$= 1.3490$

Exakt: $y(1) = 0.5978$

Während bei $x(t)$, einer stark fallenden e - Funktion, der Abstand zwischen 1 und 0 schon zu groß gewählt ist für eine akzeptable Annäherung, ist der Fehler bei $y(t)$ nicht so stark. Hinzu kommt, daß der Fehler bei $y(t)$ für wachsende t absolut kleiner wird, da hier eine Oszillation mit kleiner werdender Amplitude vorliegt.

w(5) $y = x^{\cos x}$ mit ln auf beiden Seiten:

$D(\ln y) = \frac{1}{y} Dy = D(\cos x \ln x) = -\sin x \ln x + \frac{1}{x}\cos x$

$Dy = x^{\cos x}(\frac{1}{x}\cos x - \ln x \sin x)$

p(6) $y = A \sin \tau$, $x = A\cos\tau$. Da A ebenfalls von τ abhängt, ist auch A nach τ abzuleiten.

$dy = dA \sin\tau + A\cos\tau\, d\tau$, $dx = dA\cos\tau - A\sin\tau\, d\tau$

$$\frac{\frac{dy}{d\tau}}{\frac{dx}{d\tau}} = \frac{dy}{dx} = \left.\frac{\frac{dA}{d\tau}\sin\tau + A\cos\tau}{\frac{dA}{d\tau}\cos\tau - A\sin\tau}\right|_{\tau=\frac{1}{6}\pi} \approx -1/4$$

w(7) $Dy = Aabe^{-bt}/(1 + ae^{-bt})^2$ (logistische Funktion)

$Dy = be^{a-t-be^{-t}}$ (Gompertz - Funktion)

w(8) $D^2y = \frac{Aab^2e^{-bt}(-1 + ae^{-bt})}{(1 + ae^{-bt})^3}$ (logistische Funktion)

$D^2y = \frac{be^{a-t}(be^{-t} - 1)}{\exp(be^{-t})}$ (Gompertz - Funktion)

Der Wendepunkt der logistischen Funktion liegt bei

$t = \ln(a)/b$.

w(9) Ist f auf ganz R diffbar, so existiert f^{-1} eindeutig für $x \in (-\infty, x_0]$ und $x \in [\bar{x}_0, \infty)$, wobei x_0 der Punkt ist mit $f'(x_0) = 0$.

$Df = 3x^2 - 4x = x(3x - 4) = 0 \Longrightarrow x_1 = 0 \; , \; x_2 = 4/3$.

f besitzt auf $I_1 = (-\infty, 0]$, $I_2 = [0, 4/3]$ und $I_3 = [4/3, \infty)$ jeweils eine Umkehrfunktion.

p(10) $f(x,\mu) = \frac{\mu^x}{x!} e^{-\mu}$ sei stochastisches Modell für $\{x_1, \ldots, x_n\}$.

$$L(\mu) = \prod_{i=1}^{n} f(x_i,\mu) = \frac{\mu^A e^{-n\mu}}{\prod_{i=1}^{n} x_i!} \quad \text{mit} \quad A = \sum_{i=1}^{n} x_i$$

$$l(\mu) = \sum_{i=1}^{n} x_i \ln\mu - n\mu - \sum_{i=1}^{n} \ln x_i!$$

$\sum_{i=1}^{n} x_i$ und $\sum_{i=1}^{n} \ln x_i$ sind Konstanten, da die Ausprägungen vorliegen.

Somit: $\frac{dl(\mu)}{d\mu} = \frac{1}{\mu} \sum_{i=1}^{n} x_i - n = 0 \Longrightarrow \hat{\mu} = \frac{1}{n} \sum_{i=1}^{n} x_i = \bar{x}$.

$$\left.\frac{d^2l}{d\mu^2}\right|_{\mu=\hat{\mu}} = -\frac{1}{\mu^2} \sum_{i=1}^{n} x_i \Big|_{\mu=\hat{\mu}} = -\frac{1}{\hat{\mu}^2} \sum_{i=1}^{n} x_i < 0 \; , \; \text{da} \; \hat{\mu}^2 > 0$$

für alle $\hat{\mu} \neq 0$.

w(11) $D-(p \ln p + (1-p)\ln(1-p)) = -\ln p - 1 + \ln(1-p) + 1$
$= 0 \Longrightarrow \ln p = \ln(1-p)$

e - Funktion auf beiden Seiten liefert $p = 1 - p$,
also: $p = 1/2$.

p(12) (a) Die Geradengleichung des Nordostrandes lautet:
$y = 10 - 2x$. Somit: $K(x) = (x - 3)(7 - 2x) = \max$!

$x_{opt} = 13/4$, $y_{opt} = 7/2$.

(b) Da Spieler 1 nur a_1 einsetzt(da die zu a_1 gehörenden Nutzenpunkte allein die Lösungsmenge determinieren), gilt: $4\text{Prob}(b_1) + 2\text{Prob}(b_2) = 4p + 2(1-p) = 7/2$

$\Longrightarrow p = 3/4$, $1 - p = 1/4$.

Für Spieler 2 in der Tat: $\frac{3}{4} \cdot 4 + \frac{1}{4} \cdot 2 = 7/2$.

w(13) Es ist

$$R_n = \frac{(-1)^{n+1}}{(n+1)!} \cdot \frac{n!}{(1 + x_0 + d)^{n+1}}$$

mit $d \in (0,1)$. Für $n = 9$ ist

$$R_9 \leq \frac{1}{10!} \cdot \frac{9!}{(2)^{10}}$$

$$= \frac{1}{10 \cdot 1024} < 1/10^4$$

w(14) $f(x_0 + \Delta x) = f(x_0) + D[f(x_0)]\Delta x + \frac{1}{2} D^2[f(x_0 + d\Delta x)](\Delta x)^2$

Da $f(x_0) \geqslant f(x_0 + \Delta x)$ für alle $x_0 + \Delta x \in U(x_0, \varepsilon)$, gilt:

(1) $D[f(x_0)]\Delta x + \frac{1}{2} D^2[f(x_0 + d\Delta x)](\Delta x)^2 \leqslant 0$ mit $d \in (0,1)$

Fallunterscheidung:

(a) Δx geht gegen 0^+, dann läßt sich Δx auf beiden Seiten von (1) dividieren, und zur Erfüllung der Ungleichung (1) muß gelten:

$$D[\bar{f}(x_0)] \leq 0 \quad .$$

(b) Für $\triangle x \longrightarrow 0^-$ analog: $D[\bar{f}(x_0)] \geq 0$.

Es existiert nur ein Wert von D(f) , an dem beide Grenzprozesse übereinstimmen: $D[\bar{f}(x_0)] = 0$.

Somit muß hier ein kritischer Punkt vorliegen.

Weiterhin folgt aus (1), da $(\triangle x)^2$ immer positiv ist:

$D^2[\bar{f}(x_0 + d\triangle x)] \leq 0$ um (1) zu erfüllen, wenn in x_0 ein kritischer Punkt vorliegt.

w(15) Offene Kugeln im $\mathbb{E}^2$ sind offen, abgeschlossene Kugeln im $\mathbb{E}^2$ sind abgeschlossen. $M = \{ \binom{x}{y} / 1 \leq x+y < 2 \}$ ist weder offen noch abgeschlossen. $\emptyset \subset \mathbb{E}^2$ und $\mathbb{E}^2$ selbst sind sowohl offen als auch abgeschlossen. Dies sind die beiden einzigen Teilmengen des $\mathbb{E}^2$ mit dieser Eigenschaft.

w(16) $M' = \{ x / x \ \mathbb{E}^2 , \|X\| \leq 1 \}$, $\bar{M} = M'$.

w(17) M_1 ist abgeschlossen (man benutze Lemma 2, die Stetigkeit der Funktion f(x) = 1/x und LuM I,(12.2) Def. 1), M_2 ist abgeschlossen(man benutze Lemma 1), M_3 ist offen und abgeschlossen(vgl. w(16)).

w(18) (a_i) divergiert, da (a_{i1}) divergiert .

(b_i) konvergiert gegen $\binom{0}{1}$, da $\lim b_{i1} = \lim \frac{1}{(i-1)!} = 0$

und $\lim b_{i2} = \lim 1 = 1$.

(c_i) konvergiert gegen $\binom{0}{1}$.

w(19) (a) 0, denn sin x ist stetig und sin 0 = 0 .

(b) 0 nach Def. 5 ; man sagt, f sei in x_0 (hier: $x_0 = 0$) stetig ergänzbar.

(c) Dieser Funktionenlimes existiert nicht, da es eine Folge $(1/n)_{n \in \mathbb{N}}$ in $\mathbb{R}$ gibt mit $\lim(1/n) = 0$, und $\lim(g(1/n)) = \lim(n) = \infty \notin \mathbb{R}$.

w(20) Betrachten wir den Fall $n = 3$, für $n > 3$ ergibt sich dann die Behauptung analog:

f als Lineare Abb. ist durch eine (m,3) - Matrix (a_{ji}) gegeben. Für die Komponentenfunktionen gilt:

$f_j\left(\begin{pmatrix} x_1 \\ x_2 \\ x_3 \end{pmatrix}\right) = a_{j1}x_1 + a_{j2}x_2 + a_{j3}x_3$ nach Def. von f.

Sei nun $x = \begin{pmatrix} x_1 \\ x_2 \\ x_3 \end{pmatrix} \in \mathbb{E}^3$ und $(b_i) = \begin{pmatrix} b_{i1} \\ b_{i2} \\ b_{i3} \end{pmatrix}$ eine Folge in $\mathbb{E}^3$

mit $\lim(b_i) = x$, d.h. nach Satz 1 $\begin{pmatrix} \lim(b_{i1}) \\ \lim(b_{i2}) \\ \lim(b_{i3}) \end{pmatrix} = \begin{pmatrix} x_1 \\ x_2 \\ x_3 \end{pmatrix}$.

Zu zeigen ist nun: Für $j = 1,\dots,m$ gilt:

$$\lim(f_j(b_i)) = f_j(x).$$

Es gilt: $\lim(f_1(b_i)) = \lim(a_{11}b_{i1} + a_{12}b_{i2} + a_{13}b_{i3})$

$$= \lim(a_{11}b_{i1}) + \lim(a_{12}b_{i2}) + \lim(a_{13}b_{i3})$$
$$= a_{11}\lim(b_{i1}) + a_{12}\lim(b_{i2}) + a_{13}\lim(b_{i3})$$
$$= a_{11}x_1 + a_{12}x_2 + a_{13}x_3 = f_1(x).$$

Entsprechendes zeigt man für die anderen Komponenten. Da somit jede Komponente f_j stetig ist, ist ganz f stetig.

w(21) Gehen wir analog zu w(21) vor und benutzen die Regeln 1,3,4,5 aus LuM I,(11.4).

Ein Polynom $P(x_1,\dots,x_n) = \sum_{i_1=0}^{n} \dots \sum_{i_n=0}^{n} a_{i_1\dots i_n} x_1^{i_1} \cdot \dots \cdot x_n^{i_n}$

ist stetig, was sich sofort per Induktion aus dem vorher Gezeigten ergibt.

w(22) $f: \mathbb{E}^2 \longrightarrow \mathbb{R}$ ist eine lineare Abb., die durch die Matrix $A_f = (1\ 1)$ dargestellt wird. Nach w(20) ist daher f auf ganz $\mathbb{E}^2$ stetig.

w(23) f ist auf $M \subseteq \mathbb{E}^n$ total diffbar mit M offene Menge. Die 1. partiellen Ableitungsfunktionen sind Konstanten, also stetig. Die Funktionalmatrix ist gleich A.

Die Det. der Funktionalmatrix muß $\neq 0$ sein. Somit besitzt f hier eine Umkehrfunktion, wenn A eine Inverse besitzt.

w(24) Die Dichte der p - dimensionalen Normalverteilung ist:

$$(1) \qquad f(x) = \frac{1}{(2\pi)^{p/2}|\Sigma|^{1/2}} \exp(-\tfrac{1}{2}(x-\mu)'\Sigma^{-1}(x-\mu))$$

mit $x \in \mathbb{R}^p$, Σ Matrix der Varianzen $\in \mathcal{M}_{(p,p)}$, also $\begin{pmatrix} \sigma_1^2 & & 0 \\ & \ddots & \\ 0 & & \sigma_p^2 \end{pmatrix}$

$\mu \in \mathbb{R}^p$ Mittelwertvektor. Ein solcher Datenvektor X möge sich nun n - mal empirisch realisiert haben(etwa: n Personen sind bzgl. p Variablen beobachtet worden), also $x_1,\ldots,x_n \in \mathbb{R}^p$ liegen vor. Gesucht sind nun μ_0 und Σ_0 derart, daß die Likelihood-Funktion

$$(2) \qquad L(\mu,\Sigma) = \prod_{i=1}^{n} f(x_i)$$

$$= \frac{1}{(2\pi)^{np/2}|\Sigma|^{n/2}} \exp(-\tfrac{1}{2}\sum_{i=1}^{n}(x_i-\mu)'\,\Sigma^{-1}(x_i-\mu))$$

für μ_0, Σ_0 ein Maximum annimmt. Dabei gehen wir davon aus, daß Σ_0 symmetrisch und invertierbar ist.

Wir maximieren nicht (2), sondern (äquivalent):

$$(3) \qquad \ln L(\mu,\Sigma) = l(\mu,\Sigma)$$

$$= -\tfrac{1}{2}np\ln(2\pi) - \tfrac{1}{2}n\ln|\Sigma| - \tfrac{1}{2}\sum_{i=1}^{n}(x_i-\mu)'\Sigma^{-1}(x_i-\mu).$$

I.) Bestimmung von μ_0:

$$\frac{\partial l(\mu,\Sigma)}{\partial \mu} = \Sigma^{-1}\sum_{i=1}^{n}(x_i-\mu) = 0 \Longrightarrow \mu_0 = \frac{1}{n}\sum_{i=1}^{n}x_i = \bar{x}.$$

II.)Bestimmung von Σ_0:

Vorbemerkungen: (a) Sei $IS_{(p,p)}$ die normierte $\mathbb{R}$ - Algebra der invertierbaren, symmetrischen (p,p) - Matrizen mit der Matrizenmultiplikation als Produkt. Bekanntlich ist die Varianz-Kovarianzmatrix symmetrisch; wir wollen unterstellen, sie sei invertierbar. Zum Differenzieren von (3) nach $\sum$ ist die Funktion

$$h\colon IS_{(p,p)} \longrightarrow IS_{(p,p)} \quad \text{mit} \quad h(A) = A^{-1}$$

zu differenzieren.

Es seien

$$f,g\colon IS_{(p,p)} \longrightarrow IS_{(p,p)} \quad \text{mit} \quad \begin{array}{l} f(A) = I \\ g(A) = A \end{array} ,$$

dann gilt

$$f = g \cdot h \quad \text{mit} \quad f(A) = g(A) \cdot h(A)$$

mit " · " der Multiplikation der normierten $\mathbb{R}$ - Algebra .

Unter diesen Voraussetzungen ist

$$Df = Dg \cdot h + g \cdot Dh \qquad \text{mit " · " wie angegeben.}$$

(vgl. Lang(1969), Kap. VII,§1 und XVI,§3)

Auf die partiellen Ableitungen bezogen heißt das:

$$\frac{\partial f(A)}{\partial a_{ij}} = \mathcal{O}_{(p,p)} \;, \quad \frac{\partial g(A)}{\partial a_{ij}} = \mathbb{1}_{ij} = \begin{pmatrix} 0 & \cdots & \overset{\text{j-te Spalte}}{\overset{\downarrow}{\cdot}} & \cdots & 0 \\ \vdots & & & & \vdots \\ 0 & \cdots & 1 & \cdots & 0 \\ \vdots & & & & \\ 0 & \cdots & \cdots & \cdots & 0 \end{pmatrix} \begin{array}{l} \\ \\ \leftarrow \text{i-te} \\ \text{Zeile} \\ \\ \end{array} ,$$

$\mathbb{1}_{ij}$ hat also nur in der (i,j)-ten Position eine 1 , sonst nur Nullen. Damit

$$g(A) \cdot \frac{\partial h(A)}{\partial a_{ij}} = - \frac{\partial g(A)}{\partial a_{ij}} \cdot h(A) = - \mathbb{1}_{ij} A^{-1} \text{ , also}$$

$$(4) \qquad \frac{\partial h(A)}{\partial a_{ij}} = - A^{-1} \mathbb{1}_{ij} A^{-1} \qquad .$$

(b) Für $A \in IS_{(p,p)}$ und $x \in \mathbb{R}^p$ gilt:

$$x' A x = sp(x x' A') = sp(x x' A) \quad .$$

(c) Sei $\det: IS_{(p,p)} \longrightarrow \mathbb{R}$ definiert durch

$$\det(A) = |A| \quad .$$

Ist a_i der i-te Zeilenvektor von A, so gilt nach dem Entwicklungssatz für Determinanten:

$$|A| = \sum_{j=1}^{p} (-1)^{i+j} a_{ij} |A_{ij}| \quad ,$$

wobei A_{ij} diejenige $(p-1, p-1)$ - Untermatrix von A ist, bei der die i-te Zeile und die j-te Spalte gestrichen wurden.

Somit:

$$\frac{\partial \det(A)}{\partial a_{ij}} = (-1)^{i+j} |A_{ij}| \quad .$$

Für $A \in IS_{(p,p)}$ existiert $A^{-1} =: (\alpha_{ij})$, und es ist:

$$\alpha_{ij} = (-1)^{i+j} \frac{1}{|A|} |A_{ji}| = (-1)^{i+j} \frac{1}{|A|} |A_{ij}|$$

wegen der Symmetrie von A.

Sei $e: IS_{(p,p)} \longrightarrow \mathbb{R}$ definiert durch

$$e(A) = \ln(|A|) \quad ,$$

dann gilt nach der Kettenregel:

$$\frac{\partial e(A)}{\partial a_{ij}} = \frac{d \ln |A|}{d |A|} \cdot \frac{\partial |A|}{\partial a_{ij}}$$

$$= \frac{1}{|A|} \cdot (-1)^{i+j} |A_{ij}| = \alpha_{ij} \quad ,$$

und α_{ij} wie zuvor angegeben.

Mit diesen Vorbereitungen und $\Sigma = (\sigma_{ij})$:

(5) $$\frac{\partial l(\mu,\Sigma)}{\partial \sigma_{ij}} = -\frac{1}{2}\, n t_{ij} + \frac{1}{2}\sum_{i=1}^{n}(x_i-\mu)'\Sigma^{-1} 1_{ij}\Sigma^{-1} \cdot (x_i-\mu)$$

mit t_{ij} dem i,j - ten Element aus Σ^{-1} nach (4) und (c).

Nach (b) ist

$$\sum_{i=1}^{n}(x_i-\mu)'\Sigma^{-1}1_{ij}\Sigma^{-1}(x_i-\mu)$$

$$= \text{sp}\,((\underbrace{\sum_{i=1}^{n}(x_i-\mu)(x_i-\mu)'}_{=:\,\mathcal{B}})\Sigma^{-1}1_{ji}\Sigma^{-1})$$

$$= \text{sp}\,(\mathcal{B}\,\Sigma^{-1}1_{ji}\Sigma^{-1}) = t_i'\,\mathcal{B}\,t_j$$ mit t_i, t_j

i-te bzw. j-te Spalte von Σ^{-1}. Damit kann (5) insgesamt geschrieben werden als

(6) $$\frac{\partial l(\mu,\Sigma)}{\partial \Sigma} = -\frac{1}{2}\, n\Sigma^{-1} + \frac{1}{2}\Sigma^{-1}\mathcal{B}\,\Sigma^{-1} = 0_{(p,p)}$$

$\Longrightarrow \Sigma_0 = \frac{1}{n}\,\mathcal{B}$. Mit dem Ergebnis aus I.), d.h.

$\bar{x}$ für μ und $\mathcal{B}$ als empirische Varianz-Kovarianzmatrix S:

(7) $\Sigma_0 = \frac{1}{n}\, S$ als Max-Likelihood-Schätzung.

w(25) f hat auf dem Intervall ein absolutes Maximum bei $\binom{x_1}{x_2} = \binom{1/3}{2/3}$. Da es nur einen kritischen Punkt (nämlich dieses Maximum) gibt, und f auf dem Intervall konkav ist, kann f ihr Minimum nur in einem Randpunkt annehmen. Beschränkt man also f auf die vier Randstrecken und führt hier Minimierungsbetrachtungen durch, so zeigt sich: $\binom{0}{0}$ und $\binom{1}{1}$ sind Minima mit

$$f(\tbinom{1}{1}) = f(\tbinom{0}{0}) = 0 \quad .$$

p(26) (a) $F(a) = \sum_{i=1}^{n}[\bar{y}_i - (a_0 + a_1 x_{1i} + a_2 x_{2i})]^2 = \min\,!$

$$\frac{\partial F}{\partial a_0} = -2\sum_{i=1}^{n}[\bar{y}_i - (a_0 + a_1 x_{1i} + a_2 x_{2i})] = 0$$

$$\frac{\partial F}{\partial a_1} = -2\sum_{i=1}^{n} [(y_i - (a_0 + a_1x_{1i} + a_2x_{2i}))x_{1i}] = 0$$

$$\frac{\partial F}{\partial a_2} = -2\sum_{i=1}^{n} [(y_i - (a_0 + a_1x_{1i} + a_2x_{2i}))x_{2i}] = 0 .$$

Dies ist das Normalgleichungssystem, das sich nun leicht durch Umformung als ein LIS in den Unbekannten a_0, a_1, a_2 schreiben läßt.

(b) $y = (1 \vdots X)a + u$, ausgeschrieben:

$$\begin{pmatrix} y_1 \\ \vdots \\ y_n \end{pmatrix} = \begin{pmatrix} 1 & x_{11} & x_{21} \\ \vdots & \vdots & \vdots \\ 1 & x_{1n} & x_{2n} \end{pmatrix} \begin{pmatrix} a_0 \\ a_1 \\ a_2 \end{pmatrix} + \begin{pmatrix} u_1 \\ \vdots \\ u_n \end{pmatrix}$$, im folgenden: $(1 \vdots X) =: Z$

$$u'u = (y - Za)'(y - Za) =$$

$$= y'y - a'Z'y - y'Za + a'Z'Za = \min !$$

$$\frac{d}{da}(u'u) = -2Z'y + 2Z'Za = 0$$

$$\hat{a} = (Z'Z)^{-1}Z'y$$, sofern die Inverse existiert.

$$\frac{d^2}{da^2}(u'u) = 2Z'Z = 2\Sigma_z .$$

Die Varianz-Kovarianzmatrix ist jedoch positiv definit (dies sei hier ohne Beweis vermerkt). Somit stellt $\hat{a}$ das absolute Minimum dar.

$$\begin{pmatrix} 4 & 2 \\ 6 & 3 \\ -2 & -1 \\ 0 & 0 \end{pmatrix}$$ ist l.a., und a ist nicht schätzbar.

(c) Die Zufallsvariable U (Residualgröße) sei (wie üblich angenommen) $N(0,\sigma^2)$- verteilt, d.h. $\Sigma_u = \sigma^2 I$. Dann gilt:

$$L(u/a,\sigma) = \frac{1}{2\pi^{n/2}\sigma^n} e^{-u'u/2\sigma^2} .$$

$$l(a) = -\frac{n}{2}\ln(2\pi) - n\ln\sigma - \frac{1}{2\sigma^2}(y - Za)'(y - Za)$$

$$\hat{a} = (Z'Z)^{-1}Z'y .$$

(d) Je größer die Multikollinearität, desto größer sind die Elemente von Σ_a, d.h. desto weniger zuverlässig sind Prognosen mit Hilfe von $\hat{a}$.

p(27) Der Standort S ist eine Funktion von x,y,z ; dies sei ausgedrückt durch S(x,y,z) .
Jeder Stadtteil i (i = 1,...,n) hat einen Abstand zu S in Form von

$$d_i = [(x - x_i)^2 + (y - y_i)^2 + (z - z_i)^2]^{1/2}$$

Jedem d_i ist nun ein Kostenfaktor k_i zugeordnet, die Gesamtkosten betragen also (wegen der Proportionalität)
$K = k'd$.

$$(*) \qquad K = (k_1 \dots k_n)\begin{pmatrix} d_1 \\ \vdots \\ d_n \end{pmatrix} = k'd = \min !$$

Die Optimierungsaufgabe ist ein nichtlineares Programm ohne Nebenbedingungen. Somit als Normalgleichungen:

$$\frac{\partial K}{\partial x} = \sum_{i=1}^{n} k_i(x - x_i)/d_i = 0, \quad \frac{\partial K}{\partial y} = \sum_{i=1}^{n} k_i(y - y_i)/d_i = 0$$

$$\frac{\partial K}{\partial z} = \sum_{i=1}^{n} k_i(z - z_i)/d_i = 0$$

Dieses Gleichungssystem ist i.a. nur schwer lösbar.

w(28) $x'Ax = 2x_1^2 + x_2^2 - 3x_1x_2$; Koeffizientenvgl. (mit der Auflage: $a_{12} = a_{21}$) liefert $A = \begin{pmatrix} 2 & -3/2 \\ -3/2 & 1 \end{pmatrix}$, A ist indefinit.
Die zweite Funktion ist streng konvex.

w(29) $x_0' = (\frac{3}{2} \quad 2 \quad 1)$ ist Minimum .

p(30) $$\Sigma = \begin{pmatrix} \sigma_1^2 & r\sigma_1\sigma_2 \\ r\sigma_1\sigma_2 & \sigma_2^2 \end{pmatrix}$$

$\sigma_1^2 > 0$, sofern die Daten überhaupt 'variieren'.
$|\Sigma| > 0$ für $|r| < 1$.

Man macht sich aus p(26) sofort klar, daß für die multiple Regression gilt $H = \Sigma$, so daß bis auf die aufgezeigten Extremfälle stets ein globales Minimum für die Parameterschätzungen existiert.

p(31) $$L(n_j,\lambda) = s_p^2 + \lambda(\sum_{j=1}^{r} c_j n_j - C) = \min !$$

$$\frac{\partial L}{\partial n_j} = - \frac{N^2 N_j^2 p_j(1 - p_j)}{N^4 n_j^2} + \lambda c_j = 0$$

$$\sum_{j=1}^{r} n_j c_j = C$$

Wechselseitiges Einsetzen ergibt:

$$n_j = \frac{N_j C \sqrt{p_j(1 - p_j)/c_j}}{\sum_{j=1}^{r} N_j \sqrt{c_j p_j(1 - p_j)}}$$

Eine konvexe + eine lineare Funktion ist wieder konvex, somit liegt hier ein Minimum vor; dies ist der einzige Extremwert, da die zweite Lösung der ersten (quadratischen) Gleichung für n_j negativ ist, und negative Häufigkeiten ausgeschlossen sind.

w(32) (a) $F(x) = x^2 + cx$, (c) $F(x) = - \frac{1}{s} e^{-sx}(x + \frac{1}{s})$

(b) $F(x) = - \frac{1}{2} e^{-2x} + 2 \ln x$, $x > 0$

w(33) $- \frac{1}{s} e^{-st} x + \frac{y}{2} t^2 + zt + C$, $C \in \mathbb{R}$ konst.

w(34) Nenner = 0: $x_1 = 2$, $x_2 = 2$, $x_3 = 1$, $x_4 = -1$; Koeff.vgl. mit dem Ansatz $\frac{P}{Q} = \frac{A}{x-1} + \frac{B}{x+1} + \frac{C}{x-2} + \frac{D}{(x-2)^2}$ liefert:

$A = 3$, $B = -1/9$, $C = -26/9$, $D = 8/3$; $F(x)\Big|_3^4 \approx 0.52$.

w(35) ∞ nach partieller Integration für das erste Integral, das zweite Integral führt nach partieller Integration zu:

$$-\frac{1}{s} e^{-st} t \Big|_0^{\infty} - \frac{1}{s^2} e^{-st} \Big|_0^{\infty} = -\frac{1}{s} \lim_{t \to \infty} (e^{-st} t) + 0$$

$$- \frac{1}{s^2} \lim_{t \to \infty} (e^{-st}) + 1/s^2$$

Der zweite Limesprozeß geht gegen 0, Schwierigkeiten bereitet lediglich der erste Limesprozeß. Mit der Regel von de L'Hospital erhalten wir jedoch sofort:

$$\lim_{t \to \infty} \frac{t}{e^{st}} = \lim_{t \to \infty} \frac{Dt}{De^{st}} = \lim_{t \to \infty} \frac{1}{se^{st}} = 0 \quad \text{, somit:}$$

$$\int_0^{\infty} e^{-st} t \, dt = 1/s^2 \quad .$$

w(36) (a) $-e^{-x/a} \Big|_0^{\infty} = \lim_{x \to \infty} (-e^{-x/a}) - (-e^0) = 1$

(b) $F(y) = 1 - e^{-y/a}$.

w(37) $E(X) = \frac{1}{a-b} \int_b^a x dx = \frac{1}{a-b} \cdot \frac{x^2}{2} \Big|_b^a = (a + b)/2$ für die Rechteckverteilung.

p(38) (a) $h(y) = \frac{\Gamma(\alpha+\beta)}{\Gamma(\alpha)\Gamma(\beta)} \cdot \frac{1}{(b-a)^{\alpha+\beta-2}} (y-a)^{\alpha-1}(b-y)^{\beta-1}$

(b) $\frac{dh}{dy} = (\alpha-1)(y-a)^{\alpha-2}(b-y)^{\beta-1} - (\beta-1)(y-a)^{\alpha-1}(b-y)^{\beta-2} = 0$

liefert den kritischen Punkt

(*) $y_0 = m = \frac{a(\beta-1) + b(\alpha-1)}{\alpha+\beta-2}$; der Leser prüfe, daß y_0 ein Maximum ist.

(c) $Var(Y) = \frac{(b - a)^2(9 - 2)}{36 \cdot 7} = \frac{(b - a)^2}{36}$

(d) $E(Y) = a + (b - a)E(X) = a + (b - a)\frac{\alpha}{\alpha+\beta}$

$$= \frac{\alpha b + \beta a}{\alpha + \beta} \quad ;$$

mit α und β aus (c) und unter Verwendung von m :

$$E(Y) = \frac{a + b + a(\beta - 1) + b(\alpha - 1)}{\alpha + \beta}$$

$$= \frac{a + b + (\alpha + \beta - 2)m}{\alpha + \beta} = \frac{a + 4m + b}{6} \quad (**)$$

(e)(1) Erst wenn es überhaupt keine Möglichkeit gibt, durch empirische Analysen etwas über die Tätigkeitsdauer in Erfahrung zu bringen, sollte man zu subjektiven Schätzungen(wenn überhaupt) greifen(auch Expertenschätzungen sind subjektiv!).

(2) Ein derartiger Formelapparat kann zur sachzwang-ideologischen Verschleierung von Management-Interessen herangezogen werden.

(3) a,b und m in (**) werden in der Praxis meist unabhängig voneinander geschätzt, indem Erfahrungswerte, Analogieschlüsse oder subjektive Expertenurteile herangezogen werden. Nach (*) liegt jedoch für gegebene a,b m fest. Damit ist der 'wahrscheinlichste' Wert kein Zufallsereignis mehr, da er für gegebene a,b <u>strukturell</u> festgelegt ist. Damit wird m als <u>Schätz</u>wert(auch als subjektiver Schätzwert) fragwürdig.

p(39) $\varphi(t) = (1 - \frac{jt}{\lambda k})^{-k}$ sofort aus dem Beisp. von S.-379- .

(a) $E(X) = 1/\lambda$, $Var(X) = 1/k\lambda^2$

(b) Exponential-Vert. bei k = 1 ; Poisson-Vert. bei f(1) mit k = 1 , dann nämlich: f(1) = p(1) mit

$p(1) = \frac{\mu^1}{1!} e^{-\mu}$, d.h. aus der Erlang-Verteilung ist nur eine spezielle Ausprägung der Poisson-Vert. herleitbar.

(c) Exponential-Vert.: $\gamma = 2$

Erlang-Vert.: $\gamma = 2/k^{1/2}$

Poisson-Vert.: Zunächst Charakteristische Funktion:

$$\Psi(z) = \sum_{x=0}^{\infty} \frac{\mu^x}{x!} e^{-\mu} z^x \quad \text{mit } z = e^{jt}$$

$$= e^{-\mu} \sum_{x=0}^{\infty} \frac{(z\mu)^x}{x!} = e^{-\mu + z\mu}$$ nach der Reihendef. der Exp - Funktion.

$E(X) = \mu$ (in der MacLaurin-Reihe ist nun $z = 1$ zu setzen).

$Var(X) = \mu$, und es läßt sich leicht zeigen, daß alle weiteren Momente $m_k = E[\bar{X} - E(X)]^k$ gleich μ sind.

Somit: $\gamma = \mu/\sqrt{\mu}^3 = 1/\sqrt{\mu}$.

w(40) $\Psi(z) = \sum_{x=0}^{n} \binom{n}{x} p^x (1 - p)^{n-x} z^x$ mit $z = e^{jt}$

$$= \sum_{x=0}^{n} \binom{n}{x} (pz)^x (1 - p)^{n-x} .$$

Nach [9.7] aus LuM I : $\Psi(z) = (pz + q)^n$ mit $q = 1 - p$.

$\gamma = (1 - 2p)/(npq)^{1/2}$; $\gamma = 0$ für $p = 1/2$ oder für $n = \infty$, sofern $p, q > 0$.

w(41) Da $f(x)$ eine Dichtefunktion ist, muß gelten: $\int_0^c f(x)dx = 1$, somit: $\frac{c^3}{24} + \frac{c^2}{6} = 1$, also $c = 2$. (Die übrigen c - Lösungen sind konjugiert komplex und daher zu vernachlässigen.)

w(42) Mit $z = (x - \mu)/\sigma$ gilt:

$$E(X) = \frac{1}{\sqrt{2\pi}\,\sigma} \int_{-\infty}^{\infty} (\mu + \sigma z) e^{-z^2/2} dz$$

$$= \underbrace{\frac{1}{\sqrt{2\pi}\,\sigma} \int_{-\infty}^{\infty} e^{-z^2/2} dz}_{= \mu} + \underbrace{\frac{1}{\sqrt{2\pi}} \int_{-\infty}^{\infty} z e^{-z^2/2} dz}_{= - \left. \frac{e^{-z^2/2}}{2} \right|_{-\infty}^{\infty} = 0}$$

(4.)

w(1) Charakteristische Gleichung: $s + 1 = 0$, $s = -1$.

$x_0(t) = Ce^{-t}$, man sieht sofort: $x^*(t) = 1$ ist eine spezielle Lösung. Somit:

$x(t) = x^*(t) + x_0(t) = 1 - Ce^{-t}$ ist allg. Lösung.

$x(0) = 0$ folgt: $C = 1$, also: $x(t) = 1 - e^{-t}$.

w(2) $Dy = k(y - x)$ mit $k > 0$, $x(t) = t$.

$Dy - ky = -kx = -kt$. Char. Gleich.: $s - k = 0$, also:

$y_0(t) = Ce^{kt}$, für die spezielle Lösung versuchen wir

$y^*(t) = a + bt$. Setzen wir dies in die Diff.gl. ein, so erhalten wir: $D(a + bt) - k(a + bt) = b - ak - bkt = -kt$

Durch Koeff.vgl. erhalten wir: $a = 1/k$, $b = 1$. Somit:

$y(t) = Ce^{kt} + 1/k + t$. Für positives k wächst $y(t)$ sehr rasch über alle Grenzen.

p(3) (a) $F(t) = [\bar{N} - n(t)]/N$; nach $n(t)$ aufgelöst:

$n(t) = N[\bar{1} - F(t)]$; dies in (2) unter Berücksichtigung von (1): $h(t) = f(t)/[1 - F(t)]$ mit $f(t) = \frac{dF(t)}{dt}$.

Setzt man anstelle von t die Integrationsvariable τ, und erstreckt das Integral auf beiden Seiten von 0 bis t, nachdem man auf beiden Seiten mit $d\tau$ multipliziert hat, so erhält man:

$$\int_0^t h(\tau)d\tau = \int_0^t \frac{\frac{d}{d\tau}F(\tau)}{1 - F(\tau)} d\tau = - \ln[1 - F(\tau)] \Big|_0^t .$$

Wegen $F(0) = 0$:

$$\int_0^t h(\tau)d\tau = - \ln[1 - F(t)]$$

. Multiplikation mit -1 auf beiden Seiten und Anwendung der e - Funktion:

$$F(t) = 1 - e^{\int_0^t -h(\tau)d\tau} \quad \text{und} \quad f(t) = h(t)e^{\int_0^t -h(\tau)d\tau} .$$

(b) Bei $h(t) = 1/a$ entsteht die Exponentialverteilung.

p(4) Trennung der Variablen: $\frac{dn}{(N-n)(a+bn)} = dt$. Partialbruchzerlegung der linken Seite (Nennernullstellen $n_1 = N$, $n_2 = -a/b$):

$$\frac{A}{N - n} + \frac{B}{b(n + \frac{a}{b})} = \frac{Aa + Abn + BN - Bn}{(N - n)(a + bn)} .$$

Koeffizientenvergleich führt zu dem Gleichungssystem $Ab - B = 0$, $Aa + BN = 1$ mit den Lösungen $A = 1/(a + bN)$, $B = b/(a + bN)$. Somit:

$$\int \left(\frac{A}{N - n} + \frac{B}{b(n + \frac{a}{b})}\right)dn = t + C_1$$

, C_1 als Integrationskonstante.

$$\frac{1}{a + bN}\left(- \int \frac{1}{n - N} dn + \int \frac{1}{n + \frac{a}{b}} dn\right) = t + C_1$$

$$\frac{1}{a + bN}\left(- \ln|n - N| + \ln\left|n + \frac{a}{b}\right|\right) = t + C_2,$$

C_2 Gesamtintegrationskonstante.

$$\frac{1}{a + bN}\left(\ln \frac{\left|n + \frac{a}{b}\right|}{|n - N|}\right) = t + C_2$$;mit $a,b,n(t) > 0$ und $n(t) \leq N$

(siehe Aufgabenstellung) erhalten wir also:

$$\frac{1}{a + bN} \ln \frac{n + \frac{a}{b}}{N - n} = t + C_2$$. Multiplikation auf beiden Seiten mit $a + bN$ und e - Funktion:

$$\frac{n + \frac{a}{b}}{N - n} = e^{(t + C_2)(a + bN)}$$, also

$$n + ne^{(t + C_2)(a + bN)} = Ne^{(t + C_2)(a + bN)} - \frac{a}{b}$$, d.h.:

(1) $$n(t) = \frac{NCe^{t(a + bN)} - a/b}{1 + Ce^{t(a + bN)}}, \quad C = e^{C_2(a + bN)}.$$

Sensitivitätsanalyse bzgl. N aus (1):

$$\frac{dn}{dN} = \frac{1 + (a + bN)t + Ce^{(a + bN)t}}{2 + \frac{1}{C}e^{-(a + bN)t} + Ce^{(a + bN)t}}$$, d.h. $\frac{dn}{dN} > 0$, mit wachsendem N wächst auch n. Für $N \to \infty$ (Betrachtung des Funktionenlimes dn/dN) geht dn/dN gegen 1 , d.h. N und n wachsen gleichmäßig an für große N. Es ist $\lim_{t \to \infty} n(t) = N$.

Der Verlauf von n(t) läßt sich gut aus dn/dt ablesen(vgl. logistische Funktion S.-389f -):

$$\frac{dn}{dt}(t) = \frac{(a + bN)(N + \frac{a}{b})Ce^{(a + bN)t}}{(1 + Ce^{(a + bN)t})^2}$$, d.h. $\frac{dn}{dt} > 0$, mit wachsendem t wächst also auch n , es ist aber $\lim_{t \to \infty} \frac{dn}{dt}(t) = 0$ (wegen quadrierter Funktion im Nenner gegenüber $e^{(a + bN)t}$ im Zähler). $\frac{dn}{dt}(t)$ hat skizzenhaft die Form:

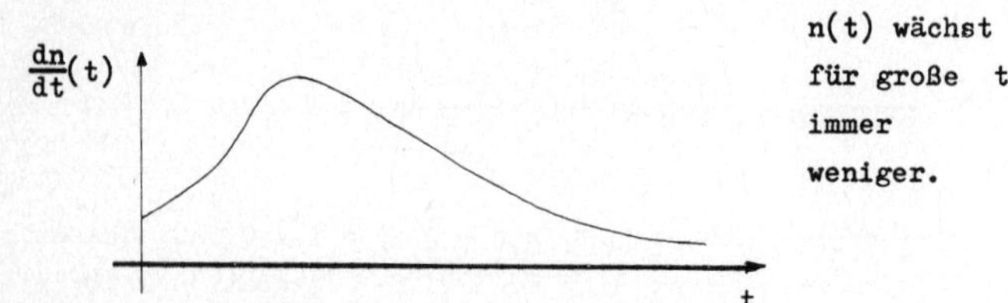

n(t) wächst für große t immer weniger.

dn/dt gibt anschaulich die Anzahl der Personen an, die zum Zeitpunkt t die Innovation übernehmen.

w(5) $\Delta(x_k + y_k) = (x_{k+1} + y_{k+1}) - (x_k + y_k)$

$$= x_{k+1} - x_k + y_{k+1} - y_k = \Delta x_k + \Delta y_k$$

$$\Delta(ax_k) = a(x_{k+1} - x_k) = a\Delta x_k$$

w(6) $x_1 = px_0 + q$

$$x_2 = px_1 + q = p^2 x_0 + q(1 + p)$$

$$x_3 = px_2 + q = p^3 x_0 + q(1 + p + p^2)$$

$$\vdots$$

$$x_k = p^k x_0 + q \sum_{i=0}^{k-1} p^i$$

Gemäß dem Existenz-und Eindeutigkeitssatz gibt es genau eine Lösung. $\sum_{i=0}^{k-1} p^i$ ist eine geometrische Reihe mit der Lösung $(1 - p^k)/(1 - p)$ für $p \neq 1$,

k für $p = 1$.

Hier also für $p \neq 1$:

$$x_k = p^k x_0 + q(1 - p^k)/(1 - p) \quad .$$

p(7) (a) Diskrete Approximation:

$$\frac{\Delta y_k}{\Delta k} = ay_k + b \text{ , also: } \Delta y_k = a\Delta k y_k + \Delta k b \quad .$$

Mit $h := \Delta k$: $y_{k+1} = y_k + ahy_k + hb = (1 + ah)y_k + hb$,

mit $d := (1 + ah)$ und $f := hb$:

$$y_{k+1} = dy_k + f$$

(b) Lösung: $y_k = d^k y_0 + f(1 - d^k)/(1 - d)$ für $d \neq 1$

$$= (1 + ah)^k (y_0 + b/a) - b/a \quad .$$

Zur Grenzwertbildung formen wir den Exponenten k um zu $(t - t_0)/\Delta k$; denn an der Stelle $t = t_k$ gilt gerade:

$t_k - t_0 = k \Delta k$, da wir den Startzeitpunkt für t und k gleich gewählt haben.

Somit: $$\lim_{h \to 0} (1 + ah)^k = \lim_{h \to 0} (1 + ah)^{(t - t_0)/(\Delta k)} .$$

Der Exponent des rechten Ausdrucks kann geschrieben werden als $\frac{1}{ah} a(t - t_0)$. Dann gilt:

$$\lim_{h \to 0} (1 + ah)^{(t - t_0)/h} = \lim_{h \to 0} \left[(1 + ah)^{1/ah} \right]^{a(t-t_0)}$$

Wegen $\lim_{h \to 0} (1 + ah)^{1/ah} = e$ und $\lim_{h \to 0} y_k = y(t)$

gilt: $$y(t) = (y_0 + b/a)e^{a(t-t_0)} - b/a \quad .$$

p(8) (a) Für y_t klein ist genügend Lebensraum vorhanden, so daß die Species zunächst überproportional wächst. Mit wachsender Anzahl werden jedoch Nahrungsreserven etc. knapp, so daß die Species hier(nach Überschreiten des Gleichgewichtspunktes y^*) unterproportional wächst. Daher gilt jenseits von y^*:

$\frac{y_{t+1}}{y_t} < 1$, und die Anzahl der Species nimmt ab, so daß evtl. $y_t < y^*$. Nun kann die Species wieder wachsen etc. . Ist y^* ein stabiles Gleichgewicht, so werden y_{t+1} und y_t schließlich in der Nähe von y^* pendeln.

(b) In ökologischen Umweltproblemen liegt heute häufig Situation (b) vor (stark ausgezeichnete Kurve): Je weniger Speciesmitglieder leben, desto mehr nimmt die Anzahl der Species auch künftig ab; hier liegt also eine instabile Situation vor.
Umweltschutzmaßnahmen müssen nun, sofern sie die Species erhalten wollen, bewirken, daß die Kurve in das

doppelt schraffierte Gebiet jenseits von y_u gelangt, weil dort eine stabile Zone existiert.

Die Prognoseprobleme können hier nur angerissen werden: Die instabile Entwicklung ist oft erst wenige Jahre alt, so daß die Datenbasis nicht ausreichend ist. Zudem existieren eine Fülle von interdependenten ökologischen Faktoren(von denen die Verschmutzung nur einer ist), deren Zusammenwirken häufig noch nicht voll geklärt ist, und die mit der Umweltverschmutzung als evtl. ständig wachsender Störgröße durchaus die Kurve auch bei(z.B. durch menschliche Eingriffe) vergrößertem y_t unterhalb der 45°- Linie verbleiben lassen.
Ein anderes Prognoseproblem besteht darin, daß sich die Entwicklung durchaus einem neuen Gleichgewichtspunkt(etwa bei y*) anpassen kann, das auf einem niedrigeren'Niveau' liegt. Hier gilt ähnliches wie bei der vorherigen Problematik.
Diese Fragen sind durch bloße Extrapolation kaum zu beantworten; vielmehr sind hier empirisch fundierte Systemmodelle notwendig, in denen die vielfältigen Interdependenzen kontrollierbar dargestellt werden.

In den folgenden Abschnitten werden wir das Instrumentarium hierzu andeuten.

p(9) Bezeichnungen:

$$\hat{x}_{t+1} := \hat{x}_n(n+1) \quad , \; x_t := x_n \quad .$$

Durch Umschreibung der Gleichung:

$$\hat{x}_{t+1} = ax_t + (1-a)\hat{x}_t$$

, und rekursives Einsetzen liefert:

$$\hat{x}_1 = ax_0 + (1-a)\hat{x}_0$$

$$\hat{x}_2 = ax_1 + (1-a)\hat{x}_1 = ax_1 + (1-a)[ax_0 + (1-a)\hat{x}_0]$$

$$= a[x_1 + (1-a)x_0] + (1-a)^2\hat{x}_0$$

$$\hat{x}_3 = ax_2 + (1 - a)\hat{x}_2 = a[x_2 + (1 - a)x_1 + (1 - a)^2 x_0] + (1 - a)^3 \hat{x}_0$$

$\vdots$

$$\hat{x}_t = a\sum_{\tau=1}^{t-1}(1 - a)^{\tau-1}x_{t-\tau} + (1 - a)^t\,\hat{x}_0$$

Je weiter Ausprägungen von x_t zurückliegen, d.h. für großes τ, desto geringer ist ihr Einfluß auf $\hat{x}_t$.

w(10)(a) Benutzen Sie zum Beweis den Vergleich der Steigungen von e^{-at} und t^x !

(b) $f(t) = e^{t^2}$ ist nicht von exponentieller Ordnung; denn: e^{t^2-at} divergiert ; es existiert also die geforderte Schranke K nicht.

w(11) Nach (4.2 - 13): $\mathcal{L}[\bar{g}(t)](s) = e^{2s}[1/s^2 - \int_0^2 e^{-st}t\,dt]$;

$= \frac{1}{s^2} + 2/s$; oder direkt: $\mathcal{L}[\bar{g}(t)](s) = \mathcal{L}[t](s) + \mathcal{L}[2](t) = 1/s^2 + 2/s$.

w(12) (a) Tab. 1,No. 5 u. 9 ($30^\circ = \pi/6$), sowie (4.2 - 10) und (4.2 - 15):

$$F(s) = 6/s^3 + \frac{(s+2)\cos(\pi/6) - (2/5)\pi\sin(\pi/6)}{(s+2)^2 + (2\pi/5)^2} + \frac{6}{(s+3)^4}$$

$$= 6\left(\frac{1}{s^3} + \frac{1}{(s+3)^4}\right) + \frac{\frac{1}{2}\sqrt{3}\,s + \sqrt{3}\,(-\frac{1}{5})\pi}{(s+2)^2 + (2\pi/5)^2}$$

(b) $F(s) = 1/(s+a)^n$

w(13) $F(s) = 0$, $\Delta(s) = s^2 + 2s + 4$

$w(t) = \frac{2e^{-t}}{\sqrt{12}}\sin\frac{1}{2}\sqrt{12}\,t = \frac{1}{\sqrt{3}}e^{-t}\sin\sqrt{3}\,t$ nach Tab.2,No 8

$Q(s) = 3(s + 2) + 1 = 3s + 7$

$x(t) = 0 + 3Dw(t) + 7w(t)$

$$Dw(t) = e^{-t}\left(-\frac{1}{\sqrt{3}}\sin\sqrt{3}\,t + \cos\sqrt{3}\,t\right)$$

$$x(t) = e^{-t}\left(\frac{4}{\sqrt{3}}\sin\sqrt{3}\,t + 3\cos\sqrt{3}\,t\right)$$

w(14) $X(s) = \dfrac{1}{(s+1)^2 + 16} + \dfrac{2(s+1)}{4(s+1)^2 + 9}$

Nach (4.2 - 15) und (4.2 - 16):

$$x(t) = \frac{1}{4}e^{-t}\sin 4t + \frac{1}{2}e^{-t}\cos\frac{3}{2}t$$

w(15) Hier nur die matrizielle Lösung:

$$x(t) = \Phi(t)x(0) + \mathcal{L}^{-1}[\Phi(s)\,b(s)](t)$$

$$\Phi(t) = \mathcal{L}^{-1}\left[\begin{pmatrix} \dfrac{s+2}{s^2+s-3} & \dfrac{1}{s^2+s-3} \\ \dfrac{1}{s^2+s-3} & \dfrac{s-1}{s^2+s-3} \end{pmatrix}\right](t) \quad ,$$

$$b(s) = \binom{2/s^2}{0} \quad ,$$

$$\Phi(s)x(0) = \left(\frac{1}{s^2+s-3} \quad \frac{s-1}{s^2+s-3}\right)' \quad ,$$

$$\Phi(s)b(s) = \left(\frac{2s+4}{s^2(s^2+s-3)} \quad \frac{2}{s^2(s^2+s-3)}\right)' \quad .$$

Durch Partialbruchzerlegung und Verwendung von Tab. 2 gelangt man zu:

$$x(t) = \begin{pmatrix} \dfrac{1}{\sqrt{13}}\left[e^{-\frac{1-\sqrt{13}}{2}t} - e^{-\frac{1+\sqrt{13}}{2}t}\right] \\ \dfrac{1}{\sqrt{13}}\left[\left(-1-\dfrac{1-\sqrt{13}}{2}\right)e^{-\frac{1-\sqrt{13}}{2}t} - \left(-1-\dfrac{1+\sqrt{13}}{2}\right)e^{-\frac{1+\sqrt{13}}{2}t}\right] \end{pmatrix} +$$

$$+\begin{pmatrix} \frac{10}{9} - \frac{4}{3}t + \left(\frac{17\cdot\sqrt{13}}{9\cdot 13} + \frac{5}{9}\right)e^{-\frac{1-\sqrt{13}}{2}t} + \left(\frac{5}{9} - \frac{17\cdot\sqrt{13}}{9\cdot 13}\right)e^{-\frac{1+\sqrt{13}}{2}t} \\ -\frac{2}{9} - \frac{2}{3}t + \left(\frac{1}{9} + \frac{7\cdot\sqrt{13}}{9\cdot 13}\right)e^{-\frac{1-\sqrt{13}}{2}t} + \left(\frac{1}{9} - \frac{7\cdot\sqrt{13}}{9\cdot 13}\right)e^{-\frac{1+\sqrt{13}}{2}t} \end{pmatrix}$$

Berechnet man hieraus nun $Dx(t)\big|_{t=0}$, so erhält man die in der Aufgabe angegebenen weiteren Anfangswerte 1 und -5 . D.h. diese sind nicht frei wählbar, sondern sind kompatibel mit der matriziellen Formulierung zu bestimmen.

w(16) $(s^2 - 2s + 1)X(s) - s - 4s^{-1}X(s) = 1/(s - 2)$

w(17) $(tD + 2)(2tD + 1)x = (tD(2tD) + tD + 4tD + 2)x$

$= (t(2D + 2tD^2) + tD + 4tD + 2)x$

$= (2t^2D^2 + 7tD + 2)x$

w(18) $X(s) = \dfrac{s^2 + 1}{s^3 + 1} = \dfrac{2/3}{s + 1} + \dfrac{\frac{1}{3}s + \frac{1}{3}}{s^2 - s + 1}$

u.a. nach Tab.2,No. 9:

$x(t) = \frac{2}{3}e^{-t} + e^{t/2}\left(\frac{1}{3}\cos\frac{\sqrt{3}}{2}t + \frac{\sqrt{3}}{3}\sin\frac{\sqrt{3}}{2}t\right)$

p(19) $P_0(s) = 1/(s + \lambda)$; die Anfangsbedingung resultiert aus der Überlegung, daß die Wahrsch., daß in t = 0 0 Fehler gemacht werden, gleich 1 ist.

$sP_i(s) = \lambda P_{i-1}(s) - \lambda P_i(s) \Longrightarrow P_i(s) = \frac{\lambda}{\lambda + s}P_{i-1}(s)$

Durch rekursives Einsetzen:

$$P_k(s) = \left(\frac{\lambda}{\lambda + s}\right)^k P_0(s) = \frac{\lambda^k}{(\lambda + s)^{k+1}}$$

Nach Tab.1,No. 5 und (4.2 - 15):

$$\mathcal{L}^{-1}\left[\frac{k!}{k!} \cdot \frac{\lambda^k}{(\lambda + s)^{k+1}}\right](t) = \frac{(\lambda t)^k}{k!}\, e^{-\lambda t}$$

Dies ist aber gerade die Poisson-Wahrscheinlichkeitsdichte.

w(20) $(t + 1)c_{t+1} - tc_t = a$ $\mathfrak{z}$ - transformiert ergibt:

$C'(z) = a/(1 - z)^2$. Direkte Integration nach Trennung der Variablen, also

$\int dC = a\int \frac{dz}{(1 - z)^2}$ liefert $C(z) = a/(1 - z)$, also $c_t = a$ für alle t . Die Differ.-gl. legt per def. einen Anfangswert(= a) fest.

w(21) $f(k) = (\frac{2}{5})^k + (\frac{3}{5})^k + (\frac{12}{5})^k \cdot 1/k!$

$$F(z) = \frac{1}{1 - (2/5)z} + \frac{1}{1 - (3/5)z} + e^{(12/5)z}$$

(a) $\frac{25}{6} + e^{12/5}$, (b) 3

w(22) (a) $x_k = \frac{13}{27} - \frac{7}{9}(k + 1) + \frac{1}{6}(k+1)(k+2) - \frac{1}{27}(-2)^k$

(b) $$Y(z) = \frac{z^3}{(1+4z^2)(1-z)^2} + \frac{1 + z}{1 + 4z^2}$$

$$= -z^2\left(\frac{-5/25}{(1 - z)^2} + \frac{-3/25}{1 - z} + \frac{-\frac{12}{25}z + \frac{8}{25}}{1 + 4z^2}\right) + \frac{1 + z}{1+4z^2}$$

Nach Tab.5,No.2 gilt :

$$\mathfrak{z}^{-1}\left[\frac{-((-12/25)z + 8/25)z^2}{1 + 4z^2}\right](t) = 2^{t-2}\left(\frac{8}{25}\cos\frac{t-2}{2}\pi - \frac{6}{25}\sin\frac{t-2}{2}\pi\right)$$

und $\mathcal{Z}^{-1}\left[\frac{1+z}{1+4z^2}\right](t) = 2^t(\cos\frac{t}{2}\pi + \frac{1}{2}\sin\frac{t}{2}\pi)$;

somit:

$$y_t = 3/25 + \frac{t-1}{5} - 2^{t-2}\left(\frac{8}{25}\cos\frac{t-2}{2}\pi - \frac{6}{25}\sin\frac{t-2}{2}\pi\right)$$

$$+ 2^t\left(\cos\frac{t}{2}\pi + \frac{1}{2}\sin\frac{t}{2}\pi\right)$$

w(23)(a) $P(z) = (q + pz)^n$, $q = 1 - p$;

(b) $P(1) = 1$

(c) $E(k) = \sum_{k=0}^{n} kp(k;p,n)$, $\mathcal{Z}[kp(k;p,n)](z) = zDP(z)$

$$= zpn(q + pz)^{n-1}$$

$$zDP(z)\Big|_{z=1} = E(k) = pn$$

(4.3)

p(1) Phase(1): Interdependenz sozialer Beziehungen; System/ Umwelt - Differenzierung ist selbst variabel; neben black box - Problem zusätzlich Problem intermediärer Variablen; ...

Phase(2): Einflußbeziehungen können nichtstationär sein (somit: Entstehen und Verschwinden von Einflüssen, positive Rückkopplungen können dadurch zu negativen werden etc.); Approximationscharakter von lags;...

Phase(3): Bei Schwellenwerten ist das Modell meist nichtlinear;...

Phase(4): Operationalisierung politischer Einflüsse, von Einstellungen etc.; Zuverlässigkeit und Validität von Operationalisierung und Quantifizierung; Operationalisierung bei evolutiven Prozessen;...

Phase(5): Multikollinearität;Heteroskedastizität; Autokorrelationen;...(siehe einschlägige Lit. zur Ökonometrie)

<u>Insgesamt</u>: Drei Schwierigkeiten:

Stochastizität,
Nichtstationarität,
Nichtlinearität.

Ein weiteres Problem besteht im Zeitaufwand der Modellerstellung (häufig werden Jahre zur Erstellung eines einigermaßen angemessenen(und damit komplexen) Modells benötigt, so daß das Problem des Hinterherhinkens hinter aktuellen Sachverhalten auftritt).

w(2) (a) Keine Zyklen im Tinbergen-Diagramm, es liegt ein 'einfaches' Regressionsmodell vor.

(b) nicht rekursiv,

(c) rekursiv (vgl. p(7),S.- 398 -)

w(3) Selbst ohne Zeitbezug ist ein derartiges Modell immer rekursiv, da es sich in Form eines zyklenfreien Graphen (Knoten:=Variablen, Kanten:= Einflüsse)darstellen läßt.

p(4) (a) Je größer der eigene Rüstungsaufwand(o.B.d.A. x), desto geringer die Bereitschaft, noch weiter zu rüsten, d.h. desto geringer die Rüstungsneigung Dx (analog y und Dy); desto größer jedoch die Rüstungsanstrengungen des Gegners. Daher dürften a,d negative Rückkopplungsparameter sein, während b und c positive Gegeneinflüsse bezeichnen.

Hieran läßt sich übrigens die Vorgehensweise in Phase (5) beim gegenwärtigen Stand sozialwissenschaftlicher

Theoriebildung verdeutlichen. Die Theorie führt zu dem Ergebnis: a und d werden negative, b und c positive Parameter sein, evtl. lassen sich noch nähere Eingrenzungen der Parameter auf Grund der Theorie machen(etwa: a und d werden nicht kleiner als -2 sein). Führt dann die Schätzung der Parameter zu $a \vee d \notin [-2,0)$, so ist das ein Hinweis auf fehlerhafte Theorie(analog bei b,c).

(b) Modelltheoretisch i.a. unzulässig, vielmehr fassen u_1, u_2 alle Einflüsse zusammen, die sich derart aggregieren und kompensieren, daß sie als Konstanten aufzufassen sind, d.h. daß sie keinen Einfluß auf das <u>dynamische</u> Verhalten des Systems haben.

w(5) (a) $Y_4(s)/U_1(s) = -\dfrac{8s(s+2)}{s^3 + 2s^2 + 5s + 2}$

(b) $Y_2(s)/Y_1(s) = a$; $Y_4(s)/Y_1(s) = \dfrac{b(s-1)}{s^2(s-2)}$

(c) $Y_3(s)/Y_1(s) = \dfrac{s^2(s+1)}{2s^4 - 2s^2 + 1}$

w(6) $Y_3(s) = \dfrac{b/s}{1 - \frac{1}{s-1}} Y_1(s) = \dfrac{bs - b}{s(s-2)} Y_1(s)$, $Y_1(s) = 1/bs$

$Y_3(s) = (s-1)/s^2(s-2)$; Partialbruchzerlegung:

$y_3(t) = -\frac{1}{4} + \frac{1}{2} t + \frac{1}{4} e^{2t}$. Obwohl für $y_1(t)$ eine konstante Funktion gewählt wurde, 'explodiert' $y_3(t)$.

p(7) **K bezeichne die Kosten.**

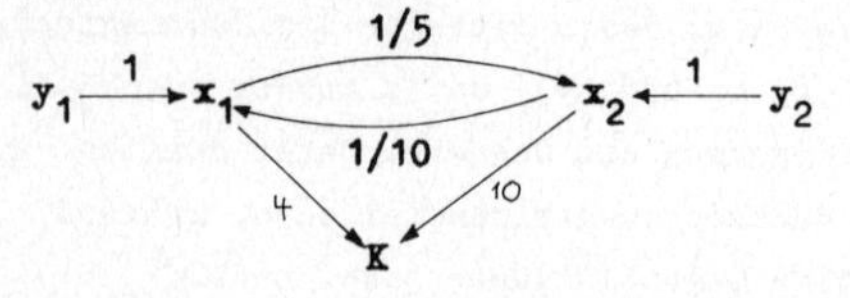

$K/y_1 = 300/49$, $K/y_2 = 520/49$; für $y_1 = y_2 = 1$ ergibt

sich: $K = 300/49$ bzw. $K = 520/49$.

p(8) Die Abschaltung der Geräte ist bereits eine Rückkopplung, weil damit eine Reaktion zum Ausdruck kommt. Oft führt der populärwissenschaftliche Gebrauch des Begriffes 'Rückkopplung' in die Irre.

p(9) Wegen Ann. (a) gilt: Anzahl der Männer gleich Anzahl der Frauen für alle i und k; daher genügt es o.B.d.A., nur die Anzahl $x_i(k)$ der Söhne zu betrachten. Sonnenmütter haben nur Sonnensöhne, und Sonnensöhne können nur von Sonnenmüttern geboren werden. Daher (insbesondere wegen Ann.(c)):

$$x_1(k+1) = x_1(k) \quad .$$

Edlen-Söhne entstehen auf zwei Arten: Durch Sonnenväter und Edlenmütter. Daher (insbesondere wegen Ann.(a) und (c)):

$$x_2(k+1) = x_1(k) + x_2(k) \quad .$$

Analog:

$$x_3(k+1) = x_2(k) + x_3(k) \quad .$$

Stinkard-Söhne entstehen auf alle 4 Arten:

Wegen Ann.(c) reproduzieren sich die Klassen von k auf $k + 1$ identisch, daher muß gelten:

$$x_1(k+1) + x_2(k+1) + x_3(k+1) + x_4(k+1)$$
$$= x_1(k) + x_2(k) + x_3(k) + x_4(k) \quad .$$

Setzt man die vorherigen Beziehungen in diese Gleichung ein, so entsteht:

$$x_4(k+1) = -x_1(k) - x_2(k) + x_4(k) \quad .$$

$k = 0,1,2,\ldots$ in allen Gleichungen.

Somit matriziell:

$$x(k) = \begin{pmatrix} 1 & 0 & 0 & 0 \\ 1 & 1 & 0 & 0 \\ 0 & 1 & 1 & 0 \\ -1 & -1 & 0 & 1 \end{pmatrix} x(k-1) =: A\,x(k-1) = A^k x_0$$

Somit:

$$x(k) = \left[I + \begin{pmatrix} 0 & 0 & 0 & 0 \\ 1 & 0 & 0 & 0 \\ 0 & 1 & 0 & 0 \\ -1 & -1 & 0 & 0 \end{pmatrix} \right]^k x_0 = (I + B)^k x_0.$$

Da $B^k = O$ für $k \geqslant 3$, gilt:

$$A^k = I + kB + \binom{k}{2} B^2$$

$$= \begin{pmatrix} 1 & 0 & 0 & 0 \\ k & 1 & 0 & 0 \\ \binom{k}{2} & k & 1 & 0 \\ -\binom{k+1}{2} & -k & 0 & 1 \end{pmatrix}$$

$$x(k+1) = \begin{pmatrix} x_1(0) \\ k\,x_1(0) + x_2(0) \\ \binom{k}{2} x_1(0) + k x_2(0) + x_3(0) \\ -\binom{k+1}{2} x_1(0) - k x_2(0) + x_4(0) \end{pmatrix}$$

Der Gleichgewichtszustand $x(k+1) = x(k)$ wird erreicht für $x_1(0) = x_2(0) = 0$, was dazu führt, daß diese beiden Klassen für alle k unbesetzt sind. Dies ist jedoch wenig plausibel, da man sich fragen muß, wie es dazu kommt, daß die Indianer überhaupt von Sonnen und Edlen sprechen.

Für alle anderen Anfangsverteilungen gilt:
Es gibt ein k, so daß zum ersten Mal
$x_4 \leqslant \binom{k+1}{2} x_1(0) + k x_2(0)$. Von diesem k ab muß zum Überleben des Stammes von den Heiratsregeln abgewichen werden, da es zu wenig Stinkards gibt.

Diese Endverteilung zeigt nicht nur die Instabilität, sie steht auch im Widerspruch zu den Heiratsregeln, da unendlich viele Edle und Gelehrte ausschließlich nicht vorhandene Stinkards heiraten dürfen.
Die Existenz der Natchez-Indianer spricht daher für eine Verletzung der in den Annahmen aufgestellten Heiratsregeln.

w(10) $y_{t+1} = a^{2\cdot 2t} = y_t^2$, somit ist $y_t = a^{2t}$ die Lösung von $y_{t+1} = y_t^2$. $y_{t+1} = y_t$ ist erfüllt für zwei Gleichgewichtsbewegungen, nämlich: $y_t = 0$, $y_t = 1$ für alle t .

w(11) Das charakteristische Polynom hat die Nullstellen $\lambda_{1,2} = -2$, das System ist also streng(und damit i-o-) stabil. Andererseits ist $y(t) = t^2 e^{-2t}$ Lösung für verschwindende Anf.bed. und $\lim_{t \to \infty} y(t) = 0$ (mit Satz von De L'Hospital)

w(12)(a) Hilfsvariable $\dot{y}_0 = y_1$, dann gilt:

$$\begin{pmatrix} \dot{y}_0 \\ \dot{y}_1 \\ \dot{y}_2 \end{pmatrix} = \begin{pmatrix} 0 & 1 & 0 \\ -1 & 0 & 1 \\ 0 & -1 & -1 \end{pmatrix} \begin{pmatrix} y_0 \\ y_1 \\ y_2 \end{pmatrix} + \begin{pmatrix} 0 \\ 1 \\ 0 \end{pmatrix} u$$

(b) Das System ist streng stabil, iterativ berechnet man als Eigenwerte:

$$\lambda_1 = -0.56904 \, , \; \lambda_{2,3} = -0.21508 \pm j\, 1.30714$$

(c) z.B. $u(t) = t$ für verschwindende Anfangsbedingungen.

(d) z.B. $u(t) = e^t$ für verschwindende Anfangsbedingungen.

Verwendete Literatur:

Russell L. Ackoff(1960): Systems, Organizations and Interdisciplinary Research
in: General Systems 5

A. Adam, E. Helten, F. Scholl(1969): Kybernetische Modelle und Methoden
Opladen: Westdeutscher Verlag

Hayward R. Alker(1965): Mathematics and Politics
New York: McMillan

R.G.B. Allen(1959): Mathematical Economics
London: Macmillan

T.W. Anderson(1958): An Introduction to Multivariate Statistical Analysis
New York: Wiley

Kenneth J. Arrow(1963): Social Choice and Individual Values
New York: Wiley

Hubert M. Blalock(1969): Theory Construction
Englewood Cliffs,N.J.: Prentice-Hall

F.S. de Blasi, J. Schinas(O.J.): On the Stability of Difference Equations
Univ. of Warwick, Control Theory Center, Rep.No. 13

George E.P. Box, Gwilym M. Jenkins(1970): Time Series Analysis, Forecasting and Control
San Francisco: Holden Day

Louis Brand(1966): Differential and Difference Equations
New York: Wiley

R.G. Brown(1962): Smoothing, Forecasting and Prediction of Discrete Time Series
Englewood Cliffs, N.J.: Prentice-Hall

Chih-Fan Chen, John Haas(1968): Elements of Control Systems Analysis
Englewood Cliffs,N.J.: Prentice-Hall

Randal H. Cole(1968): Theory of Ordinary Difference Equations
New York: Appleton-Century-Crofts

James S. Coleman(1964): Mathematical Models and Computer Simulation
in: Robert E.L. Faris(ed.): Handbook of Modern Sociology
Chicago: Rand McNally

Lothar Collatz(1968): Funktionalanalysis und numerische Mathematik , Nachdruck
Berlin: Springer

Ders., Wolfgang Wetterling(1971): Optimierungsaufgaben,2.Aufl.
Berlin: Springer

W.A. Coppel(1965): Stability and Asymptotic Behavior of Differential Equations
London: Heath Math. Monographs

Günter Dietrich, Henry Stahl(1968): Matrizen und ihre Anwendung in Technik und Ökonomie
Leipzig: Fachbuchverlag

Gustav Doetsch(1967): Anleitung zum praktischen Gebrauch der Laplace-Transformation und der Z-Transformation
München: Oldenbourg

Ders.: Einführung in Theorie und Anwendung der Laplace Transformation
Basel: Birkhäuser

Friedhelm Erwe(1968): Differential- und Integralrechnung Band 1,2
Mannheim: BI-Hochschultb. 30/30a;31/31a

Faddejew, Faddejewa(1970): Numerische Methoden in der Linearen Algebra , 2. Aufl.
München: Oldenbourg

Lester R. Ford, Delbert P. Fulkerson(1962): Flows in Networks
Princeton,N.J.: Univ. Press

Jay W. Forrester(1971): World Dynamics
Cambridge,Mass.: Wright-Allen

K.A. Fox, J.K. Sengupta, E. Thorbecke(1966): The Theory of Quantitative Economic Policy with Applications to Economic Growth and Stabilization
Amsterdam: North-Holland

Herbert Freeman(1965): Discrete Time Systems
New York: Wiley

F.R. Gantmacher(1966): Matrizenrechnung, Bd. II, 2. Aufl.
Berlin: Deutscher Verlag der Wissenschaften

H. Geyer, W. Oppelt(Hrsg.)(1957): Volkswirtschaftliche Regelungsvorgänge im Vergleich zu Regelungsvorgängen in der Technik
München: Oldenbourg

Samuel Goldberg(1968): Differenzengleichungen und ihre Anwendung in Wirtschaftswissenschaft, Psychologie und Soziologie
München: Oldenbourg

Hans Grauert, Ingo Lieb(1970): Differential- und Integralrechnung
Berlin: Springer

Peter L. Hammer, Eliezer Shlifer(1971): Application of Pseudo-Boolean Methods to Economic Problems
in: Theory and Decision 1, No. 3

Theodor Harder(1974): Werkzeug der Sozialforschung
München: Fink(UTB)

Philip Hartman(1964): Ordinary Differential Equations
New York: Wiley

Heinz-Dieter Haustein(1970): Prognoseverfahren in der sozialistischen Wirtschaft
Berlin: Verlag die Wirtschaft

Fritz Heider(1946): Attitudes and Cognitive Organizations
in: J. of Psychology 21,S.107 - 112

Ernest J. Henley, R.A. Williams(1973): Graph Theory in Modern Engineering
New York: Academic Press

Ronald A. Howard(1971): Dynamic Probabilistic Systems 1,2
New York: Wiley 1971

G.M. Jenkins, D.G. Watts(1968): Spectral Analysis and Its Applications
San Francisco: Holden Day

Wilfred Kaplan(1962): Operational Methods for Linear Systems
Reading, Mass.: Addison-Wesley

A. Kaufmann, R. Cruon(1967): Dynamic Programming - Sequential Scientific Management
New York: Academic Press

Kemeny/Schleifer/Snell/Thompson(1972): Mathematik für die Wirtschaftspraxis, 2.verb. Aufl.
Berlin: DeGruyter

Lowell B. Koppel(1968): Introduction to Control Theory with Applications to Process Control
Englewood Cliffs,N.J.: Prentice-Hall 1968

Hans W. Knobloch, F. Kappel(1974): Gewöhnliche Differentialgleichungen
Stuttgart: Teubner

Donald E. Kreider, Robert G. Kuller, Donald R. Ostberg(1968):
Elementary Differential Equations
Reading, Mass.: Addison-Wesley 1968

Kenneth C. Land(1970): Mathematical Formalization of Durkheim's Theory of Division of Labor
in: Edgar F. Borgatta, George W. Bohrnstedt (eds.):
Sociological Methodology 1970

Serge Lang(1969): Analysis, 1
Reading,Mass.: Addison-Wesley

Joseph LaSalle, Solomon Lefschetz(1967): Die Stabilitätstheorie von Ljapunow
Mannheim: BI-Hochschultb.

Paul F. Lazarsfeld, Neil W. Henry(1968): Latent Structure Analysis
Boston: Houghton Mifflin

R. Duncan Luce, Albert D. Perry(1966): Matrix Analysis of Group Structure
in: Paul F. Lazarsfeld, Neil W. Henry(eds.): Readings in Mathematical Social Science
MIT Press

Lawrence Markus, Ernest B. Lee(1967): Foundations of Optimal Control Theory
New York: Wiley

Magoroh Maruyama(1963): The Second Cybernetics: Deviation-Amplifying Mutual Causal Processes
in: American Scientist 51,S. 164-179

J.C.C. McKinsey(1952): Introduction to the Theory of Games
New York: McGraw-Hill

Günter Menges(1962): Ökonometrie
Wiesbaden: Gabler

R. Merritt, S. Rokkan(1965): Comparing Nations
New Haven: Yale Univ. Press

W. Meyer zur Capellen(1950): Integraltafeln
Berlin:Springer

Donald F. Morrison(1967): Multivariate Statistical Methods
New York: McGraw-Hill

Norbert Müller(1973): Strategiemodelle
Opladen: Westdeutscher Verlag

Ders.: Problems of Planning under the Aspect of Reflexivity of Social Processes
1976 in Quality and Quantity

P. Naslin(1968): Dynamik linearer und nichtlinearer Systeme
München: Oldenbourg

Floyd E. Nixon(1964): Beispiele und Tafeln zur Laplace-Transformation
Stuttgart: Franckh

Katsuhiko Ogata(1967): State Space Analysis of Control Systems
Englewood Cliffs,N.J.: Prentice-Hall

Marshall C. Pease III(1965): Methods of Matrix Algebra
New York: Academic Press 1965

Karel Rektorys(ed.)(1969): Survey of Applicable Mathematics
Cambridge,Mass.: MIT Press

Bruce M. Russet, Hayward R. Alker, Karl W. Deutsch, Harold D. Laswell(1964): World Handbook of Political and Social Indicators
New Haven: Yale Univ. Press

Laurent Schwartz, Israel Halperin(1952): Introduction to the Theory of Distributions
Toronto: Univ. Press

M.S. Tsien(1954): Engineering Cybernetics
New York: McGraw-Hill

J.W. Tukey(1961): Discussion Emphasizing the Connection Between Analysis of Variance and Spectrum Analysis
in: Technometrics 3,S.191

W. Walter(1972): Gewöhnliche Differentialgleichungen
Berlin: Springer

W. Wetzel(Hrsg.)(1970): Neuere Entwicklungen auf dem Gebiet der Zeitreihenanalyse
Göttingen

Max Woitschach(1969): Wunder und Wahrscheinlichkeit, Teil 1
in: IBM - Nachrichten 19,S.750 - 759
Teil 2: dito,S.823 - 832

L.A. Zadeh, C.A. Desoer(1963): Linear Systems Theory
- A State Space Approach -
New York: McGraw - Hill

Rolf Ziegler(1968): Kommunikationsstruktur und Leistung
sozialer Systeme
Meisenheim a.Glan: Hain

Ders.: Theorie und Modell - Der Beitrag der Formalisierung
zur soziologischen Theoriebildung -
München:Oldenbourg 1972

Index: